이렇게 기막힌 적중률

절대족보

사무자동화산업기사 필기

1권 · 핵심이론

신면철, 영진정보연구소 공저

26
· 2026년 수험서 ·

수험서 20,000원

변경된 출제기준 반영, 예상문제로 완벽 대비!

- 100% 무료 강의 — 고퀄리티 저자 직강
- CBT 온라인 문제집 — 시험 환경 완벽 재현
- 또기적 합격자료집 — 구매자 한정 특별 제공

YoungJin.com Y.
영진닷컴

저자·강사·감수자·베타테스터
이기적 크루를 찾습니다!

- 접수 방법 : 온라인 접수
- 문의 : book2@youngjin.com
- 접수 분야 : 수험서 전 도서
- 세부 사항

1. 저자·강사
요건 : 관련 강사, 유튜버, 블로거 우대
혜택 : 이기적 수험서 저자·강사 자격
　　　집필 경력 증명서 발급

2. 감수자
요건 : 관련 전문 지식 보유자
혜택 : 도서 내 감수자 이름 기재
　　　저자 모집 시 우대(우수 감수자)

3. 베타테스터
요건 : 관련 수험생, 전공자, 교사/강사
혜택 : 활동 인증서 & 참여 도서 1권
　　　영진닷컴 쇼핑몰 30,000원 적립
　　　스타벅스 기프티콘(우수 활동자)
　　　백화점 상품권 100,000원(우수 테스터)

상시 모집 중 ▶

YES24 컴퓨터수험서 사무자동화 분야
베스트셀러 1위(2024년 10월~2025년 12월 월별 베스트)

1판 1쇄 발행 2026년 1월 15일
1판 2쇄 발행 2026년 2월 5일

저자 신면철, 영진정보연구소

발행인 김길수	**발행처** (주)영진닷컴
등록 2007. 4. 27 제 16-4189호	**총괄** 이혜영
기획 박종현	**영업** 박준용, 임용수, 김도현, 이윤철
디자인 임정원, 김효정, 곽은슬	**내지 편집** 박수경
제작 황장협	**인쇄** 예림

주소 (우)08512 서울특별시 금천구 디지털로9길 32 갑을그레이트밸리 B동 10층 (주)영진닷컴
ISBN 978-89-314-7898-3　　　　　　**가격** 20,000원

이 책을 무단 복사, 복제, 전재하는 것은 저작권법에 저촉됩니다.
인쇄나 제본이 잘못된 도서는 구입처에서 교환해 드립니다.

오직 스터디 카페 멤버에게만
주어지는 특별 혜택!

이기적 스터디 카페

이기적 스터디 카페

합격을 위한 기적 같은 선물
또기적 합격자료집

혼자 공부하기 외롭다면?
온라인 스터디 참여

모든 궁금증 바로 해결!
전문가와 1:1 질문답변

1년 내내 진행되는
이기적 365 이벤트

도서 증정 & 상품까지!
우수 서평단 도전

간편하게 한눈에
시험 일정 확인

합격까지 모든 순간 이기적과 함께!

이기적 365 EVENT

QR코드를 찍어 이벤트에 참여하고 푸짐한 선물 받아가세요!

1 기출문제 복원하기

이기적 책으로 공부하고 시험을 봤다면 7일 내로 문제를 제보해 주세요!

2 합격 후기 작성하기

당신만의 특별한 합격 스토리와 노하우를 전해 주세요!

3 온라인 서점 리뷰 남기기

온라인 서점에서 책을 구매하고 평점과 리뷰를 남겨 주세요!

4 정오표 이벤트 참여하기

더 완벽한 이기적이 될 수 있게 수험서의 오류를 제보해 주세요!

※ 이벤트별 혜택은 변경될 수 있으므로 자세한 내용은 해당 QR을 참고해 주세요.

기적의 적중률, 여러분의 참여로 완성됩니다
기출 복원 EVENT

영진닷컴 쇼핑몰 30,000원

기출 복원하기 ▶

전원지급

네이버페이 포인트 쿠폰 N Pay 최대 **20,000원**

1. 이기적 수험서로 공부하고 시험에 응시했다면 누구나 참여 가능
2. 응시일로부터 7일 이내 복원 문제만 인정(수험표 첨부 필수!)
3. 중복, 누락, 허위 문제는 당첨 대상에서 제외

※ 이벤트별 혜택은 변경될 수 있으므로 자세한 내용은 해당 QR을 참고해 주세요.

도서 인증하면 고퀄리티 강의가 따라온다!
100% 무료 강의

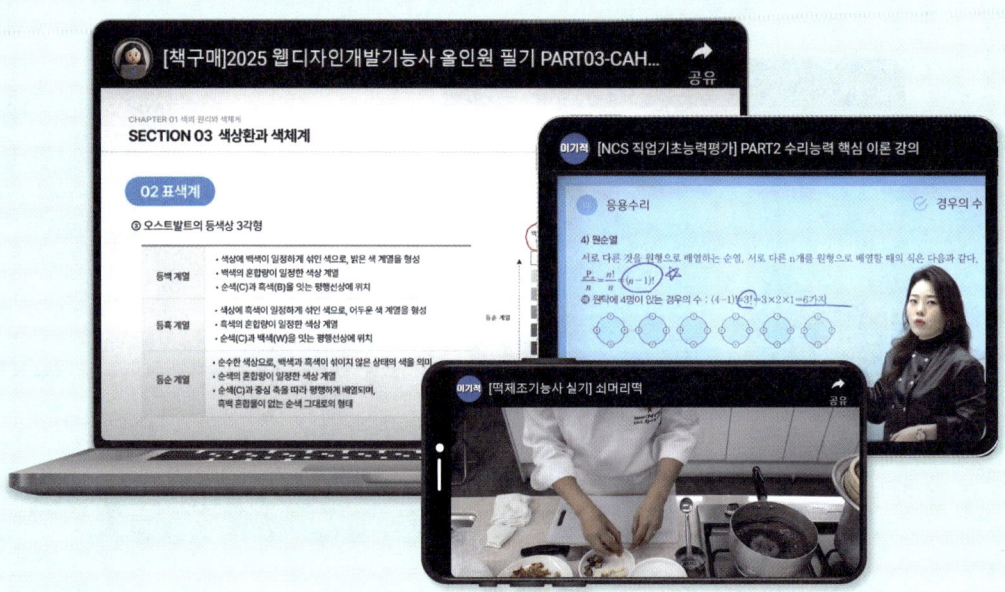

이용방법

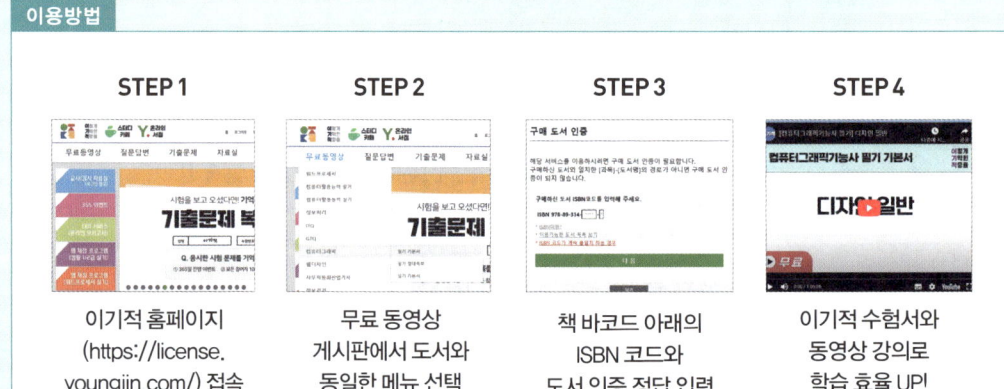

STEP 1 이기적 홈페이지 (https://license.youngjin.com/) 접속

STEP 2 무료 동영상 게시판에서 도서와 동일한 메뉴 선택

STEP 3 책 바코드 아래의 ISBN 코드와 도서 인증 정답 입력

STEP 4 이기적 수험서와 동영상 강의로 학습 효율 UP!

※ 도서별 동영상 제공 범위는 상이하며, 도서 내 차례에서 확인할 수 있습니다.

◀ 이기적 홈페이지 바로가기

영진닷컴 이기적

합격을 위해 모두 드려요.
이기적 합격 솔루션!
이기적이 여러분을 위해 준비했어요

시행처 발표 출제 기준 반영, 2026년 출제 기준

사무자동화산업기사의 2026년 출제기준, 완벽 분석!
철저한 대비로, 합격이라는 목표를 이뤄드리겠습니다.

어려운 내용은 함께 공부해요, 100% 무료 동영상

처음 공부해서 어떻게 해야 할지 모르겠다고요?
이론 동영상 강의를 통해 기초부터 공부해 보세요.

책으로는 모자라다! 또 드리는, 또기적 합격자료집

출제 가능성 높은 문제를 분석하여 추가로 제공해 드립니다!
'또' 합격의 '기적'을 이기적과 함께 경험하세요.

1:1 질문답변부터 이벤트까지, 이기적 스터디 카페

모르는 내용은 서로 물어보고 깜짝 이벤트도 참여하세요.
시험이 끝나고 나의 합격 후기를 공유하면 선물도 드려요!

※ 〈2026 이기적 사무자동화산업기사 필기 절대족보〉를 구매하고 인증한 회원에게만 드리는 자료입니다.

◀ 모든 혜택 한 번에 보기

정오표 바로가기 ▶

또, 드릴게요! 이기적이 준비한 선물
또기적 합격자료집

1 시험에 관한 A to Z 합격 비법서
책에 다 담지 못한 혜택은 또기적 합격자료집에서 확인

2 편리하고 똑똑한 디지털 자료
PC · 태블릿 · 스마트폰으로 언제든 열람하고 필요한 부분만 출력 가능

3 초보자, 독학러 필수 신청
혼자서도 충분한 학습 플랜과 수험생 맞춤 구성으로 한 번에 합격

※ 도서 구매 시 추가로 증정되는 PDF용 자료이며 실제 도서가 아닙니다.

◀ 또기적 합격자료집 받으러 가기

이렇게 기막힌 적중률

사무자동화산업기사
필기 절대족보

1권 · 핵심이론

"이" 한 권으로 합격의 "기적"을 경험하세요!

차례

▶ **합격 강의**
동영상 강의가 제공되는 부분을 표시했습니다.
이기적 수험서 사이트(license.youngjin.com)에 접속하여 시청하세요.

▶ 본 도서에서 제공하는 동영상은 1판 1쇄 기준 2년간 유효합니다. 단, 출제기준안에 따라 내용은 변경될 수 있습니다.

1권 손에 잡히는 핵심이론 ▶   공부한 날짜

1과목	사무자동화 시스템	1-18	__월 __일
2과목	프로그래밍 일반	1-76	__월 __일
3과목	네트워크 일반	1-122	__월 __일

2권 손에 잡히는 기출문제   공부한 날짜

자주 출제되는 기출문제 195선

1과목	사무자동화 시스템	2-4	__월 __일
2과목	프로그래밍 일반	2-16	__월 __일
3과목	네트워크 일반	2-36	__월 __일

출제 예상문제

출제 예상문제 01회	2-52	__월 __일
출제 예상문제 02회	2-60	__월 __일
출제 예상문제 03회	2-68	__월 __일
출제 예상문제 04회	2-76	__월 __일
출제 예상문제 05회	2-85	__월 __일

출제 예상문제 06회	2-93	__월 __일
출제 예상문제 07회	2-101	__월 __일
출제 예상문제 08회	2-110	__월 __일
출제 예상문제 09회	2-117	__월 __일
출제 예상문제 10회	2-125	__월 __일
정답 & 해설	2-133	

PDF 또기적 합격자료집

시험장 스케치
스터디 플래너
최종 모의고사 01~03회

참여 방법

'이기적 스터디 카페' 검색 → 이기적 스터디카페(cafe.naver.com/yjbooks) 접속 → '구매 인증 PDF 증정' 게시판 → 구매 인증 → 메일로 자료 받기

이 책의 구성

STEP 1 손에 잡히는 핵심이론

전문가가 핵심만 정리한
완벽 이론

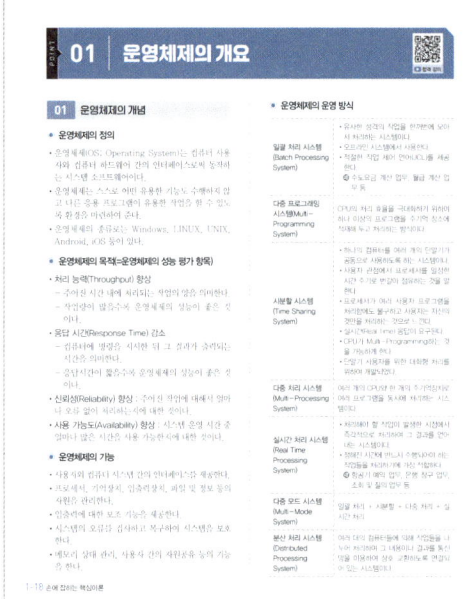

STEP 2 자주 출제되는 기출문제

빈출문제로
출제 유형 완벽 대비

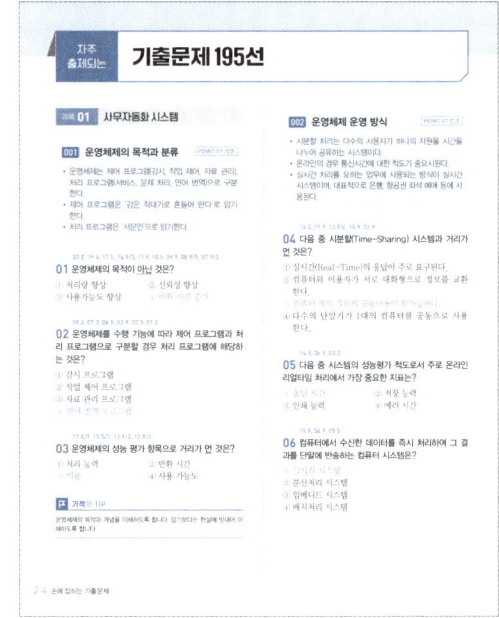

- 상세한 이론 설명
- 기출문제를 기반으로 정리한 이론
- QR 코드로 이론 강의 바로 시청

- 출제 기준에 부합하는 기출문제 선별
- 이론을 복습할 수 있는 구성
- 기적의 TIP을 통한 이해도 상승

STEP 3 출제 예상문제 10회분

새로운 출제 기준을 분석한
출제 예상문제

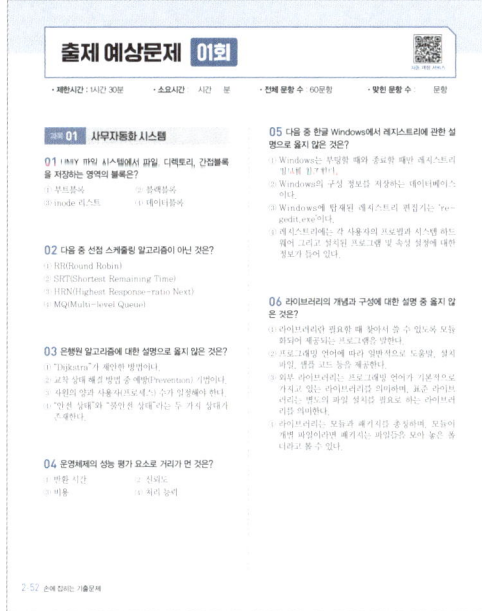

BONUS 또기적 합격자료집

도서 구매자 특별 제공

최종 모의고사 3회분

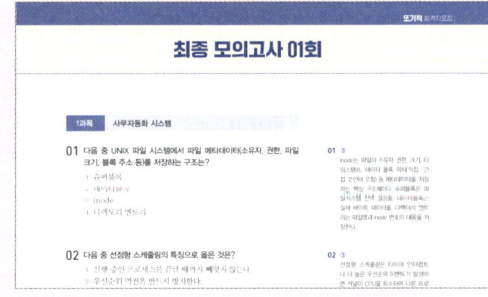

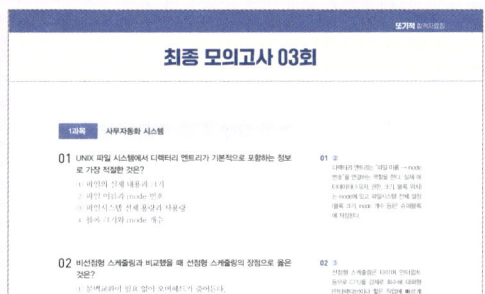

- 실전처럼 학습하는 출제 예상문제 600문항
- 이론 내용을 보충하는 상세한 해설
- 빠른 이해를 돕는 오답 풀이

- 시험장 스케치
- 스터디 플래너
- 최종 모의고사 01~03회

CBT 가이드

≫ CBT란?

CBT는 시험지와 필기구로 응시하는 일반 필기시험과 달리, 컴퓨터 화면으로 시험 문제를 확인하고 그에 따른 정답을 클릭하면 네트워크를 통하여 감독자 PC에 자동으로 수험자의 답안이 저장되는 방식의 시험입니다.

오른쪽 QR코드를 스캔해서 큐넷 CBT를 체험해 보세요!

큐넷 CBT 체험하기

≫ CBT 응시 유의사항

- 수험자마다 문제가 모두 달라요. 문제은행에서 자동 출제됩니다!
- 답지는 따로 없어요!
- 문제를 다 풀면, 반드시 '제출' 버튼을 눌러야만 시험이 종료되어요!
- 시험 종료 안내방송이 따로 없어요!

≫ FAQ

Q. CBT 시험이 처음이에요! 시험 당일에는 어떤 것들을 준비해야 좋을까요?

A. 시험 20분 전 도착을 목표로 출발하고 시험장에는 주차할 자리가 마땅하지 않은 경우가 많으므로, 대중교통을 이용하는 것을 추천합니다. 무사히 시험 장소에 도착했다면 수험자 입장 시간에 늦지 않게 시험실에 입실하고, 자신의 자리를 확인한 뒤 착석하세요.

Q. 기존보다 더 어려워졌을까요?

A. 시험 자체의 난이도 차이는 없지만, 랜덤으로 출제되는 CBT 시험 특성상 경우에 따라 유독 어려운 문제가 많이 출제될 수는 있습니다. 이러한 돌발 상황에 대비하기 위해 이기적 CBT 온라인 문제집으로 실제 시험과 동일한 환경에서 미리 연습해 두세요.

Q. 풀었던 문제의 답안 수정은 어떻게 하나요?

A. 마킹한 답안을 수정할 경우에는 문제지 화면에서 수정하고자 하는 문제의 답을 다시 클릭하면 먼저 체크한 번호는 없어지고 새로 선택한 번호가 검은색으로 마킹됩니다.

Q. 문제를 다 풀고 나면 어떻게 하나요?

A. 문제를 다 풀고 시험을 종료하려면, '시험 종료' 버튼을 클릭하면 됩니다. 마킹하지 않은 문제가 있을 경우 남은 문제의 문제번호 목록을 보여 주고, 남은 문제번호를 선택한 다음 [문항으로 이동] 버튼을 클릭하면 문제화면에 클릭한 문제가 나타납니다. 남은 문제가 없을 경우 최종적으로 종료 여부를 확인하는 대화상자가 나타나며 [예]를 클릭하면 시험이 종료되고 수험자가 작성한 답안은 자동으로 저장되어 서버로 전송됩니다.

≫ CBT 진행 순서

좌석번호 확인
수험자 접속 대기 화면에서 본인의 좌석번호를 확인합니다.

수험자 정보 확인
시험 감독관이 수험자의 신분을 확인하는 단계입니다.
신분 확인이 끝나면 시험이 시작됩니다.

안내사항
시험 안내사항을 확인하고, 다음을 클릭합니다.

유의사항
시험과 관련된 유의사항을 확인합니다.

문제풀이 메뉴 설명
시험을 볼 때 필요한 메뉴에 대한 설명을 확인합니다.
메뉴를 이용해 글자 크기와 화면 배치를 조정할 수 있습니다.
남은 시간을 확인하며 남을 표기하고, 필요한 경우 이래의 계산기를 이용할 수 있습니다.

문제풀이 연습
시험 보기 전, 연습을 해 보는 단계입니다.
직접 시험 메뉴화면을 클릭하며, CBT가 어떻게 진행되는지 확인합니다.

시험 준비 완료
문제풀이 연습을 모두 마친 후 [시험 준비 완료] 버튼을 클릭하면 시험 감독관의 지시에 따라 시험이 시작됩니다.

시험 시작
시험이 시작되었습니다. 수험자는 제한 시간에 맞추어 문제풀이를 시작합니다.

답안 제출
시험을 완료하면 [답안 제출] 버튼을 클릭합니다. 답안을 수정하기 위해 시험화면으로 돌아가고 싶으면 [아니오] 버튼을 클릭합니다.

답안 제출 최종 확인
답안 제출 메뉴에서 [예] 버튼을 클릭하면, 수험자의 실수를 방지하기 위해 한 번 더 주의 문구가 나타납니다. 시험 문제 풀이가 완벽히 끝났다면 [예] 버튼을 클릭하여 최종 제출합니다.

합격 발표
CBT 시험이 모두 종료되면, 퇴실할 수 있습니다.

이제 완벽하게 CBT 필기시험에 내해 이해하셨나요?
그렇다면 이기적이 준비한 CBT 온라인 문제집으로 학습해 보세요!
이기적 온라인 문제집 : https://cbt.youngjin.com

이기적 CBT 바로가기

시험의 모든 것

시험 알아보기

● 자격 소개 및 이슈

사무자동화기기 및 응용프로그램 등 사무정보기기를 활용하여 사무 능률을 극대화하고 업무의 질적 향상을 도모하는 사무자동화 전문가 양성을 목적으로 제정된 국가기술자격

● 응시 자격

- 2년제 대학 졸업자 및 졸업예정자 이상의 학력 소지자
- 이외의 응시 자격은 시행처에서 확인 필요

● 시험 형식

- 객관식 60문항, 시험시간 90분
- CBT(Computer Based Test) 형식으로 진행

출제 기준

● 개요

필기 출제 기준(2026.01.01.~2028.12.31.)

출제 기준 상세 보기

● 세부 출제기준

• 1과목 : 사무자동화 시스템

개발자 환경 구축	운영체제 기초 활용, 기본 개발환경 구축
자료 관리	자료 수집, 자료 분석 · 가공
사무자동화 프로그램 활용	스프레드시트, 데이터베이스, 프레젠테이션 프로그램 활용
SQL 작성	데이터 조회 · 수정
HW 단말장치 운영 관리	단말장치 운용 · 장애 처리

• 2과목 : 프로그래밍 일반

프로그래밍 언어 활용	구조적 프로그래밍 언어 활용, 객체지향 프로그래밍 언어 활용, 스크립트 활용
프로그래밍 언어 응용	언어특성 활용, 라이브러리 활용

• 3과목 : 네트워크 일반

응용 SW 기초 기술 활용	네트워크 · 미들웨어 기초 활용
네트워크 보안 운영	네트워크 보안솔루션 운영
NW 운영관리	네트워크 운용

접수 및 응시

● **시험 일정**

정기 검정 : 1년에 3회 실시

● **수수료**

- 필기 : 19,400원
- 실기 : 31,000원

● **원서 접수**

- www.q-net.co.kr에서 접수
- 인터넷 접수만 가능
- 원서 접수 마감일 18시까지 결제
- 계좌이체 및 신용카드 결제 가능

● **합격 기준**

- 필기 : 100점 만점으로 하여 과목당 40점 이상, 전 과목 평균 60점 이상
- 실기 : 100점 만점으로 하여 60점 이상

합격 발표

● **필기 합격자 발표**

시험 종료 후 바로 확인 가능

● **자격증 수령**

- 상장형 자격증을 원칙으로 하여 수첩형 자격증도 발급
- 자격 취득 사실 확인이 필요한 경우 취득사항확인서(한글, 영문) 발급

고사장 및 시험 관련 문의

- 시행처 : 한국산업인력공단
- 홈페이지 : www.q-net.or.kr

📞 **1644-8000**

Q&A

Q 사무자동화산업기사 시험에 응시할 수 있는 자격 제한은 어떻게 되나요?

A 2년제 이상 대학졸업(예정)자 또는 이와 동등한 학력을 소유하면 응시할 수 있습니다(자세한 사항은 www.q-net. or.kr에서 확인하실 수 있습니다).

Q 사무자동화산업기사 시험은 어디에서 접수하며, 방문 접수도 가능한가요?

A 원서접수는 온라인(인터넷, 모바일앱)에서만 가능합니다. 스마트폰, 태블릿PC 사용자는 모바일앱 프로그램을 설치한 후 접수 및 취소/환불 서비스를 이용하시기 바랍니다.

Q 사무자동화산업기사 시험의 응시 수수료는 얼마인가요?

A 필기 : 19,400원, 실기 : 31,000원

Q 접수 후 시험 장소나 일정을 변경할 수 있나요?

A 원서접수 마감 이후 발생 환불 잔여석을 대상으로 시험 장소 및 일정을 변경할 수 있습니다.

Q 접수 가능한 사진 범위 등 변경사항 구분 내용은 어떻게 되나요?

A

구분	내용
접수 가능 사진	6개월 이내 촬영한 (3.5x4.5cm) 컬러 사진, 상반신 정면, 탈모, 무 배경
접수 불가 사진	스냅 사진, 선글라스, 스티커 사진, 측면 사진, 모자 착용, 혼란한 배경사진, 기타 신분확인이 불가한 사진

Q-net 사진등록, 원서접수 사진 등록 시 등 상기에 명시된 접수 불가 사진은 컴퓨터 자동인식 프로그램에 의해서 접수가 거부될 수 있습니다.

Q 입실 시간이 지난 후 시험장에 도착할 경우 시험 응시가 가능한가요?

A 반드시 시험 30분 전에 입실해야 합니다. 입실 시간이 지나면 시험에 응시할 수 없습니다.

Q 필기시험 합격 유효 기간은 언제까지 인가요?

A 필기시험 합격 유효 기간은 합격자 발표일로부터 2년 동안 유효합니다.

Q 신분증 인정이 불가능한 사항은 어떤 것들이 있나요?

A − 건강보험증, 주민등록초본, 대학학생증, 사원증, 민간자격증, 신용카드, 운전경력증명서 등
− 신분증 원본이 아닌 화면 캡처본, 녹화 촬영본, 복사본 등

Q 자격증 발급 신청 후 수령까지 소요 기간은 얼마나 걸리나요?

A 수첩형 자격증 배송은 한국산업인력공단 소속기관 승인일로부터 수령일까지 상당기간 (통상 2주 이상)이 소요되며, 합격자 발표일이 있는 기간에는 자격증 발급량이 많아 발급처리 및 배송기간이 이보다 훨씬 더 소요될 수 있습니다.
*승인일은 Q−Net − 마이페이지 − 발급조회현황 − 자격증발급신청 내역조회에서 확인가능

※ 더욱 자세한 사항은 큐넷 홈페이지(q−net.or.kr)를 참고하시기 바랍니다.

저자의 말

2026년부터 적용되는 새로운 출제 기준에 맞추어 『이기적 사무자동화산업기사 필기 절대족보』를 전면 개정하였습니다. 이번 개정판은 최신 NCS 모듈 기반 출제 체계를 반영하여, 단순 암기형이 아닌 실무 중심의 문제 해결 능력과 응용력을 평가할 수 있도록 구성하였습니다. 특히 4과목에서 3과목 체계로 개편된 점을 반영하여 학습 효율성을 높였습니다.

1과목 '사무자동화 시스템'은 데이터 수집 · 분석, 문서화 능력을 평가합니다. 스프레드시트, 데이터베이스, 프레젠테이션 활용 능력과 더불어, SQL 명령어, 시스템 백업 · 복구 등 운영 실무 항목이 새롭게 포함되었습니다.

2과목 '프로그래밍 일반'은 구조적 · 객체지향 · 스크립트 언어를 통합적으로 다루며 논리적 사고와 코드 구현 능력을 평가합니다. C, Java, Python 등 주요 언어 문법 외에 라이브러리 활용, 배포 과정 등 실무 응용력도 강화되었습니다.

3과목 '네트워크 일반'은 OSI 7계층, TCP/IP 등 프로토콜 구조와 함께 네트워크 보안 운영 및 장비 관리 능력을 함께 평가합니다. 방화벽, 라우터 운용 등 실무적 관점의 문제 비중이 높습니다.

이 책은 1권(이론 + 기출문제)과 2권(핵심 문제 + 예상 문제)으로 구성되어 기본기 학습과 실전 감각 완성을 돕습니다. 또한 과목별 빈출 유형과 핵심 요약을 제공하여 효율적인 학습이 가능하도록 설계하였습니다.

'절대족보'라는 이름처럼 한 권으로 완벽한 합격 대비가 가능하도록 최선을 다했습니다. 새로운 기준에 맞춰 도전하는 모든 수험생 여러분의 합격을 진심으로 기원합니다.

저자 신면철

신면철

- 현) ㈜ 익스터디 교육이사
- 전) K대 외래교수
    서울 S고 교사
    화성 K 컴퓨터학원 원장
    ㈜ 익스터디 대표이사

저서

- 정보처리기사 필기/실기
- 컴퓨터활용능력 1급 필기/실기
- 사무자동화산업기사 필기/실기
- 워드/엑셀/파워포인트/한글

손에 잡히는
핵심이론

1과목	사무자동화 시스템	1-18
2과목	프로그래밍 일반	1-76
3과목	네트워크 일반	1-122

POINT 01 운영체제의 개요

01 운영체제의 개념

운영체제의 정의

- 운영체제(OS; Operating System)는 컴퓨터 사용자와 컴퓨터 하드웨어 간의 인터페이스로써 동작하는 시스템 소프트웨어이다.
- 운영체제는 스스로 어떤 유용한 기능도 수행하지 않고 다른 응용 프로그램이 유용한 작업을 할 수 있도록 환경을 마련하여 준다.
- 운영체제의 종류로는 Windows, LINUX, UNIX, Android, iOS 등이 있다.

운영체제의 목적(=운영체제의 성능 평가 항목)

- 처리 능력(Throughput) 향상
  - 주어진 시간 내에 처리되는 작업의 양을 의미한다.
  - 작업량이 많을수록 운영체제의 성능이 좋은 것이다.
- 응답 시간(Response Time) 감소
  - 컴퓨터에 명령을 지시한 뒤 그 결과가 출력되는 시간을 의미한다.
  - 응답시간이 짧을수록 운영체제의 성능이 좋은 것이다.
- 신뢰성(Reliability) 향상 : 주어진 작업에 대해서 얼마나 오류 없이 처리하는지에 대한 것이다.
- 사용 가능도(Availability) 향상 : 시스템 운영 시간 중 얼마나 많은 시간을 사용 가능한지에 대한 것이다.

운영체제의 기능

- 사용자와 컴퓨터 시스템 간의 인터페이스를 제공한다.
- 프로세서, 기억장치, 입출력장치, 파일 및 정보 등의 자원을 관리한다.
- 입출력에 대한 보조 기능을 제공한다.
- 시스템의 오류를 검사하고 복구하여 시스템을 보호한다.
- 메모리 상태 관리, 사용자 간의 자원공유 등의 기능을 한다.

운영체제의 운영 방식

일괄 처리 시스템 (Batch Processing System)	• 유사한 성격의 작업을 한꺼번에 모아서 처리하는 시스템이다. • 오프라인 시스템에서 사용한다. • 적절한 작업 제어 언어(JCL)를 제공한다. ⑩ 수도요금 계산 업무, 월급 계산 업무 등
다중 프로그래밍 시스템(Multi-Programming System)	CPU의 처리 효율을 극대화하기 위하여 하나 이상의 프로그램을 주기억 장소에 적재해 두고 처리하는 방식이다.
시분할 시스템 (Time Sharing System)	• 하나의 컴퓨터를 여러 개의 단말기가 공동으로 사용하도록 하는 시스템이다. • 사용자 관점에서 프로세서를 일정한 시간 주기로 번갈아 점유하는 것을 말한다. • 프로세서가 여러 사용자 프로그램을 처리함에도 불구하고 사용자는 자신의 것만을 처리하는 것으로 느낀다. • 실시간(Real Time) 응답이 요구된다. • CPU가 Multi-Programming하는 것을 가능하게 한다. • 단말기 사용자를 위한 대화형 처리를 위하여 개발되었다.
다중 처리 시스템 (Multi-Processing System)	여러 개의 CPU와 한 개의 주기억장치로 여러 프로그램을 동시에 처리하는 시스템이다.
실시간 처리 시스템 (Real Time Processing System)	• 처리해야 할 작업이 발생한 시점에서 즉각적으로 처리하여 그 결과를 얻어내는 시스템이다. • 정해진 시간에 반드시 수행되어야 하는 작업들을 처리하기에 가장 적합하다. ⑩ 항공기 예약 업무, 은행 창구 업무, 조회 및 질의 업무 등
다중 모드 시스템 (Multi-Mode System)	일괄 처리 + 시분할 + 다중 처리 + 실시간 처리
분산 처리 시스템 (Distributed Processing System)	여러 대의 컴퓨터들에 의해 작업들을 나누어 처리하여 그 내용이나 결과를 통신망을 이용하여 상호 교환하도록 연결되어 있는 시스템이다.

02 운영체제의 구성

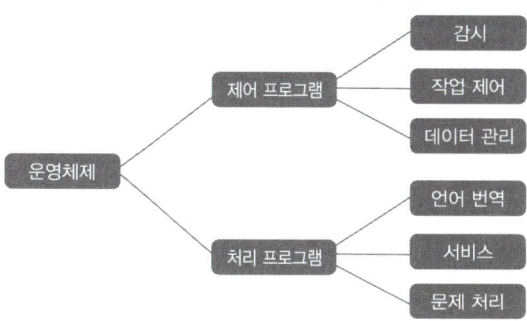

● 제어 프로그램(Control Program)

감시 프로그램 (Supervisor Program)	• 자원의 할당 및 시스템 전체의 작동 상태를 감시·감독하는 프로그램이다. • 제어 프로그램에서 가장 핵심이 된다.
작업 제어 프로그램 (Job Control Program)	작업의 연속 처리를 위한 스케줄 및 시스템 자원 할당의 기능을 수행한다.
데이터 관리 프로그램 (Data Management Program)	추기억장치와 보조기억장치 사이의 자료 전송, 파일의 조작 및 처리, 입·출력 자료와 프로그램 간의 논리적 연결 등 시스템에서 취급하는 파일과 데이터를 표준적인 방법으로 처리할 수 있도록 관리한다.

● 처리 프로그램(Processing Program)

언어 번역 프로그램 (Language Translator Program)	• 원시 프로그램을 번역하여 목적 프로그램을 생성한다. • 종류 : 어셈블러, 컴파일러, 인터프리터 등
서비스 프로그램 (Service Program)	시스템 제공자가 사용 빈도가 높은 프로그램을 미리 작성하여 사용자에게 제공해 주는 프로그램이다.
문제 프로그램 (Problem Program)	특정 업무를 처리하기 위해 사용자가 작성한 프로그램이다.

단답형 문제

01 운영체제의 제어 프로그램 중 다음 설명에 해당하는 것은?

> 작업의 연속 처리를 위한 스케줄 및 시스템 자원 할당의 기능을 수행한다.

객관식 문제

02 운영체제를 수행 기능에 따라 분류할 경우 제어 프로그램에 해당하지 <u>않는</u> 것은?
① 감시 프로그램
② 데이터 관리 프로그램
③ 언어 번역 프로그램
④ 작업 제어 프로그램

03 운영체제의 목적으로 거리가 <u>먼</u> 것은?
① 응답 시간(Turnaround Time) 증가
② 신뢰성(Reliability) 향상
③ 처리 능력(Throughput) 향상
④ 사용의 용이성(Availability) 향상

04 운영체제의 성능 평가 항목으로 거리가 <u>먼</u> 것은?
① 비용
② 처리 능력
③ 반환 시간
④ 사용 가능도

05 운영체제의 기능으로 옳지 <u>않은</u> 것은?
① 자원의 효율적 관리
② 작업의 연속적 관리를 위한 스케줄 관리
③ 여러 사용자 간의 자원 공유
④ 원시 프로그램에 대한 기계어 번역

정답 01 작업 제어(Job Control) 프로그램 02 ③ 03 ①
04 ① 05 ④

POINT 02 | UNIX

01 UNIX의 개요

◉ UNIX의 특징

- 시분할(Time-sharing) 시스템을 위해 설계된 대화식 운영체제이다.
- 소스가 공개된 개방형 시스템(Open System)이다.
- 트리 구조의 파일 시스템을 갖는다.
- 멀티유저(Multi-user), 멀티태스킹(Multi-tasking)을 지원한다.
- 하나 이상의 작업에 대하여 백그라운드에서 수행 가능하다.
- 90% 이상이 고급 언어인 C로 구성되어 있어서 이식성이 높다.

◉ UNIX 시스템의 구성

커널(Kernel)	• UNIX 시스템의 가장 핵심적인 부분이다. • 프로세스 관리, 메모리 관리, 파일 관리, 입·출력 관리 등의 기능을 수행한다.
쉘(Shell)	• 사용자가 지정한 명령들을 해석하여 커널로 전달하는 명령어 해석기이다. • 시스템과 사용자 간의 인터페이스를 담당한다. • 종류 : C Shell, Bourn Shell, Korn Shell 등
유틸리티(Utility)	• 사용자의 편의를 위한 프로그램이다. • 종류 : 편집기, 컴파일러, 인터프리터 등

◉ UNIX 파일 시스템의 구조

부트 블록(Boot Block)	부팅에 필요한 코드를 저장하고 있는 블록이다.
슈퍼 블록(Super Block)	전체 파일 시스템에 대한 정보를 저장하고 있는 블록이다.
I-node 블록(Index Node Block)	• 각 파일에 대한 정보를 저장하고 있는 블록이다. • 파일 소유자의 식별번호, 파일 크기, 파일의 최종 수정 시간, 파일 링크 수 등의 내용을 가지고 있다.
데이터 블록(Data Block)	실제 데이터를 저장하고 있는 블록이다.

02 UNIX 명령어

◉ 시스템 관련 명령어

- login : UNIX 시스템에 접속한다.
- logout : UNIX 시스템 접속을 종료한다.
- finger : 시스템에 등록된 사용자의 정보를 표시한다.
- who : 현재 로그인 중인 각 사용자에 관한 정보를 표시한다.
- ping : 네트워크상의 문제를 진단한다.
- fsck : 파일 시스템의 무결성을 검사한다.
- mount : 기존 파일 시스템에 새로운 파일 시스템을 서브 디렉터리에 연결한다.
- uname : 현재 시스템 정보를 확인하는 명령어이다. (옵션 -a : 시스템 모든 정보 출력)
- exec( ) : 새로운 프로세스를 생성하지 않고, 쉘 프로세스를 대체한다.

◉ 프로세스 관련 명령어

- fork : 새로운 프로세스를 생성한다.
- exec : 새로운 프로세스를 수행한다.
- exit : 프로세스 수행을 종료한다.
- wait : 자식 프로세스 중 하나가 종료될 때까지 부모 프로세스를 임시로 중지시킨다.
- kill : 현재 실행 중인 프로세스를 종료하거나 한 줄 전체를 지운다.
- ps : 현재 실행 중인 프로세스의 상태를 표시한다.
- getpid : 자신의 프로세스 아이디를 구한다.
- getppid : 부모 프로세스 아이디를 구한다.

◉ 디렉터리 관련 명령어

- pwd : 현재 작업 중인 디렉터리의 경로를 표시한다.
- ls : 현재 디렉터리 내의 모든 파일을 표시한다.
- mkdir : 디렉터리를 생성한다.
- rmdir : 파일 디렉터리를 삭제한다.
- cd : 디렉터리의 위치를 변경한다.

● 파일 관련 명령어

- creat : 파일을 생성한다.
- open : 파일을 사용 가능한 상태로 준비시킨다.
- cp : 파일을 복사한다.
- rm : 파일을 삭제한다.
- mv : 파일의 이름을 바꾼다.
- cat : 파일의 내용을 화면에 표시한다(cat /etc/ *release* : 리눅스 릴리즈 정보 확인).
- chmod : 파일의 사용 권한을 지정한다.
- chown : 파일의 소유자를 변경한다.

03 UNIX 환경 변수

● 환경 변수(Environment Variables)의 개념

- 쉘(Shell)이 프로그램들 사이에서 값을 전달해 주는 역할을 하는 변수이다.
- 프로세스가 컴퓨터에 동작하는 방식에 영향을 미치는 값들의 집합이다.
- 기본적으로 환경 변수는 대문자를 사용한다.

● 환경 변수 관련 명령어

- env : 전역 환경 변수를 설정하거나 출력한다.
- set : 사용자 환경 변수를 설정한다.
- printenv : 현재 설정되어 있는 환경 변수의 값을 모두 출력한다.
- echo : 특정 환경 변수의 값을 출력한다.
- setenv : 환경 변수의 값을 설정한다.

● BASH Shell

- LINUX, MAC OSX 등 다양한 운영체제에서 사용되며 LINUX 표준 쉘이다.
- LINUX에서 환경 변수를 설정하는 명령어에는 env, set, export이 있다.

env	전역 변수 설정, 조회, 삭제
set	사용자 환경 변수 설정 및 조회
export	사용자 환경 변수 전역 변수로 설정
declare	변수 타입을 설정

단답형 문제

01 UNIX 시스템의 가장 핵심적인 부분으로, 프로세스 관리, 메모리 관리, 파일 관리, 입·출력 관리 등의 기능을 수행하는 것을 무엇이라고 하는가?

02 UNIX에서 파일의 사용 허가를 정하는 명령어는 무엇인가?

객관식 문제

03 UNIX에서 새로운 프로세스를 생성하는 명령어는?
① ls ② cat
③ fork ④ chmod

04 UNIX SHELL 환경 변수를 출력하는 명령어가 아닌 것은?
① configenv ② printenv
③ env ④ setenv

05 다음 중 bash 쉘 스크립트에서 사용할 수 있는 제어문이 아닌 것은?
① if ② for
③ repeat_do ④ while

06 UNIX 시스템의 쉘(shell)의 주요 기능에 대한 설명이 아닌 것은?
① 사용자 명령을 해석하고 커널로 전달하는 기능을 제공한다.
② 반복적인 명령을 프로그램으로 만드는 프로그래밍 기능을 제공한다.
③ 쉘 프로그램 실행을 위해 프로세스와 메모리를 관리한다.
④ 초기화 파일을 이용해 사용자 환경을 설정하는 기능을 제공한다.

정답 01 커널(Kernel) 02 chmod 03 ③ 04 ① 05 ③ 06 ③

03 프로세스 관리

01 프로세스

● 프로세스(Process)의 정의

- 실행 중인 프로그램이다.
- 실행 가능한 PCB를 가진 프로그램이다.
- 프로세서가 할당되는 실체이다.
- 프로시저가 활동 중인 것이다.
- 비동기적 행위를 일으키는 주체이다.

● 프로세스 제어 블록(PCB : Process Control Block)

- 운영체제가 프로세스를 관리하기 위해 프로세스에 대한 중요한 정보를 저장해 놓은 곳이다.
- 프로세스가 생성될 때마다 고유의 PCB가 생성되며, 프로세스가 소멸되면 PCB도 소멸된다.
- PCB에 저장되어 있는 정보 : 프로세스의 현재 상태, 프로세스의 우선순위, 프로세스에 할당된 자원에 대한 정보, CPU 레지스터 정보

● 프로세스 상태 전이

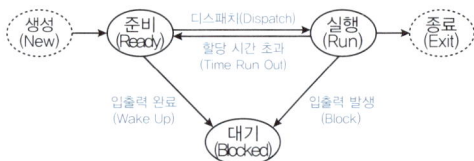

준비 상태 (Ready State)	프로세스가 CPU를 할당받기 위해 준비하고 있는 상태이다.
실행 상태 (Running State)	• 준비 상태의 프로세스가 CPU를 할당받아 실행 중인 상태이다. • 디스패치(Dispatch) : 우선순위가 가장 높은 프로세스가 준비 상태에서 실행 상태로 전환되는 것이다. • 할당 시간 종료(Time Runout) : 실행 상태의 프로세스가 할당 시간(타이머)이 종료되어 준비 상태로 전환되는 것이다.
대기 상태 (Blocked State)	• 실행 상태의 프로세스가 종료되기 전에 입·출력 등의 다른 작업이 필요할 경우 CPU를 반납하고 작업의 완료를 기다리는 상태이다. • 블록(Block) : 실행 상태에서 대기 상태로 전환되는 것이다. • 웨이크 업(Wake Up) : 대기 상태의 프로세스가 웨이크업(조건 만족)되면 준비 상태로 전환된다.

● 스레드(Thread)

- 프로세스 내에서의 작업 단위로서 시스템의 여러 자원을 할당받아 실행하는 프로그램의 단위를 의미한다.
- 하드웨어, 운영체제의 성능과 응용 프로그램의 처리율을 향상시킬 수 있다. ← 커널 수준 스레드는 커널 레벨에서 생성되는 스레드
- 한 개의 프로세스는 여러 개의 스레드를 가질 수 있다.
- 스레드의 구분 : 커널 스레드, 사용자 스레드

● 사용자 수준 스레드의 장점 ← 라이브러리에 의해 구현된 일반적인 스레드

- 높은 이식성 : 기본 커널을 변경할 필요가 없으므로 모든 운영체제에 적용할 수 있어 이식성이 높다.
- 오버헤드 감소 : 커널의 도움 없이 스레드 교환이 가능해서, 사용자와 커널 전환에 따른 오버헤드가 줄어든다.

02 병행 프로세스와 교착상태

● 병행 프로세스(Concurrent Process)

- 두 개 이상의 프로세스들이 동시에 실행 상태에 있는 것이다.
- 병행 프로그래밍 기법하에서 발생할 수 있는 오류에 대한 오류 방지 방법에는 임계 영역, 상호배제, 동기화 기법이 있다.

임계 영역 (Critical Section)	• 어느 한 시점에서 하나의 프로세스가 자원 또는 데이터를 사용하도록 지정된 공유 영역이다. • 임계 영역에서의 작업은 신속하게 이루어져야 한다.

임계 영역 (Critical Section)	• 임계 영역 내의 프로그램에서는 교착상태가 발생하지 않도록 해야 한다. • 임계 영역 내의 프로그램에서는 무한 반복이 발생하지 않도록 해야 한다.
상호배제 (Mutual Exclusion)	• 공유 변수를 접근하고 있는 하나의 프로세스 외에는 다른 모든 프로세스들이 공유 변수를 접근하지 못하도록 제어하는 기법이다. • 상호배제 구현 기법 : 데커 알고리즘, 피터슨 알고리즘, Lamport의 빵집 알고리즘, Test and set 명령어 기법, Swap 명령어 기법
동기화 기법 (Synchronization) 공유 데이터와 이 데이터를 처리하는 프로시저를 포함하는 병행성 구조	• 세마포어(Semaphore) : Dijkstra가 제안한 방법으로, 연산 P와 V를 통해서 프로세스 사이의 동기를 유지하고 상호배제의 원리를 보장한다. • 모니터(Monitor) : 모니터의 경계에서 상호배제가 시행되며, 모니터 외부에서는 모니터 내부의 데이터를 직접 액세스할 수 없다.

◉ 교착상태(Deadlock)

• 둘 이상의 프로세스들이 서로 다른 프로세스가 차지하고 있는 자원을 요구하며 무한정 기다리게 되어 해당 프로세스들의 진행이 중단되는 현상이다.

• 교착상태의 발생 조건

상호배제 (Mutual Exclusion)	한 번에 한 프로세스만이 어떤 자원을 사용할 수 있다.
점유 및 대기 (Hold and Wait)	프로세스는 다른 자원이 할당되기를 기다리는 동안 이미 확보한 자원을 계속 보유하고 있다.
비선점 (Non-preemption)	자원을 보유하고 있는 프로세스로부터 다른 프로세스가 강제로 그 자원을 빼앗을 수 없다.
환형 대기 (Circular Wait)	이미 자원을 가진 프로세스가 앞이나 뒤의 프로세스의 자원을 요구한다.

• 교착상태의 해결 방법

예방(Prevention) 자원의 낭비가 가장 심한 것으로 알려신 기법	교착상태가 발생하지 않도록 사전에 시스템을 제어하는 방법이다.
회피(Avoidance) 주로 은행가 알고리즘(Banker's Algorithm)을 사용	교착상태 발생 가능성을 인정하고 교착상태가 발생하려고 할 때, 교착상태 가능성을 피해 가는 방법이다.
발견(Detection)	교착상태가 발생했는지 검사하여 교착상태에 빠진 프로세스와 자원을 발견하는 방법이다.
회복(Recovery)	교착상태에 빠진 프로세스를 종료하거나 해당 프로세스가 점유하고 있는 자원을 선점하여 다른 프로세스에게 할당하는 기법이다.

단답형 문제

01 둘 이상의 프로세스들이 서로 다른 프로세스가 차지하고 있는 자원을 요구하며 무한정 기다리게 되어 해당 프로세스들의 진행이 중단되는 현상을 무엇이라고 하는가?

객관식 문제

02 프로세스 상태의 종류가 아닌 것은?
① Ready　　② Running
③ Request　④ Exit

03 교착상태 발생의 필요 충분 조건이 아닌 것은?
① 상호배제(Mutual Exclusion)
② 점유와 대기(Hold and Wait)
③ 환형 대기(Circular Wait)
④ 선점(Preemption)

04 은행가 알고리즘(Banker's Algorithm)은 교착상태의 해결 방법 중 어떤 기법에 해당하는가?
① Avoidance
② Detection
③ Prevention
④ Recovery

05 다음과 같은 형태로 임계 구역의 접근을 제어하는 상호배제 기법은?

```
P(S) : while S <= 0 do skip;
       S := S - 1;
V(S) : S := S + 1;
```

① Dekker Algorithm
② Lamport Algorithm
③ Peterson Algorithm
④ Semaphore

정답 01 교착상태(Deadlock)　02 ③　03 ④　04 ①　05 ④

POINT 04 | 프로세스 스케줄링

01 프로세스 스케줄링의 개요

● 프로세스 스케줄링(Process Scheduling)의 개념
- 프로세스의 생성 및 실행에 필요한 시스템의 자원을 해당 프로세스에 할당하는 작업이다.
- 다중 프로그래밍 운영체제에서 자원의 성능을 향상시키고 효율적인 프로세서의 관리를 위해 작업 순서를 결정하는 것이다.

● 프로세스 스케줄링의 목적
- 모든 작업들에 대한 공평성 유지, 단위 시간당 처리량 최대화, 응답 시간 및 반환 시간 최소화, 운영체제의 오버헤드 최소화

● 바람직한 스케줄링 정책
- CPU 이용률 최대화, 응답 시간 및 반환 시간 최소화, 대기 시간 최소화

02 프로세스 스케줄링 기법

● 비선점(Non-Preemptive) 스케줄링
- 한 프로세스가 일단 CPU를 할당받으면 다른 프로세스가 CPU를 강제로 빼앗을 수 없고, 사용이 끝날 때까지 기다리는 방식이다.
- 모든 프로세스들에 대한 요구를 공정히 처리하여 응답 시간의 예측이 용이하다.
- CPU의 사용 시간이 짧은 프로세스들이 사용 시간이 긴 프로세스들로 인하여 오래 기다리는 경우가 발생할 수 있다.

FIFO (First In First Out)	• 준비 상태 큐에 도착한 순서대로 CPU를 할당하는 기법이다. • FCFS(First Come First Served)라고도 한다. ◎ FIFO 스케줄링에서 다음과 같은 3개의 작업에 대하여 모든 작업들의 평균 대기 시간 및 평균 반환 시간은? | 작업	도착 시간	실행 시간 | |---|---|---| | P1 | 0 | 13 | | P2 | 3 | 35 | | P3 | 8 | 10 | • 실행 순서 : P1 → P2 → P3 • 대기 시간 : P1(0), P2(10), P3(40) • 평균 대기 시간 : (0+10+40) / 3 = 16.66 • 반환 시간 : P1(13), P2(45), P3(50) → 평균 반환 시간 : (13+45+50) / 3 = 36
SJF (Shortest Job First)	• 준비 상태 큐에서 기다리고 있는 프로세스들 중에서 실행 시간이 가장 짧은 프로세스에게 먼저 CPU를 할당하는 스케줄링 기법이다. • 평균 대기 시간을 최소화한다. ◎ SJF 스케줄링에서 다음과 같이 4개의 작업이 준비 상태 큐에 있을 때 모든 작업들의 평균 대기 시간 및 평균 반환 시간은? | 작업	실행 시간 | |---|---| | P1 | 6 | | P2 | 3 | | P3 | 8 | | P4 | 7 | • 실행 순서 : P2 → P1 → P4 → P3 • 대기 시간 : P2(0), P1(3) P4(9), P3(16) • 평균 대기 시간 : (0+3+9+16) / 4 = 7 • 반환 시간 : P2(3), P1(9) P4(16), P3(24) → 평균 반환 시간 : (3+9+16+24) / 4 = 13
HRN (Highest Response-ratio Next)	• 어떤 작업이 서비스받을 시간과 그 작업이 서비스를 기다린 시간으로 결정되는 우선순위에 따라 CPU를 할당하는 기법이다. • 우선순위 계산식 = (대기 시간 + 서비스를 받을 시간) / 서비스를 받을 시간 ◎ HRN 방식으로 스케줄링할 경우, 입력된 작업이 다음과 같을 때 처리되는 작업 순서는? | 작업	대기 시간	서비스(실행) 시간 | |---|---|---| | P1 | 5 | 20 | | P2 | 40 | 20 | | P3 | 15 | 45 | | P4 | 20 | 20 |

- P1 : (5+20)/20 = 1.25
- P2 : (40+20)/20 = 3.0
- P3 : (15+45)/45 = 1.33
- P4 : (20+20)/20 = 2.0
→ 최종 처리 순서 : P2 → P4 → P3 → P1

우선순위 (Priority)	• 준비 상태 큐에서 대기하는 프로세스에게 부여된 우선순위가 가장 높은 프로세스에게 먼저 CPU를 할당하는 기법이다. • 우선순위가 낮은 프로세스는 무한 정지(Indefinite Blocking)가 발생할 수 있으며, 에이징(Aging) 기법으로 이를 해결할 수 있다.

● 선점(Preemptive) 스케줄링

- 한 프로세스가 CPU를 할당받아 실행 중이라도 우선순위가 높은 다른 프로세스가 CPU를 강제적으로 빼앗을 수 있는 방식이다.
- 긴급하고 높은 우선순위의 프로세스들이 빠르게 처리될 수 있다.
- 선점을 위한 시간 배당에 대한 인터럽트용 타이머 클럭(Clock)이 필요하다.
- 온라인 응용에 적합한 스케줄링이다.

RR (Round Robin)	• 주어진 시간 할당량(Time Slice) 안에 작업을 마치지 않으면 준비 상태 큐의 가장 뒤로 배치된다. • 시분할 시스템(Time-sharing System)을 위해 고안된 방식이다. • 시간 할당량이 커지면 FCFS 스케줄링과 같은 효과를 얻을 수 있다. • 시간 할당이 작아지면 프로세스 문맥 교환이 자주 일어난다.
SRT (Shortest Remaining Time)	• 작업이 끝나기까지의 실행시간 추정치가 가장 작은 작업을 먼저 실행시키는 기법이다. • FIFO 기법보다 평균 대기 시간이 감소된다. • 남은 실행시간 기준으로 선점하므로, 실행시간이 긴 프로세스는 대기시간이 길어질 수 있다.
다단계 큐 (Multi-Level Queue)	프로세스들을 우선순위에 따라 상위, 중위, 하위 단계의 단계별 준비 상태 큐를 배치하는 기법이다.
다단계 피드백 큐 (Multi-Level Feedback Queue)	각 준비 상태 큐마다 부여된 시간 할당량 안에 완료하지 못한 프로세스는 다음 단계의 준비 상태 큐로 이동하는 기법이다.

단답형 문제

01 프로세스의 생성 및 실행에 필요한 시스템의 자원을 해당 프로세스에 할당하는 작업을 무엇이라고 하는가?

02 준비 상태 큐에서 기다리고 있는 프로세스들 중에서 실행 시간이 가장 짧은 프로세스에게 먼저 CPU를 할당하는 비선점 스케줄링 기법은 무엇인가?

객관식 문제

03 HRN(Highest Response-ratio Next) 스케줄링 방식에 대한 설명으로 옳지 않은 것은?
① 대기 시간이 긴 프로세스일 경우 우선순위가 높아진다.
② SJF 기법을 보완하기 위한 방식이다.
③ 긴 작업과 짧은 작업 간의 지나친 불평등을 해소할 수 있다.
④ 우선순위를 계산하여 그 수치가 가장 낮은 것부터 높은 순으로 우선순위가 부여된다.

04 스케줄링 기법 중 SJF 기법과 SRT 기법에 관한 설명으로 가장 옳지 않은 것은?
① SJF는 비선점(Non-Preemptive) 기법이다.
② SJF는 작업이 끝나기까지의 실행 시간 추정치가 가장 작은 작업을 먼저 실행시킨다.
③ SRT는 실행 시간을 추적해야 하므로 오버헤드가 증가한다.
④ SRT에서는 이미 할당된 CPU를 다른 프로세스가 강제로 빼앗아 사용할 수 없다.

05 다음과 같은 프로세스가 차례로 큐에 도착하였을 때, SJF(Shortest Job First) 정책을 사용할 경우 가장 먼저 처리되는 작업은?

프로세스 번호	실행 시간
P1	6
P2	8
P3	4
P4	3

① P1 ② P2 ③ P3 ④ P4

정답 01 프로세스 스케줄링 02 SJF 03 ④ 04 ④ 05 ④

POINT 05 기억장치 관리

01 기억장치 관리 전략

● 반입 전략
- 보조기억장치에 보관 중인 프로그램이나 데이터를 주기억장치로 언제 가져올 것인지 결정하는 전략이다.
- 종류 : 요구 반입, 예상 반입

● 배치 전략
보조기억장치에 보관 중인 프로그램이나 데이터를 주기억장치의 어디에 위치시킬 것인지 결정하는 전략이다.

최초 적합 (First-Fit)	적재 가능한 공간 중에서 첫 번째 공간에 배치하는 방식이다.
최적 적합 (Best-Fit)	단편화 공간이 가장 작게 발생하는 공간에 배치하는 방식이다.
최악 적합 (Worst-Fit)	단편화 공간이 가장 크게 발생하는 공간에 배치하는 방식이다.

● 교체 전략
주기억장치의 모든 페이지 프레임이 사용 중일 때 어떤 페이지 프레임을 교체할 것인지 결정하는 전략이다.

OPT(Optimal replacement)	• 이후에 가장 오랫동안 사용되지 않을 페이지를 먼저 교체하는 기법이다. • 실현 가능성이 희박하다.
FIFO(First In First Out)	가장 먼저 적재된 페이지를 먼저 교체하는 기법으로 구현이 간단하다.
LRU(Least Recently Used)	각 페이지마다 계수기나 스택을 두어 현 시점에서 가장 오랫동안 사용하지 않은 페이지를 교체하는 기법이다.
LFU(Least Frequently Used)	참조된 횟수가 가장 적은 페이지를 먼저 교체하는 기법이다.
NUR(Not Used Recently)	각 페이지당 두 개의 하드웨어 비트를 두어서 가장 최근에 사용하지 않은 페이지를 교체하는 기법이다.
SCR(Second Chance Replacement)	FIFO의 단점을 보완하는 기법으로, 가장 오랫동안 주기억장치에 상주했던 페이지 중에서 자주 참조되는 페이지의 교체를 예방한다.

02 가상기억장치 구현 기법

● 가상기억장치(Virtual Memory)
- 주기억장치의 부족한 용량을 해결하기 위해 보조기억장치를 주기억장치처럼 사용하는 기법이다.
- 페이징 또는 세그먼테이션 기법을 사용하여 구현한다.

● 페이징(Paging) 기법
- 가상기억장치에 보관된 프로그램과 주기억장치의 영역을 동일한 크기로 나눈 후, 나눠진 프로그램을 동일하게 나눠진 주기억장치의 영역에 적재시켜 실행하는 기법이다.
- 가상기억장치에서 주기억장치로 주소를 조정하기 위해 페이지의 위치 정보를 가진 페이지 맵 테이블이 필요하다.
- 페이지의 크기가 클수록 페이지 맵 테이블의 크기가 작아지고, 단편화가 증가하고, 디스크 접근 횟수가 감소하며, 전체 입출력 시간이 감소한다.
- 페이지의 크기가 작을수록 페이지 맵 테이블의 크기가 커지고, 단편화가 감소하고, 디스크 접근 횟수가 증가하며, 전체 입출력 시간이 증가한다.

● 세그먼테이션(Segmentation) 기법
- 가상기억장치에 보관된 프로그램을 다양한 크기로 나눈 후, 나눠진 프로그램을 주기억장치에 적재시켜 실행하는 기법이다.
- 세그먼트(Segment) : 프로그램을 코드, 데이터, 스택과 같이 의미 있는 '논리적 단위'로 분할한 것으로, 이 논리적 덩어리 자체가 주기억장치에 읽어 들여지는 단위가 된다.

● 구역성(Locality)
- 프로세스가 실행되는 동안 일부 페이지만 집중적으로 참조되는 경향을 의미한다.
- 시간 구역성(Temporal Locality) : 순환(Looping), 스택(Stack), 부프로그램(Subprogram), 집계(Totaling) 등에 사용되는 변수 등이 있다.

- 공간 구역성(Spatial Locality) : 배열 순례(Array Traversal), 프로그램의 순차적 수행 등이 있다.

◉ 워킹 셋(Working Set)

프로세스가 일정 시간 동안 자주 참조하는 페이지들의 집합이다.

◉ 스래싱(Thrashing)

하나의 프로세스가 작업 수행 과정에 수행하는 기억장치 접근에서 지나치게 페이지 부재가 발생하여 프로세스 수행에 소요되는 시간보다 페이지 이동에 소요되는 시간이 더 커지는 현상이다.

◉ 페이지 부재(Page Fault)

참조할 페이지가 주기억장치에 없는 현상이다.

예제

어떤 프로그램이 다음과 같은 순서로 페이지 번호를 요구하였을 때, 페이지 교체 기법으로 LRU 기법을 사용하였다면, 페이지 부재는 몇 번 일어나겠는가? (페이지 프레임은 3개이다.)

[요청된 페이지 번호 : C, D, E, B, D, E, C]

요청 페이지	C	D	E	B	D	E	C
프레임 1	C	C	C	B	B	B	C
프레임 2		D	D	D	D	D	D
프레임 3			E	E	E	E	
부재 발생여부	●	●	●	●			●

LRU(Least Recently Used)는 가장 오랫동안 사용하지 않는 페이지를 먼저 교체하게 된다. 그래서 페이지 부재 분석표를 통해 총 5번 페이지 폴트가 발생한다는 것을 알 수 있다.

예제

다음의 참조 페이지를 3개의 페이지 프레임을 가진 기억 장치에서 FIFO 방식으로 교체하였을 때 페이지 폴트의 수는?

[참조 페이지 : 4, 3, 4, 1, 5, 4, 3, 5]

참조 페이지	4	3	4	1	5	4	3	5
프레임 1	4	4	4	4	5	5	5	5
프레임 2		3	3	3	3	4	4	4
프레임 3				1	1	1	3	3
부재 발생여부	●	●		●	●	●	●	

페이지 부재(Fault)란 프레임 내에 참조 페이지 내용이 없는 경우 발생한다. FIFO 방식의 경우 제일 먼저 입력된 프레임값이 제일 먼저 교체된다. 즉, 주어진 예제에서 페이지 폴트는 6번 발생한다.

단답형 문제

01 주기억장치 관리 기법 중 배치(Placement) 전략에서 입력된 작업을 가장 큰 공백에 배치하는 전략은?

02 가상기억장치 관리 기법 중 각 페이지당 두 개의 하드웨어 비트를 두어서 가장 최근에 사용하지 않은 페이지를 교체하는 기법은?

객관식 문제

03 큰 프로그램을 보다 작은 프로그램으로 분할해서 하나의 논리적 단위로 묶어서 주기억장치에 읽어들일 수 있도록 한 것은?
① 서브루틴(Subroutine)
② 세그먼트(Segment)
③ 링키지(Linkage)
④ 스래싱(Thrashing)

04 프로세스가 일정 시간 동안 자주 참조하는 페이지들의 집합을 무엇이라고 하는가?
① 워킹 셋(Working Set)
② 구역성(Locality)
③ 스래싱(Thrashing)
④ 모니터(Monitor)

05 페이징 시스템에서 페이지의 크기에 관한 설명으로 옳지 않은 것은?
① 페이지의 크기가 작을수록 페이지 테이블의 크기가 커진다.
② 페이지의 크기가 클수록 내부 단편화가 감소한다.
③ 페이지의 크기가 클수록 참조되는 정보와 무관한 정보들이 많이 적재된다.
④ 페이지의 그기가 작을수록 보다 적절한 작업 세트를 유지할 수 있다.

정답 01 최악 적합(Worst-Fit) 02 NUR 03 ② 04 ①
05 ②

POINT 06 자료 구조

01 자료 구조

● 자료 구조의 분류

● 자료 구조의 활용

- **정렬(Sort)**
  - 집합된 데이터 레코드를 일정 기준으로 재배열하는 것을 말한다.
  - 오름차순, 내림차순 (작은 값 → 큰 값 순으로 나열)
- **검색(Search)**
  - 저장된 데이터 레코드 중 원하는 값을 빠르게 찾는 것을 말한다.
- **인덱스(Index)** (인덱스 생성 시 CREATE, 삭제 시 DROP 문을 사용)
  - 데이터 조회 속도를 향상시키는 자료 구조이며, 테이블과 독립된 저장공간에 유지된다.
  - 예) 책의 맨 뒤에 빠르게 찾기에 해당한다.
  - B-트리 인덱스는 분기를 목적으로 하는 Branch Block을 가지고 있다.
  - BETWEEN 등 범위(Range) 검색에 활용될 수 있다.
- **파일 편성** : 파일에서 레코드의 물리적인 배열 방법이다.

02 선형 자료 구조
(선처럼 일렬로 나열된 자료를 의미)

● 리스트(List)

- **선형 리스트(Linear List)**
  - 배열(Array)과 같이 연속되는 기억 장소에 저장되는 리스트이다.
  - 가장 간단한 데이터 구조 중 하나로 데이터 항목을 추가/삭제하는 것이 불편하다.

| 감자 | 배 | 옥수수 | 고구마 |

- **연결 리스트(Linked List)**
  - 노드(Node)의 포인터 부분을 서로 연결시킨 리스트로 연속적인 기억 공간이 없어도 저장이 가능하다.
  - 노드의 삽입/삭제가 용이하며 포인터를 위한 추가 공간이 필요하므로 기억 공간이 많이 소요된다.

● 스택(Stack)

- 리스트의 한쪽 끝에서만 자료의 삽입과 삭제가 이루어지는 자료 구조이다.
- 가장 나중에 삽입된 자료가 가장 먼저 삭제되는 후입선출(LIFO, Last In First Out) 방식이다.
- 마지막 삽입된 자료의 위치를 Top이라 하고, 가장 먼저 삽입된 자료의 위치를 Bottom이라고 한다.
- **스택 가드**(Stack Guard) : 메모리상에서 프로그램의 복귀 주소와 변수 사이에 특정 값을 저장해 두었다가 그 값이 변경되었을 경우 오버플로우 상태로 가정하여 프로그램 실행을 중단하는 기술이다.

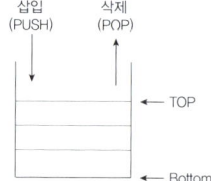

- 스택의 응용 분야
  - 인터럽트 처리, 수식의 계산, 0-주소 지정 방식
  - 재귀호출, 후위 표현(Post-fix expression)의 연산, 깊이 우선 탐색

● 스택의 삽입 알고리즘

```
if TOP ≥ n then call Stack-Full
else TOP ← TOP + 1
Stack(TOP) ← Data
end Insert
```

● 스택의 삭제 알고리즘

```
if TOP = 0 then Underflow
else
remove Stack(TOP)
TOP ← TOP - 1
```

● 스택의 오버플로 알고리즘

```
TOP = TOP + 1
if TOP > n then goto AA
else Stack(TOP) ← item
```

● 큐(Queue) — 운영체제의 작업 스케줄링 등에서 응용됨

- 자료의 삽입 작업은 선형 리스트의 한쪽 끝에서, 삭제 작업은 다른 쪽 끝에서 수행되는 자료 구조이다.
- 가장 먼저 삽입된 자료가 가장 먼저 삭제되는 선입선출(FIFO : First In First Out) 방식이다.

```
         Front                  Rear
삭제 ←    | B | C | D |    ← 삽입
```

● 데크(Deque)

- 자료의 삽입과 삭제가 리스트의 양쪽 끝에서 이루어지므로 두 개의 포인터를 사용하는 자료 구조이다.
- 스택과 큐를 복합한 형태이다.

```
         Front                  Rear
삽입 →    | B | C | D |    → 삭제
삭제 ←                      ← 삽입
```

단답형 문제

01 메모리상에서 프로그램의 복귀 주소와 변수 사이에 특정 값을 저장해 두었다가 그 값이 변경되었을 경우 오버플로우 상태로 가정하여 프로그램 실행을 중단하는 기술은?

02 양방향에서 입·출력이 가능한 선형 자료 구조로 2개의 포인터를 이용하여 리스트의 양쪽 끝 모두에서 삽입·삭제가 가능한 것은?

객관식 문제

03 순서가 A, B, C, D로 정해진 입력 자료를 스택에 입력하였다가 출력한 결과로 옳은 것은?
① A, D, B, C
② B, A, D, C
③ C, A, B, D
④ D, B, C, A

04 0-주소 인스트럭션에 반드시 필요한 것은?
① 스택
② 베이스 레지스터
③ 큐
④ 주소 레지스터

05 비선형 자료 구조에 해당하는 것은?
① 큐(Queue)
② 그래프(Graph)
③ 데크(Deque)
④ 스택(Stack)

06 순서가 A, B, C, D로 정해진 입력자료를 push, push, pop, push, push, pop, pop, pop 순서로 스택 연산을 수행하는 경우 출력 결과는?
① B D C A
② A B C D
③ B A C D
④ A B D C

정답 01 스택 가드 02 데크(Deque) 03 ② 04 ①
05 ② 06 ①

POINT 07 | 비선형 구조

01 트리(Tree)

● 트리의 정의

- 그래프(Graph)의 특수한 형태로써 노드(Node)와 가지(Branch)를 이용하여 사이클을 이루지 않도록 구성한 자료 구조이다.

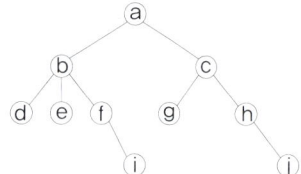

● 트리 관련 용어

노드(Node)	트리의 기본 구성 요소
근노드(Root Node)	가장 상위에 위치한 노드
레벨(Level)	근노드를 기준으로 특정 노드까지의 경로 길이
조상 노드(Ancestors Node)	어떤 노드에서 근노드에 이르는 경로상의 모든 노드
부모 노드(Parent Node)	어떤 노드에 연결된 이전 레벨의 노드
자식 노드(Child Node)	어떤 노드에 연결된 다음 레벨의 노드
형제 노드(Brother Node) = Sibling Node	같은 부모를 가진 노드
깊이(Depth)	트리의 최대 레벨
차수(Degree)	어떤 노드에 연결된 자식 노드의 수
단말 노드(Terminal Node)	트리의 제일 마지막에 위치한 노드(차수=0)
트리의 차수(Degree)	트리의 노드 중 가장 큰 차수

● 이진 트리(Binary Tree)

- 차수(Degree)가 2 이하인 노드들로만 구성된 트리이다.
- 이진 트리의 레벨 K에서 최대 노드의 수 : $2^K - 1$

● 이진 트리의 구조

Full Binary Tree 정이진 트리		첫 번째 레벨부터 마지막 레벨까지 모두 2개씩 노드가 채워진 트리를 말한다.
Complete Binary Tree 완전 이진 트리		정이진 트리에서 마지막 레벨에서 왼쪽부터 단말 노드를 채우는 트리를 말한다.
Skewed Binary Tree 사향 이진 트리		근노드로부터 한쪽 방향으로만 기울어진 트리를 말한다.

● 이진 트리의 운행법(Traversal)

전위(Preorder) 운행	Root → Left → Right
중위(Inorder) 운행	Left → Root → Right
후위(Postorder) 운행	Left → Right → Root

예제

아래의 트리를 전위 중위 후위 방식으로 각각 운행한 각 노드의 순서는 어떻게 되는가?

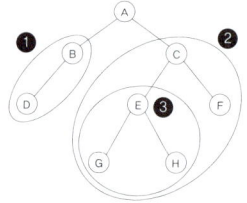

- 전위(Preorder) 운행 : Root → Left → Right
  A❶❷ → ABD❷ → ABDC❸F → ABDCEGHF
- 중위(Inorder) 운행 : Left → Root → Right
  ❶A❸❷ → DBA❸❷ → DBAGEHCF
- 후위(Postorder) 운행 : Left → Right → Root
  ❶❸❷A → DB❸❷A → DBGHE❷A → DBGHEFCA

수식의 표기법

전위(Prefix) 표기법	연산자 → 피연산자 → 피연산자	+A B
중위(Infix) 표기법	피연산자 → 연산자 → 피연산자	A+B
후위(Postfix) 표기법	피연산자 → 피연산자 → 연산자	AB+

예제

(A*B) + (C*D) 수식을 전위, 후위 방식으로 표기하시오.

전위 표기	① ((A*B) + (C*D)) : 연산자 우선순위대로 ( )로 묶어준다. ② +(*(AB)*(CD)) : 괄호 앞으로 연산자를 이동한다. ③ +*AB*CD : 괄호를 제거해 준다.
후위 표기	① ((A*B) + (C*D)) : 연산자 우선순위대로 ( )로 묶어준다. ② ((AB)*(CD*)+) : 괄호 뒤로 연산자를 이동한다. ③ AB*CD*+ : 괄호를 제거해 준다.

02 그래프(Graph)

그래프(Graph)

- 정점(Vertex)과 간선(Edge)의 집합으로 이루어지는 자료 구조이다.
- 표현 방법 : 인접 행렬(Adjacency Matrix)
- 신장 트리(Spanning Tree) : 간선들이 사이클을 이루지 않도록 정점들을 연결시킨 그래프이다.
- 종류 : 방향 그래프, 무방향 그래프, 완전 그래프, 부 그래프
- n개의 노드로 구성된 무방향 그래프의 최대 간선 수는 n(n-1)/2개다.
- 제이 흐름 그래프에서 순한 복잡도

$$V(G) = E(간선\ 수) - N(노드\ 수) + 2$$

인접 행렬(Adjacency Matrix)

- 방향 그래프에서 V_iV_j 관계를 나타내는 행렬의 원소를 A_{ij}라고 할 때, 방향 간선이 있으면 행렬의 $A_{ij} = 1$, 방향 간선이 없으면 행렬의 $A_{ij} = 0$으로 나타낸다.
- 무방향 그래프에서 V_i와 V_j가 서로 인접하면 $A_{ij} = 1$, 서로 인접하지 않으면 $A_{ij} = 0$으로 나타낸다.

단답형 문제

01 다음 트리의 차수(Degree)와 단말 노드(Terminal Node)의 수는?

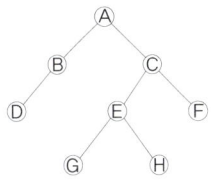

객관식 문제

02 n개의 노드로 구성된 무방향 그래프의 최대 간선 수는?
① n-1
② n/2
③ n(n-1)/2
④ n(n+1)

03 다음 트리를 전위 순회(Preorder Traversal)한 결과는?

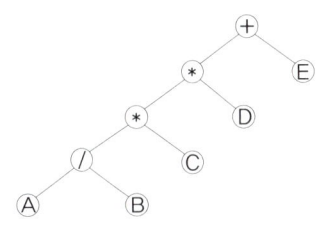

① + * A B / * C D E
② A B / C * D * E +
③ A / B * C * D + E
④ + * * / A B C D E

04 자료 구조의 분류 중 선형 구조가 아닌 것은?
① 트리
② 리스트
③ 스택
④ 데크

정답 01 차수: 2 단말 노드: 4 02 ③ 03 ④ 04 ①

POINT 08 | 정렬

01 정렬(Sort)

- 정렬 알고리즘 선택 시 고려사항 : 데이터의 양, 초기 데이터의 배열 상태, 키 값들의 분포 상태, 사용 컴퓨터 시스템의 특성 ─ 보조 기억 장치에서 정렬이 이루어짐
- 종류 : 내부 정렬, 외부 정렬
  └ 주기억 장치에서 정렬이 이루어짐

02 내부 정렬

● 삽입 정렬(Insertion Sort)

- 정렬된 파일에 새로운 하나의 레코드를 순서에 따라 삽입시켜 정렬하는 방법이다.
- 최상 : $O(n)$ • 최악, 평균 시간 복잡도 : $O(n^2)$

🏠 예제

아래 배열의 값을 삽입 정렬을 이용하여 오름차순 정렬하시오.

| 6 | 5 | 7 | 2 | 8 | 9 |

① ⓐ 두 번째 배열 값을 키값으로 지정하고 ⓑ 키값과 키값의 앞 배열의 값을 비교하여 키값보다 값이 크면 값을 ⓒ한 칸 뒤로 밀어주고 뒤로 밀린 배열의 자리에 키값을 삽입한다.

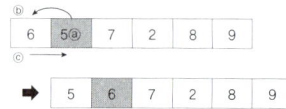

② 다음으로 3번째 배열 값을 키값으로 지정하고 앞의 단계를 반복한다. 이번 단계에서는 키값 앞의 값이 키값보다 작으므로 이동이 발생하지 않는다.

③ 다음으로 4번째 배열 값을 키값으로 지정하고 앞의 단계를 반복한다.

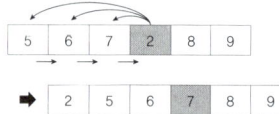

④ 계속 5, 6번째 배열을 키값으로 지정하고 앞의 단계를 반복한다.

● 버블 정렬(Bubble Sort) ─ 물방울처럼 묶어서 정렬

- 인접한 데이터를 비교하면서 그 크기에 따라 데이터의 위치를 바꾸어 정렬하는 방법이다.
- 최상, 최악, 평균 시간 복잡도 : $O(n^2)$

🏠 예제

아래 배열의 값을 버블 정렬을 이용하여 오름차순 정렬하시오.

| 6 | 5 | 7 | 2 | 8 | 9 |

① 첫 번째 배열부터 인접한 1, 2번 배열의 크기를 비교하여 작은 값이 앞으로 위치하도록 교환한다.

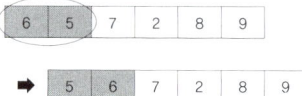

② 인접한 2, 3번 배열의 크기를 비교하여 작은 값이 앞으로 위치하도록 치환한다.

③ 인접한 3, 4번 배열의 크기를 비교하여 작은 값이 앞으로 위치하도록 치환한다.

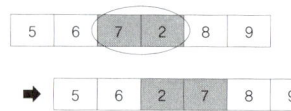

④ 배열 뒤쪽까지 앞의 방식으로 반복한다. 1회전 완료 시 가장 큰 값이 마지막에 배치된다.

● 선택 정렬(Selection Sort)

- n개의 레코드 중에서 최소값(또는 최대값)을 찾아 1st 레코드 위치에 놓고, 나머지 (n-1) 개의 레코드 중에서 최소값(또는 최대값)을 찾아 2nd 레코드 위치에 놓는 방법을 반복하여 정렬하는 방법이다.
- 최상, 최악, 평균 시간 복잡도 : $O(n^2)$

예제

아래 배열의 값을 선택 정렬을 이용하여 오름차순 정렬하시오.

| 6 | 5 | 7 | 2 | 8 | 9 |

① 첫 번째 값을 기준값으로 선택하고 기준값 뒤의 값과 하나씩 비교하여 기준값보다 값이 작은 배열의 값과 교환한다.

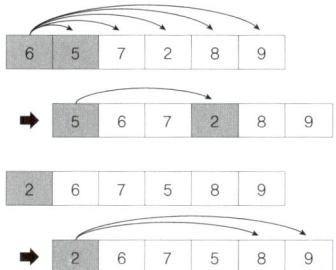

② 다음으로 2번 배열을 기준값으로 지정하여 앞의 단계를 반복한다.
③ 선택 정렬은 버블 정렬과 다르게 1회전 시 가장 작은 값이 가장 앞에 배치된다.

● 병합(합병) 정렬(2-Way Merge Sort)

- 두 개의 키들을 한 쌍으로 하여 각 쌍에 대해 순서를 정한다.
- 순서대로 정렬된 각 쌍의 키들을 합병하여 하나의 정렬된 서브 리스트로 만든다.
- 최상, 최악, 평균 시간 복잡도 : $O(nlog_2n)$

● 퀵 정렬(Quick Sort)

분할 정복(Divide and Conquer)에 기반한 알고리즘

- 레코드의 많은 자료 이동을 없애고 하나의 파일을 부분적으로 나누어가면서 정렬하는 방법으로 키를 기준으로 작은 값은 왼쪽에 큰 값은 오른쪽에 모이도록 서로 교환시키는 부분 교환 정렬법이다.
- 최상, 평균 시간 복잡도 : $O(nlog_2n)$
- 피벗(Pivot)을 사용하며 최악의 경우 : $\frac{n(n-1)}{2}$

● 힙 정렬(Heap Sort)

- 완전이진 트리를 이용하여 정렬하는 방법이다.
- 정렬한 입력 레코드들로 힙을 구성하고 가장 큰 키값을 갖는 루트 노드를 제거하는 과정을 반복하여 정렬하는 기법이다.
- 입력 자료의 레코드를 완전 이진 트리(Complete Binary Tree)로 구성한다.
- 최상, 최악, 평균 시간 복잡도 : $O(nlog_2n)$

단답형 문제

01 다음 초기 자료에 대하여 삽입 정렬(Insertion Sort)을 이용하여 오름차순 정렬한 경우 1회전 후의 결과는?

초기 자료 : 8, 3, 4, 9, 7

02 두 개의 키들을 한 쌍으로 하여 각 쌍에 대하여 정렬된 N개의 데이터를 처리하는 $O(nlog_2n)$의 시간이 소요되는 정렬 알고리즘은?

객관식 문제

03 다음 자료에 대하여 선택(Selection) 정렬을 이용하여 오름차순으로 정렬하고자 한다. 3회전 후의 결과로 옳은 것은?

37, 14, 17, 40, 35

① 14, 17, 37, 40, 35
② 14, 37, 17, 40, 35
③ 17, 14, 37, 35, 40
④ 14, 17, 35, 40, 37

04 정렬된 N개의 데이터를 처리하는데 $O(nlog_2n)$의 시간이 소요되는 정렬 알고리즘은?

① 선택 정렬 ② 삽입 정렬
③ 버블 정렬 ④ 합병 정렬

05 분할 정복(Divide and Conquer)에 기반한 알고리즘으로 피벗(Pivot)을 사용하며 최악의 경우 $\frac{n(n-1)}{2}$ 회의 비교를 수행해야 하는 정렬(Sort)은?

① Selection Sort
② Bubble Sort
③ Insert Sort
④ Quick Sort

정답 01 3, 8, 4, 9, 7 02 합병 정렬 03 ④ 04 ④ 05 ④

POINT 09 | 검색과 해싱

01 검색

● 검색(Search)의 정의

기억 공간 내 기억된 자료 중에서 주어진 조건을 만족하는 자료를 찾는 것이다.

● 검색 방식의 종류

- 이분 검색(Binary Search 이진 검색)의 특징
  - 이분 검색을 실행하기 위한 전제 조건은 자료가 순차적으로 정렬되어 있어야 한다.
  - 탐색 효율이 좋고 탐색 시간이 적게 소요된다.
  - 비교 횟수를 거듭할 때마다 검색 대상이 되는 데이터의 수가 절반으로 줄어든다.
- 선형 검색(Linear Search)
  - 주어진 자료에서 원소를 첫 번째 레코드부터 순차적으로 비교하면서 해당 키 값을 가진 레코드를 찾아내는 가장 간단한 검색 방법이다.
  - 데이터를 특별히 조직화할 필요가 없고 다양한 상황에서도 사용될 수 있는 장점이 있지만 n개의 입력 자료에 대해서 평균적으로 $(n+1)/2$번의 비교를 해야 하므로 비효율적이다.
- 피보나치 검색(Fibonacci Search)
  - 이진 검색과 비슷한 원리로, 비교 대상 기준을 피보나치 수열로 결정한다.
  - **피보나치 수열** : 1, 2, 3, 5, 8, 11…로 앞의 두수의 합이 다음번 값이 된다.
- 블록 검색(Block Search) : 전체 레코드를 일정한 블록으로 분리한 뒤 각 블록 내의 키값을 순서대로 비교하여 원하는 값을 찾는 기법이다.
- 이진 트리 검색(Binary Tree Search) : 레코드를 2진 트리로 구성하여 검색하는 방식으로 데이터를 입력하는 순서대로 첫 번째 값을 근노드로 지정하고 근노드보다 작으면 왼쪽, 크면 오른쪽에 연결하여 구성한다.

02 해싱

● 해싱(Hashing)의 정의

- 해싱 함수(Hashing Function)를 이용하여 레코드 키에 대한 해시 테이블(Hash Table) 내의 홈주소(Home Address)를 계산하여 주어진 레코드에 접근하는 방식이다.
- 직접 접근(Direct Access Method) 파일을 구성할 때 사용된다.
- 속도는 가장 빠르지만 충돌 현상 시 오버플로 해결의 부담이 가중되며, 많은 기억 공간을 요구한다.

● 해싱 함수의 종류

> 키 값을 해시 테이블의 홈주소로 반환하는 일방향 함수(One way function)

- 제산 방법(Division Method) : 해싱 함수 기법에서 키값을 양의 정수인 소수로 나누어 나머지를 홈주소로 취하는 방법이다.
- 중간 제곱 방법(Mid-Square Method)
  - 레코드 키값을 제곱하고 나서 그 중간 부분의 값을 주소로 계산하는 방법이다.
  - 해시 테이블의 크기에 따라서 중간 부분의 적당한 자릿수를 선택할 수 있다.
  - 비트 단위로 n자릿수를 중간 위치 자릿수로 가정하면 해시 테이블의 크기는 2^n이다.
- 중첩 방법(Folding Method) : 해싱 함수 중 주어진 키를 여러 부분으로 나누고, 각 부분의 값을 더하거나 배타적 논리합(XOR : Exclusive OR) 연산을 통하여 나온 결과로 주소를 취하는 방법이다.
- 기수 변환 방법(Radix Conversion Method) : 해싱 함수 기법 중 어떤 진법으로 표현된 주어진 레코드 키값을 다른 진법으로 간주하고 키값을 변환하여 홈주소로 취하는 방식이다.
- 계수 분석 방법(Digit Analysis Method) : 주어진 모든 키값들에서 그 키를 구성하는 자릿수들의 분포를 조사하여 비교적 고른 분포를 보이는 자릿수들을 필요한 만큼 택하는 방법을 취하는 해싱 함수 기법이다.

● 오버플로 해결 방법

- 선형 개방 주소법(Linear Open Addressing)
  - 해싱에서 충돌이 일어난 자리에서 그다음 버킷들을 차례로 하나씩 검색하여 최초로 나오는 빈 버킷에 해당 데이터를 저장하는 방법으로 저장할 데이터가 적을 때 유리하다.
  - 포인터와 추가적 저장 공간이 필요 없다.
  - 삽입/삭제 시 오버헤드가 적다.
- 폐쇄 주소 방법(Closed Addressing)
  - 버킷 내에 연결리스트(Linked List)를 할당하여, 버킷에 데이터를 삽입하다가 해시 충돌이 발생하면 연결리스트로 데이터들을 연결하는 방식이다.
  - 해시 테이블이 채워질수록 Lookup 성능 저하가 발생할 수 있다. ― 충돌이 발생하면 각 데이터를 해당 주소에 있는 연결 리스트에 삽입하여 문제를 해결하는 방법
  - 대표적인 방법으로 체이닝(Chaining)이 있다.
- 재해싱 : 충돌이 발생하면 새로운 해시 함수를 적용하여 새로운 홈주소를 계산한다.

03 해싱 관련 용어

● 동의어(Synonym)

해싱에서 동일한 홈주소로 인하여 충돌이 일어난 레코드들의 집합을 의미한다.

● 슬롯(Slot)

한 개의 레코드를 저장할 수 있는 공간으로 n개의 슬롯이 모여 하나의 버킷을 형성한다.

● 충돌(Collision)

- 레코드를 삽입할 때 2개의 상이한 레코드가 똑같은 버킷으로 해싱되는 것을 의미한다.
- 버킷(Bucket)이 여러 개의 슬롯(Slot)으로 구성될 때에는 충돌(Collision)이 발생하여도 오버플로우(Overflow)가 발생하지 않을 수 있다.

단답형 문제

01 해싱에서 동일한 홈주소로 인하여 충돌이 일어난 레코드들의 집합을 의미하는 것은?

02 Linear Search의 평균 검색 횟수는?

객관식 문제

03 해싱 함수 중 레코드 키를 여러 부분으로 나누고, 나눈 부분의 각 숫자를 더하거나 XOR 한 값을 홈주소로 사용하는 방식은?
① 제산법   ② 폴딩법
③ 기수 변환법   ④ 숫자 분석법

04 해싱 테이블의 오버플로우 처리 기법이 아닌 것은?
① 개방 주소법   ② 폐쇄 주소법
③ 로그 주소법   ④ 재해싱

05 Linear Search의 평균 검색 횟수는?
① n−1
② (n+1)/2
③ n
④ n/2

06 알고리즘과 관련한 설명으로 틀린 것은?
① 주어진 작업을 수행하는 컴퓨터 명령어를 순서대로 나열한 것으로 볼 수 있다.
② 검색(Searching)은 정렬이 되지 않은 데이터 혹은 정렬이 된 데이터 중에서 키값에 해당하는 데이터를 찾는 알고리즘이다.
③ 정렬(Sorting)은 흩어져 있는 데이터를 키값을 이용하여 순서대로 열거하는 알고리즘이다.
④ 선형 검색은 검색을 수행하기 전에 반드시 데이터의 집합이 정렬되어 있어야 한다.

정답 01 Synonym 02 (n+1)/2 03 ② 04 ③ 05 ② 06 ④

POINT 10 인덱스 구조와 파일 편성

01 인덱스

- 인덱스를 통하여 레코드를 빠르게 접근할 수 있다.
- 데이터베이스의 물리적 구조와 밀접한 관계가 있다.
- 레코드의 삽입/삭제가 자주 발생 시 인덱스의 개수를 최소화하는 것이 효율적이다.

02 인덱스 구성 방법

● B 트리(Balanced Tree)

- m차 B 트리는 근노드와 단말 노드를 제외한 모든 노드가 최소 m/2, 최대 m개의 서브 트리를 가지는 구조이다.
- 한 노드에 있는 키값은 오름차순을 유지한다.
- 근노드로부터 탐색, 추가, 삭제가 이루어진다.

● B+ 트리

- B 트리의 추가, 삭제 시 발생하는 노드의 분열과 합병 연산 과정을 줄일 수 있는 구조이다.
- 가장 널리 사용되는 인덱스 구조이고 레코드 삽입, 삭제 시에도 성능이 보장된다.

● 트라이(Trie) 색인

- 키 탐색을 위해 키값을 직접 표현하는 것이 아니라 키를 구성하는 문자나 숫자 자체의 순서로 키값을 구성하는 구조이다.
- 삽입, 삭제 시 노드의 분열, 병합이 발생하지 않는다.
- 문자의 함수로 트라이 차수의 키값을 표현한다.

03 파일 편성 방법

● 순차 파일(Sequential File)

- 입력되는 데이터의 논리적 순서에 따라 물리적으로 연속된 위치에 순차적으로 기록하는 방식이다.
- 처리 속도가 빠르고, 연속적인 레코드의 저장에 의해 레코드 사이에 빈 공간이 존재하지 않으므로 기억 장치의 효율적인 이용이 가능하다.
- 검색 효율이 낮고 대화식 처리보다 일괄 처리에 적합한 구조이다.
- 어떤 형태의 입·출력 매체에서도 처리가 가능하다.

● 색인 순차 파일(ISAM : Indexed Sequential Access-Method)

- 키값에 따라 순차적으로 정렬된 데이터를 저장하는 데이터 지역과 이 지역에 대한 포인터를 가진 색인 지역으로 구성된 파일이다.
- 순차 및 직접 접근 형태 모두 가능하도록 레코드들을 키값 순으로 정렬시켜 기록하고, 레코드의 키 항목만으로 모든 색인을 구성하는 방식이다.
- 레코드를 참조할 때 색인을 탐색한 후 색인이 가리키는 포인터를 사용하여 직접 참조할 수 있다.
- 레코드를 추가 및 삽입하는 경우, 파일 전체를 복사할 필요가 없다.
- 인덱스를 저장하기 위한 공간과 오버플로우 처리를 위한 별도의 공간이 필요하다.

● 색인 순차 파일의 구성

기본 영역	데이터 레코드를 지정하는 부분이다.	
색인(Index) 영역	기본 영역에 인덱스가 저장되는 부분이다.	
	구성	트랙 인덱스
		실린더 인덱스
		마스터 인덱스
오버플로 영역	한 블록 내에 레코드들이 모두 영역을 차지하여 추가적인 레코드 입력을 처리할 수 없을 때 블록을 할당받아 이를 연결시키는 부분이며 실린더 오버플로 영역과 독립 오버플로 영역으로 구성된다.	

● VSAM 파일(Virtual Storage Access Method File)

- 동적 인덱스 방법을 이용한 색인 순차 파일이다.
- 기본 영역과 오버플로 영역을 구분하지 않는다.
- 레코드를 삭제하면 그 공간을 재사용할 수 있다.
- 레코드 저장은 제어 구간에서 이루어진다.
- 제어 구간 단위별 그룹을 제어 영역이라 한다.
- 제어 영역에 대한 인덱스 저장은 순차 세트, 순차 세트의 상위 인덱스, 인덱스 세트 등이 있다.

● 직접 파일(Direct File)

- 해싱 함수를 계산하여 물리적 주소에 직접 접근하는 방식으로 레코드를 임의 물리적 기억 공간에 기록한다.
- 특정 레코드에 접근하기 위해서 디스크의 물리적 주소로 변환할 수 있는 해싱 함수를 사용하는 방식이다.
- 속도가 빠르고, 랜덤 처리에 적합하다.
- 기억 공간 효율이 떨어진다.

● 역파일(Inverted File)

- 특정 파일을 여러 개의 색인으로 만들고 항목별 특성에 맞게 작업하도록 구성한 구조이다.
- 파일 또는 데이터베이스에서 레코드를 빨리 검색하기 위해 별도 인덱스 파일을 만들어 두며 인덱스 파일에는 키 필드의 값과 그 키값을 가지는 레코드에 대한 포인터들이 저장된다.
- 검색 속도가 빠르며, 데이터 파일에 접근하지 않아 질의 응답 시간이 줄어들고, 처리가 비교적 쉽다.
- 질의를 만족하는 레코드 검색 시 한 번씩만 접근하면 된다.

04 정적 인덱싱과 동적 인덱싱

● 정적 인덱싱 ─ 색인 순차 파일 방식이 대표적

- 데이터 파일에 레코드가 삽입, 삭제되면 인덱스 내용은 변하지만 인덱스 구조는 정적으로 변하지 않는 구조를 말한다.
- 인덱스 부분과 데이터 부분을 별개의 파일로 구성한다.

● 동적 인덱싱 ─ 가상 기억 접근 방식이 대표적

- 데이터 파일에 레코드가 삽입되면서 삽입될 레코드를 위해 미리 빈 공간을 준비하는 방법을 말한다.
- 레코드가 블록에 가득 차면 동적으로 분열된다.
- 인덱스 부분과 데이터 부분을 별개의 파일로 구성한다.

단답형 문제

01 해싱 등의 사상 함수를 사용하여 레코드 키(Record Key)에 의한 주소 계산을 통해 레코드에 접근할 수 있도록 구성한 파일은?

02 자료와 부가적인 정보를 조직하고 저장하는 방법이 파일 구조이다. 파일을 조작할 때 또는 오버플로를 위한 공간이 필요하고 파일을 사용하던 중에 오버플로 레코드가 많아지면 재편성해야 하는 것은?

객관식 문제

03 파일 구성 방식 중 ISAM(Indexed Sequential Access-Method)의 물리적인 색인(Index) 구성은 디스크의 물리적 특성에 따라 색인을 구성하는데, 다음 중 3단계 색인에 해당되지 않는 것은?
① Cylinder index
② Track index
③ Master index
④ Volume index

04 색인 순차 파일에 대한 설명으로 옳지 않은 것은?
① 레코드를 참조할 때 색인을 탐색한 후 색인이 가리키는 포인터를 사용하여 직접 참조할 수 있다.
② 레코드를 추가 및 삽입하는 경우, 파일 전체를 복사할 필요가 없다.
③ 인덱스를 저장하기 위한 공간과 오버플로우 처리를 위한 별도의 공간이 필요 없다.
④ 색인 구역은 트랙 색인 구역, 실린더 색인 구역, 마스터 색인 구역으로 구성된다.

정답 01 직접 파일 02 색인 순차 파일 03 ④ 04 ③

POINT 11 | 스프레드시트 SW

01 스프레드시트 기능과 종류

● 스프레드시트의 기능

- 데이터를 표 형태로 정리하고 관리하는 데 유용하며, 수식과 함수를 이용해 데이터를 분석하고 계산할 수 있다.
- 다양한 차트와 그래프를 통해 시각적으로 데이터를 표현할 수 있어, 데이터 기반 의사 결정을 돕는다.
- 데이터 필터링, 정렬, 유효성 검사 등의 기능을 활용하여 효율적인 데이터 관리가 가능하다.

● 스프레드시트의 종류

프로그램명	특징	주요 기능
Microsoft Excel	데스크톱 특화	VBA 매크로, Power Query/Pivot, 고급 함수
Google 시트	웹 기반 협업 중심	동시 편집ㆍ댓글, IMPORTRANGE, QUERY, SPARKLINE
LibreOffice Calc	무료 오픈소스	기본 함수, 필터, 차트
Apple Numbers	iOS/macOS 최적화	인터랙티브 차트ㆍ그래픽
Zoho Sheet	클라우드 앱	협업, API 연동, 통합 플랫폼
ONLYOFFICE	오픈소스, Office 유사 UI	데이터 보호, 오프라인 편집
Airtable	DB+스프레드시트	관계형 테이블, 뷰별 필터링, 블록 기능
Smartsheet	프로젝트 관리용	간트 차트, 작업 자동화

02 구글 시트 활용

● 구글 시트 소개

- 웹 기반의 무료 스프레드시트 프로그램으로, 온라인에서 실시간으로 공동 작업이 가능하다.
- 데이터 정리, 분석, 시각화 기능을 제공하며, 클라우드 기반으로 어디서든 접속하여 편집할 수 있다.

● 구글 시트 활용

활용 방법	설명
데이터 관리 및 분석	숫자, 텍스트 등 다양한 형태의 데이터를 체계적으로 관리하고, 수식과 함수를 이용하여 분석할 수 있음
협업	여러 사용자가 동시에 스프레드시트에 접근하여 데이터를 편집하고 의견을 나눌 수 있음
자동화	스크립트 기능을 활용하여 반복적인 작업을 자동화하고, 맞춤형 기능을 추가할 수 있음
설문조사 및 데이터 수집	구글 설문지와 연동하여 데이터를 쉽게 수집하고 분석할 수 있음
프로젝트 관리	간단한 프로젝트의 진행 상황을 추적하고 관리하는 데 활용할 수 있음

● 엑셀 호환

- 마이크로소프트 엑셀 파일(.xlsx)을 열고 편집할 수 있으며, 구글 시트 파일을 엑셀 형식으로 저장하는 것도 가능하다.
- 대부분의 기본적인 기능은 호환되지만, 일부 고급 기능이나 특수한 서식은 완벽하게 호환되지 않을 수 있다.

03 MS Office 라이선스 종류

● 구독형(Microsoft 365)

구분	특징
개인용/가족용	최대 6명까지 설치 가능, 1TB OneDrive 제공
비즈니스용	Exchange와 Teams 등 협업 도구 포함
장점	매월 보안패치·기능 업데이트 자동 제공, 모바일·웹 버전도 사용 가능
유의점	장기 사용 시 총 비용이 높아질 수 있음

● 영구형(Office 2024 등)

- 일회성 구매로 평생 사용이 가능하다.
- **장점** : 초기 비용만 부담, 인터넷 없음에도 사용 가능
- **단점** : 주요 기능이나 디자인 업데이트가 제공되지 않음

04 Excel 기본 구성

● 리본 메뉴

'홈(글꼴·정렬 등)', '삽입(차트·피벗)', '수식(함수 라이브러리)', '데이터(정렬·필터·데이터 도구)', '검토(공유·보호)', '보기(화면 레이아웃)' 탭으로 구성된다.

● 빠른 실행 도구

저장, 실행취소, 매크로 기록 아이콘 등을 추가할 수 있어 자주 사용하는 기능을 한 번 클릭으로 실행 가능하다.

● 워크시트

- 워크북(.xlsx) 하나에 다수의 시트를 포함. 예를 들어 연-월별 매출 시트를 각각 구성하여 '연간 요약' 시트와 연결 활용 가능하다.
- **시트 탭 변경 방법** : 더블클릭하여 이름 변경, 우클릭 후 색 지정 가능하여 시트 구분성을 높인다.
- **수식 입력줄** : 직접 내용을 고치거나 'fx' 클릭 시 함수 삽입 마법사 활용 가능하다. 현재 넣은 수식을 시각적으로 확인하고 수정할 수 있다.

단답형 문제

01 데스크톱 환경에 특화되어 있으며, VBA 매크로와 Power Query 기능을 제공하는 스프레드시트 프로그램은 무엇인가?

객관식 문제

02 스프레드시트의 기본적인 기능으로 가장 알맞은 것은?
① 문서를 작성하고 문단 서식을 지정한다.
② 데이터를 표 형태로 정리하고 수식과 함수를 이용해 분석한다.
③ 영상과 음성을 편집하여 시각 자료를 만든다.
④ 데이터베이스 서버에 직접 질의(SQL)를 수행한다.

03 스프레드시트에서 데이터를 시각적으로 표현하기 위한 도구로 적절한 것은?
① 메모장   ② 매크로
③ 차트와 그래프   ④ 정렬과 필터

04 다음 중 MS Office의 라이선스 형태에 대한 설명으로 옳은 것은?
① 구독형은 한 번 구매하면 영구적으로 사용할 수 있다.
② 영구형은 정기 결제가 필요하며, 항상 최신 버전으로 자동 업데이트된다.
③ 구독형은 일정 기간마다 사용료를 지불해야 하며, 최신 기능을 지속적으로 사용할 수 있다.
④ 영구형은 인터넷 연결이 되어야만 사용할 수 있다.

05 워크시트(Worksheet)에 대한 설명으로 가장 적절한 것은?
① 하나의 워크북에는 반드시 한 개의 워크시트만 포함된다.
② 워크시트는 텍스트 문서 전용으로, 수식 입력이 불가능하다.
③ 시트 탭을 더블클릭하여 이름을 변경할 수 있으며, 색을 지정할 수도 있다.
④ 워크시트에는 데이터 차트 작성이 불가하다.

정답 01 Microsoft Excel 02 ② 03 ③ 04 ③ 05 ③

12 스프레드시트 SW 활용

01 Excel 기본 기능

◉ 시트 추가/이름/이동

- 하단 '+' 클릭으로 새로운 시트 삽입한다.
- 우클릭 → '이동 또는 복사(Ctrl+Shift+Q)' 메뉴에서 다른 워크북으로 복사 가능하다.
- 복제 시 '복사본 만들기'를 체크하면 기존 서식·수식 포함된 같은 시트로 복제된다.

◉ 시트 숨기기 & 그룹 편집

- 우클릭 → '숨기기' 선택하면 시트가 탭에서 사라지고, '숨기기 해제'로 다시 나타낸다.
- Shift+클릭 또는 Ctrl+클릭으로 여러 시트를 그룹으로 선택 후 동시에 서식 변경, 페이지 레이아웃 조정이 가능하다.

◉ 시트 보호

- 검토 → 시트 보호 클릭 → 보호할 영역 또는 편집 허용 셀 지정 후 암호 설정이 가능하다.
- 예산 시트 일부 셀만 변경 가능하게 하고, 나머지는 고정하여 실수 방지가 가능하다. 예 A1:D10만 변경 허용

◉ 통합문서 구조 보호

- '검토 → 통합 문서 보호'로 시트의 추가·삭제·이름 변경 등을 차단할 수 있다.
- 예 표준 양식 템플릿의 구조를 고정하여 직원이 시트 삭제를 못 하도록 제한 가능하다.

02 데이터 분석 기능

◉ 피벗 테이블 기능

- 대량의 데이터를 사용자가 원하는 방식으로 요약하고 분석하여 데이터의 패턴이나 추세를 쉽게 파악할 수 있다.
- 다양한 기준으로 데이터를 그룹화하고, 합계, 평균, 개수 등 원하는 통계값을 간편하게 계산하여 보여준다.

구분	설명
행/열 레이블	데이터를 그룹화하는 기준(예 지역, 상품명 등)
값 영역	합계·평균·개수 등의 통계 계산
필터	특정 조건만 표시하기 위한 기준

◉ 자동 필터

- 리본 '데이터 → 필터' (단축키 : Ctrl+Shift+L)
- 필터 드롭다운에서 텍스트 포함·숫자 범위·날짜 범위 등 조건 적용 가능하다.
- 예 "매출액 ≥ 1,000만"인 행만 필터링

◉ 고급 필터

- 리본 '고급' 클릭 후, 조건 범위 지정하여 복합 필터를 생성한다(AND/OR).
- 결과를 다른 영역으로 복사 가능 : 예를 들어 "지역이 A or B이고 매출액 ≥ 500만"인 행만 추출

◉ 차트

- 데이터를 시각적으로 표현하여 이해를 돕는 강력한 도구이다. 막대, 꺾은선, 원형 등 다양한 형태의 차트를 통해 데이터의 추세, 비교, 분포 등을 명확하게 보여준다.

◉ 차트 선택 기준

구분	차트 종류
분류형 비교	막대/가로 막대 차트
추세 분석	꺾은선 차트
비율 시각화	원형 차트
분포 탐색	분산형 차트

● 차트 서식 주요 기능

- 축 제목, 데이터 레이블, 눈금선을 조정할 수 있다.
- 계열 겹치기, 간격 너비를 조정할 수 있다.
- 차트 제목, 범례, 데이터 레이블 등 차트 요소를 추가할 수 있다.

● 정렬

- 데이터를 오름차순(▲) 또는 내림차순(▼)으로 정렬한다.
- 여러 기준을 동시에 적용하는 다중 정렬이 가능하다.
- 사용자 정의 목록(예 월, 요일)을 이용하여 사용자 지정 순서로 정렬할 수 있다.
- 정렬 시 반드시 필드명(머리글) 포함 여부를 정확히 설정해야 한다.

03 데이터 입력 및 출력

● 데이터의 종류

- 텍스트 데이터는 문자, 기호, 한글, 영문 등의 형태로 입력되며 기본적으로 왼쪽 정렬된다.
- 숫자 데이터는 계산에 사용되는 숫자형 값으로, 기본적으로 오른쪽 정렬된다.
- 날짜/시간 데이터는 2025-10-18, 12:30과 같이 입력하면 자동으로 날짜 형식으로 인식된다.
- 논리값은 TRUE 또는 FALSE로 표시된다.
- 수식 데이터는 = 기호로 시작하며, 계산 결과가 셀에 표시된다.

● 입력 기본

- 셀을 선택한 후 값을 입력하고 Enter 를 눌러 입력을 완료한다.
- Alt + Enter 를 사용하면 같은 셀 내에서 줄바꿈을 할 수 있다.
- Ctrl + Enter 를 사용하면 여러 셀에 동일한 내용을 한 번에 입력할 수 있다.
- Ctrl + ' 를 누르면 바로 위 셀의 수식을 복사할 수 있다.
- 입력 후 셀 서식(Ctrl + 1) 명령을 통해 표시 형식을 지정할 수 있다.

단답형 문제

01 대량의 데이터를 사용자가 원하는 방식으로 요약·분석하여 패턴이나 추세를 파악하는 데 사용하는 Excel 기능은?

객관식 문제

02 새로운 시트를 추가하는 가장 올바른 방법은 무엇인가?
① 홈 탭에서 '새 시트 삽입'을 클릭한다.
② 하단의 '+' 아이콘을 클릭한다.
③ Ctrl + N 을 눌러 새 시트를 만든다.
④ 수식 입력줄에서 '=NEW()'를 입력한다.

03 여러 개의 시트를 동시에 편집하려면 어떻게 해야 하는가?
① 시트를 모두 복사한 후 개별 편집한다.
② Ctrl 또는 Shift 를 누른 채 시트 탭을 클릭한다.
③ 시트를 그룹으로 묶는 메뉴를 활성화한다.
④ 통합문서 보호 기능을 해제한다.

04 다음 중 시트 보호(Protect Sheet) 기능의 설명으로 옳은 것은?
① 워크북 전체를 삭제하는 기능이다.
② 시트의 일부 셀만 편집 가능하도록 설정할 수 있다.
③ 시트의 크기(행·열 수)를 변경하는 기능이다.
④ 모든 시트의 보호를 자동으로 해제한다.

05 시간의 흐름에 따른 변화나 추세를 분석하기에 가장 적합한 차트는?
① 꺾은선 차트
② 분산형 차트
③ 원형 차트
④ 막대 차트

정답 01 피벗 테이블 02 ② 03 ② 04 ② 05 ①

연산자 우선순위

- 괄호() → 지수^ → 곱셈과 나눗셈 → 덧셈과 뺄셈 → 비교 연산자(<, >, =) → 논리 연산자(AND, OR, NOT)

주요 수식 예시

- =SUM(A1:A5) → 지정 범위의 합계를 구한다.
- =AVERAGE(B2:B10) → 지정 범위의 평균을 구한다.
- =IF(C2>=60,"합격","불합격") → 조건을 비교하여 결과를 표시한다.
- =A1&B1 → 두 셀의 문자열을 연결한다.

셀 참조의 종류

구분	예시	설명
상대 참조	A1	복사 시 자동으로 셀 주소가 변경된다.
절대 참조	A1	복사해도 셀 주소가 변경되지 않는다.
혼합 참조	A$1, $A1	행이나 열 중 하나만 고정된다.

04 함수(Function)

통계 함수

함수	설명	예시
SUM	합계를 구한다.	=SUM(A1:A5)
AVERAGE	평균을 구한다.	=AVERAGE(B1:B5)
MAX / MIN	최대값 / 최소값을 구한다.	=MAX(C:C)
COUNT	숫자가 입력된 셀의 개수를 구한다.	=COUNT(A1:A10)
SUMIF	지정한 조건을 만족하는 셀들의 합계를 구한다.	=SUMIF(A1:A10, "A", B1:B10) → A열이 "A"인 행의 B열 합계
SUMIFS	여러 조건을 동시에 만족하는 셀의 합계를 구한다.	=SUMIFS(C1:C10, A1:A10, "A", B1:B10, ">50")
COUNTIF	조건을 만족하는 셀의 개수를 구한다.	=COUNTIF(A1:A10, "남")

논리 함수

함수	설명	예시
IF	조건에 따라 다른 결과를 표시한다.	=IF(A1>=60, "PASS","FAIL")
AND	모든 조건이 참이면 TRUE를 반환한다.	=AND(A1>0,B1>0)
OR	하나라도 참이면 TRUE를 반환한다.	=OR(A1>0,B1>0)

예제

=IF(AND(A1>=60, B1>=60), "PASS", "FAIL")

- A1과 B1 모두 60 이상일 때 "PASS", 그렇지 않으면 "FAIL"을 표시한다.
- A1=75, B1=80 → PASS

날짜·시간 함수

함수	설명	예시
TODAY()	오늘 날짜를 반환한다.	=TODAY()
NOW()	현재 날짜와 시간을 반환한다.	=NOW()
YEAR / MONTH / DAY	날짜에서 연, 월, 일을 추출한다.	=YEAR(A1)

텍스트 함수

함수	기능	예시
LEFT/RIGHT	문자열의 왼쪽 또는 오른쪽에서 지정한 수만큼 문자를 추출한다.	=LEFT("KOREA",2) → "KO"
MID	문자열 중간에서 지정한 문자를 추출한다.	=MID("INFOR-MATION",3,4) → "FORM"
LEN	문자열의 길이를 반환한다.	=LEN(A1)
CONCAT / &	문자열을 연결한다.	=A1&B1
TRIM	불필요한 공백을 제거한다.	=TRIM(A1)

수학 · 삼각 함수

함수	설명	예시
ABS()	숫자의 절댓값을 반환한다.	=ABS(-5) → 5
ROUND()	지정한 자릿수로 반올림한다.	=ROUND(12.345, 2) → 12.35
INT()	소수점을 버리고 정수 부분만 반환한다.	=INT(7.9) → 7
MOD()	나눗셈의 나머지를 반환한다.	=MOD(10, 3) → 1
SQRT()	양의 제곱근을 구한다.	=SQRT(16) → 4

05 매크로(Macro)

◉ 개념

- 매크로는 반복되는 작업을 자동으로 실행하기 위한 명령어 집합이다.
- VBA(Visual Basic for Applications) 기반으로 동작한다.
- "작업 기록 → 실행"의 구조로 자동화를 수행한다.

◉ 매크로 기록 절차(단축키: Alt + F8)

- [개발 도구] 탭 → [매크로 기록]을 클릭한다.
- 매크로 이름을 지정하고 작업을 수행한다.
- [기록 중지]를 클릭하여 종료한다.
- 이후 [매크로 실행] 또는 지정한 단축키로 실행한다.

◉ 매크로 편집(VBA)

- Alt + F11 로 VBA 편집기를 연다.
- 예시

```
Sub MsgTest()
    MsgBox "매크로 실행 완료"
End Sub
```

- 매크로 보안 경고가 표시되면 신뢰할 수 있는 매크로만 실행해야 한다.

◉ 매크로 활용 예시

- 반복되는 보고서 서식을 자동으로 정리한다.
- 특정 수식을 자동 입력한다.
- 조건에 따라 데이터를 자동으로 강조 표시한다.

단답형 문제

01 숫자가 입력된 셀의 개수를 계산하는 함수는?

객관식 문제

02 다음 중 Excel 수식의 연산자 우선순위가 올바른 순서로 나열된 것은?
① 괄호 → 덧셈·뺄셈 → 지수 → 곱셈·나눗셈
② 지수 → 괄호 → 비교 → 논리
③ 괄호 → 지수 → 곱셈·나눗셈 → 덧셈·뺄셈 → 비교 → 논리
④ 괄호 → 덧셈·뺄셈 → 비교 → 논리

03 다음 수식의 결과로 옳은 것은?

=IF(C2>=60, "합격", "불합격")

① C2가 60이면 불합격이 표시된다.
② C2가 60 미만이면 합격이 표시된다.
③ C2가 60 이상이면 "합격", 그렇지 않으면 "불합격"이 표시된다.
④ C2가 비어 있으면 항상 "합격"이 표시된다.

04 다음 중 여러 조건을 동시에 만족하는 셀들의 합계를 구할 수 있는 함수는?
① SUM
② SUMIF
③ SUMIFS
④ COUNTIFS

05 VBA(Visual Basic for Applications) 편집기를 여는 단축키는 무엇인가?
① Alt + F8
② Alt + F4
③ Alt + F11
④ Ctrl + F10

정답 01 COUNT 02 ③ 03 ③ 04 ③ 05 ③

POINT 13 DBMS SW/폼과 보고서

01 DBMS 종류

● DBMS의 개념

DBMS(DataBase Management System)는 데이터를 체계적으로 저장, 관리, 검색할 수 있도록 도와주는 소프트웨어로, 데이터를 중복 없이 저장하고 여러 사용자가 동시에 접근할 수 있도록 한다.

● 주요 DBMS 종류

종류	설명	특징
MS Access	마이크로소프트에서 제공하는 데스크톱 DBMS	GUI 기반, 소규모 데이터 처리에 적합, Excel과 연동 용이
MySQL	오픈소스 관계형 DBMS	웹 개발에 많이 사용, 무료로 사용 가능
Oracle	대형 상용 관계형 DBMS	트랜잭션 처리에 강하고, 기업 환경에 적합
PostgreSQL	고급 기능이 강화된 오픈소스 DBMS	JSON, GIS 등 다양한 데이터 형식 지원

02 MS Access

● 기본 보안 설정

- 파일 암호 설정 : 파일 메뉴 → '정보' → '암호로 암호화' → 비밀번호 입력
- 파일 속성 숨기기 : 민감한 데이터가 포함된 테이블이나 쿼리에는 속성에서 '숨기기' 체크 가능

03 테이블

● 테이블의 개념

- 데이터베이스에서 실제 데이터를 저장하는 기본 단위이다. 각 테이블은 행(레코드)과 열(필드)로 구성된다.

• 주요 구성 요소

구성	설명
필드(Field)	열(Column), 데이터의 항목명(⑩ 이름, 생년월일)
레코드(Record)	행(Row), 하나의 완성된 데이터 묶음
기본키(Primary Key)	각 레코드를 고유하게 식별하기 위한 필드, 중복 불가

● 기본키(Primary Key)

- 테이블에서 각 레코드를 고유하게 식별할 수 있는 필드이다. ⑩ 학번, 주민등록번호, 사원번호 등
- 기본키는 중복될 수 없으며 Null 값을 가질 수 없다.

● 필드 속성

- 입력 마스크 : 전화번호, 주민번호 등 일정 형식을 강제한다.
- 유효성 검사 : 입력 가능한 값의 범위를 제한한다.
- 기본값(Default Value) : 새로운 레코드 입력 시 자동으로 채워지는 초기값이다.

● 주요 데이터 형식

데이터 형식	설명
짧은 텍스트	이름, 주소 등 일반 문자 데이터 입력용
긴 텍스트	메모, 설명 등 긴 문자열 저장용
숫자	계산 가능한 수치 데이터를 저장
날짜/시간	날짜 또는 시간을 저장
통화	금액 계산용 데이터 형식
예/아니오	논리형(True/False) 데이터
하이퍼링크	웹 주소나 파일 연결용
첨부파일	이미지, 문서 등을 직접 첨부할 수 있음

04 쿼리(Query)

● 쿼리의 개념
- 테이블의 데이터를 조건에 따라 검색, 계산, 갱신하는 작업을 의미한다.
- Access에서는 질의 디자인 보기를 통해 시각적으로 조건을 설정할 수 있다.

● 쿼리의 유형

종류	설명
선택 쿼리(Select)	조건에 맞는 데이터만 조회한다.
실행 쿼리(Action)	데이터를 삽입, 수정, 삭제하는 쿼리이다.
집계 쿼리(Total)	그룹별 합계나 평균 등 통계 결과를 계산한다.
매개변수 쿼리	실행 시 사용자에게 조건값을 입력받는다.
교차표 쿼리	행과 열을 기준으로 데이터를 요약 표시한다.

● SELECT 쿼리 기본 구조

```
SELECT 필드명
    FROM 테이블명
        WHERE 조건식
            ORDER BY 정렬기준;
```

● 관계 설정
- 1:1 관계 : 한 레코드가 다른 테이블의 한 레코드와만 연결된다.
- 1:다 관계 : 한 레코드가 다른 테이블의 여러 레코드와 연결된다(가장 일반적).
- 다:다 관계 : 관계 테이블을 통해 간접적으로 연결된다.

● 필드 계산식 작성법

필드 내 계산식 작성 가능 : 총액 : [수량]*[단가]

● 조건 작성 예시
- 정수 : >=100
- 문자열 : "서울"
- 만능문자 : Like 신*
- 날짜 구간 : Between #2026-01-01# And #2026-12-31#

단답형 문제

01 마이크로소프트에서 제공하는 데스크톱용 데이터베이스 관리 시스템(DBMS)은?

객관식 문제

02 Access에서 민감한 데이터가 포함된 테이블을 숨기기 위해 수행할 수 있는 방법은?
① 테이블 삭제
② 속성에서 '숨기기' 옵션을 체크
③ SQL 서버로 이전
④ 보안 탭에서 사용자 암호 추가

03 데이터베이스에서 실제 데이터를 저장하는 기본 단위로, 행(Row)과 열(Column)로 구성된 것은?
① 쿼리(Query)
② 폼(Form)
③ 보고서(Report)
④ 테이블(Table)

04 테이블에서 각 레코드를 고유하게 식별하기 위해 사용하는 필드를 무엇이라 하는가?
① 외래키(Foreign Key)
② 기본키(Primary Key)
③ 보조키(Secondary Key)
④ 후보키(Candidate Key)

05 다음 중 쿼리(Query)의 유형과 설명이 바르게 짝지어진 것은?
① 선택 쿼리 - 데이터를 삭제한다.
② 실행 쿼리 - 조건에 맞는 데이터만 조회한다.
③ 매개변수 쿼리 - 실행 시 사용자에게 조건값을 입력받는다.
④ 집계 쿼리 - 데이터를 테이블 형태로 출력한다.

정답 01 MS Access 02 ② 03 ④ 04 ② 05 ③

이론 1과목 사무자동화시스템

POINT 13 DBMS SW/품과 보고서 1-45

05 폼(Form)의 기본

● 폼의 개념

테이블 또는 쿼리의 데이터를 입력하거나 수정하기 위한 사용자 인터페이스다. 시각적으로 구성되어 있어 비전문 사용자도 쉽게 데이터를 다룰 수 있다.

● 폼의 기능

구분	설명
데이터 입력/수정/삭제	폼을 통해 테이블이나 쿼리의 데이터를 직접 추가하거나 수정·삭제할 수 있다.
필드 선택 표시	필요에 따라 특정 필드만 표시하거나, 읽기 전용으로 설정할 수 있다.
보기 방식 선택	단일 항목 보기(1건씩 표시), 연속 폼(여러 건 목록 표시), 분할 폼(폼 + 데이터시트 병행 표시) 중 선택 가능하다.
컨트롤 추가 기능	텍스트 상자, 콤보 상자, 버튼, 체크 상자 등 다양한 컨트롤을 삽입하여 사용자가 상호작용할 수 있도록 한다.
탐색 및 필터링	레코드 이동 버튼, 필터 옵션 등을 이용해 원하는 데이터만 빠르게 탐색할 수 있다.

● 폼의 유형

폼 마법사(Form Wizard) 기능을 이용해 아래 세 가지 형태를 손쉽게 생성할 수 있음

폼 유형	설명	특징
단일 폼	하나의 레코드만 표시	입력/수정에 적합
연속 폼	여러 레코드를 목록으로 표시	검색 및 간단 조회
분할 폼	위: 폼 / 아래: 데이터시트 동시 표시	직관적인 구조 제공

● 폼 구성 요소

구성 요소	설명
레이블(Label)	필드명, 제목, 설명 등 고정된 텍스트를 표시한다.
텍스트 상자 (Text Box)	데이터 입력 또는 조회를 위한 기본 입력 필드이다.
버튼 (Command Button)	저장, 닫기, 새 레코드 추가 등 특정 동작을 자동 수행한다.
콤보 상자 (Combo Box)	다른 테이블의 항목 목록을 불러와 선택할 수 있게 한다. (예) 부서명 선택
체크 상자 (Check Box)	참(True)/거짓(False) 형태의 데이터를 쉽게 선택하도록 한다.
탭 컨트롤 (Tab Control)	폼을 여러 화면(탭)으로 나누어 복잡한 데이터를 체계적으로 관리할 수 있다.

● 폼 작성 및 편집 절차

- [만들기] 탭 → [폼] / [폼 디자인] / [폼 마법사] 중 원하는 방식으로 폼 생성
- 데이터 원본(Table 또는 Query) 선택
- 표시할 필드 선택 및 배치
- 컨트롤(텍스트 상자, 버튼 등) 삽입 및 속성 지정
- [폼 보기] 또는 [폼 보기(분할)]로 전환해 동작 확인

06 보고서(Report)의 기본

● 보고서의 개념

- 테이블이나 쿼리의 데이터를 인쇄하거나 PDF 형식으로 내보내기 위해 시각적으로 정리한 출력용 문서다. 정렬, 그룹화, 요약값 등을 포함할 수 있다.

● 보고서 작성 절차

- 표시할 테이블 또는 쿼리를 선택한다.
- 출력할 필드를 지정한다.
- 그룹화 기준을 설정한다.
- 정렬 기준을 지정한다.
- 보고서 레이아웃과 스타일을 선택한다.
- 보고서 이름을 지정하고 완료한다.

● 보고서 구성 요소

영역	설명
보고서 머리글	제목, 작성일 등 전체 보고서의 머리 부분이다.
페이지 머리글	각 페이지 상단에 표시된다.
본문	실제 데이터가 출력되는 영역이다.
보고서 바닥글	전체 합계나 요약 정보를 표시한다.

● 보고서 서식 설정

- [디자인 보기]에서 글꼴, 색상, 정렬 등 서식을 자유롭게 지정할 수 있다.
- 그룹별 합계나 평균을 표시하기 위해 [그룹화 및 정렬] 기능을 활용한다.
- 머리글/바닥글의 계산 필드에서는 =Sum([필드명]), =Avg([필드명]) 등식을 사용할 수 있다.

● 보고서 출력

- [파일] → [인쇄 미리보기]를 통해 결과를 확인한 후 인쇄한다.
- PDF로 내보내기 기능을 이용하면 문서 형태로 저장할 수도 있다.

07 매크로와 모듈

● 매크로(Macro)

- 매크로는 Access에서 반복 작업을 자동으로 수행하기 위한 명령 집합이다.
- 버튼 클릭, 폼 열기, 메시지 표시 등 사용자의 명령을 자동화할 수 있다.
- [만들기] → [매크로]에서 조건, 동작, 인수를 지정하여 작성한다.

● 매크로 주요 동작

동작	설명
OpenForm	지정한 폼을 연다.
Close	폼이나 보고서를 닫는다
MsgBox	메시지 상자를 표시한다.
RunCommand	저장, 복사 등의 명령을 자동 실행한다.

● 모듈(Module)

- Access에서 VBA(Visual Basic for Applications) 코드를 직접 작성할 수 있는 공간이다.
- 복잡한 조건이나 사용자 정의 기능은 VBA 프로시저로 구현한다.

단답형 문제

01 비전문 사용자도 시각적으로 데이터를 다룰 수 있도록 설계된 화면 기반 데이터 입력 도구는?

02 폼에서 특정 필드의 데이터를 직접 표시하고 편집할 수 있도록 연결된 컨트롤은?

객관식 문제

03 여러 레코드를 목록 형태로 표시하여 간단한 검색이나 비교가 가능한 폼은?
① 단일 폼
② 연속 폼
③ 분할 폼
④ 보고서 폼

04 다음 중 폼 유형과 특징이 연결이 옳지 않은 것은?
① 단일 폼 - 입력 및 수정에 적합
② 연속 폼 - 여러 레코드를 목록으로 표시
③ 분할 폼 - 폼과 데이터시트를 동시에 표시
④ 단일 폼 - 검색 및 비교에 적합

05 다음 중 보고서의 구성 요소와 설명의 연결이 옳은 것은?
① 보고서 머리글 - 각 페이지 상단에 표시
② 페이지 머리글 - 전체 보고서의 제목을 표시
③ 본문 - 실제 데이터가 출력되는 영역
④ 보고서 바닥글 - 페이지 번호를 표시

정답 01 폼(Form) 02 텍스트 상자(Text Box) 03 ② 04 ④ 05 ③

POINT 14 | 프레젠테이션 SW

01 프레젠테이션 SW의 기능

◉ 시각적 정보 전달

슬라이드 구성 요소	제목, 본문, 이미지, 도형, 차트, 표, 아이콘 등 다양한 콘텐츠 지원
비주얼 강조	아이콘, 스마트 아트, 색상·폰트 활용해서 핵심 메시지 강조 가능
정보 계층화	제목→소제목→이미지/리스트 구조로 논리적 흐름을 구성

◉ 동적 효과 설정

애니메이션 효과	도형·텍스트에 '나타내기', '팝업', '페이드' 등의 효과 적용
전환 효과	슬라이드 간 이동을 자연스럽게 처리('밀기', '겹치기', '디졸브' 등)
순서 제어	타이밍 설정, 클릭/지연 기준 설정 가능해 발표 흐름 제어

◉ 멀티미디어 삽입

- 이미지/비디오/오디오 삽입 : 발표 분위기·설득력을 강화할 수 있다.
- 온라인 동영상 : 유튜브 링크 삽입 후 재생 가능하다.
- 배경음악/효과음 : 분위기 조성, 키 메시지 강조용 효과음을 사용할 수 있다.

◉ 발표 지원 기능

발표자 보기 : 발표자 화면에 메모, 타이머, 다음 슬라이드 미리보기 표시하기 기능 등을 제공한다.

◉ 공동 작성 및 공유

- 클라우드 저장 : 원드라이브/구글 드라이브 연동 → 어디서나 접근 가능하다.
- 협업 기능 : 댓글, 제안 모드, 사용자별 편집 권한 설정 가능하다.

02 프레젠테이션 SW 종류

◉ Microsoft PowerPoint

- Windows/macOS/온라인 기반 플랫폼
- 풍부한 기능과 템플릿, 애니메이션·전환 제어가 우수하다.
- VBA·슬라이드 마스터·3D 모델을 지원한다.

◉ Google Slides

- 웹 기반 플랫폼
- 실시간 협업 최적화, 자동 저장에 특화되어 있다.
- 댓글, 버전 기록, Google 학습 자료 연동이 가능하다.

◉ Apple Keynote

- macOS/iOS 기반 플랫폼
- 미려한 디자인, iCloud 연동이 특징이다.
- 정교한 애니메이션·전환, Live Photo를 지원한다.

◉ Canva

- 웹 기반 플랫폼
- 풍부한 템플릿과 이미지, 협업을 지원한다.
- 드래그 앤 드롭 UI, 브랜드 키트 관리 기능이 있다.

◉ Prezi

- 웹/앱 기반 플랫폼
- 줌인·줌아웃 효과, 비선형 프레젠테이션이 특징이다.
- 시각적 흐름 강조, 몰입감 높은 구성을 가진다.

03 파워포인트 화면 구성

● **주요 UI 요소**

리본 메뉴	'파일, 홈, 삽입, 디자인, 전환, 애니메이션, 슬라이드 쇼, 검토, 보기' 탭
삽입 탭	슬라이드, 이미지, 도형, 차트, 링크, 멀티미디어 요소 추가
디자인 탭	테마, 색상, 배경 스타일 지정
전환 · 애니메이션 탭	슬라이드 이동 및 개체 등장 효과 설정
왼쪽 슬라이드 탐색 창	원하는 슬라이드 복제 연결, 순서 조절에 유용
슬라이드 작업창	텍스트 배치, 구성 요소 위치 제어 및 시각적 조정
하단 메모창	발표자 노트 삽입. 본편에는 숨기고, 발표자 보기에서 참고 가능
빠른 실행 도구 모음	저장, 실행 취소, 슬라이드 쇼 시작 버튼 등 자주 쓰는 기능 추가 가능

● **보기 모드**

기본 보기	슬라이드 작성에 최적화된 편집 중심 화면
정렬 보기	여러 슬라이드를 동시에 확인하며 순서를 조정
슬라이드 쇼 보기	발표용 전체 화면 모드
발표자 보기	발표자 화면에서 메모와 다음 슬라이드 정보 확인 가능

04 슬라이드 만들기

● **슬라이드 추가 및 레이아웃 설정**

- [Ctrl] + [M] 또는 '삽입 → 새 슬라이드'로 슬라이드가 추가된다.
- 하단 슬라이드에서 우클릭 → 레이아웃 변경 선택이 가능하다.
- 제목, 본문, 이미지, 비교 레이아웃 외 표준 및 빈 슬라이드를 제공한다.

단답형 문제

01 VBA 매크로, 슬라이드 마스터, 3D 모델 기능을 지원하는 프레젠테이션 소프트웨어는?

객관식 문제

02 다음 중 슬라이드의 구성 요소로 올바르지 않은 것은?
① 제목과 본문
② 이미지와 표
③ 아이콘과 차트
④ 레코드와 필드

03 다음 중 애니메이션 효과에 대한 설명으로 옳은 것은?
① 슬라이드 간 이동 효과를 지정한다.
② 도형 · 텍스트에 '나타내기', '팝업', '페이드' 등의 효과를 적용한다.
③ 슬라이드의 배경색을 자동 변경한다.
④ 프레젠테이션 전체를 암호화한다.

04 삽입 탭(Insert Tab)에서 할 수 있는 작업으로 옳은 것은?
① 글꼴 색상 변경
② 테마와 배경 지정
③ 슬라이드, 이미지, 도형, 차트 삽입
④ 발표자 보기 설정

05 다음 중 파워포인트의 보기 모드(View Mode)와 그 설명이 올바르게 연결된 것은?
① 기본 보기 – 발표자 화면에서 노트를 확인할 수 있다.
② 정렬 보기 – 여러 슬라이드를 한눈에 보고 순서를 조정할 수 있다.
③ 슬라이드 쇼 보기 – 슬라이드를 편집할 때 사용하는 모드이다.
④ 발표자 보기 – 여러 슬라이드를 동시에 인쇄한다.

정답 01 Microsoft PowerPoint 02 ④ 03 ② 04 ③ 05 ②

내용 구성 요소

텍스트상자	자유롭게 배치하고 글꼴, 크기, 색상 조절 가능
이미지	삽입 → 그림 또는 드래그하여 슬라이드에 삽입
도형/아이콘	리본의 도형 라이브러리에서 선택, 색/테두리 조절 가능
스마트아트	신속한 조직도 · 프로세스 다이어그램 작성
차트	엑셀 연동 차트 삽입 가능, 시각적 데이터 표현

디자인과 테마

- '디자인 탭'에서 테마, 변형, 색, 글꼴 스타일 선택
- 슬라이드 마스터 사용 → 페이지 번호, 회사 로고 삽입, 디자인 일관성 유지
- 배경 서식 : 배경에 이미지, 그라데이션, 사진 삽입 가능

파워포인트 단축키

단축키	내용
Ctrl + A	전체 선택
Ctrl + O	슬라이드 열기
Ctrl + C	복사
Ctrl + Shift + C	서식 복사
Ctrl + X	잘라내기
Ctrl + V	붙여넣기
Ctrl + Shift + V	서식 붙여넣기
Ctrl + D	슬라이드, 개체 복사
Ctrl + N	새 문서
Ctrl + G	그룹 만들기
Ctrl + H	글자 변경
Ctrl + I	글자 기울임 효과
Ctrl + B	굵은 글씨
Ctrl + P	프린트하기
Ctrl + S	저장
Ctrl + Shift + S	다른 이름으로 저장
Ctrl + Shift + G	그룹 해제
Ctrl +]	글자 확대
Ctrl + [	글자 축소
Ctrl + Shift + >	글자 확대
Ctrl + Shift + 방향키	크기 미세 조절
Ctrl + Shift + <	글자 축소
F5	발표 모드 전환
Shift + F5	현재 위치에서 슬라이드 쇼 시작

05 파워포인트 편집

텍스트 입력

- 슬라이드에 텍스트를 입력할 때는 기본적으로 제목 상자와 내용 상자가 제공된다.
- 텍스트 상자 도구를 이용하면 자유로운 위치에 글자를 입력할 수 있다.
- 글꼴 종류, 크기, 색, 굵기, 기울임, 밑줄 등의 서식은 [홈] 탭의 글꼴 그룹에서 설정한다.
- 문단 정렬(왼쪽, 가운데, 오른쪽, 양쪽 맞춤)과 줄 간격은 [단락] 그룹에서 지정한다.

도형 입력

- [삽입] → [도형] 명령을 사용하여 사각형, 원, 화살표, 선, 흐름도 도형 등을 삽입할 수 있다.
- 삽입한 도형은 채우기 색, 윤곽선, 그림자, 입체 효과 등을 적용하여 강조할 수 있다.
- [도형 서식] 탭에서 정렬, 회전, 크기 조정, 도형 병합 등의 세부 편집이 가능하다.
- 여러 도형을 그룹으로 묶어 한 번에 이동하거나 서식을 변경할 수 있다.

SmartArt 그래픽

- SmartArt는 계층 구조, 프로세스, 관계, 주기 등을 시각적으로 표현하기 위한 도식형 그래픽 도구이다.
- [삽입] → [SmartArt] 메뉴에서 유형을 선택하고, 텍스트 창에 내용을 입력하여 자동 배치할 수 있다.
- 디자인 탭에서 색상 변경, 레이아웃 변경 등을 통해 다양한 형태로 표현할 수 있다.

06 표와 차트 편집

● 표 삽입

- [삽입] → [표] 메뉴를 사용하여 행과 열의 수를 지정하고 표를 만든다.
- 표는 데이터를 정리하거나 비교할 때 유용하게 사용된다.
- [표 디자인] 탭에서 스타일, 음영, 테두리, 머리글 행 등을 설정한다.
- [레이아웃] 탭에서는 행/열 추가, 병합, 셀 크기 조정 등이 가능하다.

● 표 서식

- 표의 가독성을 높이기 위해 교차 행 음영, 머리글 강조, 굵은 테두리 등을 적용한다.
- 셀 병합은 동일한 항목을 하나로 묶을 때 사용하며, [레이아웃] 탭에서 병합 명령을 클릭한다.

07 애니메이션 효과

● 애니메이션의 개념

- 애니메이션(Animation)은 슬라이드 내의 텍스트나 도형이 움직이거나 강조되는 시각 효과를 말한다.
- 발표자의 설명에 맞춰 시선을 유도하거나, 정보를 단계적으로 제시할 때 사용한다.

● 애니메이션 종류

구분	설명
시작 효과	객체가 나타나는 방식(페이드 인, 플라이 인 등)
강조 효과	이미 표시된 객체를 강조(회전, 색상 변경 등)
종료 효과	객체가 사라지는 방식(페이드 아웃, 플라이 아웃 등)
이동 경로	지정된 경로를 따라 이동하도록 설정

단답형 문제

01 개별 슬라이드가 아니라 모든 슬라이드의 공통 요소를 통합 편집하기 위해 사용하는 보기(View) 모드는?

객관식 문제

02 디자인 탭 → 슬라이드 마스터(Slide Master) 기능을 이용했을 때 얻을 수 있는 효과로 옳지 않은 것은?
① 전체 슬라이드의 글꼴·색상·로고를 일괄 변경할 수 있다.
② 특정 슬라이드 한 장의 서식만 변경된다.
③ 페이지 번호나 회사 로고를 모든 슬라이드에 자동 적용할 수 있다.
④ 프레젠테이션 전체의 디자인 일관성을 유지할 수 있다.

03 다음 중 PowerPoint 단축키에 대한 설명으로 옳지 않은 것은?
① Ctrl + M : 현재 슬라이드 뒤에 새 슬라이드를 추가한다.
② Ctrl + D : 슬라이드나 개체를 복제한다.
③ Shift + F5 : 프레젠테이션의 첫 번째 슬라이드부터 슬라이드 쇼를 시작한다.
④ Ctrl + G : 여러 개체를 하나로 그룹화한다.

04 PowerPoint에서 애니메이션(Animation)의 주된 목적에 대한 설명으로 가장 올바른 것은?
① 슬라이드 전환 시 배경색을 변경하기 위해 사용한다.
② 슬라이드 내 객체를 움직이거나 강조하는 시각적 효과를 제공한다.
③ 프레젠테이션 전체의 글꼴과 색상을 지정하기 위해 사용한다.
④ 개별 슬라이드의 순서를 변경하기 위해 사용한다.

정답 01 슬라이드 마스터(Slide Master) 02 ② 03 ③ 04 ②

POINT 15 | 데이터베이스의 개념과 DBMS

01 자료 처리

● 자료와 정보

- 자료(Data) : 현실 세계로부터 단순한 관찰이나 측정 결과로부터 수집된 사실이나 값이다.
- 정보(Information) : 자료를 처리하여 얻은 결과로서, 의사 결정을 하기 위한 값이다.

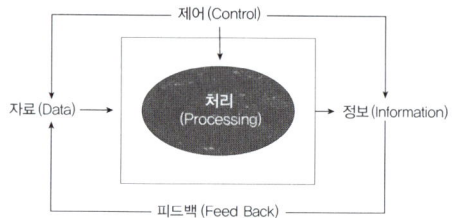

● 정보 시스템

- 한 조직체의 데이터를 바탕으로 의사 결정에 필요한 정보를 추출하고 생성하는 시스템이다.
- 사용 목적에 따라 인사 정보 시스템, 행정 정보 시스템 등으로 구분된다. → 정보 시스템이 사용하는 데이터를 처리하는 시스템(정보 시스템의 서브 시스템)

● 자료 처리 시스템의 종류

- 일괄 처리 시스템 : 일정 시간 동안 수집된 변동 자료를 컴퓨터의 입력 자료로 만들었다가 필요한 시점에 이 자료들을 입력하여 실행한 후 그 결과를 출력시켜 주는 방식의 시스템이다. ◎ 급여 관리, 세무 관리
- 온라인 처리 시스템 : 자료 발생 즉시 해당 자료를 처리하여 결과를 출력시켜 주는 방식의 시스템이다. ◎ 좌석 예약, 주식 거래
- 분산 처리 시스템 : 물리적으로 분리된 각각의 컴퓨터 시스템을 네트워크로 연결하여 실사용자들이 각 시스템이 하나인 것처럼 사용할 수 있도록 지원해 주는 시스템이다.

● 데이터베이스(Database)의 정의

- 통합된 데이터(Integrated Data) : 각 사용자의 데이터를 한곳에 모아 통합한 데이터이다.
- 저장된 데이터(Stored Data) : 데이터베이스는 컴퓨터 하드웨어 저장 장치에 저장되어 있는 데이터이다.
- 운영 데이터(Operational Data) : 데이터베이스는 어떤 조직의 고유 기능을 수행하기 위해 반드시 필요한 데이터이다.
- 공용 데이터(Shared Data) : 데이터베이스를 여러 사용자가 공동 소유·관리·활용하는 데이터이다.

● 데이터베이스의 특성

- 실시간 접근성(Real Time Accessibility) : 수시적이고 비정형적인 질의에 대하여 실시간 처리로 응답할 수 있어야 한다.
- 내용에 의한 참조(Content Reference) : 데이터베이스의 데이터는 그 주소나 위치에 의해 참조되는 것이 아니라 내용을 참조한다.
- 동시 공유(Concurrent Sharing) : 같은 내용의 데이터를 여러 사람이 동시에 공용할 수 있다.
- 계속적 변화(Continuous Evolution) : 데이터베이스는 데이터의 삽입, 삭제, 갱신으로 내용이 계속적으로 변한다.

● 데이터베이스 시스템의 구성

DBMS, 스키마, 데이터베이스 언어, 데이터베이스 사용자로 구성되어 있다.

● DBMS(데이터베이스 관리 시스템) ← DataBase Management System

- 종속성과 중복성의 문제를 해결하기 위해 제안된 시스템이다.
- 응용 프로그램과 데이터의 중재자로서 모든 응용 프로그램들이 데이터베이스를 공유할 수 있도록 관리한다.
- 데이터베이스의 구성, 접근 방법, 관리 유지에 대한 모든 책임을 진다.

● DBMS의 필수 기능

- 정의 기능(Definition Facility) : 데이터베이스 구조를 정의하고, 데이터의 논리적 구조와 물리적 구조 사이에 변환이 가능하도록 두 구조 사이의 사상(Mapping)을 명시한다.

- 조작 기능(Manipulation Facility) : 데이터베이스에 접근하여 데이터의 검색/삽입/삭제/갱신 등의 연산 작업을 하기 위한 사용자와 데이터베이스 사이의 인터페이스 수단을 제공한다.
- 제어 기능(Control Facility)
  - 데이터베이스에 접근하는 갱신, 삽입, 삭제 작업이 정확하게 수행되어 무결성이 유지되도록 제어해야 한다.
  - 정당한 사용자가 허가된 데이터만 접근할 수 있도록 보안(Security)을 유지하고, 권한(Authority)을 검사할 수 있어야 한다.
  - 여러 사용자가 데이터베이스를 동시에 접근하여 데이터를 처리할 때 처리 결과가 항상 정확성을 유지하도록 병행 제어를 할 수 있도록 한다.

● **DBMS의 장 · 단점**

장점	• 데이터 중복 및 종속성 최소화 • 데이터 공유 • 데이터 무결성 및 일관성 유지 • 데이터 보안 보장 용이
단점	• 예비와 회복 기법이 어려움 • 데이터베이스 전문가 부족 • 시스템이 복잡하고, 전산화 비용 증가

● **데이터웨어하우스(Data Warehouse)**

- 기간 업무 시스템에서 추출되어 새로이 생성된 데이터베이스로서 의사결정 지원을 위한 주제 지향적, 통합적, 시계열적(Historical), 비휘발적인 데이터의 집합이다.
- OLAP(On-Line Analytical Processing) : 대용량 데이터를 고속으로 처리하며 쉽고 다양한 관점에서 추출, 분석할 수 있도록 지원하는 데이터 분석 기술이다.
- OLAP 연산 종류 : Roll-Up, Drill-Down, Dicing, Slicing

● **데이터베이스 용어**

- 빅데이터 : 데이터의 생성 양, 주기, 형식 등이 기존 데이터에 비해 매우 크기 때문에, 종래의 방법으로는 수집 · 저장 · 검색 · 분석이 어려운 방대한 데이터이다.
- 데이터 마이닝 : 데이터웨어하우징에서 수집되고 분석된 자료를 사용자에게 제공하기 위해 분류 및 가공되는 요소 기술이다.
- Hadoop : 일반 컴퓨터로 가상화된 대형 스토리지를 구현한다. 그 안에 보관된 거대한 데이터 세트를 병렬로 처리할 수 있도록 빅데이터 분산 처리를 돕는 자바 기반 소프트웨어 오픈소스 프레임워크이다.

단답형 문제

01 빅데이터 분석 기술 중 대량의 데이터를 분석하여 데이터 속에 내재되어 있는 변수 사이의 상호관계를 규명하여 일정한 패턴을 찾아내는 기법은?

02 다음 내용이 설명하고 있는 기술은?

> - 일반 컴퓨터로 가상화된 대형 스토리지 형성
> - 그 안에 보관된 거대한 데이터 세트를 병렬로 처리할 수 있도록 빅데이터 분산 처리를 돕는 자바 소프트웨어 오픈소스 프레임워크

객관식 문제

03 데이터웨어하우스의 기본적인 OLAP(On-Line Analytical Processing) 연산이 아닌 것은?
① Translate   ② Roll-Up
③ Dicing   ④ Drill-Down

04 DBMS의 필수기능 중 모든 응용 프로그램들이 요구하는 데이터 구조를 지원하기 위해 데이터베이스에 저장될 데이터 타입과 구조에 대한 정의, 이용 방식, 제약조건 등을 명시하는 기능은?
① 정의 기능   ② 조작 기능
③ 사상 기능   ④ 제어 기능

05 데이터베이스 정의에 해당되는 내용을 모두 나열한 것은?

> ㉠ Shared Data
> ㉡ Distributed Data
> ㉢ Stored Data
> ㉣ Operational Data

① ㉠, ㉡   ② ㉠, ㉡, ㉢
③ ㉠, ㉢, ㉣   ④ ㉠, ㉡, ㉢, ㉣

정답 01 Data Mining 02 Hadoop 03 ① 04 ① 05 ③

POINT 16 | 데이터베이스의 구성, 모델

01 데이터베이스의 구성

● 스키마(Schema)

- 데이터베이스의 구조(개체, 속성, 관계)에 대한 정의이다.
- 스키마의 3계층

외부 스키마 (External Schema)	사용자나 응용 프로그래머가 접근할 수 있는 정의를 기술한다.
개념 스키마 (Conceptual Schema)	• 데이터베이스 전체를 정의한 것으로 데이터 개체, 관계, 제약조건, 접근 권한, 무결성 규칙 등을 명세한 것이다. • 범기관적 입장에서 데이터베이스를 정의한다.
내부 스키마 (Internal Schema)	• 데이터의 실제 저장 방법을 기술한다. • 물리적 저장 장치의 입장에서 본 데이터베이스 구조로써 실제로 데이터베이스에 저장될 레코드의 형식을 정의하고 저장 데이터 항목의 표현 방법, 내부 레코드의 물리적 순서 등을 나타낸다.

● 데이터베이스 언어(Database Language)

데이터 정의어 (DDL : Data Definition Language)	• 데이터베이스의 객체들, 즉 테이블, 뷰, 인덱스 등에 대한 구조인 스키마를 정의하고 변경하며 삭제할 수 있는 기능이 있다. • 논리적 데이터 구조와 물리적 데이터 구조 간의 사상 정의이다. • 번역한 결과가 데이터 사전에 저장된다.
데이터 조작어 (DML : Data Manipulation Language)	• 사용자와 데이터베이스 관리 시스템 간의 인터페이스를 제공한다. • 데이터의 검색/삽입/삭제/변경을 수행한다.
데이터 제어어 (DCL : Data Control Language)	• 불법적인 사용자로부터 데이터를 보호한다. • 무결성을 유지한다. • 데이터 회복 및 병행 제어를 수행한다.

● 데이터베이스 사용자

데이터베이스 관리자 (DBA : Database Administrator)	• 데이터베이스를 구축하는 책임자이다. • DBMS를 관리한다. • 사용자 요구 정보 결정 및 데이터를 효율적으로 관리한다. • 백업 및 회복 전략을 정의한다. • 행정적 책임을 가지고 있다. • 시스템 감시 및 성능을 분석한다. • 데이터 사전을 구성한다. • 데이터 접근 권한과 회복 절차를 수립한다. • 데이터베이스의 구성 요소 결정과 내장 저장 구조를 정의 및 수정한다.
응용 프로그래머	• DBA가 설계한 데이터베이스를 기반으로 소프트웨어 개발 툴을 이용하여 사용자에게 제공할 소프트웨어를 작성하는 업무를 담당한다. • COBOL, PASCAL, C, JAVA 등의 개발 언어를 사용한다. 데이터베이스 응용 프로그램을 작성하기 위한 프로그램
일반 사용자	응용 프로그램, 질의어 등을 통하여 데이터베이스에 직접 접근하여 자원을 사용한다.

02 데이터베이스 모델

● 데이터 모델의 개념

현실 세계를 데이터베이스에 표현하는 중간 과정, 즉 데이터베이스 설계 과정에서 데이터의 구조를 표현하기 위해 사용되는 도구이다.

● 데이터 모델의 구성 요소

- 데이터 구조(Structure) : 데이터 구조 및 정적 성질을 표현한다.
- 연산(Operations) : 데이터의 인스턴스에 적용 가능한 연산 명세와 조작 기법을 표현한다.
- 제약조건(Constraints) : 데이터의 논리적 제한 명시 및 조작의 규칙이다.

데이터 모델의 구분

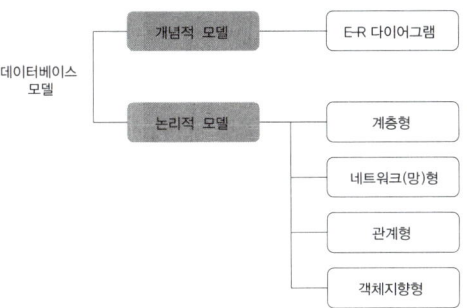

개념적 데이터 모델

- 속성들로 기술된 개체 타입과 이 개체 타입 간의 관계를 이용하여 현실 세계를 표현하는 방법이다.
- E-R 모델(Entity-Relationship 모델, 개체-관계 모델)
  - 대표적인 개념적 데이터 모델이다.
  - 개체 타입과 이들 간의 관계 타입을 이용하여 현실 세계를 개념적으로 표현한 방법이다.
  - E-R 다이어그램 : E-R 모델을 그래프 방식으로 표현하였다. ─ 정보 공학 방법론에서 데이터베이스 설계의 표현으로 사용하는 모델링 언어로 P.Chen이 처음 제안

기호	기호 이름	의미
□	사각형	개체(Entity)
◇	마름모	관계(Relationship)
○	타원	속성(Attribute)
─	실선	개체 타입과 속성을 연결
◎	2중 타원	다중값 속성

논리적 데이터 모델

- 필드로 기술된 데이터 타입과 이 데이터 타입 간의 관계를 이용하여 현실 세계를 표현하는 방법이다.
- 종류
  - 관계형 데이터 모델 : 데이터베이스를 테이블(Table)의 집합으로 표현한다.
  - 계층형 데이터 모델 : 데이터베이스를 트리(Tree) 구조로 표현한다.
  - 네트워크형 데이터 모델 : 데이터베이스를 그래프(Graph) 구조로 표현(오너-멤버 관계)하며, CODASYL DBTG 모델이라고도 한다.

단답형 문제

01 다음은 무엇에 대한 설명인가?

> "It defines the overall logical structure of the database. It is a description of all the data items used by the application programs or users and only one it can exist per database."

객관식 문제

02 다음 설명에 해당하는 것은?

> "물리적 저장 장치의 입장에서 본 데이터베이스 구조로서 실제로 데이터베이스에 저장될 레코드의 형식을 정의하고 저장 데이터 항목의 표현 방법, 내부 레코드의 물리적 순서 등을 나타낸다."

① 외부 스키마 ② 내부 스키마
③ 개념 스키마 ④ 슈퍼 스키마

03 E-R 모델의 표현 방법으로 옳지 않은 것은?
① 개체 타입 : 사각형 ② 관계 타입 : 마름모
③ 속성 : 오각형 ④ 연결 : 선

04 데이터 모델에 표시해야 할 요소로 거리가 먼 것은?
① 논리적 데이터 구조 ② 출력 구조
③ 연산 ④ 제약조건

05 데이터 모델에 대한 다음 설명 중 ( ) 안에 들어갈 내용으로 가장 타당한 것은?

> 데이터 모델은 일반적으로 3가지 구성 요소를 포함하고 있다. 첫째, 논리적으로 표현된 데이터 구조, 둘째, 이 구조에서 허용될 수 있는 연산, 셋째, 이 구조와 연산에서의 ( )에 대한 명세를 기술한 것이다.

① 개체 ② 속성
③ 도메인 ④ 제약조건

정답 01 Conceptual Schema 02 ② 03 ③ 04 ② 05 ④

POINT 17 | 관계형 데이터베이스 모델

01 관계형 데이터베이스 모델의 개요

> 관계형 데이터베이스를 구성하는 개체나 관계를 릴레이션(Relation)으로 표현함

◉ 관계형 데이터베이스 모델 구조

〈학생〉 릴레이션

- **튜플(Tuple)**
  - 테이블의 행(Row)에 해당하며 파일 구조의 레코드(Record)와 같은 의미이다.
  - 카디널리티(Cardinality) : 튜플의 수(기수)
  - 한 릴레이션의 튜플들의 값은 모두 상이하며, 튜플 간 순서가 없다.

🏠 예제

A1, A2, A3 3개 속성을 갖는 한 릴레이션에서 A1의 도메인은 3개 값, A2의 도메인은 2개 값, A3의 도메인은 4개 값을 갖는다. 이 릴레이션에 존재할 수 있는 가능한 튜플(Tuple)의 최대 수는?

릴레이션의 모든 튜플의 값은 달라야 한다는 전제하에 릴레이션이 가질 수 있는 최대의 튜플 수는 각 속성이 갖는 튜플 수를 모두 곱한 개수가 된다(최대 튜플 수 : 모든 속성에 포함된 튜플의 값이 다르다는 전제).
답 : 3 * 2 * 4 = 24

- **속성(Attribute)**
  - 테이블의 열(Column)에 해당하며 파일 구조의 항목(Item), 필드(Field)와 같은 의미이다.
  - 차수(Degree) : 속성의 수
  - 한 릴레이션의 속성은 원자값이며, 속성 간 순서가 없다.
- **도메인(Domain)** : 하나의 애트리뷰트가 가질 수 있는 원자값들의 집합이다.

🏠 예제

한 릴레이션 스키마가 4개 속성, 2개 후보키 그리고 그 스키마의 대응 릴레이션 인스턴스가 7개 튜플을 갖는다면 그 릴레이션의 차수(Degree)는?

릴레이션의 차수는 해당 릴레이션이 갖는 모든 속성의 수를 의미한다. 이 릴레이션의 전체 속성은 4개이며 그 중 2개가 후보키이다. 즉, 전체 속성의 수는 4개이다. 차수에서 튜플 수는 고려사항이 아니다.
답 : 4

◉ 릴레이션의 특징

- **튜플의 유일성** : 모든 튜플은 서로 다른 값을 갖는다.
- **튜플의 무순서성** : 하나의 릴레이션에서 튜플의 순서는 없다.
- **속성의 원자성** : 속성값은 원자값을 갖는다.
- **속성의 무순서성** : 각 속성은 릴레이션 내에서 유일한 이름을 가지며, 속성의 순서는 큰 의미가 없다.

02 키(Key)의 종류

〈학생〉

학번	주민번호	이름	나이
1	920212-1	면처리	20
2	930202-2	두목이	23
3	990203-1	광처리	24

〈수강〉

학번	과목
1	운영체제
2	소프트웨어공학
3	C언어

◉ 슈퍼키(Super Key)

- 한 개 이상의 속성으로 구성된 키 또는 혼합키를 의미한다.
- 모든 튜플에 대해 유일성은 만족하지만, 최소성은 만족하지 않는다.
- 〈학생〉 릴레이션에서 학번, 주민번호, (학번, 이름), (학번, 나이), (학번, 주민번호), (주민번호, 이름) 등 튜플을 식별할 수 있는 모든 경우의 속성 또는 속성 집합이 슈퍼키가 될 수 있다.

● 후보키(Candidate Key)

- 모든 튜플을 유일하게 식별할 수 있는 하나 또는 몇 개의 속성 집합이다. (튜플이 중복되지 않는 성질)
- 모든 튜플에 대해 유일성과 최소성 모두 만족한다. (키를 구성하는 속성의 개수를 최소화하는 것)
- 슈퍼키에서 구해진 속성, 속성 집합 중 가장 적은 속성의 집합(최소성)이 후보키가 된다(학번, 주민번호).

● 기본키(Primary Key)

- 후보키 중에서 대표로 선정된 키이다.
- 널 값(Null Value)을 가질 수 없다. (공백(Space)이나 0(Zero)과는 다른 의미이며, 아직 알려지지 않거나 모르는 값)
- 후보키 중 가장 적합한 속성 또는 속성 집합을 선택한다.
- 예 학번, 주민번호

● 대체키(Alternate Key)

- 후보키가 둘 이상 되는 경우, 그중에서 어느 하나를 선정하여 기본키로 지정하고 남은 나머지 후보키이다.
- 학번을 기본키로 선택한 경우 주민번호가 대체키가 된다.

● 외래키(Foreign Key)

- 다른 테이블의 기본키를 참조하는 속성이다.
- 〈수강〉 릴레이션에서 〈학생〉 릴레이션을 참조할 때 〈학생〉 릴레이션의 학번은 참조키, 〈수강〉 릴레이션의 학번이 외래키가 된다.

03 무결성(Integrity)

- 릴레이션 무결성 규정(Relation Integrity Rules)은 릴레이션을 조작하는 과정에서의 의미적 관계(Semantic Relationship)를 명세한 것으로 정의 대상으로 도메인, 키, 종속성 등이 있다.
- 개체 무결성 : 기본키의 값은 널(Null) 값이나 중복 값을 가질 수 없다는 제약조건이다.
- 참조 무결성 : 릴레이션 R1에 속성 조합인 외래키를 변경하려면 이를 참조하고 있는 릴레이션 R2의 기본키도 변경해야 한다. 이때 참조할 수 없는 외래키 값을 가질 수 없다는 제약조건이다.
- 도메인 무결성 : 각 속성값은 해당 속성 도메인에 지정된 값이어야 한다는 제약조건이다.

단답형 문제

01 릴레이션에 있는 모든 튜플에 대해 유일성은 만족시키지만 최소성은 만족시키지 못하는 키는?

02 다음 설명의 ( ) 안에 들어갈 내용으로 적합한 것은?

"후보키는 릴레이션에 있는 모든 튜플에 대해 유일성과 ( )을를 모두 만족시켜야 한다."

03 하나의 애트리뷰트가 가질 수 있는 원자값들의 집합을 의미하는 것은?

객관식 문제

04 다음 두 릴레이션에서 외래키로 사용된 것은? (단, 밑줄 친 속성은 기본키이다.)

과목(과목번호, 과목명)
수강(수강번호, 학번, 과목번호, 학기)

① 수강번호
② 과목번호
③ 학번
④ 과목명

05 데이터 무결성 제약조건 중 "개체 무결성 제약"조건에 대한 설명으로 맞는 것은?
① 릴레이션 내의 튜플들이 각 속성의 도메인에 지정된 값만을 가져야 한다.
② 기본키에 속해 있는 애트리뷰트는 널값이나 중복값을 가질 수 없다.
③ 릴레이션은 참조할 수 없는 외래키 값을 가질 수 없다.
④ 외래키 값은 참조 릴레이션의 기본키 값과 동일해야 한다.

정답 01 슈퍼키 02 최소성 03 도메인 04 ② 05 ②

POINT 18 | 데이터베이스 설계와 정규화

01 데이터베이스 설계 단계

◎ 요구조건 분석
- 데이터베이스 사용자로부터 요구조건 수집과 요구조건 명세서를 작성한다.

◎ 개념적 설계
- 목표 DBMS에 독립적인 개념 스키마를 설계한다.
- 개념 스키마 모델링(E-R 다이어그램 작성)과 트랜잭션 모델링을 병행 수행한다.
  - 모델링 ─ 개발 대상을 추상화하고 기호나 그림 등으로 시각적으로 표현

◎ 논리적 설계
- 목표 DBMS에 종속적인 논리적 스키마를 설계한다.
- 스키마의 평가 및 정제를 한다.
- 논리적 데이터 모델로 변환 및 트랜잭션 인터페이스를 설계한다.

◎ 물리적 설계
- 목표 DBMS에 종속적인 물리적 구조를 설계한다.
- 저장 레코드 양식 설계와 레코드 집중의 분석/설계, 액세스 경로 인덱싱, 클러스터링, 해싱 등의 설계가 포함된다.
- 접근 경로 설계 및 트랜잭션 세부 설계를 한다.

◎ 데이터베이스 구현
- 목표 DBMS의 DDL로 스키마를 작성한다.
- 데이터베이스에 등록 후 트랜잭션을 작성한다.

02 데이터베이스 정규화

◎ 정규화(Normalization)의 개념
- 함수적 종속성 등의 종속성 이론을 이용하여 잘못 설계된 관계형 스키마를 더 작은 속성의 세트로 쪼개어 바람직한 스키마로 만들어 가는 과정이다.
- 좋은 데이터베이스 스키마를 생성하고 불필요한 데이터의 중복을 방지하여 정보 검색을 용이하게 할 수 있도록 허용한다.

◎ 정규화의 목적
- 데이터 구조의 안정성 최대화
- 중복 데이터의 최소화
- 수정 및 삭제 시 이상 현상 최소화
- 테이블 불일치 위험 간소화

◎ 이상 현상(Anomaly)
- 릴레이션 조작 시 데이터들이 불필요하게 중복되어 예기치 않게 발생하는 곤란한 현상을 의미한다.
- 종류 : 삽입 이상, 삭제 이상, 갱신 이상

◎ 삽입 이상(Insertion Anomaly)
- 데이터를 삽입할 때 불필요한 데이터가 함께 삽입되는 현상이다.
- 〈수강〉 릴레이션에 학번이 600이고, 학년이 2인 학생 값을 새롭게 삽입하려 할 때, 이 학생이 어떤 과목을 등록해서 과목번호를 확보하지 않는 한 이 삽입은 성공할 수 없다(개체무결성 위반).

〈수강〉

학번	과목코드	성적	학년
100	C413	A	4
200	C123	B	1
300	C312	B	3
400	C312	C	2
400	C324	A	2
400	E412	C	2

단, 학번, 과목코드가 하나로 묶여 기본키가 되는 혼합 속성임

◎ 삭제 이상(Deletion Anomaly)
- 릴레이션의 한 튜플을 삭제함으로써 연쇄 삭제로 인해 정보의 손실을 발생시키는 현상이다.
- 〈수강〉 릴레이션에서 학번이 200인 학생이 과목 'C123'의 등록을 취소한다고 하자. 해당 학생의 등록을 취소하면서 이 학생의 성적과 학년 정보도 함께 삭제된다.

● 갱신 이상(Update Anomaly)
- 튜플 중에서 일부 속성을 갱신함으로써 정보의 모순성이 발생하는 현상이다.
- 〈수강〉 릴레이션에 학번이 400인 학생의 학년을 2에서 3으로 변경시킨다고 하자. 이 변경을 위해서는 이 릴레이션에 학번 400이 나타나 있는 튜플 3개 모두에 대해 학년의 값을 갱신시켜야 한다. 그렇게 하지 않고 일부 튜플만 변경시키게 되면 학번 400인 학생의 학년이 2와 3, 즉 두 가지 값을 갖게 되어 일관성이 없게 된다.

03 함수적 종속

● 함수적 종속
- 개체 내에 존재하는 속성 간의 관계를 종속적인 관계로 정리하는 방법이다.
- 데이터 속성들의 의미와 속성 간의 상호 관계로부터 도출되는 제약조건이다.
- 기준값을 결정자(Determinant)라 하고 종속되는 값을 종속자(Dependent)라고 한다.
- 속성 Y는 속성 X에 함수적 종속이라 하고 표현은 X → Y로 표현한다. 이때 X를 결정자, Y를 종속자라고 부른다.

● 부분 함수적 종속
- 복합 속성 (A, B)에 대하여 A → C가 성립할 때이다.

● 이행 함수적 종속
- 속성 X, Y, Z가 주어졌을 때 X → Y, Y → Z하면 X → Z가 성립된다는 것이다.

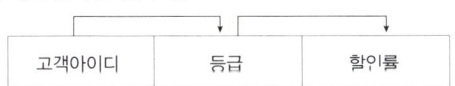

- 고객아이디는 등급을 결정하고, 등급은 할인율을 결정한다. 즉 고객아이디로 할인율을 결정할 수 있는 이행 종속 문제가 발생한다.
- (고객아이디, 등급), (등급, 할인율) 두 개의 테이블로 분리하도록 한다(3차 정규형 진행).

단답형 문제

01 릴레이션 조작 시 데이터들이 불필요하게 중복되어 예기치 않게 발생하는 곤란한 현상을 의미하는 것은?

객관식 문제

02 이행적 함수 종속 관계를 의미하는 것은?
① A → B이고 B → C일 때, A → C를 만족하는 관계
② A → B이고 B → C일 때, C → A를 만족하는 관계
③ A → B이고 B → C일 때, B → A를 만족하는 관계
④ A → B이고 B → C일 때, C → B를 만족하는 관계

03 데이터베이스의 논리적 설계(Logical Design) 단계에서 수행하는 작업이 아닌 것은?
① 레코드 집중의 분석 및 설계
② 논리적 데이터베이스 구조로 매핑(Mapping)
③ 트랜잭션 인터페이스 설계
④ 스키마의 평가 및 정제

04 정규화의 목적으로 옳지 않은 것은?
① 어떠한 릴레이션이라도 데이터베이스 내에서 표현 가능하게 만든다.
② 데이터 삽입 시 릴레이션을 재구성할 필요성을 줄인다.
③ 중복을 배제하여 삽입, 삭제, 갱신 이상의 발생을 야기한다.
④ 효과적인 검색 알고리즘을 생성할 수 있다.

05 데이터베이스 설계 시 물리적 설계 단계에서 수행하는 사항이 아닌 것은?
① 저장 레코드 양식 설계
② 레코드 집중의 분석 및 설계
③ 접근 경로 설계
④ 목표 DBMS에 맞는 스키마 설계

정답 01 이상현상(Anomaly) 02 ① 03 ① 04 ③ 05 ④

POINT 19 | 정규화

01 정규화 과정

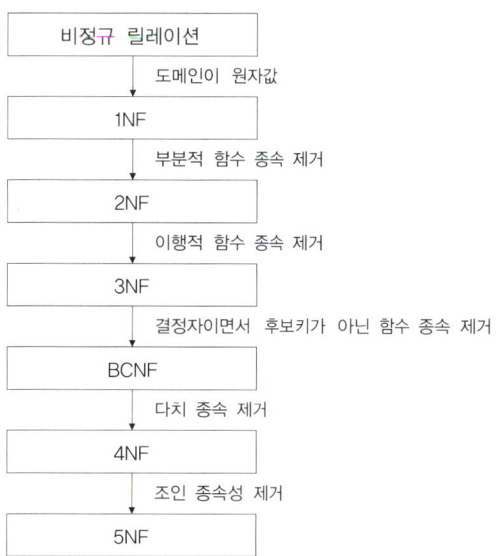

1정규형

- 어떤 릴레이션에 속한 모든 도메인이 원자값(Atomic Value)만으로 되어 있는 릴레이션이다.
- 하나의 속성만 있어야 하고 반복되는 속성은 별도 테이블로 분리한다.

하나의 항목에는 중복된 값이 입력될 수 없음

국가	도시
대한민국	서울, 부산
미국	워싱턴, 뉴욕
중국	베이징

→

국가	도시
대한민국	서울
대한민국	부산
미국	워싱턴
미국	뉴욕
중국	베이징

2정규형

- 1정규형을 만족하고, 릴레이션에 내재된 부분 함수적 종속을 제거한다.
- 기본키가 아닌 애트리뷰트 모두가 기본키에 완전 함수 종속이 되도록 부분 함수적 종속에 해당하는 속성을 별도의 테이블로 분리한다.

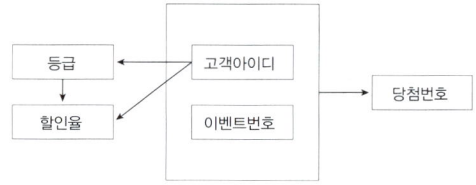

(등급, 할인율) 필드는 기본키에 부분 함수적 종속

- 등급, 할인율 필드는 혼합 속성의 기본키(고객아이디, 이벤트번호)에 부분 함수적 종속성을 갖는다.
- 다음과 같이 완전 함수적 종속을 만족하도록 두 개의 테이블로 분할하여 부분 함수적 종속성을 해소한다.

3정규형

- 1, 2정규형을 만족하고, 속성 간 이행적 함수 종속을 제거한다.

A → B, B → C이면 A → C

〈고객등급〉

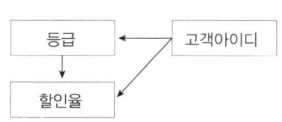

- 위 그림과 같이 고객아이디는 등급을 결정하고, 등급은 할인율을 결정하는 이행 함수적 종속성이 남아 있다.

- 아래 그림과 같이 테이블을 2개로 분할하여 이행 종속성을 해소한다.

● BCNF(보이스/코드) 정규형

- 1, 2, 3정규형을 만족하고, 결정자가 후보키가 아닌 함수 종속이 제거되면 보이스/코드 정규형에 속한다.
- 후보키를 여러 개 가지고 있는 릴레이션에서 발생할 수 있는 이상 현상을 해결하기 위해 3정규형 보다 좀더 강력한 제약조건을 적용한다.
- 보이스/코드 정규형에 속하는 모든 릴레이션은 3정규형에 속하지만, 3정규형에 속하는 모든 릴레이션이 보이스/코드 정규형에 속하지는 않는다.

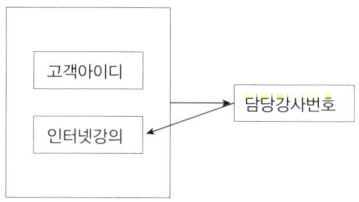

릴레이션 후보키(결정자) 목록
(고객아이디, 인터넷강의) ← 기본키
(고객아이디, 담당강사번호)

위의 함수 종속관계에서(고객아이디, 인터넷강의)는 기본키이다. 이어서 (고객아이디, 담당강사번호) 후보키로는 튜플을 식별하지 못하므로 모두 후보키가 될 수 없다.
아래와 같이 후보키가 아닌 결정자를 제거하고 분할한다.

● 4정규형

- 1, 2, 3, BCNF 정규형을 만족하고, 다가(다치) 종속을 제거한다.

● 5정규형

- 1, 2, 3, BCNF, 4정규형을 만족하고, 후보키를 통하지 않은 조인 종속을 제거한다.

단답형 문제

01 릴레이션 R의 모든 결정자(Determinant)가 후보키이면 그 릴레이션 R은 어떤 정규형에 속하는가?

객관식 문제

02 정규화 과정 중 1NF에서 2NF가 되기 위한 조건은?
① 1NF를 만족하고 모든 도메인이 원자값이어야 한다.
② 1NF를 만족하고 키가 아닌 모든 애트리뷰트들이 기본키에 이행적으로 함수 종속되지 않아야 한다.
③ 1NF를 만족하고 다치 종속이 제거되어야 한다.
④ 1NF를 만족하고 키가 아닌 모든 속성이 기본키에 대하여 완전 함수적 종속 관계를 만족해야 한다.

03 다음과 같이 위쪽 릴레이션을 아래쪽 릴레이션으로 정규화를 하였을 때 어떤 정규화 작업을 한 것인가?

국가	도시
대한민국	서울, 부산
미국	워싱턴, 뉴욕
중국	베이징

→

국가	도시
대한민국	서울
대한민국	부산
미국	워싱턴
미국	뉴욕
중국	베이징

① 제1정규형　② 제2정규형
③ 제3정규형　④ 제4정규형

04 어떤 릴레이션 R의 모든 조인 종속성의 만족이 R의 후보 키를 통해서만 만족 될 때, 이 릴레이션 R이 해당하는 정규형은?
① 제5정규형　② 제4정규형
③ 제3정규형　④ 제1정규형

정답 01 보이스/코드 정규형　02 ④　03 ①　04 ①

02 반정규화

- 정규화를 통히여 정합성과 데이터 무결성이 보장되지만, 테이블의 개수가 증가함에 따라 테이블 간의 조인이 증가하여 조회 성능이 떨어질 수 있는데 이렇게 정규화된 엔티티, 속성, 관계에 대해 시스템의 성능 향상과 개발(Development) 및 운영(Maintenance)의 단순화를 위해 중복, 통합, 분리 등을 수행하는 데이터 모델링의 기법을 의미한다.
- 반정규화 기법 : 테이블 반정규화, 컬럼 반정규화, 관계 반정규화
- 테이블 반정규화 기법 : 테이블 병합, 테이블 분할, 테이블 추가
- 테이블 추가 반정규화 유형 : 중복 테이블 추가, 집계 테이블 추가, 진행 테이블 추가, 부분 테이블 추가

◉ 테이블 병합

기법	설명
1:1 관계 테이블 병합	1:1 관계를 통합하여 성능을 향상시킨다.
1:M 관계 테이블 병합	1:M 관계를 통합하여 성능을 향상시킨다.
슈퍼/서브 타입 테이블 병합	슈퍼/서브를 통합하여 성능을 향상시킨다.

◉ 테이블 분할(파티셔닝)

- 테이블을 여러 부분으로 분할하는 것을 의미한다.
- 대표적인 분산 데이터베이스 분할로 각 파티션은 여러 노드로 분산 배치되어 사용자가 각 노드에서 로컬 트랜잭션을 수행할 수 있다.
- 파티션 각각이 작은 데이터베이스가 되도록 분할하는 방법과 하나의 테이블만 같이 선택된 요소로 분리하는 방법이 있다.

◉ 행/열 분할 기법

수직 분할	트랜잭션의 처리 유형을 파악하고 컬럼(열) 단위의 테이블을 지정 정지의 I/O 분산 처리를 위하여 테이블 1:1로 분리하여 성능을 향상시킨다.
수평 분할	로우(행) 단위로 집중 발생되는 트랜잭션을 분석하여 저장 장치의 I/O 및 데이터 접근의 효율성과 성능 향상을 위해 로우 단위로 테이블을 분할한다.

◉ 분할 키 기준 분할 기법

범위 분할	분할 키 값이 범위 내에 있는지 여부로 구분한다. 예를 들어, 우편번호를 분할 키로 수평 분할하는 경우이다(일, 월, 분기 등 순차 데이터를 관리하는 테이블에 많이 사용한다).
목록 분할	값 목록에 파티션의 할당 분할 키 값을 그 목록에 비추어 파티션을 선택한다. 예를 들어, Country라는 컬럼의 값이 Iceland, Norway, Sweden, Finland, Denmark 중 하나에 있는 행을 빼낼 때 북유럽 국가 파티션을 구축할 수 있다.
해시 분할	해시 함수의 값에 따라 파티션에 포함할지를 결정한다. 예를 들어, 4개의 파티션으로 분할하는 경우 해시 함수는 0~3의 정수를 돌려준다.
합성 분할	범위, 목록, 해시 분할을 결합하여 사용한다. 예를 들면 먼저 범위 분할하고, 다음에 해시 분할 같은 것을 생각할 수 있다. 컨시스턴트 해시법은 해시 분할 및 목록 분할의 합성으로 간주될 수 있고 키 공간을 해시 축소함으로써 일람할 수 있게 한다.
라운드로빈 분할	• 라운드로빈 분할로 회전하면서 새로운 행이 파티션에 할당된다. • 파티션에 행의 고른 분포를 원할 때 사용한다. • 기본키가 필수가 아니며, 해시 분할과 다르게 분할 컬럼을 명시하지 않아도 된다.

◉ 데이터베이스 클러스터링

- 두 대 이상의 서버를 하나의 서버처럼 운영하는 기술로, 서버 이중화 및 공유 스토리지를 사용하여 서버의 가용성을 높이는 기술이다.
- 병렬 처리 클러스터링 : 처리율을 높이기 위한 목적으로 단위 작업을 여러 서버에서 분산 처리한다.
- 고가용성 클러스터링 : 하나의 서버에 장애가 발생하면 다른 서버가 작업을 이어받아 처리하여 서비스 중단을 방지한다.

● 테이블 추가

중복 테이블 추가	업무가 다르거나 서버가 분리된 경우 같은 테이블을 중복으로 추가하여 원격조인을 제거하는 방법을 통하여 성능을 향상시킨다.
집계 테이블 추가	합계, 평균 등 통계 계산을 미리 수행하여 계산해 두어 조회 시 성능을 향상한다.
이력 테이블 추가	이력 테이블에 레코드를 중복 저장하여 성능을 향상시킨다.
부분 테이블 추가	하나의 테이블을 전체 컬럼 중 자주 이용하는 집중화된 컬럼이 있을 경우, 디스크 I/O를 줄이기 위해 해당 컬럼들을 모아놓은 별도의 반정규화된 테이블을 생성한다.
진행 테이블 추가	검색 조건이 여러 테이블에 걸쳐 다양하게 사용되어 복잡하고 처리량이 많은 경우 사용한다.

● 컬럼 반정규화

중복 컬럼 추가	조인 시 성능 저하를 예방하기 위해, 중복된 컬럼을 추가하여 조인 횟수를 감소시킨다.
파생 컬럼 추가	트랜잭션이 처리되는 시점에 계산 때문에 발생하는 성능 저하를 예방하기 위해 미리 계산된 값을 저장하는 파생 컬럼을 추가한다.
이력 테이블 컬럼 추가	대량의 이력 데이터를 처리할 때 임의의 날짜 조회나 최근 값을 조회할 때 발생하는 성능 저하를 예방하기 위해 최근값 여부, 시작일, 종료일 등의 기능성 컬럼을 추가한다.
PK에 의한 컬럼 추가 (Primary Key)	복합 의미가 있는 PK를 단일 속성으로 구성했을 때 발생하며 PK 안에 데이터가 존재하지만, 성능 향상을 위해 일반 컬럼으로 추가한다.
응용 시스템 오작동을 위한 컬럼 추가	업무적으로는 의미가 없으나, 데이터 처리할 때 오류로 인해 원래값으로 복구하길 원하는 경우 이전 데이터를 임시로 중복 보관하는 컬럼을 추가한다.

● 관계 반정규화

중복 관계 추가	데이터 처리 시 여러 경로를 거쳐 소인할 수 있지만, 이때 발생할 수 있는 성능 저하를 방지하기 위해 추가적인 관계 설정을 통하여 성능을 향상할 수 있다.

단답형 문제

01 정규화된 엔티티, 속성, 관계를 시스템의 성능 향상과 개발 운영의 단순화를 위해 중복, 통합, 분리 등을 수행하는 데이터 모델링 기법은?

객관식 문제

02 반정규화(Denormalization) 유형 중 중복 테이블을 추가하는 방법에 해당하지 <u>않는</u> 것은?
① 빌드 테이블의 추가
② 집계 테이블의 추가
③ 진행 테이블의 추가
④ 특정 부분만을 포함하는 테이블 추가

03 병렬 데이터베이스 환경 중 수평 분할에서 활용되는 분할 기법이 <u>아닌</u> 것은?
① 라운드-로빈 ② 범위 분할
③ 예측 분할   ④ 해시 분할

04 다음 중 반정규화의 이유로 가장 <u>부적절한</u> 것은?
① 데이터를 조회할 때 디스크 입출력량이 많아서 성능이 저하될 때 반정규화를 수행한다.
② 데이터 무결성을 보장하지 못할 때 반정규화를 수행한다.
③ 경로가 너무 멀어 조인으로 인한 성능 저하가 예상될 때 반정규화를 수행한다.
④ 칼럼을 계산하여 읽을 때 성능이 저하될 것이 예상되는 경우 반정규화를 수행한다.

05 테이블 반정규화 기법 중 테이블 병합이 <u>아닌</u> 것은?
① 1:1 관계 테이블 병합
② 1:M 관계 테이블 병합
③ 슈퍼/서브 타입 테이블 병합
④ 통계 테이블 추가

정답 01 반정규화 02 ① 03 ③ 04 ② 05 ④

POINT 20 | 관계 대수와 연산자

01 관계 대수와 관계 해석

● 관계 대수(Relational Algebra)

- 원하는 정보와 그 정보를 어떻게 유도하는가를 기술하는 절차적인 방법이다.
- 주어진 릴레이션 조작을 위한 연산의 집합이다.
- 일반 집합 연산과 순수 관계 연산으로 구분된다.
- 질의에 대한 해를 구하기 위해 수행해야 할 연산의 순서를 명시한다.

● 관계 해석(Relational Calculus)

- 원하는 정보가 무엇이라는 것만 정의하는 비절차적인 방법이다.
- 도메인 관계 해석과 튜플 관계 해석이 있다.

● 관계 해석 자유 변수

- ∀ : for all(모든 것에 대하여), 전칭 정량자(Universal quantifier)
- ∃ : "There exists", "For Some", 존재 정량자(Existential quantifier)

02 순수 관계 연산자

● 순수 관계 연산자의 종류

Select(σ)	튜플 집합을 검색한다.
Project(π)	속성 집합을 검색한다.
Join(⋈)	두 릴레이션의 공통 속성을 연결한다.
Division(÷)	두 릴레이션에서 특정 속성을 제외한 속성만 검색한다.

● Select(선택)

- 릴레이션의 행에 해당하는 튜플을 선택하는 것이므로 수평적 연산이라고도 한다.
- 연산자의 기호는 시그마(σ)를 사용한다.

🏠 예제

6 $_{학과='전자과'}$(학생) : 학생 릴레이션에서 학과가 전자과인 학생의 튜플을 검색하시오.

〈학생〉

학번	이름	학과	졸업연도
b101	박수준	국문과	2025
c101	강희영	전자과	2026
c103	두목이	전자과	2027
d101	면처리	영문과	2028

↓

〈결과〉

학번	학과	이름	졸업연도
c101	강희영	전자과	2026
c103	두목이	전자과	2027

● Project(추출)

- Project(추출)은 릴레이션의 열에 해당하는 속성을 추출하는 것이므로 수직적 연산이라고도 한다.
- 연산자의 기호는 파이(π)를 사용한다.

● Join(결합)

- 공통 속성을 기준으로 두 릴레이션을 합하여 새로운 릴레이션을 만드는 연산이다.
- 연산자의 기호는 ⋈를 사용한다.

● Division(나누기)

- Division에서 나누어지는 릴레이션(학생 릴레이션)은 나누는 릴레이션(학과 릴레이션)의 모든 속성을 전부 포함하고 있다.
- 연산자의 기호는 ÷를 사용한다.

03 집합 연산자

● 일반 집합 연산자의 종류

합집합	∪	두 릴레이션의 튜플의 합집합을 구하는 연산이다.
교집합	∩	두 릴레이션의 튜플의 교집합을 구하는 연산이다.
차집합	−	두 릴레이션의 튜플의 차집합을 구하는 연산이다.
교차곱	×	두 릴레이션의 튜플들의 교차곱(순서쌍)을 구하는 연산이다.

● Union(합집합)

- Union(합집합)은 두 개의 릴레이션을 합쳐 하나의 릴레이션을 생성한다.
- 연산자의 기호는 ∪를 사용한다.

● Intersection(교집합)

- Intersection(교집합)은 연관성이 있는 두 개의 릴레이션에서 중복되는 레코드를 선택하여 릴레이션을 생성한다.
- 연산자의 기호는 ∩를 사용한다.

● Difference(차집합)

- Difference(차집합)은 연관성이 있는 두 개의 릴레이션에서 중복되는 레코드를 제거하여 릴레이션을 생성한다.
- 연산자의 기호는 −를 사용한다.

● Cartesian Product(교차곱)

- 두 릴레이션의 튜플을 교차 곱하여 생성한다.
- 연산자의 기호는 ×를 사용한다.

예제

릴레이션 R의 차수가 4이고 카디널리티가 5이며, 릴레이션 S의 차수가 6이고 카디널리티가 7일 때, 두 개의 릴레이션을 카티션 프로덕트한 결과의 새로운 릴레이션의 차수와 카디널리티는 얼마인가?

Cartesian Product는 속성의 개수는 더하고 각 튜플을 곱하는 것을 의미한다.
릴레이션 R − 차수 4, 카디널리티 5
릴레이션 S − 차수 6, 카디널리티 7
답 : 차수 10, 카디널리티 35

단답형 문제

01 조건을 만족하는 릴레이션의 수평적 부분 집합으로 구성하며, 연산자의 기호는 그리스 문자 시그마(σ)를 사용하는 관계 대수 연산은?

객관식 문제

02 관계 대수 연산에서 두 릴레이션이 공통으로 가지고 있는 속성을 이용하여 두 개의 릴레이션을 하나로 합쳐서 새로운 릴레이션을 만드는 연산은?
① ⋈
② ⊃
③ π
④ σ

03 관계 대수의 순수 관계 연산자가 아닌 것은?
① Select
② Cartesian Product
③ Division
④ Project

04 관계 대수에 대한 설명으로 틀린 것은?
① 주어진 릴레이션 조작을 위한 연산의 집합이다.
② 일반 집합 연산과 순수 관계 연산으로 구분된다.
③ 질의에 대한 해를 구하기 위해 수행해야 할 연산의 순서를 명시한다.
④ 원하는 정보와 그 정보를 어떻게 유도하는가를 기술하는 비절차적 방법이다.

정답 01 Select 02 ① 03 ② 04 ④

21 | SQL, DDL, DCL, View

01 SQL, DDL(Data Definition Language)

● SQL(Structured Query Language)
- 의미 : 관계형 데이터베이스의 표준 질의어이다.
- 종류 : DDL, DML, DCL

● DDL(데이터 정의어)의 개념
- 데이터베이스의 정의/변경/삭제에 사용되는 언어이다.
- 논리적 데이터 구조와 물리적 데이터 구조로 정의할 수 있다.
- 논리적 데이터 구조와 물리적 데이터 구조 간의 사상을 정의한다.
- 번역한 결과가 데이터 사전에 저장된다.
- 종류
  - CREATE : 스키마, 도메인, 테이블, 뷰 정의
  - ALTER : 테이블 정의 변경(필드 추가, 삭제, 갱신)
  - DROP : 스키마, 도메인, 테이블, 뷰 삭제

● CREATE문 문법 구조
※ 속성의 타입 변경은 ALTER문을 사용
- CREATE TABLE : 테이블을 생성하는 명령문이다.

```
CREATE TABLE 기본테이블
    ({열이름 데이터_타입 [NOT NULL] [DEFAULT 값], }
     {[PRIMARY KEY(열이름_리스트)]},
     {[UNIQUE(열이름_리스트,…)]},
     {[FOREIGN KEY(열이름_리스트)]
      REFERENCES 기본테이블[(기본키_열이름)]
      [ON DELETE 옵션]
      [ON UPDATE 옵션]}
     [CHECK(조건식)]);
```

- { }는 중복 가능한 부분
- NOT NULL은 특정 열에 대해 널(Null) 값을 허용하지 않을 때 기술한다.
- PRIMARY KEY는 기본키를 구성하는 속성을 지정할 때 사용된다.
- FOREIGN KEY는 외래키로 어떤 릴레이션의 기본키를 참조하는지를 기술한다.

● ALTER문 문법 구조
※ 필드 추가, 삭제, 변경
- ALTER TABLE : 테이블 구조 변경문이다.

```
ALTER TABLE 테이블_이름 ADD 열_이름 데이터_타입 DEFAULT 값;
ALTER TABLE 테이블_이름 ALTER 열_이름 SET DEFAULT 값;
ALTER TABLE 테이블_이름 DROP 열_이름 CASCADE;
```

ADD	새로운 열(속성)을 추가할 때 사용한다.
ALTER	특정 열(속성)의 디폴트 값을 변경할 때 사용한다.
DROP	특정 열(속성)을 제거할 때 사용한다.

● DROP문 문법 구조
- DROP : 테이블을 삭제하는 명령문이다.

```
DROP SCHEMA 스키마_이름 [CASCADE | RESTRICT];
DROP DOMAIN 도메인_이름 [CASCADE | RESTRICT];
DROP TABLE 테이블_이름 [CASCADE | RESTRICT];
DROP INDEX 인덱스_이름;
```

CASCADE 연쇄	옵션을 사용하면 삭제할 요소가 다른 개체에서 참조 중이라도 삭제가 수행된다.
RESTRICT 제한	옵션을 사용하면 삭제할 요소가 다른 개체에서 참조 중이라면 삭제가 수행되지 않는다.

02 DCL(Data Control Language)

● DCL(데이터 제어어)의 개념
- 데이터 제어 정의 및 기술에 사용되는 언어이다.
- 불법적인 사용자로부터 데이터를 보호한다.
- 무결성을 유지하고 데이터 복구 및 병행 제어를 한다.
- 종류
  - COMMIT : 명령어로 수행된 결과를 실제 물리적 디스크로 저장하고, 명령어로 수행을 성공적으로 완료하였음을 선언한다.

- ROLLBACK : 명령어로 수행에 실패하였음을 알리고, 수행된 결과를 원상복귀시킨다.
- GRANT : 데이터베이스 사용자에게 사용 권한을 부여한다.
- REVOKE : 데이터베이스 사용자로부터 사용 권한을 취소한다.

● 뷰(View)
_{DBA는 보안성 측면에서 뷰를 활용할 수 있음}

- 사용자에게 접근이 허용된 자료만을 제한적으로 보여주기 위해 기본 테이블에서 유도되는 가상 테이블이다.

● 뷰(View) 특징

- 뷰의 생성 시 CREATE문, 검색 시 SELECT문을 사용한다.
- 뷰의 정의 변경 시 ALTER문을 사용할 수 없고 DROP문을 이용한다.
- 뷰를 이용한 또 다른 뷰의 생성이 가능하다.
- 하나의 뷰 제거 시 그 뷰를 기초로 정의된 다른 뷰도 함께 삭제된다.
- 뷰에 대한 조작에서 삽입, 갱신, 삭제 연산은 제약이 따른다.
- 뷰가 정의된 기본 테이블이 제거되면 뷰도 자동적으로 제거된다.

● 뷰(View) 장단점

장점	• 논리적 데이터 독립성 제공, 사용자 데이터 관리 편의성을 제공한다. • 접근 제어를 통한 보안을 제공한다.
단점	• ALTER VIEW문으로 뷰의 정의 변경이 불가능하다. • 삽입, 갱신, 삭제 연산에 제약이 따른다.

● 시스템 카탈로그(System Catalog)

- 시스템 자신이 필요로 하는 여러 가지 객체(기본 테이블, 뷰, 인덱스, 데이터베이스, 패키지, 접근 권한 등)에 관한 정보를 포함하고 있는 시스템 데이터베이스이다.
- 데이터 사전(Data Dictionary), 메타 데이터(Meta Data)라고도 한다. _{데이터에 대한 정보, 즉 데이터베이스에 저장된 자료들의 정보를 담고 있는 것을 말함}
- 시스템 카탈로그 자체도 시스템 테이블로 구성되어 있어 SQL문을 이용하여 내용 검색이 가능하다.
- 사용자가 시스템 카탈로그를 직접 갱신할 수는 없으나 SQL문으로 여러 가지 객체에 변화를 주면 시스템이 자동으로 갱신된다.

단답형 문제

01 학생 테이블을 생성한 후, 성별 필드가 누락되어 이를 추가하려고 한다. 이에 적합한 SQL 명령어는?

객관식 문제

02 뷰(View)에 대한 설명으로 옳지 않은 것은?
① 뷰는 CREATE문을 사용하여 정의한다.
② 뷰는 데이터의 논리적 독립성을 제공한다.
③ 뷰를 제거할 때에는 DROP문을 사용한다.
④ 뷰는 저장 장치 내에 물리적으로 존재한다.

03 데이터 제어 언어(DCL)의 기능으로 옳지 않은 것은?
① 데이터 보안
② 논리적, 물리적 데이터 구조 정의
③ 무결성 유지
④ 병행 수행 제어

04 시스템 카탈로그에 대한 설명으로 옳지 않은 것은?
① 사용자가 직접 시스템 카탈로그의 내용을 갱신하여 데이터베이스 무결성을 유지한다.
② 시스템 자신이 필요로 하는 스키마 및 여러 가지 객체에 관한 정보를 포함하고 있는 시스템 데이터베이스이다.
③ 시스템 카탈로그에 저장되는 내용을 메타 데이터라고도 한다.
④ 시스템 카탈로그는 DBMS가 스스로 생성하고 유지한다.

정답 01 ALTER 02 ④ 03 ② 04 ①

POINT 22 | 데이터베이스 조작(DML)

01 DML(Data Manipulation Language)

● **DML(데이터 조작어)의 개념**

- 데이터의 검색/삽입/삭제/변경에 사용되는 언어이다.
- 사용자와 DBMS 간의 인터페이스를 제공한다.
- 종류

SELECT	• 튜플 검색 명령어이다. • 기본 구조 SELECT 속성명[ALL │ DISTINCT] FROM 릴레이션명 *중복 값을 제거할 때 사용* WHERE 조건; [GROUP BY 속성명1, 속성명2,…] [HAVING 조건] *Ascending(오름차순) Descending(내림차순)* [ORDER BY 속성명 [ASC │ DESC]]; • ALL : 모든 튜플을 검색(생략 가능) • DISTINCT : 중복된 튜플 생략
INSERT	• 튜플 삽입 명령어이다. • 기본 구조 INSERT INTO 테이블명(속성명1, 속성명2, …) VALUES(데이터1, 데이터2 …);
DELETE	• 튜플 삭제 명령어이다. • 기본 구조 DELETE FROM 테이블명 WHERE 조건;
UPDATE	• 튜플의 내용 변경 명령어이다. • 기본 구조 UPDATE 테이블명 SET 속성명=데이터 WHERE 조건;

02 SELECT

🏠 **예제**

1. 다음 R1과 R2의 테이블에서 아래의 실행결과를 얻기 위한 SQL 문은?

[R1] 테이블

학번	이름	학년	학과	주소
1000	홍길동	1	컴퓨터공학	서울
2000	김철수	1	전기공학	경기
3000	강남길	2	전자공학	경기
4000	오말자	2	컴퓨터공학	경기
5000	장미화	3	전자공학	서울

[R2] 테이블

학번	과목번호	과목이름	학점	점수
1000	C100	컴퓨터 구조	A	91
2000	C200	데이터베이스	A+	99
3000	C100	컴퓨터 구조	B+	89
3000	C200	데이터베이스	B	85
4000	C200	데이터베이스	A	93
4000	C300	운영체제	B+	88
5000	C300	운영체제	B	82

[실행 결과]

과목번호	과목이름
C100	컴퓨터 구조
C200	데이터베이스

```
SELECT 과목번호, 과목이름
  FROM R1, R2
  WHERE R1.학번 = R2.학번 AND R1.학과 = '전자공학' AND
  R1.이름 = '강남길';
```
두 조건식이 모두 만족하면 AND,
두 조건식 중 하나만 만족해도 되면 OR

[설명]

R1, R2 테이블에서 학번이 같으면서, R1의 학과가 '전자공학'이면서 '강남길'인 항목의 과목번호, 과목이름을 출력하는 SQL문이다.

R1, R2 테이블을 학번으로 조인하고, R1 테이블에서 '전자공학'이면서 '강남길'인 레코드를 R2에서 검색하면 된다.

2. R1 테이블에서 성이 '홍'인 학생의 레코드를 검색하시오.

```
SELECT *
  FROM R1
  WHERE 이름 LIKE '홍%';
```

[실행 결과]

학번	이름	학년	학과	주소
1000	홍길동	1	컴퓨터공학	서울

● BETWEEN

- 구간값 조건식이다.
- BETWEEN 170 AND 180은 170 이상에서 180 이하까지의 범위를 의미한다.
- where 점수 >= 90 and 점수 <= 95로 표현할 수 있다.

🏠 예제

1. R2 테이블에서 점수가 80점에서 85점까지인 학번, 점수 필드의 레코드를 검색하시오.

```
SELECT 학번, 점수
  FROM R2
  WHERE 점수 BETWEEN 80 AND 85;
```

[실행 결과]

학번	점수
3000	85
5000	82

2. R2 테이블에서 과목번호별 점수의 평균을 구하시오.

```
SELECT 과목번호, AVG(점수) AS 평균
  FROM R2                  검색 결과 필드명의 별칭
  GROUP BY 과목번호;
```

[실행 결과]

과목번호	평균
C100	90
C200	92.3
C300	85

단답형 문제

01 STUDENT 데이블에 독일어과 학생 50명, 중국어과 학생 30명, 영어영문학과 학생 50명의 정보가 저장되어 있을 때, 다음 두 SQL 문의 실행 결과 튜플 수는? (단, DEPT 컬럼은 학과명)

ⓐ SELECT DEPT FROM STUDENT;
ⓑ SELECT DISTINCT DEPT FROM STUDENT;

객관식 문제

02 SQL의 분류 중 DDL에 해당하지 <u>않는</u> 것은?
① UPDATE
② ALTER
③ DROP
④ CREATE

03 player 테이블에는 player_name, team_id, height 컬럼이 존재한다. 아래 SQL문에서 문법적 오류가 있는 부분은?

```
(1) SELECT player_name, height
(2) FROM player
(3) WHERE team_id = 'Korea'
(4) AND height BETWEEN 170 OR 180;
```

① (1)   ② (2)
③ (3)   ④ (4)

정답 01 ⓐ 130, ⓑ 03   02 ①   03 ④

03 그룹 함수, 하위 질의

● 그룹 함수의 종류(집계 함수)

종류	설명
COUNT	• 테이블의 행의 수를 계산할 때 • 표현식 : COUNT(*)
SUM	• 하나 또는 여러 개의 열 합계를 구할 때 • 표현식 : SUM(열 이름)
AVG	• 하나 또는 여러 개의 열 평균을 구할 때 • 표현식 : AVG(열 이름)
MAX	• 해당 열의 최댓값을 구할 때 • 표현식 : MAX(열 이름)
MIN	• 해당 열의 최솟값을 구할 때 • 표현식 : MIN(열 이름)

● HAVING절을 사용한 조회 검색

GROUP BY절에 의해 선택된 그룹의 탐색 조건을 지정할 수 있으며 SUM, AVG, COUNT, MAX, MIN 등의 그룹 함수와 함께 사용할 수 있다.

예제

R2 테이블에서 점수가 90점 이상인 학생이 1명 이상인 과목이름별 과목이름을 검색하시오.

```
SELECT 과목이름, COUNT(*) AS 학생수
  FROM R2
  WHERE 점수 >= 90
  GROUP BY 과목이름
  HAVING COUNT(*) >= 1;
```
그룹의 기준인 필드명은 반드시 SELECT절에 작성해야 함

[실행 결과]

과목이름	학생수
컴퓨터구조	1
데이터베이스	2

● ORDER BY절을 이용한 정렬 검색

특정 항목을 기준으로 검색 테이블의 행들을 오름차순(ASC) 또는 내림차순(DESC)으로 정렬할 때 사용한다. 생략하면 ASC가 디폴트 값이 되어 오름차순으로 정렬된다.

예제

R2 테이블에서 점수를 기준으로 내림차순 정렬하시오.

```
SELECT *
  FROM R2
  ORDER BY 점수 DESC;
```

● 하위 질의(Sub Query)

질의를 1차 수행한 다음, 반환값을 다른 릴레이션의 WHERE절에 포함시켜 사용하는 것이다.

예제

다음 SQL문을 분석하시오.

```
SELECT 이름 FROM R1 WHERE 학번 IN
(SELECT 학번 FROM R2 WHERE 과목번호 = 'C100');
```

(SELECT 학번 FROM R2 WHERE 과목번호 = 'C100');
R2 테이블에서 과목번호가 'C100'인 튜플의 학번 필드를 조회한다. 조회된 값을 상위 질의에 대치한다(예를 들어 조회된 값이 1000, 3000, 40000이라고 가정).
SELECT 이름 FROM R1 WHERE 학번 IN (1000, 3000, 4000);

04 INSERT, UPDATE, DELETE

● INSERT문 – 삽입문

```
INSERT INTO 테이블(열_이름1, 열_이름2, … )
      VALUES(열_값1, 열_값2 … );
```

예제

R2 테이블에 (학번 : 6000, 과목번호 : C100)인 레코드를 삽입하시오.

```
INSERT INTO R2(학번, 과목번호)
   VALUSE(6000, C100);
```

● UPDATE문 - 갱신문

```
UPDATE 테이블
    SET 열_이름 = 산술식{열_이름 = 산술식}
    WHERE 조건;
```

🏠 예제

R1 테이블의 홍길동의 학년을 2학년으로 갱신하시오.

```
UPDATE R1
    SET 학년 = 2
    WHERE 이름 = '홍길동';
```

● DELETE문 - 삭제문

WHERE 조건절이 없는 DELETE 명령을 수행하면 모든 레코드가 삭제(테이블은 삭제되지 않음)

```
DELETE
    FROM 테이블이름
    WHERE 조건;
```

🏠 예제

R1 테이블에서 장미화 레코드를 삭제하시오.

```
DELETE
    FROM R1
    WHERE 이름 = '장미화';
```

05 NoSQL

● NoSQL

- "Not only SQL"로, SQL만을 사용하지 않는 데이터베이스 관리 시스템(DBMS)을 지칭하며, 다양한 유형의 데이터베이스를 사용하는 것을 의미한다.
- 데이터를 저장하는데 SQL 외에도 다른 방법도 있다는 개념하에 비정형 데이터의 저장을 위해 유연한 데이터 모델을 지원한다.
- 전통적인 관계형 데이터베이스 관리 시스템과는 다른 비관계형(Non-Relational) DBMS이다.

단답형 문제

01 다음 SQL문에서 빈칸에 들어갈 내용으로 옳은 것은?

```
UPDATE 회원 ( ) 전화번호 = '010-14' WHERE 회원번호 = 'N4';
```

객관식 문제

02 다음 중 SQL의 집계 함수(Aggregation Function)가 아닌 것은?
① AVG   ② COUNT
③ SUM   ④ CREATE

03 DML에 해당하는 SQL 명령으로만 나열된 것은?
① DELETE, UPDATE, CREATE, ALTER
② INSERT, DELETE, UPDATE, DROP
③ SELECT, INSERT, DELETE, UPDATE
④ SELECT, INSERT, DELETE, ALTER

04 DELETE 명령에 대한 설명으로 틀린 것은?
① 테이블의 행을 삭제할 때 사용한다.
② WHERE 조건절이 없는 DELETE 명령을 수행하면 DROP TABLE 명령을 수행했을 때와 동일한 효과를 얻을 수 있다.
③ SQL을 사용 용도에 따라 분류할 경우 DML에 해당한다.
④ 기본 사용 형식은 "DELETE FROM 테이블[WHERE 조건];" 이다.

정답 01 SET 02 ④ 03 ③ 04 ②

POINT 23 | 트랜잭션, 병행 제어

01 트랜잭션

◉ 트랜잭션의 정의(Transaction)

- 하나의 논리적 기능을 수행하기 위한 작업 단위이다.
- 데이터베이스에서 일어나는 연산의 집합이다.

◉ 트랜잭션의 특성

- 원자성(Atomicity)
  - 완전하게 수행이 완료되지 않으면 전혀 수행되지 않아야 한다.
  - 연산은 Commit, Rollback을 이용하여 적용 또는 취소로 한꺼번에 완료되어야 한다.
  - 중간에 하나의 오류가 발생되더라도 취소가 되어야 한다.
- 일관성(Consistency) : 시스템의 고정 요소는 트랜잭션 수행 전후가 같아야 한다.
- 격리성(Isolation, 고립성) : 트랜잭션 실행 시 다른 트랜잭션의 간섭을 받지 않아야 한다.
- 영속성(Durability, 지속성) : 트랜잭션의 완료 결과가 데이터베이스에 영구히 기억된다.

◉ CRUD Matrix

- 데이터베이스에 영향을 주는 생성(Create), 읽기(Read), 갱신(Update), 삭제(Delete) 연산으로 프로세스와 테이블 간에 매트릭스를 만들어서 트랜잭션을 분석하는 도구이다.
- 업무 프로세스와 데이터 간의 상관관계 분석을 위한 것으로 업무 프로세스와 엔티티 타입을 행과 열로 구분하여 행과 열이 만나는 교차점에 이용에 대한 상태를 표시한다.

◉ 즉각 갱신법

- 데이터를 갱신하면 트랜잭션이 완료되기 전에 실제 데이터베이스에 반영하는 방법이다.
- 회복 작업을 위해서 갱신 내용을 별도 Log로 기록해야 한다.
- Redo, Undo 모두 사용 가능하다.

◉ 트랜잭션의 연산

- Commit 연산 : 트랜잭션 실행이 성공적으로 종료되었음을 선언한다.
- Rollback 연산 : 트랜잭션 실행이 실패하였음을 선언한다. _{Rollback 연산 수행 후의 상태를 철회(Aborted)라고 함}
- Recovery 연산 : 트랜잭션을 수행하는 도중 장애로 인해 손상된 데이터베이스를 손상되기 이전의 정상적인 상태로 복구시키는 작업이다.

◉ 트랜잭션의 상태

_{deferred modification, immediate update, shadow paging, check point와 관련 있음}

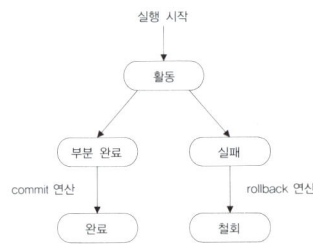

- 활동(Active) : 트랜잭션이 현재 실행 중인 상태를 말한다.
- 부분 완료(Partially Committed) : 트랜잭션이 마지막 처리를 실행한 뒤 데이터베이스에 그 처리 내용을 적용하기 직전의 상태이다.
- 완료(Committed) : 부분 완료 상태에서 정상적인 트랜잭션 처리가 이루어져 데이터베이스에 트랜잭션 처리를 적용 완료한 상태이다.
- 실패(Failed) : 트랜잭션 실행 중 오류로 인해 정상적인 처리가 되지 않아 원자성과 일관성에 문제가 발생하여 더 이상 처리가 불가능한 상태이다.
- 철회(Aborted) : 트랜잭션 처리 실패를 확인하고 처음 상태로 돌아가는 상태이다.

02 병행 제어

● 병행 제어(Concurrency Control)
- 동시에 수행되는 트랜잭션들을 일관성 있게 처리하기 위해 제어하는 것이다.
- 목적
  - 데이터베이스의 공유를 최대화한다.
  - 데이터베이스의 일관성을 최대화한다.
  - 시스템 활용도를 최대화한다.
  - 사용자에 대한 응답 시간을 최소화한다.
- 병행 수행의 문제점 : 갱신 분실, 비완료 의존성, 모순성, 연쇄 복귀가 있다.
- 종류 : 로킹, 최적 병행 수행, 타임스탬프, 다중 버전 기법

● 타임스탬프
- 트랜잭션이 DBMS로부터 유일한 타임스탬프(시간 허가 인증 도장)를 부여받는다.
- 동시성 제어를 위한 직렬화 기법으로 트랜잭션 간의 순서를 미리 정하는 방법이다.

● 로킹(Locking) 특징
- 로킹(Locking)은 하나의 트랜잭션이 데이터를 액세스하는 동안 다른 트랜잭션이 그 데이터 항목을 액세스할 수 없도록 하는 병행 제어 기법이다.
- 로킹 단위가 커지면 로크의 수가 적어 관리가 쉬워지지만 병행성 수준은 낮아진다.
- 로킹 단위가 작으면 로크의 수가 많아 관리가 어려워지지만 병행성 수준은 높아진다.
- 로킹의 대상이 되는 객체(파일, 테이블, 필드, 레코드)의 크기를 로킹 단위라고 한다.
- 2단계 로킹(2-Phase Locking)
  - 확장 단계와 축소 단계의 두 단계(Phase)가 있다.
  - 각 트랜잭션의 로크 요청과 해제 요청을 2단계로 실시한다.
  - 직렬성은 보장하지만 교착상태 예방은 불가능하다.

> 트랜잭션을 순서대로 처리하는 것

단답형 문제

01 데이터베이스에 영향을 주는 생성, 읽기, 갱신, 삭제 연산으로 프로세스와 테이블 간에 매트릭스를 만들어서 트랜잭션을 분석하는 것은?

02 트랜잭션의 특성 중 다음 설명에 해당하는 것은?

> "트랜잭션의 연산은 데이터베이스에 모두 반영되든지 아니면 전혀 반영되지 않아야 한다."

객관식 문제

03 트랜잭션의 상태 중 트랜잭션의 마지막 연산이 실행된 직후의 상태로, 모든 연산의 처리는 끝났지만 트랜잭션이 수행한 최종 결과를 데이터베이스에 반영하지 <u>않은</u> 상태는?
① Active
② Partially Committed
③ Committed
④ Aborted

04 데이터베이스 로그(log)를 필요로 하는 회복 기법은?
① 즉각 갱신 기법
② 대수적 코딩 방법
③ 타임스탬프 기법
④ 폴딩 기법

05 다음 설명과 관련 있는 트랜잭션의 특징은?

> "트랜잭션의 연산은 모두 실행되거나, 모두 실행되지 않아야 한다."

① Durability
② Isolation
③ Consistency
④ Atomicity

정답 01 CRUD 분석 (또는 CRUD Matrix) 02 Atomicity
03 ② 04 ① 05 ④

POINT 24 | 보안, 분산 데이터베이스

01 보안

● 보안(Security)의 개념

권한이 없는 사용자로부터 데이터베이스를 보호하는 것이다.

● 암호화(Encryption)

- 네트워크를 통하거나 컴퓨터 내부에 자료를 저장할 때 권한을 가진 사람 외에는 데이터를 보지 못하도록 하는 것이다.
- 일반 평문을 다양한 방식의 암호화 기법으로 가공하여 저장하거나 전송 권한이 있는 사용자에 의해 복호화되어 사용한다.

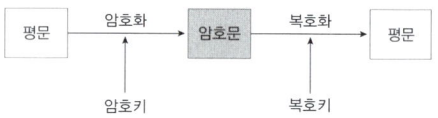

▲ 암호화 과정

02 암호화 기법

● 비밀키(Private Key, 대칭키) 암호화 기법
  (DES(Data Encryption Standard))

- 비밀키 암호화 기법은 동일한 키로 데이터를 암호화하고 복호화한다. ─ 종류 : DES, AES, ARIA, SEED, IDEA, RC4
- 암호화, 복호화 키가 같아서 키를 공개하면 타인이 알게 된다.
- 암호화와 복호화 속도가 빠르다.
- 대칭 암호 알고리즘은 처음 통신시에 비밀키를 전달해야 하므로, 키 교환 중 키가 노출될 수 있다.

● 공개키(Public Key, 비대칭키) 암호화 기법
  (RSA(Rivest, Shamir, Adleman, 소인수분해 문제를 이용))

- 공개키 암호화 기법은 각기 다른 키로 데이터를 암호화하고 복호화한다.
- 암호화, 복호화 키가 다르므로 키는 공개되어도 된다.
- 암호화 및 복호화 속도가 느리다.

03 권한 부여 기법

● GRANT

- 데이터베이스 사용자에게 사용 권한을 부여한다.
- 기본 구조

```
GRANT 권한 ON 데이터 객체 TO 사용자 [WITH GRANT OPTION];
```

- WITH GRANT OPTION : 사용자가 부여받은 권한을 다른 사용자에게 다시 부여할 수 있는 권한을 부여한다.
- 부여 가능한 권한 : Update, Delete, Insert, Select

● REVOKE

- 데이터베이스 사용자로부터 사용 권한을 취소한다.
- 기본 구조

```
REVOKE [GRANT OPTION FOR] 권한 ON 데이터 객체 FROM 사용자 [CASCADE];
```

- GRANT OPTION FOR : 다른 사용자에게 권한을 부여할 수 있는 권한을 취소한다.
- CASCADE : 권한을 부여받았던 사용자가 다른 사용자에게 부여한 권한도 연쇄 취소한다.
- 부여 가능한 권한 : Update, Delete, Insert, Select

● 트리거(Trigger)

- 연쇄 반응을 의미한다. 즉 일정 작업을 수행할 때 이에 부수적으로 자동 처리되도록 하는 것을 말한다.
- 장 · 단점

장점	• 데이터 무결성 강화(참조 무결성) • 업무 규칙의 설정 • 검사 기능의 확장
단점	• 유지보수의 어려움 • 예상치 못한 오류

04 분산 데이터베이스

● 분산 데이터베이스의 개념
- 네트워크를 통하여 연결된 여러 개의 컴퓨터에 데이터가 분산된 데이터베이스이다.
- 데이터 처리와 비용이 큰 곳에 별도의 데이터베이스 서버를 확충하는 것을 의미한다.

● 분산 데이터베이스의 목표
- **위치 투명성(Location Transparency)** : 하드웨어와 소프트웨어의 물리적 위치를 사용자가 알 필요가 없다.
- **중복(복제) 투명성(Replication Transparency)** : 사용자에게 통지할 필요 없이 시스템 안에 파일들과 자원들의 부가적인 복사를 자유롭게 할 수 있다.
- **병행 투명성(Concurrency Transparency)** : 다중 사용자들이 자원들을 자동으로 공유할 수 있다.
- **장애 투명성(Failure Transparency)** : 사용자들은 어느 위치의 시스템에 장애가 발생했는지 알 필요가 없다.

● 분산 데이터베이스 시스템의 구성 요소
- **분산 처리기** : 지리적으로 분산된 시스템을 통합하여 각각의 트랜잭션을 처리한다.
- **분산 데이터베이스** : 각 지역에 설치되는 데이터베이스 시스템이다.
- **통신 네트워크** : 지역적으로 분산된 데이터베이스 시스템을 통신 회선으로 연결한다.

● 분산 데이터베이스의 장·단점

장점	• 질의 처리 시간의 단축 • 데이터 공유성, 신뢰성, 가용성 향상 • 점진적 시스템 용량 확장이 용이 • 지역 자치성 향상으로 지역 상황에 맞는 시스템 구축이 용이
단점	• 소프트웨어 개발 비용 증가 • 오류 발생 가능성 증가 • 통신망 성능에 따라 전체적인 시스템 성능 저하 • 하드웨어 구매 비용 증가

● 지역 자치성과 병렬 처리
- **지역 자치성** : 데이터베이스 중앙 관리자 외에 각 지역에 담당 관리자를 두는 것을 말한다.
- **병렬 처리** : 하나 이상의 처리를 분산되어 있는 데이터베이스에 분산 처리하여 처리 속도를 높이는 것을 말한다.

단답형 문제

01 데이터베이스 시스템에서 삽입, 갱신, 삭제 등의 이벤트가 발생할 때마다 관련 작업이 자동으로 수행되는 절차형 SQL은?

02 참조 무결성을 유지하기 위하여 DROP문에서 부모 테이블의 항목 값을 삭제할 경우 자동적으로 자식 테이블의 해당 레코드를 삭제하기 위한 옵션은?

객관식 문제

03 분산 데이터베이스 목표 중 "데이터베이스의 분산된 물리적 환경에서 특정 지역의 컴퓨터 시스템이나 네트워크에 장애가 발생해도 데이터 무결성이 보장된다"는 것과 관계있는 것은?
① 장애 투명성   ② 병행 투명성
③ 위치 투명성   ④ 중복 투명성

04 분산 데이터베이스의 투명성(Transparency)에 해당하지 않는 것은?
① Location Transparency
② Replication Transparency
③ Failure Transparency
④ Media Access Transparency

05 사용자 X1에게 department 테이블에 대한 검색 연산을 회수하는 명령은?
① delete select on department to X1;
② remove select on department from X1;
③ revoke select on department from X1;
④ grant select on department from X1;

정답 **01** 트리거(Trigger) **02** CASCADE **03** ①
04 ④ **05** ③

POINT 25 | 프로그래밍 언어의 종류

01 저급 언어와 고급 언어

● 저급 언어(Low-Level Language)

- 기계 중심의 언어이다.
- 실행 속도가 빠르다.
- 상이한 기계에서 수정을 해야 실행이 가능하다.

기계어 (Machine Language)	• 컴퓨터가 직접 이해할 수 있는 언어이다. • 0과 1의 2진수 형태로 표현되며 수행 시간이 빠르다. • 전문적인 지식이 없으면 프로그램 작성 및 이해가 어렵다. • 기종마다 기계어가 다르므로 언어의 호환성이 없다. • 프로그램 유지보수가 어렵다.
어셈블리어 (Assembly Language)	• 기계어와 1:1로 대응되는 기호로 이루어진 언어이다. • 기호 코드(Mnemonic Code)라고도 한다. • 기계어와 가장 유사하다. • 기계어로 번역하기 위해서는 어셈블러(Assembler)가 필요하다.

● 고급 언어(High-Level Language)

- 사람 중심의 언어이다.
- 실행을 위해서는 번역하는 과정이 필요하다.
- 상이한 기계에서 별다른 수정 없이 실행 가능하다.

FORTRAN	• 과학 계산용 언어로써, 뛰어난 실행 효율성으로 성공한 언어이다. • 번역기를 구현한 최초의 고급 언어로 평가된다.
COBOL	• 회사의 사무용 자료처리 언어로 개발되었다. • 기계 독립적인 부분과 기계 종속적인 부분을 분리하는 데 성공한 언어이다.
ALGOL	• 알고리즘의 연구개발을 위한 목적으로 개발된 언어이다. • 실무보다는 주로 교육용으로 사용되었다.
LISP	• 리스트 처리용 언어이다. • 인공지능 분야에서 주로 사용되었다.
APL	고급 수학용 프로그래밍 언어이다.
PL/1	과학, 공학 및 산업 응용 프로그램을 위해 개발된 명령형 프로그래밍 언어이다.
BASIC	교육용으로 개발된 프로그래밍 언어이다.
SNOBOL	• 스트림 자료 활용이 가장 많은 언어이다. • 문자열 대치, 복사, 치환 등과 같은 문자열의 조작을 편리하게 수행할 수 있도록 여러 가지 기능을 제공한다.
Pascal	• 간결하면서도 강력한 언어로 손꼽히고 있다. • 교육용 언어로는 뛰어나다는 평가를 받고 있다.
PROLOG	• 논리 기반의 비절차적 언어이다. • 인공지능 분야에서 주로 사용되었다.
Ada	• 미 국방성의 주도로 개발된 고급 프로그램 작성 언어이다. • 데이터 추출과 정보 은폐에 주안점을 두었고 입출력 기능이 뛰어나서 대량 자료 처리에 적합하다.
C	• 1972년 미국 벨연구소의 데니스 리치에 의해 개발된 언어이다. • 고급 언어 프로그래밍과 저급 언어 프로그래밍도 가능하다. • 시스템 프로그래밍에 가장 적합한 언어이다.
Java	썬 마이크로시스템즈에서 개발한 객체지향 프로그래밍 언어이다.

● 저급 언어와 고급 언어의 특징

구분	고급 언어	저급 언어
호환성	좋다.	나쁘다.
용이성	쉽다.	어렵다.
실행 속도	상대적으로 느리다.	빠르다.

02 객체지향 프로그래밍 언어

● 객체지향 프로그래밍 언어의 개념

- 현실 세계의 현상을 컴퓨터상에 객체(Object)로 모델화 함으로써, 컴퓨터를 자연스러운 형태로 사용하여 여러 가지 문제를 해결할 수 있는 언어이다.
- 절차적 언어에 비해 특히 유지보수성(Maintainability)과 재사용성(Reusability)이 좋다.
- 종류 : Ada, Smalltalk, C++, Java 등

● 객체지향 언어의 기본 구성요소

객체 (Object)	• 데이터와 메소드로 구성된다. • 데이터(Data) : 객체가 가지고 있는 정보로서, 속성(Attribute)이라고도 한다. • 메소드(Method) : 객체가 메시지를 받아 실행해야 할 구체적인 연산을 정의한다.
클래스 (Class)	하나 이상의 유사한 객체들을 묶어서 하나의 공통된 특성을 표현한 것이다.
메시지 (Message)	객체들 간의 상호작용을 위한 수단으로 사용되며, 메시지를 받은 객체는 메소드를 수행한다.

● 객체지향 언어의 주요 특징

캡슐화 (Encapsulation)	데이터와 메소드를 하나로 묶는 것으로, 객체 내부에서 필요로 하는 정보를 외부로부터 은닉시킨다
추상화 (Abstraction)	객체의 불필요한 부분은 숨기고 객체의 속성 중에서 가장 중요한 것만 중점을 두고 모델화하는 것이다.
상속 (Inheritance)	이미 정의되어 있는 상위 클래스의 메소드를 비롯한 모든 속성을 하위 클래스가 물려받는 것이다.

단답형 문제

01 객체지향 언어에서 공통된 속성과 행위를 갖는 객체들의 집합을 의미하는 것은?

02 시스템 프로그래밍 언어로서 가장 적당한 것은?

객관식 문제

03 저급 언어(Low-Level Language)에 해당하는 것은?
① C
② ASSEMBLY Language
③ COBOL
④ FORTRAN

04 기계어에 대한 설명으로 옳지 않은 것은?
① 0 또는 1로만 구성되어 있다.
② 컴퓨터가 이해하는 언어이다.
③ 프로그램 작성이 용이하다.
④ 처리 속도가 빠르다.

05 고급 언어에 대한 설명으로 옳지 않은 것은?
① 사람 중심의 언어이다.
② 상이한 기계에서 별다른 수정 없이 실행 가능하다.
③ 번역 과정 없이 실행 가능하다.
④ C, COBOL 등의 언어는 고급 언어에 해당된다.

정답 01 클래스 02 C 03 ② 04 ③ 05 ③

POINT 26 | 프로그래밍 언어의 구문

01 언어의 구문

● 언어의 구문 요소

문자 집합	알파벳 문자(A~Z)와 숫자(0~9), 특수 문자로 이루어진다.
식별자 (Identifier)	• 변수, 레이블, 프로시저 등의 이름을 나타낸다. • 하나의 프로그램 내에서 식별자는 유일해야 한다.
연산자 (Operator)	• 변수나 상수의 연산을 나타낸다. • +, -, *, /, % 등
핵심어 (Key Word)	특별한 의미를 가지고 고정된 부분으로 사용되는 식별자이다.
예약어 (Reserved Word)	• 시스템이 알고 있는 특수한 기능을 수행하도록 이미 용도가 정해져 있는 단어이다. • 프로그래머가 변수 이름이나 다른 목적으로 사용할 수 없다. • 프로그램의 판독성을 증가시킨다. • 프로그램의 신뢰성을 향상시킨다. • 번역 과정에서 속도를 높여 준다. • 오류 회복이 용이하다. • 새로운 언어에서는 예약어의 수가 늘어나고 있다.
주석 (Comment)	• 프로그램을 읽어 이해하기에 도움이 되는 내용들을 기록한 부분이다. • 프로그램의 판독성을 향상시키고 프로그램 문서화의 주요 요소로서 프로그램 수행에는 영향을 주지 않는다. • 대부분의 프로그래밍 언어는 형식은 달라도 주석을 허용한다.
구분 문자	문장이나 식과 같은 구문적인 단위의 시작과 끝을 나타내기 위하여 사용되는 구문적 요소이다.
잡음어	특별한 정보는 갖고 있지 않으나, 판독성을 향상시키기 위하여 사용하는 구문 요소이다.

● 구문 표기법

- BNF(Backus-Naur Form) : 프로그래밍 언어의 구문 형식을 정의하는 가장 보편적인 방법으로 사용된다.

::=	정의
|	선택(택일)
〈 〉	비종단(Non-terminal)

- EBNF(Extended BNF)
  - BNF를 확장하여 보다 읽기 쉽고 간결하게 표현할 수 있다.
  - 반복, 선택 부분에서 BNF보다 간결하게 표현할 수 있다.

{ }	반복
[ ]	선택 사항(옵션)
(|)	선택(택일)

- 구문 도표(Syntax Diagram) : BNF나 EBNF 규칙을 표현하는 그래픽적인 방법이다.

□	비종단(Non-terminal)
○	종단(Terminal)
→	흐름 방향

- 파스 트리(Parse Tree)
  - 구문 분석기가 처리한 문장에 대해 그 문장의 구조를 트리로 표현한 것으로 루트, 중간, 단말 노드로 구성되는 트리이다.
  - 작성된 표현식이 BNF의 정의에 의해 바르게 작성되었는지를 확인하기 위해 만들어진 트리이다.
  - 주어진 BNF를 이용하여 고급 언어로 작성된 프로그램을 구문 분석하여 문장을 문법 구조에 따라 트리 형태로 작성한 것이다.
  - 주어진 표현식에 대한 파스 트리가 존재한다면 그 표현식은 BNF에 의해 올바르게 작성되었음을 의미한다.

- 문법의 시작 기호로부터 적합한 생성 규칙을 적용할 때마다 가지치기가 이루어진다.
- 파스 트리의 단말 노드는 단말 기호들이 된다.
- 트리의 모든 가지 터미널로 유도되어 가지치기가 끝난 상태의 트리를 파스 트리라고 한다.

02 형식 언어(Formal Language)

● 형식 언어의 개념

- 언어의 분석 및 번역을 명확히 하기 위해 형식적인 기호를 사용하여 정의한 언어이다.
- 무한한 언어를 유한한 종류의 문자로 표기할 수 있는 문자열의 집합이다.

● 형식 문법의 계층 구조

Type 0 문법	• 형식에 어떠한 제한이 없는 문법이다. • 인식기 : 튜링 기계(Turing Machine)
Type 1 문법	• 문맥 인식 문법(Context-Sensitive Grammar) • 인식기 : 선형 한계 오토마타(Linear Bounded Automata)
Type 2 문법	• 문맥 자유 문법(Context-Free Grammar) • 파스 트리를 자동적으로 생성하는 데 사용한다. • 인식기 : 푸시 다운 오토마타(Push Down Automata)
Type 3 문법	• 정규 문법(Regular Grammar) • 프로그래밍 언어의 어휘 구조를 표현하는 데 사용한다. • 인식기 : 유한 오토마타(Finite Automata)

● 정규 표현(Regular Expression)

- 정규 언어를 나타내는 수식이다.
- 유한 길이의 스트링뿐만 아니라 무한 길이의 스트링도 나타낼 수 있다.
- 상태 전이도로 나타낼 수 있다.
- 정규 집합을 형성하는 기초가 된다.

단답형 문제

01 프로그램을 작성하는 과정에서 컴퓨터에 의해 직접 실행되는 명령어들이 아니라, 프로그램을 읽어 이해하기에 도움이 되는 내용들을 기록한 부분으로 프로그램의 판독성을 향상시키는 요소를 무엇이라고 하는가?

02 BNF 심볼에서 정의를 나타내는 것은?

객관식 문제

03 구문에 의한 문장 생성 과정을 나타내는 것으로서, 어떤 표현이 BNF에 의해 바르게 작성되었는지 확인하기 위해 만드는 트리는?
① 문법 트리
② 파스 트리
③ 어휘 트리
④ 구문 트리

04 EBNF에서 { }를 사용하는 이유는?
① 블록(Block)을 나타내기 위해 사용한다.
② 생략 가능한 것을 나타내기 위해 사용한다.
③ 반복되는 부분을 나타내기 위해 사용한다.
④ 선택사항을 나타내기 위해 사용한다.

05 프로그래밍 언어에서 예약어란 무엇인가?
① 프로그래머가 미리 설정한 변수
② 데이터를 저장할 수 있는 이름이 부여된 기억 장소
③ 시스템이 알고 있는 특수한 기능을 수행하도록 이미 용도가 정해져 있는 단어
④ 프로그램이 수행되는 동안 변하지 않는 값을 나타내는 단어

정답 01 주석(Comment) 02 ::= 03 ② 04 ③ 05 ③

27 | 프로그램 설계와 언어 번역

01 프로그램 설계

● 프로그램 설계(Design)의 개념
요구사항 분석 단계에서 산출된 요구사항 분석 명세서의 기능을 실현하기 위한 알고리즘과 자료 구조를 문서화하는 단계이다.

● 설계 방법
- 자료(Data) 설계 : 자료 구조로 변환하는 과정이다.
- 구조(Architecture) 설계 : 모듈 간의 관계를 정의하는 과정이다.
- 인터페이스(Interface) 설계 : 시스템/사용자 간의 통신 방법을 기술하는 과정이다.
- 절차(Procedure) 설계 : 기능을 절차적 기술로 변환하는 과정이다.
- N-S 차트(Nassi-Schneiderman Chart) : 논리적 기술에 중점을 둔 도형식 표현 방법이다.

● 모듈화(Modularity)
- 모듈(Module) : 하나의 프로그램을 몇 개의 작은 부분으로 분할한 단위이며, 모듈의 독립성은 결합도와 응집도에 의해 측정된다.
- 결합도(Coupling) : 두 모듈 간의 상호 의존도를 말하며 한 모듈 내에 있는 처리 요소들 사이의 기능적인 연관 정도를 나타낸다.
- 응집도(Cohesion) : 모듈 안의 요소들이 서로 관련되어 있는 정도를 말하며 구조적 설계에서 기능 수행 시 모듈 간의 최소한의 상호작용을 하여 하나의 기능만을 수행하는 정도를 표현한다.
- 효과적인 모듈화 설계 방안 : 응집도는 강하게 하고, 결합도는 약하게 하며 복잡도와 중복을 피한다.

02 언어 번역 과정과 용어

● 언이 번역 과정
원시 프로그램 → 번역 → 목적 프로그램 → 링커 → 로드 모듈 → 로더 → 실행

● 언어 번역 과정별 용어

원시 프로그램 (Source Program)	사용자가 작성한 프로그램으로, 기계어로 번역되기 이전의 프로그램이다.
번역(Compile)	언어 번역 프로그램을 사용하여 원시 프로그램을 번역하여 목적 프로그램을 생성한다.
목적 프로그램 (Object Program)	원시 프로그램이 기계어로 번역된 상태를 의미한다.
링커(Linker)	• 여러 개의 목적 프로그램과 프로그램에서 사용되는 내장함수를 하나로 모아서 실행 가능하도록 프로그램을 생성한다. • 재배치 형태의 기계어로 된 프로그램을 묶어서 로드 모듈로 만든다.
로드 모듈 (Load Module)	즉시 실행 가능한 상태의 프로그램이다.
로더(Loader)	• 실행 가능한 프로그램을 보조기억장치에서 주기억장치로 읽어 와서 실행될 수 있도록 한다. • 로더의 기능 　- 할당(Allocation) : 실행 프로그램을 실행시키기 위해 기억장치 내에 옮겨 놓을 공간을 확보한다. 　- 연결(Linking) : 목적 모듈들 사이의 기호적 외부 참조를 실제적 주소로 변환한다. 　- 재배치(Relocation) : 종속적인 모든 주소를 할당된 주기억장치 주소와 일치하도록 조정한다. 　- 적재(Loading) : 기계 명령어와 자료를 기억 장소에 물리적으로 배치한다. • 절대 로더의 기능별 수행 주체 　- 할당/연결 : 프로그래머 　- 재배치 : 어셈블러 　- 적재 : 로더

03 번역기의 종류

● 컴파일러(Compiler)
- 고급 언어로 작성된 원시 프로그램을 해석하고 분석하여 목적 프로그램을 생성한다.
- 반복적으로 실행하는 프로그램에서 실행 시간이 빠르다.
- 실행 시간의 효율성을 중시하는 프로그래밍 언어는 대부분 컴파일러를 사용한다.
- 번역된 산출물인 목적 프로그램이 큰 기억장치를 요한다는 단점이 있으며 정적 자료 구조이다.
- 컴파일러 언어 : C, FORTRAN, COBOL, PASCAL 등
  └ 모두 고급 언어에 해당

● 인터프리터(Interpreter)
- 고급 언어로 작성된 원시 프로그램 명령문들을 한 번에 한 줄씩 읽어 들여서 실행하는 프로그램 기법이다.
- 명령 단위별로 번역 즉시 실행한다.
- 번역과 실행이 한꺼번에 이루어지기 때문에 목적 프로그램이 생성되지 않는다.
- 인터프리터를 사용하면 대화 형식의 프로그래밍이 가능하게 된다.
- 한 줄 단위로 번역이 이루어지는 동적인 자료구조이며 문법상의 오류를 쉽게 발견할 수 있고 융통성을 강조한 처리기법이다.
- 인터프리터 언어 : BASIC, LISP 등

● 어셈블러(Assembler)
어셈블리어를 기계어로 번역한다.

● 크로스 컴파일러(Cross Compiler)
원시 프로그램을 컴파일러가 수행되고 있는 컴퓨터의 기계어로 번역하는 것이 아니라, 다른 기종에 맞는 기계어로 번역한다.

● 링키지 에디터(Linkage Editor)
- 독자적으로 번역된 여러 개의 목적 프로그램과 프로그램에서 사용되는 내장 함수들을 하나로 모아서 컴퓨터에서 실행될 수 있는 실행 프로그램을 생성하는 프로그램이다.
- 프로그램 적재 시에 필요한 프로그램들을 결합하여 주기억장치에 적재함은 물론 보조기억장치에 로드 이미지를 보관해 두는 역할을 한다.

● 프리프로세서(Preprocessor)
주석(Comment)의 제거, 상수 정의 치환, 매크로 확장 등 컴파일러가 처리하기 전에 먼저 처리하여 확장된 원시 프로그램을 생성한다.

단답형 문제

01 원시 프로그램을, 컴파일러가 수행되고 있는 컴퓨터의 기계어로 번역하는 것이 아니라, 다른 기종에 맞는 기계어로 번역하는 것은?

객관식 문제

02 컴파일러와 인터프리터에 관한 설명으로 옳은 것은?
① 포트란, 코볼은 컴파일러 언어에 해당한다.
② 인터프리터는 원시 프로그램 번역 시 목적 프로그램을 생성한다.
③ 인터프리터는 반복적으로 생성하는 프로그램에서 실행 시간이 빠르다.
④ 컴파일러는 원시 프로그램 번역 시 목적 프로그램을 생성하지 않는다.

03 로더의 기능이 아닌 것은?
① 할당(Allocation)
② 링킹(Linking)
③ 재배치(Relocation)
④ 번역(Compile)

04 프로그램 수행 순서로 옳은 것은?
① 원시 프로그램 – 링커 – 로더 – 컴파일러 – 목적 프로그램
② 컴파일러 – 목적 프로그램 – 원시 프로그램 – 링커 – 로더
③ 원시 프로그램 – 목적 프로그램 – 컴파일러 – 링커 – 로더
④ 원시 프로그램 – 컴파일러 – 목적 프로그램 – 링커 – 로더

05 주석(Comment)의 제거, 상수 정의 치환, 매크로 확장 등 컴파일러가 처리하기 전에 먼저 처리하여 확장된 원시 프로그램을 생성하는 것은?
① Preprocessor
② Linker
③ Loader
④ Cross compiler

정답 01 크로스 컴파일러(Cross Compiler) 02 ① 03 ④ 04 ④ 05 ①

POINT 28 | 컴파일러

01 컴파일 세부 과정

● 컴파일러의 구조

고급언어로 작성된 프로그램을 실행하기 위해서는 실행하고자 하는 컴퓨터의 기계어로 번역하며, 이때 분석단계와 생성단계를 거쳐 번역하게 된다.

● 고급 언어의 번역 단계

원시코드 → 선행 처리 → 어휘 분석(토큰) → 구문 분석(파스 트리) → 의미 분석(중간 코드) → 코드 최적화(최적화 코드) → 코드생성(목적 코드) → 링크 → 실행 가능한 코드

● 컴파일 세부 과정

선행 처리 → 어휘 분석 → 구문 분석 → 의미 분석 → 중간 코드 생성 → 코드 최적화 → 코드 생성

● 선행 처리(Preprocessor)

- 주석의 제거, 상수 정의 치환, 매크로 확장 등 컴파일러가 처리하기 전에 먼저 처리하여 확장된 원시 프로그램을 생성한다.
- 원시 프로그램을 기계어로 된 목적 프로그램으로 번역하는 대신에 기존의 고수준 컴파일러 언어로 전환하는 역할을 수행한다.

● 어휘 분석(Lexical Analysis)

- 원시 프로그램을 하나의 긴 문자열(String)로 보고 문자를 스캐닝하여 문법적으로 의미 있는 단위인 토큰(Token)으로 분할해 낸다.
- 번역의 가장 기본적인 단계로 나열된 문자들을 기초적인 구성요소들인 식별자, 구분 문자, 연산 기호, 핵심어, 주석 등으로 그룹화하는 단계이다.
- 일반적으로 파서가 파스 트리를 형성해 나가는 과정에서 새로운 토큰을 요구하면 원시 프로그램을 문자 단위로 읽어 토큰을 생성하여 파서에게 주는 방식으로 구성된다.

소스 코드 →(어휘 분석)→ 토큰

● 구문 분석(Syntax Analysis)

- 토큰들을 문법에 따라 분석하는 작업을 수행하는 단계이다.
- 주어진 문장이 정의된 문법 구조에 따라 정당하게 하나의 문장으로서 합법적으로 사용될 수 있는가를 확인하는 작업이다.
- 분석 결과를 파스 트리로 출력한다. (구문 트리라고도 함)
- 파싱(Parsing)이라고도 한다.
- 구문 분석에는 하향식 파싱과 상향식 파싱이 있다.

하향식 파싱 (Top-Down Parsing)	• 루트로부터 터미널 노드 쪽으로 Preorder 순으로 주어진 문자열에 대해 파스 트리를 구성한다. • 입력 문자열에 대한 좌측 유도(Left Most Derivation) 과정으로 볼 수 있다. • 파싱할 수 있는 문법에 Left Recursion이 없어야 하고 Left Factoring을 해야 하므로 상향식 파서보다는 일반적이지 못하다. • 하향식 파서 종류 : Recursive Descent Parser, Predictive Parser, LL Parser
상향식 파싱 (Bottom-Up Parsing)	• 터미널 노드로부터 루트 쪽으로 파스 트리를 구성한다. • Shift-Reduce 파싱이라고도 한다. • 주어진 문자열이 시작 심벌(루트 노드)로 축약될 수 있으면 올바른 문장이고, 그렇지 않으면 틀린 문장으로 간주한다. • 상향식 파서 종류 : Shift Reduce Parser, LR Parser

토큰 →(구문 분석)→ 파스 트리

● 구문 분석기(파서)의 역할

- 입력된 토큰이 프로그래밍 언어의 문장 구조에 맞는가를 판단한다.
- 문법에 맞는가를 파악하기 위해 파스 트리를 출력한다.

● **단순 구문 트리**
- 루트(최상위) 노드를 기점으로 계층적으로 구성한다.
- 상위 노드는 하위 노드를 가질 수 있으며 하위 노드 또한 자식 노드를 가질 수 있다.
- 계층적 자료를 표현하는 데 적합하다.
- 다양한 분야에 가장 널리 사용되는 자료 구조이다.

● **의미 분석(Semantic Analysis)**
- 파스 트리가 어떠한 의미와 기능인지 분석하는 단계이다.
- 분석 결과로 중간 코드(Intermediate Code)를 생성한다.
- 의미 분석기의 기능 : 매크로의 처리, 오류의 탐지, 심벌 테이블의 유지

파스 트리 → 의미 분석 → 중간 코드

● **코드 최적화(Code Optimization)**
실행 시간과 기억공간을 절약할 수 있는 최적화된 코드로 변환시킨다.

● **목적 코드 생성**
- 코드가 기계 코드로 출력되는 다른 목적 프로그램으로 형태를 바꾸는 과정이다.
- 직접 실행 가능한 코드이며 어셈블리 또는 링크와 적재 등의 다른 번역과정을 거칠 수 있다.

● **코드 생성(Code Generation)**
목적 코드(목적 프로그램)를 생성한다.

● **실행 코드 생성**
- 목적 코드를 실행하기 위해서는 Main 프로그램에서 호출하는 모듈을 하나로 연결하여 실행 가능한 파일로 만들어야 한다.
- 목적 코드를 실행 가능한 파일로 변경하는 작업을 링크(Link)라 한다.
- 모듈 : Library 함수, 별도로 컴파일된 목적 코드

● **디버깅(Debugging)** — 소스코드 내의 문제를 일으키는 벌레를 잡는다는 의미
- 프로그램 개발 과정에서 프로그램 안에 내재해 있는 논리적 오류를 발견하고 수정하는 작업이다.
- 컴퓨터 프로그램에서 잘못된 부분을 찾아서 수정하거나 에러를 피하는 처리 과정을 의미한다.
- 디버거(Debugger) : 번역된 프로그램의 오류 수정 작업을 위하여 사용되는 소프트웨어이다.

단답형 문제

01 사용자가 작성한 소스코드를 실행하면서 오류 등을 찾기 위한 프로그램의 명칭은?

02 원시 프로그램을 하나의 긴 스트링으로 보고 원시 프로그램을 문자 단위로 스캐닝하여 문법적으로 의미 있는 일련의 문자들로 분할해 내는 역할을 하는 것은?

객관식 문제

03 컴파일러의 컴파일 단계로 옳은 것은?

　㉠ 어휘 분석(Lexical Analysis)
　㉡ 구문 분석(Syntax Analysis)
　㉢ 중간 코드 생성
　㉣ 의미 분석(Sematic Analysis)
　㉤ 코드 생성(Code Generation)
　㉥ 코드 최적화(Code Optimization)

① ㉠㉡㉣㉢㉥㉤　② ㉠㉡㉣㉢㉤㉥
③ ㉠㉣㉡㉢㉥㉤　④ ㉠㉡㉢㉣㉥㉤

04 구문 분석에는 하향식 파싱(Top-Down Parsing)과 상향식 파싱(Bottom-Up Parsing)이 있다. 하향식 파싱에 대한 설명으로 옳지 않은 것은?
① 하향식 구문 분석은 입력 문자열에 대한 좌측 유도(Left Most Derivation) 과정으로 볼 수 있다.
② 파싱할 수 있는 문법에 Left Recursion이 없어야 하고 Left Factoring을 해야 하므로 상향식 파서보다는 일반적이지 못하다.
③ 루트로부터 Preorder 순으로 주어진 문자열에 대해 파스 트리를 구성한다.
④ 터미널 노드에서 뿌리 노드를 만들어 내는 과정으로 뿌리 노드, 즉 시작 기호가 만들어지면 올바른 문장이고 그렇지 않으면 틀린 문장이다.

정답 01 디버거(Debugger) 02 어휘 분석기 03 ① 04 ④

POINT 29 | 형과 객체의 특징

01 변수와 상수

● 변수(Variable)
- 프로그램에서 하나의 값을 저장할 수 있는 기억 장소의 이름을 의미한다.
- 변수는 이름, 값, 속성, 참조 등의 요소로 구성된다.
- 변수명은 프로그래머가 언어별로 변수명을 만드는 규칙에 따라 임의로 이름을 붙일 수 있다.
- 변수명은 묵시적으로 변수형을 선언할 수도 있고, 선언문을 사용할 수도 있다.
- 변수의 유형은 컴파일 시간에 한 번 정해지면 일반적으로 그대로 유지한다.
- 변수의 수명은 할당된 변수가 값을 저장할 기억장소를 할당받은 때부터 그 기억장소가 더 이상 변수 값을 의미하지 않을 때까지의 시간이다.

● 상수(Constant)
수명 시간 동안 고정된 하나의 값과 이름을 가진 자료로서, 프로그램이 동작하는 동안 값이 바뀌지 않는 공간이다.
> 예 PI=3.14일 경우, PI는 변수이고 3.14는 상수이다.

● 변수의 종류
- **지역 변수(Local Variable)**
  - 지정된 부분의 단위 프로그램에서 선언되며 해당 단위에서만 사용하는 변수를 말한다.
  - 실행 시마다 주기억장치를 할당해 초기화한다.
- **비지역 변수(Non Local Variable)** : 상위 단위 프로그램에서 선언하고 하위 단위 프로그램에서도 사용 가능한 변수를 말한다.
- **전역 변수(Global Variable)**
  - 단위 프로그램이 아닌 프로그램 상단에 선언해 하위 단위 프로그램에 모두 사용할 수 있는 변수를 말한다.
  - 프로그램 실행 시에 초기화된다.

02 선언문 및 배정문

● 선언문(Declaration)
- 프로그램 실행 시 사용할 데이터의 속성 정보를 언어 번역기에게 알려 주는 문장이다.
- 효율적인 주기억장치의 관리가 가능하다.
- 정적형 검사가 가능하다.

● 배정문(Assignment Statement)
- 변수의 내용을 변경하는 문장이다.
- 프로그램에서 가장 일반적으로 나타나는 연산문이다.

03 형 검사와 변환

● 형 검사(Type Checking)
- 프로그램으로 수행되는 각 연산이 올바른 자료형(Data Type)의 인수들을 올바로 받는지 행하는 검사이다.
- 검사 시점에 따라 정적형 검사와 동적형 검사로 나뉜다.

정적형 검사	• 프로그램 번역 중에 검사한다. • 형 정보 유지를 위한 추가 저장소가 불필요하다. • 융통성이 떨어진다. • 컴파일러 언어에 적합하다.
동적형 검사	• 프로그램 실행 중에 검사한다. • 프로그램이 실행되는 과정 내에 자료형을 변경할 수 있다. • 프로그램 설계에 융통성이 있다. • 대화형(인터프리터) 언어에 적합하다.

● 형 변환(Type Conversion)
- **형 확장(Widening)** : 크기가 작은 자료형을 크기가 큰 자료형으로 변환시키는 것을 의미한다.
  > 예 정수형 → 실수형

- 형 축소(Narrowing) : 크기가 큰 자료형을 크기가 작은 자료형으로 변환시키는 것을 의미한다.
  예 실수형 → 정수형

04 바인딩(Binding)

● 바인딩의 정의
개체와 속성을 의미함
- 어떤 변수의 명칭과 그 메모리 주소, 데이터형 또는 실제 값을 연결하는 것이다.
- 다수의 정보를 연관해 묶는다는 의미이다.
- 변수들이 갖는 속성이 완전히 결정되는 시간을 바인딩 시간(Binding Time)이라고 한다.

● 바인딩의 종류

정적 바인딩	• 실행 시간 이전에 일어나는 이른 바인딩이다. • 실행 이전에 할당하며 끝날 때까지 메모리를 가지고 있는 경우이다. • 실행에 있어 효율성이 좋다. • 융통성이 없고 메모리 낭비가 발생한다. • 컴파일 방식의 언어 번역에 사용된다. • 종류 : 언어 정의 시간, 언어 구현 시간, 번역 시간, 링크 시간
동적 바인딩	• 실행 시간에 일어나는 바인딩이다. • 실행 중 메모리 할당 및 반환이 가능한 경우를 의미하며 늦은 바인딩이다. • 융통성이 있고 메모리 낭비가 없다. • 실행에 있어 효율성이 좋지 않다. • 인터프리터 언어 번역에 사용된다. • 종류 : 로드 시간, 실행 시간 • 동적 바인딩이 이루어지는 시간 : 프로그램 호출 시간, 모듈의 가동 시간, 실행 시간 중 객체 사용 시점

● 정적 바인딩 시간 vs 동적 바인딩 시간

정적 바인딩(번역 시간 바인딩)	동적 바인딩(실행 시간 바인딩)
• 언어 정의 시간 • 언어 구현 시간 • 언어 번역 시간 • 링크 시간	• 프로그램 호출 시간 • 모듈 시작 시간 • 실행시간 중 객체 사용 시점

단답형 문제

01 프로그램에서 변수들이 갖는 속성이 완전히 결정되는 시간을 무엇이라 하는가?

객관식 문제

02 변수(Variable)에 대한 설명으로 옳지 않은 것은?
① 프로그램 실행 과정에서 하나의 기억 장소를 차지한다.
② 변수의 유형은 컴파일 시간에 한 번 정해지면 일반적으로 그대로 유지한다.
③ 프로그램이 동작하는 동안 절대로 값이 바뀌지 않는 공간을 의미한다.
④ 변수는 이름, 값, 속성, 참조의 요소로 구성된다.

03 동적(실행 시간)형 검사에 대한 설명으로 옳지 않은 것은?
① 프로그램 설계 시 융통성을 준다.
② 프로그램이 수행되는 과정 내에 자료형을 변경할 수 있다.
③ 대화형 언어에 적합하다.
④ 프로그램 수행 중에 형 정보를 유지할 필요가 없다.

04 동적 바인딩(Dynamic Binding)이 이루어지는 시간이 아닌 것은?
① 프로그램 호출 시간
② 모듈의 기동 시간
③ 실행 시간 중 객체 사용 시점
④ 번역 시간

05 정적 바인딩에 해당하지 않는 것은?
① 번역 시간   ② 링크 시간
③ 실행 시간   ④ 언어 구현 시간

정답 01 바인딩 시간(Binding Time) 02 ③ 03 ④
04 ④ 05 ③

POINT 30 | 순서 제어

01 묵시적 및 명시적 순서 제어

● 묵시적 순서 제어
- 프로그래머가 직접 제어를 표현하지 않았을 경우 그 언어에서 미리 정해진 순서에 의해 제어가 이루어지는 순서 제어이다.
- 연산자의 우선순위에 따른 수식 계산이 대표적인 예이다.

● 명시적 순서 제어
- 프로그래머가 직접 제어를 표현하여 순서를 제어하는 것이다.
- GOTO문이나 반복문, 수식의 괄호 사용 등이 대표적인 예이다.
- GOTO문을 많이 사용하면 프로그램을 이해하기가 어려워진다.

02 GOTO문

● GOTO문의 특징
- 비구조적인 프로그래밍 기법이다.
- 프로그램의 실행 순서를 임의 위치로 변경할 수 있다.
- 무조건 분기문이다.
- 블록 개념이 없는 저급 제어 구조이다.

● 장점
- FORTRAN의 기본 제어 구조로 가장 많이 사용되고 이론적으로 거의 모든 제어 구조를 표현할 수 있다.
- 직접 하드웨어 구성이 용이해 실행에 효율적이다.
- 구조가 간단해 규모가 작은 프로그램에서 활용하기 좋다.

● 단점
- 비구조적 기법으로 문장순서와 실행순서가 엉켜 복잡해진다.
- 가독성이 떨어져 디버깅이 어려워 프로그램 유지보수에 어려움이 따른다.
- 계층적 프로그램 작성을 하기 힘들어진다.

03 수식의 표현방식

● 표기법(Notation)의 종류

중위(Infix) 표기법	• 연산자가 두 피연산자 사이에 표현된다. • 산술연산, 논리연산, 비교연산 등에 주로 사용된다. • 이항 연산자에 대해서 적합하다. • 피연산자 수에 제한을 받지 않는다. • 기계적으로 해석하기가 용이하다. • 프로그래밍 언어에서 가장 보편적으로 사용되는 표기법이다. 예) A+B
전위(Prefix) 표기법	• 연산자가 두 피연산자 앞에 표현된다. • 피연산자 개수와 상관없이 모든 수식을 하나의 전위 표기법으로 표현 가능하다. 예) +AB
후위(Postfix) 표기법	• 연산자가 두 피연산자 뒤에 표현된다. • 수식의 값을 계산하는 데 매우 간편하다. • 스택을 이용한다. 예) AB+

● 표기법의 변환

중위 표기법 ↓ 전위 표기법	A+B*C
	① 연산자 우선순위에 따라 괄호로 묶는다.
	  → (A+(B*C))
	② 연산자를 해당 괄호 앞으로 이동한다.
	  → +(A*(BC))
	③ 필요 없는 괄호를 없앤다.
	  → +A*BC

중위 표기법 ↓ 후위 표기법	A+B*C
	① 연산자 우선순위에 따라 괄호로 묶는다.
	  → (A+(B*C))
	② 연산자를 해당 괄호 뒤로 이동한다.
	  → (A(BC)*)+
	③ 필요 없는 괄호를 없앤다.
	  → ABC*+

전위 표기법 ↓ 중위 표기법	+A*BC ① 인접한 두 개의 피연산자와 왼쪽 연산자를 괄호로 묶는다. → (+A(*BC)) ② 연산자를 해당 피연산자 사이로 이동한다. → (A+(B*C)) ③ 필요 없는 괄호를 없앤다. → A+B*C
후위 표기법 ↓ 중위 표기법	ABC*+ ① 인접한 두 개의 피연산자와 오른쪽 연산자를 괄호로 묶는다. → (A(BC*)+) ② 연산자를 해당 피연산자 사이로 이동한다. → (A+(B*C)) ③ 필요 없는 괄호를 없앤다. → A+B*C

● 단항 및 이항 연산자

단항(Unary) 연산	• 하나의 피연산자를 가지는 연산 • 단항 연산자 종류 : NOT(COMPLEMENT), SHIFT, MOVE, ROTATE 등 예) NOT 입력 ─▷○─ 출력
이항(Binary) 연산	• 두 개의 피연산자를 가지는 연산 • 이항 연산자 종류 : AND, OR, XOR 등 예) AND 입력 ─⊃─ 출력

단답형 문제

01 프로그래머가 직접 제어를 표현하지 않았을 경우, 그 언어에서 미리 정해진 순서에 의해 제어가 이루어지는 순서 제어는?

02 수식 표기법 중 연산 기호는 두 피연산자 사이에 표현되고 산술연산, 논리연산, 비교연산 등에 주로 사용되며, 이항 연산자에 적합한 표기법은?

객관식 문제

03 후위 표기법으로 표현된 수식 "A B C * + D -"를 중위 표기법으로 옳게 표현한 것은?
① A B C * D - +
② A + B * C - D
③ A B + C * D -
④ A B C + * D -

04 중위 표기법에 관한 설명으로 옳지 않은 것은?
① 연산기호는 두 피연산자 사이에 표현된다.
② 기계적으로 해석하기가 용이하다.
③ 피연산자 수에 제한을 받지 않는다.
④ 단항 연산자에 대해서 적합하다.

05 단항(Unary) 연산에 해당하는 것은?
① OR
② AND
③ XOR
④ NOT

정답 **01** 묵시적 순서 제어 **02** 중위(Infix) 표기법 **03** ② **04** ④ **05** ④

POINT 31 | 구조적 프로그램과 부프로그램

01 제어문

● 구조적 프로그램에서의 순서 제어

- 프로그램의 이해가 쉽고 디버깅 작업이 쉽도록 한다.
- 한 개의 입구(입력)와 한 개의 출구(출력) 구조를 갖도록 한다.
- GOTO문은 사용하지 않는다.
- 구조적 프로그래밍의 기본 구조
  - 순차(Sequence) 구조
  - 선택(Selection) 구조
  - 반복(Iteration) 구조
- 구조적 프로그램의 특징
  - 프로그램의 가독성이 좋으며 개발 및 유지보수가 용이하다.
  - 프로그래밍에 대한 규칙을 제공하여 투자되는 노력과 시간이 감소한다.
  - 프로그램의 신뢰성이 향상된다.

● 조건문

- if문
  - 단일 if문

```
if(조건)
  문장;
```

  - 다중 if문

```
if(조건1)
  문장1;
else if(조건2)
  문장2;
...
else
  문장n;
```

- switch문 : 다중 if문과 같은 기능을 수행하지만, 다중 if문에 비해 가독성이 좋다.

```
switch(조건) {
  case 값1 : 문장1;
          break;
  case 값2 : 문장2;
          break;
  ...
  default : 문장n;
}
```

● 반복문

- while문 : 조건이 참인 동안 처리를 반복한다.

```
while(조건) {
  문장1;
  ...
  문장n;
}
```

- do~while문 : 조건이 처음부터 거짓일 때도 최소 한 번은 실행한다. 무조건 한 번은 실행하고 경우에 따라서는 여러 번 실행하는 처리에 사용하면 유용하다.

```
do {
  문장1;
  ...
  문장n;
}
while(조건);
```

- for문 : 초기식에서 반복 변수를 초기화하고, 조건식에서 조건이 참일 경우 문장들을 처리한 후에 증감식에서 반복 변수를 증가(또는 감소)시킨 후에 다시 조건식을 검사하는 식으로 반복하며, 조건식에서 조건이 거짓일 경우 for문을 빠져나온다.

```
for(초기식; 조건식; 증감식) {
  문장1;
  ...
  문장n;
}
```

02 부프로그램

● 부프로그램의 특징

- 부프로그램(Subprogram)은 주프로그램이나 다른 부프로그램에서 사용되는 독립된 형태의 단위 프로그램이다.
- 부프로그램을 선언할 때 부프로그램의 이름, 부프로그램의 존재를 나타내는 키워드, 부프로그램의 인자, 반환값, 부프로그램에서 수행하는 기능이 필요하다.
- 부프로그램을 사용하면 프로그램의 크기가 줄어들고, 프로그램 수정이나 관리가 편리하다.
- 두 모듈이 같이 실행되면서 서로 호출하는 형태를 코루틴(Coroutine)이라고 한다.
- 주프로그램의 매개 변수(Parameter)를 부프로그램으로 전달하는 방법이다.
  - 값 호출(Call by Value) : 실제 값이 전달된다.
  - 참조 호출(Call by Reference) : 매개 변수의 주소가 전달된다.
  - 이름 호출(Call by Name) : 매개 변수의 이름이 전달된다.

● 유해 요소

- 별명(Alias)
  - 자료 객체는 생존기간 중 여러 별명을 가질 수 있다.
  - 일반적으로 별명은 프로그램의 이해를 매우 어렵게 한다.
  - 자료 객체가 여러 가지 별명을 갖는 경우 프로그램의 무결점 검증이 어려워진다.
  - 같은 참조환경에서 다른 이름으로 같은 자료 객체를 참조할 수 있는 언어의 경우, 프로그래머에게 심각한 어려움을 줄 수 있다.
- 부작용(Side Effect)
  - 연산의 결과로 예상할 수 없을 정도로 다른 변수의 값이 변하는 경우를 의미한다.
  - 프로그램을 구성하는 함수에서 전역 변수를 사용하여 함수의 결과를 반환하는 경우, 함수에 전달되는 입력 파라미터의 값이 같아도 전역 변수의 상태에 따라 함수에서 반환되는 값이 달라질 수 있는 현상이다.

단답형 문제

01 프로그램을 구성하는 함수에서 전역 변수를 사용하여 함수의 결과를 반환하는 경우, 함수에 전달되는 입력파라미터의 값이 같아도 전역 변수의 상태에 따라 함수에서 반환되는 값이 달라질 수 있는 현상을 무엇이라 하는가?

객관식 문제

02 자료 객체의 별명(Alias)에 관한 설명으로 옳지 않은 것은?
① 자료 객체는 생존기간 중 여러 별명을 가질 수 있다.
② 일반적으로 별명은 프로그램의 이해를 매우 어렵게 한다.
③ 자료 객체가 여러 가지 별명을 갖는 경우 프로그램의 무결점 검증이 쉬워진다.
④ 같은 참조환경에서 다른 이름으로 같은 자료 객체를 참조할 수 있는 언어의 경우 프로그래머에게 심각한 어려움을 줄 수 있다.

03 구조적 프로그램의 기본 구조가 아닌 것은?
① 순차 구조
② 선택 구조
③ 일괄 구조
④ 반복 구조

04 부작용 현상(Side Effect)에 대한 설명으로 옳은 것은?
① 실행 시간 단축의 효과를 말한다.
② 시분할 체제에서만 발생한다.
③ 연산의 결과로 예상할 수 없을 정도로 다른 변수의 값이 변하는 경우를 의미한다.
④ 함수형 언어에서도 부작용 현상이 발생한다.

정답 01 부작용 현상(Side Effect) 02 ③ 03 ③ 04 ③

POINT 32 | C언어의 개요

01 C언어의 기초

C언어의 개념
- 1972년 미국 벨 연구소의 데니스 리치에 의해 개발되었다.
- 컴파일러 방식의 언어이다.
- 시스템 프로그래밍에 가장 적합한 언어이다.
- 포인터에 의한 번지 연산 등 다양한 연산 기능을 가진다.
- 이식성이 뛰어나 컴퓨터 기종에 관계없이 프로그램을 작성할 수 있다.
- UNIX 운영체제를 구성한다.

C언어의 기본 구조
- main 함수를 반드시 포함해야 하며, main 함수에서 실행이 시작된다.
- 영문 대·소문자를 엄격하게 구별한다.
- 문장을 끝마칠 때는 세미콜론(;)을 사용한다.
- 여러 개의 문장을 묶어 하나의 블록으로 구성할 때 중괄호({ })를 사용한다.
- 주석문은 /* ~ */로 표기한다.

기본 자료형

구분	자료형	C 언어(표준)
정수형	char	1Byte
	short	2Byte
	int	4Byte(일반적)
	long	4 또는 8Byte
	long long	8Byte(C99 이상)
실수형	float	4Byte
	double	8Byte
	long double	8 또는 12 또는 16Byte
논리형	bool	1Byte(일반적)
기타	포인터(*)	4 또는 8Byte

기억 클래스
- 자동 변수(Automatic Variables)
- 레지스터 변수(Register Variables)
- 정적 변수(Static Variables)
- 외부 변수(External Variables)

입·출력 함수

- 표준 입·출력 함수

scanf( )	표준 입력 함수	printf( )	표준 출력 함수
getchar( )	문자 입력 함수	putchar( )	문자 출력 함수
gets( )	문자열 입력 함수	puts( )	문자열 출력 함수

- 변환 문자(출력 형식 지정 문자)

%d	10진 정수	%o	8진 정수	%x	16진 정수
%f	10진 실수(소수 이하 6자리까지)				
%e	지수	%c	문자	%s	문자열

이스케이프 시퀀스(Escape Sequence)

문자	의미	기능
\n	new line	커서를 다음 줄 처음으로 이동한다.
\r	carriage return	커서를 현재 줄 처음으로 이동한다.
\t	tab	커서를 일정 간격만큼 띄운다.
\b	backspace	커서를 뒤로 한 칸 이동한다.
\f	form feed	한 페이지를 넘긴다.
\0	null character	널 문자를 출력한다.
\'	single quote	작은따옴표를 출력한다.
\"	double quote	큰따옴표를 출력한다.
\\	backslash	역슬래시를 출력한다.
\a	alert	벨 소리를 발생한다.

― 지역 변수는 블록 내부에서만 유효

● C언어 변수명 작성 규칙

- 영문 대소문자(A~Z, a~z), 숫자(0~9), '_'를 혼용하여 사용할 수 있으며, 영문자는 대소문자를 구분한다.
- 첫 글자는 숫자로 시작할 수 없고, 영문자나 '_'로 시작해야 한다.
- 영문자는 대소문자를 구분한다.
- 공백을 포함할 수 없다.
- auto, beak, case, char, const, continue, default, do, double, else, enum, extern, float, for, goto, if, int, long, register, return, short, signed, sizeof, static, struct, switch, typedef, union, unsigend, void, volatile, while 32개 예약어(Reserved Word)를 사용할 수 없다.

● 라이브러리(Library)

- 단순 활용할 수 있는 도구들의 집합을 의미한다.
- 프로그래머가 어떠한 기능을 수행하기 위해서 도움을 주는 또는 필요한 것을 제공해 주는 역할을 한다.

● 표준 라이브러리 함수

- stdio.h : C언어 표준 입·출력 라이브러리(Standard Input and Output Library)이다.
- stdlib.h : C 표준 유틸리티 함수를 모아놓은 헤더 파일이다. 문자형 변환, 수치를 문자형으로 변환, 동적 할당 관련 함수, 난수 생성 함수, 정수의 연산 함수, 검색 및 정렬 함수 등이다.
- stdlib.h 함수 종류

atoi( )	문자열을 정수형으로 변환	ceil( )	자리올림
atof( )	문자열을 실수형으로 변환	floor( )	자리버림
atol( )	문자열을 long형 정수로 변환	rand( )	난수 발생
itoa( )	숫자를 문자열로 변환	div( )	정수 나눗셈

● 문자열 처리 함수

- strlen() : 인수로 전달된 문자열 길이 반환
- strcat(), strncat() : 하나의 문자열에 다른 문자열을 연결
- strcpy(), strncpy() : 문자열을 복사
  ― strcmp(s1, s2) : s1과 s2를 비교
- strcmp(), strncmp() : 문자열 내용을 비교
- atoi(), atol(), atoll(), atof() : 인수로 전달된 문자열을 숫자형으로 변환
  ― atoi() : int, atol() : long, atoll() : long long, atof() : float
- toupper(), tolower() : 영문자를 대문자, 소문자로 변환

단답형 문제

01 C언어에서 문자형을 나타내는 형식은 무엇인가?

02 C언어의 정수 데이터 타입 중 'long'의 크기는 얼마인가?

객관식 문제

03 C언어에서 정수 자료형으로 옳은 것은?
① int   ② float
③ char   ④ double

04 C언어에서 사용하는 이스케이프 시퀀스에 대한 의미가 옳지 않은 것은?
① \n : new page
② \r : carriage return
③ \b : backspace
④ \t : tab

05 C언어의 포인트 형(Pointer Type)에 대한 설명으로 틀린 것은?
① 포인터 변수는 기억 장소의 번지를 기억하는 동적 변수이다.
② 포인터는 가리키는 자료형이 일치할 때 대입하는 규칙이 있다.
③ 보통 변수의 번지를 참조하려면 번지 연산자 #을 변수 앞에 쓴다.
④ 실행문에서 간접 연산자 *를 사용하여 포인터 변수가 지시하고 있는 내용을 참조한다.

정답 01 char 02 4Byte 03 ① 04 ① 05 ③

POINT 33 | C언어의 연산자

01 C언어 연산자의 종류

● 연산자의 종류 및 우선순위

연산자	종류	결합 방향	우선순위
단항 연산자	+, -, !, ~, ++, --, &, *, sizeof	←	높음 ↑
산술 연산자	*, /, %	→	
	+, -	→	
시프트 연산자	《, 》	→	
관계 연산자	<, <=, >, >=	→	
	==, !=	→	
비트 연산자	&, !, ^	→	
논리 연산자	&&, ‖	→	
조건 연산자	? :	←	
할당 연산자	=, +=, -=, *=, /=, %=, 《=, 》=	←	
콤마 연산자	,	→	↓ 낮음

02 C언어 연산자의 특징

● 단항 연산자

- ! : 부정(NOT)
- ~ : 1의 보수(0→1, 1→0)를 구한다.
- ++ : 1씩 증가를 의미한다.
- -- : 1씩 감소를 의미한다.
- & : 변수의 주소를 의미한다.
- * : 변수의 내용을 의미한다.
- sizeof : 변수, 변수형, 배열의 저장 장소의 크기를 Byte 단위로 구한다.

● 산술 연산자

- 이항 연산자 +, -는 *, /, % 보다 우선순위가 낮다.
- % : 정수 나눗셈 연산 후 나머지를 구한다.

● 시프트(Shift) 연산자

- 《 : 비트를 왼쪽으로 이동시킨다.
- 》 : 비트를 오른쪽으로 이동시킨다.

● 비트 연산자

- & : 논리곱(AND)
- | : 논리합(OR)
- ^ : 배타적 논리합(XOR)

예

코드	`#include <stdio.h>` ← 외부 헤더 파일을 현재 파일에 포함할 때 사용하는 선행처리 지시자
	`int main(int argc, char *argv[]) {`
	  `int a = 4;`
	  `int b = 7;`
	  `int c = a|b;`
	  `printf("%d", c);`
	  `return 0;`
	`}`

해설 및 결과	• 변수 a와 b의 4, 7을 (2진수)비트 연산자 |(OR)로 연산한다.
	• 비트 연산자는 2진수로 변환 후 계산한다.
	• OR 연산자는 두 비트 중 1개라도 1이면 1이 출력된다.
	        0100 (10진수 : 4)
	비트 OR) 0111 (10진수 : 7)
	        0111 (10진수 : 7)
	• 0111는 "%d" 출력 형식 지정 문자에 의해 10진수로 변환하면 7이 출력된다.

- **논리 연산자**
  - ! : 논리 부정(NOT)
  - && : 논리곱(AND)
  - || : 논리합(OR)

- **조건 연산자**
  - C언어에서 유일하게 3개의 피연산자를 갖는 삼항 연산자이다.
  - 조건식 ? 참일 때 값 : 거짓일 때 값
  - 예) big = a > b ? a : b; → a와 b 중에서 큰 수가 big에 저장된다.

- **할당 연산자**
  - = : a=b → b를 a에 할당
  - += : a+=b → a=a+b
  - -= : a-=b → a=a-b
  - *= : a*=b → a=a*b
  - /= : a/=b → a=a/b
  - %= : a%=b → a=a%b
  - <<= : a<<=b → a=a<<b
  - >>= : a>>=b → a=a>>b

- **콤마(나열) 연산자**
  변수 선언 시 동일한 자료형을 나열할 때 사용된다.

03 라이브러리

- **라이브러리의 개념과 구성**
  - 라이브러리란 필요할 때 찾아서 쓸 수 있도록 모듈화되어 제공되는 프로그램을 말한다.
  - 프로그래밍 언어에 따라 일반적으로 도움말, 설치 파일, 샘플 코드 등을 제공한다.
  - 라이브러리는 모듈과 패키지를 총칭하며, 모듈이 개별 파일이라면 패키지는 파일들을 모아 놓은 폴더라고 볼 수 있다.
  - 표준 라이브러리는 프로그래밍 언어가 기본적으로 가지고 있는 라이브러리를 의미하며, 외부 라이브러리는 별도의 파일 설치를 필요로 하는 라이브러리를 의미한다.

단답형 문제

01 C언어에서 나머지를 구하는 연산자는 무엇인가?

02 C언어에서 1씩 증가를 의미하는 연산자와 1씩 감소를 의미하는 연산자는 각각 무엇인가?

객관식 문제

03 C언어에서 할당 연산자에 해당하지 <u>않는</u> 것은?
① =   ② ?
③ +=   ④ *=

04 C언어에서 비트 연산자가 <u>아닌</u> 것은?
① &   ② !
③ | ④ ^

05 라이브러리의 개념과 구성에 대한 설명 중 틀린 것은?
① 라이브러리란 필요할 때 찾아서 쓸 수 있도록 모듈화되어 제공되는 프로그램을 말한다.
② 프로그래밍 언어에 따라 일반적으로 도움말, 설치 파일, 샘플 코드 등을 제공한다.
③ 외부 라이브러리는 프로그래밍 언어가 기본적으로 가지고 있는 라이브러리를 의미하며, 표준 라이브러리는 별도의 파일 설치를 필요로 하는 라이브러리를 의미한다.
④ 라이브러리는 모듈과 패키지를 총칭하며, 모듈이 개별 파일이라면 패키지는 파일들을 모아 놓은 폴더라고 볼 수 있다.

06 C언어에서 두 개의 논리값 중 하나라도 참이면 1을, 모두 거짓이면 0을 반환하는 연산자는?
① || ② &&
③ **   ④ !=

정답 01 % 02 ++, -- 03 ② 04 ② 05 ③ 06 ①

POINT 34 | C언어의 배열과 구조체

01 C언어 배열

● 배열(Array) 변수

- C언어의 사용자 정의 자료형 : 배열, 구조체, 공용체
- 한 번의 선언으로 여러 개의 메모리 공간을 관리할 수 있다.
- 같은 자료형의 값을 메모리 공간에 순서적으로 하나의 이름(배열명)으로 모아 놓은 것이다.
- 배열 변수 선언문

```
자료형 배열명[배열요소의 개수];        // 1차원 배열
자료형 배열명[행의 개수][열의 개수];    // 2차원 배열
```

● 배열의 초기화

- 배열 요소의 범위 : 배열명[0]~배열명[첨자-1]
- 배열의 첨자(index) : 0부터 시작한다.
- 배열 선언과 동시에 초기화 시 요소의 개수는 생략할 수 있다.
- 배열 초기화의 예

```
int a[3] = {1, 2, 3};
int b[] = {10, 20, 30};
static int c[5] = {11, 12};
```

02 C언어 1차원 배열과 2차원 배열

● 1차원 문자 배열과 문자열

- 문자열 상수를 1차원의 문자 배열과 문자열 배열을 통해 메모리에 저장하여 참조한다.
- 문자열 배열은 문자 배열보다 1byte의 널문자('\0')를 포함하고 있다.
- 문자 상수의 경우는 1byte의 char 자료형으로 문자형 변수에 저장된다. 이때 문자 상수는 ASCII코드로 표현된다.

  대문자 'A'의 ASCII코드 값은 65이며
  소문자 'a'의 ASCII코드 값은 97이다.

코드	`#include <stdio.h>`
	`int main(int argc, char *argv[])`
	`{`
	`    int i;`
	`    char ch[4] = {'H', 'R', 'D', 'K'};`
	`    char str[5] = "hrdk";`
	`    for(i=0; i < 4; i++)`
	`        printf("%c", ch[i]);`
	`    printf("\n");`
	`    printf("%s\n", str);`
	`    return 0;`
	`}`

해설 및 결과	배열의 이름은 배열의 첫 요소(첨자 : 0)의 주소를 의미하기 때문에 printf("%s\n", str); 명령문은 printf("%s\n", &str[0]);와 동일하다. 배열명을 %s 출력형식으로 출력을 하면 문자열 배열의 시작부터 '\0' (NULL 문자) 이전 문자까지 연속해서 모두 출력된다. [결과] HRDK hrdk

● 2차원 배열

- 2차원 배열의 선언 형식 : 자료형 배열명[행 개수][열 개수];
- 2차원 배열변수의 원소에 초깃값을 배정하면 행 우선 (Row-Major) 원칙을 적용하여 행 인덱스를 고정한 상태에서 열 인덱스를 먼저 증가시키면서 초기값을 배정한다.
- 2차원 배열의 인덱스의 시작 값은 행 인덱스와 열 인덱스 모두 0이다.

코드	`#include <stdio.h>`
	`int main(int argc, char *argv[])`
	`{`
	`    int i, j, sub_total;`
	`    int s[3][2] = { {10, 20}, {30, 40}, {50, 60} };`
	`    for(i=0; i < 3; i++) {`
	`        sub_total = 0;`
	`        for(j=0; j < 2; j++)`
	`            sub_total += s[i][j];`
	`        printf("%d번 학생 총점 : %d\n", i+1, sub_total);`
	`    }`
	`    return 0;`
	`}`

| 결과 | [결과]
1번 학생 총점 : 30
2번 학생 총점 : 70
3번 학생 총점 : 110 |

03 C언어 구조체

● 구조체(Structure)

- 구조체는 서로 연관된 데이터들을 모아 놓은 것이다.
- 서로 다른 자료형의 값을 메모리 공간에 순서적으로 하나의 단위로 참조할 수 있도록 구성해 놓은 것이다.
- 구조체는 struct라는 예약어를 이용하여 선언한다.
- 구조체는 "① 구조체 선언 → ② 구조체 변수 선언 → ③ 구조체 멤버의 참조" 순으로 사용한다.

● 구조체 선언

- 구조체 선언은 일반적으로 함수의 외부에 선언한다.
- 구조체 선언문

```
struct 구조체명
{
    데이터형1  멤버명1;
    데이터형2  멤버명2;
    ...
};
```

● 구조체 변수 선언

- 구조체 선언에 의해 선언된 구조체형을 가지는 구조체 변수를 선언한다.
- 구조체 변수 선언문

```
struct 구조체명  구조체변수명;
```

● 구조체 멤버의 참조

- 구조체 멤버 참조 연산자(.)를 사용하여 멤버를 참조한다.
- 구조체 멤버의 참조

```
구조체변수명.멤버명 = 값;
printf("%d", 구조체변수명.멤버명);
```

단답형 문제

01 C언어에서 배열 b[5]의 값은?

```
static int b[9] = {1, 2, 3};
```

객관식 문제

02 C언어에서 구조체를 사용하여 데이터를 처리할 때 사용하는 것은?
① for
② scanf
③ struct
④ abstract

03 다음 C프로그램의 결과값은?

```
#include <stdio.h>
struct st {
    int a;
    int c[10];
};
int main(int argc, char *argv[])
{
    int i = 0;
    struct st ob1;
    ob1.a = 0;
    for(i = 0; i < 10; i++) {
        ob1.c[i] = i;
    }
    for(i = 0; i < 10; i = i + 2) {
        ob1.a = ob1.a + ob1.c[i];
    }
    printf("%d", ob1.a);
    return 0;
}
```

① 45   ② 55
③ 20   ④ 25

정답 01 0 02 ③ 03 ③

POINT 35 | 제어문

01 조건문

● if문

• if문

```
if(조건식)
    조건식의 결과가 참일 때 실행하는 명령문;
```

• if / else문

```
if(조건식)
    조건식의 결과가 참일 때 실행하는 명령문;
else
    조건식의 결과가 거짓일 때 실행하는 명령문;
```

• if / else if / else문

```
if(조건식1)
    조건식1의 결과가 참일 때 실행하는 명령문;
else if(조건식2)
    조건식2의 결과가 참일 때 실행하는 명령문;
else
    조건식1과 조건식2의 결과가 거짓일 때 실행하는 명령문;
```

● 삼항 연산자에 의한 조건문

```
조건식 ? 참일 때 명령문 : 거짓일 때 명령문
```

예 big = a>b ? a : b; → a와 b 중에서 큰 수가 big에 저장된다.

● switch~case문

```
switch(조건값)
{
  case 값1:
    조건값이 1일 때 실행하는 명령문;
    break;          ← 반복문이나 switch ~ case 구문을 탈출
  case 값2:
    조건값이 2일 때 실행하는 명령문;
    break;
  ...
  default:
    조건값이 모든 case에 해당되지 않을 때 실행하는 명령문;
    break;
}
```

02 반복문

● while문

- 조건식의 결과가 참이면 while문 내의 명령을 실행하고 다시 조건식을 검사한다.
- 조건의 초기값이 거짓이면 while문 내의 명령문은 한 번도 실행되지 않는다.

```
while(조건식)
{
  명령문 1;
  ...
  명령문 n;
}
```

● do~while문

- 명령문을 일단 실행하고 나서 조건식을 검사하여 반복 실행 여부를 결정한다.
- 명령문이 적어도 한 번은 실행된다.

```
do
{
   명령문 1;
   ...
   명령문 n;
} while(조건식);
```

● for문

- 반복 변수를 초기화하는 초기식은 한 번만 수행되고 조건식을 만족하면 하위 명령문을 수행한 후 증감식을 수행하고 조건식을 검사하면서 반복한다.

```
for(초기식; 조건식; 증감식)
{
   명령문 1;
   ...
   명령문 n;
}
```

예제

코드	해설
main(void) {	프로그램의 실행이 시작되는 main 함수의 정의이다. (참고: C 표준에서는 int main(void)을 권장하며, stdio.h 헤더 파일이 필요함)
int i;	for 반복문에서 사용할 정수형 변수 i를 선언한다.
int sum = 0;	홀수의 합계를 저장할 정수형 변수 sum을 선언하고 0으로 초기화한다.
for(i = 1; i <= 10; i = i + 2)	1. 초기화: i를 1로 초기화한다. 2. 조건: i가 10보다 작거나 같을 때까지 반복을 계속한다. 3. 증감: 반복문이 한 번 실행될 때마다 i의 값을 2씩 증가시킨다(i는 1, 3, 5, 7, 9가 됨).
sum = sum + i;	sum 변수에 i의 현재 값(1, 3, 5, 7, 9)을 더하여 누적한다.
printf("%d", sum);	sum 변수에 저장된 최종값(25)을 10진수 정수(%d) 형태로 화면에 출력한다. (참고: ""는 "로 수정해야 함)
}	main 함수의 코드 블록이 완전히 끝났음을 나타낸다.

단답형 문제

01 다음 C 프로그램의 결과값은?

```
main(void) {
   int i;
   int sum = 0;
   for(i = 1; i <= 10; i = i + 2)
   sum = sum + i;
   printf("%d", sum);
}
```

객관식 문제

02 다음 자바 프로그램 조건문에 대해 삼항 조건 연산자를 사용하여 옳게 나타낸 것은?

```
int i = 7, j = 9;
int k;
if (i > j)
   k = i - j;
else
   k = i + j;
```

① int i = 7, j = 9;
   int k;
   k = (i > j) ? (i - j) : (i + j);
② int i = 7, j = 9;
   int k;
   k = (i < j) ? (i - j) : (i + j);
③ int i = 7, j = 9;
   int k;
   k = (i > j) ? (i + j) : (i - j);
④ int i = 7, j = 9;
   int k;
   k = (i < j) ? (i + j) : (i - j);

정답 01 25 02 ①

POINT 36 | C 코딩

01 C 코딩하기

● 반복문으로 수열 합계 계산 처리하기

- while문은 제시된 조건에 만족하는 동안 반복하는 구조이다.
- do~while문은 while과 동일하나 조건 검사는 마지막에 처리한다.
- for문은 제시된 조건만큼 반복하는 구조이다.
- 예 sum이 20 미만일 때까지 반복하기

while문	do~while문
| ```c
#include <stdio.h>
int main(void) {
    int sum, i;
    sum = 0;
    i = 1;

    while (sum < 20) {
        sum = sum + i;
        printf("sum : %d \n", sum);
        i = i + 1;
        printf("i : %d \n", i);
    }

    return 0;
}

sum : 21
``` | ```c
#include <stdio.h>
int main(void) {
    int sum, i;
    sum = 0;
    i = 1;

    do {
        sum = sum + i;
        printf("sum : %d \n", sum);
        i = i + 1;
        printf("i : %d \n", i);
    } while (sum < 20);

    return 0;
}
``` |

for문	디버깅		
| ```c
#include <stdio.h>

int main(void) {
    int sum, i;

    for (sum = 0, i = 1; sum < 20; i++)
    {
        sum += i;
        printf("sum : %d \n", sum);
        printf("i : %d \n", i);
    }

    return 0;
}
``` | 반복 | sum+i | i+1 |
	1	0+1=1	1+1=2
	2	1+2=3	2+1=3
	3	3+3=6	3+1=4
	4	6+4=10	4+1=5
	5	10+5=15	5+1=6
	6	15+6=21	6+1=7
	종료		

● 단 입력받아서 구구단 계산하기

예 구구단을 키보드로 입력받아서 입력받은 단의 구구단 계산하기

구구단 계산하기	결과
| ```c
#include<stdio.h>
int main(void)
{
int dan, num=1;
    printf("단을 입력하세요 \n");
    scanf("%d", &dan);
    while (num < 10)
    {
        printf("%d×%d=%d \n", dan, num, dan*num);
        num++;
    }
    return 0;
}
``` | 단을 입력하세요<br>3<br>3×1=3<br>3×2=6<br>3×3=9<br>3×4=12<br>3×5=15<br>3×6=18<br>3×7=21<br>3×8=24<br>3×9=27<br>계속하려면 아무 키나 누르십시오… |

※ scanf("자료형", &변수명);

● 정수 연산하여 16진수로 출력하기

㉠ 정수 더하기 연산 후 16진수로 출력하기 : 10진수 13이 결과이나 출력 데이터 형이 %h(16진수)이므로 d로 출력됨

코드	결과
| ```
#include<studio.h>
void main(void)
{
  int a = 3, b = 10;
  if (b)5)
    printf("%x\n", a+b);
  else
    printf("%x\n", b-a);
``` | d |

● 비트단위 논리 연산

비트단위 연산자는 변수값을 2진수 비트단위로 변환하여 연산 후 출력한다.

코드	결과/분석표
| ```
#include<studio.h>
int main(void)
{
  int a = 3, b = 6;
  int c, d, e;
    c = a & b;
    d = a | b;
    e = a ^ b;
  printf("%d %d %d\n", c, d, e);
  return 0;
}
``` | 2 7 5<br>〈분석표〉<br><br>AND 연산(&): 0011 & 0110 = 0010 = 2<br>OR 연산(\|): 0011 \| 0110 = 0111 = 7<br>XOR 연산(⊕): 0011 ^ 0110 = 0101 = 5 |

단답형 문제

01 다음 C 프로그램의 출력 값은?

```
#include<stdio.h>
void main(void)
{
  int a=3, b=10;
  if (b)5)
    printf("%x\n", a+b);
  else
    printf("%x\n", b-a);
}
```

객관식 문제

02 다음 C 언어는 두 수의 비트별 AND, OR, XOR을 구하는 프로그램이다. 실행 결과는?

```
int main(void)
{
  int a=3, b=6;
  int c, d, e;
  c = a & b;
  d = a | b;
  e = a ^ b;
  printf("%d %d %d\n", c, d, e);
```

① 2 2 5   ② 2 7 5
③ 5 2 2   ④ 5 7 2

03 C 언어에서 while문이 수행될 때, 중괄호로 둘러싸인 while문의 몸체는 몇 번 수행되는가?

```
sum = 0;
i = 1;
while(sum<20)
{
     sum = sum+i;
     i=i+1;
}
```

① 1   ② 3
③ 6   ④ 20

정답 01 D 02 ② 03 ③

● 논리 연산자

예 1 또는 0을 입력하여 두 수의 논리 곱, 논리 합, 논리 부정의 결과를 출력하시오.

코딩	결과

#include<studio.h>
int main(void)
{
   int a, b;
 	
   printf("두 개의 정수 입력(스페이스 구분):");
 	
   scanf("%d%d", &a, &b);
   printf("%d && %d연산 결과 : %d\n", a, b, a && b);
   printf("%d || %d연산 결과 : %d\n", a, b, a || b);
   printf("!%d연산 결과 : %d\n", a, !a);
 	
   return 0;
}
	두 개의 정수 입력(스페이스 구분) : 1 0
	1 && 0연산 결과 : 0
	1 || 0연산 결과 : 1
	!!연산 결과 : 0

● 관계 연산자

두 값의 관계를 연산하여 참(1), 거짓(0)으로 출력한다.
예 두 수 1, 0을 입력한다고 가정한다.
a==b : a와 b가 같은가? → 1,0은 다르므로 0(거짓)
a!=b : a와 b가 다른가? → 1,0은 다르므로 1(참)

코딩	결과

#include<studio.h>
int main(void)
{
   int a, b;
   printf("두 개의 정수를 입력:");
   scanf("%d%d", &a, &b);
 	
   printf("a==b 결과는: %d\n", a == b);
   printf("a!=b 결과는: %d\n", a != b);
   printf("a>b 결과는: %d\n", a > b);
   printf("a>=b 결과는: %d\n", a >= b);
   printf("a<b 결과는: %d\n", a < b);
   printf("a<=b 결과는: %d\n", a <= b);
return 0;
}
	두 개의 정수를 입력 : 1 0
	a==b 결과는 : 0
	a!=b 결과는 : 1
	a>b 결과는 : 1
	a>=b 결과는 : 1
	a<b 결과는 : 0
	a<=b 결과는 : 0

● 복합대입 연산자

+=1 : a=a+1 → +1씩 증가
*=2 : b=b*2 → *2를 계산
%= : c=c%30 → c를 30으로 나누었을 때 나머지 계산

코딩	결과

#include<studio.h>
int main(void)
{
   int a = 10, b = 20, c = 66;
 	
   a += 1;
   b *= 2;
   c %= (10+20);
 	
   printf("a = %d b = %d c = %d \n", a, b, c);
 	
   return 0;
}
	a = 11 b = 40 c = 6

● 산술 시프트

- 좌측 산술 시프트(<<) 1비트 이동 시 값이 2배가 된다.
- 우측 산술 시프트(>>) 1비트 이동 시 값이 1/2배가 된다.
  a를 우측 2회 시프트하면 1/4배 : 16/4 = 4
  b를 좌측 2회 시프트하면 4배 : 64×4 = 256

코드	결과
| ```c
#include<studio.h>
int main(void)
{
    int a = 16, b = 64, c = 0;
    printf("시프트 횟수를 입
    력하세요: ");
    scanf("%d", &c);

    a = a >> c;
    b = b << c;

    printf("우측 시프트 %d회
    결과 : %d\n", c, a);
    printf("좌측 시프트 %d회
    결과 : %d\n", c, b);

    return 0;
}
``` | 시프트 횟수를 입력하세요 : 3<br>우측 시프트 3회 결과 : 2<br>좌측 시프트 3회 결과 : 512<br><br>*16/8=2<br>*64*8=512 |

단답형 문제

01 C 언어로 구현된 다음 프로그램의 실행 결과에 의해 변수 a와 b에 저장된 값은?(단, "<<"는 왼쪽 시프트(Lsh), ">>"는 오른쪽 시프트(Rsh)를 의미한다.)

```c
int a=16, b=64;
a=a>>2;
b=b<<2;
```

객관식 문제

02 다음 C 프로그램의 실행 결과 출력되는 값은?

```c
#include<studio.h>
    void main(void)
    {
        int a;
        a=7;
        printf("%d", a+a);
    }
```

① 11
② 12
③ 13
④ 14

정답 01 a=4, b=256 02 ④
```

POINT 37 | 객체지향 설계

01 객체지향 설계

● 구조적 프로그래밍(Structured Programming)

- 프로그램의 이해가 쉽고 디버깅 작업이 쉽다.
- 한 개의 입구(입력)와 한 개의 출구(출력) 구조를 갖도록 한다.
- GOTO(분기) 문은 사용하지 않는다.
- 구조적 프로그래밍의 기본 구조 : 순차(Sequence) 구조, 선택(Selection) 구조, 반복(Iteration) 구조

● 절차적 프로그래밍(Procedural Programming)

- 순서대로 일련의 명령어를 나열하여 프로그래밍 한다.
- Function(함수) 기반의 프로그래밍으로, Subroutine 등을 이용해 절차를 구현한다.
- 절차형 언어의 경우 규모가 커지면 커질수록 함수가 기하급수적으로 늘어난다.
- 함수가 타 프로그램과 문제를 일으킬 수 있는 문제점을 가지고 있다.
- 프로그램과 별개로 데이터 취급이 되므로 완전하지 않고 현실 세계 문제를 프로그램으로 표현하는데 제약이 있다.

● 객체지향(Object Oriented) 분석

- 현실 세계의 대상체인 개체(Entity)를 속성(Attribute)과 메소드(Method)로 결합하여 객체(Object)로 표현 (모델링)한다.
- 소프트웨어 개발 대상을 기능이 아닌 개체를 대상으로 하며 개체 간의 상호 관계를 모델링하는 방식이다.
- 구조적 소프트웨어 위기를 해결하기 위한 생산성, 재사용성, 확장성, 사용 편의성, 유지보수성 요구로 인하여 등장하였다.
- 현실 세계를 객체라는 모형으로 형상화하므로 사용자와 개발자의 상호 이해도가 높다.

● 객체지향 프로그래밍(Object Oriented Programming)

- 컴퓨터 소프트웨어를 구조적인 코드 단위로 보는 것이 아니라 Object 단위로 구분하고 Object 간의 집합으로 설계하는 것이다.
- 소프트웨어 내의 Object는 서로 Message를 주고 받는다.
- 처리 요구를 받은 객체가 자기 자신 안에 있는 내용을 가지고 처리하는 방식이다.
- 프로그램이 단순화되고 생산성, 신뢰성이 높아져 대규모 개발에 많이 사용된다.

● 객체지향 구성 요소

Class	• 유사한 객체를 정의한 집합으로 속성+행위를 정의한 것으로 일반적인 Type을 의미한다. • 기본적인 사용자 정의 데이터형이며, 데이터를 추상화하는 단위이다. • 구조적 기법에서의 단위 테스트(Unit Test)와 같은 개념이다. • 상위 클래스(부모 클래스, Super Class), 하위 클래스(자식 클래스, Sub Class)로 나뉜다.
Object 사용자가 편집하길 원하는 모든 데이터를 가지고 있어야 함	• 데이터와 함수를 묶어 캡슐화하는 대상이 된다. • Class에 속한 Instance를 Object라고 한다. • 하나의 소프트웨어 모듈로서 목적, 대상을 표현한다. • 같은 클래스에 속한 각각의 객체를 Instance라고 한다.
	Attribute	Object가 가지고 있는 데이터 값
	Method	Object의 행위인 함수
Message	Object 간에 서로 주고받는 통신을 의미한다.

- Class = 틀 = Type
- Object = 실체 = 변수 = Instance

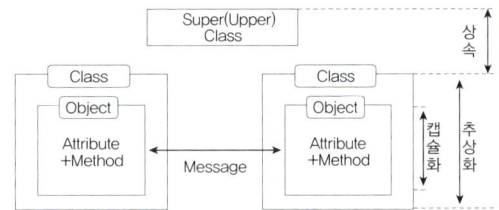

02 객체지향의 특징

● 객체지향의 5가지 특징

캡슐화 (Encapsulation)	• 서로 관련성이 높은 데이터(속성)와 그와 관련된 기능(메소드, 함수)을 묶는 기법이다. • 결합도가 낮아져 소프트웨어 개발에 있어 재사용성이 높아진다. • 정보은닉을 통하여 타 객체와 메시지 교환 시 인터페이스가 단순해진다. • 변경 발생 시 오류의 파급 효과가 적다.
정보은닉 (Information Hiding) _{JAVA에서 정보은닉을 표기할 때 private는 외부에서 클래스 내부 정보에 접근하지 못하도록 하는 '접근금지' 의미를 가짐}	• 객체 내부의 속성과 메소드를 숨기고 공개된 인터페이스를 통해서만 메시지를 주고받을 수 있도록 하는 것을 의미한다. • 예기치 못한 Side Effect를 줄이기 위해서 사용한다.
추상화 (Abstraction)	• 시스템 내의 공통 성질을 추출한 뒤 추상 클래스를 설정하는 기법이다. • 현실 세계를 컴퓨터 시스템에 자연스럽게 표현할 수 있다. • 종류 : 기능 추상화, 제어 추상화, 자료 추상화
상속성 (Inheritance)	• 상위 클래스의 모든 속성, 연산을 하위 클래스가 재정의 없이 물려받아 사용하는 것이다. • 상위 클래스는 추상적 성질을, 자식 클래스는 구체적 성질을 가진다. • 하위 클래스는 상속받은 속성과 연산에 새로운 속성과 연산을 추가하여 사용할 수 있다. • 다중 상속 : 다수 상위 클래스에서 속성과 연산을 물려받는 것이다.
다형성 (Polymorphism) _{현재 코드를 변경하지 않고 새로운 클래스를 쉽게 추가할 수 있음}	• 객체가 다양한 모양을 가지는 성질을 뜻한다. • 오퍼레이션이나 속성의 이름이 하나 이상의 클래스에서 정의되고 각 클래스에서 다른 형태로 구현될 수 있는 개념이다. • 하나의 인터페이스나 참조 변수가 여러 클래스의 객체를 참조할 수 있는 성질이다. • 오버로딩(같은 이름순서 재사용)과 오버라이딩(재정의)이 있다.

● 객체지향 기법에서의 관계성

- is member of : 연관성(Association), 참조 및 이용 관계
- is part of : 집단화(Aggregation), 객체 간의 구조적인 집약 관계
- is a : 일반화(Generalization), 특수화(Specialization), 클래스 간의 개념적인 포함 관계

단답형 문제

01 객체지향 기법에서 객체가 메시지를 받아 실행해야 할 객체의 구체적인 연산을 정의한 것은?

02 객체지향 기법에서 클래스들 사이의 '부분-전체(part-whole)' 관계 또는 '부분(is-a-part-of)'의 관계로 설명되는 연관성을 나타내는 용어는?

객관식 문제

03 객체지향 기법의 캡슐화(Encapsulation)에 대한 설명으로 틀린 것은?
① 인터페이스가 단순화된다.
② 소프트웨어 재사용성이 높아진다.
③ 변경 발생 시 오류의 파급 효과가 적다.
④ 상위 클래스의 모든 속성과 연산을 하위 클래스가 물려받는 것을 의미한다.

04 객체에 대한 설명으로 틀린 것은?
① 객체는 상태, 동작, 고유 식별자를 가진 모든 것이라 할 수 있다.
② 객체는 공통 속성을 공유하는 클래스들의 집합이다.
③ 객체는 필요한 자료 구조와 이에 수행되는 함수들을 가진 하나의 독립된 존재이다.
④ 객체의 상태는 속성값에 의해 정의된다.

05 객체지향 기법에서 상위 클래스의 메소드와 속성을 하위 클래스가 물려받는 것을 의미하는 것은?
① Abstraction ② Polymorphism
③ Encapsulation ④ Inheritance

정답 01 Method 02 집단화 03 ④ 04 ② 05 ④

◉ 오버로딩(Overloading)

- 사전적 의미 : 과적, 과부하
- 한 클래스 내에서 같은 이름의 메소드를 사용하는 것이다.
- 같은 이름의 메소드를 여러 개 정의하면서 매개 변수의 유형과 개수가 달라지도록 하는 기술이다.

◉ 오버라이딩(Overriding)

- 사전적 의미 : 가장 우선되는, 최우선으로 되는, 다른 것보다 우선인
- 상속 관계의 두 클래스의 상위 클래스에서 정의한 메소드를 하위 클래스에서 변경(재정의)하는 것이다.
- Java 언어에서는 static 메소드의 오버라이딩을 허용하지 않는다.
- 오버라이딩의 경우 하위 객체의 매개 변수 개수와 타입은 상위 객체와 같아야 한다.

◉ 오버로딩 vs 오버라이딩

구분	오버로딩(Overloading)	오버라이딩(Overriding)
메소드 이름	한 클래스 내에서 같음	상속 관계의 두 클래스 간 같음
매개 변수 개수/매개 변수 타입	매개 변수 타입 또는 개수가 달라야 함	반드시 같아야 함
접근 제한	무관함	범위는 같거나 커야 함
사용	같은 이름으로 메소드 중복 정의	자식 클래스에서 부모 클래스의 메소드 재정의

◉ 객체지향 설계 원칙(SOLID)

단일 책임의 원칙 (SRP : Single Responsibility Principle)	모든 클래스는 단일 목적으로 생성되고, 하나의 책임만 가져야 한다.
개방-폐쇄의 원칙 (OCP : Open Closed Principle)	소프트웨어 구성 요소는 확장에 대해서는 개방되어야 하나 수정에 대해서는 폐쇄적이어야 한다.
리스코프치환 원칙 (LSP : Liskov Substitution Principle)	부모 클래스가 들어갈 자리에 자식 클래스를 대체하여도 계획대로 작동해야 한다.
인터페이스 분리 원칙 (ISP : Interface Segregation Principle)	• 클라이언트는 자신이 사용하지 않는 메소드와 의존 관계를 맺으면 안 된다. • 클라이언트가 사용하지 않는 인터페이스 때문에 영향을 받아서는 안 된다.
의존 역전 원칙 (DIP : Dependency Inversion Principle)	의존 관계를 맺으면, 변하기 쉽고 변화 빈도가 높은 것보다 변하기 어렵고 변화 빈도가 낮은 것에 의존한다.

03 객체지향 개발 방법론

◉ 객체지향 개발 방법론의 종류

종류	설명	특징
Booch	설계 부분만 존재하며 문서화를 강조하여 다이어그램 기반으로 개발되었다.	• 분석과 설계가 분리되지 않는다. • 정적 모델과 동적 모델로 표현된다.
Object Oriented SW Engineering OOSE (Jacobson)	• Use Case의 한 접근 방법이다. • Use Case를 모든 모델의 근간으로 활용된다.	• 분석, 설계 및 구현으로 구성된다. • 기능적 요구사항 중심이다. • 시스템 변화에 유연하다.
Object Modeling Technology OMT (Rumbaugh)	• 객체지향 분석, 시스템 설계, Object 설계/구현 4단계로 구성된다. • 객체 모델링 : 객체도를 이용하여 시스템의 정적 구조를 표현한다. • 동적 모델링 : 상태도를 이용하여 객체의 제어 흐름/상호 반응을 표현한다. • 기능 모델링 : 자료 흐름도를 이용하여 데이터값의 변화 과정을 표현한다.	• 복잡한 대형 개발 프로젝트에 유용하다. • 기업 업무의 모델링에 있어 편리하고 사용자와 의사소통이 원활하다. • CASE와 연동이 충실하다.
Coad와 Yourdon 방법	객체지향 분석 방법론에서 E-R 다이어그램을 사용하여 객체의 행위를 모델링한다.	객체 식별, 구조 식별, 주체 정의, 속성 및 관계 정의, 서비스 정의 등의 과정으로 구성된다.

04 클래스 설계

● 클래스 설계

- 분석 단계 중 아직 확정되지 않은 클래스 내부 부분 중 구현에 필요한 중요한 사항을 결정하는 작업을 의미한다.
- 클래스 서비스 인터페이스를 명확히 정의하고, 메소드 로직과 객체 상태 변화 간 관계를 구체적으로 설계해야 한다.
- 좋은 클래스 설계의 가장 중요한 목표는 유지보수성과 재사용성을 높이는 것이다.
- 이를 위해 높은 응집도(High Cohesion)와 낮은 결합도(Low Coupling)라는 두 가지 핵심 원칙을 따라야 한다.
- 객체의 상태 변화 모델링은 필수이다.

● 클래스 인터페이스

- 관점에 따라 관심이 다르므로, 클래스 인터페이스가 중요하다.
- 관점이 다른 개발자들이 클래스 명세의 어떤 부분에 관심이 있는가?
- **클래스 구현** : 실제 설계로부터 클래스를 구현하려는 개발자
- **클래스 사용** : 구현된 클래스를 이용하여 다른 클래스를 개발하려는 개발자
- **클래스 확장** : 구현된 클래스를 확장하여 다른 클래스로 만들고자 하는 개발자

● 협약에 의한 설계(Design by Contract) 3가지 타입

- **선행조건(Precondition)** : 오퍼레이션이 호출되기 전에 참이 되어야 할 조건
- **결과조건(Postcondition)** : 오퍼레이션이 수행된 후 만족해야 하는 조건
- **불변조건(Invariant)** : 클래스 내부가 실행되는 동안 항상 만족하여야 하는 조건

단답형 문제

01 객체지향 분석 방법론 중 E-R 다이어그램을 사용하여 객체의 행위를 모델링하며, 객체 식별, 구조 식별, 주체 정의, 속성 및 관계 정의, 서비스 정의 등의 과정으로 구성되는 것은?

객관식 문제

02 객체지향 개념에서 다형성(Polymorphism)과 관련한 설명으로 틀린 것은?
① 다형성은 현재 코드를 변경하지 않고 새로운 클래스를 쉽게 추가할 수 있게 한다.
② 다형성이란 여러 가지 형태를 가지고 있다는 의미로, 여러 형태를 받아들일 수 있는 특징을 말한다.
③ 메소드 오버라이딩(Overriding)은 상위 클래스에서 정의한 일반 메소드의 구현을 하위 클래스에서 무시하고 재정의할 수 있다.
④ 메소드 오버로딩(Overloading)의 경우 매개 변수 타입은 동일하지만 메소드명을 다르게 함으로써 구현, 구분할 수 있다.

03 다음 내용이 설명하는 객체지향 설계 원칙은?

- 클라이언트는 자신이 사용하지 않는 메소드와 의존 관계를 맺으면 안 된다.
- 클라이언트가 사용하지 않는 인터페이스 때문에 영향을 받아서는 안 된다.

① 인터페이스 분리 원칙
② 단일 책임 원칙
③ 개방 폐쇄의 원칙
④ 리스코프 교체의 원칙

04 객체지향 설계 원칙 중, 서브 타입(상속받은 하위 클래스)은 어디에서나 자신의 기반 타입(상위 클래스)으로 교체할 수 있어야 함을 의미하는 원칙은?
① ISP(Interface Segregation Principle)
② DIP(Dependency Inversion Principle)
③ LSP(Liskov Substitution Principle)
④ SRP(Single Responsibility Principle)

정답 01 Coad와 Yourdon 방법 02 ④ 03 ① 04 ③

POINT 38 | UML

01 개념 모델링(Conceptual Modeling)

◉ 개념 모델링

- 요구사항을 이해하기 쉽도록 실 세계의 상황을 단순화하여 개념적으로 표현한 것을 모델이라고 하고, 이렇게 표현된 모델을 생성해 나가는 과정을 개념 모델링이라고 한다.
- 모델은 문제가 발생하는 상황에 대한 이해를 증진하고 해결책을 설명하므로 소프트웨어 요구사항 분석의 핵심이라 할 수 있다.
- 개발 대상 도메인의 엔티티(Entity)들과 그들의 관계 및 종속성을 반영한다.
- 요구사항별로 관점이 다르므로 개념 모델도 다양하게 표현되어야 한다.
- 대부분 UML(Unified Modeling Language)을 사용한다.
- 종류 : Use Case Diagram, Data Flow Model, State Model, Goal-Based Model, User Interactions, Object Model, Data Model

02 UML(Unified Modeling Language)

◉ UML

- 객체지향 소프트웨어 개발 과정에서 시스템 분석, 설계, 구현 등의 산출물을 명세화, 시각화, 문서화할 때 사용하는 모델링 기술과 방법론을 통합하여 만든 범용 모델링 언어이다.
- Rumbaugh의 OMT 방법론과 Booch의 Booch 방법론, Jacobson의 OOSE 방법론을 통합하여 만든 모델링 개념의 공통 집합으로 객체지향 분석 및 설계 방법론의 표준 지정을 목표로 제안된 모델링 언어이다.
- OMG(Object Management Group)에서 표준화 공고 후 IBM, HP, Microsoft, Oracle 등이 참여하여 1997.1 버전 1.0을 Release 하였다.

◉ 럼바우(Rumbaugh) 객체지향 분석 기법

- 소프트웨어 구성 요소를 그래픽으로 모형화하였다.
- 객체 모델링 기법이라고도 한다.
- 객체 모델링 : 정보 모델링이라고도 한다. 시스템에서 요구되는 객체를 찾아내어 속성과 연산 식별 및 객체들 간의 관계를 규정하여 객체를 다이어그램으로 표시한다. — OMT(Object Modeling Technique)
- 동적 모델링 : 제어 흐름, 상호작용, 동작 순서 등의 상태를 시간 흐름에 따라 상태 다이어그램으로 표시한다.
- 기능 모델링 : 여러 프로세스 간의 자료 흐름을 표시한다. 어떤 데이터를 입력하여 어떤 결과를 가져올 수 있을지를 표현한다.

◉ UML의 특성

- 비주얼화 : 소프트웨어 구성 요소 간의 관계 및 상호작용을 시각화한 것이다.
- 문서화 : 소프트웨어 생명주기의 중요한 작업을 추적하고 문서화할 수 있다. 개발 프로세스 및 언어와 무관하게 개발자 간의 의사소통 도구를 제공한다.
- 명세화 : 분석, 설계, 구현의 완벽한 모델을 제공한다. 분석 단계-기능 모델, 설계 단계-동작 수준 모델, 구현 단계-상호작용 모델 수준으로 명세화할 수 있다. 단순 표기법이 아닌 구현에 필요한 개발적 요소 및 기능에 대한 명세를 제공한다.
- 구축 : 객체지향 언어와 호환되는 프로그래밍 언어는 아니지만, 모델이 객체지향 언어로 매핑될 수 있다. — Mapping

◉ UML 소프트웨어에 대한 관점

- 기능적 관점 : 사용자 측면에서 본 소프트웨어의 기능을 나타낸다. 사용 사례 모델링이라고도 한다. 요구분석 단계에서 사용한다. UML에서는 Use Case Diagram을 사용한다.
- 정적 관점 : 소프트웨어 내부의 구성 요소 사이의 구조적 관계를 나타낸다. 객체, 속성, 연관 관계, 오퍼레이션의 시스템 구조를 나타내며, UML에서는 Class Diagram을 사용한다. ◎ 클래스 사이의 관계, 클래스 구성과 패키지 사이의 관계

- **동적 관점** : 시스템의 내부 동작을 말하며, UML에서는 Sequence Diagram, State Diagram, Activity Diagram을 사용한다.
  - 순차 다이어그램 : 회귀 메시지(Self-Message), 제어 블록(Statementblock) 등으로 구성

◉ UML의 기본 구성

구성	설명
사물 (Things)	• 객체지향 모델을 구성하는 기본 요소이다. • 객체 간의 관계 형성 대상이다.
관계 (Relationship)	• 객체 간의 연관성을 표현하는 것이다. • 종류 : 연관, 집합, 포함, 일반화, 의존, 실체화
다이어그램 (Diagram)	• 객체의 관계를 도식화한 것이다. • 다양한 관점에서 의사소통할 수 있도록 View를 제공한다.

정적 모델 : 구조 다이어그램/동적 모델 : 행위 다이어그램

◉ 스테레오 타입

- UML에서 제공하는 기본 요소 외에 추가적인 확장 요소를 표현할 때 사용한다.
- UML 확장 모델에서 스테레오 타입 객체를 표현할 때 사용하는 기호는 쌍 꺾쇠와 비슷하게 생긴 길러멧(Guillemet) 《 》이며, 길러멧 안에 확장 요소를 적는다.

◉ UML 접근 제어자

접근제어자	표기	설명
public	+	어떤 클래스의 객체에서든 접근 가능하다.
private	−	해당 클래스로 생성된 객체만 접근 가능하다.
protected	#	해당 클래스와 동일 패키지에 있거나 상속 관계에 있는 하위 클래스의 객체들만 접근 가능하다.
package	~	동일 패키지에 있는 클래스의 객체들만 접근 가능하다.

◉ 연관 관계 다중성 표현

표기	의미
1	1 개체 연결
* 또는 0..*	0이거나 그 이상 객체 연결
1..*	1이거나 1 이상 객체 연결
0..1	0이거나 1 객체 연결
1, 3, 6	1이거나 3이거나 6 객체 연결
n	n개 객체 연결
n..*	n이거나 n개 이상 객체 연결

단답형 문제

01 럼바우의 모델링 방법 중 다음 설명에 해당하는 것은?

"실 세계 문제 영역으로부터 객체와 클래스를 추출해 그들 간의 관계를 연관화, 집단화, 일반화 중심으로 규명하며, 클래스의 속성과 연산을 함께 표현함으로써 시스템의 정적 구조를 생성한다."

02 UML 확장 모델에서 스테레오 타입 객체를 표현할 때 사용하는 기호는?

객관식 문제

03 객체지향 방법론 중에서 Rumbaugh의 OMT 방법론과 Booch의 Booch 방법론, Jacobson의 OOSE 방법론을 통합하여 만든 모델링 개념의 공통집합으로 객체지향 분석 및 설계 방법론의 표준 지정을 목표로 제안된 모델링 언어는?
① OOD(Object Oriented Design)
② OMG(Object Management Group)
③ OMT(Object Modeling Technique)
④ UML(Unified Modeling Language)

04 럼바우(Rumbaugh) 객체지향 분석 기법에서 동적 모델링에 활용되는 다이어그램은?
① 객체 다이어그램(Object Diagram)
② 패키지 다이어그램(Package Diagram)
③ 상태 다이어그램(State Diagram)
④ 자료 흐름도(Data Flow Diagram)

05 럼바우(Rumbaugh)의 객체지향 분석 절차를 가장 바르게 나열한 것은?
① 객체 모형 → 동적 모형 → 기능 모형
② 객체 모형 → 기능 모형 → 동적 모형
③ 기능 모형 → 동적 모형 → 객체 모형
④ 기능 모형 → 객체 모형 → 동적 모형

정답 01 객체 모델링 02 《 》(길러멧) 03 ④ 04 ③ 05 ①

03 UML 다이어그램의 분류

구조적 다이어그램(Structured Diagram)
정적이고, 구조 표현을 위한 다이어그램

다이어그램 유형	목적
클래스 다이어그램 (Class Diagram)	시스템 내 클래스의 정적 구조를 표현하고 시스템을 구성하는 클래스들 사이의 관계를 표현한다.
객체 다이어그램 (Object Diagram)	객체 정보를 보여준다.
복합체 구조 다이어그램 (Composite Structure Diagram)	복합 구조의 클래스와 컴포넌트 내부 구조를 표현한다.
배치 다이어그램 (Deployment Diagram)	소프트웨어, 하드웨어, 네트워크를 포함한 실행 시스템의 물리 구조를 표현한다.
컴포넌트 다이어그램 (Component Diagram)	컴포넌트 구조 사이의 관계를 표현한다.
패키지 다이어그램 (Package Diagram)	클래스나 유스케이스 등을 포함한 여러 모델 요소들을 그룹화해 패키지를 구성하고 패키지들 사이의 관계를 표현한다.

행위 다이어그램(Behavior Diagram)
동적이고, 순차적인 표현을 위한 다이어그램

다이어그램 유형	목적
유스케이스 다이어그램 (Use Case Diagram)	사용자 관점에서 시스템 행위를 표현한다.
활동 다이어그램 (Activity Diagram)	업무 처리 과정이나 연산이 수행되는 과정을 표현한다.
상태 머신 다이어그램 (State Machine Diagram)	객체의 생명주기를 표현한다. 동적 행위를 모델링하지만 특정 객체만을 다룬다. ⓔ 실시간 임베디드 시스템, 게임, 프로토콜 설계에 이용
컬레보레이션 다이어그램 (Collaboration Diagram)	Sequence Diagram과 같으며 모델링 공간에 제약이 없어 구조적인 면을 중시한다.

상호작용 다이어그램 (Interaction Diagram)	순차 다이어그램 (Sequence Diagram)	• 시스템의 동작을 정형화하고 객체의 메시지 교환을 쉽게 표현하고 시간에 따른 메시지 발생 순서를 강조한다. • 요소 : 생명선(Life Line), 통로(Gate), 상호작용(Interaction Fragment), 발생(Occurrence), 실행(Execution), 상태 불변(State Invariant), 메시지(Messages), 활성(Activations), 객체(Entity), 액터(Actor)
	상호작용 개요 다이어그램 (Interaction Overview Diagram)	여러 상호작용 다이어그램 사이의 제어 흐름을 표현한다.
	통신 다이어그램 (Communication Diagram)	객체 사이의 관계를 중심으로 상호작용을 표현한다.
	타이밍 다이어그램 (Timing Diagram)	객체 상태 변화와 시간 제약을 명시적으로 표현한다.

04 클래스 다이어그램 관계 표현

Class Diagram
- 시스템을 구성하는 객체 간의 관계를 추상화한 모델을 논리적 구조로 표현한다.
- 객체지향 개발에서 공통으로 사용된다.
- 분석, 설계, 구현 단계 전반에 지속해서 사용된다.

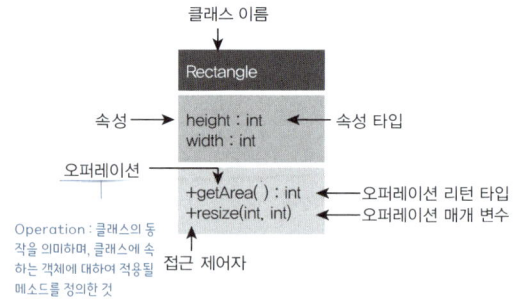

Operation : 클래스의 동작을 의미하며, 클래스에 속하는 객체에 대하여 적용될 메소드를 정의한 것

UML 관계 표현

구성	표시	설명
단방향 연관 관계	→	한쪽은 알지만 반대쪽은 상대방 존재를 모름
양방향 연관 관계	──	양쪽 클래스 객체들이 서로의 존재를 인식
의존 관계	----→	연관 관계와 같지만 메소드를 사용할 때와 같이 매우 짧은 시간만 유지
일반화 관계	─▷	객체지향에서 상속 관계(IS-A)를 표현하며, 한 클래스가 다른 클래스를 포함하는 상위 개념일 때 사용
집합 관계	─◇	클래스 사이 전체나 부분이 같은 관계
포함 관계	─◆	전체/부분 객체 라이프타임 의존적(전체 객체 삭제 → 부분 객체 삭제)
실체화 관계	----▷	책임 집합 인터페이스와 실제로 실현한 클래스들의 사이

UML 연관 관계(Association Relation)

- 한 사물의 객체가 다른 사물의 객체와 연결된 것을 표현한다.
- 두 클래스가 서로 연관이 있다면 A, B 객체를 서로 참조할 수 있음을 표현한다.
- **이름** : 관계의 의미를 표현하기 위해 이름을 가질 수 있다.
- **역할** : 수행하는 역할의 명시적 이름을 가질 수 있다.

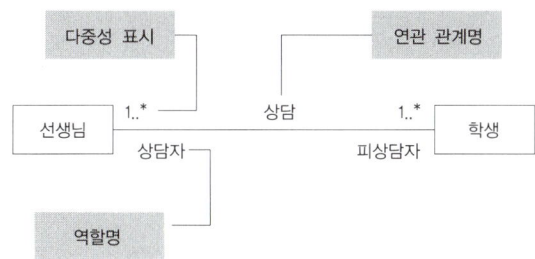

- 구성 요소 : 객체(Object), 생명선(LifeLine), 실행(Actuation), 메시지(Message), 시간(Time)

단답형 문제

01 UML의 행위 다이어그램 중 사용자 관점에서 시스템 행위를 표현하는 다이어그램을 쓰시오.

객관식 문제

02 UML에서 시퀀스 다이어그램의 구성 항목에 해당하지 않는 것은?
① 생명선 ② 실행
③ 확장 ④ 메시지

03 UML에서 활용되는 다이어그램 중 시스템의 동작을 표현하는 행위(Behavioral) 다이어그램에 해당하지 <u>않는</u> 것은?
① 유스케이스 다이어그램(Use Case Diagram)
② 시퀀스 다이어그램(Sequence Diagram)
③ 활동 다이어그램(Activity Diagram)
④ 배치 다이어그램(Deployment Diagram)

04 UML 모델에서 사용하는 Structural Diagram에 속하지 <u>않은</u> 것은?
① Class Diagram
② Object Diagram
③ Component Diagram
④ Activity Diagram

05 순차 다이어그램(Sequence Diagram)과 관련한 설명으로 <u>틀린</u> 것은?
① 객체들의 상호작용을 나타내기 위해 사용한다.
② 시간의 흐름에 따라 객체들이 주고받는 메시지의 전달 과정을 강조한다.
③ 동적 다이어그램보다는 정적 다이어그램에 가깝다.
④ 교류 다이어그램(Interaction Diagram)의 한 종류로 볼 수 있다.

정답 01 유스케이스 다이어그램(Use Case Diagram) 02 ③
03 ④ 04 ④ 05 ③

● **UML 의존 관계(Dependency Relation)**

- 연관 관계와 같지만 메소드를 사용할 때와 같이 매우 짧은 시간만 유지된다.
- 영향을 주는 객체(User)에서 영향을 받는 객체 방향으로 점선 화살표를 연결한다.

● **UML 일반화 관계(Generalization Relation)**

- 객체지향에서 상속 관계를 표현한다.
- 한 클래스가 다른 클래스를 포함하는 상위 개념일 때 사용한다.

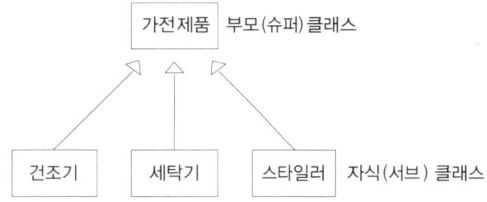

● **UML 집합 관계(Aggregation Relation)**

- A 객체가 B 객체에 포함된 관계이다.
- '부분'을 나타내는 객체를 다른 객체와 공유할 수 있다.
- '전체' 클래스 방향에 빈 마름모로 표시하고, or 관계에 놓이면 선 사이를 점선으로 잇고 {or}를 표시한다.

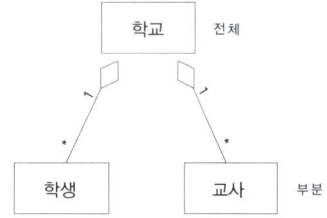

● **UML 포함 관계 (Composition Relation)**

- 부분 객체가 전체 객체에 속하는 강한 집합 연관의 관계를 표현하는 클래스이다.
- '부분' 객체는 다른 객체와 공유 불가하고, '전체' 객체 방향에 채워진 마름모로 표시한다.

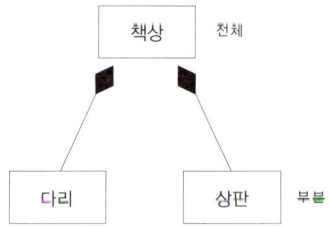

● **UML 실체화 관계(Realization Relation)**

- 인터페이스와 실제 구현된 일반 클래스 간의 관계로 존재하는 행동에 대한 구현을 표현한다.
- 한 객체가 다른 객체에게 오퍼레이션을 수행하도록 지정하는 의미적 관계이다.

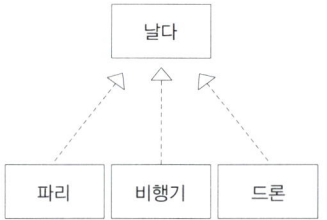

05 Use Case Diagram

● **Use Case Diagram의 개념**

- 객체지향 초반기 분석 작업에 작성되는 사용자의 요구를 기능적 측면에서 기술할 때 사용하는 도구로 Actor와 Use Case로 구성된다.
- 얻어지는 결과는 개발 대상 시스템이 제공해야 하는 서비스 목록이 된다.

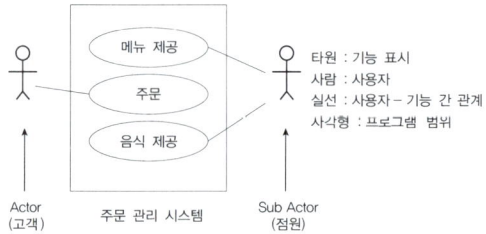

● Use Case Diagram 요소

요소	설명
시스템 경계 (System Boundary)	• 시스템이 제공해야 하는 사례(Use Case)들의 범위가 된다. • 큰 규모의 객체로 구현되는 존재이다.
액터 (Actor)	• 서비스를 이용하는 외부 객체이다. • 시스템이 특정한 사례(Use Case)를 실행하도록 요구할 수 있는 존재이다.
유스케이스 (Use Case)	• 시스템이 제공해야 하는 개별적인 서비스 기능이다. • 서비스는 특정 클래스의 멤버 함수로 모델링된다.
접속 관계 (communication Association)	• 액터/유스케이스 또는 유스케이스/유스케이스 사이에 연결되는 관계이다. • 액터나 유스케이스가 다른 유스케이스의 서비스를 이용하는 상황을 표현한다.
사용 관계 (Uses Association)	여러 개의 유스케이스에서 공통으로 수행해야 하는 기능을 모델링하기 위해 사용한다.
확장 관계 (Extends Association)	• 확장 기능 유스케이스와 확장 대상 유스케이스 사이에 형성되는 관계로, 해당 유스케이스에 부가적인 유스케이스를 실행할 수 있을 때의 관계이다. • 확장 대상 유스케이스를 수행할 때 특정 조건에 따라 확장 기능 유스케이스를 수행하는 경우에 적용한다.

● Use Case Diagram 작성 단계

단계	설명
액터식별	• 모든 사용자 역할과 상호작용하는 타 시스템을 식별한다. • 정보를 주고받는 하드웨어 및 지능형 장치를 식별한다.
Use Case 식별	• 액터가 요구하는 서비스와 정보를 식별한다. • 액터가 시스템과 상호작용하는 행위를 식별한다.
관계 정의	• 액터와 액터 그리고 액터와 유스케이스의 관계 분석을 정의한다. • 유스케이스와 유스케이스 간의 관계 분석을 정의한다.
Use Case 구조화	• 두 개의 상위 Use Case에 존재하는 공통 서비스를 추출한다. • 추출된 서비스로 Use Case를 정의한다. • 추출된 서비스를 사용하는 Use Case와 관계를 정의한다. • 조건에 따른 서비스 수행 부분 분석하여 구조화한다.

단답형 문제

01 아래의 UML 모델에서 '날다' 클래스와 하위 클래스의 관계와 같이 인터페이스와 실제 구현된 일반 클래스 간의 관계로 존재하는 행동에 대한 구현의 권한 관계는?

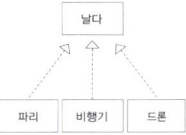

객관식 문제

02 아래의 UML 모델에서 '차' 클래스와 각 클래스의 관계로 옳은 것은?

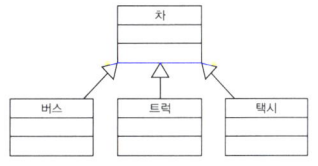

① 추상화 관계 ② 의존 관계
③ 일반화 관계 ④ 그룹 관계

03 다음 보기는 Use Case Diagram 작성 단계이다. 순서대로 나열한 것으로 알맞은 것은?

| (가) 액터 식별 | (나) Use Case 식별 |
| (다) 관계 정의 | (라) Use Case 구조화 |

① 가 - 나 - 라 - 다
② 다 - 나 - 가 - 라
③ 가 - 나 - 다 - 라
④ 라 - 가 - 다 - 나

04 다음 중 Use Case Diagram 요소가 아닌 것은?
① 시스템 경계   ② 액터
③ 접속 관계   ④ 실체회 관계

정답 01 UML 실체화 관계 02 ③ 03 ③ 04 ④

POINT 39 | Java 언어의 클래스와 상속

01 Java 언어 클래스

● 클래스(Class)의 개념

- 클래스는 객체지향 기법에서 하나 이상의 유사한 객체들을 묶어서 하나의 공통된 특성을 표현한 것으로 자료 추상화의 개념이다.
- 클래스(Class)는 객체(Object)를 생성하기 위한 설계 또는 틀로, 클래스의 구성요소로는 필드(멤버 변수)와 메소드(멤버 함수)가 있다.
- 필드는 객체의 상태값을 저장하는 목적의 멤버 변수이며, 메소드는 객체의 행위를 구현하는 멤버 함수이다.
- Java 언어에서는 필드, 메소드, 생성자로 클래스가 구성된다. 모든 클래스에는 생성자가 반드시 존재하고 하나 이상의 생성자를 가질 수 있다. 생성자를 생략하면 컴파일 시 자동으로 기본 생성자를 바이트 코드 파일에 추가한다.
- 클래스를 선언한 후 new 연산자를 사용하여 객체를 생성하고 객체에 대한 레퍼런스 변수(참조 변수)를 선언하여 객체를 활용한다.
- 클래스 선언

```
접근 지정자 class 클래스명 {
    필드
    메소드
    생성자
}
```
class 앞에는 접근 지정자 중 public 또는 디폴트(생략) 두 가지 중 한 가지만 사용 가능

● main() 메소드

- Java 프로그램의 실행 시 가장 먼저 main() 메소드의 명령문을 순서대로 실행한다. 즉, 실행의 시작이자 실행의 종료인 메소드이다.
- main() 메소드를 포함하는 클래스의 접근 지정자는 public이다.

- main() 메소드 원형

```
public static void main(String[] args) {
    ...
}
```

코드	```class Number {
private int x;
void setX(int i) {
x = i;
}
int getX( ) {
return x;
}
}
public class Test {
public static void main(String[ ] args) {
Number obj = new Number( );
obj.setX(100);
System.out.println(obj.getX( ));
}
}```
해설 및 결과	main method는 프로그램의 실행의 시작을 위해 반드시 필요하며 실행을 시작하는 public class 내에 작성하고 main method가 있는 class명인 Test.java로 파일명을 지정해야만 실행이 가능하다. new 연산자에 의해 객체가 생성되고 레퍼런스 변수 obj가 setX 메소드와 getX 메소드를 호출하여 필드 x 의 값에 100을 할당하고 출력한다. [결과] 100

02 Java 언어의 연산자

● 상속(Inheritance)의 개념

=상위 class=슈퍼 class=기본 class

- 클래스 상속이란 부모(Super) class의 속성(전역변수, 필드, Field)과 메소드를 상속받는 것이다.
- 자식 class는 부모 class의 생성자와 private 요소를 제외한 모든 멤버를 상속받는다.

=하위 class
=서브 class
=파생 class

- 부모 class의 메소드와 속성을 별도 선언 없이 자식 class 내부에서 사용할 수 있다.

- Java 언어에서는 단일상속만 가능하다. 자식 class는 단 하나의 부모 class를 상속받을 수 있다.
- Java의 모든 클래스는 암묵적으로 java.lang.Object 클래스를 상속받는다.
- 자식 클래스에서의 상속

```
class 부모클래스명 {
    필드
    메소드
}
class 자식클래스명 extends 부모클래스명 {
}
```

● 메소드 오버라이딩(Overriding, 재정의)

- 메소드 오버라이딩은 클래스 상속 상황에서 부모 class의 멤버를 자식 class에서 상속받았지만 자식 class에서 해당 멤버의 내용을 수정하여 자식 class 객체에서 적용한다.
- 메소드 오버라이딩은 부모 class의 정의에는 영향을 주지 않는다. 부모 class로부터 상속받은 자식 class의 메소드 멤버를 재정의하는 다형성을 오버라이딩(Overriding)이라고 한다.

| 코드 | ```
class Person {
    String name = "홍길동";
    void sleep( ) {
        System.out.println("SLEEP");
    }
}
class Student extends Person {
    void sleep( ) {
        System.out.println("Good Night");
    }
}
public class Text {
    public static void main(String[ ] args) {
        Student std = new Student( );
        System.out.print(std.name + ",");
        std.sleep( );
    }
}
``` |
|---|---|
| 해설 및 결과 | 자식 클래스 Student에서 부모 클래스로부터 상속받은 sleep() 메소드를 재정의 히였기 때문에 자식 객체를 참조하는 참조 변수 std에 의해 호출되는 sleep 메소드의 결과는 "Good Night"을 출력한다.
[결과]
홍길동,Good Night |

단답형 문제

01 Java 언어에서 상속 시 사용하는 예약어는?

02 객체가 메시지를 받아 실행해야 할 객체의 구체적인 연산을 정의한 것은?

03 Java 언어에서 클래스를 선언한 후 객체를 생성할 때 사용하는 연산자는?

객관식 문제

04 다음 JAVA 프로그램이 실행되었을 때, 실행 결과는?

```
public class Rarr {
    static int[] marr() {
        int temp[] = new int[4];
        for(int i = 0; i < temp.length; i++)
            temp[i] = i;
        return temp;
    }
}
public static void main(String[] args)
{
    int iarr[];
    iarr = marr();
    for(int i = 0; i < iarr.length; i++)
        System.out.print(iarr[i] + " ");
}
```

① 1 2 3 4
② 0 1 2 3
③ 1 2 3
④ 0 1 2

정답 01 extends 02 메소드 03 new 04 ②
```

03 Java 언어의 기초

● Java 언어의 개념

- 객체지향 언어이다.
- 추상화, 상속, 다형성과 같은 특징을 가진다.
- 네트워크 환경에서 분산 작업이 가능하도록 설계되었다.
- 특성 컴퓨터 구조와 무관한 가상 바이트 머신 코드를 사용하므로 플랫폼이 독립적이다.

● Garbage Collector

- S/W 개발 중 유효하지 않은 가비지 메모리가 발생한다. Java에서는 C언어와 달리 JVM 가비지 컬렉터가 불필요 메모리를 알아서 정리해 준다. (Java Virtual Machine)

● Java 언어의 기본 자료형

분류	예약어	바이트 수	비고
정수형	byte	1byte	−128 ~ +127
	short	2byte	−32,768 ~ +32,767
	int	4byte	−2,147,483,648 ~ +2,147,483,647
	long	8byte	−9,223,372,036,854,775,808 ~ +9,223,372,036,854,775,807
실수형	float	4byte	단정도 실수형 (유효 자리는 7 정도)
	double	8byte	배정도 실수형 (유효 자리는 15 정도)
문자형	char	2byte	유니코드 문자열 1자
논리형	boolean	정의하지 않음	true, false

● 이스케이프 시퀀스(Escape Sequence)

문자	의미	기능
\n	new line	커서를 다음 줄 처음으로 이동한다.
\r	carriage return	커서를 현재 줄 처음으로 이동한다.
\t	tab	커서를 일정 간격만큼 띄운다.
\b	backspace	커서를 뒤로 한 칸 이동한다.
\f	form feed	한 페이지 넘긴다.
\'	single quote	작은따옴표를 출력한다.
\"	double quote	큰따옴표를 출력한다.
\\	backslash	역슬래시를 출력한다.

● Java 접근 제한자(접근 제어자)

- public : 모든 접근을 허용한다.
- private : 현재 클래스 내부에서만 접근을 허용한다.
- default : 같은 패키지에 있는 객체들만 허용한다.
- protected : 같은 패키지 및 상속받은 하위 클래스에서 접근이 가능하다.

● Java의 출력 함수

- System.out.print( ) : 괄호 안을 출력하고 줄 바꿈을 안 한다.
- System.out.println( ) : 괄호 안을 출력하고 줄 바꿈을 한다.
- System.out.printf( ) : 변환 문자를 사용하여 출력한다.
- 변환 문자

%d	10진 정수
%o	8진 정수
%x	16진 정수
%f	실수형
%e	지수형
%c	문자
%s	문자열

● Java 언어 변수명 작성 규칙

- 영문 대소문자(A~Z, a~z), 숫자(0~9), '_', '$'를 혼용하여 사용할 수 있다.
- 첫 글자는 영문자나 '_', '$'로 시작해야 한다.
- 영문자는 대소문자를 구분한다.
- 공백을 포함할 수 없다.
- 예약어(Reserved Word)를 사용할 수 없다.

04 Java 언어의 연산자

● 연산자의 종류 및 우선순위

연산자	종류	결합 방향	우선순위
단항 연산자	+, -, !, ~, ++, --	←	높음 ↑
산술 연산자	*, /, % +, -		
비트 시프트	《, 》, 》》 (n 비트만큼 왼쪽 시프트(×2배))		
관계 연산자	〈, 〈=, 〉, 〉=, instanceof ==, !=	→	
논리 연산자	& ^ |		
비트 논리	&& ||		
조건 연산자	? :	←	
할당 연산자	=, +=, -=, *=, /=, %=, 《=, 》=	←	↓ 낮음

단답형 문제

01 Java에서 문자형을 나타내는 char의 크기는 얼마인가?

02 Java의 접근 제한자 중 모든 접근을 허용하는 접근 제한자는 무엇인가?

객관식 문제

03 다음 중 Java에서 사용하는 기본형 타입은?
① 배열형　② 논리형
③ 클래스형　④ 인터페이스형

04 Java 프로그래밍 언어의 정수 데이터 타입 중 'long'의 크기는?
① 1byte　② 2byte
③ 4byte　④ 8byte

05 Java에서 사용되는 출력 함수가 <u>아닌</u> 것은?
① System.out.print( )
② System.out.println( )
③ System.out.printing( )
④ System.out.printf( )

06 Java에서 사용하는 접근 제어자의 종류가 <u>아닌</u> 것은?
① internal　② private
③ default　④ public

07 Java에서 변수 선언문으로 옳지 <u>않은</u> 것은?
① short abc;
② int false;
③ float _x;
④ double A123.

정답　01 2Byte　02 public　03 ②　04 ④　05 ③
06 ①　07 ②

POINT 39 Java 언어의 클래스와 상속

POINT 40 | 스크립트 언어와 Python

01 스크립트 언어

◉ 스크립트 언어(Script Language)의 개념

- 소스 코드를 컴파일 과정을 거치지 않고 실행할 수 있는 프로그래밍 언어이다.
- 스크립트 언어에 내장된 번역기에 의해 번역되어 실행된다.
- 실행 단계에서 구문을 분석한다.
- Scrapy : 파이썬 기반의 웹 크롤러 프레임워크로서 가볍고 빠르고 확장성이 좋다.

◉ 스크립트 언어의 종류

- 서버 측 스크립트 언어

ASP (Active Server Page)	서버 측에서 동적으로 수행되는 페이지를 만들기 위한 언어로 Windows 계열의 운영체제에서 실행 가능하다.
JSP(Java Server Page)	Java를 기반으로 하고 서버 측에서 동적으로 수행하는 페이지를 만드는 언어이다.
PHP (Professional Hypertext Preprocessor)	• 소스 코드가 HTML 파일에 포함되는 언어이다. • 데이터베이스와의 연동이 매우 용이하다. • LINUX, UNIX, Windows 등의 다양한 운영체제에서 사용 가능하다. • PHP 연산자
	산술 연산자 : +, -, *, /, %, **
	할당 연산자 : =, +=, -=, *=, /=, %=
	증가/감소 연산자 : ++, --
	관계 연산자 : ==, ===, !=, 〈〉, !==, 〉, 〈, 〉=, 〈=
	논리 연산자 : and, or, xor, &&, ||, !
파이썬 (Python)	• 인터프리터 방식의 객체지향 언어이다. • 실행 시점에 데이터 타입을 결정하는 동적 타이핑 기능을 갖는다.

- 클라이언트 측 스크립트 언어

JavaScript	• HTML 문서에서 HTML이나 CSS로 표현하기 어렵거나 불가능한 작업을 수행하기 위해 개발되었다. • 소스 코드가 HTML 문서에 포함되어 있다. • 클래스가 존재하지 않으며 변수 선언도 필요 없다.(ES5 버전 부터 지원) • 사용자의 웹 브라우저에서 직접 번역되고 실행된다.
VBScript	• 마이크로소프트가 개발한 액티브 스크립트 언어이다. • VBScript는 Visual Basic의 문법을 간략히 채택했다.

02 파이썬(Python)

◉ 파이썬의 개요

- 1991년 귀도 반 로섬(Guido van Rossum)이 개발한 고급 프로그래밍 언어이다.
- 플랫폼에 독립적이고 인터프리터식, 객체지향적, 동적 타이핑(Dynamically Typed) 대화형 언어이다. 매우 쉬운 문법 구조로 초보자들도 쉽게 배울 수 있다.

◉ 파이썬 변수명 작성 규칙

- 영문 대소문자(A~Z, a~z), 숫자(0~9), '_'를 혼용하여 사용할 수 있다.
- 첫 글자는 영문자나 '_'로 시작해야 한다.
- 영문자는 대소문자를 구분한다.
- 공백을 포함할 수 없다.
- 예약어(Reserved Word)를 사용할 수 없다.

◉ 문자열 추출하기

```
string = 'Python Good'
```

- 하나의 문자를 추출하려면 추출하려는 문자의 인덱스(0부터 시작)를 지정한다.

```
s = string[1]
print(s)
```
결과 : y

```
s = string[10]
print(s)
```
결과 : d

- 역순으로 맨 오른쪽의 인덱스는 −1이다.

```
s = string[−1]
print(s)
```
결과 : d

```
s = string[−6]
print(s)
```
결과 : n

- [:] 처음부터 끝까지 추출한다.

```
s = string[:]
print(s)
```
결과 : Python Good

- [x:] 인덱스 x부터 끝까지 추출한다.

```
s = string[7:]
print(s)
```
결과 : Good

```
s = string[−3:]
print(s)
```
결과 : ood

- [:y] 처음부터 인덱스 (y−1)까지 추출한다.

```
s = string[:3]
print(s)
```
결과 : Pyt

```
s = string[:−7]
print(s)
```
결과 : Pyth

- [x:y] 인덱스 x부터 (y−1)까지 추출한다.

```
s = string[1:3]
print(s)
```
결과 : yt

```
s = string[−1:−4]
print(s)
```
결과 : Good

- [x:y:z] 인덱스 x부터 (y−1)까지 z만큼 건너뛰면서 추출한다.

```
s = string[1:8:2]
print(s)
```
결과 : yhnG

```
s = string[:5:2]
print(s)
```
결과 : Pto

단답형 문제

01 Java를 기반으로 하고 서버 측에서 동적으로 수행하는 페이지를 만드는 스크립트 언어는 무엇인가?

02 소스 코드가 HTML 파일에 포함되는 스크립트 언어로, 데이터베이스와의 연동이 매우 용이하며, LINUX, UNIX, Windows 등의 다양한 운영체제에서 사용 가능한 스크립트 언어는 무엇인가?

객관식 문제

03 스크립트 언어가 아닌 것은?
① PHP ② COBOL
③ Basic ④ Python

04 파이썬의 변수 작성 규칙 설명으로 옳지 않은 것은?
① 첫 자리에 숫자를 사용할 수 없다.
② 영문 대문자/소문자, 숫자, 밑줄(_)의 사용이 가능하다.
③ 변수 이름의 중간에 공백을 사용할 수 있다.
④ 이미 사용되고 있는 예약어는 사용할 수 없다.

05 다음 파이썬으로 구현된 프로그램의 실행 결과로 옳은 것은?

```
>>> a=[0,10,20,30,40,50,60,70,80,90]
>>> a[:7:2]
```

① [20, 60]
② [60, 20]
③ [0, 20, 40, 60]
④ [10, 30, 50, 70]

정답 01 JSP 02 PHP 03 ② 04 ③ 05 ③

POINT 41 | 자바스크립트(JavaScript)

01 자바스크립트

● 자바스크립트의 개념

- 객체지향의 프로그래밍 언어로서, 웹 브라우저에서 주로 사용된다.
- 자바스크립트를 이용하여 웹 페이지에서 발생하는 사용자 이벤트에 대한 처리가 가능하고, 내장 객체를 활용하면 다양한 형태의 웹 페이지를 구현할 수 있다.

● 자바스크립트 구현 예시

```
<!DOCTYPE html> <html>
<head>

  <script>
  function myFunction()
  document.getElementById("exam").innerHTML = "변경 후" </script>

</head>
<body>
<h1>JavaScript 구현 예</h1>
<p id="exam">변경 전</p>
<button type="button" onclick="myFunction()">변경</button> </body>
</html>
```

● 자바스크립트 작성 방법

- HTML 문서 내에서 <script></script> 태그를 이용하여 작성한다.
- 작성 위치는 <head> 영역, <body> 영역이다.

방법1	· Internal 방법 : <script> 태그를 <head> 태그에 포함시키거나 <body> 태그 끝에 포함 · <head> <script> 자바스크립트 코드 </script> </head> · <body> <script> 자바스크립트 코드 </script> </body>
방법2	· External 방법 : js 파일을 작성하여 <script> 태그 src 속성에 포함 · <script src="/자바스크립트 코드.js"></script>

```
<!DOCTYPE html>
<html>

  <body>

  <h1>JavaScript 구현 예</h1>
  <p id="exam">변경 전</p>
  <button type="button" onclick="myFunction()">변경</button>

  <script>

  function myFunction()
    document.getElementById("exam").innerHTML = "변경 후"

  </script>

  </body>
```

● 자바스크립트 변수

- 자바스크립트는 자동으로 데이터 유형을 판단하기 때문에 변수 선언이 다른 언어보다 간단하다.
- 일반적인 경우 특별히 변수 선언을 할 필요가 없다.
- 변수를 선언하지 않고 필요한 곳에서 사용하면 되는데, 다만 변수를 선언하고자 하는 경우에는 var 키워드를 사용하여 선언한다.

● 자바스크립트 변수명 작성 규칙

- 변수명은 항상 알파벳이나 '_'로 시작해야 한다.
- 한글 이름은 사용할 수 없다.
- 대/소문자를 구별한다.
- 변수명에 스페이스나 콤마, 물음표(?), 인용부호(" ")는 사용할 수 없다.
- 예약어(Reserved Word)는 변수명으로 사용할 수 없다.

● 자바스크립트 연산자 우선순위

연산자	설명
( ), [ ]	최우선 연산자
++, - -	증감 연산자
*, /, %, +, -	산술 연산자
〉〉, 〈〈, 〉〉〉	시프트 연산자
〉, 〈, 〉=, 〈=, ==, !=	비교 연산자
&, ^, |	비트 연산자
&&, ||	논리 연산자
=, +=, -=	대입 연산자

● 자바스크립트 제어문

제어문	설명
if ~ else	조건 분기문
switch ~ case	입력된 값에 따라 case로 분기
while	조건이 만족하면 반복
for	초기값 조건이 맞을 때까지 반복
do ~ while	실행문이 최초 한 번 처리된 다음 조건을 검사하고 그 조건이 만족되지 않으면 계속 반복

● 외부 자바스크립트 파일 적용

- js 확장자를 갖는 별도의 외부 자바스크립트 코드 파일을 생성하고, 이를 HTML 페이지에 적용할 수 있다.
- 동일한 자바스크립트 코드를 여러 HTML 페이지에 적용할 수 있는 장점이 있다.

```
<!DOCTYPE html>
<html>
  <body>
    <script src="Script.js"></script>
  </body>
</html>
```

● DOM과 자바스크립트의 관계

문서 객체 모델(DOM, Document Object Model)은 XML이나 HTML 문서에 접근하기 위한 일종의 인터페이스로 문서 내의 모든 요소를 정의하고, 각각의 요소에 접근하는 방법을 제공한다.

단답형 문제

01 문서 객체 모델(DOM)을 이용하여 웹 페이지 내의 요소를 제어하고, 다양한 인터랙티브 기능을 구현하는 언어는?

객관식 문제

02 다음 중 HTML 문서 내에서 자바스크립트를 작성하는 올바른 방법으로 옳은 것은?
① 〈java〉 자바스크립트 코드 〈/java〉
② 〈script〉 자바스크립트 코드 〈/script〉
③ 〈htmlscript〉 자바스크립트 코드 〈/htmlscript〉
④ 〈scripting〉 자바스크립트 코드 〈/scripting〉

03 다음 중 자바스크립트가 HTML 요소에 접근하여 내용을 변경할 때 사용하는 문장으로 올바른 것은?
① getId("exam").innerText = "변경 후";
② document.getElementBy("exam").value = "변경 후";
③ document.getElementById("exam").innerHTML = "변경 후";
④ getElementId("exam").HTML = "변경 후";

04 다음 중 자바스크립트 변수의 특징으로 가장 올바른 것은?
① 모든 변수는 반드시 데이터형을 지정해야 한다.
② 변수 선언 시 형(type)을 지정하지 않아도 된다.
③ 변수를 사용하기 전에 반드시 초기화해야 한다.
④ 변수 선언은 let이나 const만 가능하다.

05 다음 중 while문과 do~while문의 차이점을 옳게 설명한 것은?
① while문은 조건 검사를 나중에 수행한다.
② do~while문은 조건을 만족하지 않아도 최소 한 번은 실행된다.
③ do~while문은 조건이 참일 때만 실행된다.
④ while문은 반복 횟수를 지정해야만 실행된다.

정답 01 자바스크립트(JavaScript) 02 ② 03 ③ 04 ②
05 ②

POINT 42 | 자바스크립트의 연산자와 메서드

01 자바스크립트 연산자

typeof 연산자	typeof	자료형 반환
instanceof	instanceof	객체가 특정 생성자의 인스턴스인지 확인
삭제	delete	객체의 속성을 삭제
전개	...	배열 또는 객체의 나머지 요소들을 나열
객체	.	객체의 속성 접근
	[]	객체의 속성 접근 (배열 표기법)
	{}	객체 리터럴
	in	속성 여부를 확인
	Object.assign()	객체 병합 및 복사
	Object.keys()	객체의 키 배열 반환
	Object.values()	객체의 값 배열 반환
	Object.entries()	객체의 키-값 쌍 배열 반환
	new	새로운 객체 생성
자료형 변환	Number()	문자열 또는 다른 값을 숫자로 변환
	String()	값을 문자열로 변환
	Boolean()	값을 불리언 값으로 변환

02 배열의 주요 속성과 메서드

● 속성

속성	설명
length	배열에 저장된 요소의 개수를 반환 const numbers = [1, 2, 3, 4, 5]; console.log(numbers.length); → 5
prototype	배열에 대한 기본 메서드를 정의 console.log(numbers.prototype); → Array { 0 : 1, 1 : 2, 2 : 3, 3 : 4, length : 5 }
constructor	배열을 생성하는 데 사용되는 생성자 함수를 참조 console.log(numbers.constructor); → function Array() { [native code] }
Symbol.iterator	배열을 반복 가능한 객체로 만듦 for (const number of numbers) { console.log(number); } → 1 2 3 4 5
toString()	배열을 문자열로 반환 console.log(numbers.toString()); → 1,2,3,4,5
toLocaleString()	배열을 로케일 기반 문자열로 반환 console.log(numbers.toLocaleString()); → 1, 2, 3, 4, 5

● 메서드

메서드	설명
push()	배열의 맨 끝에 요소를 추가
pop()	• 배열의 맨 끝 요소를 삭제하고 반환 • 배열 길이 1 감소
shift()	• 배열의 맨 앞 요소를 삭제하고 반환 • 배열 길이 1 감소
unshift()	배열의 맨 앞에 요소를 추가
slice()	• 배열의 지정된 범위의 요소를 새로운 배열로 반환 • 원본 배열은 변경되지 않음
splice()	• 배열에서 지정된 범위의 데이디를 삭제하고 새로운 데이터를 삽입 • 삭제된 데이터는 배열에서 제거되고, 삽입된 데이터는 배열 길이를 증가시킴

메소드	설명
concat()	여러 개의 배열을 연결하여 새로운 배열을 반환
join()	배열의 요소들을 구분자로 연결하여 하나의 문자열로 반환
sort()	배열의 요소들을 정렬(정렬 기준은 직접 지정)
reverse()	배열의 요소들을 역순으로 정렬

● 웹 페이지 로딩

- 웹 페이지 로딩 과정은 파싱과 렌더링 두 단계로 나눌 수 있다.
- **파싱** : 브라우저는 HTML 및 CSS 코드를 분석하고 DOM(Document Object Model) 트리를 구축한다.
- **렌더링** : 브라우저는 DOM 트리와 CSS 스타일 정보를 기반으로 웹 페이지를 화면에 표시한다.

● 자바스크립트 메소드의 작동 방식

메소드	설명
console.log()	• 개발자 도구의 콘솔에 메시지를 출력한다. • 웹 페이지 로딩 과정에 영향을 미치지 않는다. • 개발자가 디버깅이나 로그 확인을 위해 사용한다.
document.write()	• 웹 페이지의 현재 위치에 HTML 코드를 직접 삽입한다. • 가장 빠르게 데이터를 출력한다. • 페이지 로딩 과정의 초기 단계에서만 사용할 수 있다. • 기존 HTML 코드를 덮어쓸 수 있기 때문에 주의해서 사용해야 한다.
window.alert()	• 사용자에게 알림 창을 띄운다. • 페이지 로딩 과정에 영향을 미치지 않는다. • 사용자 상호 작용이 필요한 경우에 사용한다.
document.getElementById()	• ID 속성에 해당하는 요소를 선택한다. • 페이지 로딩 과정에 영향을 미치지 않는다. • DOM 트리가 완전히 구축된 후에 사용해야 한다. • 요소를 선택하고 조작하는 데 사용된다.

단답형 문제

01 자바스크립트에서 어떤 객체가 특정 생성자(Constructor) 함수로부터 생성된 인스턴스인지 판별할 때 사용하는 연산자는?

객관식 문제

02 다음 중 typeof와 instanceof의 차이를 옳게 설명한 것은?
① typeof는 객체 생성 여부를 확인하고, instanceof는 자료형을 반환한다.
② typeof는 변수의 자료형을 문자열로 반환하고, instanceof는 객체의 생성자 일치 여부를 검사한다.
③ 두 연산자는 동일한 기능을 수행한다.
④ typeof는 객체만 판별할 수 있고, instanceof는 원시값만 판별한다.

03 다음 코드의 실행 결과로 올바른 것은?

```
const nums = [10, 20, 30];
console.log(nums.length);
```

① 2 ② 3
③ 4 ④ undefined

04 다음 중 배열의 첫 번째 요소를 제거하고 그 값을 반환하는 메서드는?
① pop() ② shift()
③ splice() ④ slice()

05 다음 중 sort()와 reverse()의 동작 차이로 옳은 것은?
① sort()는 내림차순 정렬, reverse()는 오름차순 정렬을 수행한다.
② sort()는 배열 원본을 변경하지 않지만, reverse()는 변경한다.
③ sort()는 정렬 기준을 지정할 수 있고, reverse()는 단순히 순서를 뒤집는다.
④ 두 메서드 모두 원본을 유지한 채 새 배열을 반환한다.

정답 01 instanceof 02 ② 03 ② 04 ② 05 ③

43 | 통신의 개념과 데이터 전송계

01 데이터 통신

● 데이터 통신의 개념

- 데이터(Data) : 현실 세계로부터 단순한 관찰이나 측정을 통해 수집된 사실이나 값이다.
- 정보(Information) : 자료를 처리하여 얻은 결과로서 의사 결정을 위한 값이다.

● 데이터 통신과 정보 통신

- 데이터 통신(Data Communication)
  - 컴퓨터와 통신 기술의 결합에 의해 통신 처리 기능과 정보를 전송하는 것이다.
  - 정보를 기계로 처리하거나 처리한 정보를 전송하는 것이다. — ITU-T의 정의
- 정보 통신(Information Communication) 처리 기능은 물론 정보의 변환, 저장 과정이 추가된 형태의 통신이다.
- 정보 통신의 발달 과정 : 데이터(Data) – 정보(Information) – 지식(Knowledge) – 지능(Intelligence)
- 정보통신 시스템의 특징
  - 고속, 고품질의 통신서비스를 제공하며 통신회선을 효율적으로 이용할 수 있다.
  - 에러 제어가 가능하여 시스템 신뢰도가 높다.
  - 기술 발달에 따라 대용량 광대역화되고 있으며 분산처리가 가능하다.
- 정보통신의 3대 목표 : 정확성, 효율성, 보안성

● 데이터 통신 시스템의 구성

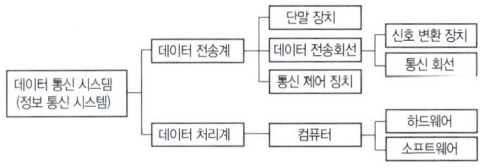

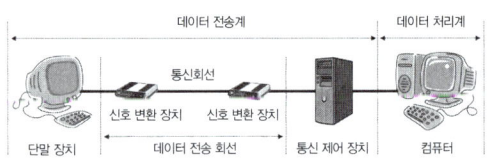

● 데이터 통신 시스템의 구성요소

DTE, DCE, 전송 회선, CCU, 컴퓨터

02 데이터 전송계

● 단말 장치(DTE; Data Terminal Equipment)

- 단말 장치 : 데이터 통신 시스템과 사용자의 접점에 위치하여 데이터의 입·출력을 처리하는 장치이다.
- 단말 장치의 기능 : 입·출력 기능, 전송 제어 기능, 기억 기능
- 단말 장치의 기능에 따른 분류

입력 전용 단말 장치	• 데이터 입력만 가능하다. • 키보드, 판독기(OMR/OCR/MICR) 등
출력 전용 단말 장치	• 데이터 출력만 가능하다. • 모니터, 프린터 등
입·출력 공용 단말 장치	• 입력과 출력 모두 가능하다. • 대부분의 단말 장치

- 단말 장치의 작업처리 능력에 따른 분류

스마트(Smart) 단말 장치	• 작업 처리 가능하다. • 지능형(Intelligent) 단말 장치라고도 한다.
더미(Dummy) 단말 장치	• 작업 처리 불가능하다. • 비지능형(Non-intelligent) 단말 장치라고도 한다.

● 신호 변환 장치(DCE; Data Circuit Equipment)

- 단말 장치나 컴퓨터의 데이터와 통신 회선의 신호 간의 변환을 수행하는 장치이다.

• 데이터 회선 종단 장치(DCE; Data Circuit-terminal Equipment)라고도 한다.

전화(Phone)	아날로그 신호 → 아날로그 회선
모뎀(MODEM, MOdulator/DEModulator)	디지털 신호 → 아날로그 회선
코덱(CODEC, COder/DECoder)	아날로그 신호 → 디지털 회선
DSU(Digital Service Unit)	디지털 신호 → 디지털 회선

● 통신 제어 장치(CCU, Communication Control Unit)

• 전송 회선과 컴퓨터 사이에 위치하여 컴퓨터를 대신하여 전송 관련 제어 기능을 수행하는 장치이다.
• 기능 : 전송 제어, 동기 제어, 오류 제어 등

● 그 외 통신 장치

통신 제어 처리장치 (CCP; Communication Control Processor)	• 통신 제어 장치(CCU)와 마찬가지로 통신 제어 기능을 수행하는 장치로, 컴퓨터가 처리하는 메시지 단위로 데이터를 조립하고 분해하는 메시지 제어에 관한 부분까지도 처리한다. • 컴퓨터 중앙처리장치(CPU)의 부담을 줄여준다. • 프로그램이 가능한 제어 장치이므로 기능의 변경이나 추가가 용이하여 유연성이 크며 단말기의 증설이나 회선의 고속화 등 확장성이 크다.
전(前)처리기 (FEP; Front End Process)	• 중앙 제어 장치 전단에 위치하여 통신 기능을 전담하는 장치이다. • 현장에 위치한 단말 장치와의 통신 기능 및 타 시스템과의 연계 기능 등이 있다. • 메시지의 조립과 분해, 전송 메시지 검사, 통신회선 및 단말 장치 제어 등을 수행한다. • 호스트 컴퓨터와 단말 장치 사이에 고속 통신회선으로 설치된다.
PAD (Packet Assemble and Disassembly)	패킷 교환망에 접속되는 단말기 중 비패킷형 단말기(Non-Packet Mode Terminal)에서 패킷의 조립, 분해 기능을 제공해 주는 장치이다.

단답형 문제

01 디지털 데이터를 디지털 신호로 변환시키는 장치는?

02 데이터 통신 시스템이 최초로 이용된 분야는?

객관식 문제

03 데이터와 정보의 진화 과정을 가장 적합하게 순차적으로 나타낸 것은?
① 데이터(Data)-정보(Information)-지식(Knowledge)-지능(Intelligence)
② 정보(Information)-데이터(Data)-지식(Knowledge)-지능(Intelligence)
③ 데이터(Data)-정보(Information)-지능(Intelligence)-지식(Knowledge)
④ 데이터(Data)-지식(Knowledge)-정보(Information)-지능(Intelligence)

04 다음 정보 통신 시스템의 구성요소 중 그 기능이 다르게 표현된 것은?
① DTE : 입·출력 제어 및 송·수신 제어 기능 수행
② DCE : 전송된 데이터를 저장, 처리 기능 수행
③ CCU : 전송 오류 검출, 회선 감시 등과 같은 통신 제어 기능을 수행
④ 전송 회선 : 전송 신호를 송수신하기 위한 통로

05 MODEM의 설명으로 가장 옳은 것은?
① 기억장치의 일종이다.
② 사용자 프로그램의 일종이다.
③ 데이터의 오류를 검사 및 교정하는 장치이다.
④ 신호의 변조와 복조를 담당하는 장치이다.

정답 01 DSU 02 군사 분야 03 ① 04 ② 05 ④

POINT 44 정보통신

01 정보통신의 형성과 발달

● 정보시스템의 주요 발달 과정

기술	내용
SAGE	• 1958, 미 공군에서 개발한 반자동 방공 시스템 • 세계 최초의 데이터 통신 • Semi-Automatic Ground Environment
SABRE	• 1961, 미 항공사에서 도입한 항공기 좌석예약 시스템 • 세계 최초의 상업용 데이터 통신 • Semi-Automatic Business Research Environment
ARPANET	• 1969, 미 국방성을 중심으로 각 대학 및 연구기관을 연결한 컴퓨터망 • 인터넷의 기초가 된 네트워크로 최초의 패킷 교환망 • Advance Research Project Agency NETwork
ALOHA	• 최초의 라디오 패킷망 • 최초의 무선 패킷 교환 시스템 • Addictive Links On-Line Area

02 최신 정보통신 기술

● 사물인터넷(IoT, Internet of Things)
- 개념 : 일상생활 속 사물(센서, 기기, 차량 등)이 인터넷으로 연결되어 데이터를 주고받는 기술
- 예시 : 스마트홈(조명·온도 자동제어), 스마트팩토리(생산 자동화), 스마트시티(교통·에너지 관리)

● 블록체인(Blockchain)
- 개념 : 거래 정보를 중앙서버 없이 여러 노드에 분산 저장하는 데이터 구조
- 특징 : 위·변조 불가, 투명성, 신뢰성 향상으로 가상화폐등에 사용

● 엣지 컴퓨팅(Edge Computing)
- 개념 : 데이터를 클라우드 대신 기기 근처(엣지)에서 처리하여 지연시간을 최소화
- 장점 : 빠른 응답, 보안 강화, 네트워크 부하 감소로 자율주행 등에 사용

● 디지털 트윈(Digital Twin)
- 개념 : 현실의 물리적 객체(공장, 도시, 기계 등)를 가상공간에 동일하게 구현하여 시뮬레이션하는 기술
- 효과 : 예측 유지보수, 비용 절감, 설계 최적화

● 메타버스(Metaverse)
- 개념 : 가상현실(VR)·증강현실(AR)을 기반으로 현실과 디지털이 융합된 3차원 가상공간
- 기술 요소 : XR(확장현실), 3D 그래픽, 실시간 통신
- 응용 분야 : 원격회의, 가상교육, 온라인 전시, 가상 오피스

● 클라우드 컴퓨팅(Cloud Computing)
- 개념 : 인터넷을 통해 서버, 스토리지, 네트워크 등 IT 자원을 서비스 형태로 제공
- 유형 : IaaS(인프라), PaaS(플랫폼), SaaS(소프트웨어)
- 효과 : 설치 없이 빠른 확장, 유지비 절감, 원격 협업 가능

● 5G/6G 이동통신
- 개념 : 초고속(20Gbps), 초저지연(1ms), 초연결(백만대/km^2) 환경을 제공하는 차세대 통신
- 6G 전망 : 위성통신 결합, 테라헤르츠 대역 사용, AI 기반 네트워크 지능화

● 인공지능 통신망(AI Networking)
- 개념 : AI가 네트워크의 트래픽·장애를 실시간 분석하고, 자동으로 최적 경로를 설정하는 기술
- 예시 : 통신망 장애 예측, 5G 자율 자원할당, 자동 QoS 관리

03 정보통신 시스템의 구성

● 정보통신 시스템의 구성요소

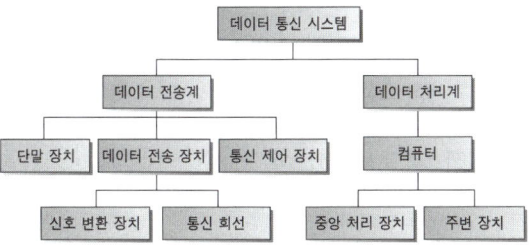

● 데이터 전송계 : 데이터 이동 담당

단말 장치 (DTE)	• 데이터 통신 시스템과 사용자의 접속점에 위치하여 데이터를 입·출력하는 장치 • 정보의 입력 및 출력, 저장, 에러 제어 등의 기능을 수행함 • Date Terminal Equipment
신호 변환 장치 (DCE)	• 데이터를 통신회선에 적합한 신호로 변경하거나 신호를 단말이나 컴퓨터에 적합한 데이터로 변경하는 회선 종단 장치 • 전화기, 변복조기(MODEM), DSU, 코덱 • Date Circuit-terminal Equipment
통신 회선	• 변환된 신호가 실제로 전송되는 이동 통로(또는 통신망) • 유선(유도)매체 : 트위스트 페어, 동축케이블, 광섬유 케이블 • 무선매체 : 라디오파, 지상마이크로파, 위성 마이크로파
통신 제어 장치 (CCU)	• 통신 회선과 중앙 처리 장치를 연결 • 기능 : 전송 제어, 회선 제어(감시), 동기 및 오류 제어, 전기적 결합 • Communication Control Unit

● 데이터 처리계 : 데이터 가공, 처리, 보관 담당

중앙 처리 장치 (CPU)	• 컴퓨터 시스템의 핵심 장치 • 단말기에서 보낸 데이터를 실제로 처리하는 기능
주변 장치	보조 기억 장치, 입출력 장치 등

단답형 문제

01 정보통신의 발달에 큰 기여를 하였던 미국 항공 회사의 좌석예약 시스템은?

객관식 문제

02 정보통신시스템의 구성요소에 해당되는 용어가 잘못 표기된 것은?
① DTE : 데이터 단말 장치
② CCU : 공통신호 장치
③ DCE : 데이터 회선종단 장치
④ MODEM : 신호변환 장치

03 다음 중 데이터 단말기의 제어 기능과 가장 거리가 먼 것은?
① 입·출력 제어
② 다중화 제어
③ 송 수신 제어
④ 에러 제어

04 다음 중 데이터 회선종단 장치와 관련이 없는 것은?
① DCE   ② DTE
③ MODEM   ④ DSU

05 중앙 서버 없이 여러 노드에 동일한 데이터를 분산 저장하여 위·변조를 방지하는 기술은?
① 블록체인
② 엣지 컴퓨팅
③ IoT
④ 클라우드

06 데이터를 중앙 클라우드가 아닌 기기 근처에서 처리하여 실시간성을 높이는 기술로, 자율주행이나 IoT 기기에 주로 사용되는 것은?
① 엣지 컴퓨팅
② 디지털 트윈
③ 블록체인
④ 메타버스

정답 01 SABRE 02 ② 03 ② 04 ② 05 ① 06 ①

POINT 45 | 정보통신 기기

01 단말 장치의 기능과 구성

● 단말 장치의 기능

입·출력 기능	• 외부로부터 데이터를 받아들이고, 역으로 데이터 통신 시스템에서 처리한 결과를 외부에 출력하는 기능 • 입력 장치로 키보드, 출력 장치로 모니터, 프린터 등
전송 제어 기능	장비 간의 정확한 데이터 송수신을 행하기 위한 전송 제어 절차를 수행하는 기능으로, 송수신 제어 기능과 입·출력 제어 기능, 오류 제어 기능을 수행
기억 기능	송수신 정보의 일시적 저장 또는 정보의 국부 처리 기능

● 단말기의 구성

입·출력 장치부	우리가 사용하는 자료를 컴퓨터가 다루는 신호로 변환하는 입력 장치와 컴퓨터가 처리한 결과를 우리가 인식할 수 있도록 변환하는 출력 장치로 구성
전송 제어 장치부	• 회선 접속부 : 단말기와 통신 회선을 물리적으로 연결해 주는 부분 • 회선(오류) 제어부 : 회선 접속부의 물리적 접속으로 들어온 데이터의 조립과 분해, 데이터의 버퍼링 기능, 오류제어 등 전송 제어를 행하는 부분 • 입·출력 제어부 : 입·출력 장치의 직접적인 제어를 행하는 부분

02 DTE/DCE 접속규격

● DTE/DCE 접속규격

서로 다른 하드웨어인 단말 장치(DTE)와 데이터 회선 종단 장치(DCE) 간의 접속을 정확하게 수행하기 위한 기계적, 전기적, 기능적, 절차적 특성을 사전에 정의해 놓은 규격을 말한다.

● DTE/DCE 접속규격의 4가지 특성

• **기계적 특성** : 연결기기의 크기, 핀의 개수 등 물리적 연결을 규정한다.
• **전기적 특성** : DTE와 DCE 간 커넥터에 흐르는 신호의 전압 레벨, 전압 변동, 잡음 마진 등 전기적 신호법을 규정한다.
• **기능적 특성** : DTE와 DCE 간을 연결하는 RS-232C 주요 핀 이름처럼 각 회선에 의미를 부여하여 데이터, 제어, 타이밍, 접지 등 수행하는 기능을 규정한다.
• **절차적 특성** : 데이터를 전송하기 위하여 사건 흐름 순서를 규정한다. 즉, 물리적 연결의 활성화 및 비활성화, 동작 종료의 절차 등이다.

● DTE/DCE 접속규격 표준안

• ITU-T(International Telecommunication Union-Telecommunication)

V 시리즈	• DTE와 아날로그 통신회선 간에 접속할 때의 규정을 정의한다. • 공중전화 교환망(PSTN)을 통한 DTE/DCE 접속규격이다. • V.24 : 데이터 터미널과 데이터 통신기기의 접속규격으로 기능적, 절차적 조건에 대한 규정이다.
X 시리즈	• DTE와 디지털 교환망 간에 접속할 때의 규정을 정의한다. • 공중 데이터 교환망(PSDN; Public Switched Data Network)을 통한 DTE/DCE 접속규격이다. • X.21 : 공중데이터에서 동기식 전송을 위한 DTE와 DCE 사이의 접속규격이다. • X.25 : 패킷 전송을 위한 DTE/DCE 접속규격이다. • X.75 : 패킷 교환망과 패킷 교환망의 연결을 위한 망간 접속규격이다. • X.400 : 전자메시지 처리 시스템(MHS; Message Handling Service)의 시스템과 서비스를 규정하는 권고안이다.

- EIA(Electronic Industries Association)

RS-232C	· DTE와 DCE 간의 물리적 연결과 신호 수준을 정의한다. · 공중전화 교환망(PSTN; Public Switched Telephone Network)을 통한 DTE/DCE 접속규격이다. · ISO2110, V.24, V.28을 사용하는 접속규격이 있다.

- ISO(International Standards Organization)

ISO2110	· 공중전화 교환망(PSTN)을 통한 DTE/DCE 접속규격이다. · 주로 기계적 조건에 대한 규정이다.

● RS-232C 커넥션

- DTE와 DCE 사이의 접속규격이다.
- 정보통신망에서 변복조 장치를 단말 장치에 접속할 때 사용하는 표준안이다.
- 데이터 단말 장치(DTE)와 데이터 회선 종단 장치(DCE)의 전기적, 기계적 인터페이스이다.
- 스탠다드 케이블은 25핀으로 구성되어 있으며, 2번 핀은 송신 데이터의 신호를 취급하고 3번 핀은 수신 데이터의 신호를 취급한다.
- Null Modem에서 RTS는 불필요하다.

03 데이터 통신 시스템

● 데이터 통신 시스템의 처리 형태

- 온라인 시스템(On-line System)
  - 데이터 발생 현장에 설치된 단말 장치가 원격지에 설치된 컴퓨터와 통신 회선을 통해 직접 연결된 형태의 시스템이다.
  - 데이터의 전송과 처리 과정에 사람이 개입되지 않는다.
- 일괄 처리 시스템(Batch Processing System) : 처리할 데이터를 일정량 또는 일정 기간 수집한 후 일괄 처리하는 시스템이다.
- 실시간 처리 시스템(Real-time Processing System) : 데이터가 발생하는 즉시 처리하여 그 결과를 돌려주는 시스템이다.
- 시분할 처리 시스템(Time Sharing System) : 하나의 컴퓨터를 여러 개의 단말 장치가 공동으로 사용하도록 하는 시스템이다.

단답형 문제

01 RS-232C 표준 인터페이스는 몇 개의 핀 (PIN)으로 구성되어 있는가?

객관식 문제

02 공중 데이터망에서 사용되는 DTE/DCE 간의 상호접속에 대한 정의를 규정한 권고안은?
① X.4
② X.25
③ X.75
④ X.400

03 다음 중 시분할(Time-Sharing) 시스템과 거리가 먼 것은?
① 실시간(Real-Time)의 응답이 주로 요구된다.
② 컴퓨터와 이용자가 서로 대화형으로 정보를 교환한다.
③ 컴퓨터 파일 자원의 공동이용이 불가능하다.
④ 다수의 단말기가 1대의 컴퓨터를 공동으로 사용한다.

04 ITU-T 권고 시리즈의 의미가 잘못 연결된 것은?
① I 시리즈 : ISDN의 표준화
② X 시리즈 : 사설 데이터망을 통한 데이터 전송
③ V 시리즈 : 공중전화망을 통한 데이터 전송
④ T 시리즈 : 텔레마틱 서비스를 위한 프로토콜

정답 01 25 02 ② 03 ③ 04 ②

POINT 46 | 데이터 전송 기술

01 데이터 전송 방식

◉ 아날로그 전송

- 아날로그(Analog) 신호 : 시간적으로 연속인 전압, 전류 또는 그 밖의 형태의 신호이다.
- 신호의 감쇠 현상이 심해 장거리 전송 시 증폭기(Amplifier)에 의해 신호 증폭 후 전송해야 된다.

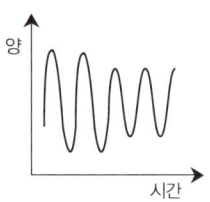

◉ 디지털 전송

- 디지털(Digital) 신호 : 전기적인 2가지 상태로만 표현되는 신호이다. (0 또는 1)
- 장거리 전송 시 데이터의 감쇠 및 왜곡 현상을 방지하기 위해서 리피터(Repeater)를 사용한다.
- 전송 용량을 다중화하여 효율성이 높다.
- 암호화 작업이 가능하므로 안정성이 높다.

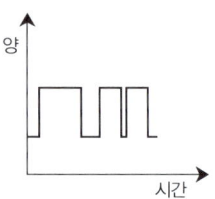

◉ 주파수(Frequency)

- 1초 동안 반복하는 사이클 횟수를 말한다.
- 단위는 [Hz]이다.

◉ 통신 방식

- 단방향(Simplex) 통신 : 한쪽 방향으로만 전송이 가능한 방식이다. ⓔ TV, 라디오
- 반이중(Half-Duplex) 통신 : 양쪽 방향으로 전송이 가능하지만 동시에 양쪽 방향에서 전송이 불가능한 방식이다. ⓔ 무전기
- 전이중(Full-Duplex) 통신 : 동시에 양쪽 방향에서 전송이 가능한 방식이다. ⓔ 전화

02 직렬 전송과 병렬 전송

◉ 직렬 전송

- 비트들의 열이 하나의 전송 선로를 통해 순서적으로 전송되는 방식이다.
- 모든 비트들이 동일한 전송선을 사용하기 때문에 전송선이 비트별로 대응되는 병렬 전송 방식보다 오류 발생 가능성이 줄어든다.
- 원거리 전송에 적합하다.

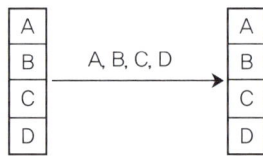

◉ 병렬 전송

- 각 비트들이 각자의 전송 선로를 통해 한꺼번에 전송되는 방식이다.
- 단위 시간에 다량의 데이터를 전송할 수 있지만 전송 거리가 길어지면 전송선별로 비트가 도착하는 시간이 다를 수 있어 원래의 비트 블록을 복원하기 어렵고 비용도 많이 든다.
- 전송 선로가 직렬 전송에 비해 많으므로 전송 속도가 빠르다.
- 컴퓨터의 CPU와 주변장치 사이의 전송에 이용된다.

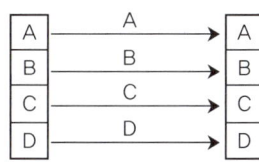

03 비동기식 및 동기식 전송

● 비동기식(Asynchronous) 전송

Start Bit	Data Bit	Parity Bit	Stop Bit
1Bit	5~8Bit	1Bit	1~2Bit

- Byte와 Byte를 구분하기 위해 문자의 앞뒤에 각각 Start Bit와 Stop Bit를 가진다.
- 동기식보다 주로 저속도의 전송에 이용된다.
- 비트열이 전송되지 않을 때는 휴지 상태(Idle Time)가 된다.
- 300~19,200[bps]의 비교적 저속의 데이터 전송에 주로 이용된다.
- 송신 측에서 유휴상태 비트를 전송하다가 전송 데이터가 발생하면 시작비트 0을 전송한 뒤 데이터를 전송하는 방식이다.

● 동기식(Synchronous) 전송

- 문자 또는 비트들의 데이터 블록을 송·수신한다.
- 전송 속도가 빠르고, 전송 효율이 좋으며, 주로 원거리 전송에 사용한다.
- 프레임(Frame) : 동기 문자와 제어 정보, 데이터 블록으로 구성된다.
- 제어 정보의 앞부분을 프리앰블, 뒷부분을 포스트 앰블이라고 한다.
- 정보 프레임 구성에 따라 문자 동기 방식, 비트 동기 방식, 프레임 동기 방식으로 구분한다.

| 10101010 | 00101010 | 10101001 | 10001010 | 11111111 | 00001110 |

단답형 문제

01 양방향으로 데이터 전송이 가능하나 한 순간에는 한쪽 방향으로만 전송이 이루어지는 방식은?

02 데이터 전송에서 한 문자의 전송 시마다 스타트 비트와 스톱 비트를 삽입하여 전송하는 방식은?

객관식 문제

03 정보 통신 시스템에서 전송 방식에 따라 직렬 전송과 병렬 전송이 있다. 이 두 가지 전송 방법 중 실제 정보 통신 시스템에서 직렬 전송 방식을 채택하는 이유는?
① 전송 속도가 빠르기 때문이다.
② 터미널의 구성이 간단하기 때문이다.
③ 전송매체의 구성비용이 적게 들기 때문이다.
④ 에러(오류) 정정이 쉽기 때문이다.

04 비동기식 전송 방식의 특징으로 틀린 것은?
① 한 번에 한 문자씩 전송되는 방식이다.
② 300~19,200[bps]의 비교적 저속의 데이터 전송에 주로 이용된다.
③ 문자단위의 재동기를 위해 시작비트(Srart bit)와 정지비트(Stop bit)를 둔다.
④ 송수신기의 클록 오차에 의한 오류를 줄이기 위해 긴 비트열을 전송하여 타이밍 오류를 피한다.

정답 01 반이중 02 비동기식 03 ③ 04 ④

POINT 47 신호 변환 방식

01 신호 변환 방식

● 아날로그 데이터 → 아날로그 신호

- 아날로그 데이터를 아날로그 회선을 통해 전송하기 위해 아날로그 형태로 변조하는 것이다.

종류	설명
진폭 변조 (AM; Amplitude Modulation)	변조 파형에 따라 진폭을 변조하는 방식이다.
주파수 변조 (FM; Frequency Modulation)	변조 파형에 따라 주파수를 변조하는 방식이다.
위상 변조 (PM; Phase Modulation)	변조 파형에 따라 위상을 변조하는 방식이다.

- 아날로그 신호의 구성요소

구성요소	설명
진폭 (Amplitude)	시간에 따른 값의 변화량 중 가장 높은 값과 가장 낮은 값의 차를 의미한다.
주파수 (Frequency)	1초간 몇 번 진폭이 발생하는지에 대한 횟수이다.
위상(Phase)	신호 간의 시작 시간 차이를 나타낸다.

● 아날로그 데이터 → 디지털 신호

- 아날로그 데이터를 디지털 회선을 통해 전송하기 위해 디지털 형태로 변환하는 것이다.
- 코덱(CODEC)을 이용한다. (COder + DECoder의 합성어)
- 대표적으로 펄스 코드 변조(PCM; Pulse Code Modulation)가 있다.

● 디지털 데이터 → 아날로그 신호

- 디지털 데이터를 아날로그 회선을 통해 전송하기 위해 아날로그 형태로 변조하는 것이다.
- 모뎀(MODEM)을 이용한다.

종류	설명
진폭 편이 변조(ASK, Amplitude Shift Keying)	0과 1을 서로 다른 진폭의 신호로 변조하는 방식이다.
주파수 편이 변조(FSK, Frequency Shift Keying)	0과 1에 따라 주파수를 변화시키는 변조 방식이다.
위상 편이 변조(PSK, Phase Shift Keying)	반송파로 사용하는 정현파의 위상에 정보를 싣는 변조 방식이며, 동기식 변·복조기(Synchronous MODEM)에서 주로 사용한다.
직교 진폭 변조(QAM, Quadrature Shift Keying)	위상과 진폭을 함께 변화시켜서 변조하는 방식이며, 고속(주로 9,600bps) 데이터 전송에 이용된다. 진폭 위상 변조라고도 한다.

● 디지털 데이터 → 디지털 신호

- 디지털 데이터를 디지털 회선을 통해 전송하기 위해 디지털 형태로 변환하는 것이다.
- DSU를 이용한다.
- DSU(Digital Service Unit)
  - 디지털 데이터를 디지털 회선을 통하여 전송하기 위한 변환장치이다.
  - 디지털 데이터를 공중 데이터 교환망(PSDN)과 같은 디지털 통신망을 이용하여 전송할 때 사용된다.

● 베이스밴드(Baseband) 전송

- 디지털 데이터(펄스 파형)를 변조 없이 그대로 전송하는 방식이다.
- **종류** : RZ(Return to Zero), NRZ(Non Return to Zero), 단극성(Unipolar), 양극성(Bipolar), 맨체스터 방식 등이 있다.

02 펄스 코드 변조(PCM)

● 펄스 코드 변조

송신 측에서 아날로그 데이터를 표본화하여 PAM(펄스 진폭 변조) 신호를 만든 후 양자화, 부호화 과정을 거쳐 디지털 형태로 전송하는 방식이다.

PCM 과정	설명
표본화 (Sampling)	• 어떤 신호 f(t)를, f(t)가 가지는 최고 주파수의 2배 이상으로 채집하면, 채집된 신호는 원래의 신호가 가지는 모든 정보를 포함한다는 나이퀴스트(Nyquist) 이론이다. • 표본화 횟수 = 최고 주파수 × 2 • 표본화 간격 = 1/표본화 횟수
양자화 (Quantization)	표본화에 의해 얻어진 PAM(펄스 진폭 변조) 신호를 평준화시키는 단계이다.
부호화 (Encoding)	PAM(펄스 진폭 변조)에서 나타난 펄스 진폭의 크기를 디지털 양으로 변환하는 단계이다.

● 코덱(CODEC; COder/DECoder)

- 아날로그 형태를 디지털 신호로 변환하거나 다시 아날로그로 환원하는 장치다.
- 펄스 부호 변조(PCM) 방식을 이용하여 데이터를 변환한다.

● 펄스 부호 방식의 분류(연속 레벨 변조)

펄스 진폭 변조(PAM; Pulse Amplitude Modulation)	펄스의 진폭을 변화시켜 변조한다.
펄스 폭 변조(PWM; Pulse Width Modulation)	펄스의 폭을 변화시켜 변조한다.
펄스 위치 변조(PPM; Pulse Position Modulation)	펄스의 위치를 변화시켜 변조한다.

● 모뎀

- 컴퓨터와 단말기에서 발생된 디지털 신호를 아날로그 신호로 변환한다.
- 수신 측에서 그 변조된 신호를 복조하여 본래의 디지털 신호로 변환한다.
- 디지털 데이터를 공중전화 교환망(PSTN)과 같은 아날로그 통신망을 이용한다.
- 모뎀은 변조와 복조 기능, 펄스를 전송 신호로 변환(디지털 데이터를 아날로그 신호로 변환)하는 기능, 데이터 통신 및 속도 제어, 자동 응답 기능, 자동 호출 기능 등이 있다.

단답형 문제

01 PCM 방식에서 음성신호의 표본화 주파수가 8[KHz]인 경우 표본화 주기[us]는?

02 반송파의 진폭과 위상을 동시에 변조하는 방식은?

객관식 문제

03 송신 측 펄스 부호 변조(PCM) 과정을 순서대로 나열한 것은?
① 부호화 → 양자화 → 표본화
② 양자화 → 표본화 → 부호화
③ 표본화 → 양자화 → 부호화
④ 표본화 → 부호화 → 양자화

04 디지털 데이터를 아날로그 신호로 변환하는 과정에서 두 개의 2진값이 서로 다른 두 개의 주파수로 구분되는 변조 방식은?
① ASK
② FSK
③ PSK
④ QPSK

05 디지털 전송로에 디지털 신호를 전송하기 위한 신호 변환장치는?
① MODEM   ② DTE
③ FEP   ④ DSU

06 아날로그 데이터를 전송하기 위해 디지털 형태로 변환하고 또 이러다 디지털 형태를 원래의 아날로그 데이터로 복구시키는 것은?
① CCU   ② DSU
③ CODEC   ④ DTE

정답 01 125 02 QAM 03 ③ 04 ② 05 ④ 06 ③

POINT 48 | 다중화

01 다중화(Multiplexing)

◉ 다중화의 개념

- 여러 개의 채널들이 하나의 통신 회선을 통하여 결합된 신호의 형태로 전송되고 수신 측에서 다시 이를 여러 개의 채널 신호로 분리하는 것이다.
- 통신 회선을 다중화하면 선로의 공동 이용이 가능해 전송 효율을 높일 수 있다.

◉ 다중화기(Multiplexer)

다중화를 수행하는 장치이다.

02 다중화의 종류

◉ 주파수 분할 다중화
   (FDM; Frequency Division Multiplexing)

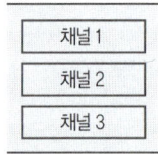

- 주파수 대역폭을 작은 대역폭으로 나누어 사용하는 기법이다.
- 전송하려는 신호의 필요 대역폭보다 전송매체의 유효 대역폭이 클 때 사용된다.
- 채널 간의 간섭을 막기 위해 보호대역이 필요하다.
  → 채널의 이용률이 낮아진다. ─ Guard Band
- 전화 회선에서 1,200[baud] 이하의 비동기식에서만 이용된다.
- 전송 매체를 지나는 신호는 아날로그 신호이다.
- 다중화기 자체에 모뎀이 내장되어 별도의 장비가 필요하지 않다.
- 비용이 경제적이고 사용자 단말기에서 사용하는 코드와 상관없이 다중화가 가능하다.
- 하나의 주파수 대역을 분할해 사용하는 채널들이 겹치면 누화 및 상호 변조 잡음이 발생할 수 있다.

◉ 시분할 다중화
   (TDM; Time Division Multiplexing)

- 한 전송로의 데이터 전송 시간을 일정한 시간 폭(Time Slot)으로 나누어 각 부채널에 차례로 분배하는 방식이다.
- 비트 다중화뿐만 아니라 문자 다중화도 행한다.
- 디지털 전송 방식에서 이용된다.
- 대역폭의 이용도가 높아 고속 전송에 용이하다.
- 시분할 다중화는 직렬 변환 방식으로 볼 수 있다.
- 소요 회선 수의 절감뿐만 아니라 기기의 경비도 절감할 수 있다.
- 동기식 시분할 다중화와 통계적 시분할 다중화 방식이 있다.

◉ 동기식 시분할 다중화(STDM; Synchronous Time Division Multiplexing)

- 모든 단말 장치에 타임 슬롯(Time Slot)을 고정적으로 할당한다. → 타임 슬롯이 낭비될 수 있다.
- 고속 다중화기와 저속 단말기 간의 속도 차를 보정하기 위한 버퍼가 필요하다.
- 통신회선 전송률이 전송 디지털 신호의 데이터 전송률보다 클 때 사용한다.

- **비동기식 시분할 다중화 (ATDM; Asynchronous Time Division Multiplexing)**
- 실제로 전송할 데이터가 있는 단말 장치에만 타임 슬롯을 할당한다. → 전송 효율이 높다.
- 실제 보낼 데이터가 있는 단말기만 시간을 할당하기 때문에 다중화된 회선의 데이터 전송률은 접속된 단말 장치 전체의 전송률의 합보다 낮다.
- 기억장치, 복잡한 주소제어 회로 등이 필요하다.
- 동기식 시분할 다중화기에 비해 가격이 비싸고, 접속에 소요되는 시간이 길어진다.
- 상대적으로 느린 단말기가 고속의 데이터 전송로를 통해 데이터를 주고받을 때 선로를 최대한 활용하도록 하는 방식이다.
- 지능 다중화, 통계적 다중화라고도 한다.
- 기억장치, 복잡한 주소제어 회로 등이 필요하다.
- 동기식 다중화기보다 더 높은 전송 효율을 가진다.
- 주소제어, 오류제어, 흐름제어 기능을 제공해 제어회로가 복잡하나.

- **역다중화(Demultiplexing)**
- 다중화된 복합 신호를 분리하여 원래의 신호를 복원하는 것이다.
- 비용 절감이 가능하다.
- 광대역 통신 속도를 얻을 수 있다. ─ 9600bps 이상
- 한 채널 고장 시 나머지 한 채널을 1/2의 속도로 계속 운영 가능하다.

- **집중화(Concentrating)**
- 여러 개의 채널을 몇 개의 소수 채널로 공유화시키는 것이다.
- 회선의 이용률이 낮고, 불규칙적인 전송에 적합하다.
- 입·출력 각각의 대역폭이 다르다.
- 1개의 단밀기가 통신 회선 점유 시 더 단말기의 경우 회선을 사용하지 못해 데이터를 임시 보관할 수 있는 버퍼가 필요하다.
- m개의 입력 회선을 n개의 출력 회선으로 집중화하는 장치이나.
- 입력 회선의 수는 출력 회선의 수보다 같거나 많아야 한다.

단답형 문제

01 효율적인 전송을 위해 넓은 대역폭을 가진 하나의 전송 링크를 통하여 여러 신호를 동시에 실어 보내는 기술을 무엇이라 하는가?

02 두 개의 채널 사이에 보호대역(Guard Band)을 사용하여 인접한 채널 간의 간섭을 막는 다중화 방법은?

객관식 문제

03 다음 중 통계적 다중화 장치에 해당하지 <u>않는</u> 것은?
① 실제로 보낼 데이터가 있는 터미널에만 동적인 방식으로 각 부채널에 타임 슬롯을 할당하는 방식이다.
② 마이크로프로세서의 이용으로 타임 슬롯의 배정이 가능하여 지능형 다중화 장치라고도 한다.
③ 상대적으로 느린 단말기가 고속의 데이터 전송로를 통해 데이터를 주고받을 때 선로를 최대한 활용하도록 하는 방식이다.
④ 각각의 입력회선을 NRODML 출력선으로 집중화하는 장치이다.

04 다중화 방식 중 실제로 전송할 데이터가 있는 단말 장치에만 타임 슬롯을 할당함으로써 전송 효율을 높이는 특징을 가진 것은?
① 동기식 TDM
② FDM
③ 비동기식 TDM
④ MODEM

정답 01 다중화 02 주파수 분할 다중화 03 ④ 04 ③

POINT 49 | 통신 속도·용량·프로토콜

01 통신 속도

◉ 변조 속도

- 초당 발생한 신호의 상태 변화 수 단위는 보(baud)이다.
- 변조 시 상태 변화 수 : 모노비트(1비트), 디비트(2비트), 트리비트(3비트), 쿼드비트(4비트)

◉ 신호 속도

- 초당 전송된 비트 수 단위는 bps(bit/sec)이다.
- 신호 속도[bps] = 변조 속도[baud] × 변조 시 상태 변화 수

◉ 단위 신호당 비트수

- 1비트(Onebit; 2위상) : bps = 1baud
- 2비트(Dibit; 4위상) : bps = 2baud
- 3비트(Tribit; 8위상) : bps = 3baud
- 4비트(Quadbit; 16위상) : bps = 4baud

◉ Bps와 Baud와의 관계

- 데이터 신호 속도(bps) = 변조 속도(baud) × 단위 신호당 비트 수
- 변조 속도(baud) = $\dfrac{\text{데이터 신호 속도(bps)}}{\text{단위 신호당 비트 수}}$
- 1비트가 한 단위 신호일 경우 baud의 속도와 bps는 같다.
- 2비트가 한 단위 신호일 경우 baud의 속도는 bps의 1/2배가 된다.
- baud = $\dfrac{bps}{2}$ baud = $\dfrac{1}{2} \times bps$
- 3비트가 한 단위 신호일 경우 baud의 속도는 bps의 1/3배가 된다.
- 4비트가 한 단위 신호일 경우 baud의 속도는 bps의 1/4배가 된다.

예제

쿼드비트를 사용하여 1,600baud의 변조 속도를 지니는 데이터 신호가 있다. 이때 데이터 신호 속도 bps는?

- 데이터 신호 속도 bps = 변조 속도 × 단위 신호당 비트 수
- 쿼드 비트 = 4비트
- ∴ bps = 1,600 × 4 = 6,400bps

예제

8위상 2진폭 변조를 하는 모뎀이 2,400baud라면 그 모뎀의 속도는?

- 8위상 = 2진수 3비트로 표현, 2진폭(2위상) = 2진수 1비트로 표현
- 3bit + 1bit = 4bit
- ∴ bps = 2,400baud × 4비트 = 9,600bps

예제

4,800[bps]의 8위상 편이 변조 방식 모뎀의 변조 속도는 몇 보[baud]인가?

- 변조 속도(baud) = $\dfrac{\text{데이터 신호 속도(bps)}}{\text{단위 신호당 비트 수}}$
- 8위상 = 2^3 = 3bit
- ∴ 변조 속도[baud] = 4,800 / 3 = 1,600[baud]

02 통신 용량(샤논의 정리)

◉ C = Blog₂(1+S/N)

$C = B\log_2(1+S/N)$

C : 통신 용량, B : 대역폭, S : 신호 전력, N : 잡음 전력

◉ 통신 회선의 전송 용량을 증가시키는 방법

- 주파수 대역폭을 늘린다.
- 신호 대 잡음의 비를 줄인다(신호 전력 늘림, 잡음 전력 줄임).
- 신호 전력을 높인다.

03 통신 프로토콜의 개요

● 프로토콜(Protocol)의 개념

둘 이상의 컴퓨터 사이에 데이터 전송을 할 수 있도록 미리 정보의 송·수신 측에서 정해 둔 통신 규칙이다.

● 프로토콜의 기본 요소

- 구문(Syntax) : 전송 데이터의 형식, 부호화, 신호 레벨 등을 규정한다.
- 의미(Semantic) : 전송 제어와 오류 관리를 위한 제어 정보를 포함한다.
- 타이밍(Timing) : 두 개체 간에 통신 속도를 조정하거나 메시지의 전송 및 순서도에 대한 특성을 가리킨다.

● 프로토콜의 기능

단편화/재결합, 캡슐화, 흐름 제어, 오류 제어, 동기화, 순서 제어, 주소 지정, 다중화, 경로 제어

04 OSI 7계층

● OSI 7계층

응용 계층	표현 계층	세션 계층	전송 계층	네트워크 계층	데이터 링크 계층	물리 계층

● OSI 7계층의 기능

- 물리 계층(Physical Layer) : 전기적, 기능적, 절차적 기능을 하며 표준으로는 RS-232C가 있다.
- 데이터 링크 계층(Data Link Layer) : 흐름 제어, 에러 제어 기능을 하며 HDLC, LLC, LAPB, LAPD, ADCCP, PPP가 있다.
- 네트워크 계층(Network Layer) : 경로 설정 및 네트워크 연결을 관리하며 표준으로는 X.25, IP가 있다.
- 전송 계층(Transport Layer) : 통신 양단 간(End-to-End)의 에러 제어 및 흐름을 제어하며 TCP, UDP가 있다.
- 세션 계층(Session Layer) : 회화 구성, 동기 제어, 데이터 교환 관리, 프로세스 간에 대한 연결을 확립, 관리, 단절시키는 수단을 제공한다.
- 표현 계층(Presentation Layer) : 코드 변환, 암호화, 압축, 구문 검색 등의 기능을 제공한다.
- 응용 계층(Application Layer) : 사용자에게 서비스 제공을 한다.

단답형 문제

01 8진 PSK 변조를 사용하는 모뎀의 데이터 전송 속도가 4,800[bps]일 때 변조 속도는?

02 보안을 위한 암호화(Encryption)와 해독(Decryption) 및 데이터 압축을 주로 지원하는 OSI 계층은?

객관식 문제

03 통신채널의 통신용량을 증가시키기 위한 방법이 아닌 것은?
① 신호 세력을 높인다.
② 잡음 세력을 줄인다.
③ 데이터 오류를 줄인다.
④ 주파수 대역폭을 증가시킨다.

04 통신로 용량 C는 사용할 수 있는 대역폭 W와 그 채널의 S/N 비에 의해 결정된다고 한다. 통신로 용량을 나타내는 식으로 옳은 것은?
① $C = W\log\{10+(S/N)\}$
② $C = W\log\{10+(N/S)\}$
③ $C = W\log_2\{1+(S/N)\}$
④ $C = W\log_2\{1+(N/S)\}$

05 다음 중 통신 프로토콜의 구성요소에 해당되지 않는 것은?
① 패킷(Packet)   ② 구문(Syntax)
③ 의미(Semantics) ④ 순서(Timing)

06 인터넷 프로토콜 TCP/IP에서 IP는 OSI 7계층 중 어느 계층에 가장 가까운가?
① 응용 계층   ② 전송 계층
③ 네트워크 계층   ④ 데이터 링크 계층

정답 01 1,600[baud] 02 표현 계층(Presentation Layer)
03 ③ 04 ③ 05 ① 06 ③

POINT 50 | 전송 제어 방식

01 전송 제어의 개요

● 전송 제어의 개념 (Transmission Control)

- 통신망에 접속된 컴퓨터와 단말 장치 간에 효율적이고 원활한 정보를 교환하기 위하여 정보 통신 시스템이 갖추어야 할 제어 기능과 방식을 총칭한다.
- 입·출력 제어, 동기 제어, 오류 제어, 흐름 제어 등을 수행한다.

● 전송 제어 절차

- 회선 접속 : 수신 측 주소를 전송하여 데이터 전송이 가능하도록 물리적인 통신 회선을 접속시켜 주는 단계이다.
- 데이터 링크 확립 : 접속된 통신 회선 상에서 송신 측과 수신 측 간의 확실한 데이터 전송을 수행하기 위한 논리적 경로를 구성하는 단계이다.
- 데이터 전송 : 데이터를 수신 측에 전송하며, 잡음에 의한 데이터 오류 제어와 순서 제어를 수행하는 단계이다.
- 데이터 링크 종결
  - 송·수신 측 간의 논리적인 경로를 해제하는 단계이다.
  - 회선 절단 : 연결된 물리적인 통신 회선을 절단하는 단계이다.

02 데이터 링크 제어 프로토콜

● BSC(Binary Synchronous Control)

| SYN | SYN | SOH | Heading | STX | 본문 | ETX/ETB | BCC |

- 문자(Character) 위주의 프로토콜이다.
- 각 프레임에 전송 제어 문자를 삽입하여 전송을 제어한다.
- 반이중 전송만 지원한다.
- 주로 동기식 전송 방식을 사용하나 비동기식 전송 방식을 사용하기도 한다.
- 점-대-점(Point-to-Point), 멀티 포인트(Multi-Point) 방식에서 주로 사용한다.
- 오류 제어와 흐름 제어를 위해 정지-대기(Stop-and-Wait) ARQ를 사용한다. (Automatic Repeat reQuest)
- 전송 제어 문자

SYN (SYNchronous idle)	동기를 취하거나 유지
SOH(Start Of Heading)	헤딩의 개시
STX(Start of TeXt)	본문의 개시 및 헤딩의 종료
ETX(End of TeXt)	본문의 종료
ETB(End of Transmission Block)	블록의 종료
BCC(Block Check Character)	오류 검사 수행
EOT (End Of Transmission)	전송 종료, 데이터 링크 해제
ENQ(ENQuiry)	상대국에 데이터 링크 설정 및 응답 요구
DLE (Data Link Escape)	데이터 투과성을 위해 삽입되며, 전송 제어 문자 앞에 삽입하여 전송 제어 문자임을 알림
ACK(ACKnowledge)	수신 측에서 송신 측으로 보내는 긍정 응답
NAK(Negative AcKnowledge)	수신 측에서 송신 측으로 보내는 부정 응답

● HDLC(High-level Data Link Control)

구분	플래그	주소부	제어부	정보부	FCS	플래그
크기	8bit	8bit	8bit		16bit	8bit

- 비트(Bit) 위주의 프로토콜이다.
- 전송 효율이 좋고 단방향, 반이중, 전이중 방식 모두 지원한다.

- 신뢰성이 높고 포인트 투 포인트, 멀티 포인트, 루프방식 모두 지원한다.
- 전송 제어 제한 없이 비트 정보를 전송할 수 있다.

● 프레임 구성

- 플래그(Flag) : 프레임의 시작과 끝을 나타내며, 항상 '01111110'을 취한다.
- 주소부(Address Field) : 송 · 수신국을 식별한다.
- 제어부(Control Field) : 프레임 종류를 식별한다.
- 정보부(Information Field) : 실제 정보를 포함한다.
- 정보부 필드의 구성

정보 프레임	• I-프레임(Information Frame) • 사용자 데이터 전달
감독 프레임	• S-프레임(Supervisor Frame) • 에러 제어, 흐름 제어
비번호 프레임	• U-프레임(Unnumbered Frame) • 링크의 동작 모드 설정 및 관리 　- 정규 응답 모드(NRM; Normal Response Mode) 　- 비동기 응답 모드(ARM; Asynchronous Response Mode) 　- 비동기 평형 모드(ABM; Asynchronous Balanced Mode)

- FCS(Frame Check Sequence Field) : 오류 검출

● SDLC(Synchronous Data Link Control)

- 비트(Bit) 위주의 프로토콜이다.
- BSC의 제한을 보완하고, HDLC의 기초가 된다.
- HDLC와 프레임 구조가 동일하다.

● PPP(Point to Point Protocol)

- 인터넷 접속에 사용되는 점대점 링크를 사용하는 IETF의 표준 프로토콜이다.
- 오류 감지기능은 제공하나 오류 복구기능은 제공하지 않는다.
- LCP와 NCP를 통하여 유용한 기능을 제공한다.
- IP 패킷의 캡슐화를 제공한다.
- PPP는 동기식과 비동기식 회선 모두를 지원한다.

단답형 문제

01 다음 전송 제어 문자 중 상대국에 응답을 요구하는 것은?

02 ISO에서 표준안으로 발표한 비트 동기방식의 프로토콜은?

객관식 문제

03 다음 중 HDLC Frame의 구조 순서로 옳은 것은?(단, A; Address, F; Flag, C; Control, I; Information, FCS; Frame Check Sequence)
① I - C - A - F - FCS - F
② C - F - I - FCS - A - F
③ F - A - C - I - FCS - F
④ F - FCS - A - C - I - F

04 HDLC(High-level Data Link Control) 동작모드에 해당하지 않는 것은?
① 정규 응답 모드(NRM)
② 비동기 응답 모드(ARM)
③ 비동기 균형 모드(ABM)
④ 동기 균형 모드(SBM)

05 다음 중 비트 방식의 데이터 링크 프로토콜이 아닌 것은?
① BSC　　② SDLC
③ HDLC　④ ADCCP

06 정보의 전달을 위한 단계가 바르게 나열된 것은?
① 링크확립-회로연결-메시지전달-회로절단-링크절단
② 링크확립-회로연결-메시지전달-링크절단-회로절단
③ 회로연결-링크확립-메시지전달-회로절단-링크절단
④ 회로연결-링크확립-메시지전달-링크절단-회로절단

정답 01 ENQ　02 HDLC　03 ③　04 ④　05 ①　06 ④

POINT 51 | OSI 7계층

01 OSI 참조 모델

◉ OSI(Open Systems Interconnection) 참조 모델의 개념

- 국제표준화기구(ISO)에서 개발한 모델이다.
- 컴퓨터 네트워크에서 여러 시스템이 데이터를 주고받고 서로 연동할 수 있는 표준화된 인터페이스를 제공하기 위해 프로토콜을 기능별로 나눈 것이다.
- 시스템 연결을 위한 표준 개발을 위하여 공통적인 기법을 제공한다.
- 시스템 간의 정보 교환을 위한 표준 설정을 가질 수 있도록 한다.
- 각 계층에 대해 서로 표준을 생산적으로 발전시킬 수 있도록 개념적, 기능적인 골격을 제공하는 역할을 한다.
- 일반적으로 OSI 7계층이라고 한다.

◉ OSI 참조 모델에서 계층을 나누는 목적

- 시스템 간의 통신을 위한 표준 제공
- 시스템 간의 정보 교환을 하기 위한 상호 접속점의 정의
- 관련 규격의 적합성을 조성하기 위한 공통적인 기반 조성

02 OSI 7계층

Layer 7	응용 계층
Layer 6	표현 계층
Layer 5	세션 계층
Layer 4	전송 계층
Layer 3	네트워크 계층
Layer 2	데이터 링크 계층
Layer 1	물리 계층

◉ 물리 계층(Physical Layer)

- 물리적인 장치와 인터페이스가 전송을 위해 필요한 기계적, 전기적, 기능적, 절차적 기능을 정의하는 계층이다.
- 장치와 전송 매체 간의 인터페이스 특성 규정, 전송 매체의 유형 규정, 전송로의 연결, 유지 및 해제를 담당한다.
- 프로토콜 종류 : RS-232C, V.24, X.21

◉ 데이터 링크 계층(Data Link Layer)

- 인접한 두 개의 통신 시스템 간에 신뢰성 있는 효율적인 데이터를 전송하는 계층이다.
- 링크의 설정과 유지 및 종료를 담당한다.
- 전송 데이터의 흐름 제어, 프레임 동기, 오류 제어 등을 수행한다.
- 링크의 효율성을 향상시킨다.
- 프로토콜 종류 : HDLC, PPP, LLC, LAPB, LAPD, ADCCP

◉ 네트워크 계층(Network Layer)

- 통신망을 통하여 패킷을 목적지까지 전달하는 계층이다. — 주요 장비 : 라우터
- 경로 설정 및 네트워크 연결 관리를 수행한다.
- 과도한 패킷 유입에 대한 폭주 제어 기능을 한다.
- 프로토콜 종류 : X.25, IP, ICMP, IGMP

◉ 전송 계층(Transport Layer)

- 통신 종단 간(End-to-End) 신뢰성 있고 효율적인 데이터를 전송하는 계층이다.
- 투명한 데이터 전송을 제공한다.
- 에러 제어 및 흐름 제어를 담당한다.
- 프로토콜 종류 : TCP, UDP

- **세션 계층(Session Layer)**
  - 프로세스 간에 대한 연결을 확립, 관리, 단절시키는 수단을 제공한다.
  - 논리적 동기 제어, 긴급 데이터 전송, 통신 시스템 간의 회화 기능 등을 제공한다.

- **표현 계층(Presentation Layer)**
  - 응용 간의 대화 제어(Dialogue Control)를 담당한다.
  - 응용 계층과 세션 계층 사이에서 데이터 변환을 담당한다.
  - 정보의 형식 설정, 암호화, 데이터 압축, 코드 변환, 문맥 관리 등의 기능을 수행한다.
  - 긴 파일 전송 중에 통신 상태가 불량하여 트랜스포트 연결이 끊어지는 경우 처음부터 다시 전송하지 않고 어디까지 전송이 진행되었는지를 나타내는 동기점을 이용하여 오류를 복구한다.

- **응용 계층(Application Layer)**
  - 사용자에게 서비스를 제공한다.
  - 응용 프로세스와 직접 관계하여 일반적인 응용 서비스를 수행한다.
  - 프로토콜 종류 : HTTP, FTP, SMTP, Telnet, DNS
    - Well Known Port : 23

03 OSI 계층별 PDU(Protocol Data Unit)

계층(Layer)	PDU	대표 장비	대표 프로토콜
응용 계층	데이터	게이트웨이	HTTP, FTP, SMTP, DNS
표현 계층			JPEG, MPEG
세션 계층			NetBIOS, RPC, SSL/TLS
전송 계층	세그먼트	게이트웨이 / L4 스위치	TCP, UDP
네트워크 계층	패킷	라우터	IP, ICMP, OSPF
데이터 링크 계층	프레임	스위치, 브리지	PPP, HDLC
물리 계층	비트	허브, 리피터	RS-232, DSL, IEEE 802.3

단답형 문제

01 컴퓨터 네트워크에서 여러 시스템이 데이터를 주고받기 위해 서로 연동할 수 있는 표준화된 인터페이스를 제공하기 위해 프로토콜을 기능별로 7개의 계층으로 나눈 것을 무엇이라고 하는가?

02 OSI 7계층에서 인접한 두 개의 통신 시스템 간에 신뢰성 있는 효율적인 데이터를 전송할 수 있는 계층으로 전송 데이터의 흐름 제어, 프레임 동기, 오류 제어 등을 수행하는 계층은 무엇인가?

객관식 문제

03 OSI-7 Layer에서 링크의 설정과 유지 및 종료를 담당하며, 노드 간의 오류 제어와 흐름 제어 기능을 수행하는 계층은?
① 데이터 링크 계층
② 물리 계층
③ 세션 계층
④ 응용 계층

04 OSI 7계층 중 데이터 링크 계층의 프로토콜에 해당하지 않는 것은?
① HDLC ② HTTP
③ PPP   ④ LLC

05 OSI 7계층에서 단말기 사이에 오류 수정과 흐름 제어를 수행하여 신뢰성 있고 명확한 데이터를 전달하는 계층은?
① 전송 계층
② 응용 계층
③ 세션 계층
④ 표현 계층

정답 01 OSI 7계층 02 데이터 링크 계층 03 ① 04 ② 05 ①

POINT 52 | TCP/IP 프로토콜

01 TCP/IP 프로토콜의 개념

● TCP/IP(Transmission Control Protocol/Internet Protocol)

- 인터넷에 연결된 서로 다른 기종의 컴퓨터 간에 데이터 송·수신이 가능하도록 도와주는 표준 프로토콜이다.
- TCP 프로토콜과 IP 프로토콜의 결합적 의미로서 TCP가 IP보다 상위층에 존재한다.
- 접속형 서비스, 전이중 전송 서비스, 신뢰성 서비스를 제공한다.
- 네트워크 환경에 따라 여러 개의 프로토콜을 허용한다.
- TCP 프로토콜의 기본 헤더 크기는 20byte이고 60byte까지 확장 가능하다.
- OSI 표준 프로토콜과 가까운 네트워크 구조를 가진다.

Layer 7	응용 계층		
Layer 6	표현 계층	응용 계층	
Layer 5	세션 계층		
Layer 4	전송 계층	전송 계층	
Layer 3	네트워크 계층	인터넷 계층	
Layer 2	데이터 링크 계층	링크 계층	
Layer 1	물리 계층		

▲ OSI 7계층 　　▲ TCP/IP 계층

● TCP(Transmission Control Protocol)

- OSI 7계층의 전송 계층의 역할을 수행한다.
- 서비스 처리를 위해 Multiplexing과 De-Multiplexing을 이용한다.
- 전이중 서비스와 스트림 데이터 서비스를 제공한다.

● IP(Internet Protocol)

- OSI 7계층의 네트워크 계층에 해당하며 비신뢰성 서비스를 제공한다.
- 신뢰성이 부족한 비연결형 서비스를 제공하기 때문에 상위 프로토콜에서 이러한 단점을 보완해야 한다.

● IP 프로토콜에서 사용하는 필드

- Header Length(4bit) : IP 헤더 뒷부분에 옵션 필드가 여럿 붙을 수 있어 길이는 가변적이다.
- Total Packet Length(16bit) : 전체 패킷의 길이를 바이트 단위로 표시한다. 길이는 헤더와 데이터(페이로드)를 더한 것이다. IP 헤더 및 데이터를 포함한 IP 패킷 전체의 길이를 바이트 단위로 길이를 표시한다. 최대값은 65535 ($2^{16}-1$)이다.
- Time To Live(8bit) : 패킷을 전달할 수 있는 횟수 제한을 나타낸다.

02 TCP/IP의 구조

● 링크 계층(Link Layer)

- 프레임을 송·수신한다.
- 프로토콜 종류 : Ethernet, IEEE 802, HDLC, X.25, RS-232C 등

● 인터넷 계층(Internet Layer)

- 주소 지정, 경로 설정을 제공한다.
- 네트워크 계층이라고도 한다.
- 프로토콜 종류 : IP, ICMP, IGMP, ARP, RARP 등

데이터 체크섬은 제공하지 않고, 헤더 체크섬만 제공	
IP (Internet Protocol)	· 비연결형 및 비신뢰성 전송 서비스를 제공한다. · 라우팅과 단편화 기능을 수행한다. · 데이터그램(Datagram)이라는 데이터 전송 형식을 가진다. · 각 데이터그램이 독립적으로 처리되고 목적지까지 다른 경로를 통해 전송될 수 있어 데이터그램은 전송 순서와 도착 순서가 다를 수 있다. · 비연결성이기 때문에 송신지가 여러 개인 데이터 그램을 보내면서 순서가 뒤바뀌어 도달할 수 있으며 IP 프로토콜의 헤더 길이는 최소 20~60byte이다.

수신지 도달 불가 메시지는 수신지 또는 서비스에 도달할 수 없는 호스트를 통지하는 데 사용

ICMP (Internet Control Message Protocol)	• IP 프로토콜에서는 오류 보고와 수정을 위한 메커니즘이 없기 때문에 이를 보완하기 위해 설계된 프로토콜이다. • 메시지는 크게 오류 보고(Error-Reporting) 메시지와 질의(Query) 메시지로 나눌 수 있다. • 메시지 형식은 8바이트의 헤더와 가변 길이의 데이터 영역으로 분리된다. • 에코 메시지는 호스트가 정상적으로 동작하는지를 결정하는데 사용할 수 있다.
IGMP(Internet Group Management Protocol)	• 시작지 호스트에서 여러 목적지 호스트로 데이터를 전송할 때 사용되는 프로토콜이다. • 멀티캐스트 그룹에 가입한 네트워크 내의 호스트를 관리한다.
ARP (Address Resolution Protocol)	• 논리 주소(IP 주소)를 물리 주소(MAC 주소)로 변환하는 프로토콜이다. • 네트워크에서 두 호스트가 성공적으로 통신하기 위하여 각 하드웨어의 물리적인 주소 문제를 해결해 줄 수 있다.
RARP (Reverse Address Resolution Protocol)	• 호스트의 물리 주소(MAC 주소)로부터 논리 주소(IP 주소)를 구하는 프로토콜이다. • IP 호스트가 자신의 물리 네트워크 주소(MAC)는 알지만 IP 주소를 모르는 경우, 서버에게 IP 주소를 요청하기 위해 사용한다.

● 전송 계층(Transport Layer)

• 호스트 간 신뢰성 있는 통신을 제공한다.
• 프로토콜 종류 : TCP, UDP

TCP (Transmission Control Protocol)	• 신뢰성 있는 연결 지향형 전달 서비스를 제공한다. • 순서 제어, 에러 제어, 흐름 제어 기능을 제공한다. • 전이중 서비스와 스트림 데이터 서비스를 제공한다. • 메시지를 캡슐화(Encapsulation)와 역캡슐화(Decapsulation)한다. • 서비스 처리를 위해 다중화(Multiplexing)와 역다중화(Demultiplexing)를 이용한다.
UDP (User Datagram Protocol)	• 비연결형 및 비신뢰성 전송 서비스를 제공한다. • 흐름 제어나 순서 제어가 없어 전송 속도가 빠르다. • 수신된 데이터의 순서 재조정 기능을 지원하지 않는다. • 복구 기능을 제공하지 않는다.

● 응용 계층(Application Layer)

• 응용 프로그램 간의 데이터 송·수신을 제공한다.
• 프로토콜 종류 : FTP, SMTP, SNMP, Telnet 등

단답형 문제

01 인터넷에 연결된 서로 다른 기종의 컴퓨터 간에 데이터 송·수신이 가능하도록 해주는 표준 프로토콜은 무엇인가?

02 TCP/IP 프로토콜 구조에서 주소 지정, 경로 설정을 제공하는 계층으로, 네트워크 계층이라고도 하는 계층은 무엇인가?

객관식 문제

03 TCP 프로토콜에 대한 설명으로 거리가 먼 것은?
① 신뢰성 있는 연결 지향형 전달 서비스이다.
② 기본 헤더 크기는 100byte이고 160byte까지 확장 가능하다.
③ 스트림 전송 기능을 제공한다.
④ 순서 제어, 오류 제어, 흐름 제어 기능을 제공한다.

04 TCP/IP에서 사용되는 논리 주소를 물리 주소로 변환시켜 주는 프로토콜은?
① TCP ② ARP
③ FTP ④ IP

05 UDP 특성에 해당되는 것은?
① 데이터 전송 후, ACK를 받는다.
② 송신 중에 링크를 유지 관리하므로 신뢰성이 높다.
③ 흐름 제어나 순서 제어가 없어 전송 속도가 빠르다.
④ 제어를 위한 오버헤드가 크다.

06 TCP/IP 계층 구조에서 IP의 동작 과정에서의 전송 오류가 발생하는 경우에 대비해 오류 정보를 전송하는 목적으로 사용하는 프로토콜은?
① ECP(Error Checking Protocol)
② ARP(Address Resolution Protocol)
③ ICMP(Internet Control Message Protocol)
④ PPP(Point-to-Point Protocol)

정답 01 TCP/IP 02 인터넷 계층 03 ② 04 ②
05 ③ 06 ③

POINT 53 | IP 주소

01 IPv4(Internet Protocol version 4)

● IPv4의 개념
─ 네트워크 주소(Netid), 호스트 주소(Hostid)

- 32비트 길이의 IP 주소이다.
- 주소의 각 부분을 8비트씩 4개로 나눠서 10진수로 표현한다.

● IPv4 주소 체계

클래스 A	• 0.0.0.0 ~ 127.255.255.255 • 기본 서브넷 마스크 : 255.0.0.0 • 국가나 대형 통신망에서 사용한다.
클래스 B	• 128.0.0.0 ~ 191.255.255.255 • 기본 서브넷 마스크 : 255.255.0.0 • 중대형 통신망에서 사용한다.
클래스 C	• 192.0.0.0 ~ 223.255.255.255 • 기본 서브넷 마스크 : 255.255.255.0 • 소규모 통신망에서 사용한다.
클래스 D	• 224.0.0.0 ~ 239.255.255.255 • 멀티캐스트용으로 사용한다.
클래스 E	• 240.0.0.0 ~ 255.255.255.255 • 실험용으로 사용한다.

● 서브넷 마스크(Subnet Mask)

- 네트워크를 작은 내부 네트워크로 분리하여 효율적으로 네트워크를 관리하기 위한 수단이다.
- 서브넷 마스크는 32bit의 값으로 IP 주소를 네트워크와 호스트 IP 주소를 구분하는 역할을 한다.
- 네트워크 ID에 해당하는 모든 비트를 1로 설정하며 호스트 ID에 해당하는 모든 비트를 0으로 설정한다.
- CIDR 표기 형식 : 10진수의 IP/네트워크 ID의 1비트의 개수

🏠 예제

CIDR(Classless Inter-Domain Routing) 표기로 203.241.132.82/27과 같이 사용되었다면, 해당 주소의 서브넷 마스크(Subnet Mask)는?

- 203.241.132.82/27에서 끝의 /27은 32bit의 2진수 IP주소 중 27bit가 네트워크 ID인 1비트의 개수이고 나머지 5(32-27)bit가 호스트 ID인 0비트의 개수이다.
- 서브넷 마스크 : 11111111.11111111.11111111.11100000
- 10진수 표기법 : 255.255.255.224

02 IPv6(Internet Protocol version 6)

● IPv6의 개념

- IPv4의 주소 부족 문제를 해결하기 위하여 개발되었다. ┌ 2001:0db8:85a3:0000:0000:8a2e:0370:7334
- 128비트 길이의 IP 주소이다.
- 16비트씩 8개의 필드로 분리 표기된다.

● IPv6의 장점

- 인증 및 보안 기능을 포함하고 있어 IPv4보다 보안성이 강화되었다.
- IPv6 확장 헤더를 통해 네트워크 기능 확장이 용이하다.
- 임의 크기의 패킷을 주고받을 수 있도록 패킷 크기 제한이 없다.
- 멀티미디어의 실시간 처리가 가능하다.
- 자동으로 네트워크 환경 구성이 가능하다.
- 주소 체계는 유니캐스트(Unicast), 애니캐스트(Anycast), 멀티캐스트(Multicast) 세 가지로 나뉜다.

● IPv6 통신 방식

유니캐스트 (Unicast)	하나의 호스트에서 다른 하나의 호스트에게 전달하는 1:1 통신 방식이다.
애니캐스트 (Anycast)	하나의 호스트에서 그룹 내의 가장 가까운 곳에 있는 수신자에게 전달하는 '1 : 가장 가까운 1' 통신 방식이다.
멀티캐스트 (Multicast)	하나의 호스트에서 네트워크상의 특정 그룹 호스트들에게 전달하는 1:N 통신 방식이다.

IPv4에서 IPv6로의 천이 전략

Dual Stack (듀얼 스택)	호스트가 IPv4와 IPv6를 모두 처리할 수 있도록 2개의 스택을 구성하는 전략이다.
Tunneling (터널링)	• IPv6를 사용하는 두 컴퓨터가 서로 통신하기 위해 IPv4를 사용하는 네트워크 영역을 통과해야 할 때 사용되는 전략이다. • Tunneling을 통과하기 위해 패킷은 IPv4주소를 가져야만 한다. • IPv6패킷은 그 영역에 들어갈 때 IPv4패킷 내에 캡슐화되고, Tunneling을 나올 때 역캡슐화된다.
Header Translation (헤더 변환)	IPv4패킷 헤더를 IPv6패킷 헤더로 변환하거나 또는 그 반대의 동작을 수행하는 전략이다.

03 X.25

X.25의 특징

- 패킷 교환망에 대한 ITU-T의 권고안이다.
- DTE와 DCE의 인터페이스를 규정한다.
- 흐름 및 오류 제어 기능을 제공한다.
- 패킷 교환망에서 패킷의 원활한 정보 전송을 위한 통신 절차이다.
- 전송 품질이 우수하고 가상 회선 방식을 이용하여 한 개의 회선에 다수의 논리 채널을 나눠 주므로 효율성이 높다.

X.25의 계층 구조

패킷 계층 (Packet Layer)	• OSI 7계층의 네트워크 계층에 해당한다. • 가상 회선을 이용해 경로를 유지해 패킷 전송이 안전하다. • 메시지를 패킷으로 조립, 분해하고 패킷 단위 오류 제어 및 흐름 제어를 담당한다.
프레임 계층 (Frame Layer)	• OSI 7계층의 데이터 링크 계층에 해당한다. • 오류 제어, 흐름 제어 기능을 수행한다. • LAPB(Link Access Procedure Balanced) 프로토콜을 사용한다.
물리 계층 (Physical Layer)	• OSI 7계층의 물리 계층에 해당한다. • X.21을 사용한다. • DTE/DCE 접속에 필요한 물리적 접속 방식을 정의한다.

단답형 문제

01 IP 주소에서 네트워크 주소(Netid)와 호스트 주소(Hostid)를 구분하기 위한 비트를 무엇이라고 하는가?

02 IPv4의 주소 부족 문제를 해결하기 위한 128비트 길이의 주소 체계로, 인증 및 보안 기능을 포함하고 있어 IPv4보다 보안성이 강화된 주소 체계를 무엇이라고 하는가?

객관식 문제

03 IPv6 주소 체계로 거리가 먼 것은?
① Unicast
② Anycast
③ Broadcast
④ Multicast

04 IPv6에 대한 설명으로 틀린 것은?
① 128비트의 주소 공간을 제공한다.
② 인증 및 보안 기능을 포함하고 있다.
③ 패킷 크기가 64Kbyte로 고정되어 있다.
④ IPv6 확장 헤더를 통해 네트워크 기능 확장이 용이하다.

05 IP 주소 체계와 관련한 설명으로 틀린 것은?
① IPv6의 패킷 헤더는 32 octet의 고정된 길이를 가진다.
② IPv6는 주소 자동설정(Auto Configuration) 기능을 통해 손쉽게 이용자의 단말을 네트워크에 접속시킬 수 있다.
③ IPv4는 호스트 주소를 자동으로 설정하며 유니캐스트(Unicast)를 지원한다.
④ IPv4는 클래스별로 네트워크와 호스트 주소의 길이가 다르다.

정답 01 서브넷 마스크 02 IPv6 03 ③ 04 ③ 05 ①

POINT 54 | 회선, 오류 제어 방식

01 회선 제어 방식

◉ 경쟁(Contention) 방식
- 회선에 접근하기 위해 서로 경쟁하는 방식이다.
- 송신 요구를 먼저 한 쪽이 송신권을 가진다.
- ALOHA 방식이 대표적이다.

◉ 폴링 및 셀렉션
- 폴링(Polling) : 중앙시스템이 순차적으로 단말기에게 전송할 데이터가 있는지 확인하는 방식이다.
  ▶ Do you have anything to send?
- 셀렉션(Selection) : 중앙시스템이 이벤트가 발생했을 때 단말기에게 데이터를 전송하는 방식이다.
  ▶ Are you ready to receive?

02 오류 제어 방식

◉ 오류의 발생 원인
- 감쇠(Attenuation) : 전송 신호의 전력이 전송 매체를 통과하면서 거리에 따라 약해지는 현상이다.
- 지연 왜곡(Delay Distortion) : 주로 하드와이어 전송 매체에서 발생되며, 전송 매체를 통한 신호 전달이 주파수에 따라 그 속도를 달리함으로써 유발되는 신호 손상이다.

◉ 잡음(Noise)
- 백색 잡음 : 모든 주파수에 걸쳐서 존재하고 분자나 원자의 열운동에 의해 생기는 열잡음 또는 가우스 잡음(Gaussian Noise)을 말한다.
- 충격성 잡음(Impulse Noise) : 선로의 접점 불량, 기계적 진동 등에 의해서 순간적으로 발생되는 잡음이다.
- 누화 잡음 : 서로 다른 전송 선로상의 신호가 다른 회선에 영향을 주어 발생한다.
- 손실 : 전송 신호 세력이 거리에 따라 약해지는 현상이다.

◉ 전송 오류 제어 방식
- 전진 오류 수정(FEC; Forward Error Correction)
  - 데이터 전송 과정에서 오류가 발생하면 수신 측에서 오류를 검출하여 스스로 수정하는 방식이다.
  - 역채널이 필요 없다.
  - 연속적인 데이터의 흐름이 가능하다. *돌림형 부호라고도 함*
  - 길쌈부호(Convolution Code)를 사용한다.
  - 오류 검출과 수정을 위해 해밍 코드와 상승 코드를 사용한다.
- 후진 오류 수정(BEC; Backward Error Correction)
  - 데이터 전송 과정에서 오류가 발생하면 송신 측에 재전송을 요구하는 방식이다.
  - 역채널이 필요하다.
- 자동 반복 요청(ARQ; Automatic Repeat reQuest) : 통신 경로에서 오류 발생 시 수신 측은 오류의 발생을 송신 측에 통보하고, 송신 측은 오류가 발생한 프레임을 재전송하는 오류 제어 방식이다.

◉ 자동 반복 요청 제어 방식의 종류
- 정지-대기 ARQ(Stop-and-Wait ARQ)
  - 송신 측이 한 블록 전송 후 수신 측에서 오류의 발생을 점검 후 에러 발생 유무 신호(ACK/NAK 신호)를 보내올 때까지 기다리는 방식이다.
  - 수신 측에서 에러 점검 후 제어 신호를 보내올 때까지 오버헤드가 효율면에서 가장 부담이 크다.
- 연속 ARQ(Continuous ARQ)
  - Go-Back-N ARQ : 수신 측으로부터 NAK 수신 시 오류 발생 이후의 모든 블록을 재전송하는 방식이다.
  - 선택적 재전송 ARQ(Selective-Repeat ARQ) : 수신 측으로부터 NAK 수신 시 오류가 발생한 블록만 재전송하는 방식이다.
- 적응적 ARQ(Adaptive ARQ) : 채널 효율을 최대로 하기 위해 데이터 블록의 길이를 채널의 상태에 따라 동적으로 변경하는 방식이다.

오류 검출 방식

- **패리티 검사(Parity Check)**
  - 데이터 블록에 1비트의 패리티 비트(Parity Bit)를 추가하여 오류를 검출하는 방식이다.
  - 종류 : 짝수(우수) 패리티, 홀수(기수) 패리티
  - 오류 검출만 가능하며, 오류 정정은 불가능하다.

방식	데이터								패리티
홀수	1	1	1	1	1	1	1	0	0
짝수	1	1	1	1	1	1	1	0	1

└ Cyclic Redundancy Check

- **순환 중복 검사(CRC)**
  - 집단 오류에 대한 신뢰성 있는 오류 검출을 위해 다항식 코드를 사용하여 에러 검사를 하는 방식이다.
  - 동기식 전송에 주로 사용된다.
  - 생성 다항식은 CRC-16, CRC-32 등이 있다.
  - 수신단에서 CRC 부호로 에러를 검출한다.
  - 여러 비트에서 발생하는 집단성 에러도 검출이 가능하여 신뢰성이 우수하다.

- **해밍 코드(Hamming Code) 방식**
  - 자기 정정 부호로서 오류를 검출하여 1비트의 오류를 수정하는 방식이다.
  - 1, 2, 4, 8, 16 ~ 비트 위치에 패리티 비트를 삽입해 에러 검출 및 수정을 수행한다.
  - 정보 비트 외에 추가되어야 할 패리티 비트가 많이 필요하다.
  - └ Hamming Distance
  - 해밍 거리 : 송신 데이터와 수신 데이터의 각 대응 비트가 서로 다른 비트의 수이다.
- **상승 코드 방식** : 순차적 디코딩과 한계값 디코딩을 사용하여 여러 비트의 오류를 수정하는 방식이다.

단답형 문제

01 데이터 통신에서 컴퓨터가 단말기에게 전송할 데이터의 유무를 묻는 것은?

02 선로의 접점 불량, 기계적 진동 등에 의해서 순간적으로 발생되는 잡음은?

객관식 문제

03 송신 스테이션이 데이터 프레임을 연속적으로 전송하다가 NAK를 수신하게 되면 에러가 발생한 프레임 이후에 전송된 모든 프레임을 재전송하는 방식은?
① Stop-and-Wait ARQ
② Go-Back-N ARQ
③ Selective-Repeat ARQ
④ Adaptive ARQ

04 순환 중복 검사 방식에 관한 설명으로 틀린 것은?
① 문자 단위로 데이터가 전송될 때, 에러를 검출하는 방식이다.
② 생성 다항식은 CRC-16, CRC-32 등이 있다.
③ 수신단에서 CRC부호로 에러를 검출한다.
④ 여러 비트에서 발생하는 집단성 에러도 검출이 가능하여 신뢰성이 우수하다.

05 오류를 제어할 때 수신 측에서 오류의 검출과 정정 기능을 갖는 부호는?
① Hamming Code
② Parity Code
③ BCD Code
④ EBCDIC Code

정답 01 폴링(Polling) 02 충격성 잡음 03 ② 04 ①
05 ①

POINT 55 | 데이터 회선망

01 회선망

◉ 전용 회선 및 교환 회선

- 전용 회선(Leased Line)
  - 회선이 단말기 상호 간에 항상 고정되어 있는 방식이다.
  - 전송 속도가 빠르며, 전송 오류가 적다.
- 교환 회선(Switched Line)
  - 교환기에 의해 단말기 상호 간에 연결되는 방식이다.
  - 전용 회선에 비해 속도가 느리다.

◉ 회선 구성 방식

- 점-대-점(Point-to-Point) 방식
  - 중앙 컴퓨터와 단말기를 일대일로 연결하는 방식이다.
  - 통신망을 성형(Star)으로 구성 시 사용한다.
- 다중 점(Multi-Point) 방식
  - 한 개의 통신 회선에 여러 개의 단말기를 연결하는 방식이다.
  - 멀티 드롭(Multi-Drop) 방식이라고도 한다.
  - 통신망을 버스형(Bus)으로 구성 시 사용한다.
- 회선 다중(Line Multiplexing) 방식 : 여러 개의 단말기를 다중화기를 이용하여 중앙 컴퓨터와 연결하는 방식이다.

02 회선 교환 방식(Circuit Switching)

◉ 회선 교환 방식

- 음성 전화망과 같이 메시지가 전송되기 전에 발생지에서 목적지까지의 물리적 통신 회선 연결이 선행되어야 하는 교환 방식이다.
- 일단 통신 경로가 설정되면 데이터의 형태, 부호, 전송 제어 절차 등에 의한 제약을 받지 않는다.
- 고정된 대역폭 전송 방식으로 일정한 데이터 전송률을 제공하므로 두 가입자가 동일한 전송 속도로 운영된다.
- 송·수신자 간의 실시간 데이터 전송에 적합하다.
- 전송된 데이터에 있어서의 에러 제어나 흐름 제어는 사용자에 의해 수행되어야 한다.

◉ 회선 교환 방식의 종류

- 공간 분할 교환 방식(SDS; Space Division Switching) ─ 교차점이라고도 함
  - 다수의 접점을 이용하여 교환을 수행하는 방식이다.
  - 데이터 전송에 필요한 시간이 가장 긴 일반 전화 회선 교환 방식이 해당된다.
- 시분할 교환 방식(TDS; Time Division Switching)
  - 여러 개의 디지털 신호를 시분할시켜 다중화하는 방식이다.
  - 종류 : TDM 버스 교환 방식, 타임 슬롯 교환 방식, 시간 다중화 교환 방식이다.

◉ 회선 교환 방식의 제어 신호 종류

- 감시 제어 신호(Supervisory Control Signal)
- 주소 제어 신호(Address Control Signal)
- 호 정보 제어 신호(Call Information Control Signal)
- 망 관리 제어 신호(Communication Management Control Signal)

03 축적 교환 방식

◉ 메시지 교환 방식(Message Switching)

- 하나의 메시지 단위로 저장-전달(Store-and-Forward) 방식에 의해 데이터를 교환하는 방식이다.
- 각 메시지마다 수신 주소를 붙여서 전송하므로 메시지마다 전송 경로가 다르다.
- 네트워크에서 속도나 코드 변환이 가능하다.
- 메시지 번호, 전송날짜, 시간 등의 정보를 메시지에 포함해 전송 가능하다.

● 패킷 교환 방식(Packet Switching)

- 메시지를 일정한 길이의 전송 단위인 패킷으로 나누어 전송하는 방식이다.
- 일정한 데이터 블록에 송·수신 측 정보를 담은 것을 패킷이라고 한다.
- 다수의 사용자 간에 비대칭적 데이터 전송을 원활하게 하므로 모든 사용자 간에 빠른 응답 시간 제공이 가능하다.
- 전송에 실패한 패킷의 경우 재전송이 가능하다.
- 패킷 단위로 헤더를 추가하므로 패킷별 오버헤드가 발생한다.
- 패킷교환 공중 데이터 통신망(PSDN)이라고도 한다. (Public Switched Data Network)
- 경로설정 방식에 따라 가상 회선 방식과 데이터그램 방식으로 구분한다.

● 패킷 교환 방식(Packet Switching)의 종류

가상 회선 방식	• 단말기 간에 논리적인 가상 회선을 미리 설정하여 송신 측과 수신 측 사이의 연결을 확립한 후에 설정된 경로로 패킷들을 발생 순서대로 전송하는 연결 지향형 방식이다. • 모든 패킷은 같은 경로로 전송되므로 경로 설정이 필요 없다. • 패킷 전송을 완료하면 접속종료 Clear Request 패킷을 전송한다. • 호 설정 → 전송 → 호 단절 순으로 처리된다.
데이터그램 방식	• 데이터를 패킷 단위로 나누어 특정 경로의 설정 없이 전송되는 방식이다. • 패킷마다 전송 경로가 다르다. • 네트워크의 상황에 따라 적절한 경로로 전송이 되므로 융통성이 좋다. • 데이터 통신 시 연결 설정 및 연결 해제의 단계가 없이 각 패킷마다 수신처 주소를 기반으로 네트워크 내에서 라우팅되는 패킷교환 방식이다. • 속도 및 코드 변환이 가능하다. • 각 패킷은 오버헤드 비트가 필요하다. • 송신지는 같지만 전송 회선이 다양해 수신되는 패킷의 순서가 달라 재조립 과정이 필요하다.

● 패킷 교환망의 기능

패킷 다중화, 경로 제어, 트래픽 제어, 에러 제어 등

단답형 문제

01 접속 혹은 다중화의 목적으로 메시지를 정해진 크기의 비트 수로 나눈 다음 정해진 형식에 맞추어 만들어진 데이터의 블록을 무엇이라 하는가?

객관식 문제

02 회선 교환 방식에 대한 설명으로 틀린 것은?
① 회선 교환기 내에서 오류 제어가 용이하다.
② 일대일 정보통신이 가능하다.
③ 길이가 긴 연속적인 데이터 전송에 적합하다.
④ 회선 교환기 내에서 처리 지연 시간이 비교적 적다.

03 데이터그램(Datagram) 패킷 교환 방식에 대한 설명으로 틀린 것은?
① 수신은 송신된 순서대로 패킷이 도착한다.
② 속도 및 코드 변환이 가능하다.
③ 각 패킷은 오버헤드 비트가 필요하다.
④ 대역폭 설정에 융통성이 있다.

04 패킷 교환에서 가상 회선 방식에 대한 설명으로 틀린 것은?
① 패킷들은 전달될 때까지 저장되기도 한다.
② 대역폭 설정이 고정적이다.
③ 속도 및 코드 변환이 가능하다.
④ 모든 패킷은 설정된 경로에 따라 전송된다.

05 패킷 교환 방식(Packet Switching)의 특징이 아닌 것은?
① 메시지 교환 방식과 같이 축적 교환 방식의 일종이다.
② 트래픽 용량이 적은 경우에 유리하다.
③ 전송할 수 있는 패킷의 길이가 제한되어 있다.
④ 데이터그램과 가상 회선 방식이 있다.

정답 01 패킷(Packet) 02 ① 03 ① 04 ② 05 ②

56 | 경로 제어, 트래픽 제어, 네트워크 위상

01 경로 제어(Routing)

◉ 경로 제어

- 송신지에서 목적지까지 여러 경로 중 최적 경로를 선택·설정하는 과정이다.
- 경로 설정 요소(Parameter) : 성능 기준, 경로의 결정 시간과 장소, 네트워크 정보 발생지 등이 있다.

◉ 경로 설정 프로토콜의 종류

- IGP(Interior Gateway Protocol)
- RIP(Routing Information Protocol)
- OSPF(Open Shortest Path First protocol)
- BGP(Border Gateway Protocol)

◉ 경로 설정 방식

- Fixed Routing(고정 경로 제어) : 데이터 전송 전에 경로가 미리 고정되는 방식으로, 단순하지만 유연성이 부족하다. 가장 단순한 전략으로서 망 내의 각 송수신 접속구 쌍에 대하여 최적의 경로를 표시하는 테이블을 중앙 제어 접속구에서 작성하여 보관한다.
- Adaptive Routing(적응 경로 제어) : 통신망 상태 변화(선로 고장률, 트래픽 등)에 따라 동적으로 경로를 재선택한다.
- Flooding(범람 경로 제어) : 각 노드에서 들어온 패킷을 다른 모든 링크로 복사하여 전송하는 형태로, 모든 경로로 패킷 복사 전송 → 중복 패킷 증가로 비효율적이다.
- Random Routing(임의 경로 제어) : 특정 기준 없이 임의로 링크를 선택해 전송하는 방식이다.

02 트래픽 제어(Traffic Control)

◉ 흐름 제어(Flow Control)

- 네트워크의 원활한 흐름을 위해 송신 측과 수신 측의 전송 패킷의 양이나 속도를 조절하는 것이다.
- 수신기 버퍼의 오버플로우(Overflow)를 예방하고 데이터 프레임의 전송률을 조정한다.
- 흐름 제어의 종류

정지-대기 (Stop-and-Wait)	• 수신 측으로부터 ACK를 받은 후 다음 패킷을 전송하는 방식이다. • 한 번에 하나의 패킷만 전송 가능하다.
슬라이딩 윈도우 (Sliding Window)	• 한 번에 여러 개의 프레임을 나누어 전송할 경우 효율적인 방식이다. • 수신 측으로부터 이전에 송신한 프레임에 대한 ACK를 받으면 송신 윈도우가 증가하고, NAK를 받으면 송신 윈도우의 크기가 감소한다.

◉ 동기 제어

통신 제어 장치의 기능 중에서 송신과 수신을 동일한 타이밍으로 동작시키기 위한 기능이다.

◉ 혼잡 제어(Congestion Control)

패킷 흐름을 제어하여 네트워크 혼잡(Overload)을 방지하는 것이다.

◉ 교착상태 방지(Deadlock Avoidance)

버퍼가 모두 점유되어 데이터가 더 이상 흐르지 못하는 상태를 방지하는 기술이다.

03 네트워크 위상(Topology)의 종류

◉ 성형(Star)

중앙에 호스트 컴퓨터(Host Computer)가 있고 이를 중심으로 터미널(Terminal)들이 연결되는 중앙 집중식의 네트워크 구성 형태이다.

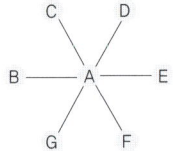

● 링형(Ring)

- 데이터는 한쪽 방향으로만 흐르고 병목 현상이 드물지만, 두 노드 사이의 채널이 고장 나면 전체 네트워크가 손상될 수 있다.
- 한 노드가 절단되어도 우회로를 구성하여 통신이 가능하다.

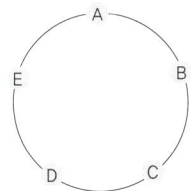

● 버스형(Bus)

- 한 개의 통신 회선에 여러 개의 사이트가 연결된 형태이다.
- 한 사이트의 고장은 나머지 사이트들 간의 통신에 아무런 영향을 주지 않는다.

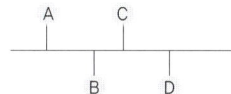

● 계층형(Tree)

트리(Tree) 형태이며, 분산 처리 시스템을 구성하는 방식이다.

● 망형(Mesh)

- 각 사이트는 시스템 내의 모든 사이트들과 직접 연결된 형태이다.
- 통신 회선의 총 경로가 다른 네트워크 형태에 비해 가장 길게 소요된다.
- 많은 단말기로부터 많은 양의 통신을 필요로 하는 경우에 유리하다.
- n개의 구간을 망형으로 연결하면 n(n-1)/2개의 회선이 필요하다.

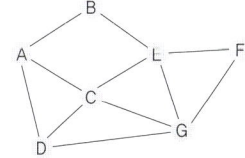

단답형 문제

01 정보통신망 구조 중에서 중앙에 컴퓨터가 있고 그 주위에 분산된 터미널을 연결시키는 형태의 통신망 구조는?

02 경로 설정 알고리즘 중 네트워크 정보를 요구하지 않으며, 송신처와 수신처 사이에 존재하는 모든 경로로 패킷을 전송하는 방식은?

객관식 문제

03 정보 통신망 구조 중에서 중앙에 컴퓨터가 있고 그 주위에 분산된 터미널을 연결시키는 형태의 통신망 구조는?
① 성형 통신망
② 트리형 통신망
③ 링형 통신망
④ 버스형 통신망

04 LAN을 분류할 때 네트워크 위상(Topology)에 따른 것이 아닌 것은?
① Bus형
② Star형
③ Packet형
④ Ring형

05 통신망에서 송신처와 수신처 간의 동작 속도 차이가 존재하는 경우에 적용되는 기능은?
① 흐름 제어 기능
② 오류 제어 기능
③ 다중화 기능
④ 교환 기능

정답 01 성형(star) 02 Flooding 03 ① 04 ③ 05 ①

POINT 56 경로 제어, 트래픽 제어, 네트워크 위상

POINT 57 | LAN (Local Area Network, 근거리 통신망)

01 LAN의 개념과 특징

● LAN의 개념

정보 통신 기술 발전에 의해 출현한 정보화의 한 형태이다. 한 건물 또는 공장, 학교 구내, 연구소 등의 일정 지역 내 설치된 통신망으로 각종 기기 사이의 통신을 실행하는 통신망이다.

● LAN의 특징

약 200m 이하의 한 건물 연결
- 제한된 지역 내의 통신이다.
- 망에 포함된 자원 공유이다.
- 경로 선택 구조가 단순하다.
- 오류 발생률이 낮다.
- 성형, 버스형, 링형 등의 망 형태를 갖는다.

● LAN의 구성요소

- 컴퓨터
- 접속케이블
- 통신카드와 신호 변환 장치
- 네트워크 소프트웨어

● 전송 방식에 의한 분류

- 베이스밴드 방식
  - 신호 변조 없이 고유 주파수 영역을 사용한다.
  - 시분할 다중화 방식을 사용하고 통신 방식이 쉽고 경제적이다.
- 브로드밴드 방식
  - 디지털 신호를 아날로그 신호로 광대역을 변조한다.
  - 주파수 분할 다중화 방식을 사용한다.

● LAN의 표준안(계층 구조)

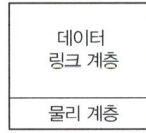

● IEEE 802의 표준 규격

802.1	상위 계층 인터페이스
802.2	논리 링크 제어(LLC)
802.3	CSMA/CD
802.4	토큰 버스(Token Bus)
802.5	토큰 링(Token Ring)
802.6	DQDB(Distributed Queue Dual Bus)
802.3u	고속 이더넷(Fast Ethernet)
802.11	무선 LAN
802.15	블루투스

● 매체 접근 제어 (MAC; Media Access Control)

- CSMA(Carrier Sense Multiple Access)
- CSMA/CD(Carrier Sense Multiple Access/Collision Detection)
- 토큰 버스(Token Bus)
- 토큰 링(Token Ring)
- Token Passing : 채널의 사용권을 균등 분배하기 위하여 사용권을 의미하는 토큰을 차례로 전달해 나가는 방법이다.

02 LAN의 표준안 동향 및 관련 장비

● LAN의 표준안 동향

- 이더넷(Ethernet)
  - 제록스사에서 개발한 후 DEC와 인텔사가 연합하여 확장한 LAN의 표준안이다.
  - IEEE에 의해 802.3이 표준안으로 채택되었다.
  - 대부분 버스형에 많이 사용된다.
  - CSMA/CD를 MAC 프로토콜로 사용하는 LAN의 종류이다.

구분	전송매체	신호속도	전송속도	세그먼트
10 BASE 5 Ethernet	동축케이블 (50 Ohms)	베이스밴드	10Mbps	500m
10 BASE 2 CheaperNet	동축케이블 (50 Ohms)	베이스밴드	10Mbps	185m
1 BASE 5 StarLAN	이중나선	베이스밴드	1Mbps	500m
10 BROAD 36	동축케이블 (75 Ohms)	베이스밴드	10Mbps	1800m
10 BASE-T	이중나선	베이스밴드	10Mbps	100m

- 고속 이더넷(Fast Ethernet)
  - 100 BASE T라고도 불리는 이더넷의 고속 버전으로서, 100Mbps의 전송 속도를 지원하는 LAN의 표준안이다.
  - CSMA/CD 방식 기반이다.
- 기가비트 이더넷(Gigabit Ethernet)
  - 1Gbps의 속도를 제공한다.
  - 기존 이더넷 방식을 그대로 채택하고 있으므로 호환성이 높아 효율적이다.
- FDDI(Fiber Distributed Data Interface)
  - LAN 간의 트래픽 폭증 문제를 해결할 수 있는 고속 LAN으로 대표적인 표준이다.
  - 미국표준협회(ANSI)와 ITU-T에 의해 표준화되었다.
  - 100Mbps의 속도를 갖는 이중 링(Dual Ring) 구조로 하나의 링이 고장 시 다른 링이 대체한다.

● 네트워크 관련 장비

- 리피터(Repeater) : 신호가 약해지거나 왜곡될 경우 원래의 신호로 재생하여 재송신하는 장비이다.
- 브리지(Bridge) : 두 개의 LAN이 데이터 링크 계층에서 서로 결합되어 있는 경우에 이들을 연결하는 장비이다.
- 라우터(Router) : 적절한 전송 경로를 선택하고 이 경로로 데이터를 전달하는 것으로, 서로 다른 형태의 네트워크를 상호 접속하는 3계층 장비이다.
- 게이트웨이(Gateway) : 서로 다른 프로토콜을 사용하는 망을 연결한다.

단답형 문제

01 LAN으로 널리 이용되는 이더넷(Ethernet)에서 데이터 충돌을 막기 위해 송신 데이터가 없을 때에만 데이터를 송신하고, 다른 장비가 송신 중일 때에는 송신을 중단하며 일정 시간 간격을 두고 대기하였다가 다시 송신하는 방식은?

02 서로 다른 프로토콜을 사용하는 망을 연결하는 데 사용되는 것은?

객관식 문제

03 LAN의 특성에 대한 설명으로 틀린 것은?
① 음성, 데이터 및 화상정보를 전송할 수 있다.
② LAN 프로토콜의 OSI 참조 모델의 상위 계층에 해당된다.
③ 전송 방식으로 베이스밴드와 브로드밴드 방식이 있다.
④ 광케이블 및 동축케이블의 사용이 가능하다.

04 다음 중 IEEE의 LAN 관련 프로토콜이 바르게 연결된 것은?
① IEEE 802.2 - 매체접근 제어(MAC)
② IEEE 802.3 - 논리링크 제어(LLC)
③ IEEE 802.4 - 토큰 버스(Token Bus)
④ IEEE 802.5 - 광섬유 LAN

05 10 Base T 근거리통신망의 특성을 올바르게 나타낸 것은?
① 10[Mbps], Baseband, Twisted Pair Cable
② 10[Gbps], Baseband, Twisted Pair Cable
③ 10[Gbps], Broadband, Coaxial Cable
④ 10[Mbps], Broadband, Coaxial Cable

정답 01 CSMA/CD 02 게이트웨이 03 ② 04 ③ 05 ①

POINT 58 | VAN, ISDN / 암호화 기법

01 VAN(부가가치 통신망)

◉ VAN의 개념

단순한 정보의 수집 및 전달 기능뿐만 아니라 정보의 저장, 가공, 관리 및 검색 등과 같이 정보에 부가가치를 부여하는 통신망이다.

◉ VAN의 기능

- 전송 기능 : VAN의 기본적인 기능
- 교환 기능 : 사용자 간의 정보 전송 기능
- 통신 처리 기능 : 프로토콜 변환(회선 제어, 접속 등의 통신 절차 변환), 전자 사서함, 동보통신
- 정보 처리 기능 : 정보 검색 서비스, 소프트웨어 개발, 데이터베이스 구축

◉ VAN 통신처리 계층의 기능

- 전자 사서함 : 상대방이 부재중일 때 몇 개의 메시지를 일시적으로 통신망에 축적하였다가 나중에 송출한다.
- 프로토콜 변환 : 서로 다른 기종 간에 통신이 가능하도록 통신절차를 변환한다.
- 동보통신 기능 : 한 단말 장치에서 여러 단말 장치로 같은 내용을 동시에 전송한다.
- 그 외 데이터 교환 기능, 데이터 형식 변환, 속도 변환, 정시 집신 기능, 송신 기능 등이 있다.

02 ISDN(종합 정보통신망)

◉ ISDN의 개념

- 발신 가입자로부터 수신자까지의 모든 전송, 교환 과정이 디지털 방식으로 처리되며, 음성과 비음성, 영상 등 서비스를 종합적으로 처리하는 통신망이다.
- 데이터베이스나 정보 처리 기능의 이용 범위가 넓어지게 되어 통신의 이용 가치를 높이게 한다.
- 기존의 회선 교환망이나 패킷 교환망도 이용 가능하다.
- 서비스 기능은 하위 계층인 베어러 서비스와 상위 계층인 텔레서비스를 모두 포함한다.

◉ ISDN 채널 접속규격

- 기본 속도 인터페이스(BRI; Basic Rate Interface)
  - 일반적으로 사용되는 ISDN 서비스이다.
  - 2B + D로 구성된다.
  - B채널 : 사용자가 실제로 사용할 수 있는 채널이다.
  - D채널 : 교환기와 노드 간에 호 설정 및 해지를 위한 신호 채널이다.
- 1차군 속도 인터페이스(PRI; Primary Rate Interface)
  - ISDN 사설 교환기 또는 기업의 LAN에 사용한다.
  - 23B+1D : 1544Kbps (미국, 일본, 캐나다) ─ T1
  - 30B+1D : 2048Kbps (한국, 유럽) ─ E1
  - 64Kbps 속도의 23, 30개의 통신 채널과, 기본 속도 인터페이스보다 빠른 64Kbps 속도의 1개 신호 채널로 구성된다.
- ISDN 기본 인터페이스(BRI)
  - 2B+1D = (2 * 64) + 64 = 192Kbps
  - 국내의 BRI는 192Kbps이다.

◉ ISDN 채널 접속규격별 속도 및 특징

채널의 종류		신호 속도(Kbps)	특징
B		64	디지털 정보 채널
D		16 또는 64	디지털 신호 채널
H	H₀	384	영상 회의 및 고속 팩시밀리 전송
	H₁₁	1536	고속 데이터 전송
	H₁₂	1920	
	H₂	7680	
	H₃	30720	
	H₄	122880	
A		4KHz	• 아날로그 전화 채널 • 아날로그 음성신호를 전송

- B(Bearer) 채널 : 음성 또는 데이터용 64Kbps 디지털 채널
- D(Data) 채널 : 16Kbps 혹은 64Kbps의 디지털 신호 채널
- H(Hybrid) 채널 : 384Kbps(H0), 1,536Kbps(H11), 1,920Kbps(H12)

◉ N-ISDN과 B-ISDN의 신호 방식 비교

- N-ISDN
  - 64Kbps이며 단일 채널 형태이다.
  - 회선 교환망을 사용하고 가상 채널의 개념이 없다.
- B-ISDN
  - 대칭적/비대칭적 연결 형태를 제공하고 가상 채널 개념을 도입한다.
  - 가변적인 대역폭을 사용하고 다중 연결 형태이다.
  - ATM이라는 패킷 교환망을 사용한다.
  - 155.52Mbps 또는 622.08Mbps의 속도 인터페이스를 제공한다.
- ATM(Asynchronous Transfer Mode)
  - 광대역 종합정보통신망 B-ISDN을 실현하기 위해 사용된다.
  - 48Byte의 페이로드(Payload)를 갖고 있다.
  - 5Byte의 헤더를 갖고 있다.
  - 정보는 셀 단위로 나누어 전송하며 멀티미디어 서비스에 적합하다.
  - 비동기식 전달모드로 고속데이터 전송에 사용된다.
  - 155(Mbps) 이상 5(Gbps)급의 통신 속도를 제공한다.

◉ 암호화 기법

- 비밀키(Private Key) 암호화 기법(대칭키)
  - 암호키=복호키
  - 대표 방식 : DES(Data Encryption Standard)이며 블록 암호의 일종으로 평문을 64비트로 나눠 56비트의 키를 사용한 알고리즘 방법이다.
- 공개키(Public Key) 암호화 기법(비대칭키)
  - 암호키≠복호키
  - 대표 방식 : RSA(Rivest Shamir Adleman)
- 전자우편에 관한 암호화 기법
  - PGP : 전자우편을 다른 사람이 받아 볼 수 없도록 암호화하고 복호화하는 대표적인 기법
  - PEM : 전자우편을 보안 봉투처럼 암호화하여 송신하는 개념으로 IETF에서 인터넷 초안으로 채택한 기법

단답형 문제

01 공중 전기 통신 사업자에게 임차한 통신 회선에 자신의 통신망을 연결시켜 메일박스 서비스나 프로토콜 변환, 포맷 변환 등의 부가가치 통신 서비스를 이용자에게 분할하여 재판매하는 통신 처리망은?

02 ISDN의 기본적인 이용자 망 인터페이스의 구조는?

객관식 문제

03 부가가치통신망(VAN)의 통신 처리 기능으로서 회선의 접속, 각종 제어 절차 등의 데이터를 전송할 때 통신 절차를 변환하는 기능은?
① 미디어 변환
② 프로토콜 변환
③ 포맷 변환
④ 부호 변환

04 광대역 종합정보통신망(B-ISDN)과 관련이 없는 것은?
① ATM 방식
② 64[kbps] 이하의 전송 서비스
③ 광전송 기술
④ 멀티미디어 서비스

05 다음 중 정보 통신 시스템의 ATM에 대한 설명으로 틀린 것은?
① 48Byte의 페이로드(Payload)를 갖는다.
② 5Byte의 헤더를 갖는다.
③ 멀티미디어 서비스에 적합하다.
④ 동기식 전달 모드로 고속데이터 전송에 사용된다.

정답 01 VAN 02 2B+D 03 ② 04 ② 05 ④

59 통신매체와 뉴미디어

01 통신매체

◎ 위성 통신
- 광대역 통신이 가능하여 대용량, 고속 통신이 가능하다.
- 광범위한 지역에 서비스 제공이 가능하다.
- 오류율의 감소로 고품질 정보 전송이 가능하다.
- 전파 지연 시간이 크다.
- 정지 위성 : 지구 적도 상공 약 36,000km 높이의 통신 위성을 중계하여 행하는 무선 통신이다.
- 저궤도 위성 : 일반 통신 위성으로 500~2,000km 높이의 통신 위성을 중계하여 행하는 무선 통신이다.

◎ 이동 통신망
- 다중 접속 방식의 종류 : FDMA, TDMA, CDMA
- 코드 분할 다중 접속(CDMA; Code Division Multiple Access) : 하나의 채널로 한 번에 한 통화밖에 하지 못하는 한계가 있는 아날로그 방식의 문제점을 해결하기 위해 개발된 디지털 방식 휴대폰의 한 방식이다.
- 셀룰러 시스템
  - 셀(Cell) : 무선 기지국 하나가 커버할 수 있는 지역을 말하며 5km 정도의 원형 범위이다.
- 핸드오프(Hand Off) : 통화 중인 이동국(Mobile Station)이 현재의 셀(Cell)에서 벗어나 다른 셀로 진입하는 경우, 셀이 바뀌어도 중단 없이 통화를 계속할 수 있게 해 준다.
  - Soft Hand-Off : 통화 중 기지국 간 이동 시에 아무런 영향이 없도록 해 주는 핸드 오프 방식이다.
  - Softer Hand-Off : 같은 기지국의 전파가 겹치는 지역에서 2개의 섹터를 통하여 통화가 이루어지는 과정으로 소프트 핸드오프 방식과 유사한 방식을 취한다.
  - Hard Hand-Off : 통화 중 기지국 간 이동 시에 순간적인 통화 단절이 발생하지만 통화에 지장을 느끼지 못하는 순간에 다음 기지국으로 연결해 주는 방식이다.

- 로밍(Roaming) : 가입된 지역을 벗어나 타 국가 등에서도 동일한 통신기기와 정보로 이동전화 서비스를 받을 수 있도록 하는 것을 의미한다.
- WiBro(Wireless Broadband) : 사용 주파수대는 2.3GHz, 통신 가능 이동 속도는 시간당 60킬로미터 (실제 120km/h 이동속도 지원), 최대 전송 거리는 1km, 최고 전송 속도는 약 10Mbps, 평균 전달 속도는 2Mbps, 변조 방식은 광대역 OFDM 방식이다.

◎ 유선 매체 통신
- 트위스트 페어(Twisted Pair Wire) : 전기적 간섭 현상을 줄이기 위해 서로 감겨 있는 형태의 케이블이다.
- 동축 케이블
  - 구리선을 싸고 있는 피복으로 인해 외부 간섭을 덜 받으며, 전력손실이 적어 고속 통신회선으로 많이 이용되고 있으며 아날로그와 디지털 신호 전송에 모두 이용 가능하다.
  - 광대역의 높은 주파수를 전송할 수 있고 CATV, LAN 등에 사용된다.
- 광섬유 케이블(Optical Fiber Cable)
  - 지름이 0.1mm 정도인 유리 섬유를 케이블 안에 여러 가닥을 넣어 전반사 현상을 이용한다.
  - 대역폭이 크고 신호의 보안성이 우수한 전송 매체이며, 분기나 접속이 쉽지 않다.
  - 원료인 유리는 절연성이 좋아 전자 유도의 영향을 받지 않아 누화 방지가 가능하다.
  - LAN의 전송 매체에 좋다.
  - 광케이블의 전반사 현상을 발생시키는 장비가 Clad이며, Cladding은 광섬유의 외곽층 재료로 전반사를 유도하는 역할을 한다.

◎ 초고속 정보통신망
- ADSL(Asymmetric Digital Subscriber Line, 비대칭 디지털 가입자 회선)
- B-ISDN(Broadband-ISDN, 광대역 종합 정보통신망)
- ATM(Asynchronous Transfer Mode, 비동기 전송 모드)

02 뉴미디어와 멀티미디어

● 뉴미디어(New Media)
- **특징** : 쌍방향성, 분산적, 네트워크화, 특정 다수자
- **분류** : 유선계, 무선계, 패키지계

● 뉴미디어의 종류
- **CATV(Cable Television)** : 공동 시청 안테나를 이용하는 텔레비전 방식으로 난시청 지역에 고감도 안테나를 설치해서, 이를 통해 수신한 양질의 TV 신호를 일정한 전송로를 통하여 수요자에게 제공하는 뉴미디어이다.
- **비디오텍스(Videotex)**
  - 정보 센터로부터 필요한 정보를 선택하여 공중전화망을 통해 일반 TV로 수신 가능한 뉴미디어이다.
  - 쌍방향 통신이 가능하다.
- **텔레텍스트(Teletext)** : TV전파를 이용하여 필요한 문자나 도형 정보를 텔레비전 수상기의 화면상에서 볼 수 있는 뉴미디어이다.

● 멀티미디어 압축 표준
- **JPEG** : 정지 화상 압축 기술의 표준이다.
- **MPEG** : 동화상 압축 기술의 표준이다.

● 주파수와 대역폭
- **주파수** : 단위 시간당 사이클을 반복하는 횟수를 의미한다. 단위는 Hz(헤르츠)다.
- **주파수의 구분**

데이터	주파수
HF(High Frequency)	3~30MHz
VHF(Very High Frequency)	30~300MHz
UHF(Ultra High Frequency)	300~3000MHz
SHF(Super High Frequency)	3000~30000MHz

- **대역폭(Bandwidth)** : 최고 주파수와 최저 주파수 사이 간격을 의미한다(=신호 속도).

단답형 문제

01 정지 위성의 궤도 위치는 지구 적도 상공 몇 km 정도인가?

02 화상정보가 축적되어 있는 컴퓨터의 데이터베이스로부터 전화회선과 TV수상기를 이용하여 사용자가 원하는 다양한 서비스를 쌍방향 대화방식으로 제공하는 것은?

객관식 문제

03 다음 중 광섬유 케이블의 일반적인 특징이 아닌 것은?
① 광대역성이다.
② 저손실성이다.
③ 전자기적 유도를 받지 않는다.
④ 전력선과 같이 포설할 수 없다.

04 다음 중 전화회선을 이용하지 않는 통신 서비스는?
① FAX
② TELETEXT
③ ARS
④ VIDEOTEX

05 다음 중 뉴미디어의 특징과 거리가 먼 것은?
① 정보교환의 고속화와 대용량화
② 다채널성
③ 단방향성
④ 정보형태의 다양화

정답 01 36,000km 02 비디오텍스(Videotex) 03 ④ 04 ② 05 ③

MEMO

자격증은 이기적!

합격입니다.

 이기적 강의는 무조건 0원!
이기적 영진닷컴

공부하다가 궁금한 사항은?
이기적 스터디 카페

MEMO

먼 곳을 항해하는 배가 풍파를 만나지 않고
조용히만 갈 수는 없다. 풍파는 언제나
전진하는 자의 벗이다.

프리드리히 니체

이기적 강의는
무조건 0원!

이기적 영진닷컴

공부하다가
궁금한 사항은?

이기적 스터디 카페

이기적 강의는 무조건 0원!
이기적 영진닷컴

공부하다가 궁금한 사항은?
이기적 스터디 카페

시험 환경 100% 재현!
CBT 온라인 문제집

CBT 온라인 문제집 이용 가이드

- **STEP 1** CBT 사이트 (cbt.youngjin.com) 접속하기
- **STEP 2** 과목을 선택하고 시작하기 버튼 클릭하기
- **STEP 3** 시간에 맞춰 문제 풀고 합격 여부 확인하기
- **STEP 4** 로그인하면 MY 페이지에서 응시 결과 확인 가능

이기적 CBT

한번에 합격, 자격증은 이기적

이기적 스터디 카페

합격 전담 마크! 추가 자료부터
1:1 Q&A까지 다양한 혜택 받기

365 이벤트

매일 쏟아지는 이벤트!
기출 복원, 리뷰, 합격 후기, 정오표

100% 무료 강의

핵심만 쏙쏙 설명하는
합격 강의 100% 무료

CBT 온라인 문제집

연습도 실전처럼!
PC와 모바일로 언제든지 시험 연습

🔍 **이기적 스터디 카페**

홈페이지 : license.youngjin.com
질문/답변 : cafe.naver.com/yjbooks

🔍 **이기적 유튜브 채널**

@ydot0789 채널을 구독해 주세요!
15만 구독자와 약 10,000개의 동영상으로 합격을 준비하세요!

🔍 **이기적 카카오톡 플러스친구**

@이기적 친구를 추가해 주세요!
합격을 부르는 소식, 카톡으로 먼저 받아보고 혜택을 챙기세요!

이렇게 기막힌 적중률

절대족보

사무자동화산업기사 필기

2권 · 예상문제

신면철, 영진정보연구소 공저

26
· 2026년 수험서 ·
수험서 20,000원

변경된 출제기준 반영, 예상문제로 완벽 대비!

- 이기적 스터디 카페 / 질문/답변 및 이벤트 참여
- CBT 온라인 문제집 / 시험 환경 완벽 재현
- 또기적 합격자료집 / 구매자 한정 특별 제공

YoungJin.com Y.
영진닷컴

ISBN 978-89-314-7898-3

이기적 유튜브 채널

유튜브에서 **이기적 영진닷컴**을 검색해보세요!

교재 연계 동영상 강의	 저자 직강 무료 강의
 시험 관련 특별 강의	 그 밖의 다양한 콘텐츠

구독자 수 약 15만 명

업로드 영상 약 9천 개

누적 조회수 약 5500만 회

이렇게 기막힌 적중률

사무자동화산업기사
필기 절대족보
2권 · 예상문제

"이" 한 권으로 합격의 "기적"을 경험하세요!

차례

2권 손에 잡히는 기출문제   공부한 날짜

자주 출제되는 기출문제 195선

- **1과목** 사무자동화 시스템 ·· 2-4   ___월 ___일
- **2과목** 프로그래밍 일반 ··· 2-16   ___월 ___일
- **3과목** 네트워크 일반 ·· 2-36   ___월 ___일

출제 예상문제

출제 예상문제 01회 ··· 2-52   ___월 ___일
출제 예상문제 02회 ··· 2-60   ___월 ___일
출제 예상문제 03회 ··· 2-68   ___월 ___일
출제 예상문제 04회 ··· 2-76   ___월 ___일
출제 예상문제 05회 ··· 2-85   ___월 ___일
출제 예상문제 06회 ··· 2-93   ___월 ___일
출제 예상문제 07회 ··· 2-101   ___월 ___일
출제 예상문제 08회 ··· 2-110   ___월 ___일
출제 예상문제 09회 ··· 2-117   ___월 ___일
출제 예상문제 10회 ··· 2-125   ___월 ___일

정답 & 해설 ··· 2-133

PDF 또기적 합격자료집

시험장 스케치
스터디 플래너
최종 모의고사 01~03회

참여 방법
'이기적 스터디 카페' 검색 → 이기적 스터디카페(cafe.naver.com/yjbooks) 접속 → '구매 인증 PDF 증정' 게시판 → 구매 인증 → 메일로 자료 받기

자주 출제되는 기출문제 195선

1과목	사무자동화 시스템	2-4
2과목	프로그래밍 일반	2-16
3과목	네트워크 일반	2-36

※ 변경된 출제기준을 토대로 사무자동화산업기사, 정보처리산업기사 시험에서 자주 출제된 기출문제를 선별하였습니다.

자주 출제되는 기출문제 195선

과목 01 사무자동화 시스템

001 운영체제의 목적과 분류 POINT 01 참조

- 운영체제는 제어 프로그램(감시, 작업 제어, 자료 관리), 처리 프로그램(서비스, 문제 처리, 언어 번역)으로 구분한다.
- 제어 프로그램은 '감은 작대기로 흔들어 딴다'로 암기한다.
- 처리 프로그램은 '서문언'으로 암기한다.

20.8, 19.4, 17.5, 14.9/3, 11.9, 10.5, 09.9, 08.9/5, 07.9/3
01 운영체제의 목적이 <u>아닌</u> 것은?
① 처리량 향상
② 신뢰성 향상
③ 사용가능도 향상
④ 반환 시간 증가

09.2, 07.3, 06.9, 03.9, 02.5, 01.3
02 운영체제를 수행 기능에 따라 제어 프로그램과 처리 프로그램으로 구분할 경우 처리 프로그램에 해당하는 것은?
① 감시 프로그램
② 작업 제어 프로그램
③ 자료 관리 프로그램
④ 언어 번역 프로그램

17.5/9, 15.5/3, 13.9/3, 12.9/3
03 운영체제의 성능 평가 항목으로 거리가 <u>먼</u> 것은?
① 처리 능력
② 반환 시간
③ 비용
④ 사용 가능도

> **기적의 TIP**
> 운영체제의 목적과 개념을 이해하도록 합니다. 암기보다는 현실에 빗대어 이해하도록 합니다.

002 운영체제 운영 방식 POINT 01 참조

- 시분할 처리는 다수의 사용자가 하나의 자원을 시간을 나누어 공유하는 시스템이다.
- 온라인의 경우 통신시간에 대한 척도가 중요시된다.
- 실시간 처리를 요하는 업무에 사용되는 방식이 실시간 시스템이며, 대표적으로 은행, 항공권 좌석 예매 등에 사용된다.

16.5, 15.9, 13.9/6, 10.9, 03.9
04 다음 중 시분할(Time-Sharing) 시스템과 거리가 <u>먼</u> 것은?
① 실시간(Real-Time)의 응답이 주로 요구된다.
② 컴퓨터와 이용자가 서로 대화형으로 정보를 교환한다.
③ 컴퓨터 파일 자원의 공동이용이 불가능하다.
④ 다수의 단말기가 1대의 컴퓨터를 공동으로 사용한다.

14.3, 06.5, 03.3
05 다음 중 시스템의 성능평가 척도로서 주로 온라인 리얼타임 처리에서 가장 중요한 지표는?
① 응답 시간
② 저장 능력
③ 인쇄 능력
④ 에러 시간

15.9, 06.9, 05.5
06 컴퓨터에서 수신한 데이터를 즉시 처리하여 그 결과를 단말에 반송하는 컴퓨터 시스템은?
① 실시간 시스템
② 분산처리 시스템
③ 임베디드 시스템
④ 배치처리 시스템

18.9, 16.3, 14.5, 06.5

07 다음 중 일괄처리(Batch Processing)에 가장 적합한 것은?

① 항공기 예약 업무
② 수도요금 계산 업무
③ 증권매매 업무
④ 공장 자동 제어 업무

기적의 TIP

운영체제 운영 방식인 일괄 처리, 실시간 처리, 시분할 처리, 분산 처리에 대해 각각의 기능과 활용도를 기억하도록 합니다.

---

003 UNIX와 시스템 소프트웨어 POINT 02 참조

- **운영체제의 특징**
  - 사용자와 컴퓨터 시스템 간의 인터페이스(Interface) 기능을 제공한다.
  - 사용자 간의 자원(프로세서, 메모리, 입출력 장치 등) 사용을 스케줄링하고 입출력 역할을 지원한다.
- **운영체제의 종류** : Windows, OSX, OS/2, Unix, Linux, Android, IOS
- **쉘(Shell)** : 사용자의 명령어를 인식하여 프로그램을 호출하고 명령을 수행하는 명령어 해석기이다.
- **커널(Kernel)** : 주기억장치에 적재된 후 상주하면서 실행된다. UNIX의 핵심적인 부분이다. 프로세스 관리, 기억장치 관리, 파일 관리, 입·출력 관리 등의 기능을 수행한다.

12.9, 99.9/3

08 UNIX 운영체제에서 커널(Kenel)에 대한 설명으로 옳지 않은 것은?

① UNIX의 가장 핵심적인 부분이다.
② 프로세스 관리, 기억장치 관리 등의 기능을 수행한다.
③ 하드웨어를 보호하고 프로그램과 하드웨어 간의 인터페이스 역할을 담당한다.
④ 사용자의 명령어를 인식하여 프로그램을 호출하고 명령을 수행하는 명령어 해석기이다.

16.3, 07.9, 00.9/3

09 시스템 소프트웨어의 운영 체제가 <u>아닌</u> 것은?

① MS-Windows   ② OS/2
③ Compiler   ④ Unix

11.9, 06.5

10 컴퓨터의 자원을 관리해 주는 시스템 프로그램을 무엇이라 하는가?

① 인터프리터
② 컴파일러
③ 통신 관리 시스템
④ 운영체제

기적의 TIP

UNIX에서 커널(Kernel), Shell(쉘)을 구분하고 시스템 소프트웨어(운영체제)의 특징을 정리하도록 합니다.

---

004 프로세스 스케줄링 POINT 04 참조

- 프로세스는 비동기적 행위를 일으키는 주체이다.
- **HRN(Highest Response-ratio Next)** : 우선순위 계산식 = (대기 시간 + 서비스를 받을 시간) / 서비스를 받을 시간
- **SJF(Shortest Job First scheduling)** : 준비상태 큐에서 기다리고 있는 프로세스 중 실행 시간이 가장 짧은 프로세스에게 먼저 CPU를 할당하는 스케줄링 기법이다.

15.9, 14.9/5, 13.6, 10.9/3, 08.3, 07.3

11 프로세스의 정의에 대한 설명으로 틀린 것은?

① 실행 중인 프로그램이다.
② 프로세서가 할당되는 실체이다.
③ 지정된 결과를 얻기 위한 일련의 계통적 동작이다.
④ 동기적 행위를 일으키는 주체이다.

17.3, 09.9, 08.3

12 HRN 스케줄링 기법에서 우선순위를 구하는 방법은?

① 대기 시간 / 서비스를 받을 시간
② 서비스를 받을 시간 / 대기 시간
③ 서비스를 받을 시간 / (대기 시간 + 서비스를 받을 시간)
④ (대기 시간 + 서비스를 받을 시간) / 서비스를 받을 시간

오답 피하기
HRN 스케줄링 우선순위 계산 결과 수치가 높은 것이 먼저 처리된다.

07.3, 03.3, 01.3

13 PCB의 내용이 아닌 것은?

① 할당되지 않은 주변 자원의 정보
② 프로세스 이름 및 고유 식별자
③ 프로세스 우선순위
④ 프로세스의 현재 상태

18.5, 14.5, 10.5

14 큐에 있는 프로세스 중 실행 시간이 가장 짧은 프로세스에게 먼저 CPU를 할당하는 스케줄링 기법은?

① HRN　　② FCFS
③ SJF　　④ ROUND ROBIN

기적의 TIP
프로세스의 정의를 기억하도록 합니다. 프로세스는 비동기적 행위를 일으키는 주체입니다. 그리고 각각의 프로세스 스케줄링의 특징과 스케줄 방식을 기억하도록 합니다.

005　기억장치 교체 전략　POINT 05 참조

- LRU(Least Recently Used)는 각 페이지마다 계수기나 스택을 두어 현 시점에서 가장 오랫동안 사용하지 않은 페이지를 교체하는 기법이다.
- 세그먼트(Segment)는 큰 프로그램을 보다 작은 프로그램으로 분할해서 하나의 논리적 단위로 묶어서 주기억장치에 읽어 들일 수 있도록 한 최소 단위이다.
- 50KB 공간에 15KB가 할당되면 35KB의 가장 큰 공간의 단편화가 발생한다.
- **배치(Placement) 전략**
  - 최초 적합(First Fit) : 입력되는 작업의 순서에 따라 주기억장치 첫 번째 기억 공간부터 할당
  - 최적 적합(Best Fit) : 입력되는 작업의 크기에 맞는 주기억장치를 찾아 할당
  - 최악 적합(Worst Fit) : 입력되는 작업의 크기에 맞지 않고 낭비가 가장 심한 공간을 찾아 할당

18.3, 17.5/3, 16.5, 13.6, 10.5/3, 09.9, 07.5

15 각 페이지마다 계수기나 스택을 두어 현 시점에서 가장 오랫동안 사용하지 않은 페이지를 교체하는 페이지 교체 기법은?

① SCR
② FIFO
③ RR
④ LRU

14.9, 10.9, 06.5, 05.3, 03.9, 01.3

16 큰 프로그램을 보다 작은 프로그램으로 분할해서 하나의 논리적 단위로 묶어서 주기억장치에 읽어 들일 수 있도록 한 것은?

① 서브루틴(Subroutine)
② 세그먼트(Segment)
③ 링키지(Linkage)
④ 스래싱(Thrashing)

20.8, 19.4/3, 18.9/5, 16.4, 15.9, 15.5, 14.5

17 다음과 같은 기억장소에서 15KB를 요구하는 프로그램이 50KB 공백의 작업공간에 배치될 때의 기억장치 배치 전략은?

OPERATING SYSTEM
Used Space
30KB 공간
Used Space
16KB 공간
Used space
50KB 공간
Used space

① First Fit   ② Best Fit
③ Worst Fit   ④ Top Fit

기적의 TIP

가상기억장치의 교체 전략의 종류와 각각의 기능을 기억하도록 합니다. 또한 기억장치 반입전략 3가지의 배치 방식을 이해하도록 합니다.

006 데이터베이스 설계   POINT 18 참조

개념적 설계
- 요구 분석 단계에서 나온 결과(명세)를 E-R(Entity-Relationship) 다이어그램과 같은 DBMS에 독립적이고 고차원적인 표현 기법으로 기술하는 과정이다.
- 요구 조건 분석 결과로 식별된 응용을 검토해서 이들을 구현할 수 있는 트랜잭션을 고차원 명세로 기술하는 과정이다.

논리적 설계
- 목표 DBMS에 종속적인 논리적 스키마 작성
- 논리적 데이터 모델로 변환
- 트랜잭션 인터페이스 설계
- 스키마의 평가 및 정제

물리적 설계
- 목표 DBMS에 종속적인 물리적 구조 설계
- 저장 레코드 양식 설계 및 레코드 집중의 분석/설계
- 파일 조직 방법과 저장 방법 그리고 파일 접근 방법 등을 선정
- 응답 시간 효율화를 위한 접근 경로 설계
- 트랜잭션 세부 설계

23.6, 22.4, 21.8, 21.3

18 물리적 데이터베이스 구조의 기본 데이터 단위인 저장 레코드의 양식을 설계할 때 고려사항이 <u>아닌</u> 것은?

① 데이터 타입
② 데이터값의 분포
③ 트랜잭션 모델링
④ 접근 빈도

오답 피하기

데이터베이스 설계 단계에서의 트랜잭션 설계 단계
- 개념 설계 : 트랜잭션 모델링
- 논리 설계 : 트랜잭션 인터페이스 설계
- 물리 설계 : 트랜잭션 세부 설계

22.3, 21.5, 20.9

19 데이터베이스 설계 단계 중 물리적 설계 시 고려사항으로 적절하지 <u>않은</u> 것은?

① 스키마의 평가 및 정제
② 응답 시간
③ 저장 공간의 효율화
④ 트랜잭션 처리량

기적의 TIP

데이터베이스 설계 단계 : 개념 → 논리 → 물리 절차를 암기하고 각 단계의 트랜잭션 설계 단계를 암기하세요.

007 릴레이션의 구성 [POINT 17 참조]

관계형 데이터베이스 모델 구조

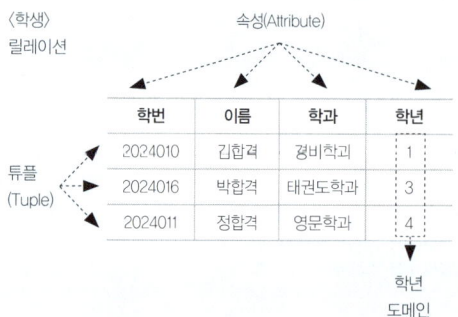

속성(Attribute)
- 테이블의 열(Column)에 해당하며 파일 구조의 항목(Item), 필드(Field)와 같은 의미이다.
- **차수(Degree)** : 속성의 수(차수)

튜플(Tuple)
- 파일 구조의 각 행을 튜플이라고 한다. 레코드와 같은 의미이다.
- **카디널리티(Cardinality)** : 튜플(행)의 수(기수)

22.4
20 관계 데이터 모델에서 릴레이션(Relation)에 포함되어 있는 튜플(Tuple)의 수를 무엇이라고 하는가?

① Degree
② Cardinality
③ Attribute
④ Cartesian product

22.3, 21.5
21 다음 릴레이션의 Degree와 Cardinality는?

학번	이름	학년	학과
13001	홍길동	3학년	전기
13002	이순신	4학년	기계
13003	강감찬	2학년	컴퓨터

① Degree : 4, Cardinality : 3
② Degree : 3, Cardinality : 4
③ Degree : 3, Cardinality : 12
④ Degree : 12, Cardinality : 3

오답 피하기
- 카디널리티(Cardinality) : 튜플(행)의 수(기수) – 3개
- 디그리(Degree) : 속성(열)의 수(차수) – 4개

기적의 TIP
DB 학습의 기본이 되므로 릴레이션의 각 부분 명칭과 기수, 차수 계산 방법을 정리합니다.

008 키(Key) [POINT 17 참조]

기본키(Primary Key)
- 테이블의 각 레코드를 고유하게 식별하는 필드나 필드의 집합이다.
- 테이블에 기본키 설정은 필수가 아니다.
- 기본키를 설정하지 않고도 다른 테이블과의 관계를 설정할 수 있다.
- 관계가 설정되어있는 테이블에서 기본키 설정을 해제하더라도 설정된 관계는 유지된다.
- 데이터가 이미 입력된 필드도 기본키로 지정할 수 있으며 기본키 값은 변경될 수 있다.

외래키(Foreign Key)
- 관계형 데이터 모델에서 한 릴레이션의 외래키는 참조되는 릴레이션의 기본키와 대응되어 릴레이션 간에 참조 관계를 표현하는 데 사용되는 중요한 도구이다.
- 외래키를 포함하는 릴레이션이 참조하는 릴레이션이 되고, 대응되는 기본키를 포함하는 릴레이션이 참조 릴레이션이 된다.

22.4
22 테이블의 기본키로 지정된 속성에 관한 설명으로 가장 거리가 먼 것은?

① NOT NULL로 널 값을 가지지 않는다.
② 릴레이션에서 튜플을 구별할 수 있다.
③ 외래키로 참조될 수 있다.
④ 검색할 때 반드시 필요하다.

오답 피하기
검색할 때는 인덱스를 활용한다.

23.6, 22.4, 21.8, 20.9, 20.6

23 다음 설명의 ( ) 안에 들어갈 내용으로 적합한 것은?

"후보키는 릴레이션에 있는 모든 튜플에 대해 유일성과 ( )을 모두 만족시켜야 한다."

① 중복성 ② 최소성
③ 참조성 ④ 동일성

오답 피하기
유일성과 최소성을 모두 만족하는 키는 후보키이다.

기적의 TIP
슈퍼키는 유일성은 만족하지만 최소성은 보장하지 않는다는 것도 같이 정리하세요.

"대통령 선거를 위해서 각 당에서 전당 대회를 통해 많은 후보 중에(슈퍼키) 당 대표를 선출(후보키, 대통령 후보)한다. 대통령 선거를 통해 대한민국을 대표할 수 있는 1명(기본키)을 선출한다."

---

009 무결성의 종류 POINT 17 참조

- **개체 무결성**: 기본키의 값은 널(Null)값이나 중복값을 가질 수 없다는 제약조건이다.
- **참조 무결성**: 참조할 수 없는 외래키 값을 가질 수 없다는 제약조건이다.
- **도메인 무결성**: 각 속성값은 해당 속성 도메인에 지정된 값이어야 한다는 제약조건이다.

22.4, 20.6

24 무결성 제약조건 중 개체 무결성 제약조건에 대한 설명으로 옳은 것은?

① 릴레이션 내의 튜플들이 각 속성의 도메인에 정해진 값만을 가져야 한다.
② 기본키는 NULL 값을 가져서는 안 되며 릴레이션 내에 오직 하나의 값만 존재해야 한다.
③ 자식 릴레이션의 외래키는 부모 릴레이션의 기본키와 도메인이 동일해야 한다.
④ 자식 릴레이션의 값이 변경될 때 부모 릴레이션의 제약을 받는다.

22.4, 21.8, 21.5, 20.8

25 다음 중 기본키는 NULL 값을 가져서는 안 되며, 릴레이션 내에 오직 하나의 값만 존재해야 한다는 조건을 무엇이라 하는가?

① 개체 무결성 제약조건
② 참조 무결성 제약조건
③ 도메인 무결성 제약조건
④ 속성 무결성 제약조건

기적의 TIP
- 기본키 – 개체 무결성
- 외래키 – 참조 무결성
- 속성 – 도메인 무결성

---

010 정규화(Normalization) POINT 18 참조

- 함수적 종속성 등의 잘못 설계된 관계형 스키마를 더 작은 속성의 세트로 쪼개어 바람직한 스키마로 만들어 가는 과정이다.
- 데이터베이스의 논리적 설계 단계에서 수행한다.
- 데이터 구조의 안정성을 최대화한다.
- 중복을 배제하여 삽입, 삭제, 갱신 이상의 발생을 방지한다.
- 데이터 삽입 시 릴레이션을 재구성할 필요성을 줄인다.

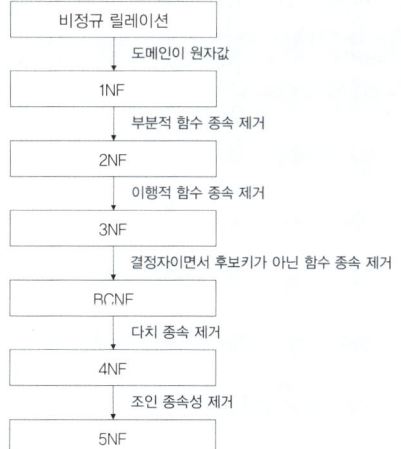

22.7, 21.8, 20.9, 20.8

26 정규화에 대한 설명으로 적절하지 않은 것은?

① 데이터베이스의 개념적 설계 단계 이전에 수행된다.
② 데이터 구조의 안정성을 최대화한다.
③ 중복을 배제하여 삽입, 삭제, 갱신 이상의 발생을 방지한다.
④ 데이터 삽입 시 릴레이션을 재구성할 필요성을 줄인다.

오답 피하기
- 개념 설계 : E-R 모델
- 논리 설계 : 관계형 데이터베이스 모델(정규화 진행)
- 물리 설계 : 물리 저장 장치에 저장되는 레코드 모델

22.3, 20.8, 20.6

27 정규화 과정에서 함수 종속이 A → B이고 B → C일 때 A → C인 관계를 제거하는 단계는?

① 1NF → 2NF
② 2NF → 3NF
③ 3NF → BCNF
④ BCNF → 4NF

23.6, 22.4, 21.5, 21.3, 20.9, 20.8

28 다음 조건을 모두 만족하는 정규형은?

- 테이블 R에 속한 모든 도메인이 원자값만으로 구성되어 있다.
- 테이블 R에서 키가 아닌 모든 필드가 키에 대해 함수적으로 종속되며, 키의 부분 집합이 결정자가 되는 부분 종속이 존재하지 않는다.
- 테이블 R에 존재하는 모든 함수적 종속에서 결정자가 후보키이다.

① BCNF
② 제1정규형
③ 제2정규형
④ 제3정규형

오답 피하기
- 원자값 : 1정규형
- 완전 함수적 종속 : 2정규형
- 결정자가 후보키 : BCNF정규형

22.3, 21.8, 20.6

29 어떤 릴레이션 R의 모든 조인 종속성의 만족이 R의 후보키를 통해서만 만족될 때, 이 릴레이션 R이 해당하는 정규형은?

① 제5정규형
② 제4정규형
③ 제3정규형
④ 제1정규형

기적의 TIP
이행 종속 규칙은 릴레이션에서 속성 A가 B를 결정하고(A → B), 속성 B가 C를 결정하면(B → C) 속성 A가 C도 결정한다는(A → C) 종속 규칙입니다. 자주 출제되니 정리해 주세요.

011 SQL의 분류   POINT 21 참조

- **DDL의 종류** : CREATE, DROP, ALTER
- **DML의 종류** : SELECT, INSERT, DELETE, UPDATE
- **DCL의 종류** : GRANT, REVOKE, COMMIT, ROLLBACK

22.4, 20.6

30 SQL의 기능에 따른 분류 중에서 REVOKE문과 같이 데이터의 사용 권한을 관리하는 데 사용하는 언어는?

① DDL(Data Definition Language)
② DML(Data Manipulation Language)
③ DCL(Data Control Language)
④ DUL(Data User Language)

기적의 TIP
- 테이블 → 정의(Definition)
- 레코드 → 조작(Manipulation)
- 데이터베이스 → 제어(Control)

012 DDL (Data Definition Language)

POINT 21 참조

- 데이터베이스의 정의/변경/삭제에 사용되는 언어이다.
- 논리적 데이터 구조와 물리적 데이터 구조로 정의할 수 있다.
- 논리적 데이터 구조와 물리적 데이터 구조 간의 사상을 정의한다.
- 번역한 결과가 데이터 사전에 저장된다.

```
CREATE TABLE 기본테이블
( { 열이름 데이터_타입 [NOT NULL], [DEFAULT 값] }
[PRIMARY KEY(열이름_리스트)]
[UNIQUE(열이름_리스트,…)]
[FOREIGN KEY(열이름_리스트)]
REFERENCES 기본테이블[(기본키_열이름)]
[ON DELETE 옵션]
[ON UPDATE 옵션]
[CHECK(조건식)] );
```

- { }는 중복 가능한 부분, [ ]는 생략 가능한 부분이다.
- NOT NULL은 특정 열에 대해 널(Null) 값을 허용하지 않을 때 기술한다.
- PRIMARY KEY는 기본키를 구성하는 속성을 지정할 때 기술한다.
- FOREIGN KEY는 외래키로 어떤 릴레이션의 기본키를 참조하는지를 기술한다.

CASCADE vs RESTRICT
- **DROP View** : View_이름 [CASCADE | RESTRICT];
- **CASCADE** : 삭제할 요소가 다른 개체에서 참조 중이라도 삭제가 수행된다.
- **RESTRICT** : 삭제할 요소가 다른 객체에서 참조 중일 경우 삭제가 취소된다.

DDL 종류
- **CREATE** : 스키마, 도메인, 테이블, 뷰 정의
- **ALTER** : 테이블 전의 변경
- **DROP** : 스키마, 도메인, 테이블, 뷰 삭제

23.6, 23.3, 21.8, 21.5, 20.9, 20.8, 20.6

31 DDL(Data Define Language)의 명령어 중 스키마, 도메인, 인덱스 등을 정의할 때 사용하는 SQL문은?

① ALTER ② SELECT
③ CREATE ④ INSERT

22.3

32 테이블 두 개를 조인하여 뷰 V_1을 정의하고, V_1을 이용하여 뷰 V_2를 정의하였다. 다음 명령 수행 후 결과로 옳은 것은?

```
DROP VIEW V_1 CASCADE;
```

① V_1만 삭제된다.
② V_2만 삭제된다.
③ V_1과 V_2 모두 삭제된다.
④ V_1과 V_2 모두 삭제되지 않는다.

오답 피하기
CASCADE : 삭제할 요소가 다른 개체에서 참조 중이라도 삭제가 수행된다. 즉, V_1 하위에 연결된 V_2도 같이 삭제된다.

기적의 TIP
DDL은 테이블을 만들고, 변경하고 삭제하는 명령어이다.

013 DML(Data Manipulation Language) [POINT 22 참조]

- SELECT : 튜플을 검색할 때 사용한다.
- INSERT : 튜플을 삽입할 때 사용한다.
- DELETE : 튜플을 삭제할 때 사용한다.
- UPDATE : 튜플의 내용을 변경할 때 사용한다.

SELECT문 기본 구조

SELECT 속성명 [ALL | DISTINCT]
FROM 릴레이션명
WHERE 조건;
[GROUP BY 속성명1, 속성명2,…]
[HAVING 조건]
[ORDER BY 속성명 [ASC | DESC]];

- ALL : 모든 튜플을 검색(생략 가능)
- DISTINCT : 중복된 튜플 생략
- ORDER BY를 사용하며 내림차순은 DESC를 사용한다. 오름차순의 경우 생략이나 ASC를 사용한다.

21.5, 20.8, 20.6

33 STUDENT 테이블에 독일어과 학생 50명, 중국어과 학생 30명, 영어영문학과 학생 50명의 정보가 저장되어 있을 때, 다음 두 SQL문의 실행 결과 튜플 수는? (단, DEPT 컬럼은 학과명)

ⓐ SELECT DEPT FROM STUDENT;
ⓑ SELECT DISTINCT DEPT FROM STUDENT;

① ⓐ 3, ⓑ 3
② ⓐ 50, ⓑ 3
③ ⓐ 130, ⓑ 3
④ ⓐ 130, ⓑ 130

오답 피하기
DISTINCT는 검색된 레코드가 중복될 경우 1개만 출력한다.

22.3

34 DELETE 명령에 대한 설명으로 틀린 것은?

① 테이블의 행을 삭제할 때 사용한다.
② WHERE 조건절이 없는 DELETE 명령을 수행하면 DROP TABLE 명령을 수행했을 때와 동일한 효과를 얻을 수 있다.
③ SQL을 사용 용도에 따라 분류할 경우 DML에 해당한다.
④ 기본 사용 형식은 "DELETE FROM 테이블 [WHERE 조건];"이다.

오답 피하기
데이터베이스 조작어는 튜플을 관리할 때 사용한다. 레코드를 모두 삭제한다고 해서 테이블이 삭제되지는 않는다. 테이블을 삭제하려면 데이터베이스 정의어인 DROP문을 사용한다.

22.4

35 다음 테이블을 보고 강남지점의 판매량이 많은 제품부터 출력되도록 할 때 다음 중 가장 적절한 SQL 구문은? (단, 출력은 제품명과 판매량이 출력되도록 한다.)

[푸드] 테이블

지점명	제품명	판매량
강남지점	비빔밥	500
강북지점	도시락	300
강남지점	도시락	200
강남지점	미역국	550
수원지점	비빔밥	600
인천지점	비빔밥	800
강남지점	잡채밥	250

① SELECT 제품명, 판매량 FROM 푸드
   ORDER BY 판매량 ASC;

② SELECT 제품명, 판매량 FROM 푸드
   ORDER BY 판매량 DESC;

③ SELECT 제품명, 판매량 FROM 푸드
   WHERE 지점명 = '강남지점'
   ORDER BY 판매량 ASC;

④ SELECT 제품명, 판매량 FROM 푸드
   WHERE 지점명 = '강남지점'
   ORDER BY 판매량 DESC;

> **기적의 TIP**
>
> 판매량이 큰 값부터 작은 값 순이므로, 판매량 기준 내림차순(DSC, Descending)으로 적용해야 합니다.

014 DCL (Data Control Language) [POINT 21 참조]

- **COMMIT** : 명령어로 수행된 결과를 실제 물리적 디스크로 저장하고, 명령어로 수행을 성공적으로 완료하였음을 선언한다.
- **ROLLBACK** : 명령어로 수행에 실패하였음을 알리고, 수행된 결과를 원상 복귀시킨다.
- **GRANT** : 데이터베이스 사용자에게 사용 권한을 부여한다.
- **REVOKE** : 데이터베이스 사용자로부터 사용 권한을 취소한다.

GRANT : 권한 설정

- GRANT 권한 ON 데이터 객체 TO 사용자 [WITH GRANT OPTION];
- WITH GRANT OPTION : 사용자가 부여받은 권한을 다른 사용자에게 다시 부여할 수 있는 권한을 부여한다.
- 부여할 수 있는 권한 : UPDATE, DELETE, INSERT, SELECT

REVOKE : 권한 해제

- REVOKE [GRANT OPTION FOR] 권한 ON 데이터 객체 FROM 사용자 [CASCADE];
- GRANT OPTION FOR : 다른 사용자에게 권한을 부여할 수 있는 권한을 취소한다.
- CASCADE : 권한을 부여받았던 사용자가 다른 사용자에게 부여한 권한도 연쇄 취소한다.
- 부여할 수 있는 권한 : UPDATE, DELETE, INSERT, SELECT

22.4, 20.6

36 SQL의 기능에 따른 분류 중에서 REVOKE문과 같이 데이터의 사용 권한을 관리하는 데 사용하는 언어는?

① DDL(Data Definition Language)
② DML(Data Manipulation Language)
③ DCL(Data Control Language)
④ DUL(Data User Language)

23.3, 22.7, 21.8, 21.5, 20.9, 20.8, 20.6

37 DCL(Data Control Language) 명령어가 아닌 것은?

① COMMIT   ② ROLLBACK
③ GRANT   ④ SELECT

22.3

38 데이터 제어어(DCL)에 대한 설명으로 옳은 것은?

① ROLLBACK : 데이터의 보안과 무결성을 정의한다.
② COMMIT : 데이터베이스 사용자의 사용 권한을 취소한다.
③ GRANT : 데이터베이스 사용자에게 사용 권한을 부여한다.
④ REVOKE : 데이터베이스 조작 작업이 비정상적으로 종료되었을 때 원래 상태로 복구한다.

> **기적의 TIP**
>
> 다양한 형태로 꼭 출제됩니다. 기출문제를 통하여 SQL을 이해하도록 합니다.

015 트랜잭션

트랜잭션의 특성

- **원자성(Atomicity)** : 완전하게 수행 완료되지 않으면 전혀 수행되지 않아야 한다.
- **일관성(Consistency)** : 시스템의 고정 요소는 트랜잭션 수행 전후에 같아야 한다.
- **격리성(Isolation, 고립성)** : 트랜잭션 실행 시 다른 트랜잭션의 간섭을 받지 않아야 한다.
- **영속성(Durability, 지속성)** : 트랜잭션의 완료 결과가 데이터베이스에 영구히 기억된다.

트랜잭션 상태

- **활동(Active)** : 초기 상태로 트랜잭션이 Begin_Trans에서 부터 실행을 시작하였거나 실행 중인 상태이다.
- **부분 완료(Partially Committed)** : 트랜잭션의 마지막 연산이 실행된 직후의 상태로, 모든 연산의 처리는 끝났지만 트랜잭션이 수행한 최종 결과를 데이터베이스에 반영하지 않은 상태이다.
- **철회(Aborted)** : 트랜잭션이 실행에 실패하여 Rollback 연산을 수행한 상태이다.
- **완료(Committed)** : 트랜잭션이 실행을 성공적으로 완료 연산을 수행한 상태이다.

23.6, 23.3, 22.4, 21.3, 20.9, 20.8, 20.6

39 다음 설명과 관련 있는 트랜잭션의 특징은?

> "트랜잭션의 연산은 모두 실행되거나, 모두 실행되지 않아야 한다."

① Durability
② Isolation
③ Consistency
④ Atomicity

23.3, 22.4

40 트랜잭션의 상태 중 트랜잭션의 마지막 연산이 실행된 직후의 상태로, 모든 연산의 처리는 끝났지만 트랜잭션이 수행한 최종 결과를 데이터베이스에 반영하지 않은 상태는?

① Active
② Partially Committed
③ Committed
④ Aborted

> **기적의 TIP**
> 트랜잭션은 데이터베이스에서 하나의 논리적 기능을 수행하기 위한 작업의 단위 또는 한꺼번에 모두 수행되어야 할 일련의 연산들을 의미합니다.

016 선형/비선형 구조

- **선형 구조** : 큐, 스택, 데크, 리스트, 연결 리스트
- **비선형 구조** : 그래프, 트리, 인접 행렬
- **스택 응용 분야** : 인터럽트의 처리, 수식의 계산, 서브루틴의 복귀 번지 저장, 후위 표현(Post-fix Expression)의 연산, 깊이 우선 탐색

21.3

41 다음 중 선형 구조로만 묶인 것은?

① 스택, 트리
② 큐, 데크
③ 큐, 그래프
④ 리스트, 그래프

22.3, 21.5, 20.4, 21.3

42 스택(Stack)에 대한 옳은 내용으로만 나열된 것은?

> ㉠ FIFO 방식으로 처리된다.
> ㉡ 순서 리스트의 뒤(Rear)에서 노드가 삽입되며, 앞(Front)에서 노드가 제거된다.
> ㉢ 삭제가 리스트의 앞과 뒤에서 모두 가능한 자료 구조이다.
> ㉣ 인터럽트 처리, 서브루틴 호출 작업 등에 응용된다.

① ㉠, ㉡
② ㉡, ㉢
③ ㉣
④ ㉠, ㉡, ㉢, ㉣

> **오답 피하기**
> ㉠, ㉡은 큐에 관한 설명이다.

23.6, 22.3, 21.9

43 순서가 A, B, C, D로 정해진 입력 자료를 push, push, pop, push, push, pop, pop, pop 순서로 스택 연산을 수행하는 경우 출력 결과는?

① B D C A
② A B C D
③ B A C D
④ A B D C

오답 피하기

입력 순서 : A → B → C → D

연산	스택	행동
push	A	A 삽입
push	A, B	B 삽입
pop	A	B 출력
push	A, C	C 삽입
push	A, C, D	D 삽입
pop	D	D 출력
pop	C	C 출력
pop	A	A 출력

출력을 순서대로 표시하면 B → D → C → A

21.5, 20.6

44 메모리상에서 프로그램의 복귀 주소와 변수 사이에 특정 값을 저장해 두었다가 그 값이 변경되었을 경우 오버플로 상태로 가정하여 프로그램 실행을 중단하는 기술은?

① Stack Guard
② Bridge
③ ASLR
④ FIN

기적의 TIP

자료 구조 중 스택은 출제 확률이 높습니다. 본문과 기출문제를 통해 스택의 다양한 문제를 폭넓게 학습하세요.

---

017 트리 순회, 연산식 〔POINT 07 참조〕

- 전위(Preorder) 순회 : [루트 → 왼쪽 자식 → 오른쪽 자식] 순으로 순회
- 중위(Inorder) 순회 : [왼쪽 자식 → 루트 → 오른쪽 자식] 순으로 순회
- 후위(Postorder) 순회 : [왼쪽 자식 → 오른쪽 자식 → 루트] 순으로 순회

23.3, 22.7, 22.4, 21.8, 21.3, 20.9, 20.8, 20.6

45 다음 트리를 Preorder 운행법으로 운행할 경우 다섯 번째로 탐색되는 것은?

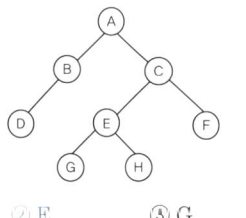

① C   ② E   ③ G   ④ H

오답 피하기

- Preorder의 순회 순서는 Root → Left → Right이다.
- A ① ② → A B D C ③ F → A B D C E G H F 이므로 5번째 E가 검색된다.
- 아래 그림과 같이 트리를 자식 노드별로 분할하여 분석하면 쉽게 풀 수 있다.

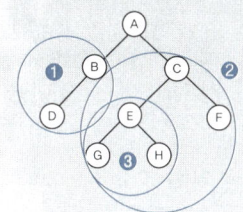

23.3, 21.5, 20.9

46 다음 Postfix로 표현된 연산식의 연산 결과로 옳은 것은?

```
3 4 * 5 6 * +
```

① 35   ② 42   ③ 81   ④ 360

오답 피하기

Postfix(후위 표기법)를 Infix(중위 표기법)로 변환 후 계산한다.
- 3 4 * 5 6 * +
- ((3 4) * (5 6) *) + : 연산자 앞 피연산자 2개를 괄호( )로 묶는다.
- (3 * 4) + (5 * 6) : 연산자를 괄호( )안의 피연산자 사이로 이동한다.
- 12 + 30 = 42

기적의 TIP

처음에는 조금 어려울 수 있습니다. 원리를 파악하고 순서대로 여러 번 반복해 복습하세요.

과목 02 프로그래밍 일반

018 CASE(Computer Aided Software Engineering) POINT 25 참조

- 소프트웨어 개발 과정에서 사용되는 요구 분석, 설계, 구현, 검사 및 디버깅 과정을 컴퓨터와 전용의 소프트웨어 도구를 사용하여 자동화하는 작업이다.
- 소프트웨어 생명주기의 전체 단계를 연결해주고 자동화시켜 주는 통합된 도구를 제공해주는 기술이다.
- 소프트웨어 시스템의 문서화 및 명세화를 위한 그래픽 기능을 제공한다.
- 자료 흐름도 등의 다이어그램을 쉽게 작성하게 해주는 소프트웨어 CASE 도구이다.
- 표준화된 개발 환경 구축 및 문서 자동화 기능을 제공한다.
- 작업 과정 및 데이터 공유를 통해 작업자 간의 커뮤니케이션을 증대시킨다.

23.6, 23.3, 21.5, 21.3

47 CASE(Computer Aided Software Engineering)에 대한 설명으로 틀린 것은?

① 소프트웨어 모듈의 재사용성이 향상된다.
② 자동화된 기법을 통해 소프트웨어 품질이 향상된다.
③ 소프트웨어 사용자들에게 사용 방법을 신속히 숙지시키기 위해 사용된다.
④ 소프트웨어 유지보수를 간편하게 수행할 수 있다.

오답 피하기

CASE는 개발 단계에서 사용되는 자동화 도구이므로 사용자 단계에서 사용되는 도구가 아니다.

20.9, 20.8, 20.6

48 CASE(Computer Aided Software Engineering)의 주요 기능으로 옳지 않은 것은?

① S/W 라이프 사이클 전 단계의 연결
② 그래픽 지원
③ 다양한 소프트웨어 개발 모형 지원
④ 언어 번역

기적의 TIP

CASE의 기능과 주요 기능을 중심으로 내용을 정리합니다.

019 요구사항 분석 [POINT 27 참조]

- 요구사항 간 상충되는 것을 해결하고, 소프트웨어의 범위를 파악한다.
- 명확하지 못하거나 모호한 부분을 걸러 내기 위한 과정이다.
- 소프트웨어가 환경과 어떻게 상호작용하는지 이해한다.
- 중복되는 내용을 통합하고, 서로 상충되는 요구사항을 해결한다.
- 시스템 요구사항을 정제하여 소프트웨어 요구사항을 도출한다.
- 도출된 사항을 분석하여 소프트웨어 개발 범위를 파악한다.
- 비용과 일정에 대한 제약을 설정한다.
- 타당성 조사를 수행한다.
- 요구사항 정의를 문서화한다.
- 성능, 보안, 품질, 안정 등에 대한 요구사항은 비기능적 요구사항에 해당한다.

SWEBOK에 따른 요구사항 개발 프로세스

도출(Elicitation) → 분석(Analysis) → 명세(Specification) → 확인(Validation)

23.6, 22.3, 20.9, 20.8, 20.6

49 소프트웨어 개발 방법 중 요구사항 분석(Requirements Analysis)과 거리가 먼 것은?

① 비용과 일정에 대한 제약 설정
② 타당성 조사
③ 요구사항 정의 문서화
④ 설계 명세서 작성

21.5

50 요구사항 개발 프로세스의 순서로 옳은 것은?

| ㉠ 도출(Elicitation) | ㉡ 분석(Analysis) |
| ㉢ 명세(Specification) | ㉣ 확인(Validation) |

① ㉠ → ㉡ → ㉢ → ㉣
② ㉠ → ㉢ → ㉡ → ㉣
③ ㉠ → ㉣ → ㉡ → ㉢
④ ㉠ → ㉡ → ㉣ → ㉢

기적의 TIP

요구사항 분석의 개념과 개발 절차에 대한 문제가 출제될 수 있습니다. 요구사항 분석의 개념 및 절차에 대해 반드시 숙지해야 합니다.

020 유스케이스(Use Case)의 구성 요소 간의 관계 [POINT 38 참조]

- **연관 관계(Association)** : 유스케이스와 액터 간의 상호작용이 있음을 표현한다.
- **포함 관계(Include)** : 하나의 유스케이스가 다른 유스케이스의 실행을 전제로 할 때 형성되는 관계이다.
- **확장 관계(Extend)** : 확장 기능 유스케이스와 확장 대상 유스케이스 사이에 형성되는 관계이다.
- **일반화 관계(Generalization)** : 유사한 유스케이스 또는 액터를 모아 추상화한 유스케이스 또는 액터와 연결해 그룹을 만들어 이해도를 높이기 위한 관계이다.

22.4, 21.5, 21.3

51 유스케이스(Use Case)의 구성 요소 간의 관계에 포함되지 않는 것은?

① 연관
② 확장
③ 구체화
④ 일반화

22.7, 22.4, 21.5

52 유스케이스 다이어그램에 관련된 내용으로 틀린 것은?

① 시스템과 상호작용하는 외부 시스템은 액터로 파악해서는 안 된다.
② 유스케이스는 사용자 측면에서의 요구사항으로, 사용자가 원하는 목표를 달성하기 위해 수행할 내용을 기술한다.
③ 시스템 액터는 다른 프로젝트에서 이미 개발되어 사용되고 있으며, 본 시스템과 데이터를 주고받는 등 서로 연동되는 시스템을 말한다.
④ 액터가 인식할 수 없는 시스템 내부의 기능을 하나의 유스케이스로 파악해서는 안 된다.

오답 피하기

- 유스케이스 즉, 사용 사례는 시스템과 상호작용하는 액터의 행위 사례를 의미한다.
- 액터(Actor)는 서비스를 이용하는 외부 객체이다. 시스템이 특정한 사례(Use Case)를 실행하도록 요구할 수 있는 중요한 요소이다.

기적의 TIP

유스케이스의 구성 요소 간 관계를 잘 알아 두세요.

021 럼바우(Rumbaugh) 객체지향 분석 기법

POINT 38 참조

- **객체 모델링** : 정보 모델링이라고도 한다. 시스템에서 요구되는 객체를 찾아내어 속성과 연산 식별 및 객체 간의 관계를 규정하여 객체를 다이어그램으로 표시한다.
- **동적 모델링** : 제어 흐름, 상호작용, 동작 순서 등의 상태를 시간 흐름에 따라 상태 다이어그램으로 표시한다.
- **기능 모델링** : 자료 흐름도를 이용하여 여러 프로세스 간의 자료 흐름을 표시한다. 어떤 데이터를 입력하여 어떤 결과를 가져올 수 있을지를 표현한다.

22.3, 20.8, 20.6

53 객체지향 분석 기법의 하나로 객체 모형, 동적 모형, 기능 모형의 3개 모형을 생성하는 방법은?

① Wirfs-Block Method
② Rumbaugh Method
③ Booch Method
④ Jacobson Method

22.7, 21.8, 21.5, 21.3, 20.9

54 럼바우(Rumbaugh)의 객체지향 분석에서 사용하는 분석 활동으로 옳은 것은?

① 객체 모델링, 동적 모델링, 정적 모델링
② 객체 모델링, 동적 모델링, 기능 모델링
③ 동적 모델링, 기능 모델링, 정적 모델링
④ 정적 모델링, 객체 모델링, 기능 모델링

오답 피하기
절차 : 객체 모델링 → 동적 모델링 → 기능 모델링

기적의 TIP

럼바우의 객체지향 분석 기법 및 절차 모두 기억합니다. 암기보다는 객체지향의 설계 단계를 이해하면 쉽습니다.

022 자료 흐름도 (DFD : Data Flow Diagram)

POINT 38 참조

- 자료는 처리를 거쳐 변환될 때마다 새로운 명칭을 부여해야 한다.
- 자료 흐름도의 최하위 처리(Process)는 소단위 명세서를 갖는다.
- 어떤 처리(Process)가 출력 자료를 산출하기 위해서는 필요한 자료가 반드시 입력되어야 한다.
- 시스템이나 프로그램 간의 총체적인 데이터 흐름을 표시할 수 있으며, 기본적인 데이터 요소와 그들 사이의 데이터 흐름 형태로 기술된다.
- 다차원적이며 자료 흐름 그래프 또는 버블(Bubble) 차트라고도 한다.
- 구조적 분석 기법에 이용된다.
- 그림 중심의 표현이고 하향식 분할 원리를 적용한다.

23.3, 22.3, 21.8, 21.5, 21.3, 20.9, 20.8, 20.6

55 자료 흐름도(Data Flow Diagram)의 구성 요소로 옳은 것은?

① Process, Data Flow, Data Store, Comment
② Process, Data Flow, Data Store, Terminator
③ Data Flow, Data Store, Terminator, Data Dictionary
④ Process, Data Store, Terminator, Mini-Spec

23.3, 22.7, 22.4, 21.5, 21.3

56 DFD(Data Flow Diagram)에 대한 설명으로 틀린 것은?

① 자료 흐름 그래프 또는 버블(Bubble) 차트라고도 한다.
② 구조적 분석 기법에 이용된다.
③ 시간 흐름을 명확하게 표현할 수 있다.
④ DFD의 요소는 화살표, 원, 사각형, 직선(단선/이중선)으로 표시한다.

기적의 TIP

DFD의 구성 요소와 각 기호도 같이 정리합니다.

023 데이터 사전(자료 사전, Data Dictionary) POINT 21 참조

자료 사전
- 시스템 자신이 필요로 하는 여러 가지 객체(기본 테이블, 뷰, 인덱스, 데이터베이스, 패키지, 접근 권한 등)에 관한 정보를 포함하고 있는 시스템 데이터베이스이다.
- 시스템 카탈로그(System Catalog), 메타 데이터(Meta Data)라고도 한다.
- 시스템 카탈로그 자체도 시스템 테이블로 구성되어 있어 SQL문을 이용하여 내용 검색이 가능하다.

자료 사전 표기법

기호	의미	설명
=	자료의 정의	~로 구성되어 있다 (is compose of).
+	자료의 연결	그리고(and, along with)
( )	자료의 생략	생략 가능한 자료(Optional)
[	]	자료의 선택	다중 택일(Selection), 또는(or)
{ }	자료의 반복 (Iteration of)	{ }$_n$: 최소 n번 이상 반복 { }^{n} : 최대 n번 이하 반복 { }^n_m : m번 이상 n번 이하 반복
**	자료의 설명	주석(Comment)
|	대체 항목 나열	또는(or)

22.4, 21.5, 21.3

57 데이터 사전에 대한 설명으로 틀린 것은?

① 시스템 카탈로그 또는 시스템 데이터베이스라고도 한다.
② 데이터 사전 역시 데이터베이스의 일종이므로 일반 사용자가 생성, 유지 및 수정할 수 있다.
③ 데이터베이스에 대한 데이터인 메타 데이터(Meta-data)를 저장하고 있다.
④ 데이터 사전에 있는 데이터에 실제로 접근하는 데 필요한 위치 정보는 데이터 디렉터리(Data Directory)라는 곳에서 관리한다.

오답 피하기
데이터 사전은 DBMS가 자동으로 관리한다.

20.9, 20.6

58 자료 사전에서 자료의 생략을 의미하는 기호는?

① { } ② **
③ =   ④ ( )

기적의 TIP
자료에 대한 정보를 담고 있는 사전이 자료 사전입니다. 자료 사전 표기법을 기억합니다.

024 응집도, 결합도 그리고 효과적인 모듈 설계 POINT 27 참조

응집도(Cohesion)
- 한 모듈 내에 있는 처리 요소들 사이의 기능적인 연관 정도를 나타낸다.
- (강함)기능적 응집도 〉 순차적 응집도 〉 교환적 응집도 〉 절차적 응집도 〉 시간적 응집도 〉 논리적 응집도 〉 우연적 응집도(약함)

결합도
- 모듈들이 변수를 공유하지 않도록 결합도를 낮추어야 한다.
- (낮음)데이터 결합도 〈 스탬프 결합도 〈 제어 결합도 〈 외부 결합도 〈 공통 결합도 〈 내용 결합도(높음)

효과적인 모듈화 설계 방법
- 응집도는 강하게, 결합도는 약하게 설계한다.
- 복잡도와 중복성을 줄이고 일관성을 유지할 수 있도록 설계한다.
- 유지보수가 용이하도록 설계한다.
- 모듈 크기는 시스템의 전반적인 기능과 구조를 이해하기 쉬운 크기로 설계한다.
- 모듈 기능은 예측이 가능해야 하며 지나치게 제한적이어서는 안 된다.

22.4, 21.8, 21.5, 21.3, 20.9, 20.8, 20.6

59 다음 중 Myers가 구분한 응집도(Cohesion)의 정도에서 가장 낮은 응집도를 갖는 단계는?

① 순차적 응집도(Sequential Cohesion)
② 기능적 응집도(Functional Cohesion)
③ 시간적 응집도(Temporal Cohesion)
④ 우연적 응집도(Coincidental Cohesion)

23.6, 23.3, 22.4, 22.3, 21.3, 20.9, 20.8

60 효과적인 모듈 설계를 위한 유의 사항으로 거리가 먼 것은?

① 모듈 간의 결합도를 약하게 하면 모듈 독립성이 향상된다.
② 복잡도와 중복성을 줄이고 일관성을 유지시킨다.
③ 모듈의 기능은 예측이 가능해야 하며 지나치게 제한적이어야 한다.
④ 유지보수가 용이해야 한다.

> **기적의 TIP**
> • 응집도는 "기 – 순 – 교 – 절 – 시 – 논 – 우"를 "학교 종이" 동요 음률을 붙여 암기하도록 하세요.
> • 결합도는 "데 – 스 – 제 – 외 – 공 – 내"로 암기하도록 하세요.

---

025 객체지향/캡슐화 [POINT 37 참조]

객체지향(Object Oriented) 분석
- 현실 세계의 대상 체인 개체(Entity)를 속성(Attribute)과 메소드(Method)로 결합하여 객체(Object)로 표현(모델링)한다.
- 소프트웨어 개발의 대상을 기능이 아닌 개체를 대상으로 하며 개체 간의 상호관계를 모델링하는 방식이다.

캡슐화(Encapsulation)
- 서로 관련성이 높은 데이터(속성)와 그와 관련된 기능(메소드, 함수)을 묶는 기법이다.
- 결합도가 낮아져 소프트웨어 개발에 있어 재사용성이 높아진다.
- 정보은닉을 통하여 타 객체와 메시지 교환 시 인터페이스가 단순해진다.

23.6, 21.8, 21.3, 20.9, 20.8

61 객체지향의 주요 개념에 대한 설명으로 틀린 것은?

① 캡슐화는 상위 클래스에서 속성이나 연산을 전달받아 새로운 형태의 클래스로 확장하여 사용하는 것을 의미한다.
② 객체는 실세계에 존재하거나 생각할 수 있는 것을 말한다.
③ 클래스는 하나 이상의 유사한 객체들을 묶어 공통된 특성을 표현한 것이다.
④ 다형성은 상속받은 여러 개의 하위 객체들이 다른 형태의 특성을 갖는 객체로 이용될 수 있는 성질이다.

> **오답 피하기**
> ①번은 상속성에 대한 설명이다.

22.7, 22.3

62 객체지향 기법에서 상위 클래스의 메소드와 속성을 하위 클래스가 물려받는 것을 의미하는 것은?

① Abstraction
② Polymorphism
③ Encapsulation
④ Inheritance

> **오답 피하기**
> **상속성(Inheritance)** : 상위 클래스의 모든 속성, 연산을 하위 클래스가 재정의 없이 물려받아 사용하는 것이다.

> **기적의 TIP**
> 객체지향의 개념과 캡슐화를 구분하고 설명할 수 있도록 합니다.

026 객체지향의 구성 요소와 설계 원칙
POINT 37 참조

객체지향의 구성 요소

Class	• 유사한 객체를 정의한 프로그램이다. • 같은 종류의 객체 집합으로 속성+행위를 정의한 것으로 일반적인 Type을 의미한다. • 객체지향 프로그램의 기본적인 사용자 정의 데이터형이다. • 객체지향 프로그램에서 데이터를 추상화하는 단위이다. • 같은 종류의 Object 속성과 연산을 정의하고 있는 Template이다. • Class에 속한 Instance를 Object라 한다. • 상위 클래스(부모 클래스, Super Class), 하위 클래스(자식 클래스, Sub Class)가 있다.	
Object	• 데이터와 함수를 묶어 캡슐화한 것이다. • 데이터와 함수를 묶어 캡슐화하는 대상이 된다. • 하나의 소프트웨어 모듈이다. • Class(클래스)에 속한 Instance(인스턴스)를 Object(객체)라 한다.	
	Attribute	Object가 가지고 있는 데이터 값
	Method	Object의 행위인 함수
Message	Object 간에 서로 주고받는 통신을 의미한다.	

객체지향 설계 원칙(SOLID)

단일 책임의 원칙 (SRP : Single Responsibility Principle)	모든 클래스는 단일 목적으로 생성되고, 하나의 책임만 가져야 한다.
개방-폐쇄의 원칙 (OCP : Open Closed Principle)	소프트웨어 구성 요소는 확장에 대해서는 개방되어야 하나 수정에 대해서는 폐쇄적이어야 한다.
리스코프 치환 원칙 (LSP : Liskov Substitution Principle)	부모 클래스가 들어갈 자리에 자식 클래스를 대체하여도 계획대로 작동해야 한다.
인터페이스 분리 원칙 (ISP : Interface Segregation Principle)	• 클라이언트는 자신이 사용하지 않는 메소드와 의존관계를 맺으면 안 된다. • 클라이언트가 사용하지 않는 인터페이스 때문에 영향을 받아서는 안 된다.
의존 역전 원칙 (DIP : Dependency Inversion Principle)	의존 관계를 맺으면 변하기 쉽고 변화 빈도가 높은 것보다 변하기 어렵고 변화 빈도가 낮은 것에 의존한다.

22.4, 22.3, 21.5, 20.8

63 객체에 대한 설명으로 틀린 것은?

① 객체는 상태, 동작, 고유 식별자를 가진 모든 것이라 할 수 있다.
② 객체는 공통 속성을 공유하는 클래스들의 집합이다.
③ 객체는 필요한 자료 구조와 이에 수행되는 함수들을 가진 하나의 독립된 존재이다.
④ 객체의 상태는 속성값에 의해 정의된다.

20.6

64 객체지향 프로그램에서 데이터를 추상화하는 단위는?

① 메소드
② 클래스
③ 상속성
④ 메세지

22.3, 20.9, 20.8

65 클래스 설계 원칙에 대한 바른 설명은?

① 단일 책임 원칙 : 하나의 클래스만 변경 가능해야 한다.
② 개방-폐쇄의 원칙 : 클래스는 확장에 대해 열려 있어야 하며 변경에 대해 닫혀 있어야 한다.
③ 리스코프 교체의 원칙 : 여러 개의 책임을 가진 클래스는 하나의 책임을 가진 클래스로 대체되어야 한다.
④ 의존관계 역전의 원칙 : 클라이언트는 자신이 사용하는 메소드와 의존관계를 갖지 않도록 해야 한다.

기적의 TIP

객체지향의 구성인 Class, Object, Message의 기능을 이해하도록 합니다.

027 GoF 디자인 패턴

GoF(Gang of Four) 디자인 패턴
- **구조** : Adapter, Bridge, Composite, Decorator, Facade, Flyweight, Proxy
- **행위** : Chain of Responsibility, Iterator, Command, Interpreter, Memento, Observer, State, Strategy, Visitor, Template Method, Mediator
- **생성** : Factory Method, Singleton, Prototype, Builder, Abstraction Factory

디자인 패턴을 사용할 때의 장·단점

장점	• 개발자 간의 원활한 의사소통을 지원한다. • 소프트웨어 구조 파악이 쉽다. • 재사용을 통한 개발 시간을 단축할 수 있다. • 설계 변경 요청에 대한 유연한 대처가 가능하다. • 객체지향 설계 및 구현의 생산성을 높이는 데 적합하다.
단점	• 객체지향 설계/구현 위주로 사용된다. • 초기 투자 비용이 부담된다.

디자인 패턴의 특징
자주 사용하는 설계 형태를 정형화하여 유형별로 설계 템플릿을 만들어 두고 소프트웨어 개발 중 나타나는 과제를 해결하기 위한 방법 중 한 가지이므로 개발 프로세스를 무시할 수 없다.

23.3, 22.4, 22.3, 21.8, 21.5, 21.3, 20.9, 20.8, 20.6

66 GoF(Gang of Four) 디자인 패턴을 생성, 구조, 행동 패턴의 세 그룹으로 분류할 때, 구조 패턴이 <u>아닌</u> 것은?

① Adapter 패턴　② Bridge 패턴
③ Builder 패턴　④ Proxy 패턴

22.3, 21.3, 20.9

67 디자인 패턴을 이용한 소프트웨어 재사용으로 얻어지는 장점이 <u>아닌</u> 것은?

① 소프트웨어 코드의 품질을 향상시킬 수 있다.
② 개발 프로세스를 무시할 수 있다.
③ 개발자들 사이의 의사소통을 원활하게 할 수 있다.
④ 소프트웨어의 품질과 생산성을 향상시킬 수 있다.

> **기적의 TIP**
> 디자인 패턴의 분류는 무작정 암기보다는 단어의 사전적 의미를 분석하고 분류하도록 합니다.

028 요구사항 검토 기법　POINT 38 참조

방법	설명
프로토타이핑	시제품인 프로토타입을 제작하여 검증한다.
테스트 설계	Test Case를 생성하고, 요구사항이 현실적으로 테스트 가능한지 검토한다.
CASE (Computer Aid Software Engineering)	• 소프트웨어를 개발하는 시점부터 요구 분석, 설계, 개발, 유지보수에 이르기까지 소프트웨어 생명주기의 전 단계를 연결한다. • 요구사항 변경의 추적과 분석을 통하여 요구사항을 관리한다.
요구사항 검토	동료 검토	명세 작성자가 동료들에게 설명하고 동료들이 결함을 찾는 방법이다.
	워크스루 (Walk Through)	• 절차 : 검토 회의 전 명세서 배포 → 짧은 검토 회의 → 결함 발견 • 사용 사례를 확장하여 명세하거나 설계 다이어그램, 원시 코드, 테스트 케이스 등에 적용할 수 있다. • 복잡한 알고리즘 또는 반복, 실시간 동작, 병행 처리와 같은 기능이나 동작을 이해하려고 할 때 유용하다. • 단순한 테스트 케이스를 이용하여 프로덕트를 수작업으로 수행해 보는 것이다.
	인스펙션 (Inspection)	명세서 작성자 외 전문가가 명세서의 결함을 발견하는 방법이다.

23.3, 22.4, 22.3

68 소프트웨어 공학에서 워크스루(Walkthrough)에 대한 설명으로 <u>틀린</u> 것은?

① 사용 사례를 확장하여 명세하거나 설계 다이어그램, 원시 코드, 테스트 케이스 등에 적용할 수 있다.
② 복잡한 알고리즘 또는 반복, 실시간 동작, 병행 처리와 같은 기능이나 동작을 이해하려고 할 때 유용하다.
③ 인스펙션(Inspection)과 동일한 의미를 가진다.
④ 단순한 테스트 케이스를 이용하여 프로덕트를 수작업으로 수행해 보는 것이다.

오답 피하기
Inspection(감사)은 전문가가 명세서의 결함을 발견하는 기법이다.

22.3
69 요구사항 검증(Requirements Validation)과 관련한 설명으로 틀린 것은?

① 요구사항이 고객이 정말 원하는 시스템을 제대로 정의하고 있는지 점검하는 과정이다.
② 개발 완료 이후에 문제점이 발견될 경우 막대한 재작업 비용이 들 수 있기 때문에 요구사항 검증은 매우 중요하다.
③ 요구사항이 실제 요구를 반영하는지, 문서상의 요구사항은 서로 상충되지 않는지 등을 점검한다.
④ 요구사항 검증 과정을 통해 모든 요구사항 문제를 발견할 수 있다.

오답 피하기
요구사항 검증(Requirements Validation)을 통해 모든 요구사항 문제를 발견할 수는 없다.

23.6, 22.3
70 코드 인스펙션과 관련한 설명으로 틀린 것은?

① 프로그램을 수행시켜보는 것 대신에 읽어보고 눈으로 확인하는 방법으로 볼 수 있다.
② 코드 품질 향상 기법 중 하나이다.
③ 동적 테스트 시에만 활용하는 기법이다.
④ 결함과 함께 코딩 표준 준수 여부, 효율성 등의 다른 품질 이슈를 검사하기도 한다.

오답 피하기
코드 인스펙션(감사)는 정적 테스트 기법에 주로 사용된다.

기적의 TIP
수집된 요구사항을 검증하는 기법과 요구사항 검증 기법을 구분하여 설명할 수 있도록 합니다.

---

029 테스트 케이스(Test Case)

테스트 케이스 정의
- 구현된 소프트웨어가 사용자의 요구사항을 정확하게 준수했는지를 확인하기 위해 설계된 입력값, 실행 조건, 기대 결과 등으로 구성된 테스트 항목에 대한 명세서를 의미한다.
- 테스트의 목표 및 테스트 방법을 결정하고 테스트 케이스를 작성해야 한다.

테스트 케이스 자동 생성
- 자료 흐름도 → 테스트 경로 관리
- 입력 도메인 분석 → 테스트 데이터 산출
- 랜덤 테스트 → 무작위 값 입력, 신뢰성 검사

22.4, 22.3, 21.5, 20.8, 20.6
71 테스트 케이스와 관련한 설명으로 틀린 것은?

① 테스트의 목표 및 테스트 방법을 결정하기 전에 테스트 케이스를 작성해야 한다.
② 프로그램에 결함이 있더라도 입력에 대해 정상적인 결과를 낼 수 있기 때문에 결함을 검사할 수 있는 테스트 케이스를 찾는 것이 중요하다.
③ 개발된 서비스가 정의된 요구사항을 준수하는지 확인하기 위한 입력값과 실행 조건, 예상 결과의 집합으로 볼 수 있다.
④ 테스트 케이스 실행이 통과되었는지 실패하였는지 판단하기 위한 기준을 테스트 오라클(TestOracle)이라고 한다.

21.9
72 테스트 케이스 자동 생성 도구를 이용하여 테스트 데이터를 찾아내는 방법이 아닌 것은?

① 스터브(Stub)와 드라이버(Driver)
② 입력 도메인 분석
③ 랜덤(Random) 테스트
④ 자료 흐름도

기적의 TIP
테스트 케이스의 개념을 이해하고 테스트 케이스를 자동으로 생성할 수 있는 방법을 정리합니다.

030 프로그래밍 언어의 종류 [POINT 27 참조]

- 고급 언어는 이기종 간의 호환성이 높고 자연어를 사용하여 상대적으로 전문적인 지식이 없어도 접근이 가능하다.
- 시스템 프로그래밍 언어로 가장 적당한 것은 C 언어이다.
- 기계어는 저급 언어로 전용 언어를 이용하기 때문에 프로그램 오류 수정 및 유지보수가 어렵다.

15.3, 14.5, 13.6, 12.3, 10.5, 09.3
73 고급 언어에 대한 설명으로 옳지 <u>않은</u> 것은?

① 사람 중심의 언어이다.
② 상이한 기계에서 별다른 수정 없이 실행 가능한 언어이다.
③ 호환성이 없고 전문적인 지식이 없으면 이해하기 힘들다.
④ 실행을 위해서는 번역하는 과정이 필요하다.

16.10, 15.9, 14.9/5, 13.3, 08.9, 07.3, 06.9/5, 04.3
74 시스템 프로그래밍 언어로서 가장 적당한 것은?

① C
② COBOL
③ PASCAL
④ FORTRAN

15.5/3, 14.8, 12.6, 10.9/3
75 기계어에 대한 설명으로 옳지 <u>않은</u> 것은?

① 컴퓨터가 직접 이해할 수 있는 언어이다.
② 기종마다 기계어가 다르므로 언어의 호환성은 낮다.
③ 0과 1의 2진수 형태로 표현되며 수행시간이 빠르다.
④ 프로그램 작성이 용이하다.

> **기적의 TIP**
> 고급 언어와 저급 언어의 차이점을 구분할 수 있도록 합니다. 또 대표적인 시스템 프로그램 언어가 C 언어란 것도 기억하세요.

031 객체지향 프로그래밍 언어 [POINT 25 참조]

- 메소드는 객체가 메시지를 받아 실행해야 할 구체적인 연산을 정의한 것을 의미한다.
- 상속(Inheritance)은 이미 정의되어 있는 상위 클래스의 메소드를 비롯한 모든 속성을 하위 클래스가 물려받는 것이다.
- 클래스(Class)는 하나 이상의 유사한 객체들의 특성을 묶어 공통된 속성과 연산을 표현한 객체의 집단이다.
- 데이터 : 속성
- 메소드 : 연산
- 객체 = 데이터 + 메소드

19.9/4, 17.9/5, 16.3, 14.5, 12.6, 10.3, 08.9, 07.9, 06.3
76 객체지향 기법에서 객체가 메시지를 받아 실행해야 할 구체적인 연산을 정의한 것은?

① 메소드
② 클래스
③ 속성
④ 인스턴스

19.3, 18.9/5, 16.10, 15.9/5, 11.6, 09.5, 08.9, 02.3, 98.9
77 객체지향 개념에서 이미 정의되어 있는 상위 클래스(슈퍼 클래스 혹은 부모 클래스)의 메소드를 비롯한 모든 속성을 하위 클래스가 물려받는 것을 무엇이라 하는가?

① Abstraction
② Method
③ Inheritance
④ Message

18.5, 16.5, 14.3, 12.9
78 하나 이상의 유사한 객체들을 묶어서 하나의 공통된 특성을 표현한 객체지향 프로그래밍의 요소는?

① Abstract
② Object
③ Message
④ Class

> **기적의 TIP**
> 객체지향 프로그래밍에서 사용되는 기본 구성 요소의 의미와 객체지향 언어의 주요 특징을 기억하도록 합니다.

032 언어 구문 요소 (POINT 26 참조)

- 주석은 실행되는 언어가 아닌 프로그램의 이해나 판독성을 높이기 위한 언어이다.
- 기억 장치의 한 장소를 추상화한 것으로 프로그램이 동작하는 동안 값이 수시로 변할 수 있는 값을 변수라 한다. 반대로 변하지 않는 값을 상수라 한다.
- 예약어를 사용함으로써 프로그램 판독성을 향상시킬 수 있다.

19.3, 16.10, 15.3, 13.9/6, 12.6, 10.9/5, 09.9, 08.5, 07.3

79 프로그램을 작성하는 과정에서 컴퓨터에 의해 직접 실행되는 명령어들이 아니라, 프로그램을 읽어 이해하기에 도움이 되는 내용들을 기록한 부분으로 프로그램의 판독성을 향상시키는 요소를 무엇이라고 하는가?

① 예약어(Reserved Word)
② 주석(Comment)
③ 연산식(Expression)
④ 식별자(Identifier)

17.3, 15.9/5/3

80 기억 장치의 한 장소를 추상화한 것으로 프로그램이 동작하는 동안 값이 수시로 변할 수 있는 것은?

① 상수
② 변수
③ 주석
④ 디버거

13.9, 10.5/4, 09.5

81 예약어에 대한 설명으로 옳지 않은 것은?

① 프로그램 판독성을 감소시킨다.
② 프로그래머가 변수 이름으로 사용할 수 없다.
③ 프로그램의 신뢰성을 향상시킨다.
④ 번역 과정에서 속도를 높여 준다.

🏁 기적의 TIP

언어 구문 요소 중 예약어, 주석, 잡음어 등의 구성 요소와 각각의 기능과 특징을 기억하도록 합니다.

033 구문 표기 방법 (POINT 26 참조)

- 파스 트리(Parse Tree)는 토큰을 문법에 따라 분석하는 구문 분석기가 처리한 문장에 대해 그 문장의 구조를 트리로 표현한 것으로 루트, 중간, 단말 노드로 구성되는 트리이며, 작성된 표현식이 BNF의 정의에 의해 바르게 작성되었는지를 확인하기 위해 만들어진 트리이다.

- **BNF에 사용되는 기호**

기호	의미
::=	정의
|	선택(택일)
〈 〉	비종단(Non-Terminal)

- **EBNF에 사용되는 기호**

기호	의미
{ }	반복
[ ]	선택 사항(옵션)
(|)	선택(택일)

15.9, 13.3, 12.9

82 BNF에 사용되는 기호 중 선택(택일)의 의미를 갖는 것은?

① ::=
② 〈 〉
③ |
④ { }

20.6, 19.4/3, 17.9/5/3, 16.10/5, 14.9/5/3, 13.9, 10.3

83 BNF 표기법에서 정의를 나타내는 기호는?

① 〉〉=
② 〈〈=
③ #=
④ ::=

🏁 기적의 TIP

파스 트리에 대한 개념과 BNF, EBNF 표기법의 종류와 기호를 기억하노록 합니다.

034 언어 번역 과정 (POINT 27 참조)

- 로더의 기능에는 할당, 연결, 재배치, 적재가 있다.
- 할당/연결은 프로그래머가 담당한다.
- 프로그램 수행 순서는 원시 프로그램-컴파일러-목적 프로그램-링커-로더이다.

20.8, 17.9/3, 14.9/3, 13.9/6, 10.9, 08.9, 07.5, 06.5, 05.9
84 로더의 기능이 아닌 것은?

① 할당(Allocation)
② 링킹(Linking)
③ 재배치(Relocation)
④ 번역(Compile)

10.9, 06.3, 05.5, 04.9, 03.5
85 절대 로더에서 기능과 그 행위 주체의 연결이 잘못된 것은?

① 기억장소 할당 – 프로그래머
② 연결 – 로더
③ 재배치 – 어셈블러
④ 적재 – 로더

오답 피하기
절대 로더의 행위 주체에서 할당 및 연결은 프로그래머가 담당한다.

17.5, 16.10, 15.9/3, 14.9/5/3, 13.9/6/3, 10.9/3, 09.3
86 프로그램 수행 순서로 옳은 것은?

① 원시 프로그램-링커-로더-컴파일러-목적 프로그램
② 컴파일러-목적 프로그램-원시 프로그램-링커-로더
③ 원시 프로그램-목적 프로그램-컴파일러-링커-로더
④ 원시 프로그램-컴파일러-목적 프로그램-링커-로더

기적의 TIP
언어 번역 과정을 이해하고 각 단계에서 사용되는 것이 무엇인지 암기하도록 합니다. 또한 로더의 기능과 로더의 기능별 수행 주체를 확인하도록 합니다.

035 컴파일러와 인터프리터 (POINT 27 참조)

- 인터프리터는 목적 프로그램을 생성하지 않는다. 컴파일러는 반복적으로 생성하는 프로그램에서 실행 시간이 빠르다. 인터프리터는 원시 프로그램 번역 시 목적 프로그램을 생성하지 않는다.
- 컴파일러만이 목적 프로그램을 생성한다.
- 디버깅 : BUG를 없애 준다는 의미로, BUG는 프로그램의 잘못된 부분을 빌레에 비유한 것이다. 컴퓨터 프로그램에서 잘못된 부분을 찾아서 수정하거나 에러를 피하는 처리과정이다.

10.9, 07.9, 03.9, 00.3
87 컴파일러와 인터프리터에 관한 설명으로 옳은 것은?

① 포트란, 코볼은 컴파일러 언어에 해당한다.
② 인터프리터는 원시 프로그램 번역 시 목적 프로그램을 생성한다.
③ 인터프리터는 반복적으로 생성하는 프로그램에서 실행 시간이 빠르다.
④ 컴파일러는 원시 프로그램 번역 시 목적 프로그램을 생성하지 않는다.

07.5, 06.3, 04.3, 00.5
88 컴파일러와 인터프리터의 가장 큰 차이점은?

① 예약어의 사용
② 프로그램의 신뢰도
③ 목적 프로그램의 생성
④ 원시 프로그램의 생성

17.9, 16.10, 13.3, 12.5, 10.9, 08.9/3
89 컴퓨터 프로그램에서 잘못된 부분을 찾아서 수정하거나 처리 과정을 의미하는 것은?

① 디버깅
② 필터링
③ 포인터
④ 매크로

기적의 TIP
컴파일러와 인터프리터의 특징과 차이점을 기억하도록 합니다. 목적 프로그램 생성 여부에 따라 달라진다는 것을 꼭 기억하세요.

036 Cross Compiler, Preprocessor, Linkage editor
POINT 27 참조

- **크로스 컴파일러** : 번역이 이루어지는 컴퓨터와 번역된 기계어에 이용되는 컴퓨터가 서로 다른 기종의 컴퓨터일 때 사용하는 컴파일러의 한 가지이다.
- **프리프로세서** : 주석(Comment)의 제거, 상수 정의 치환, 매크로 확장 등 컴파일러가 처리하기 전에 먼저 처리하여 확장된 원시 프로그램을 생성한다.

17.3, 15.3, 14.5, 13.9, 12.3, 11.9, 10.6

90 원시 프로그램을 컴파일러가 수행되고 있는 컴퓨터의 기계어로 번역하는 것이 아니라 다른 기종에 맞는 기계어로 번역하는 것은?

① Cross Compiler
② Preprocessor
③ Linker
④ Debugger

19.9, 16.10/3, 13.6/3, 09.9, 08.9

91 다음 중 주석(Comment)의 제거, 상수 정의 치환, 매크로 확장 등 컴파일러가 처리하기 전에 먼저 처리하여 확장된 원시 프로그램을 생성하는 것은?

① Preprocessor
② Linker
③ Loader
④ Cross compiler

19.3, 18.9, 16.10/3, 14.9, 10.5, 04.5, 02.9

92 재배치 형태의 기계어로 된 프로그램을 묶어서 로드 모듈로 만드는 것은?

① Tracer
② Interpreter
③ Loader
④ Linkage Editor

기적의 TIP

Cross Compiler, Preprocessor, Linkage Editor 각각의 의미와 기능을 정리하도록 합니다.

037 수식 표기 방법
POINT 30 참조

- 연산자가 피연산자 앞에 위치하는 표기법은 전위(Prefix) 표기법이다.
- 연산자가 피연산자 사이에 표기되는 방법은 중위(Infix) 표기법이다.
- 연산자 우선순위대로 괄호로 먼저 묶어 준다. (A*(B−C)) → 괄호 앞으로 연산자를 이동한다. *A−BC

14.9, 13.5, 06.3, 03.5, 99.9/5

93 수학적 수식 "A+B"를 "+AB"로 표현한 표기법은?

① PREFIX
② INFIX
③ SUFFIX
④ POSTFIX

16.5, 15.5, 14.9/5, 13.9/6, 10.3, 08.9/5, 06.9, 04.5, 02.5

94 수식 표기법 중 연산 기호는 두 피연산자 사이에 표현되고 산술연산, 논리연산, 비교연산 등에 주로 사용되며, 이항 연산자에 적합한 표기법은?

① 최후(Last-Fix) 표기법
② 전위(Prefix) 표기법
③ 중위(Infix) 표기법
④ 후위(Postfix) 표기법

18.9, 16.10, 14.9/5, 13.9

95 중위 표기의 수식 "A * (B − C)"를 전위 표기로 나타낸 것은?

① * A − B C
② A B C − *
③ A * B C −
④ A B − C *

기적의 TIP

전위, 중위, 후위 수식 표기 방법의 특징을 각각 기억하고 수식 표기 방법의 변환 방법도 알아 두도록 합니다.

038 단항, 이항 연산 (POINT 30 참조)

- NOT은 입력과 출력이 1개씩인 단항 연산자이다.
- MOVE는 단항 연산자이다.
- AND는 이항 연산자이다.
- **단항 연산자 종류** : NOT(COMPLEMENT), SHIFT, MOVE, ROTATE 등
- **이항 연산자 종류** : AND, OR, XOR 등

20.8, 16.5, 14.5, 12.9, 10.9/3, 08.9, 07.5/3, 05.9
96 단항 연산자 연산에 해당하는 것은?

① OR
② XOR
③ NOT(COMPLEMENT)
④ AND

16.5/3, 12.9, 08.5/3, 06.9/5/3, 04.3
97 이항(Binary) 연산에 해당하지 않는 것은?

① AND
② MOVE
③ OR
④ XOR

19.3, 12.3, 07.3, 05.9
98 단항 연산에 해당하지 않는 것은?

① AND
② MOVE
③ NOT
④ SHIFT

> **기적의 TIP**
> 단항 연산자와 이항 연산자를 구분하고 각각의 특징을 기억하도록 합니다.

039 구조적 프로그램 (POINT 31 참조)

- **구조적 프로그래밍의 기본 구조** : 순차(Sequence) 구조, 선택(Selection) 구조, 반복(Iteration) 구조
- FOR문은 반복문에 해당한다.
- 반복문(while, For next, do while), 분기문(if)

16.10/3, 13.6, 10.5, 07.9, 04.9, 03.5, 02.9/5
99 구조적 프로그램의 기본 구조가 아닌 것은?

① 순차 구조
② 선택 구조
③ 일괄 구조
④ 반복 구조

19.3, 16.10, 12.3, 02.5, 01.5
100 COBOL 언어의 PERFORM문, C 언어의 FOR문에 해당되는 것은?

① 반복문
② 선택문
③ 조건문
④ 선언문

18.5, 15.5, 13.3, 10.3
101 다음 프로그램 언어의 문장 구조 중 성격이 다른 하나는?

① while(expression) statement;
② for(expression-1;expression-2;expression-3) statement;
③ if(expression) statement-1; else statement-2;
④ do{statement;} while(expression);

> **기적의 TIP**
> 구조적 프로그램의 기본 구조 3가지를 기억하고 반복문 명령어와 조건문 명령어를 정리하도록 합니다.

040 별명과 부작용 POINT 31 참조

- 별명은 프로그래밍에 있어 유해요소에 해당한다. 즉, 자료 객체가 여러 가지 별명을 갖는 경우 본명과 혼란으로 인하여 프로그램의 무결점 검증이 어려워질 수 있다.
- 프로그램을 구성하는 함수에서 전역 변수를 사용하여 함수의 결과를 반환하는 경우, 함수에 전달되는 입력 파라미터의 값이 같아도 전역 변수의 상태에 따라 함수에서 반환되는 값이 달라질 수 있는 현상을 부작용이라고 한다.

17.3, 06.3, 04.9/3

102 자료 객체의 별명(Alias)에 관한 설명으로 옳지 않은 것은?

① 자료 객체는 생존기간 중 여러 별명을 가질 수 있다.
② 일반적으로 별명은 프로그램의 이해를 매우 어렵게 한다.
③ 자료 객체가 여러 가지 별명을 갖는 경우 프로그램의 무결점 검증이 쉬워진다.
④ 같은 참조환경에서 다른 이름으로 같은 자료 객체를 참조할 수 있는 언어의 경우 프로그래머에게 심각한 어려움을 줄 수 있다.

13.3, 09.5, 06.5, 04.5, 03.3, 01.9, 00.9

103 프로그램을 구성하는 함수에서 전역 변수를 사용하여 함수의 결과를 반환하는 경우, 함수에 전달되는 입력 파라미터의 값이 같아도 전역 변수의 상태에 따라 함수에서 반환되는 값이 달라질 수 있는 현상을 무엇이라 하는가?

① Reference
② Side Effect
③ Monitor
④ Recursive

기적의 TIP

별명과 부작용에 대한 개념을 정리하도록 합니다. 또한 문제에는 없지만 부프로그램과 매크로와의 차이점도 정리해 두세요.

041 C 언어의 특징과 자료형 POINT 32 참조

- C 언어는 기호 코드가 아닌 자연어 문자 코드이다.
- C 언어의 정수형은 int를 사용한다.
- **C 언어의 기억 클래스 종류** : 자동, 정적, 레지스터
- C 언어의 정수형 데이터 형식은 int이다.
- Integer는 Fortran 정수형 데이터 형식이다.

15.9/5/3, 14.3, 12.9, 10.3, 08.9, 02.3, 99.5

104 C 언어의 특징으로 옳지 않은 것은?

① 기호 코드(Mnemonic Code)라고도 한다.
② 이식성이 뛰어나 컴퓨터 기종에 관계없이 프로그램을 작성할 수 있다.
③ UNIX 운영체제를 구성하는 시스템 프로그램이다.
④ 포인터에 의한 번지 연산 등 다양한 연산 기능을 가진다.

19.3, 17.9, 15.9, 14.9, 12.9, 10.9/3, 09.3, 08.5, 06.5, 05.3

105 C 언어에서 사용되는 데이터 형이 아닌 것은?

① long
② integer
③ double
④ float

19.4, 18.3, 16.10, 15.9, 13.9, 10.5, 09.5, 08.5/3, 06.9, 04.3, 03.5

106 C 언어에서 사용하는 기억 클래스의 종류가 아닌 것은?

① 자동 변수
② 내부 변수
③ 레지스터 변수
④ 정적 변수

기적의 TIP

C 언어의 특징과 C 언어의 자료형을 암기하도록 합니다. 또 C 언어에서 사용되는 기억 클래스도 기억해 두세요.

042 C 언어 입출력 함수와 이스케이프 시퀀스
POINT 32 참조

- C 언어 함수

getchar( )	문자 입력 함수
putchar( )	문자 출력 함수
gets( )	문자열 입력 함수
puts( )	문자열 출력 함수

- 이스케이프 시퀀스

\n	New Line	커서를 다음 줄 처음으로 이동
\r	Carriage Return	커서를 현재 줄 처음으로 이동
\t	Tab	커서를 일정 간격만큼 띄움
\b	Backspace	커서를 뒤로 한 칸 이동

19.9/3, 15.9, 14.5, 13.6, 10.5, 08.5/3

107 C 언어의 함수 중 문자열의 입력 함수는?

① getchar( )
② gets( )
③ puts( )
④ putchar( )

20.6, 18.4, 15.9/5/3, 14.9, 13.9/6, 10.3, 08.5, 06.9, 04.9, 03.9/3

108 C 언어에서 사용되는 이스케이프 시퀀스와 그 의미의 연결이 옳지 않은 것은?

① \n : New Line
② \b : Null Character
③ \t : Tab
④ \r : Carriage Return

> **기적**의 TIP
>
> C 언어의 입출력 함수와 이스케이프 시퀀스를 암기하도록 합니다.

043 C언어의 연산자
POINT 33 참조

C언어의 연산자 우선순위(높음 → 낮음)

- 괄호( ) → 산술 연산자 → 비트 이동 연산자 → 관계 연산자 → 비트 논리 연산자 → 논리 연산자
- 산술 연산자 : *, /, %, +, −
- 비트 이동 연산자 : 《, 》
- 관계 연산자 : <, <=, >, >=, ==, !=
- 비트 논리 연산자 : &, ^, |
- 논리 연산자 : &&, ||
- 삼항 연산자 : ?

C언어의 논리 연산자

- 논리부정(!) 연산자 : '참'을 '거짓'으로 '거짓'을 '참'으로 부정
- 논리곱(&&) 연산자 : 좌측과 우측 피연산자가 모두 '참'이어야 '참'의 결과
- 논리합(||) 연산자 : 좌측과 우측 피연산자 중 하나 이상이 '참'이면 '참'의 결과

22.3, 20.6

109 C언어에서 비트 논리 연산자에 해당하지 않는 것은?

① ^
② ?
③ &
④ ~

22.4, 21.8

110 다음 C언어 프로그램이 실행되었을 때 실행 결과는?

```
#include <stdio.h>
int main(int argc, char *argv[]) {
  int a = 5, b = 3, c = 12;
  int t1, t2, t3;
  t1 = a && b;
  t2 = a || b;
  t3 = !c;
  printf("%d", t1 + t2 + t3);
  return 0;
}
```

① 0
② 2
③ 5
④ 14

오답 피하기

int a = 5, b = 3, c = 12;

t1	a && b
	5 && 3
	참 && 참
	결과 : 참(1)
t2	a || b
	5 || 3
	참 || 3
	결과 : 참(1)
t3	!c
	!12
	!참
	결과 : 거짓(0)

printf("%d", t1 + t2 + t3); 명령문은 1 + 1 + 0을 수행한 결과 2를 출력한다.

기적의 TIP

C언어의 산술/논리 연산자의 종류와 기능을 정리합니다.

044 C언어 변수명 작성 규칙과 라이브러리 함수 [POINT 34 참조]

C언어의 변수명 작성 규칙
- 영문 대소문자(A~Z, a~z), 숫자(0~9), '_'를 혼용하여 사용할 수 있다.
- 첫 글자는 숫자로 시작할 수 없으며, 영문자나 '_'로 시작해야 한다.
- 영문자는 대소문자를 구분한다.
- 공백을 포함할 수 없다.
- 예약어(Reserved Word)를 사용할 수 없다.

라이브러리 함수
- atoi() : 문자열을 정수형으로 변환
- atof() : 문자열을 실수형으로 변환
- itoa() : 숫자를 문자열로 변환
- ceil() : 자리 올림
- floor() : 자리 버림

23.3, 21.3

111 C언어에서 변수로 사용할 수 없는 것은?

① data02
② int01
③ _sub
④ short

오답 피하기

short는 C언어의 자료형(예약어)이다.

23.6, 22.7, 20.6

112 C언어에서 사용할 수 없는 변수명은?

① student2019
② text-color
③ _korea
④ amount

오답 피하기

C언어의 변수명으로 '-'을 사용할 수 없다.

21.3

113 C언어에서 문자열을 정수형으로 변환하는 라이브러리 함수는?

① atoi() ② atof()
③ itoa() ④ ceil()

오답 피하기
- i : integer
- f : float
- a : 문자열

기적의 TIP

C언어의 변수명 작성 규칙과 라이브러리 함수를 알아두고 문제의 유형을 익히도록 합니다.

045 for 반복문과 문자열 처리 함수
POINT 35 참조

for 반복문
- 일정 횟수만큼 반복 수행할 때 사용한다.
- 문법 구조

```
for(초기식; 조건식; 증감식)
{
   명령문1;
   ...
   명령문n;
}
```

문자열 처리 함수
- strlen() : 인수로 전달되는 문자열 길이 반환
- strcat(), strncat() : 하나의 문자열에 다른 문자열을 연결
- strcpy(), strncpy() : 문자열을 복사
- strcmp(), strncmp() : 문자열 내용을 비교
- atoi(), atol(), atoll(), atof() : 인수로 전달된 문자열을 숫자 형으로 변환
- toupper(), tolower() : 영문자를 대문자, 소문자로 변환

23.3, 20.8
114 다음 C 프로그램의 결과값은?

```
main(void) {
   int i;
   int sum = 0;
   for(i = 1; i <= 10; i = i + 2)
   sum = sum + i;
   printf("%d", sum);
}
```

① 15 ② 19 ③ 25 ④ 27

오답 피하기
- 반복 변수를 초기화하는 초기식은 한 번만 수행되고 조건식을 만족하면 하위 명령문을 수행한 후 증감식을 수행하고 조건식을 검사한다.
- i가 1일 때 i <= 10을 만족하므로 sum은 1이 된다.
- i가 3일 때 i <= 10을 만족하므로 sum은 4가 된다.
- i가 5일 때 i <= 10을 만족하므로 sum은 9가 된다.
- i가 7일 때 i <= 10을 만족하므로 sum은 16이 된다.
- i가 9일 때 i <= 10을 만족하므로 sum은 25가 된다.
- i가 11일 때 i <= 10을 만족하지 못하므로 printf를 실행한다.

22.4
115 C언어에서 문자열 처리 함수의 서식과 그 기능의 연결로 틀린 것은?

① strlen(s) – s의 길이를 구한다.
② strcpy(s1, s2) – s2를 s1으로 복사한다.
③ strcmp(s1, s2) – s1과 s2를 연결한다.
④ strrev(s) – s를 거꾸로 변환한다.

오답 피하기
strcmp : s1과 s2의 내용을 비교한다.

기적의 TIP
다양한 문제가 출제될 수 있습니다. 코드를 분석하면서 구조를 파악하도록 합니다.

046 JAVA 연산자의 종류 및 우선순위
POINT 41 참조

연산자	종류	결합 방향	우선순위
단항 연산자	+, -, !, ~, ++, --	←	높음
산술 연산자	*, /, %		↑
	+, -		
시프트 연산자	<<, >>, >>>		
관계 연산자	<, <=, >, >=	→	
	==, !=		
비트 연산자	&, |, ^		
논리 연산자	&&, ||		
조건 연산자	? :	→	
할당 연산자	=, +=, -=, *=, /=, %=, <<=, >>=	←	↓
콤마 연산자	,	→	낮음

21.8
116 다음 중 JAVA에서 우선순위가 가장 낮은 연산자는?

① -- ② %
③ & ④ =

117 다음 JAVA 프로그램이 실행되었을 때의 결과는? `21.5`

```java
public class Array1 {
  public static void main(String[] args) {
    int cnt = 0;
    do {
      cnt++;
    } while (cnt < 0);
    if(cnt == 1)
      cnt++;
    else
      cnt = cnt + 3;
    System.out.printf("%d", cnt);
  }
}
```

① 2 ② 3 ③ 4 ④ 5

오답 피하기

do~while 명령문과 if~else 명령문
- 변수 cnt의 초기값은 0이며, do~while 명령문에 의해 무조건 반복문 내부로 진입하여 cnt++;를 수행하여 변수 cnt는 1이 된다. 조건식 cnt < 0이 결과 거짓이므로 다음 if~else 명령문을 수행하게 된다.
- 변수 cnt는 1이므로 조건식 cnt==1은 참이다. cnt++;를 수행하여 변수 cnt는 2가 된다.
- 출력문에 의해 변수 cnt는 2가 출력된다.

기적의 TIP

코드 문제는 기출문제가 반복되지 않습니다. 문제 구조를 파악하고 이해하도록 합니다.

---

047 파이썬 `POINT 40 참조`

- 1991년 귀도 반 로섬(Guido van Rossum)이 개발한 고급 프로그래밍 언어이다.
- 플랫폼에 독립적이고 인터프리터식, 객체지향적, 동적 타이핑 대화형 언어이다. 매우 쉬운 문법 구조로 초보자들도 쉽게 배울 수 있다.

파이썬 변수명 작성 규칙
- 영문 대소문자(A~Z, a~z), 숫자(0~9), '_'를 혼용하여 사용할 수 있다.
- 첫 글자는 영문자나 '_'로 시작해야 한다.
- 영문자는 대소문자를 구분한다.
- 공백을 포함할 수 없다.
- 예약어(Reserved Word)를 사용할 수 없다.

`22.7, 21.7`
118 귀도 반 로섬(Guido van Rossum)이 발표한 언어로 인터프리터 방식이자 객체지향적이며, 배우기 쉽고 이식성이 좋은 것이 특징인 스크립트 언어는?

① C++ ② JAVA
③ C# ④ Python

오답 피하기

파이썬은 문법이 매우 쉬워서 초보자들이 처음 프로그래밍을 배울 때 추천되는 언어이다.

`20.8`
119 파이썬의 변수 작성 규칙 설명으로 옳지 않은 것은?

① 첫 자리에 숫자를 사용할 수 없다.
② 영문 대문자/소문자, 숫자, 밑줄(_)의 사용이 가능하다.
③ 변수 이름의 중간에 공백을 사용할 수 있다.
④ 이미 사용되고 있는 예약어는 사용할 수 없다.

오답 피하기

C, Java, Python 모두 변수 이름 중간에 공백을 허용하지 않는다.

기적의 TIP

Python을 보고 결과를 도출하고 스크립트 언어의 특징을 정리합니다.

048 파이썬 함수　　POINT 40 참조

if ~ elif ~ else 조건문

```
if 조건1:
    조건1이 True일 경우 실행문
elif 조건2:
    조건1일 False이고 조건2가 True일 경우 실행문
else
    조건1과 조건2가 모두 False일 경우 실행문
```

range() 함수

- for 반복문과 함께 많이 사용되며, 주어진 인수로 0부터 연속된 정수를 리스트 객체로 반환하는 함수이다.
- (예1) range(3) → (결과) [0, 1, 2]
- (예2) range(1, 3) → (결과) [1, 2]

22.4
120 다음 Python 프로그램의 실행 결과가 [실행 결과]와 같을 때, 빈칸에 적합한 것은?

```
x = 20
if x = = 10:
    print('10')
(       ) x = = 20:
    print('20')
else:
    print('other')
```

[실행 결과]

```
20
```

① either　　② elif
③ else if　　④ else

오답 피하기
x는 20이므로 x = = 2의 조건 판별 결과 True이므로 20이 출력된다.

21.8
121 다음 파이썬(Python) 프로그램이 실행되었을 때의 결과는?

```
def cs(n):
    s=0
    for num in range(n+1):
        s+=num
    return s

print(cs(11))
```

① 45　　② 55　　③ 66　　④ 78

오답 피하기
- print(cs(11)) 명령문을 통해 정수 11을 cs( ) 함수에 전달한 후 반환되는 값을 출력한다.
- cs( ) 함수에 정수 11이 매개 변수 n에 전달된 후, for ~ in 반복문을 통해 0부터 11까지의 num의 값을 s에 누적한다.
- s의 최종 결과 66은 반환되며 print( ) 함수를 통해 콘솔에 출력한다.

기적의 TIP
C언어 else if의 축약 명령으로 암기합니다.

049 파이썬의 리스트와 딕셔너리
POINT 40 참조

- **리스트 객체** : [요소1, 요소2, ...]
- **딕셔너리 객체** : { 'key1' : 'value1', 'key2' : 'value2', ... }

22.3
122 다음 Python 프로그램이 실행되었을 때, 실행 결과는?

```
a = 100
list_data = ['a', 'b', 'c']
dict_data = {'a':90, 'b':95}
print(list_data[0])
print(dict_data['a'])
```

①    ②

③ 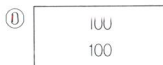   ④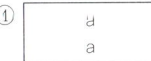

오답 피하기
- print(list_data[0]) : list_data[0]의 슬라이싱 연산을 통해 리스트 객체의 0번째 요소를 추출하여 출력한다. → a
- print(dict_data['a']) : dict_data['a']는 딕셔너리의 키 'a'에 대응하는 값을 추출하여 출력한다. → 90

기적의 TIP

리스트와 딕셔너리의 객체에 대한 이해가 필요합니다.

050 소프트웨어 품질 목표

소프트웨어 품질 목표

정확성 (Correctness)	사용자의 요구 기능을 충족시키는 정도
신뢰성 (Reliability)	주어진 시간동안 주어진 기능을 오류 없이 수행하는 정도
사용 용이성 (Usability)	• 사용에 필요한 노력을 최소화하고 쉽게 사용할 수 있는 정도 • 적절한 사용자 인터페이스와 문서를 가지고 있는 정도
효율성 (Efficiency)	명시된 조건하에서 소프트웨어 제품의 일정한 성능과 자원 소요량의 관계에 관한 속성, 즉 요구되는 기능을 수행하기 위해 필요한 자원의 소요 정도
무결성 (Integrity)	허용되지 않는 사용이나 자료의 변경을 제어하는 정도
이식성 (Portability)	다양한 하드웨어 환경에서도 운용 가능하도록 쉽게 수정될 수 있는 정도

21.8, 21.3, 20.8
123 소프트웨어 품질 목표 중 쉽게 배우고 사용할 수 있는 정도를 나타내는 것은?

① Correctness   ② Reliability
③ Usability   ④ Integrity

23.3, 21.3
124 소프트웨어 품질 목표 중 하나 이상의 하드웨어 환경에서 운용되기 위해 쉽게 수정될 수 있는 시스템 능력을 의미하는 것은?

① Portability   ② Efficiency
③ Usability   ④ Correctness

기적의 TIP
- 쉽게 배운다 + 쉽게 사용한다 → 사용 용이성
- 성능 + 자원 소요량 → 효율성

051 소프트웨어 개발 프레임워크

POINT 40 참조

- 소프트웨어 프레임워크를 활용하면 개발 및 운영 용이성을 제공하고, 시스템 복잡도 감소, 재사용성 확대 등의 장점이 있다.
- **개발 용이성** : 패턴 기반 개발과 비즈니스 로직에만 집중한 개발이 가능하며, 공통 기능은 프레임워크가 제공한다.
- **운영 용이성** : 변경이 용이하며, 비즈니스 로직/아키텍쳐 파악이 용이하다.
- **시스템 복잡도의 감소** : 복잡한 기술은 프레임워크에 의해 숨겨진다. 미리 잘 정의된 기술 Set를 적용할 수 있다.
- **개발 코드의 최소화** : 반복 개발을 제거하며, 공통 컴포넌트와 서비스 활용이 가능하다.
- **이식성** : 플랫폼 비의존적인 개발 가능하며, 플랫폼과의 연동은 프레임워크가 제공한다.
- **변경 용이성** : 잘 구조화된 아키텍쳐를 적용하며, 플랫폼에 비의존적이다.
- **품질 보증** : 검증된 개발 기술과 패턴에 따른 개발이 가능하며, 고급 개발자와 초급 개발자의 차이를 줄여준다.
- **설계와 코드의 재사용성** : 프레임워크의 서비스 및 패턴의 재사용, 사전에 개발된 컴포넌트의 재사용이 가능하다.

23.3, 20.9, 20.6

125 소프트웨어 개발 프레임워크의 적용 효과로 볼 수 없는 것은?

① 공통 컴포넌트 재사용으로 중복 예산 절감
② 기술 종속으로 인한 선행사업자 의존도 증대
③ 표준화된 연계 모듈 활용으로 상호 운용성 향상
④ 개발 표준에 의한 모듈화로 유지보수 용이

오답 피하기
이전 프로젝트 수주 기업의 자체 프레임워크 사용으로 인한 기술 종속으로 인해 증가하는 선행사업자에 대한 의존도를 표준화된 개발 기반 도입으로 일정부분 해소할 수 있어 유지보수업체의 선정이 용이하다.

23.3, 22.4, 21.7, 21.5

126 소프트웨어 개발 프레임워크와 관련한 설명으로 틀린 것은?

① 반제품 상태의 제품을 토대로 도메인별로 필요한 서비스 컴포넌트를 사용하여 재사용성 확대와 성능을 보장받을 수 있게 하는 개발 소프트웨어이다.
② 개발해야 할 애플리케이션의 일부분이 이미 구현되어 있어 동일한 로직 반복을 줄일 수 있다.
③ 라이브러리와 달리 사용자 코드가 직접 호출하여 사용하기 때문에 소프트웨어 개발 프레임워크가 직접 코드의 흐름을 제어할 수 없다.
④ 생산성 향상과 유지보수성 향상 등의 장점이 있다.

오답 피하기
소프트웨어 개발 프레임워크가 직접 코드의 흐름을 제어할 수 있다.

기적의 TIP
SW 개발 프레임워크의 개념과 프레임워크, 라이브러리의 차이점을 정리합니다.

과목 03 네트워크 일반

052 정보통신의 개념

POINT 43 참조

- **데이터 전송계** : 단말 장치, 데이터 전송 회선, 통신제어 장치 등이 있다.
- **단말 장치(DTE, Data Terminal Equipment)** : 데이터 통신 시스템과 사용자의 접점에 위치하여 데이터의 입·출력을 처리하는 장치이다.
- **CCU(Communication Control Unit)** : 전송 회선과 단말 장치 사이에 위치해서 프로토콜의 정의에 따라 통신 제어 기능을 담당하게 되는 장치이다.

13.6, 10.3/5, 08.3, 06.5

127 다음 중 데이터 통신 시스템의 구성에서 데이터 전송계에 해당하지 않는 것은?

① 단말 장치(DTE)
② 데이터 전송 회선
③ 통신 제어 장치
④ 데이터 처리 장치

17.3, 16.3, 08.3, 07.5, 06.9
128 정보 통신 시스템의 구성요소에 대한 설명으로 옳지 <u>않은</u> 것은?

① CCU는 통신 제어 장치이다.
② MODEM은 변·복조 장치이다.
③ DTE는 데이터 에러 감시 장치이다.
④ DCE는 데이터 회선 종단 장치이다.

기적의 TIP
정보통신의 개념과 발전 과정 그리고 데이터 통신 시스템의 구성을 이해하고 신호 변환 장치의 종류와 각각의 기능을 암기하도록 합니다.

053 DTE/DCE 접속규격   POINT 43 참조

- DTE/DCE
  - 데이터망에서 사용되는 DTE/DCE 간의 상호접속에 대한 정의를 규정한 권고안은 X.25
  - X시리즈는 공중 데이터 교환망(PSDN)을 통한 DTE/DCE 접속규격
  - RS-232C
  - EIA가 정의한 DTE/DCE 연결 표준, 25PIN으로 구성

19.7, 19.3, 17.5, 15.9, 12.9, 06.9, 05.3, 03.9
129 공중 데이터망에서 사용되는 DTE/DCE 간의 상호접속에 대한 정의를 규정한 권고안은?

① X.4   ② X.25
③ X.75   ④ X.400

16.10, 14.5, 12.9, 10.5/3, 09.5
130 ITU-T 권고 시리즈의 의미가 <u>잘못</u> 연결된 것은?

① I시리즈 : ISDN의 표준화
② X시리즈 : 사설 데이터망을 통한 데이터 전송
③ V시리즈 : 공중전화망을 통한 데이터 전송
④ T시리즈 : 텔레마틱 서비스를 위한 프로토콜

15.3, 09.9, 06.5
131 다음 중 RS-232C 표준 인터페이스는 몇 개의 핀(PIN)으로 구성되어 있는가?

① 10   ② 22
③ 25   ④ 32

기적의 TIP
ITU-T 권고 X, V시리즈의 특징을 구분하고 X.21, X.25, X.75, X.400가 각각 어떤 규격인지 정리합니다. RS-232C 인터페이스는 데이터 단말기(DTE)가 패킷 교환 네트워크에 접속하고자 할 때 사용되며 25핀으로 구성되어 있습니다.

054 데이터 전송 방식   POINT 46 참조

- 데이터 통신 방식의 종류
  - 단방향 : 1차선 일방통신
  - 반이중 : 1차선 양방향 통신
  - 전이중 : 2차선 양방향 통신
- 비동기식 전송
  - Byte와 Byte를 구분하기 위해 문자의 앞뒤에 각각 Start Bit와 Stop Bit를 가짐
  - 동기식보다 주로 저속도의 전송에 이용
  - 비트열이 전송되지 않을 때는 휴지 상태(Idle Time)가 됨

23.5, 18.9/3, 17.9/5, 16.3, 15.9, 14.5, 13.6, 09.3, 03.9/5
132 데이터 전송의 흐름이 양방향으로 전송이 가능하지만, 동시에 양방향으로 전송할 수 없으므로 정보의 흐름을 전환하여 반드시 한 방향으로만 전송하는 전송 방식은?

① 전이중(Full Duplex) 방식
② 반이중(Half Duplex) 방식
③ 단방향(Simplex) 방식
④ 비동기(Asynchronous) 전송 방식

19.4, 19.2, 15.5, 13.6/3, 08.5, 07.5/3, 03.9
133 Start-stop 전송 방식이라고 하며 데이터 전송 시 한 번에 한 캐릭터씩 전송하는 방식은?

① 동기식 전송 방식
② 비동기식 전송 방식
③ 혼합형 전송 방식
④ 비혼합형 전송 방식

기적의 TIP
통신 방식 중 단방향, 반이중, 전이중 방식을 이해하고 동기식과 비동기식 전송의 특징을 기억하도록 합니다.

055 신호 변환 방식   POINT 47 참조

- 모뎀의 신호 방식(디지털 → 아날로그로 변조)
  - ASK : 진폭 편이 변조, 송파로 사용되는 정현파의 진폭에 정보를 싣는 변조 방식
  - FSK : 주파수 편이 변조
  - PSK : 위상 편이 변조
  - QAM : 진폭과 위상 변조
- QAM 계산
  - 64-QAM은 64(2^6) 개의 위상과 진폭 변조
  - 비트로 환산하면 6비트, 즉 6bps/Hz

20.8, 18.9, 12.3, 10.5, 09.9/7
134 다음 중 반송파의 진폭과 위상을 동시에 변조하는 방식은?

① PWM ② FSK
③ PSK ④ QAM

20.3, 15.1, 12.5
135 반송파로 사용하는 정현파의 위상에 정보를 실어 보내는 변조 방식은?

① ASK ② DM
③ PSK ④ ADPCM

18.1, 16.4
136 64진 QAM의 대역폭 효율은 몇 bps/Hz인가?

① 2 ② 5
③ 6 ④ 7

> **기적의 TIP**
> 디지털 → 아날로그 변조 방식의 종류와 특징을 기억하도록 합니다.

056 PCM, Codec   POINT 47 참조

- PCM(Pulse Code Modulation) : 표본화 → 양자화 → 부호화
- 코덱(CODEC, COder/DECoder) : 아날로그 형태를 디지털 신호로 변환하거나(Coder) 다시 아날로그로 환원하는(DEcoder) 장치
- DM(Delta Modulation) : PCM 부호 변조 방식의 일종으로 이전 샘플과 현재 샘플 간의 차이를 계산하여 차분 신호를 생성해서 변조하는 방식

24.4, 23.1, 20.3, 19.4/3, 18.5, 17.9, 16.5, 15.9/3, 14.3, 12.9
137 송신 측 펄스 부호 변조(PCM) 과정을 순서대로 나열한 것은?

① 부호화 → 양자화 → 표본화
② 양자화 → 표본화 → 부호화
③ 표본화 → 양자화 → 부호화
④ 표본화 → 부호화 → 양자화

18.5, 10.3, 08.3, 06.5
138 PCM 전송 방식에서 신호의 최대 주파수가 1,000[Hz]일 때 표본화 주기[μs]로 적합한 것은?

① 500 ② 800
③ 1,000 ④ 2,000

> **오답 피하기**
> 신호의 최대 주파수가 1,000[Hz]이므로
> $2 \times 1,000 = 2,000 \to T = 1/F = 1/2,000 = 0.0005 = 500[\mu s]$
> $2^7 = 128$이므로 7bit의 공간이 필요하다.

23.5, 20.3, 13.2
139 아날로그 음성 데이터를 디지털 형태로 변환하여 전송하고, 디지털 형태를 원래의 아날로그 음성 데이터로 복원시키는 것은?

① CCU ② DSU
③ CODEC ④ DTE

> **기적의 TIP**
> 펄스 코드 변조(PCM; Pulse Code Modulation) 방식의 변조 순서를 암기하고 표본화 주기를 계산할 수 있도록 합니다.

057 다중화   POINT 48 참조

- 다중화
  - 하나의 회선에 다채널을 전송하는 기술
  - 다중화기 : 여러 개 채널 → 하나의 회선
  - 역다중화기 : 하나의 회선 → 여러 개 채널
  - 집중화기 : 여러 개 채널 → 다수의 회선
- **보호대역(guard band)** : 주파수 분할 다중화 방식은 인접한 채널 간의 간섭을 막기 위해 보호 대역(Guard Band)이 필요하지만, 채널의 이용률이 낮아짐

24.3, 15.9, 14.5, 10.9, 08.9

140 다음 중 다중화(Multiplexing)의 의미로 적합한 것은?

① 하나의 경로에 하나의 채널을 전송하는 기술
② 하나의 경로에 복수의 채널을 전송하는 기술
③ 복수의 경로에 하나의 채널을 전송하는 기술
④ 복수의 경로에 복수의 채널을 전송하는 기술

19.3, 18.5/3, 17.5, 16.10, 15.3, 14.3, 11.9, 09.9, 08.9, 99.5

141 다중화 기법 중 주파수 분할 다중화(FDM) 방식에서 보호대역(Guard Band)이 필요한 이유는?

① 인접한 채널 사이의 간섭을 방지하기 위해서
② 주파수 대역폭을 조정하기 위해서
③ 넓은 주파수 대역에 적은 채널을 사용하기 위해서
④ 신호의 세기를 적게 하기 위해서

> **기적의 TIP**
> 다중화의 개념과 FDM, TDM 구분, 가드밴드가 필요한 이유, 비동기식 시분할 다중화기의 특징을 기억하도록 합니다.

058 통신속도와 용량   POINT 49 참조

- 통신속도
  - 데이터 신호 속도(bps) = 변조 속도(baud) × 단위 신호
  - 1비트 신호 단위인 경우(onebit; 2위상) : bps = 1baud
  - 2비트 신호 단위인 경우(dibit; 4위상) : bps = 2baud
  - 3비트 신호 단위인 경우(tribit; 8위상) : bps = 3baud
  - 4비트 신호 단위인 경우(Quardbit; 16위상) = bps = 4baud
- 변조 속도(baud)
  - $\dfrac{\text{데이터 신호 속도}(bps)}{\text{단위 신호당 비트 수}}$
- 통신 용량 공식
  - $C = B\log_2(1+S/N)$
  - B : 대역폭, S : 신호 전력, N : 잡음 전력
  - 전송로의 통신 용량을 늘리기 위해서 대역폭을 늘리거나 신호 전력을 높이고 잡음 전력을 줄여야 함

24.4, 19.4, 17.5, 16.5, 12.3, 11.3, 10.7

142 8진 PSK 변조를 사용하는 모뎀의 데이터 전송 속도가 4,800[bps]일 때 변조 속도는?

① 600[baud]   ② 1,600[baud]
③ 2,400[baud]   ④ 4,800[baud]

> **오답 피하기**
> 8진 = 2^3이므로 4,800/3 = 1,600[baud]

23.5, 19.4, 18.5/3, 12.3, 09.7

143 변조 속도가 1,600(baud)이고, 쿼드비트를 사용하여 전송할 경우 전송 속도(bps)는?

① 2,400   ② 3,200
③ 4,800   ④ 6,400

> **오답 피하기**
> 쿼드비트는 신호당(보오당) 4비트이므로 4bit × 1,600[Baud] = 6,400bps

20.8, 18.5, 17.9

144 통신속도가 50[Baud]일 때 최단 부호 펄스의 시간[sec]은?

① 2
② 1
③ 0.5
④ 0.02

> **오답 피하기**
>
> t = 1/f = 1/50 = 0.02

14.9, 13.3, 12.9, 08.5/3, 07.9

145 통신 채널의 통신 용량을 증가시키기 위한 방법이 아닌 것은?

① 신호 세력을 높인다.
② 잡음 세력을 줄인다.
③ 데이터 오류를 줄인다.
④ 주파수 대역폭을 증가시킨다.

> **기적의 TIP**
>
> 통신속도의 변환 공식을 암기하도록 합니다.

059 프로토콜 [POINT 49 참조]

- **프로토콜(Protocol)** : 둘 이상의 컴퓨터 사이에 데이터 전송을 할 수 있도록 미리 정보의 송·수신 측에서 정해둔 규칙
- **프로토콜의 기본 구성요소**
  - 구문(syntax) : 데이터 형식, 부호화, 신호 레벨 등을 규정
  - 의미(semantic) : 효율적, 정확한 전송을 위한 개체 간의 조정과 에러 제어
  - 순서(timing) : 접속되는 개체 간의 통신속도의 조정과 메시지의 순서제어

19.9/3, 14.9, 07.9

146 다음 중 통신 프로토콜에 대한 설명으로 옳은 것은?

① 시스템 간 정확하고 효율적인 정보 전송을 위한 일련의 절차나 규범이다.
② 아날로그 신호를 디지털 신호로 변환하는 방법이다.
③ 자체적으로 오류를 정정하는 오류 제어 방식이다.
④ 통신회선 및 채널 등의 정보를 운반하는 매체를 모델화한 것이다.

24.3, 18.9, 17.9, 16.10, 15.5, 14.9, 10.9, 08.9, 07.3

147 다음 중 통신 프로토콜의 구성요소에 해당되지 않는 것은?

① 패킷(Packet)
② 구문(Syntax)
③ 의미(Semantics)
④ 순서(Timing)

> **기적의 TIP**
>
> 통신 프로토콜의 구성요소와 프로토콜의 개념을 기억하도록 합니다.

060 OSI 7 Layer [POINT 51 참조]

- **물리 계층(Physical Layer)**
  - 전기적, 기능적, 절차적 기능 정의, 표준 : RS-232C, PDU: bit
- **데이터 링크 계층(Data Link Layer)**
  - 흐름 제어, 에러 제어, 표준 : HDLC, LLC, LAPB, LAPD, ADCCP, PDU: Frame
- **네트워크 계층(Network Layer)**
  - 경로 설정 및 네트워크 연결 관리, 표준 : X.25, IP, PDU: Packet
- **전송 계층(Transport Layer)**
  - 통신 양단 간(End-to-End)의 에러 제어 및 흐름 제어, 표준 : TCP, UDP, PDU: Segment
- **세션 계층(Session Layer)** : 프로세스 간에 대한 연결을 확립, 관리, 단절 수단 제공
- **표현 계층(Presentation Layer)** : 코드 변환, 암호화, 압축, 구문 검색
- **응용 계층(Application Layer)**
  - 응용 프로세스 간의 정보교환, 전자사서함, 파일전송, 표준 : HTTP, SMTP, FTP

19.4, 14.9, 10.5, 05.3, 02.5/3

148 다음 중 OSI-7 계층에서 종점 간(End To End)에 신뢰성 있고 투명한 데이터 전송의 역할을 주로 하는 계층은?

① 물리 계층
② 트랜스포트 계층
③ 세션 계층
④ 응용 계층

18.5, 15.9/5, 14.3, 13.9, 10.3, 08.5

149 보안을 위한 암호화(Encryption)와 해독(Decryption) 및 데이터 압축을 지원하는 OSI 계층은?

① 전송 계층
② 세션 계층
③ 표현 계층
④ 물리 계층

19.3, 16.3

150 OSI 7계층에서 각 계층의 프로토콜 데이터 유닛(PDU)을 잘못 나타낸 것은?

① 데이터링크 계층 – 프레임(Frame)
② 네트워크 계층 – 블럭(Block)
③ 전송 계층 – 세그먼트(Segment)
④ 세션 계층 – 메시지(Message)

23.3, 19.9, 19.3, 17.3

151 OSI 참조모델의 응용 계층에 해당하는 프로토콜이 아닌 것은?

① HTTP
② SMTP
③ FTP
④ ICMP

오답 피하기
ICMP(Internet Control Message protocol)는 TCP/IP 계층의 인터넷 계층에 해당한다.

기적의 TIP
OSI 7 Layer의 계층 순서와 각 계층의 기능을 암기하도록 합니다. 특히, 아래 문제에 제시된 전송, 데이터링크, 표현 계측과 네트워크 계층은 꼭 기억하도록 합니다.

---

061 BSC   POINT 50 참조

- BSC(Binary Synchronous Communication Protocol)
  : 문자 위주의 프로토콜
- 문자 위주 동기전송의 전송 제어문자
  – SYN(Synchronous idle) : 동기를 취하거나 유지함
  – SOH(Start Of Heading) : 헤딩의 개시
  – STX(Start of TeXt) : 본문의 개시 및 헤딩의 종료
  – ETX(End of TeXt) : 본문의 종료
  – ETB(End of Transmission Block) : 블록의 종료
  – ENQ(ENQuiry) : 상대국에 데이터링크 설정 및 응답 요구
  – DLE(Data Link Escape) : 데이터 투과성을 위해 삽입되며, 전송 제어 문자 앞에 삽입하여 전송 제어 문자임을 알림

10.9, 09.9, 05.5

152 다음 중 비트 방식의 데이터링크 프로토콜이 아닌 것은?

① BSC
② SDLC
③ HDLC
④ ADCC

24.3, 09.3, 06.9

153 부정적 응답에 해당하는 전송 제어문자는?

① NAK(Negative AcKnowledge)
② ACK(ACKnowledge)
③ EOT(End of Transmission)
④ SOH(Start of Heading)

기적의 TIP
BSC의 특징과 프레임 구조를 기억하도록 합니다. BSC는 반이중 전송만 지원하며 문자 위주의 프로토콜입니다. 다음으로 전송 제어 문자 중 SOH, STX, ENQ, DLE 등의 기능을 확인하도록 합니다.

062 HDLC

POINT 50 참조

- HDLC 프레임 구성
  - FLAG – ADDRESS – CONTROL – INFORMATION – FCS – FLAG
  - 플래그(Flag) : 프레임의 시작과 끝을 나타내며, 항상 '01111110'을 취함
  - 주소부(Address Field) : 송·수신국 식별
  - 제어부(Control Field) : 프레임 송류 식별
  - 정보부(Information Field) : 실제 정보 포함
- HDLC의 데이터 전송모드 : 표준(정규) 응답모드(NRM), 비동기응답모드(ARM), 비동기 균형(평형) 모드(ABM)
- HDLC 프레임
  - 무번호 프레임(Unnumbered Frame) : 링크의 설정과 해제, 오류 회복
  - 정보 프레임(Information Frame) : 사용자 데이터 운반
  - 감독 프레임(Supervisory Frame) : 에러 제어, 흐름 제어

24.3, 23.9, 16.5, 13.3, 08.5, 07.5

154 HDLC 프레임 구조에 포함되지 않는 것은?

① 플래그(Flag) 필드
② 제어(Control) 필드
③ 주소(Address) 필드
④ 시작(Start) 필드

17.9, 16.5, 14.3, 13.9, 10.5, 05.3

155 HDLC(High-level Data Link Control) 동작 모드에 해당하지 않는 것은?

① 정규 응답 모드(NRM)
② 비동기 응답 모드(ARM)
③ 비동기 균형 모드(ABM)
④ 동기 균형 모드(SBM)

17.3/5, 13.9, 10.9, 09.5, 07.3

156 다음 중 HDLC 프레임의 구조가 순서대로 옳은 것은?

① 플래그–주소부–제어부–정보부–FCS–플래그
② 플래그–제어부–FCS–정보부–주소부–플래그
③ 플래그–주소부–정보부–FCS–제어부–플래그
④ 플래그–제어부–FCS–주소부–정보부–플래그

18.5, 15.9

157 HDLC 프레임 중 링크의 설정과 해제, 오류 회복을 위해 주로 사용되는 것은?

① 정보 프레임(Information Frame)
② 무번호 프레임(Unnumbered Frame)
③ 감독 프레임(Supervisory Frame)
④ 복구 프레임(Recovery Frame)

기적의 TIP

HDLC 문제는 빈출 가능성이 높습니다. 본문과 문제를 통해 다시 한번 정리하세요.

063 오류검출 코드

POINT 54 참조

- 패리티 검사(Parity Check) : 한 블록의 데이터 끝에 패리티 비트를 추가하여 오류가 생겼는지 검출하는 기법
- 해밍코드(Hamming Code) : 고속 데이터 전송 시 에러 검출 및 정정을 할 수 있는 코드 비슷한 기능을 하는 상승 코드 방식이 있음
- 순환 중복 검사(CRC; Cyclic Redundancy Check)
  - 미리 정하여진 다항식 코드를 이용하여 오류를 검출하는 방식이며 동기식 전송에 주로 사용
  - HDLC 프레임의 FCS(프레임 검사 순서 필드)에 사용되는 방식

19.4, 19.1

158 데이터 전송 시 에러 검출용으로 사용되는 것은?

① 플래그(Flag) 비트
② 패리티 체크(Parity Check) 비트
③ 시프트(Shift) 비트
④ 시작 및 정지 비트

13.6, 11.9, 08.3, 07.3

159 데이터통신에서 해밍코드를 이용하여 에러를 정정하는 방식은?

① 군계수 체크방식
② 자기정정 부호방식
③ 패리티 체크방식
④ 정마크 부호방식

16.2, 15.4, 14.4

160 에러 제어 방식 중 CRC(Cyclic Redundancy Check)에 대한 설명으로 옳은 것은?

① 한 블록의 데이터 끝에 하나의 비트를 추가하여 에러를 검출하는 방법이다.
② 에러 검출뿐만 아니라 에러 정정까지도 가능한 방법이다.
③ 프레임 단위로 오류검출을 위한 코드를 계산하여 프레임 끝에 부착하는데 이를 "FCS"라 한다.
④ 에러 검출을 위해 해밍코드(Hamming code)를 사용한다.

기적의 TIP

에러 검출 방식 중 오류검출과 정정이 가능한 해밍코드의 기본 개념과 FEC의 관계를 정리하도록 합니다.

064 ARQ POINT 54 참조

- ARQ의 종류
  - 정지-대기 ARQ(Stop-And-Wait ARQ) : 송신 측에서 1개의 프레임을 전송한 후, 수신 측에서 오류의 발생을 점검하여 ACK 또는 NAK를 보내올 때까지 대기하는 ARQ 방식
  - 연속적 ARQ(Continue ARQ) : 정지-대기 ARQ의 단점을 보완하기 위한 방식
    + Go-Back-N ARQ : 다수의 데이터 블록을 송신하고, 수신 측으로부터 NAK 신호가 전송되면 NAK 신호를 받은 블록부터 다음의 모든 블록을 재전송하는 방식
    + 선택적 재전송 ARQ(Selective-Repeat ARQ) : NAK 신호를 받은 블록만을 재전송하는 방식
  - 적응적 ARQ(Adaptive ARQ) : 전송 효율을 높이기 위해서 블록의 길이를 동적(Dynamic)으로 변경시킬 수 있는 방식

24.4, 20.1, 18.9/3, 14.5, 13.9/3, 12.9/3, 11.5

161 전송 효율을 최대한 높이려고 데이터 블록의 길이를 동적으로 변경시켜 전송하는 ARQ 방식은?

① Adaptive ARQ
② Stop-And-Wait ARQ
③ Selective ARQ
④ Go-back-N ARQ

20.8, 18.5/3, 15.9, 12.9, 10.9

162 데이터 프레임을 연속적으로 전송 중 NAK를 수신하면 오류가 발생한 프레임 이후에 전송된 모든 데이터 프레임을 재전송하는 오류제어 방식은?

① Go-back-N ARQ
② Selective-Repeat ARQ
③ Stop-and-Wait ARQ
④ Forward Error Connection

기적의 TIP

에러 제어 방식의 종류와 CRC의 특징과 ARQ의 개념, 구분을 정확히 정리하도록 합니다. 특히 ARQ의 각 방식을 구분하여 정리할 수 있도록 합니다.

065 데이터 회선망 POINT 55 참조

- 회선 교환 방식
  - 교환기를 통해 통신회선을 설정하여 직접 데이터를 교환하는 통신망, 실시간 대화용
  - 교환기 내에서 오류제어 불가, 속도나 코드 변환이 어려움
- 패킷교환방식
  - 속도, 프로토콜 및 코드 변환 가능
  - 장애발생 시 대체경로 선택 가능
  - 데이터그램 방식 : 데이터를 패킷 단위로 나누어 특정 경로의 설정 없이 전송되는 방식
  - 가상 회선 방식 : 단말기 간에 논리적인 가상 회선을 미리 설정하여 송신 측과 수신 측 사이의 연결을 확립한 후에 설정된 경로로 패킷들을 발생 순서대로 전송하는 연결 지향형 방식
- PAD(Packet Assemble and Disassembly) : 패킷교환망에 접속되는 단말기 중 비패킷형 단말기(Non-Packet Mode Terminal)에서 패킷의 조립과 분해 기능을 제공해 주는 장치

18.9, 17.9, 13.9, 10.9, 09.9, 08.3

163 회선 교환 방식에 대한 설명으로 틀린 것은?

① 회선 교환기 내에서 오류 제어가 용이하다.
② 일대일 정보통신이 가능하다.
③ 길이가 긴 연속적인 데이터 전송에 적합하다.
④ 회선 교환기 내에서 처리 지연 시간이 비교적 적다.

16.3, 08.9, 07.3, 04.3

164 다음 중 교환 방식에 관한 설명으로 틀린 것은?

① 회선 교환 방식은 회선에 용통성이 요구되거나 메시지가 짧은 경우에 적합하다.
② 데이터그램 패킷 교환 방식은 부하가 적거나 간헐적인 통신의 경우에 적합하다.
③ 패킷 교환 방식은 코드 및 속도 변환이 가능하다.
④ 가상회선 패킷 교환 방식은 패킷 도착순서가 고정적이다.

19.4, 18.3, 16.10, 13.9, 10.5, 00.3

165 데이터그램(Datagram) 패킷 교환 방식에 대한 설명으로 틀린 것은?

① 수신은 송신된 순서대로 패킷이 도착한다.
② 속도 및 코드 변환이 가능하다.
③ 각 패킷은 오버헤드 비트가 필요하다.
④ 대역폭 설정에 융통성이 있다.

24.4, 18.9, 17.9, 17.5

166 비패킷형 단말기들을 패킷교환망에 접속이 가능하도록 데이터를 패킷으로 조립하고, 수신 측에서는 분해해 주는 것은?

① PAD
② X.30
③ Li-Fi
④ NIC

기적의 TIP

회선 교환망의 전송 방식과 특징을 이해하고 패킷 교환망 중 가상 회선 방식과 데이터그램 방식의 특징과 차이점을 이해하도록 합니다.

066 통신제어장치의 기능 POINT 43 참조

- **전송 제어** : 회선을 사용하여 데이터가 오류 없이 전송될 수 있도록 하기 위한 제어방식
- **흐름 제어** : 통신 당사자 간의 데이터 흐름을 규제하는 경우에 송신 속도가 수신 측의 처리 능력을 초과하지 않도록 데이터 흐름을 조정하는 방식
- **동기 제어** : 통신제어장치의 송신과 수신을 동일한 타이밍으로 동작시키기 위한 기능

24.4, 17.2

167 회선 양쪽 시스템이 처리 속도가 다를 때 데이터 양이나 통신속도를 수신 측이 처리할 수 있는 능력을 넘어서지 않도록 조정하는 기술은?

① 인증 제어
② 흐름 제어
③ 오류 제어
④ 동기화

기적의 TIP

경로 제어, 흐름 제어, 동기 제어, 혼잡 제어의 각각의 의미를 이해하도록 합니다. 또 경로 제어의 범람 경로 제어에 대해서도 살펴보도록 합니다.

067 LAN 네트워크 위상 (Topology) POINT 56 참조

- **LAN(Local Area Network, 근거리 통신망)** : 동일 건물이나 인접한 건물에 있는 다양한 컴퓨터 기기들을 상호 연결한 네트워크 형태(Topology)
- **성형(Star)** : 중앙에 호스트 컴퓨터(Host Computer)가 있고 이를 중심으로 터미널(Terminal)들이 연결되는 형태
- **트리(Tree)형** : 하나의 노드에 여러 개의 노드가 연결된 형태로, 각 노드가 계층적으로 구성된 망의 형태
- **링(Ring)형** : 데이터는 한쪽으로만 흐르고 병목 현상이 드물지만, 두 노드 사이의 채널이 고장이 나면 전체 네트워크가 손상될 수 있음

23.9, 20.9, 18.5

168 빌딩, 공장, 대학 캠퍼스 등과 같이 한정된 영역을 대상으로 설치되는 통신망으로써 구내통신망이라고도 불리는 네트워크 유형으로 가장 옳은 것은?

① LAN(Local Area Network)
② VAN(Value Added Network)
③ WAN(Wide Area Network)
④ ISDN(Integrated Service Digital Network)

19.9, 15.9, 13.6/3, 08.3, 03.3, 00.3

169 정보통신망 구조 중에서 중앙에 컴퓨터가 있고 그 주위에 분산된 터미널을 연결시키는 형태의 통신망 구조는?

① 성형 통신망
② 트리형 통신망
③ 링형 통신망
④ 버스형 통신망

19.4, 18.5/3, 16.10, 14.3, 13.9, 07.5, 06.3, 02.3

170 LAN을 분류할 때 네트워크 위상(Topology)에 따른 것이 아닌 것은?

① Bus형
② Star형
③ Packet형
④ Ring형

기적의 TIP
네트워크 Topology의 종류와 각각의 기능을 확인하도록 합니다.

068 CSMA/CD POINT 57 참조

- CSMA/CD(Carrier Sense Multiple Access/Collision Detection)
  - 이더넷(Ethernet)에서 채택한 제어방식
  - 데이터의 충돌을 막기 위해 송신 데이터가 없을 때만 데이터를 송신하고, 다른 장비가 송신 중일 때는 송신을 중단하며, 일정 시간 간격을 두고 대기하였다가 순서에 따라 다시 송신하는 방식
  - IEEE 802.3 프로토콜 표준에 근거

20.1, 18.4, 18.2, 15.4

171 다음 내용이 설명하고 있는 LAN의 매체 접근 제어방식은?

- 버스 또는 트리 토폴로지에서 가장 많이 사용된다.
- 전송하고자 하는 스테이션이 전송 매체의 상태를 감지하다가 유휴(idle) 상태인 경우 데이터를 전송하고, 전송이 끝난 후에도 계속 매체의 상태를 감지하여 다른 스테이션과의 충돌 발생 여부를 감시한다.

① CSMA/CD
② Token bus
③ Token ring
④ Slotted ring

기적의 TIP
CSMA/CD(Carrier Sense Multiple Access/Collision Detection) 방식의 기본 개념을 정리합니다.

069 IEEE 802 POINT 57 참조

- IEEE 802
  - 802.3 : CSMA/CD
  - 802.4 : 토큰 버스(Token Bus)
  - 802.5 : 토큰 링(Token Ring)
  - 802.6 : MAN
  - 802.11 : 무선 LAN
  - 802.15 : WPAN(Wireless Personal Area Network)
- DQDB(Distributed Queue Dual Bus) : MAN의 표준 규격인 IEEE 802.6에 채용된 다중 접속 프로토콜

23.5, 20.3

172 IEEE 802시리즈의 표준화 모델이 옳게 짝시어진 것은?

① IEEE 802.2 - 매체접근 제어(MAC)
② IEEE 802.3 - 광섬유 LAN
③ IEEE 802.4 - 토큰 버스(Token Bus)
④ IEEE 802.5 - 논리링크 제어(LLC)

23.9, 23.1, 19.4

173 IEEE802.6으로 공표된 분산형 예약방식의 프로토콜은?

① SCCM
② DQDB
③ QAM
④ LAN

기적의 TIP
IEEE 802시리즈 표준화 모델별 기능을 정리합니다.

070 네트워크 장비 [POINT 51 참조]

- **게이트웨이(Gateway)** : 서로 다른 프로토콜을 사용하는 망을 연결
- **라우터(Router)**
  - 서로 다른 형태의 네트워크를 상호접속하는 3계층 (OSI 네트워크 계층) 장비
  - 적절한 전송 경로를 선택하고 이 경로로 데이터를 전달

16.5, 13.3, 10.3, 07.3

174 다음 중 다른 프로토콜을 사용하는 망과 LAN을 연결할 때 사용되는 것은?

① Adapter   ② Repeater
③ Gateway   ④ Bridge

24.4, 23.5, 20.3

175 둘 이상의 서로 다른 네트워크에 접속하여 서로 간에 데이터를 주고받을 수 있도록 경로 선택, 혼잡 제어, 패킷 폐기 기능을 수행하는 것은?

① Hub   ② Repeater
③ Router   ④ Bridge

기적의 TIP

네트워크 장비인 리피터, 브리지, 라우터, 게이트웨이의 각각 기능과 사용 용도를 기억하도록 합니다. 특히 라우터, 브릿지, 게이트웨이의 차이점에 대해서도 정리하도록 합니다.

071 VAN, ISDN [POINT 58 참조]

- **부가 가치 통신망(VAN; Value Added Network)** : 기간 사업자 통신망을 임대하여 부가서비스를 제공하는 통신망
- **종합 정보 통신망 ISDN(Integrated Services Digital Network)**
  - B채널은 64[Kbps]
  - ISDN 기본 인터페이스(BRI) : 2B + 1D = (2 * 64) + 64 = 192Kbps

19.9, 14.5, 09.3, 07.3, 06.3

176 공중 전기 통신 사업자에게 임차한 통신 회선에 자신의 통신망을 연결시켜 메일박스 서비스나 프로토콜 변환, 포맷 변환 등의 부가 가치 통신 서비스를 이용자에게 분할하여 재판매하는 통신 처리망은?

① LAN
② WAN
③ VAN
④ ISDN

16.10/3

177 ISDN 채널 구조에서 기본 속도인 BRI(Basic Rate Interface)는 무엇인가?

① 2B+D
② B+D
③ 23B+2D
④ 23+D

기적의 TIP

VAN의 의미와 ISDN 각 채널의 속도 및 기능을 암기하도록 합니다.

072 ATM(Asynchronous Transfer Mode) [POINT 58 참조]

- 비동기식 전달모드로 광대역 종합정보통신망 B-ISDN을 실현하기 위함
- 48 Byte의 페이로드(Payload)와 5 Byte의 헤더를 갖고 있음
- 정보는 셀 단위로 나누어 전송하며 멀티미디어 서비스에 적합
- 1.5(Mbps) 이상 Gbps 급의 통신속도 제공

24.3, 15.5, 12.3, 09.3

178 다음 중 초고속통신망의 ATM에 대한 설명으로 틀린 것은?

① 48 바이트의 페이로드(payload)를 갖고 있다.
② 5바이트의 헤더를 갖고 있다.
③ 멀티미디어 서비스에 적합하다.
④ 동기식 전달모드로 고속데이터 전송에 사용된다.

19.4, 17.9, 12.5, 10.9/3, 07.3
179 ATM 교환기에서 처리되는 셀의 길이는?

① 24바이트 ② 48바이트
③ 53바이트 ④ 64바이트

23.5, 23.5, 20.1, 19.2, 18.3, 17.3/9, 14.5, 12.9, 10.3
180 다음 중 광대역 통신망 ATM 셀(Cell)의 구성으로 옳은 것은?

① 헤더 5옥테드(Octet)와 페이로드(Payload) 53옥테드
② 헤더 4옥테드(Octet)와 페이로드(Payload) 53옥테드
③ 헤더 5옥테드(Octet)와 페이로드(Payload) 48옥테드
④ 헤더 4옥테드(Octet)와 페이로드(Payload) 48옥테드

기적의 TIP
문제에서 제시된 보기를 통해서 ATM의 특징을 모두 암기하도록 합니다. 사용 용도, 셀의 크기 등을 꼭 기억합니다.

073 암호화 기법 POINT 58 참조

- 비밀키(Private Key) 암호화 기법(대칭키)
  - 암호키 = 복호키
  - 대표 방식 : DES(Data Encryption Standard)
  - DES(Data Encryption Standard) : 블록 암호의 일종으로 평문을 64비트로 나누어 56비트의 키를 사용한 알고리즘
- 공개키(Public Key) 암호화 기법(비 대칭키)
  - 암호키 ≠ 복호키
  - 대표 방식 : RSA(Rivest Shamir Adleman)

24.4, 18.4, 15.9, 12.3
181 블록 암호화 알고리즘의 일종으로 대칭키 암호이며, 평문을 64비트로 나누어 56비트 암호키(Key)를 사용하는 것은?

① DES
② AES
③ ARLA
④ RC6

기적의 TIP
암호화 기법인 비밀키, 공개키 방식을 정리해 두도록 합니다.

074 통신매체 POINT 59 참조

- 핸드오프 : 통화 중에 이동전화가 한 셀에서 다른 셀로 이동할 때 자동으로 다른 셀의 통화 채널로 전환해 줌으로써 통화가 지속시킴
- 광섬유 케이블
  - 빛을 이용하여 전기적 유도가 발생하지 않음
  - 비용이 많이 들고 곡선 설치와 장치 간 접속이 어려움
  - FTTH(fiber to the home) : 광케이블을 구내의 종단까지 직접 연결하여 기존방식 대비 최대 100배 이상 빠른 서비스를 제공
  - Clad : 광케이블의 전반사 현상을 발생시키는 장비가 Clad이며 광신호를 코어 부근으로 반사해 코어 내부로 빛을 모아주는 역할
  - FDDI(Fiber Distributed Digital Interface) : 매체로 광섬유를 사용하며 이중 링 구조
  - 불균등 손실 : 코어와 클래드 경계면의 불균일로 인하여 발생
- 정지위성 높이 : 약 36,000km 상공

19.3, 18.3, 12.9, 10.3, 08.9, 07.5
182 통화 중에 이동전화가 한 셀에서 다른 셀로 이동할 때 자동으로 다른 셀의 통화 채널로 전환해 줌으로써 통화가 지속되게 하는 기능은?

① 핸드오프 ② 핸드쉐이크
③ 셀의 분할 ④ 페이딩

17.3, 12.3, 10.5, 09.9/5
183 다음 중 광섬유 케이블의 일반적인 특징이 아닌 것은?

① 광대역성이다.
② 저손실성이다.
③ 전자기적 유도를 받지 않는다.
④ 전력선과 같이 포설할 수 없다.

19.4/3, 18.3, 15.3, 11.9, 10.3

184 광섬유 케이블에서 클래딩(Cladding)의 주 역할은?

① 광신호를 진반사
② 광신호를 회절
③ 광신호를 흡수
④ 광신호를 전송

> **기적의 TIP**
>
> 이동전화 방식인 CDMA 방식과 통화 전환 기술인 핸드오프, 다른 지역 서비스인 로밍 등을 기억하도록 합니다. 또한 광섬유 케이블의 특징과 진반사 기술 등을 기출문제로 확인하고 위성통신에서 위성의 높이도 기억하도록 합니다.

---

075 뉴미디어 [POINT 59 참조]

- **뉴미디어(New Media)의 특징** : 쌍방향성, 분산적, 네트워크화 등
- **Videotex** : 화상정보가 축적된 정보센터의 데이터베이스를 TV 수신기와 공중전화망에 연결해서 이용자가 화면을 보면서 상호대화 형태로 각종 정보검색을 도와주는 서비스
- **멀티미디어 압축 표준**
  - JPEG는 정지화상 압축 기술이고, MPEG는 동화상 압축 기술의 표준
  - 정지영상 압축 표준 : JPEG, GIF, PNG
- **이미지 압축 기술**
  - JPEG(Joint Photographic Experts Group) : 정지화상
  - 압축에 대한 ISO 국제 표준안
  - GIF(Graphics interchange Format) : 애니메이션을 표현할 수 있고 무손실 압축 기법
- **MPEG(Moving Picture Experts Group)** : 동화상 압축에 대한 ISO 국제 표준안
- **MPEG 표준 분류**
  - MPEG-C : 비디오 표준 분류
  - MPEG-D : 오디오 표준 분류

20.3, 14.9/3, 11.9, 08.3/9, 06.9

185 멀티미디어의 표준화와 관련하여 MPEG는 무엇을 의미하는가?

① 음성 압축 표준
② 팩시밀리 압축 표준
③ 동화상 압축 표준
④ 문자메시지 압축 표준

16.10, 13.3, 12.3, 10.3

186 다음 중 뉴미디어의 특징과 거리가 먼 것은?

① 정보 교환의 고속화와 대용량화
② 다채널성
③ 단방향성
④ 정보형태의 다양화

24.4, 19.4

187 멀티미디어 압축 기술에 해당하지 않는 파일 형식은?

① GIF
② PNG
③ MPEG
④ DXF

23.9, 16.2

188 MPEG표준에서 오디오 표준 분류를 위한 규격은?

① MPEG-A
② MPEG-B
③ MPEG-C
④ MPEG-D

> **기적의 TIP**
>
> 뉴미디어의 특징과 Videotex, Teletext의 개념을 파악하도록 합니다. 디지털 압축 기법 중 정지영상, 동영상 압축 기법인 JPEG, MPEG에 대해서도 기억하세요.

---

076 FTP, 서브넷 [POINT 53 참조]

- **FTP(File Transfer Protocol)**
  - 지역적으로 멀리 떨어진 컴퓨터로 파일들을 송수신하는 서비스
  - 텍스트 모드 (TEXT) : ASCII 방식의 문자 전송 시에 사용하는 옵션
  - 바이너리 모드(BINARY) : 동영상, 그림, 프로그램 등 전송 시에 사용하는 옵션
  - Well Known Port : 21번
- **서브넷 마스크(Subnet Mask)** : 네트워크 내의 주소에 해당하는 IP 어드레스 중 네트워크를 식별하기 위해 몇 비트를 네트워크 어드레스에 사용할지 정의

23.5, 20.3, 18.1

189 다음 중 인터넷 서비스와 관련하여 FTP(File Transfer Protocol)에 관한 설명으로 옳지 않은 것은?

① 컴퓨터와 컴퓨터 사이에 파일을 주거나 받을 수 있는 원격 파일 전송 프로토콜이다.
② FTP 프로그램을 이용하여 FTP 서버에 파일을 전송하거나 수신하고, 파일의 삭제 및 이름 바꾸기 등을 할 수 있다.
③ Anonymous FTP는 FTP 서버에 계정이 없는 익명의 사용자도 접속하여 사용할 수 있는 서비스이다.
④ 그림, 동영상, 실행 파일, 압축 파일 등은 ASCII 모드로 전송한다.

10.3, 08.9

190 네트워크 내의 주소에 해당하는 IP 어드레스 중 네트워크를 식별하기 위해 몇 비트를 네트워크 어드레스에 사용할지 정의하는 것은?

① DNS 서버
② 디폴트 게이트웨이
③ NIC 카드
④ 서브넷 마스크

24.3

191 203.230.7.110/29의 IP 주소 범위에 포함되어 있는 네트워크 및 브로드캐스트 주소는?

① 203.230.7.102 / 203.230.7.111
② 203.230.7.103 / 203.230.7.254
③ 203.230.7.104 / 203.230.7.111
④ 203.230.7.105 / 203.230.7.254

오답 피하기

마지막 블록의 2진수 변환값이 xxxxx000 인 주소가 네트워크 주소가 된다. → 104(0110 1000)
마지막 블록의 2진수 변환값이 xxxxx111 인 주소가 브로드캐스트 주소가 된다. → 111(0110 1111)

기적의 TIP

인터넷 응용 서비스의 종류와 각각의 기능을 기억하도록 합니다. 또한 IPv4의 각 클래스 특징과 서브넷 마스크도 정리하세요.

077 X.25   POINT 53 참조

- X.25 : DTE/DCE 인터페이스를 규정한다.
- X.25의 계층구조
  - 물리 계층(Physical Layer) : OSI 7계층의 물리 계층에 해당
  - 프레임 계층(Frame Layer) : OSI 7계층의 데이터링크 계층에 해당
  - 패킷 계층(Packet Layer) : OSI 7계층의 네트워크 계층에 해당
- 패킷망 기술의 표준(ITU-T 규정)
  - X.21 : 동기식 전송을 위한 DTE/DCE 접속규격
  - X.25 : 패킷 전송을 위한 DTE/DCE 접속규격
  - X.75 : 패킷 교환 방식에 의한 국제 공중 데이터 교환망에서, 각국 관문국 간의 교환 접속에 필요한 제어 정보의 형식이나 제어 절차를 규정

19.3, 17.5, 15.9, 14.9/5, 06.9, 05.3, 03.9/3

192 공중 데이터망에서 사용되는 DTE/DCE 간의 상호접속에 대한 정의를 규정한 권고안은?

① X.4   ② X.25
③ X.75   ④ X.400

16.5, 14.5, 12.2

193 X.25 프로토콜을 구성하는 계층에 해당하지 않는 것은?

① 패킷 계층   ② 물리 계층
③ 링크 계층   ④ 응용 계층

기적의 TIP

X.25, X.21, X.75, X.24가 각각 어떤 기능을 하는 권고안인지도 확인하기를 바랍니다.

078 TCP/IP 4계층, ARP   POINT 53 참조

- **전송 계층(Transport Layer)**
  - 통신 양단 간(End-to-End)의 메시지 전달, 에러 제어 및 흐름 제어, 다중화/역다중화
  - 표준 : TCP, UDP
  - IP : OSI의 네트워크 계층, 비연결형
  - TCP : OSI의 전송계층
- **ARP(Address Resolution Protocol)** : IP Address를 물리적 하드웨어 주소(MAC Address)로 변환하는 프로토콜
- **RARP(Reverse Address Resolution Protocol)** : 호스트의 물리 주소를 통하여 논리 주소인 IP 주소를 얻어오기 위해 사용되는 프로토콜

24.4, 19.1, 15.3, 14.3, 12.5, 07.9, 06.3, 99.3
194 TCP/IP에 관한 설명으로 잘못된 것은?

① TCP 프로토콜과 IP 프로토콜의 결합적 의미로서 TCP가 IP보다 상위층에 존재한다.
② OSI 표준 프로토콜과 가까운 망구조를 가지고 있다.
③ TCP는 OSI 참조모델의 네트워크 계층에 대응되고, IP는 트랜스포트 계층에 대응된다.
④ UNIX 운영체제가 탑재된 워크스테이션이나 미니컴퓨터를 주축으로 하여 운영되고 있다.

19.4, 18.2, 17.4, 15.1
195 물리 주소를 이용하여 논리 주소로 변환시켜 주는 프로토콜은?

① RARP
② HTTP
③ UTP
④ RTPL

> **기적의 TIP**
>
> TCP/IP 프로토콜의 기본 개념과 기능, TCP/IP의 계층구조와 OSI 계층과의 대응 관계를 기억하도록 합니다.

출제 예상문제

출제 예상문제 01회	2-52	출제 예상문제 06회	2-93
출제 예상문제 02회	2-60	출제 예상문제 07회	2-101
출제 예상문제 03회	2-68	출제 예상문제 08회	2-110
출제 예상문제 04회	2-76	출제 예상문제 09회	2-117
출제 예상문제 05회	2-85	출제 예상문제 10회	2-125

자동 채점 서비스

문제 풀이 후
인터넷 이용 채점 가능

❶ 상단 QR 코드 스캔
❷ 오픈된 답안 표기란에 정답 체크
❸ 입력 후 X 클릭, '답안 제출'
❹ 자동 채점과 해설까지 즉시 제공

출제 예상문제 01회

자동 채점 서비스

- 제한시간 : 1시간 30분
- 소요시간 :   시간   분
- 전체 문항 수 : 60문항
- 맞힌 문항 수 :   문항

과목 01 사무자동화 시스템

01 UNIX 파일 시스템에서 파일, 디렉토리, 간접블록을 저장하는 영역의 블록은?
① 부트블록
② 블랙블록
③ inode 리스트
④ 데이터블록

02 다음 중 선점 스케줄링 알고리즘이 아닌 것은?
① RR(Round Robin)
② SRT(Shortest Remaining Time)
③ HRN(Highest Response-ratio Next)
④ MQ(Multi-level Queue)

03 은행원 알고리즘에 대한 설명으로 옳지 않은 것은?
① "Dijkstra"가 제안한 방법이다.
② 교착 상태 해결 방법 중 예방(Prevention) 기법이다.
③ 자원의 양과 사용자(프로세스) 수가 일정해야 한다.
④ "안전 상태"와 "불안전 상태"라는 두 가지 상태가 존재한다.

04 운영체제의 성능 평가 요소로 거리가 먼 것은?
① 반환 시간
② 신뢰도
③ 비용
④ 처리 능력

05 다음 중 한글 Windows에서 레지스트리에 관한 설명으로 옳지 않은 것은?
① Windows는 부팅할 때와 종료할 때만 레지스트리 정보를 참조한다.
② Windows의 구성 정보를 저장하는 데이터베이스이다.
③ Windows에 탑재된 레지스트리 편집기는 'regedit.exe'이다.
④ 레지스트리에는 각 사용자의 프로필과 시스템 하드웨어 그리고 설치된 프로그램 및 속성 설정에 대한 정보가 들어 있다.

06 라이브러리의 개념과 구성에 대한 설명 중 옳지 않은 것은?
① 라이브러리란 필요할 때 찾아서 쓸 수 있도록 모듈화되어 제공되는 프로그램을 말한다.
② 프로그래밍 언어에 따라 일반적으로 도움말, 설치 파일, 샘플 코드 등을 제공한다.
③ 외부 라이브러리는 프로그래밍 언어가 기본적으로 가지고 있는 라이브러리를 의미하며, 표준 라이브러리는 별도의 파일 설치를 필요로 하는 라이브러리를 의미한다.
④ 라이브러리는 모듈과 패키지를 총칭하며, 모듈이 개별 파일이라면 패키지는 파일들을 모아 놓은 폴더라고 볼 수 있다.

07 계층구조가 아닌 단순한 표(Table)를 이용하여 데이터 상호관계를 정의하는 DB(Data Base) 구조는?

① 관계형 데이터베이스
② 사용자 데이터베이스
③ 링형 데이터베이스
④ 망형 데이터베이스

08 다음 중 SQL문의 DML에 속하지 않는 것은?

① SELECT　　② DELETE
③ CREATE　　④ INSERT

09 순수 관계 연산자에서 릴레이션의 일부 속성만 추출하여 중복되는 튜플은 제거한 후 새로운 릴레이션을 생성하는 연산자는?

① REMOVE　　② PROJECT
③ DIVISION　　④ JOIN

10 뷰(VIEW)에 대한 설명으로 옳지 않은 것은?

① 뷰 위에 또 다른 뷰를 정의할 수 있다.
② DBA는 보안 측면에서 뷰를 활용할 수 있다.
③ 뷰의 정의는 ALTER문을 이용하여 변경할 수 없다.
④ SQL을 사용하면 뷰에 대한 삽입, 갱신, 삭제 연산 시 제약 사항이 없다.

11 다음 중 기본키는 NULL 값을 가져서는 안되며, 릴레이션 내에 오직 하나의 값만 존재해야 한다는 조건을 무엇이라 하는가?

① 개체 무결성 제약조건
② 참조 무결성 제약조건
③ 도메인 무결성 제약조건
④ 속성 무결성 제약조건

12 참조 무결성을 유지하기 위하여 DROP문에서 부모 테이블의 항목 값을 삭제할 경우 자동적으로 자식 테이블의 해당 레코드를 삭제하기 위한 옵션은?

① CLUSTER　　② CASCADE
③ SET-NULL　　④ RESTRICTED

13 정규화 과정에서 A→B 이고, B→C 일 때 A→C 인 관계를 제거하는 관계는?

① 1NF → 2NF
② 2NF → 3NF
③ 3NF → BCNF
④ BCNF → 4NF

14 다음 중 엑셀에 대한 설명으로 옳지 않은 것은?

① 선택한 범위를 워크시트 화면에 가득히 보이게 하려면 [보기]-[확대/축소]에서 "선택 영역에 맞춤"을 선택한다.
② 페이지 설정에서 용지의 방향을 설정할 수 있다.
③ 인쇄 미리 보기 화면에서도 페이지 설정을 할 수 있다.
④ 인쇄 내용을 페이지의 가운데에 맞춰 인쇄하려면 [페이지 설정] 대화 상자에서 '자동 맞춤'을 체크한다.

15 엑셀에서 현재 작업하고 있는 통합 문서의 'Sheet1' 시트에서 'Sheet3' 시트까지 [A1] 셀의 합을 구하고자 한다. 잘못된 참조 방법은?

① =SUM(Sheet1:Sheet3!A1)
② =SUM(Shoot1!A1:Shcct3!A1)
③ =SUM(Sheet1!A1,Sheet2!A1,Sheet3!A1)
④ =SUM(Sheet1:Sheet2!A1,Sheet3!A1)

16 다음 중 엑셀의 상태 표시줄에 대한 설명으로 옳지 않은 것은?

① 상태 표시줄에서 워크시트의 보기 상태를 기본 보기, 페이지 레이아웃 보기, 페이지 나누기 미리 보기 중 선택하여 변경할 수 있다.
② 상태 표시줄에는 확대/축소 슬라이더가 기본적으로 표시된다.
③ 간편하게 매크로를 기록하거나 중지할 수 있는 매크로 도구가 표시된다.
④ 자주 사용하는 도구들을 모아서 간단히 추가하거나 제거할 수 있으며, 리본 메뉴 아래에 표시할 수도 있다.

17 다음 중 파워포인트의 애니메이션 실행 순서를 제어하거나 타이밍을 조정하기 위해 사용하는 창은?

① 슬라이드 마스터
② 애니메이션 창
③ 전환 창
④ 선택 창

18 다음 중 액세스에서 보고서 작성시에 '그룹화'의 개념에 대한 설명으로 옳지 않은 것은?

① 데이터를 특정 필드를 기준으로 데이터를 구분하여 표시하는 기능이다.
② 특정 필드를 기준으로 그룹화하는 경우 데이터는 그 필드를 기준으로 정렬되어 표시된다.
③ 그룹에 대한 머리글이나 바닥글을 표시할 수 있다.
④ 그룹 머리글, 세부 구역, 그룹 바닥글 등을 모두 같은 페이지에 인쇄할 수 없다.

19 컴퓨터의 성능을 높이기 위하여 명령어의 처리속도를 CPU와 대등하게 할 목적으로 기억 장치와 CPU 사이에 위치하는 기억장치는?

① 버퍼 메모리
② 연관 메모리
③ 캐시 메모리
④ 플래시 메모리

20 다음 중 기억 장치 용량 단위가 가장 큰 것은?

① KB
② MB
③ PB
④ TB

과목 02 프로그래밍 일반

21 다음은 파이썬으로 만들어진 반복문 코드이다. 이 코드의 결과는?

```
>> while(True) :
    print('A')
    print('B')
    print('C')
    continue
    print('D')
```

① A, B, C 출력이 반복된다.
② A, B, C 까지만 출력된다.
③ A, B, C, D 출력이 반복된다.
④ A, B, C, D 까지만 출력된다.

22 GoF(Gangs of Four) 디자인 패턴 분류에 해당하지 않는 것은?

① 생성 패턴
② 구조 패턴
③ 행위 패턴
④ 추상 패턴

23 웹페이지에 악의적인 스크립트를 포함시켜 사용자 측에서 실행되게 유도함으로써, 정보 유출 등의 공격을 유발할 수 있는 취약점은?

① Ransomware
② Pharming
③ Phishing
④ XSS

24 다음 JAVASCRIPT 프로그램이 실행되었을 때의 결과는?

```
var rst = 0;
for( var i = 1; i<20; i++) {
    if( i%7 == 0 )
        rst += i;
}
console.log(rst);
```

① 55   ② 7
③ 210   ④ 21

25 프로그램 수행 시 묵시적 순서제어의 의미로 옳은 것은?

① 오류에 의해 순서가 바뀌는 것을 묵인하는 것을 의미한다.
② 변수를 사용하지 않고 순서를 제어함을 의미한다.
③ 괄호나 연산자 등의 수식에 따른 순서 제어구조를 허용하지 않음을 의미한다.
④ 문법에 따라 미리 정해진 순서대로 제어가 일어나는 것을 의미한다.

26 Java에서 사용하는 접근제어자의 종류가 아닌 것은?

① private   ② default
③ public   ④ internal

27 GoF(Gangs of Four) 디자인 패턴과 관련한 설명으로 옳지 않은 것은?

① 디자인 패턴을 목적(Purpose)으로 분류할 때 생성, 구조, 행위로 분류할 수 있다.
② bridge pattern은 기존에 구현되어 있는 클래스에 기능 발생 시 기존 클래스를 재사용할 수 있도록 중간에서 맞춰주는 역할을 한다.
③ 행위 패턴은 클래스나 객체들이 상호작용하는 방법과 책임을 분산하는 방법을 정의한다.
④ factory method pattern은 상위 클래스에서 객체를 생성하는 인터페이스를 정의하고, 하위클래스에서 인스턴스를 생성하도록 하는 방식이다.

28 C언어의 포인터 조작 연산에서 변수 pc에 대입되는 것과 같은 결과를 갖는 것은?

```
char *pc, array1[100];
pc=array1;
```

① pc = &array1[0];
② pc = &array1[2];
③ pc = array1[10];
④ pc = array1[1];

29 다음 중 이항(Binary) 연산자가 아닌 것은?

① XOR   ② OR
③ AND   ④ COMPLEMENT

30 다음 중 Java 언어에서 기본 데이터형을 객체 데이터형으로 바꾸어주는 클래스는?

① abstract   ② super
③ final   ④ wrapper

31 다음 중 객체지향 개념에서 다형성(Polymorphism)과 관련한 설명으로 옳지 않은 것은?

① 다형성은 현재 코드를 변경하지 않고 새로운 클래스를 쉽게 추가할 수 있게 한다.
② 다형성이란 여러 가지 형태를 가지고 있다는 의미로, 여러 형태를 받아들일 수 있는 특징을 말한다.
③ 메소드 오버라이딩(Overriding)은 상위 클래스에서 정의한 일반 메소드의 구현을 하위 클래스에서 무시하고 재정의할 수 있다.
④ 메소드 오버로딩(Overloading)의 경우 매개 변수 타입은 동일하지만 메소드명을 다르게 함으로써 구현, 구분할 수 있다.

32 다음 중 프로그램 실행 시 원시 프로그램을 문자 단위로 스캐닝하여 문법적으로 의미 있는 일련의 문자들로 분할해 내는 역할을 하는 것은?

① 구문분석기
② 어휘분석기
③ 디버거
④ 선행처리기

33 다음 중 소프트웨어 설계에서 사용되는 대표적인 추상화 메커니즘이 아닌 것은?

① 프로토콜 추상화
② 자료 추상화
③ 제어 추상화
④ 기능 추상화

34 다음 중 C언어에서 포인터를 사용하여 두 변수 a, b의 값을 교체하는 경우 빈칸에 알맞은 코드는?

```
int a=10, b=20, temp;
int *pa = &a;
int *pb = &b;

temp = *pa;

temp = *pa;

*pb = temp;
```

① b = &a;
② a = b;
③ *pb = *pa;
④ *pa = *pb;

35 다음 중 C 언어에서 사용되는 데이터 형이 아닌 것은?

① long
② integer
③ double
④ float

36 다음 파이썬(Python) 프로그램이 실행되었을 때의 결과는?

```
l = [10*i for i in range(10) if i%2==0]
print(l)
```

① [0, 2, 4, 6, 8]
② [0, 1, 2, 3, 4, 5, 6, 7, 8, 9]
③ [0, 20, 40, 60, 80]
④ [0, 20, 40, 60, 80, 90]

37 다음 중 BNF 심볼에서 정의를 나타내는 것은?
① ::=
② 〈 〉
③ |
④ -->

38 다음 중 객체에서 반복적으로 수행하기 위한 명령문의 집합을 정의한 것은?
① 속성
② 메시지
③ 메서드
④ 추상화

39 다음 중 정적 바인딩 시간에 해당되는 것은?
① 링크 시간
② 모듈 기동 시간
③ 프로그램 호출시간
④ 실행 시간 중 객체 사용 시점

40 다음 중 프로그램을 구성하는 함수에서 전역 변수를 사용하여 함수의 결과를 반환하는 경우, 함수에 전달되는 입력 파라미터의 값이 같아도 전역 변수의 상태에 따라 함수에서 반환되는 값이 달라질 수 있는 현상을 무엇이라 하는가?
① Reference
② Side Effect
③ Monitor
④ Recursive

과목 03 네트워크 일반

41 다음 중 정보통신 시스템의 특징으로 옳지 않은 것은?
① 거리와 시간의 극복
② 대형 컴퓨터의 공동 사용
③ 광대역 전송에만 사용
④ 대용량 파일의 공동 이용

42 다음 중 문자 위주 동기전송의 제어문자 중 전송해야 할 프레임의 끝을 알리는 것은?
① ETX
② ETB
③ EOT
④ ENQ

43 다음이 설명하고 있는 LAN의 매체 접근 제어 방식은?

- 버스 또는 트리 토폴로지에서 가장 많이 사용된다.
- 전송하고 있는 스테이션이 전송 매체의 상태를 감지하다가 유휴(idle) 상태인 경우 데이터를 전송하고, 전송이 끝난 후에도 계속 매체의 상태를 감지하여 다른 스테이션과의 충돌 발생 여부를 감시한다.

① CSMA/CD
② token bus
③ token ring
④ slotted ring

44 64 VAN의 계층 구조 중 통신처리 계층의 기능에 해당하는 것은?
① 패킷 교환 방식을 사용하여 교환기능을 수행한다.
② 필요한 자료를 정보 전송 매체를 통하여 즉시 제공한다.
③ 순수한 정보의 전송만을 수행한다.
④ 축적 기능 및 변환 기능을 수행한다.

45 데이터 전송오류 검출 방식으로 옳지 않은 것은?

① 패리티(Parity) 검사
② 블록 합 검사(Block Sum Check)
③ 순환 잉여 검사(CRC)
④ 바이폴라(Bipolar) 검사

46 다음 중 반송파로 사용하는 정현파의 위상에 정보를 실어 보내는 변조 방식은?

① ASK   ② DM
③ PSK   ④ ADPCM

47 다음 중 주파수분할 다중화(FDM) 방식에서 보호대역(Guard Band)의 역할로 올바른 것은?

① 주파수 대역폭 확장
② 신호의 세기를 증폭
③ 채널 간의 간섭을 제한
④ 많은 채널을 좁은 주파수 대역에 포함

48 인터넷 프로토콜 TCP/IP에서 TCP는 OSI 7계층 중 어느 계층에 해당하는가?

① 응용 계층
② 전송 계층
③ 네트워크 계층
④ 데이터링크 계층

49 다음 중 광섬유 케이블에서 클래드(Clad)의 주 역할은?

① 광신호를 반사시키는 역할
② 광신호를 증폭시키는 역할
③ 광신호를 저장시키는 역할
④ 광신호를 입력시키는 역할

50 다음 중 데이터 전송 제어 절차가 올바른 것은?

① 통신회선 연결 → 링크 설정 → 통신회선 해제 → 데이터 전송 → 링크 해제
② 통신회선 연결 → 링크 설정 → 데이터 전송 → 링크 해제 → 통신회선 해제
③ 링크 설정 → 통신회선 연결 → 데이터 전송 → 링크 해제 → 통신회선 해제
④ 링크 설정 → 통신회선 연결 → 링크 해제 → 데이터 전송 → 통신회선 해제

51 다음 국제표준 통신 프로토콜 중 IP 주소를 물리 주소로 변환하기 위해 사용되는 것은?

① ARP   ② TCP
③ ICMP   ④ DHCP

52 다음 OSI-7 계층 중 프로세스 간의 대화제어 및 동기점을 이용한 효율적인 데이터 복구제공을 위한 계층은?

① 표현 계층
② 데이터링크 계층
③ 세션 계층
④ 전송 계층

53 다음 중 인터넷 통신을 위한 기본 통신 프로토콜은?

① PPP ② HDLC
③ X.23 ④ TCP/IP

54 다음 중 RS-232C 표준 인터페이스는 몇 개의 핀(PIN)으로 구성되는가?

① 10 ② 22
③ 25 ④ 32

55 다음 중 ITU-T 권고안에서 X 시리즈의 내용은?

① PSTN을 이용한 데이터 전송에 관한 사항
② 축적 프로그램 제어식 교환의 프로그램에 관한 사항
③ 공중 데이터 통신망을 이용한 데이터 전송에 관한 사항
④ 전신 데이터의 전송 및 교환에 관한 사항

56 다음 중 멀티미디어의 표준화에 해당되지 않는 것은?

① JPEG ② MPEG
③ MHS ④ MHEG

57 다음 중 아날로그 신호를 디지털 신호로 변환하는 PCM 부호화 단계로 맞는 것은?

① 양자화 → 부호화 → 표본화
② 표본화 → 양자화 → 부호화
③ 양자화 → 표본화 → 부호화
④ 표본하 → 부호화 → 양자화

58 다음 중 병렬 전송 방식에 대한 설명으로 거리가 먼 것은?

① 병렬 전송은 한 문자를 구성하는 각 비트를 각각의 데이터 선을 통해 한꺼번에 전달하는 방식이다.
② 직렬 전송보다 전송 속도가 빠르고, 원거리 데이터 전송에서 보다 경제적이다.
③ 스트로브(Strobe) 신호는 송신 측 다음 문자의 전송을 수신 측에 알리게 된다.
④ 비지(Busy) 신호는 수신 측이 데이터 수신 가능 상태를 송신 측에 전달한다.

59 다음 중 HDLC 프레임을 구성하는 필드가 아닌 것은?

① FCS 필드 ② Flag 필드
③ Control 필드 ④ Link 필드

60 다음 중 패킷 교환 방식에 대한 설명으로 옳지 않은 것은?

① 교환기에서 패킷을 일시 저장 후 전송하는 축적교환 기술이다.
② 패킷처리 방식에 따라 데이터그램과 가상회선 방식이 있다.
③ X.25는 패킷형 단말기와 패킷망 간의 접속 프로토콜이다.
④ X.75는 비패킷형 단말과 PAD 간의 접속 프로토콜이다.

빠르게 정답 확인하기!

스마트폰으로 QR 코드를 스캔해 보세요.
정답표를 통해 편리하게 채점할 수 있습니다.

출제 예상문제 02회

- 제한시간 : 1시간 30분
- 소요시간 :   시간   분
- 전체 문항 수 : 60문항
- 맞힌 문항 수 :   문항

과목 01 사무자동화 시스템

01 4개의 페이지를 수용하는 주기억장치가 현재 완전히 비어 있으며, 어떤 프로세스가 다음과 같이 페이지 번호를 요청한다고 가정할 경우 페이지 정책으로 LFU(Least Frequency Used) 기법을 사용한다면 페이지 부재가 몇 번 발생하는가?

> 요청페이지번호순서 : 1,2,3,4,1,2,5,1,2

① 3 ② 4
③ 5 ④ 6

02 다음 중 분산처리 시스템에 관한 설명으로 옳지 않은 것은?

① 분산처리 시스템은 시스템의 응답성과 신뢰성이 높다.
② 하드웨어, 소프트웨어, 데이터 등이 서로 호환성이 없을 경우에도 시스템 구축이 용이하다.
③ 대규모 처리에 대한 적응력이 높으며, 확장성이 좋다.
④ 수평·계층 혼합형 분산처리 시스템의 발전된 형태로서 클라이언트/서버 시스템이 있다.

03 다음 중 UNIX 명령어에서 현재 작업 중인 디렉터리 경로를 보여주는 명령어는?

① dir ② cat
③ pwd ④ write

04 다음 그림과 같은 기억 장소에서 16K를 요구하는 프로그램이 두 번째 공백인 16K의 작업 공간에 배치되는 기억 장치 배치의 전략은?

운영체제
사용중
30K
사용중
16K
사용중
50K
사용중

① First Fit
② Worst Fit
③ Best Fit
④ Second Fit

05 다음 중 스레드(Thread)에 대한 설명으로 옳지 않은 것은?

① 한 개의 프로세스는 여러 개의 스레드를 가질 수 없다.
② 스레드란 프로세스보다 더 작은 단위를 말하며, 다중 프로그래밍을 지원하는 시스템 하에서 CPU에게 보내져 실행되는 또 다른 단위를 의미한다.
③ 상태의 절감은 하나의 연관된 스레드 집단이 기억장치나 파일과 같은 자원을 공유함으로써 이루어진다.
④ 스레드를 사용함으로써 하드웨어, 운영체제의 성능과 응용 프로그램의 처리율을 향상시킬 수 있다.

06 다음 중 스프레드시트(Spreadsheet) 패키지의 특성으로 가장 거리가 먼 것은?

① 템플릿(Template)
② 민감도 분석
③ 계획과 통제의 도구
④ 부프로그램(Sub program)의 관리

07 다음 중 회의나 발표, 브리핑 등에서 효과적으로 활용할 수 있는 텍스트를 비롯한 그래픽과 같은 멀티미디어 작업을 좀 더 간편하게 작성하고 자동화 시켜주는 소프트웨어로 가장 옳은 것은?

① 워드프로세서
② 데이터베이스
③ 스프레드시트
④ 프레젠테이션

08 다음 워크시트의 특정 셀에 수식 "=SUM(A1:A2)"을 입력할 때 SUM을 SIM으로 잘못 입력하여 오류가 발생하였다. 이때 해당 셀에 나타나는 오류 메시지는?

① #N/A
② #NAME?
③ #NULL!
④ #VALUE!

09 다음 중 기본 키(Primary key)의 특징에 대한 설명으로 옳지 않은 것은?

① Null 값을 입력할 수 없다.
② 중복된 값을 입력할 수 없다.
③ 입력된 값을 변경할 수 없다.
④ 두 개 이상의 필드를 묶어서 기본키로 설정할 수 있다.

10 아래의 기본 테이블을 이용한 질의의 결과 레코드가 3개인 것으로 알맞은 것은?

이름	부서	성별	판매액
이중기	영업부	여	₩1,100,000
송중기	개발부	남	₩1,200,000
공중기	영업부	여	₩550,000
신선율	총무부	남	₩650,000
신채원	개발부	남	₩450,000
조윤정	총무부	남	₩900,000
김석술	개발부	남	₩850,000

① SELECT 부서, SUM(판매액) AS 판매합계 FROM 판매현황 GROUP BY 부서;
② SELECT 성별, AVG(판매액) AS 판매평균 FROM 판매현황 GROUP BY 성별;
③ SELECT 부서, COUNT(부서) AS 사원수 FROM 판매현황 GROUP BY 부서 HAVING COUNT(부서)〉2;
④ SELECT 부서, COUNT(판매액) AS 사원수 FROM 판매현황 WHERE 판매액 〉=1000000 GROUP BY 부서;

11 다음 보고서에서 페이지 번호를 인쇄하려고 한다. 페이지 번호 식과 각 페이지에 나타나는 결과가 옳지 못한 것은? (단, 전체 페이지는 3페이지로 가정한다.)

① 식: =[Page] , 결과: 1, 2, 3
② 식: =[Page] &"페이지", 결과: 1페이지, 2페이지, 3페이지
③ 식: =[Page] &"중" &[Page] &"페이지" , 결과: 3중 1페이지, 3중 2페이지, 3중 3페이지
④ 식: =Format([Page], "000") , 결과: 001, 002, 003

12 A, B, C, D의 순서로 정해진 입력 자료를 스택에 입력하였다가 출력한 결과가 될 수 없는 것은? (단, 왼쪽부터 먼저 출력된 순서이다.)

① C, B, A, D
② C, D, A, B
③ B, A, D, C
④ B, C, D, A

13 다음 릴레이션의 Degree와 Cardinality는?

학번	이름	학년	학과
13001	홍길동	3학년	전기
13002	이순신	4학년	기계
13003	강감찬	2학년	컴퓨터

① Degree: 4, Cardinality: 3
② Degree: 3, Cardinality: 4
③ Degree: 3, Cardinality: 12
④ Degree: 12, Cardinality: 3

14 다음 중 뷰(View) 삭제문의 형식으로 옳은 것은?

① DELETE VIEW 뷰이름;
② DROP VIEW 뷰이름;
③ REMOVE VIEW 뷰이름;
④ OUT VIEW 뷰이름;

15 다음 중 SQL에서 각 기능에 대한 내장함수의 연결이 옳지 않은 것은?

① 열에 있는 값들의 개수 – COUNT
② 열에 있는 값들의 평균 – AVG
③ 열에 있는 값들의 합 – TOT
④ 열에서 가장 큰 값 – MAX

16 다음 중 계층형 데이터 모델의 특징이 아닌 것은?

① 개체 타입 간에는 상위와 하위 관계가 존재한다.
② 개체 타입들 간에는 사이클(Cycle)이 허용된다.
③ 루트 개체 타입을 가지고 있다.
④ 링크를 사용하여 개체와 개체 사이의 관계성을 표시한다.

17 다음 중앙처리장치의 구성 요소 중 제어장치에 속하지 않는 것은?

① 메모리 버퍼 레지스터
② 데이터 레지스터
③ 프로그램 카운터
④ 명령 레지스터

18 다음 중 주소를 사용하는 것이 아니라 기억된 정보의 일부분을 이용하여 원하는 정보에 접근하는 기억장치는?

① 가상 메모리
② 캐시 메모리
③ 연관 메모리
④ 버퍼링

19 다음 중 기억을 위한 핵심 소자가 반도체 기반으로 설계된 보조기억장치가 아닌 것은?

① Secure Digital Card
② Hard Disk Drive
③ Compact Flash Drive
④ Solid State Drive

20 다음 중 관계형 데이터베이스에서 기본키(Primary Key)가 가져야 할 성질은?

① 공유성
② 중복성
③ 식별성
④ 연결성

과목 02 프로그래밍 일반

21 다음 중 C 언어의 특징으로 옳지 않은 것은?

① 기호 코드(Mnemonic Code)라고도 한다.
② 이식성이 뛰어나 컴퓨터 기종에 관계없이 프로그램을 작성할 수 있다.
③ UNIX 운영체제를 구성하는 시스템 프로그램이다.
④ 포인터에 의한 번지 연산 등 다양한 연산 기능을 가진다.

22 다음 중 C언어에서 버퍼에 남아 있는 불필요한 데이터를 삭제해 주는 함수는?

① gets( )   ② fflush( )
③ fwrite( ) ④ printf( )

23 다음 중 단항 연산으로만 나열된 것은?

① OR, COMPLEMENT, MOVE
② COMPLEMENT, MOVE, AND
③ NOT, COMPLEMENT, XOR
④ NOT, COMPLEMENT, MOVE

24 다음 중 객체지향언어에서 공통된 속성과 연산(행위)을 갖는 객체의 집합으로, 객체의 일반적인 타입을 의미하는 것은?

① 추상화   ② 인스턴스
③ 메시지   ④ 클래스

25 다음 중 소프트웨어를 보다 쉽게 이해할 수 있고 적은 비용으로 수정할 수 있도록 겉으로 보이는 동작의 변화 없이 내부 구조를 변경하는 것은?

① Refactoring   ② Architecting
③ Specification ④ Renewal

26 다음 중 일반적인 컴파일러 기반 프로그래밍 언어로 작성한 프로그램의 수행 순서를 옳게 나열한 것은?

```
㉠ 링커
㉡ 원시 프로그램
㉢ 로더
㉣ 컴파일러
㉤ 목적 프로그램
```

① ㉡ → ㉣ → ㉤ → ㉠ → ㉢
② ㉤ → ㉣ → ㉡ → ㉠ → ㉢
③ ㉡ → ㉢ → ㉣ → ㉤ → ㉠
④ ㉣ → ㉠ → ㉢ → ㉡ → ㉤

27 다음 중 C언어의 포인트 형(Pointer type)에 대한 설명으로 옳지 않은 것은?

① 포인터 변수는 기억장소의 번지를 기억하는 동적변수이다.
② 포인터는 가리키는 자료형이 일치할 때 대입하는 규칙이 있다.
③ 보통 변수의 번지를 참조하려면 번지 연산자 #을 변수 앞에 쓴다.
④ 실행문에서 간접연산자 *를 사용하여 포인터 변수가 지시하고 있는 내용을 참조한다.

28 다음 중 C 언어의 변환 문자 형식 중 인수를 16진수 정수로 변환하는 것은?

① %d   ② %x
③ %c   ④ %f

29 다음 중 실행 가능한 목적 파일을 통합해서 실행하기 위해 메인 메모리에 적재하는 기능을 하는 것은?

① 링커   ② 로더
③ 컴파일러   ④ 프리프로세서

30 다음 중 객체지향 개념에서 이미 정의되어 있는 상위 클래스(슈퍼 클래스 혹은 부모 클래스)의 메소드를 비롯한 모든 속성을 하위 클래스가 물려받는 것을 무엇이라 하는가?

① Abstraction
② Method
③ Inheritance
④ Message

31 다음 중 C++ 함수 정의 시 아래의 func( )처럼 매개 변수를 전달하는 방법은?

```
void main ( ) {
   int a = 3 ;
   func (a) ;
}
void func(int &x) {
   x = 5 ;
}
```

① Call by Value
② Call by Reference
③ Call by Name
④ Call by Position

32 프로그램 품질관리의 한 방법으로써 워크스루(Walk-through)와 인스펙션(Inspection)이 있다. 다음 중 워크스루에 대한 설명으로 옳지 않은 것은?

① 소프트웨어 품질을 검토하기 위한 기술적 검토 회의이다.
② 제품 개발자가 주최가 된다.
③ 오류 발견과 발견된 오류의 문제 해결에 중점을 둔다.
④ 검토 자료는 사전에 미리 배포한다.

33 다음 중 C언어에서 문자열 처리 함수의 서식과 그 기능의 연결로 옳지 않은 것은?

① strlen(s) – s의 길이를 구한다.
② strcpy(s1, s2) – s2를 s1으로 복사한다.
③ strcmp(s1, s2) – s1과 s2를 연결한다.
④ strrev(s) – s를 거꾸로 변환한다.

34 다음 중 줄바꿈 없는 공백 띄어쓰기를 위한 HTML 특수문자는?

①
② ©
③ <
④ >

35 GoF(Gangs of Four) 디자인 패턴에서 생성(Creational) 패턴에 해당하는 것은?

① 컴퍼지트(Composite)
② 어댑터(Adapter)
③ 추상 팩토리(Abstract Factory)
④ 옵서버(Observer)

36 다음 중 소스 코드 정적 분석(Static Analysis)에 대한 설명으로 옳지 않은 것은?

① 소스 코드를 실행시키지 않고 분석한다.
② 코드에 있는 오류나 잠재적인 오류를 찾아내기 위한 활동이다.
③ 하드웨어적인 방법으로만 코드 분석이 가능하다.
④ 자료 흐름이나 논리 흐름을 분석하여 비정상적인 패턴을 찾을 수 있다.

37 다음 중 JavaScript의 배열의 끝에 원하는 값을 삽입해주는 함수는?

① push( ) ② pop( )
③ shift( ) ④ reverse( )

38 다음 중 파이썬(Python)의 변수 작성 규칙 설명으로 옳지 않은 것은?

① 첫 자리에 숫자를 사용할 수 없다.
② 영문 대문자/소문자, 숫자, 밑줄(_)의 사용이 가능하다.
③ 변수 이름의 중간에 공백을 사용할 수 있다.
④ 이미 사용되고 있는 예약어는 사용할 수 없다.

39 다음 파이썬(Python) 프로그램이 실행되었을 때의 결과는?

```
print ('10' + '20')
```

① 12   ② 30
③ 1020 ④ 2010

40 다음 중 가장 강한 응집도(Cohesion)는?

① Sequential Cohesion(순차적 응집도)
② Procedural Cohesion(절차적 응집도)
③ Logical Cohesion(논리적 응집도)
④ Coincidental Cohesion(우연적 응집도)

과목 03 네트워크 일반

41 다음이 설명하는 용어로 옳은 것은?

- 블루투스 4.0(BLE) 프로토콜 기반의 근거리 무선통신 장치. 최대 70m 이내의 장치들과 교신할 수 있는 차세대 스마트폰 근거리 통신 기술이다.
- 저전력으로 모바일 결제 등을 가능하게 해주는 스마트폰 근거리 통신 기술이다. NFC보다 가용거리가 길고 5~10cm 단위 구별이 가능해 정확성이 높다.

① 하둡(Hadoop)
② 비컨(Beacon)
③ 포스퀘어(Foursquare)
④ 멤리스터(Memristor)

42 다음 중 인터넷에서 사용하는 FTP 프로토콜에 관한 설명으로 옳지 않은 것은?

① FTP 서비스를 사용하기 위해서는 일반적으로 해당 사이트의 계정을 가지고 있어야 한다.
② 파일의 업로드, 다운로드, 삭제, 이름 변경 등의 작업을 할 수 있다.
③ FTP 서버에 있는 응용 프로그램들을 실행할 수 있다.
④ 데이터 전송을 위하여 Binary 모드와 ASCII 모드를 제공한다.

43 다음 중 반송파로 사용되는 정현파의 진폭에 정보를 싣는 변조 방식은?

① ASK   ② FSK
③ PSK   ④ WDPCM

44 다음 8진 PSK에서 반송파 간의 위상차는?
① π ② π/2
③ π/4 ④ π/8

45 다음 중 무선 네트워크 기술인 블루투스(Bluetooth)에 대한 표준 규격은?
① IEEE 801.9
② IEEE 802.15.1
③ IEEE 802.10
④ IEEE 809.5.1

46 다음 중 한 문자가 전송될 때마다 스타트(start) 비트와 스톱(stop) 비트를 전송하는 방식은?
① 비트제어 방식 ② 동기 방식
③ 비동기 방식 ④ 다중화 방식

47 다음 중 광섬유 케이블에서 클래딩(Cladding)의 주 역할은?
① 광신호를 전반사 ② 광신호를 회절
③ 광신호를 흡수 ④ 광신호를 전송

48 다음 중 데이터그램(datagram) 방식에 대한 설명 중 옳은 것은?
① 수신지의 마지막 노드에서는 송신지에서 송신한 순서대로 패킷이 도착한다.
② 모든 패킷은 설정된 경로에 따라 전송된다.
③ 미리 설정된 경로상의 각 노드는 패킷에 대한 경로를 알고 있으므로 경로 설정과 관련된 결정을 수행할 필요가 없다.
④ 네트워크 운용에 있어서 보다 높은 유연성을 제공한다.

49 다음 중 변조속도가 1600(Baud)이고 트리비트(Tribit)를 사용하는 경우 전송속도(bps)는?
① 800 ② 1600
③ 4800 ④ 12800

50 다음 중 전자우편시스템에서 전자메일을 송신하는 데 사용되는 프로토콜은?
① HTTP ② POP3
③ SMTP ④ TELNET

51 다음 라우팅 프로토콜 중 Distance vector 방식이 아닌 것은?
① RIP ② BGP
③ EIGRP ④ OSPF

52 다음 중 IPSec(IP security)에 대한 설명으로 옳지 않은 것은?
① 암호화 수행시 일방향 암호화만 지원한다.
② ESP는 발신지 인증, 데이터 무결성, 기밀성 모두를 보장한다.
③ 운영 모드는 Tunnel 모드와 Transport 모드로 분류된다.
④ AH는 발신지 호스트를 인증하고, IP 패킷의 무결성을 보장한다.

53 다음 중 송신측에서 1개의 프레임을 전송한 후 수신측에서 오류의 발생을 점검하여 ACK 또는 NAK 신호를 보내올 때까지 대기하는 방식은?
① 선택적 ARQ
② 적응적 ARQ
③ 연속적 ARQ
④ 정지&대기 ARQ

54 다음 중 LAN의 토폴로지 형태로 적절하지 않은 것은?
① star 형
② bus 형
③ ring 형
④ square 형

55 다음 중 HDLC 프레임 구조에 포함되지 않는 것은?
① 플래그(Flag) 필드
② 제어(Control) 필드
③ 주소(Address) 필드
④ 시작(Start) 필드

56 다음 중 8진 PSK 변조를 사용하는 모뎀의 데이터 전송속도가 4800bps일 때 변조속도(baud)는?
① 600
② 1600
③ 2400
④ 4000

57 다음 중 펄스변조에서 아날로그 정보 신호의 크기에 따라 펄스 반송파의 폭을 변화시키는 변조 방식은?
① PWM
② AM
③ PPM
④ PCM

58 다음 중 아날로그 데이터를 디지털 신호로 변환하는 PCM 방식의 진행 순서로 옳은 것은?
① 표본화 → 부호화 → 양자화 → 여과 → 복호화
② 표본화 → 양자화 → 부호화 → 복호화 → 여과
③ 표본화 → 부호화 → 양자화 → 복호화 → 여과
④ 표본화 → 양자화 → 여과 → 부호화 → 복호화

59 다음 중 UDP 프로토콜에 대한 설명으로 옳지 않은 것은?
① 비연결형 전송
② 작은 오버헤드
③ 빠른 전송
④ 신뢰성 있는 데이터 전송 보장

60 다음 중 패킷 교환 방식에 대한 설명으로 옳지 않은 것은?
① 메시지 교환 방식과 같이 축적 교환 방식의 일종이다.
② 트래픽 용량이 적은 경우에 유리하다.
③ 전송할 수 있는 패킷의 길이가 제한되어 있다.
④ 데이터그램과 가상 회선 방식이 있다.

빠르게 정답 확인하기!

스마트폰으로 QR 코드를 스캔해 보세요.
정답표를 통해 편리하게 채점할 수 있습니다.

출제 예상문제 03회

- 제한시간 : 1시간 30분
- 소요시간 :   시간   분
- 전체 문항 수 : 60문항
- 맞힌 문항 수 :   문항

과목 01 사무자동화 시스템

01 다음 세마포어(semaphore)에 대한 설명 중 옳지 않은 것은?

① 세마포어에 대한 연산은 처리 중에 인터럽트 되어야 한다.
② E.J.Dijkstra가 제안한 방법이다.
③ P조작은 프로세스를 대기시키는 wait 동작이다.
④ V조작은 대기 중인 프로세스를 깨우는 신호를 보내는 signal 동작이다.

02 다음 중 세그먼테이션의 설명으로 옳지 않은 것은?

① 프로그래머가 메모리를 세그먼트들의 조합으로 볼 수 있게 해준다.
② 세그먼테이션은 내부, 외부 단편화가 있다.
③ 세그먼테이션은 동적으로 결정되는 서로 다른 크기의 세그먼트들로 구성된다.
④ 세그먼테이션에 대한 메모리 참조는 세그먼트 번호, 오프셋 주소 형식으로 이루어진다.

03 다음 페이지 교체 알고리즘 중 현 시점에서 가장 오랫동안 사용하지 않은 페이지를 교체하는 기법은?

① SCR
② FIFO
③ LFU
④ LRU

04 다음 중 HRN(Highest Response-ratio Next) 방식으로 스케줄링할 경우, 입력된 작업이 다음과 같을 때 가장 먼저 처리되는 작업은?

작업	대기 시간	서비스 시간
A	5	1
B	10	6
C	15	7
D	20	8

① A
② B
③ C
④ D

05 다음 중 화상 미디어의 압축관련 기술이 아닌 것은?

① MPEG
② WAV
③ H.261
④ JPEG

06 다음 중 컴퓨터가 명령을 입력받을 준비가 되어 있음을 사용자에게 알리는 신호를 의미하는 것은?

① Access
② Inquiry
③ Prompt
④ Advance

07 다음 중 3단계 스키마에 속하지 않는 것은?

① 외부 스키마
② 관계 스키마
③ 내부 스키마
④ 개념 스키마

08 다음 중 DBMS에서 사용자가 응용 프로그램을 통하여 저장된 데이터를 실질적으로 SELECT, UPDATE 등의 질의어를 사용하여 처리하는 언어의 개념은?

① 데이터 독립어
② 데이터 정의어
③ 데이터 조작어
④ 데이터 제어어

09 다음 중 SQL SELECT문과 관련된 설명으로 옳지 않은 것은?

① SELECT문에서 JOIN을 사용할 때, ON절은 두 테이블 간의 결합 조건을 지정하며, WHERE절은 필터링 조건을 정의한다.
② HAVING절은 GROUP BY로 그룹화된 데이터에서 조건을 필터링하는 데 사용되며, WHERE절은 그룹화 전에 필터링을 수행한다.
③ INNER JOIN과 LEFT JOIN은 두 테이블 간의 결합 방식에 차이가 있으며, INNER JOIN은 공통된 값만, LEFT JOIN은 왼쪽 테이블의 모든 값을 포함한다.
④ DISTINCT 조건자는 중복된 데이터를 제거하고, GROUP BY문과 함께 사용되면 그룹화된 데이터를 기준으로 중복을 제거한다.

10 다음 중 아래와 같은 결과를 표시하는 SQL문은?

도서명	저자	출판사	출간연도
가자! 컴활	강컴이	도서출판 채원	2023
EBS컴활1급실기	신면철	EBS	2024
하자! 액셀	이엑수	도서출판 선율	2024
자바로 떠나는프로그래밍	고라도	EBS	2025
EBS컴활1급필기	신면철	EBS	2026

① SELECT * FROM 도서정보 ORDER BY [저자], [출간연도];
② SELECT * FROM 도서정보 ORDER BY [출간연도] DESC, [출판사] DESC;
③ SELECT * FROM 도서정보 ORDER BY [출간연도] ASC, [저자] ASC;
④ SELECT * FROM 도서정보 ORDER BY [저자] DESC, [출간연도] ASC;

11 다음 중 시스템 카탈로그에 대한 설명으로 옳지 않은 것은?

① 사용자가 직접 시스템 카탈로그의 내용을 갱신하여 데이터베이스 무결성을 유지한다.
② 시스템 자신이 필요로 하는 스키마 및 여러 가지 객체에 관한 정보를 포함하고 있는 시스템 데이터베이스이다.
③ 시스템 카탈로그에 저장되는 내용을 메타데이터라고도 한다.
④ 시스템 카탈로그는 DBMS가 스스로 생성하고 유지한다.

12 다음 중 SQL 문에서 SELECT에 대한 설명으로 옳지 않은 것은?

① FROM절에는 질의에 의해 검색될 데이터들을 포함하는 테이블명을 기술한다.
② 검색 결과에 중복되는 레코드를 없애기 위해서는 WHERE절에 'DISTINCT' 키워드를 사용한다.
③ HAVING절은 GROUP BY절과 함께 사용되며, 그룹에 대한 조건을 지정한다.
④ ORDER BY절은 특정 속성을 기준으로 정렬하여 검색할 때 사용한다.

13 다음 설명의 (   ) 안에 들어갈 내용으로 적합한 것은?

> 후보키는 릴레이션에 있는 모든 튜플에 대해 유일성과 (   )을 모두 만족시켜야 한다.

① 중복성
② 최소성
③ 참조성
④ 동일성

14 다음 중 정렬에 관한 설명으로 옳지 않은 것은?

① 특정 글꼴 색이 적용된 셀을 포함한 행이 위에 표시 되도록 정렬할 수 있다.
② 사용자 지정 목록을 사용하여 사용자가 정의한 순서대로 정렬할 수 있다.
③ 최대 64개의 열을 기준으로 정렬할 수 있다.
④ 위쪽에서 아래쪽으로 정렬 시 숨겨진 행도 포함하여 정렬할 수 있다.

15 다음 중 매크로에 대한 설명으로 옳지 않은 것은?

① 매크로 이름은 대소문자를 구분하지 않으며, 공백이나 마침표를 포함하여 매크로 이름을 설정할 수 있다.
② 매크로를 실행할 Ctrl 키 조합 바로 가기 키는 매크로가 포함된 통합 문서가 열려 있는 동안 이와 동일한 기본 엑셀 바로가기 키를 무시한다.
③ 매크로를 기록하는 경우 실행하려는 작업을 완료하는 데 필요한 모든 단계가 매크로 레코더에 기록되며, 리본에서의 탐색은 기록에 포함되지 않는다.
④ 엑셀을 사용할 때마다 매크로를 사용할 수 있게 하려면 매크로 기록 시 매크로 저장 위치 목록에서 '개인용 매크로 통합 문서'를 선택한다.

16 다음 중 채우기 핸들에 대한 설명으로 옳은 것은?

① 문자와 숫자가 혼합된 셀의 채우기 핸들을 Ctrl 을 누른 채 드래그하면 동일한 내용으로 복사된다.
② 숫자가 입력된 첫 번째 셀과 두 번째 셀을 범위로 설정한 후 채우기 핸들을 드래그하면 두 번째 셀의 값이 복사된다.
③ 숫자가 입력된 셀에서 Ctrl 을 누른 채 채우기 핸들을 오른쪽으로 드래그하면 숫자가 1씩 감소한다.
④ 사용자 정의 목록에 정의된 목록 데이터의 첫 번째 항목을 입력하고 Ctrl 을 누른 채 채우기 핸들을 드래그하면 목록 데이터가 입력된다.

17 다음은 Microsoft Access에서 폼과 관련된 고급 설명이다. 괄호 안에 들어갈 용어로 알맞은 것은?

( )은 바운드 컨트롤이 포함된 영역으로, 폼의 구조에서 사용자가 상호 작용하는 주요 부분을 형성한다. 이 영역은 레코드의 데이터를 표시하는 역할을 하며, 단일 폼에서는 한 레코드만 표시되지만, 연속 폼과 데이터시트 폼에서는 여러 레코드가 나열된다. 폼의 디자인이나 레이아웃에 따라 이 영역은 동적으로 조정될 수 있다.

① 본문 영역
② 폼 머리글 영역
③ 폼 바닥글 영역
④ 페이지 머리글 영역

18 다음 중 SQL의 집계 함수(aggregation function)가 아닌 것은?

① AVG   ② COUNT
③ SUM   ④ CREATE

19 다음 중 문자나 그림, 설계도면을 읽어 디지털 신호로 변환시켜 컴퓨터 내부로 입력하는 장치로서 Tablet과 Stylus Pen으로 구성된 장치는?

① CRT(Cathode Ray Tube)
② 디지타이저(Digitizer)
③ 도트 매트릭스 프린터(Dot Matrix Printer)
④ LCD(Liquid Crystal Display)

20 다음 중 기억 기능을 가진 반도체들을 여러 개 묶어서 HDD처럼 사용할 수 있도록 개발된 제품으로 HDD에 비해 액세스 시간이 빠른 저장장치는?

① ODD   ② SATA
③ SSD   ④ SCSI

과목 02 프로그래밍 일반

21 아래의 정규 문법으로 생성되는 문장은?

```
정규문법 G: 1. S → aS | aB
         2. C → a | aC
         3. B → bC
```

① aaab   ② abc
③ abaa   ④ baba

22 다음 중 프로그램 수행 시 묵시적(implicit) 순서제어 구조에 속하는 것은?

① 수식의 괄호를 사용하여 연산 순서 조절
② 반복문을 사용하는 순서제어
③ GOTO문으로 실행 순서 변경
④ 수식에서 괄호가 없으면 연산 우선순위에 의해 계산

23 다음 중 소스 코드 정적 분석(Static Analysis)에 대한 설명으로 옳지 않은 것은?

① 소스 코드를 실행시키지 않고 분석한다.
② 코드에 있는 오류나 잠재적인 오류를 찾아내기 위한 활동이다.
③ 하드웨어적인 방법으로만 코드 분석이 가능하다.
④ 자료 흐름이나 논리 흐름을 분석하여 비정상적인 패턴을 찾을 수 있다.

24 다음 중 Java에서 하위 클래스에서 상위 클래스를 참조하기 위해 사용하는 명령어는?

① extends   ② static
③ super   ④ method

25 다음 중 C 언어에서 사용하는 기억 클래스에 해당하지 않는 것은?

① Dynamic   ② Auto
③ Static   ④ Register

26 다음 중 객체지향 구조를 지원하며, 별도의 컴파일 과정 없이 실행 가능한 스크립트 언어로 옳은 것은?

① C++   ② Python
③ Java   ④ COBOL

27 다음 중 요구사항 분석에서 비기능적(Non-functional) 요구에 대한 설명으로 옳은 것은?

① 시스템의 처리량(Throughput), 반응 시간 등의 성능 요구나 품질 요구는 비기능적 요구에 해당하지 않는다.
② '차량 대여 시스템이 제공하는 모든 화면이 3초 이내에 사용자에게 보여야 한다'는 비기능적 요구이다.
③ 시스템 구축과 관련된 안전, 보안에 대한 요구사항들은 비기능적 요구에 해당하지 않는다.
④ '금융 시스템은 조회, 인출, 입금, 송금의 기능이 있어야 한다'는 비기능적 요구이다.

28 다음 C 코드 결과로 나타날 수 있는 값은?

```c
void main() {
    int k;
    k = 1;
    while(k<60)
    {
      if(k%4==0)
          printf("%d\n", k-?);
      k++;
    }
}
```

① 0   ② 8
③ 24   ④ 30

29 다음은 무엇에 대한 설명인가?

> 매개변수의 개수 및 데이터 형(data type)에 따라 수행하는 행위가 다른 동일한 이름의 메소드를 여러 개 정의할 수 있다.

① Identity
② information hiding
③ polymorphism
④ Object

30 다음 중 로더(Loader)의 기능이 아닌 것은?

① 번역(Compiling)
② 링킹(Linking)
③ 할당(Allocation)
④ 재배치(Relocation)

31 다음 중 원시프로그램을, 컴파일러가 수행되고 있는 컴퓨터의 기계어로 번역하는 것이 아니라, 다른 기종에 맞는 기계어로 번역하는 것은?

① Cross Compiler
② Preprocessor
③ Linker
④ Debugger

32 다음 중 프로그램이 동작하는 동안 변화되는 값을 기억하는 것은?

① 변수
② 상수
③ 주석
④ 디버거

33 다음 C 프로그램의 결과 값은?

```
#include <stdio.h>
#include <string.h>
int main()
{
    printf("%d", strlen("Hello World"));
    return 0;
}
```

① 9 ② 10
③ 11 ④ 12

34 다음 중 하나의 자료객체에 동시에 서로 다른 두 이름이 바인딩되어 있는 것은?

① 부작용(side effect)
② 현수 참조(dangling reference)
③ 별명(alias)
④ 가비지(garbage)

35 어휘 분석의 주된 역할은 원시 프로그램을 하나의 긴 스트링으로 보고 문자 단위로 스캐닝하여 문법적으로 의미 있는 일련의 문자들로 분할해 내는 것이다. 이때 분할된 문법적인 단위를 무엇이라고 하는가?

① Token ② Parser
③ BNF   ④ Pattern

36 다음 응집도 유형 중 응집력이 강한 것부터 약한 순서로 옳게 나열된 것은?

① sequential → functional → procedural → coincidental → logical
② procedural → coincidental → functional → sequential → logical
③ functional → sequential → procedural → logical → coincidental
④ logical → coincidental → functional → sequential → procedural

37 다음 중 이스케이프 시퀀스(Escape Sequence)에 대한 설명으로 옳지 않은 것은?
① ₩a - 백스페이스
② ₩n - 개행
③ ₩t - 탭 간격
④ ₩r - 캐리지 리턴

38 다음 파이썬으로 구현된 프로그램의 실행 결과로 옳은 것은?

```
>>> a = [0,10,20,30,40,50,60,70,80,90]
>>> a[ : 7 : 2]
```

① [20, 60]
② [60, 20]
③ [0, 20, 40, 60]
④ [10, 30, 50, 70]

39 다음 중 구조적 프로그램의 기본 구조에 해당하지 않는 것은?
① 반복(repetition) 구조
② 순차(sequence) 구조
③ 일괄(batch) 구조
④ 조건(condition) 구조

40 프로그램 품질관리의 한 방법으로써 워크스루(Walk-through)와 인스펙션(Inspection)이 있다. 워크스루에 대한 설명으로 옳지 않은 것은?
① 소프트웨어 품질을 검토하기 위한 기술적 검토 회의이다.
② 제품 개발자가 주최가 되다.
③ 오류 발견과 발견된 오류의 문제 해결에 중점을 둔다.
④ 검토 자료는 사전에 미리 배포한다.

과목 03 네트워크 일반

41 다음 중 프로토콜 구성 요소에 해당하지 않는 것은?
① syntax
② semantics
③ parameter
④ timing

42 다음 중 데이터 통신에서 오류가 검출되면 자동으로 송신 스테이션에 재전송을 요청하는 ARQ 방식의 종류가 아닌 것은?
① Stop-and-Wait ARQ
② Control-Data ARQ
③ Go-back-N ARQ
④ Selective-Repeat ARQ

43 다음 중 서로 다른 프로토콜을 사용하는 망을 연결하는 데 사용되는 것은?
① 리피터(Repeater)
② 게이트웨이(Gateway)
③ 서버(Server)
④ 클라이언트(Client)

44 다음 중 뉴미디어의 특징과 가장 거리가 먼 것은?
① 고속성
② 상호작용성
③ 쌍방향성
④ 획일성

45 다음 중 비트율이 14,400[bps]인 64-QAM 신호의 보오율은 얼마인가?

① 1200 baud
② 2400 baud
③ 4800 baud
④ 7200 baud

46 다음 중 전자기기 등에 네트워크 접속의 기능을 갖추어 거시적으로 사물 간의 네트워크를 구현할 수 있는 기술을 의미하는 용어로 가장 옳은 것은?

① IoT
② FTTH
③ Router
④ VDSL

47 다음 중 무선 LAN에서 충돌 감지가 불가능하여, 전송 전에 캐리어 감지 시도 후 일정 시간 기다리며, 사전에 가능한 한 충돌을 회피하는 무선전송 다원접속 방식으로 옳은 것은?

① TOKEN BUS
② TOKEN RING
③ CSMA/CA
④ CDMA

48 다음 OSI 7계층 참조 모델 중 데이터링크 계층의 주요 기능에 해당하지 않는 것은?

① 데이터 링크의 설정과 해지
② 경로 설정
③ 오류검출 및 정정
④ 흐름제어

49 다음 중 LAN의 토폴로지 형태로 가장 적절하지 않은 것은?

① Star Topology
② Bus Topology
③ Ring Topology
④ Square Topology

50 다음 중 데이터 전송에서 1차원 Parity에 대한 설명으로 가장 적합한 것은?

① 수신된 데이터에서 전송 오류를 무시한다.
② 수신된 데이터에서 전송 오류의 검출을 수행한다.
③ 수신된 데이터에서 전송 오류의 정정을 수행한다.
④ 수신된 데이터에서 전송 오류의 암호화를 수행한다.

51 다음 중 ITU-T에 의해 개발된 유명한 표준으로서, 공중 디지털 네트워크를 통한 전송을 규정한 것은?

① 802 프로젝트
② V 시리즈
③ X 시리즈
④ Z 시리즈

52 다음 중 데이터 단말기의 제어 기능과 가장 거리가 먼 것은?

① 입출력 제어
② 다중화 제어
③ 송수신 제어
④ 에러 제어

53 다음 중 패킷망에서 데이터의 양이 적고, 융통성이 요구되는 경우에 가장 적합한 교환 방식은?

① 회선 다중통신(Circuit Multiplexing)
② 가상회선(Virtual Circuit)
③ 메시지 교환(Message Switching)
④ 데이터그램(Datagram)

54 다음 중 IEEE 802 표준 규격으로서 광대역 LAN을 규정한 것은?

① 802.5
② 802.6
③ 802.7
④ 802.8

55 다음 중 DDoS 공격과 연관이 있는 공격 방법으로 옳은 것은?

① Secure shell
② TCP SYN Flooding
③ Nimda
④ Deadlock

56 다음 광섬유의 특징에 대한 설명 중 옳지 않은 것은?

① 아주 빠른 전송속도를 가지고 있다.
② 넓은 대역폭을 가지며 외부 간섭의 영향을 받는다.
③ 매우 낮은 전송 에러율을 가지고 있다.
④ 네트워크 보안성이 높다.

57 다음 중 반송파로 사용되는 정현파의 진폭에 정보를 싣는 변조 방식으로 옳은 것은?

① ASK
② FSK
③ PSK
④ WDPCM

58 다음 중 문자 위주 동기전송에서 문자 동기를 나타내는 전송 제어 문자로 옳은 것은?

① SYN
② SOH
③ ETX
④ ENQ

59 다음 중 주파수분할다중화(FDM) 방식에서 보호대역(Guard Band)이 필요한 이유로 옳은 것은?

① 인접한 채널 사이의 간섭을 방지하기 위해서다.
② 주파수 대역폭을 조정하기 위해서다.
③ 좁은 주파수 대역에 많은 채널을 쓰기 위해서다.
④ 신호의 세기를 적게 하기 위해서이다.

60 IEEE 802.15 기술은 WPAN(무선 개인 영역 네트워크)을 의미한다. WPAN 영역에 해당하지 않는 것은?

① WiFi
② Bluetooth
③ ZigBee
④ UWB

빠르게 정답 확인하기!

스마트폰으로 QR 코드를 스캔해 보세요.
정답표를 통해 편리하게 채점할 수 있습니다.

출제 예상문제 04회

- 제한시간 : 1시간 30분
- 소요시간 :   시간   분
- 전체 문항 수 : 60문항
- 맞힌 문항 수 :   문항

과목 01 사무자동화 시스템

01 다음 중 은행원 알고리즘에 대한 설명으로 옳지 않은 것은?

① "Dijkstra"가 제안한 방법이다.
② 교착상태 해결 방법 중 예방(Prevention) 기법이다.
③ 자원의 양과 사용자(프로세스) 수가 일정해야 한다.
④ "안전 상태"와 "불안전 상태"라는 두 가지 상태가 존재한다.

02 다음 페이지 교체 알고리즘 중 현 시점에서 가장 오랫동안 사용하지 않은 페이지를 교체하는 기법은?

① SCR
② FIFO
③ LFU
④ LRU

03 다음 중 UNIX 운영체제에서 커널에 대한 설명으로 옳지 않은 것은?

① 컴퓨터가 부팅될 때, 주기억장치에 적재된 후 상주하면서 실행된다.
② 프로세스 관리, 기억장치 관리 등의 기능을 수행한다.
③ 하드웨어를 보호하고 프로그램과 하드웨어 간의 인터페이스 역할을 담당한다.
④ 사용자의 명령어를 인식하여 프로그램을 호출하고 명령을 수행하는 명령어 해석기이다.

04 다음 중 가상 메모리 관리 기법으로 옳지 않은 것은?

① 페이징(Paging)
② 세그멘테이션(Segmentation)
③ 스래싱(Thrashing)
④ 스와핑(Swapping)

05 프로그램의 실행 중 인터럽트(Interrupt)가 발생할 경우에 현재의 프로그램 상태가 저장되어 있는 레지스터를 무엇이라 하는가?

① PSW
② PC
③ PCW
④ ACC

06 다음 중 Access에서 조건부 서식에 관한 설명으로 옳지 않은 것은?

① 폼이나 보고서의 컨트롤에 대해 하나 이상의 조건을 설정하여, 값이나 상태에 따라 글꼴, 색상, 배경 등의 서식을 자동으로 변경할 수 있다.
② 컨트롤 값이 조건에 맞지 않게 변경되면 적용된 서식은 해제되고, 기본 서식으로 되돌아간다.
③ 폼이나 보고서를 PDF, Excel 등 다른 파일 형식으로 내보내더라도 조건부 서식은 항상 유지된다.
④ 여러 조건이 동시에 참(true)이 될 경우, 가장 먼저 만족한 조건의 서식이 우선 적용된다.

07 다음 중 아래의 '학년별검색' 매개 변수 쿼리를 실행하여 나타나는 메시지 상자의 a에 2를, b에 3을 입력한 결과로 옳은 것은?

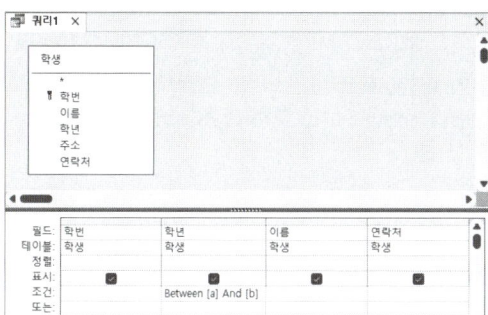

① 2학년과 3학년 레코드만 출력된다.
② 2학년 레코드만 출력된다.
③ 3학년 레코드만 선택된다.
④ 2학년과 3학년을 제외한 레코드만 출력된다.

08 다음 중 Access 테이블의 이름을 지정하는 방법에 대한 설명으로 옳지 않은 것은?

① 테이블 이름과 쿼리 이름은 동일하게 설정할 수 없다.
② . ! [ ]과 같은 특수 문자는 사용할 수 없다.
③ 테이블 이름에 공백은 포함시킬 수 없다.
④ 테이블 이름과 필드 이름은 동일하게 설정할 수 있다.

09 다음 중 워크시트에 대한 설명으로 옳은 것은?

① Alt 를 누른 채 원본 워크시트 탭을 마우스로 드래그하여 드롭하면 워크시트를 복사할 수 있다.
② 시트를 삭제하려면 시트 탭에서 마우스 오른쪽 단추를 클릭한 후 표시되는 [삭제] 메뉴를 선택하면 되지만, 삭제된 시트는 되살릴 수 없으므로 유의하여야 한다.
③ 첫 번째 시트를 선택한 후 Ctrl 을 누른 채 마지막 워크시트 탭을 클릭하면 연속된 여러 시트를 선택할 수 있다.
④ 떨어져 있는 여러 개의 시트를 선택할 때는 먼저 Shift 를 누른 상태에서 원하는 워크시트의 시트 탭을 차례로 누르면 된다.

10 다음 중 [인쇄 미리 보기] 상태에서 설정할 수 있는 기능에 대한 설명으로 옳지 않은 것은?

① '여백 표시'가 되어 있는 경우 미리 보기로 표시된 워크시트의 열 너비를 조정할 수 있다.
② [페이지 설정]에서 '인쇄 영역'을 변경하여 인쇄할 수 있다.
③ [머리글/바닥글]로 설정한 내용은 매 페이지 상단이나 하단의 별도 영역에, 인쇄 제목의 반복할 행/열은 매 페이지의 본문 영역에 반복 출력된다.
④ [페이지 설정]에서 확대/축소 배율을 10%에서 최대 400%까지 설정하여 인쇄할 수 있다.

11 다음 중 SQL 문장에서 예약어의 기능에 대한 설명으로 옳지 않은 것은?

① DISTINCT 키워드는 SELECT절에서 반환되는 결과 집합에서 중복된 행을 제거하고 유일한 값만 출력하도록 지정한다.
② ORDER BY절에서 특정 정렬 조건을 지정할 때는 항상 HAVING절과 함께 사용해야 하며, 단독으로는 사용할 수 없다.
③ FROM절은 SELECT절에 명시된 컬럼들이 속한 테이블 또는 뷰, 혹은 하위 쿼리를 지정하는 역할을 한다.
④ GROUP BY절은 지정된 컬럼을 기준으로 레코드를 그룹화하며, 집계 함수와 함께 사용된다.

12 다음 SQL 문에서 (   ) 안에 들어갈 내용으로 옳은 것은?

```
UPDATE 인사급여 (    ) 호봉 = 15
    WHERE 성명 = '홍길동';
```

① SET   ② FROM
③ INTO   ④ IN

13 「회원」 테이블 생성 후 「주소」 필드가 누락되어 이를 추가하려고 한다. 이에 적합한 SQL 명령어는?

① DELETE
② RESTORE
③ ALTER
④ ACCESS

14 테이블 두 개를 조인하여 뷰 V_1을 정의하고, V_1을 이용하여 뷰 V_2를 정의하였다. 다음 명령 수행 후 결과로 옳은 것은?

DROP VIEW V_1 CASCADE;

① V_1만 삭제된다.
② V_2만 삭제된다.
③ V_1과 V_2 모두 삭제된다.
④ V_1과 V_2 모두 삭제되지 않는다.

15 다음 중 릴레이션 R의 모든 결정자(determinant)가 후보키이면 그 릴레이션 R은 어떤 정규형에 속하는가?

① 제1 정규형
② 제2 정규형
③ 보이스/코드 정규형
④ 제4 정규형

16 관계형 데이터베이스에서 다음 설명에 해당하는 키(Key)는?

한 릴레이션 내의 속성들의 집합으로 구성된 키로서, 릴레이션을 구성하는 모든 튜플에 대한 유일성은 만족시키지만 최소성은 만족시키지 못한다.

① 후보키
② 대체키
③ 슈퍼키
④ 외래키

17 컴퓨터 시스템에서 중앙처리장치와 각각의 입·출력장치가 서로 독립적으로 작동하는 것으로 처리할 데이터를 디스크에 저장하고 이것을 다른 장치가 이용하도록 하는 것은?

① Spooling
② Multiplexer
③ Buffering
④ DASD

18 다음 컴퓨터 시스템에 사용되는 메모리에 대한 설명으로 가장 거리가 먼 것은?

① 캐시메모리는 CPU와 기억장치 간의 속도 차를 해소하기 위한 메모리이다.
② RAM은 일반적으로 주 기억 메모리(Main Memory)로 사용되며, 휘발성이 없다.
③ 가상메모리는 보조기억장치의 일부를 주기억장치처럼 사용하기 위한 메모리이다.
④ 버퍼메모리는 2개의 장치가 데이터를 주고받을 때 두 장치 간의 속도 차를 해소하기 위한 장치이다.

19 다음 중 주기억장치에 기억되어 있는 명령어를 호출하여 중앙처리장치로 가져오도록 하는 명령어 호출 사이클은?

① Interrupt cycle
② Fetch cycle
③ Execution cycle
④ Indirect cycle

20 다음 중 전자우편 보안을 위해 사용되는 PGP에서 제공하지 않는 기능은?

① 부인 방지
② 기밀성
③ 무결성
④ 인증

과목 02 프로그래밍 일반

21 컴파일러에 의해 수행되는 자료 타입 강제 변환으로, 혼합형 산술 계산 시 시스템에 의해 자동으로 형 변환이 수행되는 타입 자동 변환을 무엇이라고 하는가?

① 명시적 형 변환
② 구조적 형 변환
③ 수학적 형 변환
④ 묵시적 형 변환

22 다음 중 상향식 파싱 기법에 해당하지 않는 것은?

① 파스 트리의 리프, 즉 입력 스트링으로부터 위쪽으로 파스 트리를 만들어 가는 방식이다.
② Shift Reduce 파싱이라고도 한다.
③ 입력 문자열에 대해 루트에서 왼쪽 우선순으로 트리의 노드를 만들어 간다.
④ 수어진 스트링의 시작이 심볼로 숙약될 수 있으면 올바른 문장이고, 그렇지 않으면 틀린 문장으로 간주하는 방법이다.

23 다음 중 정적바인딩이 발생하는 시간이 아닌 것은?

① 프로그램 호출 시간
② 번역 시간
③ 링크 시간
④ 언어 정의 시간

24 Java에서 하위클래스에서 상위클래스를 참조하기 위해 사용하는 명령어는?

① extends
② static
③ super
④ method

25 다음 중 파스 트리(Parse Tree)에 대한 설명으로 가장 거리가 먼 것은?

① 작성된 표현식이 BNF의 정의에 의해 바르게 작성되었는지를 확인하기 위해 만드는 트리이다.
② 주어진 표현식에 대한 파스 트리가 존재한다면, 그 표현식은 BNF에 의해 작성될 수 없음을 의미한다.
③ 문법의 시작 기호로부터 적합한 생성 규칙을 적용할 때마다 가지치기가 이루어진다.
④ 파스 트리의 터미널 노드는 단말 기호들이 된다.

26 다음 중 "A+B*C−D"를 후위(Postfix) 표기법으로 표현한 것으로 옳은 것은?

① A B C * D −+
② A B + C * D −
③ A B C +* D −
④ A B C * + D −

27 다음 중 프로토타이핑 모형(Prototyping Model)에 대한 설명으로 옳지 않은 것은?

① 개발단계에서 오류 수정이 불가하므로 유지보수 비용이 많이 발생한다.
② 최종 결과물이 만들어지기 전에 의뢰자가 최종 결과물의 일부 또는 모형을 볼 수 있다.
③ 프로토타입은 발주자나 개발자 모두에게 공동의 참조 모델을 제공한다.
④ 프로토타입은 구현단계의 구현 골격이 될 수 있다.

28 다음 C 코드 결과로 옳은 것은?

```c
#include <stdio.h>
int main()
{
    int a = 65;
    int *p = &a;
    printf("%c", (*p)++);
    return 0;
}
```

① A
② 65
③ B
④ 66

29 다음 중 BNF 형식에 맞게 생성된 수는?

⟨num⟩ → ⟨num⟩⟨dig⟩|⟨dig⟩
⟨dig⟩ → 1|3|5|7|9

① 917
② 985
③ 972
④ 732

30 다음 중 수명 시간 동안 고정된 하나의 값과 이름을 가지며, 프로그램이 동작하는 동안 절대로 값이 바뀌지 않는 것을 의미하는 것으로 옳은 것은?

① 상수
② 변수
③ 포인터
④ 블록

31 C언어에서 다음 코드의 실행 결과는?

```c
#include <stdio.h>
int main()
{
    int a = 3;
    int b = 7;
    int c = a + b;
    printf("%d", c % a);
    return 0;
}
```

① 1
② 2
③ 3
④ 4

32 다음 중 라이브러리의 개념과 구성에 대한 설명으로 옳지 않은 것은?

① 라이브러리란 필요할 때 찾아서 쓸 수 있도록 모듈화되어 제공되는 프로그램을 말한다.
② 프로그래밍 언어에 따라 일반적으로 도움말, 설치 파일, 샘플 코드 등을 제공한다.
③ 외부 라이브러리는 프로그래밍 언어가 기본적으로 가지고 있는 라이브러리를 의미하며, 표준 라이브러리는 별도의 파일 설치를 필요로 하는 라이브러리를 의미한다.
④ 라이브러리는 모듈과 패키지를 총칭하며, 모듈이 개별 파일이라면 패키지는 파일들을 모아 놓은 폴더라고 볼 수 있다.

33 C언어에서 다음 코드의 실행 결과는?

```
int main(void)
{
  int x=3:
  int resultxy;
  resultxy= 1+x<<2:
  printf("%d", resultxy);
  return 0;
}
```

① 2 ② 4
③ 8 ④ 16

34 중위 표기법(Infix notation)으로 표현된 산술식 "X=A+C/D"를 전위 표기법(Prefix notation)으로 옳게 나타낸 것은?

① =X+A/CD
② =+/XACD
③ /CD+A=X
④ XACD/+=

35 다음 중 파이썬에서 데코레이터(Decorator)의 주 목적으로 옳은 것은?

① 클래스 상속
② 함수 기능 확장
③ 메모리 관리
④ 데이터 직렬화

36 다음 중 정렬 알고리즘의 안정성(Stable Sort) 설명으로 옳은 것은?

① 키 값이 같은 경우에도 상대적 순서가 유지된다.
② 항상 O(n log n) 시간 복잡도를 가진다.
③ 메모리를 사용하지 않는다.
④ 모든 정렬 알고리즘이 안정적이다.

37 C언어에서 다음 코드의 실행 결과가 될 수 없는 것은?

```
#include <stdio.h>
int main()
{int a=7, b=14;
  if(a<b)
  {
    printf("%s\n","a<b");
  }
  if(a<=b)
  {
    printf("%s\n","a<=b");
  }
  if(a!=b)
  {
    printf("%s\n","a value is not equal b");
  }
  if(a==b)
  {
    printf("%s\n","a=b");
  }
  if(a>=b)
  {
    printf("%s\n","a>=b");
  }
  if(a>b)
  {
    printf("%s\n","a<b");
  }
  return 0;
}
```

① a<b
② a<=b
③ a=b
④ a value is not equal b

38 다음 중 객체지향 기법에 대한 설명으로 가장 옳지 않은 것은?

① 복잡한 구조를 단계적, 계층적으로 표현할 수 있다.
② 대형 프로그램의 작성이 용이하다.
③ 상속을 통한 재사용과 시스템 확장이 구조적 기법에 비해 어렵다.
④ 소프트웨어 개발 및 유지보수가 용이하다.

39 다음 JavaScript 코드 실행 결과로 옳은 것은?

```
const add = (x, y) => {
  return x + y;
};
console.log(add(3, 5));
```

① 3
② 5
③ 8
④ 오류 발생

40 다음 중 디자인 패턴 사용의 장·단점에 대한 설명으로 거리가 먼 것은?

① 소프트웨어 구조 파악이 용이하다.
② 객체지향 설계 및 구현의 생산성을 높이는 데 적합하다.
③ 재사용을 위한 개발 시간이 단축된다.
④ 절차형 언어와 함께 이용될 때 효율이 극대화된다.

과목 03 네트워크 일반

41 다음 중 E-mail 관련 프로토콜이 아닌 것은?

① IMAP
② POP3
③ SMTP
④ VoIP

42 다음 중 전송 효율을 최대한 높이려고 데이터 블록의 길이를 동적으로 변경시켜 전송하는 ARQ 방식으로 옳은 것은?

① Adaptive ARQ
② Stop-And-Wait ARQ
③ Selective ARQ
④ Go-back-N ARQ

43 다음 중 TCP/IP 모델에서 인터넷 계층에 해당하는 프로토콜은?

① SMTP
② ICMP
③ SNA
④ FTP

44 샤논의 이론을 적용하여 채널의 대역폭(W)이 3.1[kHz] 이고, 채널의 출력 S/N이 100일 경우 채널의 통신 용량(C)은 약 몇 bps인가?

① 20640
② 20740
③ 20840
④ 20940

45 다음 중 L2 스위치의 기본 기능이 아닌 것은?

① Address Learning
② Filtering
③ Forwarding
④ Routing

46 아날로그 신호를 디지털 신호로 변환하는 PCM 부호 변조 방식의 일종으로 이전 샘플과 현재 샘플 간의 차이를 계산하여 차분 신호를 생성해서 변조하는 방식은?

① FM
② DM
③ PSK
④ FSK

47 다음 중 전화회선을 이용하지 않는 통신 서비스는 무엇인가?

① FAX
② TELETEXT
③ ARS
④ VIDEOTEX

48 다음 IP 주소 체계에서 B클래스의 주소 범위로 옳은 것은?

① 0.0.0.0 - 127.255.255.255
② 128.0.0.0 - 191.255.255.255
③ 192.0.0.0 - 223.255.255.255
④ 224.0.0.0 - 239.255.255.255

49 다음 중 반송파로 사용되는 정현파의 주파수에 정보를 실어 보내는 디지털 변조 방식은?

① FM
② DM
③ PSK
④ FSK

50 광섬유의 구조 손실 중 코어와 클래드 경계면의 불균일로 인하여 발생하는 손실은?

① 다중 모드 손실
② 불균등 손실
③ 코어 손실
④ 마이크로밴딩 손실

51 다음 중 변조의 개념을 옳게 설명한 것은?

① 디지털 신호를 아날로그 신호로 변환하는 것이다.
② 전송된 신호를 저주파 신호 성분과 고주파 신호 성분으로 합하는 것이다.
③ 제3고조파 신호를 변환하는 것이다.
④ 전송하고자 하는 신호를 주어진 통신 채널에 적합하도록 처리하는 과정이다.

52 정보통신시스템의 구성 요소에 해당하는 용어가 잘못 표기된 것은?

① DTE: 데이터 단말 장치
② CCU: 공통 신호 장치
③ DCE: 데이터 회선 종단 장치
④ MODEM: 신호 변환 장치

53 전송속도가 9600[bps]인 데이터를 8진 PSK로 변조하여 전송할 때 변조속도는 몇 [baud]인가?
① 1600
② 2400
③ 3200
④ 4800

54 다음 중 IEEE802.6으로 공표된 분산형 예약방식의 프로토콜은?
① FDDI
② DQDB
③ QAM
④ LAN

55 다음 중 라우팅(Routing) 프로토콜이 아닌 것은?
① BGP
② OSPF
③ SMTP
④ RIP

56 다음 중 UDP 프로토콜에 대한 설명으로 옳지 않은 것은?
① 비연결형 전송
② 작은 오버헤드
③ 빠른 전송
④ 신뢰성 있는 데이터 전송 보장

57 아날로그 데이터를 디지털 신호로 변환하는 대표적인 PCM(Pulse Code Modulation) 변조 방식의 과정은?
① 표본화 → 양자화 → 부호화 → 복호화
② 표본화 → 부호화 → 복호화 → 양자화
③ 표본화 → 부호화 → 양자화 → 복호화
④ 표본화 → 복호화 → 부호화 → 양자화

58 다음 중 다중접속 방식이 아닌 것은?
① FDMA
② TDMA
③ CDMA
④ XXUMA

59 203.230.7.110/29의 IP 주소 범위에 포함되어 있는 네트워크 및 브로드캐스트 주소는?
① 203.230.7.102 / 203.230.7.111
② 203.230.7.103 / 203.230.7.254
③ 203.230.7.104 / 203.230.7.111
④ 203.230.7.105 / 203.230.7.254

60 다음 중 Bellman-Ford 알고리즘을 사용하는 라우팅으로 옳은 것은?
① 거리 벡터 라우팅
② 링크 상태 라우팅
③ 비트맵 라우팅
④ 벡터 링크 라우팅

빠르게 정답 확인하기!

스마트폰으로 QR 코드를 스캔해 보세요.
정답표를 통해 편리하게 채점할 수 있습니다.

출제 예상문제 05회

- 제한시간 : 1시간 30분
- 소요시간 :   시간   분
- 전체 문항 수 : 60문항
- 맞힌 문항 수 :   문항

과목 01 사무자동화 시스템

01 다음 중 UNIX 명령어에서 현재 작업 중인 디렉터리 경로를 보여주는 명령어는?
① dir
② cat
③ pwd
④ write

02 다음 중 HRN(Highest Response-ratio Next) 스케줄링 방식에 대한 설명으로 옳은 것은?
① 대기 시간이 긴 프로세스의 경우 우선 순위가 낮아진다.
② 우선 순위를 계산하여 그 수치가 가장 높은 것부터 높은 순으로 우선 순위가 부여된다.
③ FIFO 기법을 보완하기 위한 방식이다.
④ 실행 시간이 짧은 작업에게 유리한 방식이다.

03 관계 데이터베이스에서 릴레이션은 참조할 수 없는 외래키 값을 가질 수 없음을 의미하는 제약 조건은?
① 개체 무결성
② 참조 무결성
③ E-R 모델링
④ 해싱

04 다음 중 SRAM에 대한 설명으로 옳지 않은 것은?
① 읽고 쓰기가 가능한 메모리이다.
② SRAM이 DRAM보다 구조가 간단하다.
③ SRAM은 refresh 작업이 없기 때문에 DRAM보다 처리 속도가 빠르다.
④ 전원이 공급되는 한 지속적으로 기록된 자료가 유지된다.

05 다음 중 한글 Windows에서 '명령 프롬프트' 창을 표시하기 위해 '실행' 창에 입력해야 하는 것은?
① cmd
② command
③ ping
④ tracert

06 다음 중 기억 장치 용량 단위가 가장 작은 것은?
① KB
② MB
③ PB
④ TB

07 Windows 시스템 상에서 일본어, 중국어 등 문자 수가 많은 언어로 입력하기 위해 필요한 소프트웨어는?
① OLE
② OCX
③ IME
④ Active X

08 =DATE(2025, 5, 32) 의 결과로 옳은 것은?

① 오류 발생
② 2025-05-31
③ 2025-06-01
④ 2025-05-30

09 다음 중 슬라이드 쇼를 첫 슬라이드부터 실행하는 단축키는?

① F5
② Shift + F5
③ Alt + F5
④ F7

10 다음 중 MS Access의 외부 데이터 가져오기 기능에 대한 설명으로 옳지 않은 것은?

① Excel, Text, ODBC, dBASE 등의 데이터를 가져올 수 있다.
② 외부 데이터를 가져오면 항상 연결(Link) 형식으로만 저장된다.
③ 가져올 데이터를 새 테이블로 만들거나 기존 테이블에 추가할 수 있다.
④ 외부 데이터 가져오기 마법사를 이용해 필드 형식과 기본 키를 설정할 수 있다.

11 다음 중 동일한 애니메이션 효과를 다른 개체에 빠르게 적용하는 기능은?

① 서식 복사
② 애니메이션 복사
③ 개체 그룹화
④ 전환 효과

12 MS Excel의 고급 필터(Advanced Filter)의 기능에 대한 설명으로 옳지 않은 것은?

① 조건을 한 개 이상의 필드에 적용할 수 있다.
② 조건 영역은 반드시 데이터 목록 바로 아래에 있어야 한다.
③ 필터 결과를 다른 위치에 복사할 수 있다.
④ 중복되는 데이터는 제거할 수 있다.

13 다음 중 날짜 및 시간 데이터에 관한 설명으로 옳지 않은 것은?

① 날짜 데이터를 입력할 때 년도와 월만 입력하면 일자는 자동으로 해당 월의 1일로 입력된다.
② 셀에 '4/9'을 입력하고 Enter 를 누르면 셀에는 '04월 09일'로 표시된다.
③ 날짜 및 시간 데이터의 텍스트 맞춤은 기본 왼쪽 맞춤으로 표시된다.
④ Ctrl + ; 을 누르면 시스템의 오늘 날짜, Ctrl + Shift + ; 을 누르면 현재 시간이 입력된다.

14 다음 중 SQL 언어의 데이터 제어어(DCL)가 아닌 것은?

① GRANT
② DROP
③ COMMIT
④ DELETE

15 다양한 형태의 데이터베이스 자원을 통합 및 가공하여 의사 결정 지원을 목적으로 특별히 설계한 주제 중심의 정보저장소는?

① 데이터 마이닝
② 데이터 마트
③ OLAP
④ 데이터웨어하우징

16 데이터에 대한 데이터로 정의되며, 기능적인 측면에서 데이터에 대한 구조화된 데이터로 정의되는 것은?

① 시맨틱 데이터
② 멀티미디어 데이터
③ 메타 데이터
④ 흐름 데이터

17 DELETE 명령에 대한 설명으로 옳지 않은 것은?

① 테이블의 행을 삭제할 때 사용한다.
② WHERE 조건절이 없는 DELETE 명령을 수행하면 DROP TABLE 명령을 수행했을 때와 동일한 효과를 얻을 수 있다.
③ SQL을 사용 용도에 따라 분류할 경우 DML에 해당한다.
④ 기본 사용 형식은 "DELETE FROM 테이블 [WHERE 조건];" 이다.

18 다음 중 SQL에서의 DDL문이 아닌 것은?

① CREATE
② DELETE
③ ALTER
④ DROP

19 순차접근(Sequential Access)방식의 저장장치로 옳은 것은?

① Flash Memory
② 자기 테이프
③ 윈체스터 디스크
④ CD-ROM

20 광케이블을 특정 지점까지만 연결하고 구내에는 UTP 또는 동축케이블을 연결하는 것과는 달리 광케이블을 구내의 종단까지 직접 연결하여 기존방식 대비 최대 100배 이상 빠른 서비스를 제공할 수 있는 초고속 인터넷 서비스의 명칭은?

① ADSL
② FTTH
③ WLAN
④ VDSL

과목 02 프로그래밍 일반

21 Java 언어에서 기본 데이터형을 객체 데이터형으로 바꾸어주는 클래스는?

① abstract
② super
③ final
④ wrapper

22 다음 중 C언어에서 문자열 출력 시 사용하는 함수로 옳은 것은?

① gets( )
② getchar( )
③ puts( )
④ putchar( )

23 다음 중 프로그래밍 언어의 해독 순서로 옳은 것은?

① 링커 → 로더 → 컴파일러
② 컴파일러 → 링커 → 로더
③ 로더 → 컴파일러 → 링커
④ 컴파일러 → 로더 → 링커

24 다음 중 BNF 심볼에서 정의를 나타내는 기호로 옳은 것은?

① |
② ::=
③ 〈 〉
④ →

25 다음 중 메서드 명칭은 동일하지만 매개변수 수와 데이터타입 및 기능을 다르게 정의하는 개념으로 옳은 것은?

① 클래스
② 인스턴스
③ 추상화
④ 다형성

26 다음 중 프로그램 실행 시 원시 프로그램을 문자 단위로 스캐닝하여 문법적으로 의미 있는 일련의 문자들로 분할된 단위는?

① 토큰
② 오토마타
③ BNF
④ 모듈

27 다음 중 C언어 포인터(pointer)의 올바른 설명은?

① 포인터 변수는 변수 이름 자체를 저장한다.
② 포인터 변수는 변수의 주소 값을 저장한다.
③ 포인터 변수는 반드시 전역 변수여야 한다.
④ 포인터 변수는 배열에 사용할 수 없다.

28 다음 설명에 해당하는 것으로 옳은 것은?

> 응용 프로그램 개발 시 재사용 가능한 구조를 제공한다. 핵심 아키텍처 제공, 제어의 역전(IOC)이 특징이다.

① 컴포넌트(Component)
② 웹서비스(Web Service)
③ 프레임워크(Framework)
④ 클래스 라이브러리(Class Library)

29 다음 중 순서 제어 구조에서 묵시적인 방법에 해당하는 것으로 옳은 것은?

① 반복문을 사용하는 방법
② GOTO문을 사용하는 방법
③ 연산자의 우선순위에 따른 수식 계산
④ 연산자의 순서를 프로그래머가 변경하는 방법

30 다음 중 JAVA 언어에 대한 특징으로 옳지 않은 것은?

① 다중 상속을 받을 수 없다.
② 다른 컴퓨터의 환경에 이식이 쉽다.
③ 캡슐화로 구조화할 수 있다.
④ 재사용성이 높다.

31 다음 문장은 몇 개의 토큰으로 분리될 수 있는가?

> k = 4 + c ;

① 3
② 4
③ 5
④ 6

32 구문 분석기가 올바른 문장에 대해 그 문장의 구조를 트리로 표현한 것으로 루트, 중간, 단말 노드로 구성되는 트리는?

① 파스 트리
② 라운드 트리
③ 시프트 트리
④ 토큰 트리

33 다음 중 C언어에서 문자형 자료 선언 시 사용하는 것으로 옳은 것은?

① float
② double
③ char
④ int

34 다음 중 원시 프로그램을 컴파일러가 수행되고 있는 컴퓨터의 기계어로 번역하는 것이 아니라 다른 기종에 맞는 기계어로 번역하는 것은?

① Cross Compiler
② Preprocessor
③ Linker
④ Debugger

35 소프트웨어 설계에서 사용되는 대표적인 추상화 메커니즘이 아닌 것은?

① 구조 추상화
② 자료 추상화
③ 제어 추상화
④ 기능 추상화

36 C++ 함수 정의 시 아래의 func( )처럼 매개 변수를 전달하는 방법은?

```
void main () {
    int a = 3 ;
    func (a) ;
}
void func(int &x) {
    x = 5 ;
}
```

① Call by Value
② Call by Reference
③ Call by Name
④ Call by Position

37 다음 JavaScript 프로그램의 결과 값은?

```
val a = 5;
let b = 3;
for (let i = 0; i < 4; i++) {
    if (i % 2 == 0) {
        a += i;
    } else {
        b *= i;
    }
}
console.log(a + b);
```

① 4
② 13
③ 16
④ 17

38 다음 중 번역기(Compiler)와 인터프리터(Interpreter)에 대한 설명으로 거리가 먼 것은?

① 컴파일러는 원시어가 고급언어이다.
② 인터프리터를 사용하면 대화 형식의 프로그래밍이 가능하게 된다.
③ 실행 시간의 효율성을 중시하는 프로그래밍 언어는 대부분 인터프리터를 사용한다.
④ 컴파일러의 단점 중 하나는, 번역된 산출물인 목적 코드가 큰 기억장치를 요한다는 것이다.

39 HTML5에서 추가된 의미 요소 중 섹션이나 페이지의 시작 부분을 정의하는 것은?

① head 요소
② nav 요소
③ article 요소
④ figure 요소

40 다음 중 파이썬의 튜플(Tuple)에 대한 설명으로 옳지 않은 것은?

① 튜플은 변경 불가능한(immutable) 자료형이다.
② 튜플은 소괄호( )로 생성할 수 있다.
③ 튜플은 리스트보다 속도가 느리다.
④ 튜플은 여러 자료형을 함께 저장할 수 있다.

과목 03 네트워크 일반

41 다음 중 ITU-T에서 1976년에 패킷교환망을 위한 표준으로 처음 권고한 프로토콜은?

① X.25
② I.9577
③ CONP
④ CLNP

42 나이퀴스트 채널용량 산출 공식(C)으로 옳은 것은? (단, 잡음이 없는 채널로 가정, S/N: 신호대잡음비, M: 진수, B: 대역폭)

① $C = Blog_2(S/N)(bps)$
② $C = 2Blog_2M(bps)$
③ $C = 2Blog_2(10+S/N)(bps)$
④ $C = Blog_2(M+1)(bps)$

43 다음 중 인터넷 서비스와 관련하여 FTP(File Transfer Protocol)에 관한 설명으로 옳지 않은 것은?

① 컴퓨터와 컴퓨터 사이에 파일을 주거나 받을 수 있는 원격 파일 전송 프로토콜이다.
② FTP 프로그램을 이용하여 FTP 서버에 파일을 전송하거나 수신하고, 파일의 삭제 및 이름 바꾸기 등을 할 수 있다.
③ Anonymous FTP는 FTP 서버에 계정이 없는 익명의 사용자도 접속하여 사용할 수 있는 서비스이다.
④ 그림, 동영상, 실행 파일, 압축 파일 등은 ASCII 모드로 전송한다.

44 다음 중 OSI 7계층에서 데이터 링크 계층의 기능에 해당하는 것은?

① 코드 변환
② 우편 서비스
③ 네트워크 가상 터미널
④ 오류 제어

45 다음 중 IEEE 802.15 규격의 범주에 속하며 사용자를 중심으로 작은 지역에서 주로 블루투스 헤드셋, 스마트 워치 등과 같은 개인화 장치들을 연결시키는 무선 통신 규격으로 옳은 것은?

① WPAN
② VPN
③ WAN
④ WLAN

46 다음 중 광대역 종합 정보 통신망인 ATM 셀(Cell)의 구조로 옳은 것은?

① Header: 5 옥텟, Payload: 53 옥텟
② Header: 5 옥텟, Payload: 48 옥텟
③ Header: 2 옥텟, Payload: 64 옥텟
④ Header: 6 옥텟, Payload: 52 옥텟

47 라우팅(Routing) 프로토콜이 아닌 것은?

① BGP
② OSPF
③ SMTP
④ RIP

48 다음 중 LAN의 토폴로지 형태에 해당하지 않는 것은?

① Star형
② Bus형
③ Ring형
④ Square형

49 다음 중 HDLC(High-level Data Link Control) 동작 모드에 해당하지 않는 것은?

① 정규 응답 모드(NRM)
② 비동기 응답 모드(ARM)
③ 비동기 균형 모드(ABM)
④ 동기 균형 모드(SBM)

50 다음 중 샤논(Shannon)의 정리에 따라 백색 가우스 잡음이 발생되는 통신선로의 용량(C)이 옳게 표시된 것은? (단, W:대역폭, S/N: 신호대잡음비)

① $C=W\log_2(1+S/N)$
② $C=2W\log_{10}(10+S/N)$
③ $C=W\log_2(S/N)$
④ $C=3W\log_{10}(1+S/N)$

51 다음 중 ATM 셀의 헤더 길이는 몇 byte인가?

① 2
② 5
③ 8
④ 10

52 다음 중 Link State 방식의 라우팅 프로토콜은?

① RIP
② RIP V2
③ IGRP
④ OSPF

53 다음 중 이기종 단말 간 통신과 호환성 등 모든 네트워크상의 원활한 통신을 위해 최소한의 네트워크 구조를 제공하는 모델로 네트워크 프로토콜 디자인과 통신을 여러 계층으로 나누어 정의한 통신 규약 명칭은?

① ISO 7계층
② Network 7계층
③ TCP/IP 7계층
④ OSI 7계층

54 다음 중 아날로그 음성 데이터를 디지털 형태로 변환하여 전송하고, 디지털 형태를 원래의 아날로그 음성 데이터로 복원시키는 것은?

① CCU
② DSU
③ CODEC
④ DTE

55 다음 중 둘 이상의 서로 다른 네트워크에 접속하여 서로 간에 데이터를 주고받을 수 있도록 경로 선택, 혼잡 제어, 패킷 폐기 기능을 수행하는 것은?

① Hub
② Repeater
③ Router
④ Bridge

56 변조속도가 1600(baud)이고, 쿼드비트를 사용하여 전송할 경우 전송속도(bps)는?
① 2400
② 3200
③ 4800
④ 6400

57 다음 중 데이터 전송의 흐름이 양방향으로 전송이 가능하지만, 동시에 양방향으로 전송할 수 없으므로 정보의 흐름을 전환하여 반드시 한 방향으로만 전송하는 전송 방식은?
① 전이중(Full Duplex) 방식
② 반이중(Half Duplex) 방식
③ 단방향(Simplex) 방식
④ 비동기(Asynchronous) 전송 방식

58 다음 중 TCP의 특징으로 옳지 않은 것은?
① 흐름 제어 제공
② 신뢰성 있는 전송
③ 비연결형 서비스
④ 오류 제어 제공

59 다음 중 IEEE 802 시리즈의 표준화 모델이 옳게 짝지어진 것은?
① IEEE 802.2 – 매체접근 제어(MAC)
② IEEE 802.3 – 광섬유 LAN
③ IEEE 802.4 – 토큰 버스(Token Bus)
④ IEEE 802.5 – 논리링크 제어(LLC)

60 다음 중 정보보안의 3요소가 아닌 것은?
① 기밀성
② 무결성
③ 가용성
④ 책임성

출제 예상문제 06회

- **제한시간**: 1시간 30분
- **소요시간**: 시간 분
- **전체 문항 수**: 60문항
- **맞힌 문항 수**: 문항

과목 01 사무자동화 시스템

01 다음 중 선점 스케줄링 알고리즘이 아닌 것은?
① RR(Round Robin)
② SRT(Shortest Remaining Time)
③ HRN(Highest Response-ratio Next)
④ MQ(Multi-level Queue)

02 다음 중 컴퓨터시스템의 운영체제(O/S)에서 제어 프로그램(Control Programs)의 주된 기능으로 가장 거리가 먼 것은?
① Job Management
② Accounting Management
③ Data Management
④ Resource Management

03 다음 중 컴퓨터의 처리 속도 단위 중 피코초(ps, pico second)에 해당하는 수치를 10의 지수 승 형태로 가장 올바르게 표현한 것은?
① 10-9
② 10-12
③ 10-15
④ 10-18

04 다음 중 정보의 송수신을 원활하게 하기 위하여 정보를 일시적으로 저장하여 처리 속도의 차를 수정하는 방식으로 옳은 것은?
① streaming
② buffering
③ caching
④ mapping

05 다음 중 UNIX 운영체제에서 커널에 대한 설명으로 옳지 않은 것은?
① 컴퓨터가 부팅될 때, 주기억장치에 적재된 후 상주하면서 실행된다.
② 프로세스 관리, 기억장치 관리 등의 기능을 수행한다.
③ 하드웨어를 보호하고 프로그램과 하드웨어 간의 인터페이스 역할을 담당한다.
④ 사용자의 명령어를 인식하여 프로그램을 호출하고 명령을 수행하는 명령어 해석기이다.

06 다음 중 교착 상태의 필요 조건에 해당하지 않는 것은?
① Mutual exclusion
② Hold and wait
③ Circular wait
④ Preemption

07 다음 중 워크시트에 대한 설명으로 옳지 않은 것은?
① 여러 개의 시트를 한 번에 선택하면 제목 표시줄의 파일명 뒤에 [그룹]이 표시된다.
② 선택된 시트의 왼쪽에 새로운 시트를 삽입하려면 [Shift]+[F11] 키를 누른다.
③ 마지막 작업이 시트 삭제인 경우 빠른 실행 도구 모음의 '실행 취소' 명령을 클릭하여 되살릴 수 있다.
④ 동일한 통합 문서 내에서 시트를 복사하면 원래의 시트 이름에 '(일련번호)' 형식이 추가되어 시트 이름이 만들어진다.

08 다음 중 새 워크시트에서 보기의 내용을 그대로 입력하였을 때, 입력한 내용이 텍스트로 인식되지 않는 것은?

① 01:02AM　　② 0 1/4
③ '1234　　　 ④ 1월30일

09 다음 중 [A1:D1] 영역을 선택한 후 채우기 핸들을 이용하여 아래쪽으로 드래그하였을 때, 데이터가 변하지 않고 같은 데이터로 채워지는 것은?

	A	B	C	D
1	가	갑	월	자
2				
3				

① 가　　② 갑
③ 월　　④ 자

10 다음 중 보고서의 각 구역에 대한 설명으로 옳지 않은 것은?

① '페이지 머리글'은 인쇄 시 모든 페이지의 맨 위에 출력되며, 모든 페이지에 특정 내용을 반복하려는 경우 사용한다.
② '보고서 머리글'은 보고서의 맨 앞에 한 번 출력되며, 함수를 이용한 집계정보를 표시할 수 없다.
③ '그룹 머리글'은 각 새 레코드 그룹의 맨 앞에 출력되며, 그룹 이름이나 그룹별 계산결과를 표시할 때 사용한다.
④ '본문'은 레코드 원본의 모든 행에 대해 한 번씩 출력되며, 보고서의 본문을 구성하는 컨트롤이 추가된다.

11 다음 중 파워포인트에서 표의 셀을 병합(Merge)하는 방법으로 옳은 것은?

① 셀을 선택 후 [표 디자인] 탭 → [병합] 클릭
② 셀을 선택 후 마우스 오른쪽 → [셀 병합] 선택
③ [홈] 탭 → [그룹] 클릭
④ [레이아웃] 탭 → [맞춤] 클릭

12 데이터베이스 시스템의 트랜잭션의 속성은 ACID로 정의한다. 다음 중 ACID에 각각 해당하는 용어로 가장 옳지 않은 항목은?

① A: Atomicity
② C: Circumstance
③ I: Isolation
④ D: Durability

13 다음 중 데이터웨어하우징에서 수집되고 분석된 자료를 사용자에게 제공하기 위해 분류 및 가공되는 요소기술은?

① 데이터 추출　　② 데이터 저장
③ 데이터 마이닝　④ 데이터 액세스

14 다음 중 데이터 사전에 대한 설명으로 옳지 않은 것은?

① 시스템 카탈로그 또는 시스템 데이터베이스라고도 한다.
② 시스템 카탈로그는 DBMS가 스스로 생성하고 유지한다.
③ 데이터베이스에 대한 데이터인 슈퍼데이터(Super data)를 저장하고 있다.
④ 데이터 사전에 있는 데이터에 실제로 접근하는 데 필요한 위치 정보는 데이터 디렉토리(Data Directory)라는 곳에서 관리한다.

15 다음 SQL 문에서 ( ) 안에 들어갈 내용으로 옳은 것은?

```
UPDATE 인사급여 ( ) 호봉 = 15
    WHERE 성명 = '홍길동';
```

① SET ② FROM
③ INTO ④ IN

16 「회원」 테이블 생성 후 「주소」 필드(컬럼)가 누락되어 이를 추가하려고 한다. 이에 적합한 SQL 명령어는?

① DELETE ② RESTORE
③ ALTER ④ ACCESS

17 다음 중 정규화를 거치지 않아 발생하게 되는 이상(anomaly) 현상의 종류에 대한 설명으로 옳지 않은 것은?

① 삭제 이상이란 릴레이션에서 한 튜플을 삭제할 때 의도와는 상관없는 값들도 함께 삭제되는 연쇄 삭제 현상이다.
② 삽입 이상이란 릴레이션에서 데이터를 삽입할 때 의도와는 상관없이 원하지 않는 값들도 함께 삽입되는 현상이다.
③ 갱신 이상이란 릴레이션에서 튜플에 있는 속성값을 갱신할 때 일부 튜플의 정보만 갱신되어 정보에 모순이 생기는 현상이다.
④ 종속 이상이란 하나의 릴레이션에 하나 이상의 함수적 종속성이 존재하는 현상이다.

18 다음 R1과 R2의 테이블에서 아래의 실행 결과를 얻기 위한 SQL문은?

학번	이름	학년	학과	주소
1000	홍길동	1	컴퓨터공학	서울
2000	김철수	1	전기공학	경기
3000	강남길	2	전자공학	경기
4000	오말자	2	컴퓨터공학	경기
5000	장미화	3	전자공학	서울

[R2] 테이블

학번	과목번호	과목이름	학점	점수
1000	C100	컴퓨터구조	A	91
2000	C200	데이터베이스	A+	99
3000	C100	컴퓨터구조	B+	89
3000	C200	데이터베이스	B	85
4000	C200	데이터베이스	A	93
4000	C300	운영체제	B+	88
5000	C300	운영체제	B	82

[실행결과]

과목번호	과목이름
C100	컴퓨터구조
C200	데이터베이스

① SELECT 과목번호, 과목이름
   FROM R1, R2
   WHERE R1.학번 = R2.학번 AND R1.학과 = '전자공학' AND R1.이름 = '강남길';
② SELECT 과목번호, 과목이름
   FROM R1, R2
   WHERE R1.학번 = R2.학번 OR R1.학과 = '전자공학' OR R1.이름 = '홍길동';
③ SELECT 과목번호, 과목이름
   FROM R1, R2
   WHERE R1.학번 = R2.학번 AND R1.학과 = '컴퓨터공학' AND R1.이름 = '강남길';
④ SELECT 과목번호, 과목이름
   FROM R1, R2
   WHERE R1.학번 = R2.학번 OR R1.학과 = '컴퓨터공학' OR R1.이름 = '홍길동';

19 다음 중 캐시(Cache) 기억장치에 대한 설명으로 가장 옳지 않은 것은?

① 저용량 고속의 반도체 기억장치이다.
② 기억용량이 커질수록 액세스 시간이 짧아진다.
③ CPU는 캐시에서 수행한 명령과 자료를 얻는다.
④ 프로그램의 수행 시간을 단축하는 데 사용된다.

20 다음 중 중앙처리장치 내에 존재하는 레지스터가 아닌 것은?

① Program Counter
② Instruction register
③ Accumulator
④ Multiplexer

과목 02 프로그래밍 일반

21 Java 언어에서 기본 데이터형을 객체 데이터형으로 바꾸어주는 어휘 분석에 대한 다음 설명의 괄호에 들어갈 내용으로 옳은 것은?

> 어휘 분석의 주된 역할은 원시 프로그램을 하나의 긴 스트링으로 보고 원시 프로그램을 문자 단위로 스캐닝하여 문법적으로 의미 있는 일련의 문자들로 분할해 내는 것을 말한다. 이때 분할된 문법적인 단위를 (   )(이)라고 한다.

① 모듈　　　　② BNF
③ 오토마타　　④ 토큰

22 다음 중 GoF(Gangs of Four) 디자인 패턴 분류에 해당하지 않는 것은?

① 생성 패턴　　② 구조 패턴
③ 행위 패턴　　④ 추상 패턴

23 다음 중 BNF 형식에 맞게 생성된 수는?

> ⟨num⟩ → ⟨num⟩⟨dig⟩ | ⟨dig⟩
> ⟨dig⟩ → 0 | 2 | 4 | 6 | 8

① 482　　　② 470
③ 6083　　④ 2609

24 다음 중 Java에서 하위클래스에서 상위클래스를 참조 하기 위해 사용하는 명령어는?

① extends　　② static
③ super　　　④ method

25 (aa|b)*a의 정규표현으로 만들 수 있는 스트링이 아닌 것은?

① a　　② aaa
③ ba　　④ aba

26 다음 중 SQL Injection 공격과 관련한 설명으로 옳지 않은 것은?

① SQL Injection은 임의로 작성한 SQL 구문을 애플리케이션에 삽입하는 공격방식이다.
② SQL Injection 취약점이 발생하는 곳은 주로 웹 애플리케이션과 데이터베이스가 연동되는 부분이다.
③ DBMS의 종류와 관계없이 SQL Injection 공격 기법은 모두 동일하다.
④ 로그인과 같이 웹에서 사용자의 입력값을 받아 데이터베이스 SQL문으로 데이터를 요청하는 경우 SQL Injection을 수행할 수 있다.

27 다음 중 C언어의 포인트 형(Pointer type)에 대한 설명으로 옳지 않은 것은?

① 포인터 변수는 기억장소의 번지를 기억하는 동적변수이다.
② 포인터는 가리키는 자료형이 일치할 때 대입하는 규칙이 있다.
③ 보통 변수의 번지를 참조하려면 번지 연산자 #을 변수 앞에 쓴다.
④ 실행문에서 간접 연산자 *를 사용하여 포인터 변수가 지시하고 있는 내용을 참조한다.

28 "A+B*C-D"을 후위(Postfix) 표기법으로 표현한 것은?

① A B C * D -+
② A B + C * D -
③ A B C +* D -
④ A B C * + D -

29 C언어에서 정수가 2byte로 표현되고 "int a[2][3]"로 선정된 배열의 첫 번째 자료가 1000번지에 저장되었다. 이때 a[1][1] 원소가 저장된 주소는?

① 1002
② 1004
③ 1006
④ 1008

30 다음 C 코드 결과로 나타날 수 있는 값은?

```
void main() {
    int i = 0;
    while (i < 20) {
        if (i % 5 == 2)
            printf("%d\n", i + 3);
        i++;
    }
}
```

① 6
② 11
③ 15
④ 22

31 다음 개념이 설명하고 있는 것으로 옳은 것은?

> 매개변수의 개수 및 데이터 형(data type)에 따라 수행하는 행위가 다른 동일한 이름의 메소드를 여러 개 정의할 수 있다.

① Identity
② information hiding
③ polymorphism
④ Object

32 다음 중 프로그램에 실제 실행되지 않고, 프로그래머가 코드의 이해를 돕거나 분석을 위해 써놓은 일종의 프로그램 설명으로 옳은 것은?

① 주석
② 변수
③ 상수
④ 토큰

33 다음 그림과 같은 기억장소에서 15K를 요구하는 프로그램이 30K 공백의 작업 공간에 배치될 경우, 사용된 기억장치 배치 전략은?

운영체제
사용 중인 공간
30K 공간
사용 중인 공간
16K 공백
사용 중인 공간
50K 공백
사용 중인 공간

① First Fit Strategy
② Worst Fit Strategy
③ Best Fit Strategy
④ Big Fit Strategy

34 다음 중 C언어에서 자료형의 크기를 구하는 연산자는?

① strlen   ② length
③ sizeof   ④ type

35 다음 중 어휘분석 과정에서 토큰으로 인식되지 않는 것은?

① 예약어
② 식별자
③ 구두점 기호
④ 토큰 사이의 공백문자

36 다음 중 수식 "A+(B*C)"를 Postfix 표기법으로 옳게 나타낸 것은?

① A B C + *   ② + A * B C
③ A + B * C   ④ A B C * +

37 다음 중 C언어에서 변수 사용 시 "R-value"에 해당하는 것은?

① 모든 변수명
② 배열 원소의 위치
③ 4와 같은 상수
④ 포인터 자신의 값이 있는 위치

38 다음 중 촘스키가 분류한 문법 중 프로그래밍 언어에서 구문을 분석하는 데 사용하는 것은?

① Type 0   ② Type 1
③ Type 2   ④ Type 3

39 다음 소스코드 품질분석 도구 중 정적 분석 도구가 아닌 것은?

① pmd   ② checkstyle
③ valance   ④ cppcheck

40 다음 중 오픈소스 웹 애플리케이션 보안 프로젝트로서 주로 웹을 통한 정보 유출, 악성 파일 및 스크립트, 보안 취약점 등을 연구하는 곳은?

① WWW   ② OWASP
③ WBSEC   ④ ITU

과목 03 네트워크 일반

41 다음 중 물리적 하드웨어 주소인 이더넷 주소를 IP 주소로 변환하는 프로토콜은?

① ARP   ② RARP
③ HDLC   ④ PPP

42 다음 중 전송 효율을 최대한 높이기 위해 데이터 블록의 길이를 동적으로 변경시켜 전송하는 ARQ 방식은?

① Adaptive ARQ
② Stop-And-Wait ARQ
③ Selective ARQ
④ Go-back-N ARQ

43 샤논의 이론을 적용하여 채널의 대역폭(W)이 4.0[kHz], 출력 S/N이 50일 때 채널 용량(C)은 약 몇 bps인가?

① 22,500   ② 22,690
③ 22,780   ④ 22,900

44 사용되는 문자의 빈도수에 따라서 코드의 길이가 달라지는 코드는?
① 7421
② 그레이(gray)
③ 비쿼너리(biquinary)
④ 허프만(huffman)

45 다음 중 16진 PSK에서 반송파 간의 위상차는?
① $\pi/4$
② $\pi/6$
③ $\pi/8$
④ $\pi/16$

46 HDLC 프레임 구조에 포함되지 않는 것은?
① 플래그(Flag) 필드
② 제어(Control) 필드
③ 주소(Address) 필드
④ 시작(Start) 필드

47 다음 중 위성 통신의 다원 접속 방법이 아닌 것은?
① 신호 분할 다원 접속
② 주파수 분할 다원 접속
③ 시 분할 다원 접속
④ 코드 분할 다원 접속

48 다음 중 아날로그 음성을 샘플링한 뒤 예측값과의 오차(차분)를 적응적으로 양자화하여 부호화하는 방식은?
① ASK
② DM
③ PSK
④ ADPCM

49 다음 중 IP 주소 체계에서 B클래스의 주소 범위는?
① 0.0.0.0 ~ 127.255.255.255
② 128.0.0.0 ~ 191.255.255.255
③ 192.0.0.0 ~ 223.255.255.255
④ 224.0.0.0 ~ 239.255.255.255

50 다음 중 이메일 프로토콜과 관계가 없는 것은?
① SNMP
② SMTP
③ POP
④ MIME

51 HDLC에서 한 프레임(Frame)을 구성하는 요소로 가장 거리가 먼 것은?
① Flag
② Address Field
③ Control Field
④ Start/Stop bit

52 다음 중 광섬유 기반의 이중 링 구조에서 토큰 패싱으로 100Mbps 전송을 지원하는 LAN 표준은?
① FDDI
② DQDB
③ QAM
④ LAN

53 1200[baud]의 변조속도를 갖는 전송선로에서 신호 비트가 Tribit이면, 전송속도[bps]는?
① 1200
② 2400
③ 3600
④ 4800

54 FM에서 변조 지수가 10, 변조 신호의 최고 주파수를 4kHz라 할 때 소요 대역폭[kHz]은?

① 8
② 40
③ 88
④ 400

55 빌딩, 공장, 대학 캠퍼스 등과 같이 한정된 영역을 대상으로 설치되는 통신망으로써 구내통신망이라고도 불리는 네트워크 유형으로 가장 옳은 것은?

① LAN(Local Area Network)
② VAN(Value Added Network)
③ WAN(Wide Area Network)
④ ISDN(Integrated Service Digital Network)

56 210.10.10.100/26의 IP 주소 범위에 포함되는 IP 주소는?

① 210.10.10.60
② 210.10.10.10
③ 210.10.10.100
④ 210.10.255.100

57 다음 중 FTP에 대한 설명으로 옳지 않은 것은?

① get: 파일을 다운로드하는 기능이다.
② put: 파일을 업로드하는 기능이다.
③ ls: 파일 목록을 표시하는 기능이다.
④ bin: 텍스트 모드로 파일을 전송한다.

58 다음 중 인터넷 접속을 위한 유/무선 통신 기술이 아닌 것은?

① FTTH
② HSDPA
③ LTE
④ TTC-95K

59 다음 중 전자기기 등에 네트워크 접속의 기능을 갖추어 거시적으로 사물 간의 네트워크를 구현할 수 있는 기술을 의미하는 용어로 가장 옳은 것은?

① IoT
② FTTH
③ Router
④ VDSL

60 다음 중 TCP/IP 상에서 네트워크 설정을 할 때 TCP/IP 등록 정보에 해당하지 않은 것은?

① 도메인 네임(Domain Name)
② IP Address
③ 게이트웨이(Gateway)
④ URL(Uniform Resource Locator)

빠르게 정답 확인하기!

스마트폰으로 QR 코드를 스캔해 보세요.
정답표를 통해 편리하게 채점할 수 있습니다.

출제 예상문제 07회

- 제한시간 : 1시간 30분
- 소요시간 :   시간   분
- 전체 문항 수 : 60문항
- 맞힌 문항 수 :   문항

과목 01 사무자동화 시스템

01 다음과 같은 기억장소에서 15KB를 요구하는 프로그램이 50KB 공백의 작업공간에 배치될 때의 기억장치 배치 전략은?

OPERATING SYSTEM
Used Space
30KB 공간
Used Space
16KB 공간
Used space
50KB 공간
Used space

① First Fit
② Best Fit
③ Worst Fit
④ Top Fit

02 다음 설명이 의미하는 것으로 옳은 것은?

- 데이터의 의미를 표현하고, 그 의미를 바탕으로 데이터를 처리하고 분석할 수 있도록 하는 데이터이다.
- 인공지능, 사물인터넷, 빅데이터 등 다양한 분야에서 활용되고 있다.

① 시맨틱 데이터
② 멀티미디어 데이터
③ 메타 데이터
④ 흐름 데이터

03 다음 중 UNIX 운영체제에서 커널에 대한 설명으로 옳지 않은 것은?

① 컴퓨터가 부팅될 때, 주기억장치에 적재된 후 상주하면서 실행된다.
② 프로세스 관리, 기억장치 관리 등의 기능을 수행한다.
③ 하드웨어를 보호하고 프로그램과 하드웨어 간의 인터페이스 역할을 담당한다.
④ 사용자의 명령어를 인식하여 프로그램을 호출하고 명령을 수행하는 명령어 해석기이다.

04 다음 중 스마트 워크의 장점이 아닌 것은?

① 언제 어디서나 효율적으로 일할 수 있다.
② 원격근무, 재택근무 등이 포함된다.
③ 업무생산성 향상과 강력한 보안체계를 구성할 수 있다.
④ 모바일 기기를 이용하여 빠른 결재 업무 처리가 가능하다.

05 다음 중 스프레드시트(Spreadsheet) 패키지의 특성으로 가장 옳지 않은 것은?

① 템플릿(Template)
② 민감도 분석
③ 계획과 통제의 도구
④ 부프로그램(Sub program)의 관리

06 다음 중 회의나 발표, 브리핑 등에서 효과적으로 활용할 수 있는 텍스트를 비롯한 그래픽과 같은 멀티미디어 작업을 좀 더 간편하게 작성하고 자동화 시켜주는 소프트웨어로 가장 옳은 것은?

① 워드프로세서
② 데이터베이스
③ 스프레드시트
④ 프레젠테이션

07 다음 중 사무자동화(OA)를 위한 응용소프트웨어가 아닌 것은?

① 스프레드시트
② 워드프로세서
③ 컴파일러
④ 프레젠테이션

08 다음 중 일반적인 스프레드시트 프로그램에서 수행할 수 있는 기능이 아닌 것은?

① 셀 단위의 연산이 가능하다.
② 대량의 데이터 속 데이터 질의 언어(SQL)를 사용할 수 있다.
③ 간단한 표와 같은 문서 작성이 가능하다.
④ 함수를 사용하여 합, 평균 등의 수식을 처리할 수 있다.

09 다음 Access의 집계 함수 중 '지정된 필드의 평균 값'을 계산하는 것은?

① SUM( )
② COUNT( )
③ AVG( )
④ MAX( )

10 Access 쿼리 중 그룹별로 합계, 평균 등의 계산 결과를 구할 때 사용하는 쿼리는?

① 요약 쿼리
② 선택 쿼리
③ 실행 쿼리
④ 매개 변수 쿼리

11 다음 중 스프레드 시트에서 매크로(Macro)에 대한 설명으로 옳지 않은 것은?

① 매크로는 반복 작업을 자동으로 수행하기 위한 명령의 집합이다.
② 매크로는 VBA 언어를 사용하여 작성할 수 있다.
③ 매크로 이름에는 공백이나 마침표를 포함할 수 있다.
④ 매크로 기록 기능을 이용하면 직접 코딩하지 않아도 자동으로 기록된다.

12 다음 중 Excel에서 매크로를 실행할 수 있는 파일 형식으로 옳은 것은?

① .xlsx
② .xlsm
③ .csv
④ .xltx

13 다음 중 데이터에 대한 데이터로 정의되며, 기능적인 측면에서 데이터에 대한 구조화된 데이터로 정의되는 것은?

① 시맨틱 데이터
② 멀티미디어 데이터
③ 메타 데이터
④ 흐름 데이터

14 다음 중 데이터베이스 모델 중 계층적 데이터베이스의 특징에 해당하는 것은?

① 하나의 부노드(parent node)가 다수 개의 자노드(child node)를 갖는다.
② 데이터 상호간의 유연성이 좋다.
③ 테이블을 이용해 데이터 상호 관계를 정의한다.
④ 다른 데이터베이스로 변환이 쉽다.

15 다음 중 데이터베이스 ACID에 대한 설명으로 가장 옳지 않은 것은?

① A: Atomicity(원자성)의 의미이며 트랜잭션과 관련된 작업들이 부분적으로 실행되다가 중단되지 않는 것을 보장하는 것을 말한다.
② C: Consistency(일관성)의 의미로 트랜잭션 실행을 성공적으로 완료하면 언제나 일관성 있는 DB 상태로 유지하는 것을 말한다.
③ I: Isolation(고립성)의 의미로 트랜잭션 수행 시 다른 트랜잭션 연산 작업이 중간에 개입되지 못하도록 보장하는 것을 말한다.
④ D: Dictation(사전)의 의미로 데이터베이스가 사전의 구조를 가지는 것을 의미한다.

16 다음 중 DBMS의 주요 기능이 아닌 것은?

① 정의 기능(Definition Facility)
② 응용 기능(Application Facility)
③ 제어 기능(Control Facility)
④ 조작 기능(Manipulation Facility)

17 다음 질의문 실행의 결과는?

```
SELECT 가격 FROM 도서가격
    WHERE 책번호= (SELECT 책번호 FROM 도서
        WHERE 책명= '운영체제');
```

〈도서〉

책번호	책명
1111	운영체제
2222	세계지도
3333	생활영어

〈도서가격〉

책번호	가격
1111	15000
2222	23000
3333	7000
4444	5000

① 5000
② 7000
③ 15000
④ 23000

18 다음 문장을 만족하는 SQL 문장은?

"학번이 1000번인 학생을 학생 테이블에서 삭제하시오."

① DELETE FROM 학생 WHERE 학번 = 1000;
② DELETE FROM 학생 IF 학번 = 1000;
③ SELECT * FROM 학생 WHERE 학번 = 1000;
④ SELECT * FROM 학생 CONDITION 학번 = 1000;

19 다음 중 입력 장치에 해당하지 않는 것은?

① 스캐너
② 디지타이저
③ 플로터
④ 라이트 펜

20 다음 중 SRAM에 대한 설명으로 옳지 않은 것은?

① 읽고 쓰기가 가능한 메모리이다.
② SRAM이 DRAM보다 구조가 간단하다.
③ SRAM은 refresh 작업이 없기 때문에 DRAM보다 처리 속도가 빠르다.
④ 전원이 공급되는 한 지속적으로 기록된 자료가 유지된다.

과목 02 프로그래밍 일반

21 다음 중 클라이언트 측(Client-side)에서 실행되는 스크립트 언어로 옳은 것은?

① PHP
② JSP
③ JavaScript
④ ASP

22 다음 중 프로그래밍 언어에서 시스템이 알고 있는 특수한 기능을 수행하도록 이미 용도가 정해져 있는 단어로서, 프로그래머가 변수 이름이나 다른 목적으로 사용할 수 없는 것은?

① Array
② Constant
③ Reserved Word
④ Pointer

23 다음 중 주석(Comment)의 제거, 상수 정의 치환, 매크로 확장 등 컴파일러가 처리하기 전에 먼저 처리하여 확장된 원시 프로그램을 생성하는 것은?

① Cross compiler
② Loader
③ Preprocessor
④ Linker

24 다음 중 시스템 프로그래밍에 가장 적합한 언어는?

① C
② COBOL
③ Fortan
④ Pascal

25 다음 수식(expression)을 EBNF로 맞게 표현한 것은?

⟨expression⟩ ::= ⟨expression⟩ + ⟨expression⟩ |
⟨expression⟩ − ⟨expression⟩ |
⟨expression⟩ ∗ ⟨expression⟩ |
⟨expression⟩ / ⟨expression⟩

① ⟨expression⟩::=⟨expression⟩(+|−|∗|/) ⟨expression⟩
② ⟨expression⟩=⟨expression⟩[+|−|∗|/] ⟨expression⟩
③ ⟨expression⟩:: ⟨expression⟩{+|−|∗|/} ⟨expression⟩
④ ⟨expression⟩::=expression [+|−|∗|/] ⟨expression⟩

26 아래 코드의 실행 결과는?

```
#include <stdio.h>
int main()
{
    int a = 5, b = 0;
    int t1, t2, t3;
    t1 = a && b;
    t2 = a || b;
    printf("%d", t1 + t2);
    return 0;
}
```

① 0
② 1
③ 2
④ 5

27 클래스 다이어그램이 유스투 다음 설명에 해당하는 용어는?

- 클래스의 동작을 의미한다.
- 클래스에 속하는 객체에 대하여 적용될 메서드를 정의한 것이다.
- UML에서는 동작에 대한 인터페이스를 지칭한다고 볼 수 있다.

① Instance
② Operation
③ Item
④ Hiding

28 다음 중 유스케이스(Use Case)의 구성 요소 간의 관계에 포함되지 않는 것은?

① 연관
② 확장
③ 구체화
④ 일반화

29 변수의 속성에서 프로그램 수행 중 변경될 수 있는 것은?

① Type
② Location
③ Value
④ Name

30 다음 중 부프로그램(subprogram) 사용의 특징에 해당하지 않는 것은?

① 시스템 설계 시 효율적이다.
② 가독성 및 유지, 보수가 편리하다.
③ 프로그램이 커지므로 기억장소를 많이 필요하게 된다.
④ 프로그래머는 동일한 프로그램을 한 번만 작성해서 필요시 호출하여 사용이 가능하다.

31 다음 중 구조적 프로그램의 기본 구조가 아닌 것은?

① 순차 구조
② 반복 구조
③ 일괄 구조
④ 선택 구조

32 다음 중 표준 C언어에 대한 설명으로 가장 옳지 않은 것은?

① 수행 속도가 빠르고 크기 및 효율 등의 기능 면에서 고급언어와 어셈블리어의 중간 기능을 수행한다.
② 융통성을 중요시하는 Interpreter 언어의 범주이다.
③ 1970년대 초 AT&T 사의 벨연구소에서 UNIX OS 개발을 위해 제작한 언어가 시조가 되었다.
④ 시스템 소프트웨어 작성이 용이한 언어이다.

33 중위 표기법(Infix notation)으로 표현된 산술식 "X=A+C/D"를 전위 표기법(Prefix notation)으로 옳게 나타낸 것은?

① =X+A/CD
② =+/XACD
③ /CD+A=X
④ XACD/+=

34 다음 C 프로그램의 결과 값은?

```
#include <stdio.h>
int main()
{
    int i, t = 0;

    for(i = 1; i <= 10; i += 2)
    {
        t += i;
    }
    printf("%d", t);
    return 0;
}
```

① 15
② 25
③ 35
④ 45

35 다음 중 기계어에 대한 설명으로 가장 옳지 않은 것은?

① 0 또는 1로만 구성되어 있다.
② 컴퓨터가 이해하는 언어이다.
③ 프로그램 작성이 용이하다.
④ 처리 속도가 빠르다.

36 다음 C 프로그램의 결과 값은?

```
#include <stdio.h>
int main()
{
    int value = 2;
    int sum = 0;
    switch (value)
    {
        case 1: sum += 4;
        case 2: sum += 2;
        case 3: sum += 1;
    }
    printf("%d", sum);
    return 0;
}
```

① 1
② 2
③ 3
④ 4

37 객체지향 개념에서 이미 정의되어 있는 상위 클래스(슈퍼 클래스 혹은 부모 클래스)의 메소드를 비롯한 모든 속성을 하위 클래스가 물려받는 것을 무엇이라 하는가?

① Abstraction
② Method
③ Inheritance
④ Message

38 다음 중 C, Java에서 공통 사용되는 예약어는?

① sizeof
② malloc
③ class
④ typedef

39 다음 중 C언어의 FOR문, COBOL 언어의 PERFORM문에 해당하는 것은?

① 반복문
② 종료문
③ 입출력문
④ 선언문

40 다음 중 GoF(Gangs of Four) 디자인 패턴을 생성, 구조, 행동 패턴의 세 그룹으로 분류할 때, 다른 그룹의 패턴은?

① Singlenton 패턴
② Bridge 패턴
③ Builder 패턴
④ Proxy 패턴

과목 03 네트워크 일반

41 다음 중 IPv6의 특징으로 옳지 않은 것은?

① IPv6의 주소의 길이는 256비트이다.
② 암호화와 인증 옵션 기능을 제공한다.
③ 프로토콜의 확장을 허용하도록 설계되었다.
④ 흐름 레이블(Flow Label)이라는 항목이 추가되었다.

42 TCP/IP 상에서 네트워크 설정을 할 때 TCP/IP 등록 정보에 해당하지 않은 것은?

① 도메인 네임(Domain Name)
② IP Address
③ 게이트웨이(Gateway)
④ URL(Uniform Resource Locator)

43 샤논의 이론을 적용하여 채널의 대역폭(W)이 3.1kHz이고, 채널의 출력 S/N이 100일 경우 채널의 통신 용량(C)은 약 몇 bps인가?

① 20640
② 20740
③ 20840
④ 20940

44 다음 중 프로그램 저작권자의 권리에 해당하지 않는 것은?

① 공표권
② 성명표시권
③ 동일성 유지권
④ 프로그램코드역분석권

45 16상 위상변조의 변조속도가 1200baud인 경우 데이터 전송 속도(bps)는?

① 1200
② 2400
③ 4800
④ 9600

46 다음 중 HDLC 프레임 구조에 포함되지 않는 것은?

① 플래그(Flag) 필드
② 제어(Control) 필드
③ 주소(Address) 필드
④ 시작(Start) 필드

47 다음 중 데이터 터미널과 데이터 통신기기의 접속 규격에 해당하는 것은?
① V.21
② V.23
③ V.24
④ V.26

48 다음 OSI 7계층 모델에서 기계적, 전기적, 절차적 특성을 정의한 계층은?
① 전송 계층
② 데이터링크 계층
③ 물리 계층
④ 표현 계층

49 다음이 설명하는 개념으로 옳은 것은?

> 효율적인 전송을 위해 넓은 대역폭을 가진 하나의 전송 링크를 통하여 여러 신호를 동시에 실어 보내는 기술

① 집중화
② 암호화
③ 복호화
④ 다중화

50 다음 중 프로토콜 구성 요소에 해당하지 않는 것은?
① 구문(Syntax)
② 의미(semantics)
③ 파라미터(parameter)
④ 순서(timing)

51 IEEE 802.15 규격의 범주에 속하며 사용자를 중심으로 작은 지역에서 주로 블루투스 헤드셋, 스마트 워치 등과 같은 개인화 장치들을 연결시키는 무선통신 규격은?
① WPAN
② VPN
③ WAN
④ WLAN

52 다음 중 라우팅(Routing) 프로토콜이 아닌 것은?
① BGP
② OSPF
③ SMTP
④ RIP

53 다음 중 초고속통신망의 ATM에 대한 설명으로 옳지 않은 것은?
① 48바이트의 페이로드(payload)를 갖고 있다.
② 5바이트의 헤더를 갖고 있다.
③ 멀티미디어 서비스에 적합하다.
④ 동기식 전달모드로 고속데이터 전송에 사용된다.

54 다음 중 다중접속 방식이 아닌 것은?
① FDMA
② TDMA
③ CDMA
④ XDMA

55 다음 중 회선 교환 방식에 비해 메시지 교환 방식의 장점으로 옳지 않은 것은?

① 송신측과 수신측이 동시에 운영 상태에 있을 필요가 없다.
② 1개의 메시지를 여러 단말 장치로 복사하여 보낼 수 있다.
③ 한 노드에 전송대기 상태에 있는 메시지가 많다면 우선순위가 높은 메시지를 먼저 전송할 수 있다.
④ 회선의 효율성이 매우 낮다.

56 203.230.7.110/29의 IP 주소 범위에 포함되어 있는 네트워크 및 브로드 캐스트 주소는?

① 203.230.7.102 / 203.230.7.111
② 203.230.7.103 / 203.230.7.254
③ 203.230.7.104 / 203.230.7.111
④ 203.230.7.105 / 203.230.7.254

57 다음 중 OSI 7계층 모델에서 기계적, 전기적, 절차적 특성을 정의한 계층은?

① 전송 계층
② 데이터링크 계층
③ 물리 계층
④ 표현 계층

58 다음 중 부정적 응답에 해당하는 전송 제어 문자는?

① NAK(Negative AcKnowledge)
② ACK(ACKnowledge)
③ EOT(End of Transmission)
④ SOH(Start of Heading)

59 광케이블을 특정 지점까지만 연결하고 구내에는 UTP 또는 동축케이블을 연결하는 것과는 달리 광케이블을 구내의 종단까지 직접 연결하여 기존방식 대비 최대 100배 이상 빠른 서비스를 제공할 수 있는 초고속 인터넷 서비스의 명칭은?

① ADSL
② FTTH
③ WLAN
④ VDSL

60 인터넷을 전용선처럼 사용할 수 있도록 특수 통신 체계와 암호화 기법을 제공하는 서비스로 기업 본사와 지사 또는 지사 간에 전용망을 설치한 것과 같은 효과를 거둘 수 있는 것은?

① Anti-virus
② Firewall
③ IDS
④ VPN

빠르게 정답 확인하기!

스마트폰으로 QR 코드를 스캔해 보세요.
정답표를 통해 편리하게 채점할 수 있습니다.

출제 예상문제 08회

- 제한시간 : 1시간 30분
- 소요시간 :   시간   분
- 전체 문항 수 : 60문항
- 맞힌 문항 수 :   문항

과목 01 사무자동화 시스템

01 다음 프로그래밍 시스템이나 가상기억장치를 사용하는 시스템에서 너무 자주 페이지 교체가 일어나서 시스템의 심각한 성능 저하를 초래하는 현상을 무엇이라고 하는가?

① Interrupt
② Deadlock
③ Thrashing
④ Working Set

02 다음 중 운영체제의 성능 평가요소로 거리가 먼 것은?

① 반환시간
② 신뢰도
③ 비용
④ 처리 능력

03 다음 중 세마포어(Semaphore)에서 지원하지 않는 연산은?

① initialize
② decrement
③ construct
④ increment

04 다음 중 e-mail과 관련된 프로토콜이 아닌 것은?

① POP3
② FTP
③ SMTP
④ IMAP

05 다음 중 Windows 시스템 상에서 일본어, 중국어 등 문자수가 많은 언어로 입력하기 위해 필요한 소프트웨어는?

① OLE
② OCX
③ IME
④ Active X

06 다음 중 데이터베이스에 저장된 자료의 삽입, 삭제, 수정 등의 데이터 조작을 위해 사용되는 개념으로 가장 옳은 것은?

① DD
② DCL
③ DDL
④ DML

07 데이터에 대한 데이터로 정의되며, 기능적인 측면에서 데이터에 대한 구조화된 데이터로 정의되는 것은?

① 시맨틱 데이터
② 멀티미디어 데이터
③ 메타 데이터
④ 흐름 데이터

08 다음 중 [셀 서식] 대화상자에서 [맞춤] 탭의 기능으로 옳지 않은 것은?

① '셀 병합'은 선택 영역에서 데이터 값이 여러 개인 경우 마지막 셀의 내용만 남기고 모두 지운다.
② '셀에 맞춤'은 입력 데이터의 길이가 셀의 너비보다 긴 경우 글자 크기를 자동으로 줄인다.
③ '방향'은 데이터를 세로 방향으로 설정하거나 가로의 회전 각도를 지정하여 방향을 설정한다.
④ '텍스트 줄 바꿈'은 텍스트의 길이가 셀의 너비보다 긴 경우 자동으로 줄을 나누어 표시한다.

09 다음 중 파워포인트에서 도형을 그룹으로 설정하기 위한 올바른 순서는?

① 도형 선택 → [도형 서식] → [정렬] → [그룹화]
② 도형 선택 → [삽입] → [도형] → [그룹화]
③ 도형 선택 → [홈] → [맞춤] → [정렬]
④ 도형 선택 → [보기] → [정렬]

10 다음 중 프레젠테이션 소프트웨어에 해당하지 않는 것은?

① Microsoft PowerPoint
② Google Slides
③ Apple Keynote
④ Microsoft Access

11 다음 중 관계형 데이터베이스 관리 시스템(RDBMS)에 해당하는 것은?

① MariaDB
② MongoDB
③ Redis
④ Neo4j

12 관계형 데이터베이스에서 기본 키(Prime Key)가 가져야 할 성질은?

① 공유성
② 중복성
③ 식별성
④ 연결성

13 다음 중 데이터웨어하우징에서 수집되고 분석된 자료를 사용자에게 제공하기 위해 분류 및 가공되는 요소기술은?

① 데이터 추출
② 데이터 저장
③ 데이터 마이닝
④ 데이터 엑세스

14 다음 SQL의 분류 중 DDL에 해당하지 않는 것은?

① UPDATE
② ALTER
③ DROP
④ CREATE

15 다음 정규화 과정 중 1NF에서 2NF가 되기 위한 조건은?

① 1NF를 만족하고 모든 도메인이 원자값이어야 한다.
② 1NF를 만족하고 키가 아닌 모든 애트리뷰트들이 기본 키에 이행적으로 함수 종속되지 않아야 한다.
③ 1NF를 만족하고 다치 종속이 제거되어야 한다.
④ 1NF를 만족하고 키가 아닌 모든 속성이 기본키에 대하여 완전 함수적 종속 관계를 만족해야 한다.

16 다음 중 E-R 모델의 표현 방법으로 옳지 않은 것은?

① 개체타입: 사각형
② 관계타입: 마름모
③ 속성: 오각형
④ 연결: 선

17 참조 무결성을 유지하기 위하여 DROP문에서 부모 테이블의 항목 값을 삭제할 경우 자동적으로 자식 테이블의 해당 레코드를 삭제하기 위한 옵션은?

① CLUSTER
② CASCADE
③ SET-NULL
④ RESTRICTED

18 트랜잭션의 특성 중 다음 설명에 해당하는 것은?

> 트랜잭션의 연산은 데이터베이스에 모두 반영되든지 아니면 전혀 반영되지 않아야 한다.

① Durability
② Share
③ Consistency
④ Atomicity

19 다음 중 순차접근방식의 보조기억매체는?

① Flash Memory
② LTO
③ Hard Disk
④ SSD

20 인터넷을 전용선처럼 사용할 수 있도록 특수 통신 체계와 암호화 기법을 제공하는 서비스로 기업 본사와 지사 또는 지사 간에 전용망을 설치한 것과 같은 효과를 거둘 수 있는 것은?

① Anti-virus
② Firewall
③ IDS
④ VPN

과목 02 프로그래밍 일반

21 프로그래밍 언어에서 수명 시간 동안 고정된 하나의 값과 이름을 가진 자료로서 프로그램이 동작하는 동안 값이 절대로 바뀌지 않는 것을 의미하는 것은?

① Constant
② Variable
③ Reserved Work
④ Annotation

22 다음 중 기계어에 대한 설명으로 옳지 않은 것은?

① 컴퓨터가 직접 이해할 수 있는 언어이다.
② 기종마다 기계어가 다르므로 언어의 호환성은 낮다.
③ 0과 1의 2진수 형태로 표현되며 수행 시간이 빠르다.
④ 프로그램 작성이 용이하다.

23 GoF 디자인 패턴 중 객체를 생성하기 위한 인터페이스를 정의하여 어떤 클래스가 인스턴스화 될 것인지는 서브 클래스가 결정하도록 하는 생성 패턴은?

① Singleton
② Builder
③ Factory method
④ Abstraction factory

24 (A+B)*(C-D)를 전위 표기법으로 변환한 것은?

① AB+CD-*
② *+AB-CD
③ +*-ABCD
④ +-AB*CD

25 다음 중 동적 바인딩에 해당하지 않는 것은?

① 프로그램 호출 시간
② 언어 정의 시간
③ 실행 시간 중 객체 사용 시점
④ 모듈의 기동 시간

26 소프트웨어 설계에서 자주 발생하는 문제에 대한 일반적이고 반복적인 해결 방법을 무엇이라고 하는가?

① 모듈 분해　　② 디자인 패턴
③ 연관 관계　　④ 클래스 도출

27 고급 언어로 작성된 프로그램을 구문 분석하여, 파서(Parser)에 의해 문법 구조에 따라 트리 형태로 구성한 것은?

① 구조 트리　　② 어휘 트리
③ 파스 트리　　④ 중간 트리

28 다음 중 자바에서 사용하는 접근 제어자의 종류가 아닌 것은?

① internal
② private
③ default
④ public

29 다음 중 객체지향 기법에서 객체가 메시지를 받아 실행해야 할 구체적인 연산을 정의한 것은?

① 클래스
② 속성
③ 메소드
④ 인스턴스

30 소프트웨어를 보다 쉽게 이해할 수 있고 적은 비용으로 수정할 수 있도록 겉으로 보이는 동작의 변화 없이 내부 구조를 변경하는 것은?

① Refactoring
② Architecting
③ Specification
④ Renewal

31 다음 로더의 기능 중 실행 프로그램을 실행시키기 위해 기억장치 내에 옮겨 놓을 공간을 확보하는 기능은?

① 연결
② 재배치
③ 적재
④ 할당

32 다음 내용이 설명하는 UI 설계 도구는?

- 디자인, 사용 방법 설명, 평가 등을 위해 실제 화면과 유사하게 만든 정적인 형태의 모형
- 시각적으로만 구성 요소를 배치하는 것으로 일반적으로 실제로 구현되지는 않음

① 스토리보드(Storyboard)
② 목업(Mockup)
③ 프로토타입(Prototype)
④ 유스케이스(Usecase)

33 다음 C 프로그램에서 최종적으로 출력되는 n, t의 값을 순서대로 나열하면?

```
void main(void)
{
    int n=0, t=0;
    do
    {
        t+=n;
        printf("n=%2d, t=%2d
", n++, t);
    }
    while(n<10);
}
```

① 10, 55
② 9, 45
③ 10, 45
④ 9, 55

34 C++ 객체지향 프로그래밍에서 method의 사용 예시를 가장 옳게 표현한 것은?

① myClass.CountNumber( );
② myClass:CountNumber( );
③ myClass->:CountNumber( );
④ Void CountNumber( );

35 다음 중 HTML 문서 안에 삽입하여 서버 측에서 실행되며, 주로 리눅스 환경의 Apache + MySQL과 함께 사용되는 스크립트 언어는?

① PHP
② JavaScript
③ VBScript
④ JSP

36 다음 중 소프트웨어 개발 프레임워크와 관련한 설명으로 가장 적절하지 않은 것은?

① 반제품 상태의 제품을 토대로 도메인별로 필요한 서비스 컴포넌트를 사용하여 재사용성 확대와 성능을 보장받을 수 있게 하는 개발 소프트웨어이다.
② 라이브러리와는 달리 사용자 코드에서 프레임워크를 호출해서 사용하고, 그에 대한 제어도 사용자 코드가 가지는 방식이다.
③ 설계 관점에 개발 방식을 패턴화시키기 위한 노력의 결과물인 소프트웨어 상태로 집적화시킨 것으로 볼 수 있다.
④ 프레임워크의 동작 원리를 그 제어 흐름의 일반적인 프로그램 흐름과 반대로 동작한다고 해서 IoC(Inversion of Control)라고 설명하기도 한다.

37 다음 중 Java에서 하위 클래스에서 상위 클래스를 참조하기 위해 사용하는 명령어는?

① extends
② static
③ super
④ method

38 다음 중 스크립트 언어(Script Language)에 해당하는 것은?

① C
② Java
③ Python
④ C++

39 프로그램의 명령문 중 GOTO 문의 설명으로 옳은 것은?

① GOTO 문은 프로그램의 유지 보수를 쉽게 한다.
② GOTO 문은 프로그래머와 언어 구현자를 쉽게 한다.
③ 구조적 프로그램에서는 반드시 GOTO 문을 사용한다.
④ GOTO 문을 많이 사용하면 프로그램을 이해하기가 어렵다.

40 다음 중 데이터 사전에 대한 설명으로 옳지 않은 것은?

① 시스템 카탈로그 또는 시스템 데이터베이스라고도 한다.
② 시스템 카탈로그는 DBMS가 스스로 생성하고 유지한다.
③ 데이터베이스에 대한 데이터인 슈퍼데이터(Superdata)를 저장하고 있다.
④ 데이터 사전에 있는 데이터에 실제로 접근하는 데 필요한 위치 정보는 데이터 디렉토리(Data Directory)라는 곳에서 관리한다.

과목 03 네트워크 일반

41 다음 중 패킷교환에서 가상회선방식과 비교하여 데이터그램 방식의 장점으로 옳지 않은 것은?

① 짧은 메시지를 전송할 경우 훨씬 빠르다.
② 모든 패킷이 항상 보내어진 순서대로 도착하고, 패킷의 에러 복구가 가능하다.
③ 망의 혼잡 상황에 따라 적절한 경로로 패킷을 전달할 수 있는 융통성이 크다.
④ 우회 경로로 패킷을 전달할 수 있으므로 신뢰성이 높다.

42 원 신호를 복원하기 위해서 샘플링주파수는 샘플링 되는 신호의 최고주파수에 비하여 최소한 몇 배 이상이 되어야 하는가?

① 1
② 2
③ 3
④ 4

43 다음 중 네트워크 통신 과정에서 송신 측에서 데이터에 제어 정보를 덧붙여 하위 계층으로 전달하는 과정을 무엇이라 하는가?

① 디캡슐레이션(Decapsulation)
② 인캡슐레이션(Encapsulation)
③ 라우팅(Routing)
④ 세그멘테이션(Segmentation)

44 다음 중 OSI 7계층에서 데이터링크 계층의 기능에 해당하는 것은?

① 코드 변환
② 우편 서비스
③ 네트워크 가상 터미널
④ 오류제어

45 다음 중 TCP 프로토콜에 대한 설명으로 옳지 않은 것은?

① 신뢰성 있는 전송 프로토콜이다.
② 전이중 서비스를 제공한다.
③ 비 연결형 프로토콜이다.
④ 스트림 데이터 서비스를 제공한다.

46 다음 중 RIP(Routing Information Protocol)에 대한 설명으로 옳지 않은 것은?

① 거리 벡터 라우팅 프로토콜이라고도 한다.
② 소규모 네트워크 환경에 적합하다.
③ 최대 홉 카운트를 115홉 이하로 한정하고 있다.
④ 최단경로탐색에는 Bellman-Ford 알고리즘을 사용한다.

47 다음 중 비패킷형 단말기들을 패킷교환망에 접속이 가능하도록 데이터를 패킷으로 조립하고, 수신측에서는 분해해 주는 것은?

① PAD
② X.30
③ Li-Fi
④ NIC

48 다음 중 주파수분할 다중화(FDM) 방식에서 보호대역(guard band)의 역할로 가장 옳은 것은?

① 주파수 대역폭 확장
② 신호의 세기를 증폭
③ 채널간의 간섭을 제한
④ 많은 채널을 좁은 주파수 대역에 포함

49 블록 암호화 알고리즘의 일종으로 대칭키 암호이며, 평문을 64비트로 나누어 56비트 암호키를 사용하는 것은?

① DES
② AES
③ ARLA
④ RC6

50 9600[bps]의 비트열(bit stream)을 16진 PSK로 변조하여 전송하면 변조 속도는?

① 2400[baud]
② 3200[baud]
③ 9600[baud]
④ 76800[baud]

51 다음 중 다중접속 방식이 아닌 것은?

① FDMA
② TDMA
③ CDMA
④ XXUMA

52 회선 양쪽 시스템이 처리 속도가 다를 때 데이터양이나 통신 속도를 수신 측이 처리할 수 있는 능력을 넘어서지 않도록 조정하는 기술은?
① 인증제어　　　② 흐름제어
③ 오류제어　　　④ 동기화

53 다음 중 OSI-7 참조 모델의 네트워크 계층까지의 기능을 수행하는 것은?
① 어댑터　　　② 브리지
③ 라우터　　　④ 리피터

54 다음 중 IEEE 관련 MAN의 표준안으로 DQDB에 관한 것은?
① IEEE 802.1　　　② IEEE 802.3
③ IEEE 802.6　　　④ IEEE 802.8

55 다음 중 수신단에서 디지털 전송 신호로부터 데이터 비트를 복원하는 장치는?
① Allocation　　　② Transformer
③ Mesh　　　④ Decoder

56 다음 중 아날로그 데이터를 디지털 신호로 변환하는 대표적인 PCM(Pulse Code Modulation) 변조 방식의 과정은?
① 표본화 → 양자화 → 부호화 → 복호화 → 여과
② 표본화 → 여과 → 부호화 → 복호화 → 양자화
③ 표본화 → 부호화 → 양자화 → 복호화 → 여과
④ 표본화 → 여과 → 복호화 → 부호화 → 양자화

57 IPv4망에서 IPv6망으로의 천이기법이 아닌 것은?
① Dual Stack
② Tunneling
③ Translation
④ Fragmentation

58 데이터를 목적지까지 빠르게, 일정한 속도로, 신뢰성 있게 보내기 위해 대역폭, 우선순위 등 네트워크 자원을 주어진 네트워크 자원에 각종 응용프로그램의 송신 수요를 지능적으로 맞춰주는 여러 가지 기술을 총칭하는 용어는?
① NTP　　　② QoS
③ RADIUS　　　④ SMTP

59 다음 중 HDLC에서 한 프레임을 구성하는 요소로 가장 거리가 먼 것은?
① Flag
② Address Field
③ Control Field
④ Start/Stop bit

60 신호 대 잡음비가 15이고, 대역폭이 1200Hz라고 하면 통신용량(bps)은?
① 1200　　　② 2400
③ 4800　　　④ 9600

빠르게 정답 확인하기!

스마트폰으로 QR 코드를 스캔해 보세요.
정답표를 통해 편리하게 채점할 수 있습니다.

출제 예상문제 09회

- 제한시간 : 1시간 30분
- 소요시간 :   시간   분
- 전체 문항 수 : 60문항
- 맞힌 문항 수 :   문항

과목 01 사무자동화 시스템

01 다음 그림과 같은 기억장소에서 16K를 요구하는 프로그램이 두 번째 공백인 16K의 작업 공간에 배치되는 기억장치 배치의 전략은?

OS
사용중
30K
사용중
16K
사용중
50K
사용중

① First Fit
② Worst Fit
③ Best Fit
④ Second Fit

02 페이징 시스템에서 페이지의 크기에 관한 설명으로 옳지 않은 것은?

① 페이지의 크기가 작을수록 보다 적절한 작업 세트를 유지할 수 있다.
② 페이지의 크기가 클수록 참조되는 정보와 무관한 정보들이 많이 적재된다.
③ 페이지의 크기가 클수록 내부 단편화가 감소한다.
④ 페이지의 크기가 작을수록 페이지 테이블의 크기가 커진다.

03 프로세스의 정의로 적당하지 않은 것은?

① PCB를 가진 프로그램
② 동기적 행위를 일으키는 단위
③ 프로세서가 할당되는 실체
④ 실행 중인 프로그램

04 다음 중 운영체제의 성능 평가 요소로 거리가 먼 것은?

① 반환 시간
② 신뢰도
③ 비용
④ 처리 능력

05 컴퓨터의 핵심 부품인 중앙처리장치 중 제어장치의 구성 요소가 아닌 것은?

① 명령 레지스터
② 프로그램 카운터
③ 메모리 주소 레지스터
④ 데이터 레지스터

06 컴퓨터 시스템의 운영체제(O/S)에서 제어 프로그램(Control Programs)의 주된 기능으로 가장 거리가 먼 것은?

① Job Management
② Accounting Management
③ Data Management
④ Resource Management

07 다음 중 프로그램 카운터(PC)에 대한 설명으로 가장 옳은 것은?

① 곱셈과 나눗셈 명령어를 위한 누산기로 사용된다.
② 다음에 인출할 명령어의 메모리 주소를 가지고 있다.
③ 고속 메모리 전송명령을 위해 사용된다.
④ CPU의 동작을 제어하는 플래그를 가지고 있다.

08 다음이 설명하고 있는 시스템으로 옳은 것은?

- 다수의 단말이 통신회선을 이용하여 동일한 컴퓨터를 동시에 이용할 수 있게 하는 시스템이다.
- 미국 MIT 대학에서 개발되어 실시간 대화형 처리 및 CPU의 활용도를 높이는 역할을 한다.

① 멀티태스킹 시스템
② 시분할 시스템
③ 시스템 제너레이션 시스템
④ 데이터베이스 관리 시스템

09 파워포인트의 SmartArt 그래픽의 주된 용도에 대한 설명으로 옳은 것은?

① 슬라이드 배경을 꾸미기 위한 장식용 그래픽이다.
② 데이터를 표 형식으로 계산하기 위해 사용된다.
③ 정보나 개념을 시각적으로 표현하기 위해 사용된다.
④ 차트의 수치 데이터를 시각화하기 위해 사용된다.

10 다음 중 ACCESS에서 사용되는 매크로 함수에 대한 설명으로 옳지 않은 것은?

① MSGBOX 함수는 사용자에게 필요한 메시지를 화면에 보여주며, 경고음을 설정할 수 있다.
② GOTOCONTROL 함수는 활성화된 폼에서 커서를 특정 컨트롤로 자동 이동하는 데 사용한다.
③ CANCELEVENT 함수는 인수로 지정한 이벤트를 취소하는 기능을 수행한다.
④ FINDNEXT 함수는 FindRecord 함수나 [찾기 및 바꾸기] 대화상자에서 지정한 조건에 맞는 다음 레코드를 찾는다.

11 다음 중 테이블 간의 관계 설정에서 일대일 관계가 성립하는 것은?

① 양쪽 테이블의 연결 필드가 모두 중복 불가능의 인덱스나 기본키로 설정되어 있는 경우
② 어느 한쪽의 테이블의 연결 필드가 중복 불가능의 인덱스나 기본키로 설정되어 있는 경우
③ 오른쪽 관련 테이블의 연결 필드가 중복 가능한 인덱스나 후보키로 설정되어 있는 경우
④ 양쪽 테이블의 연결 필드가 모두 중복 가능한 인덱스나 후보키로 설정되어 있는 경우

12 어떤 응용프로그램을 사용하는지에 관계없이 데이터베이스를 자유롭게 사용하기 위하여 만든 응용프로그램의 표준 방법을 의미하는 것은?

① GUI   ② ODBC
③ interface   ④ O/S

13 데이터베이스 설계 과정에서 응용 프로그램이 프로그래밍되는 단계로 가장 적절한 것은?

① 개념 설계 단계
② 구축 단계
③ 논리 설계 단계
④ 물리 설계 단계

14 계층구조가 아닌 단순한 표(Table)를 이용하여 데이터 상호관계를 정의하는 DB(Data Base) 구조는?

① 관계형 데이터베이스
② 사용자 데이터베이스
③ 링형 데이터베이스
④ 망형 데이터베이스

15 다음 중 [회원] 테이블에서 '나이' 필드의 값이 20 이상 30 이하이고, '이름' 필드에서 성이 김씨인 회원을 검색하는 SQL 문으로 옳은 것은?

① SELECT * FROM 회원 WHERE 나이 <= 30 And 나이 >=20 And 이름 = "김";
② SELECT * FROM 회원 WHERE 나이 <= 30 And >= 20 Or 이름 like "*김*";
③ SELECT * FROM 회원 WHERE 나이 <= 30 Or 나이>=20 And 이름 = "김*";
④ SELECT * FROM 회원 WHERE 나이 Between 20 And 30 And 이름 like "김*";

16 [평균성적] 테이블에서 '평균' 필드 값이 90 이상인 학생들을 검색하여 '학년' 필드를 기준으로 내림차순, '반' 필드를 기준으로 오름차순 정렬하여 표시하고자 한다. 다음 중 아래 SQL문의 각 괄호 안에 넣을 예약어로 옳은 것은?

```
SELECT 학생, 반, 이름
    FROM 평균 성적
    WHERE 평균 >= 90 ( ㉠ ) 학년 ( ㉡ ) 반 ( ㉢ );
```

① ㉠ GROUP BY ㉡ DESC ㉢ ASC
② ㉠ GROUP BY ㉡ ASC ㉢ DESC
③ ㉠ ORDER BY ㉡ DESC ㉢ ASC
④ ㉠ ORDER BY ㉡ ASC ㉢ DESC

17 다음 중 E-R 다이어그램 표기법의 기호와 의미가 맞게 연결된 것은?

① 사각형 - 속성(Attribute) 타입
② 마름모 - 관계(Relationship) 타입
③ 타원 - 개체(Entity) 타입
④ 밑줄 타원 - 의존 개체 타입

18 다음 중 SQL문의 각 WHERE절에 대한 설명으로 옳지 않은 것은?

① WHERE 부서 = '영업부' → 부서 필드의 값이 '영업부'인 레코드들이 검색됨
② WHERE 나이 Between 28 in 40 → 나이 필드의 값이 29에서 39 사이인 레코드들이 검색됨
③ WHERE 생일 = #1996-5-10# → 생일 필드의 값이 1996-5-10인 레코드들이 검색됨
④ WHERE 입사년도 = 2026 → 입사년도 필드의 값이 2014인 레코드들이 검색됨

19 다음 중 컴퓨터 및 전산기기의 보호 및 유지 관리를 위한 장비에 해당하지 않는 것은?

① AVR
② AGP
③ UPS
④ CVCF

20 다음 중 중앙처리장치 내에 존재하는 레지스터가 아닌 것은?

① Program Counter
② Instruction register
③ Accumulator
④ Multiplexer

과목 02 프로그래밍 일반

21 객체지향 개념에서 이미 정의되어 있는 상위클래스(슈퍼클래스 혹은 부모클래스)의 메소드를 비롯한 모든 속성을 하위 클래스가 물려받는 것을 무엇이라 하는가?

① Message
② Method
③ Abstraction
④ Inheritance

22 다음 수식 구문의 표기법 중 연산자를 피연산자 사이에 표기하는 방법으로서 일반적으로 가장 많이 사용하는 표기법은?

① PREFIX NOTATION
② POSTFIX NOTATION
③ INFIX NOTATION
④ FIRST NOTATION

23 다음 중 C 언어의 특징으로 옳지 않은 것은?

① 포인터에 의한 번지 연산 등 다양한 연산 기능을 가진다.
② 기호 코드(Mnemonic Code)라고도 한다.
③ UNIX 운영체제를 구성하는 시스템 프로그램이다.
④ 이식성이 뛰어나 컴퓨터 기종에 관계없이 프로그램을 작성할 수 있다.

24 프로그램 개발 과정에서 프로그램 안에 내재해 있는 논리적 오류를 발견하고 수정하는 작업을 무엇이라고 하는가?

① Linking
② Binding
③ Debugging
④ Loading

25 다음 기계어에 대한 설명으로 옳지 않은 것은?

① 컴퓨터가 직접 이해할 수 있는 언어이다.
② 기종마다 기계어가 다르므로 언어의 호환성은 낮다.
③ 0과 1의 2진수 형태로 표현되며 수행시간이 빠르다.
④ 프로그램 작성이 용이하다.

26 다음 중 단위 테스트 도구로 사용할 수 없는 것은?

① CppUnit
② JUnit
③ HttpUnit
④ IgpUnit

27 다음 중 컴퓨터 소프트웨어의 개발을 위한 객체지향 언어에 관한 설명으로 옳지 않은 것은?

① 데이터와 그 데이터를 처리하는 함수를 객체로 묶어서 문제를 해결하는 언어이다.
② 상속, 캡슐화, 추상화, 다형성 등을 지원한다.
③ 시스템의 확장성이 높고 정보 은폐가 용이하다.
④ 대표적인 객체지향 언어로 BASIC, Pascal, C언어 등이 있다.

28 라이브러리의 개념과 구성에 대한 설명 중 옳지 않은 것은?

① 라이브러리란 필요할 때 찾아서 쓸 수 있도록 모듈화되어 제공되는 프로그램을 말한다.
② 프로그래밍 언어에 따라 일반적으로 도움말, 설치 파일, 샘플 코드 등을 제공한다.
③ 외부 라이브러리는 프로그래밍 언어가 기본적으로 가지고 있는 라이브러리를 의미하며, 표준 라이브러리는 별도의 파일 설치를 필요로 하는 라이브러리를 의미한다.
④ 라이브러리는 모듈과 패키지를 총칭하며, 모듈이 개별 파일이라면 패키지는 파일들을 모아 놓은 폴더라고 볼 수 있다.

29 객체지향언어(Object Oriented Programming Language)에서 하나 이상의 유사한 객체들을 묶어서 하나의 공통된 특성으로 표현한 것을 무엇이라 하는가?

① 추상화　② 객체
③ 메시지　④ 클래스

30 C 언어에서 사용하는 기억 클래스에 해당하지 않는 것은?

① internal　② static
③ register　④ auto

31 다음 JAVA 코드 출력문의 결과는?

```
..생략..
System.out.println("5 + 2 = " + 3 + 4);
System.out.println("5 + 2 = " + (3 + 4));
..생략..
```

① 5 + 2 = 34
　5 + 2 = 34
② 5 + 2 + 3 + 4
　5 + 2 = 7
③ 7 = 7
　7 + 7
④ 5 + 2 = 34
　5 + 2 = 7

32 다음 중 요구 분석(Requirement Analysis)에 대한 설명으로 옳지 않은 것은?

① 요구 분석은 소프트웨어 개발의 실제적인 첫 단계로 사용자의 요구에 대해 이해하는 단계라 할 수 있다.
② 요구 추출(Requirement Elicitation)은 프로젝트 계획 단계에 정의한 문제의 범위 안에 있는 사용자의 요구를 찾는 단계이다.
③ 도메인 분석(Domain Analysis)은 요구에 대한 정보를 수집하고 배경을 분석하여 이를 토대로 모델링을 하게 된다.
④ 기능적(Functional) 요구에서 시스템 구축에 대한 성능, 보안, 품질, 안정 등에 대한 요구사항을 도출한다.

33 다음 중 번역기(Compiler)와 인터프리터(Interpreter)에 대한 설명으로 거리가 먼 것은?

① 컴파일러는 원시어가 고급언어이다.
② 인터프리터를 사용하면 대화 형식의 프로그래밍이 가능하게 된다.
③ 실행 시간의 효율성을 중시하는 프로그래밍 언어는 대부분 인터프리터를 사용한다.
④ 컴파일러의 단점 중 하나는, 번역된 산출물인 목적코드가 큰 기억장치를 요한다는 것이다.

34 다음 중 C언어에서 사용되는 이스케이프 시퀀스(Escape Sequence)와 그 의미의 연결이 옳지 않은 것은?

① \b : page skip
② \n : new line
③ \t : tab
④ \r : carriage return

35 다음 C언어의 do ~ while문에 대한 설명 중 옳지 않은 것은?

① 문의 조건이 거짓인 동안 루프 처리를 반복한다.
② 문의 조건이 처음부터 거짓일 때도 문을 최소 한번은 실행한다.
③ 무조건 한 번은 실행하고 경우에 따라서는 여러 번 실행하는 처리에 사용하면 유용하다.
④ 문의 맨 마지막에 " ; "이 필요하다.

36 다음 중 PMD(Programming Mistake Detector)에 대한 설명으로 옳지 않은 것은?

① 응용 프로그램의 코드를 실행하지 않고 오류를 찾아내는 정적 분석 도구이다.
② 오픈소스 기반으로 제공되며, 사용자 정의 규칙을 작성할 수 있다.
③ 실행 중인 프로그램의 오류를 탐지하는 동적 분석 도구이다.
④ Eclipse 등의 IDE에 플러그인 형태로 사용할 수 있다.

37 IDE(Integrated Development Environment) 도구의 각 기능에 대한 설명으로 옳지 않은 것은?

① Coding – 프로그래밍 언어를 가지고 컴퓨터 프로그램을 작성할 수 있는 환경을 제공
② Compile – 저급언어의 프로그램을 고급언어 프로그램으로 변환하는 기능
③ Debugging – 프로그램에서 발견되는 버그를 찾아 수정할 수 있는 기능
④ Deployment – 소프트웨어를 최종 사용자에게 전달하기 위한 기능

38 다음 중 파이썬의 변수명으로 사용 불가능한 것은?

① student   ② kor total
③ int_var   ④ Name

39 프로그램 품질관리의 한 방법으로써 워크스루(Walk-through)와 인스펙션(Inspection)이 있다. 다음 중 워크스루에 대한 설명으로 옳지 않은 것은?

① 소프트웨어 품질을 검토하기 위한 기술적 검토 회의이다.
② 제품 개발자가 주최가 된다.
③ 오류 발견과 발견된 오류의 문제 해결에 중점을 둔다.
④ 검토 자료는 사전에 미리 배포한다.

40 소프트웨어를 보다 쉽게 이해할 수 있고 적은 비용으로 수정할 수 있도록 겉으로 보이는 동작의 변화 없이 내부 구조를 변경하는 것은?

① Refactoring   ② Architecting
③ Specification   ④ Renewal

과목 03 네트워크 일반

41 다음 중 라우팅 프로토콜인 OSPF(Open Shortest Path First)에 대한 설명으로 옳지 않은 것은?

① 네트워크 변화에 신속하게 대처할 수 있다.
② 거리 벡터 라우팅 프로토콜이라고 한다.
③ 멀티캐스팅을 지원한다.
④ 최단 경로 탐색에 Dijkstra 알고리즘을 사용한다.

42 다음 중 패킷교환 방식의 특징이 아닌 것은?

① 통신 장애 발생 시 대체 경로 선택이 가능하다.
② 패킷형태로 만들어진 데이터를 패킷교환기가 목적지 주소에 따라 통신경로를 선택해주는 방식이다.
③ 프로토콜 변환이 가능하고 디지털 전송방식에 사용된다.
④ 데이터 전송 단위는 메시지이고, 교환기가 호출자의 메시지를 받아 축적한 후 피호출자에게 보내주는 방식이다.

43 다음 중 TCP/IP 관련 응용 계층의 프로토콜이 아닌 것은?
① FTP
② TELNET
③ SMTP
④ UDP

44 8위상 편이 변조(PSK)는 한 번에 몇 개의 신호 비트(bit)가 전송되는가?
① 2
② 3
③ 4
④ 8

45 HDLC(High-level Data Link Control)의 링크 구성 방식에 따른 동작 모드로 옳지 않은 것은?
① SRM
② ARM
③ NRM
④ ABM

46 다음 중 보안을 위한 암호화(Encryption)와 해독(Decryption) 및 데이터 압축을 지원하는 OSI 계층은?
① 전송 계층
② 세션 계층
③ 표현 계층
④ 물리 계층

47 다음 중 ATM 교환기에서 처리되는 셀의 길이는?
① 24바이트
② 38바이트
③ 53바이트
④ 64바이트

48 인캡슐레이션 과정에서 전송 계층에서 데이터에 추가되는 정보 단위는 무엇인가?
① 프레임(Frame)
② 세그먼트(Segment)
③ 패킷(Packet)
④ 비트(Bit)

49 다음 중 DPCM(Differential PCM)에 대한 설명으로 옳지 않은 것은?
① 실제 표본 값과 추정 표본 값과의 차이를 양자화 한다.
② 차동 PCM 이라고도 한다.
③ 양자화 시 예측기를 사용한다.
④ 가드밴드의 이용으로 채널의 이용률이 낮아진다.

50 WLAN 기반의 WiFi폰-CDMA이동통신 간에 적용될 수 있는 Vertical Hand Over 기술은?
① UMA(Unlicensed Mobile Access)
② MIH(Medium Independent Hand Over)
③ VOD(Video on Demand)
④ IMS(IP Multimedia Subsystem)

51 다음 중 IPv4에서 B 클래스의 기본 브로드캐스트 주소는?
① 255.0.0.0
② 255.255.0.0
③ 255.255.255.0
④ 255.255.255.255

52 통신 속도가 50보오(baud)인 전송부호의 최단 펄스의 시간 길이는 몇 초인가?
① 1
② 0.02
③ 0.5
④ 5

53 다음 OSI 7계층 참조 모델 중 데이터링크 계층의 주요 기능에 해당하지 않는 것은?
① 데이터 링크의 설정과 해지
② 경로 설정
③ 오류검출 및 정정
④ 흐름제어

54 다음 중 전송효율을 최대한 높이기 위해 데이터 블록의 길이를 동적으로 변경시켜 전송하는 ARQ 방식은?

① Selective Repeat ARQ
② Adaptive ARQ
③ Go-back-N ARQ
④ Stop and Wait ARQ

55 다음 중 회선교환방식에 대한 설명으로 옳은 것은?

① 축적 교환 방식이라고도 한다.
② 전송에 실패한 패킷에 대해 재전송 요구가 가능하다.
③ 여러 노드가 동시에 가상회선을 가질 수 있다.
④ 고정적인 대역폭을 갖는다.

56 다음 중 IP주소로 노드의 물리적 주소를 찾을 때, 사용하는 프로토콜은?

① ICMP   ② IGMP
③ ARP   ④ RIP

57 대역폭 W인 채널을 통해 잡음 N이 섞인 신호 S를 전송할 때, 샤논의 정리에 의한 채널용량(bps) 산출식은?

① $Wlog_2(1+S/N)$
② $Wlog_e(S+N)$
③ $log_2(W \times N \times S)$
④ $log_e(1+W \times N/S)$

58 다음 중 전송할 데이터가 있는 단말장치에 타임 슬롯을 할당함으로써 전송 효율을 높일 수 있는 방식은?

① 위상 다중화
② 광대역 다중화
③ 통계적 시분할 다중화
④ 주파수 분할 다중화

59 다음 중 통신 프로토콜의 구성 요소에 해당되지 않는 것은?

① 패킷(Packet)
② 구문(Syntax)
③ 의미(Semantics)
④ 순서(Timing)

60 다음 중 Bellman-Ford 알고리즘을 사용하는 라우팅으로 옳은 것은?

① 거리 벡터 라우팅
② 링크 상태 라우팅
③ 비트맵 라우팅
④ 벡터 링크 라우팅

출제 예상문제 10회

- 제한시간 : 1시간 30분
- 소요시간 :   시간   분
- 전체 문항 수 : 60문항
- 맞힌 문항 수 :   문항

과목 01 사무자동화 시스템

01 HRN(Highest Response-ratio Next) 방식으로 스케줄링할 경우, 입력된 작업이 다음과 같을 때 가장 먼저 처리되는 작업은?

작업	대기 시간	서비스 시간
A	5	5
B	10	6
C	15	7
D	20	8

① A　　② B
③ C　　④ D

02 가상기억장치 관리에서 빈번하게 페이지 교체가 일어나서 시스템의 심각한 성능저하를 초래하는 현상은?
① locality
② segmentation
③ thrashing
④ working set

03 포트번호 143을 사용하고 메시지의 헤더만을 다운로드 할 수 있으며 다중 사용자 메일박스와 서버에 기반을 둔 저장 폴더를 만들어 주는 기능을 제공함으로써 스마트폰, 태블릿, 다른 PC 등의 이메일 클라이언트에서도 확인이 가능한 이메일 프로토콜은?
① POP3　　② SMTP
③ IMAP　　④ PGP

04 새로운 제품이나 서비스를 창조해내기 위해 하나의 소스 이상에서 얻은 콘텐츠를 쓰는 웹 사이트 또는 웹 애플리케이션을 의미하는 것은?
① 위키　　② 블로그
③ 소셜 태깅　　④ 매시업

05 원격지 간 상호 통신 매체를 이용하여 동일한 시간에 회의를 할 수 있는 시스템은?
① Intelligent typewriter (인공지능 타자기)
② Electronic Private Branch Exchange (전자식 구내교환기)
③ Teleconference
④ Keyphone

06 다음 중 판정[G2: G5] 영역에 총점이 160 이상이면 '우수', 100 이상 160 미만이면 '보통', '100 미만이면 '노력'으로 입력하려고 할 경우 [G2] 셀에 입력할 수식으로 옳은 것은?

	A	B	C	D	E	F	G
1		번호	이름	영어	상식	총점	판정
2		1	선율	87	65	152	보통
3		2	소이	80	40	120	보통
4		3	현자	87	45	132	보통
5		4	한동	85	60	145	보통

① =IF(F2>=160,IF(F2>=100,"우수","보통","노력"))
② =IF(F2>=160,"우수",IF(F2>=100,"보통","노력"))
③ =IF(OR(F2>=160,"우수",IF(F2>=100,"보통","노력"))
④ =IF(F2>=160,"우수",IF(F2>=100,"보통",IF(F2=100,"노력"))

07 다음 중 [C2] 셀에 아래 함수식을 입력했을 때 나타나는 결과로 옳은 것은?

	A	B	C
1	데이터		결과
2	신소이		4
3			
4	신선율		
5	공수치		
6	6		
7	2025-10-17		
8			

=COUNTBLANK(A1: A7)+COUNT(A1: A7)

① 4 ② 5
③ 6 ④ 7

08 다음 중 아래 차트에 대한 설명으로 옳은 것은?

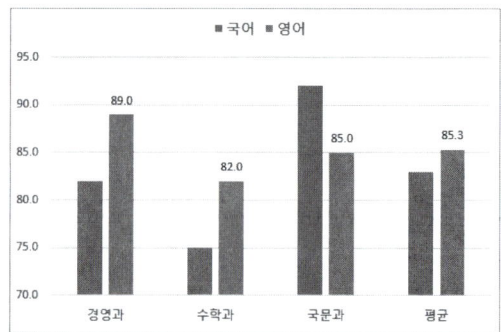

① 세로 (값) 축의 축 서식에서 주 단위 간격을 '95'로 설정하였다.
② 데이터 계열 서식의 '계열 겹치기' 값을 0보다 작은 음수 값으로 설정하였다.
③ '영어'의 데이터 레이블은 안쪽 끝에 표시되고 있다.
④ 범례 위치는 오른쪽에 표시되고 있다.

09 다음 중 필드 속성에 대한 설명으로 옳지 않은 것은?
① 입력 마스크는 텍스트, 숫자, 날짜/시간, 통화 형식에서 사용할 수 있다.
② 필드 값이 반드시 있어야 하는 경우, 필수 속성을 '예'로 설정하면 된다.
③ '예/아니오'의 세부 형식은 'Yes/No'와 'True/False' 두 가지만을 제공한다.
④ 텍스트, 숫자, 일련 번호 형식에서만 필드 크기를 지정할 수 있다.

10 다음 중 액세스의 다양한 폼 보기에 대한 설명으로 적절하지 않은 것은?
① 데이터시트: 행과 열로 구성된 형태로 표시하여 여러 레코드를 한 화면에 표시한다.
② 모달 폼: 해당 폼을 전체 화면 크기의 창으로 표시한다.
③ 연속 폼: 현재 창을 채울 만큼 여러 레코드를 함께 표시한다.
④ 하위 폼: 연결된 기본 폼의 현재 레코드와 관련된 레코드만 표시한다.

11 파워포인트에서 텍스트 서식 설정에 대한 설명으로 옳지 않은 것은?

① 글꼴 종류, 크기, 색 등을 변경할 수 있다.
② 단락의 줄 간격과 맞춤을 조정할 수 있다.
③ 텍스트 윤곽선이나 그림자 효과를 적용할 수 있다.
④ 글꼴 서식은 [디자인] 탭에서만 설정할 수 있다.

12 다음 중 DBMS가 아닌 것은?

① Oracle ② MySQL
③ Linux ④ DB2

13 다음 중 실행 쿼리의 삽입(INSERT)문에 대한 설명으로 옳지 않은 것은?

① 한 개의 INSERT문으로 여러 개의 레코드를 여러 개의 테이블에 동일하게 추가할 수 있다.
② 필드 값을 직접 지정하거나 다른 테이블의 레코드를 추출하여 추가할 수 있다.
③ 레코드의 전체 필드를 추가할 경우 필드 이름을 생략할 수 있다.
④ 하나의 INSERT문을 이용해 여러 개의 레코드와 필드를 삽입할 수 있다.

14 다음 중 피벗 테이블 작성에 대한 설명으로 옳지 않은 것은?

① 피벗 테이블 구성 필드를 열 필드 머리글로 드래그하여 설정할 수 있다.
② 세부 정보 필드에는 하나의 필드만을 삽입하여 분석할 수 있다.
③ 데이터를 요약하여 분석 표 형식으로 알아볼 수 있게 해주는 대화형 테이블을 말한다.
④ [폼] 그룹에서 [기타 폼]을 클릭한 후 [피벗 테이블]을 선택하여 이용한다.

15 학생 테이블에서 학번에 300인 학생의 학년을 3으로 수정하기 위한 SQL 질의어는?

① UPDATE 학년=3 FROM 학생 WHERE 학번=300;
② UPDATE 학생 SET 학년=3 WHERE 학번=300;
③ UPDATE FROM 학생 SET 학년=3 WHERE 학번=300;
④ UPDATE 학년=3 SET 학생 WHEN 학번=300;

16 SQL의 데이터 조작문(DML)에 해당하는 것은?

① CREATE ② INSERT
③ ALTER ④ DROP

17 부분 함수 종속 제거가 이루어지는 정규화 단계는?

① INF → 2NF ② 2NF → 3NF
③ 3NF → BCNF ④ BCNF → 4NF

18 다음 문장을 만족하는 SQL 문장은?

"학번이 1000번인 학생을 학생 테이블에서 삭제하시오."

① DELETE FROM 학생 WHERE 학번 = 1000;
② DELETE FROM 학생 IF 학번 = 1000;
③ SELECT * FROM 학생 WHERE 학번 = 1000;
④ SELECT * FROM 학생 CONDITION 학번 = 1000;

19 다음 중 중앙처리장치(CPU)의 구성요소에 해당하지 않는 것은?

① PC ② IR
③ MAR ④ HDD

20 다음 중 사용자가 원하는 프로그램을 한번 기억시키면 지울 수 없는 기억소자는?
① PROM
② EEPROM
③ EPROM
④ DRAM

과목 02 프로그래밍 일반

21 다음 중 단항 연산자 연산에 해당하는 것은?
① AND
② NOT
③ XOR
④ OR

22 다음 중 C 언어에서 문자열 출력 시 사용하는 함수는?
① gets( )
② getchar( )
③ puts( )
④ putchar( )

23 BNF 형식에 맞게 생성된 수는?

⟨num⟩ → ⟨num⟩⟨dig⟩|⟨dig⟩
⟨dig⟩ → 1|3|5|7|9

① 917
② 985
③ 972
④ 732

24 다음 중 선점 스케줄링 알고리즘이 아닌 것은?
① RR(Round Robin)
② SRT(Shortest Remaining Time)
③ HRN(Highest Response-ratio Next)
④ MQ(Multi-level Queue)

25 객체지향언어에서 공통된 속성과 연산(행위)을 갖는 객체의 집합으로, 객체의 일반적인 타입을 의미하는 것은?
① 추상화
② 인스턴스
③ 메시지
④ 클래스

26 수명 시간 동안 고정된 하나의 값과 이름을 가지며, 프로그램이 동작하는 동안 절대로 값이 변하지 않는 것은?
① 상수
② 변수
③ 포인터
④ 블록

27 다음 중 소프트웨어 설계에서 사용되는 대표적인 추상화 메커니즘이 아닌 것은?
① 구조 추상화
② 자료 추상화
③ 제어 추상화
④ 기능 추상화

28 C언어에서 나머지를 구하기 위한 연산자는?
① %
② @
③ #
④ !

29 다음 중 Type 3 문법 특징에 대한 설명이 아닌 것은?
① 토큰의 구조를 표현하는 데 사용한다.
② 문맥 자유문법에 제한을 둔 문법이다.
③ 정규 문법에 의해 생성되는 언어를 정규언어라 한다.
④ 생성 규칙으로 우선형, 좌선형과 혼합형의 3가지 종류가 있다.

30 다음 중 구역성(locality)에 대한 설명으로 옳지 않은 것은?
① 스래싱을 방지하기 위한 워킹 셋 이론의 기반이 되었다.
② Denning 교수에 의해 구역성의 개념이 증명되었다.
③ 프로세스가 실행되는 동안 주기억장치를 참조할 때 일부 페이지만 집중적으로 참조하는 성질을 의미한다.
④ 공간 구역성이 이루어지는 기억장소는 Loop, Stack, Sub Routine에 사용되는 변수 등이다.

31 바인딩 시간 중 언어구현 시간에 확정되는 것은?
① 변수에 대한 기억장소
② 자료 구조
③ 프로그램구조
④ 실수의 유효 자릿수

32 중위 표기법으로 표현된 수식 "A + B * C − D"를 후위 표기법으로 옳게 표현한 것은?
① A B C * D − +
② A B C + * D −
③ A B C * + D −
④ A B + C * D −

33 다음 중 로더의 기능이 아닌 것은?
① 번역　　　② 할당
③ 연결　　　④ 재배치

34 다음 문장은 몇 개의 토큰으로 분리될 수 있는가?

```
k = 4 + c;
```

① 3　　　② 4
③ 5　　　④ 6

35 다음 중 공간 구역성과 거리가 먼 것은?
① 배열 순회
② 같은 영역에 있는 변수 참조
③ 서브 루틴
④ 순차적 코드의 실행

36 다음 Java 코드를 실행한 결과는?

```
int x=1, y=6;
    while (y--) {
    x++;
    }
System.out.println("x=" x+"y=" y);
```

① x=7 y=0
② x=6 y=−1
③ x=7 y=−1
④ Unresolved compilation problem 오류 발생

37 다음 중 CASE(Computer Aided Software Engineering)의 주요 기능으로 옳지 않은 것은?
① S/W 라이프사이클 전 단계의 연결
② 그래픽 지원
③ 다양한 소프트웨어 개발 모형 지원
④ 언어 번역

38 다음 중 시스템의 구조와 관계를 보여주는 UML 다이어그램은?

① 유스케이스 다이어그램
② 액티비티 다이어그램
③ 컴포넌트 다이어그램
④ 시퀀스 다이어그램

39 다음 중 유스케이스(Usecase)에 대한 설명으로 옳은 것은?

① 유스케이스 다이어그램은 개발자의 요구를 추출하고 분석하기 위해 주로 사용한다.
② 액터는 대상 시스템과 상호작용하는 사람이나 다른 시스템에 의한 역할이다.
③ 사용자 액터는 본 시스템과 데이터를 주고받는 연동 시스템을 의미한다.
④ 연동의 개념은 일방적으로 데이터를 파일이나 정해진 형식으로 넘겨주는 것을 의미한다.

40 다음 중 럼바우(Rumbaugh) 객체지향 분석 기법에서 동적 모델링에 활용되는 다이어그램은?

① 객체 다이어그램(Object Diagram)
② 패키지 다이어그램(Package Diagram)
③ 상태 다이어그램(State Diagram)
④ 자료 흐름도(Data Flow Diagram)

과목 03 네트워크 일반

41 다음 중 패킷교환방식에 대한 설명으로 옳지 않은 것은?

① 교환기에서 패킷을 일시 저장 후 전송하는 축적교환 기술이다.
② 패킷처리 방식에 따라 데이터그램과 가상회선 방식이 있다.
③ 패킷 교환망에서 DTE와 DCE간 인터페이스를 위한 프로토콜로 X.25가 있다.
④ 고정된 대역폭으로 데이터를 전송한다.

42 TCP 헤더의 플래그 비트에 해당되지 않는 것은?

① URG   ② ENQ
③ SYN   ④ FIN

43 단일 기관에 의해 소유된 근접 거리 내에서 다양한 컴퓨터 물리 자원들이 상호간에 정보자원의 공유를 가능하게 하며 다양한 형태의 통신망으로 구성이 가능한 것은?

① LAN   ② VAN
③ WAN   ④ ATM

44 변조속도가 1600(baud)이고 트리비트(tribit)를 사용한다면 전송속도(bps)는?

① 1600   ② 3200
③ 4800   ④ 6400

45 반송파의 진폭과 위상을 변화시켜 정보를 전달하는 디지털 변조 방식은?

① QAM
② FM
③ FSK
④ PSK

46 데이터 프레임을 연속적으로 전송 중 NAK를 수신하면 오류가 발생한 프레임 이후에 전송된 모든 데이터 프레임을 재전송하는 오류 제어 방식은?

① Go-back-N ARQ
② Selective-Repeat ARQ
③ Stop-and-Wait ARQ
④ Forward Error Connection

47 데이터 통신에서 양방향으로 동시에 송·수신이 가능한 전송 방식은?

① Simplex
② Half-Duplex
③ Full-Duplex
④ Single-Duplex

48 다음 중 HDLC의 프레임 구조에 포함되지 않는 것은?

① 스타트 필드(Start Field)
② 플래그 필드(Flag Field)
③ 주소 필드(Address Field)
④ 제어 필드(Control Field)

49 다음 중 통신속도가 50(Baud)일 때 최단부호펄스의 시간(sec)은?

① 2
② 1
③ 0.5
④ 0.02

50 다음 중 ITU-T에서 1976년에 패킷교환망을 위한 표준으로 처음 권고한 프로토콜은?

① X.25
② I.9577
③ CONP
④ CLNP

51 IEEE 802 시리즈의 표준화 모델이 옳게 짝지어진 것은?

① IEEE 802.2 - 매체접근 제어(MAC)
② IEEE 802.3 - 광섬유 LAN
③ IEEE 802.4 - 토큰 버스(Token Bus)
④ IEEE 802.5 - 논리링크 제어(LLC)

52 둘 이상의 서로 다른 네트워크에 접속하여 서로간에 데이터를 주고받을 수 있도록 경로 선택, 혼잡 제어, 패킷 폐기 기능을 수행하는 것은?

① Hub
② Repeater
③ Router
④ Bridge

53 아날로그 데이터를 디지털 신호로 변환하는 대표적인 PCM(Pulse Code Modulation) 변조 방식의 과정은?

① 표본화 → 양자화 → 부호화 → 복호화
② 표본화 → 부호화 → 복호화 → 양자화
③ 표본화 → 부호화 → 양자화 → 복호화
④ 표본화 → 복호화 → 부호화 → 양자화

54 아날로그 음성 데이터를 디지털 형태로 변환하여 전송하고, 디지털 형태를 원래의 아날로그 음성 데이터로 복원시키는 것은?

① CCU ② DSU
③ CODEC ④ DTE

55 다음 중 반송파로 사용하는 정현파의 위상에 정보를 실어 보내는 변조 방식은?

① ASK ② DM
③ PSK ④ ADPCM

56 다음 중 DNS 서버가 사용하는 TCP 포트 번호는?

① 11 ② 26
③ 53 ④ 104

57 다음 중 회선교환방식에 대한 설명으로 거리가 먼 것은?

① 속도나 코드변환이 용이하다.
② 점대점 방식의 전송구조를 갖는다.
③ 접속에는 긴 시간이 소요되나 전송지연은 거의 없다.
④ 고정적인 대역폭을 갖는다.

58 OSI 7계층 중 종점 호스트 사이의 데이터 전송을 다루는 계층으로 종점 간의 연결 관리, 오류제어와 흐름제어 등을 수행하는 계층은?

① 응용 계층
② 전송 계층
③ 프레젠테이션 계층
④ 물리 계층

59 다음 중 인터넷 기반 음성전화 기술로 옳은 것은?

① PTZ
② VDSL
③ CCTV
④ VoIP

60 인터넷 사용자의 컴퓨터에 잠입하여 내부 문서, 스프레드시트, 그림 파일 등을 암호화시킨 후 해동 프로그램 또는 방법을 알려주겠다며 금품을 요구하는 악성프로그램은?

① 랜섬웨어
② 비트락커
③ 크립토그래피
④ 스테가노그래피

빠르게 정답 확인하기!

스마트폰으로 QR 코드를 스캔해 보세요.
정답표를 통해 편리하게 채점할 수 있습니다.

출제 예상문제 정답 & 해설

출제 예상문제 01회   2-52P

01 ④	02 ③	03 ②	04 ③	05 ①
06 ③	07 ①	08 ③	09 ②	10 ④
11 ①	12 ②	13 ②	14 ④	15 ②
16 ④	17 ②	18 ④	19 ③	20 ③
21 ①	22 ④	23 ④	24 ④	25 ④
26 ④	27 ②	28 ①	29 ④	30 ④
31 ④	32 ②	33 ①	34 ④	35 ④
36 ④	37 ①	38 ③	39 ①	40 ②
41 ③	42 ②	43 ①	44 ④	45 ④
46 ③	47 ③	48 ②	49 ①	50 ②
51 ①	52 ③	53 ④	54 ③	55 ③
56 ③	57 ②	58 ②	59 ④	60 ④

과목 01 사무자동화 시스템

01 ④
UNIX 파일 시스템의 구성
- 부트블록 : 운영체제를 부트하거나 초기화하는 부트스트랩 코드를 저장한다.
- 슈퍼블록 : 파일 시스템의 크기, 개수, 미사용공간 등의 상태를 나타낸다.
- inode 리스트 : 하나의 파일에 하나의 inode를 생성하고 각 파일의 위치 정보를 가르킨다.
- 데이터블록 : 파일, 디렉토리, 간접블록을 저장하는 영역이다.

02 ③
선점형 스케줄링 기법
- RR(Round Robin) : 시분할 방식을 위해 고안된 방식으로 FIFO 방식으로 수행하되 각 작업은 할당 시간 동안만 CPU를 사용한다.
- SRT(Shortest Remaining Time) : 남은 처리시간이 가장 짧은 작업을 먼저 수행한다.

비선점형 스케줄링 기법
- FIFO(First In First Out) : 가장 먼저 들어온 작업을 가장 먼저 처리한다.
- SJF(Shortest Job First) : 처리시간이 가장 짧은 작업부터 먼저 처리한다.
- HRN(Highest Response-ratio Next) : 처리시간이 긴 작업의 대기시간이 길어지는 SJF의 단점을 보완한 기법이다.

03 ②
회피(Avoidance)
교착 상태의 발생 가능성을 인정하고 교착 상태가 발생하려고 할 때, 교착 상태 가능성을 피해가는 방법(은행원 알고리즘)

04 ③
운영체제 성능 평가 요인
- 처리량(Throughput) : 주어진 시간 내에 처리하여 결과를 출력하는 양
- 반환 시간(Turn around time) : 질문에 대한 답변 시간(반응시간)
- 신뢰도(Reliability) : 작업의 정확성
- 이용 가능도(Availability) : 시스템을 100%로 봤을 때 사용 가능한 정도

05 ①
Windows는 레지스트리를 지속적으로 참조한다.

06 ③
라이브러리(library)
- 자주 사용하는 기능들을 모듈화하여, 필요할 때 불러와 쓸 수 있도록 만든 코드 집합이다.
- 일반적으로 프로그래밍 언어별로 설치 파일, 매뉴얼, 예제 코드 등이 함께 제공된다.
- 표준 라이브러리(Standard Library)는 언어에 기본 포함되어 별도 설치가 필요 없는 것이고, 외부 라이브러리(External Library)는 사용자가 추가로 설치해야 하는 확장 기능 라이브러리를 말한다.
- 라이브러리는 모듈(module)과 패키지(package)의 상위 개념으로 볼 수 있다.
- 모듈이 개별 코드 파일이라면, 패키지는 여러 모듈이 모인 폴더 단위 구조이다.

07 ①
관계형 데이터베이스(Relational Database)
행과 열로 구성된 2차원 조직(Table, 표)으로 된 데이터베이스이다.

08 ③
SQL
- DDL, DML, DCL 등으로 구분된다.
- DML(Data Manipulation Language) : 데이터를 조회 · 추가 · 수정 · 삭제하는 명령어 집합이다.
- 대표적인 DML 명령어는 SELECT, INSERT, UPDATE, DELETE이다.
- CREATE는 테이블이나 데이터베이스 구조를 생성하는 DDL(Data Definition Language)에 속한다.

09 ②

순수 관계 연산자
- 릴레이션(테이블)에 수학적 연산을 수행하는 관계대수의 한 종류이다.
- PROJECT(π) 연산은 릴레이션에서 일부 속성(열)만 선택하여 새로운 릴레이션을 만들고 같은 속성값을 가진 중복 튜플은 자동으로 제거된다.
- 반면, SELECT(σ) 연산은 조건에 맞는 튜플(행)을 선택하는 연산이다.
- 릴레이션의 일부 속성만 추출해 중복을 제거하는 연산자는 PROJECT이다.

10 ④

뷰(View)
- 하나 이상의 테이블을 기반으로 만들어진 가상의 테이블이다.
- 실제 데이터를 저장하지 않고, 정의된 SELECT문의 결과만을 보여준다.
- 일반 테이블처럼 조회는 가능하지만, 삽입·수정·삭제에는 제약이 많다.
- 예를 들어, 집계 함수나 조인, 그룹화가 포함된 뷰는 갱신이 불가능하다.
- 따라서 "제약 사항이 없다"라고 한 ④번은 틀린 설명이다.

11 ①

무결성(Integrity)
- 개체 무결성 : 기본키의 값은 널(Null) 값이나 중복 값을 가질 수 없다는 제약조건이다.
- 참조 무결성 : 릴레이션 R1에 속한 애트리뷰트의 조합인 외래키를 변경하려면 이를 참조하고 있는 릴레이션 R2의 기본키도 변경해야 한다. 이때 참조할 수 없는 외래키 값을 가질 수 없다는 제약조건이다.
- 도메인 무결성 : 릴레이션의 하나의 속성은 반드시 원자값이어야 한다는 것을 보장하는 제약조건이다.

12 ②

CASCADE vs RESTRICTED
- DROP TABLE 테이블_이름 [CASCADE | RESTRICT];
- CASCADE : 삭제할 요소가 다른 개체에서 참조 중이라도 삭제가 수행된다.

오답 피하기
RESTRICTED : 삭제할 요소가 다른 개체에서 참조 중일 경우 삭제가 취소된다.

13 ②

이행종속 규칙
릴레이션에서 속성 A가 B를 결정하고(A → B), 속성 B가 C를 결정하면(B → C) 속성 A가 C도 결정한다는(A → C) 종속 규칙이다. 또한 정규화 과정에서 이행종속을 해소하는 단계를 '3차 정규형'이라고 한다.

14 ④

인쇄 내용을 페이지의 가운데에 맞춰 인쇄하려면 [페이지 설정] 대화상자에서 '페이지 가운데 맞춤' 기로, 세로를 v 체크한다.

15 ②

연속범위를 선택할 때 시트 명의 첫 부분에 느낌표를 사용하지 않는다.

16 ④

오답 피하기
③ : 상단 빠른 실행 도구모음에 관한 설명이다.

17 ②

애니메이션 창(Animation Pane)
- 슬라이드에 적용된 애니메이션의 순서와 타이밍을 관리하는 도구이다.
- 각 개체별로 시작 시점, 지연 시간, 재생 순서를 세밀하게 조정할 수 있다.
- [애니메이션] 탭 → [고급 애니메이션] 그룹에서 애니메이션 창을 열 수 있다.

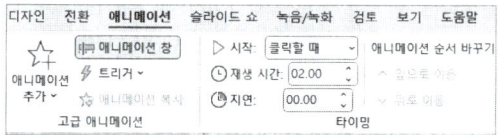

18 ④

속성 창의 형식 탭에서 '같은 페이지에 인쇄'를 '예'로 설정하면 그룹 머리글, 세부 구역, 그룹 바닥글은 같은 페이지에 인쇄할 수 있다.

19 ③

캐시(cache)메모리
- 중앙 처리장치(CPU)의 속도와 주기억 장치의 속도 차이가 클 때 명령어(Instruction)의 수행 속도를 중앙 처리 장치의 속도와 비슷하게 하려고 사용하는 임시(버퍼) 메모리이다.
- 가격이 고가이며, CPU와 주기억 장치 속도 차이 극복, 버퍼(buffer) 기능이 있다.

20 ③

자료의 용량 단위
- 1 byte = 8 bit
- 1 Kbyte = 10^3 Byte = 2^{10} Byte
- 1 Mbyte = 10^6 Byte = 2^{20} Byte
- 1 Gbyte = 10^9 Byte = 2^{30} Byte
- 1 Tbyte = 10^{12} Byte = 2^{40} Byte
- 1 Pbyte = 10^{15} Byte = 2^{50} Byte

과목 02 프로그래밍 일반

21 ①
- while(True)을 사용하여 조건이 항상 참(True)인 무한 루프를 시작한다.
- 루프가 시작되면 print('A')가 실행되어 'A'가 출력된다.
- 이어서 print('B')가 실행되어 'B'가 출력된다.
- 그다음 print('C')가 실행되어 'C'가 출력된다.
- continue문을 만나면, 현재 반복문의 나머지 부분을 건너뛴다.
- continue는 루프의 처음, 즉 while(True) 조건 검사 부분으로 즉시 돌아가게 한다.
- 따라서 continue 아래에 있는 print('D') 코드는 영원히 실행되지 않는다.
- 이 과정(A, B, C 출력 후 처음으로 돌아가기)이 무한히 반복한다.

22 ④
GoF(Gangs of Four) 디자인 패턴
- 에릭 감마(Eric Gamma), 리처드 헬름(Richard Helm), 랄프 존슨(Ralph Johnson), 존 브리시데스(John Vlissides)가 제안하였다.
- 객체지향 설계 단계 중 재사용에 관한 유용한 설계를 디자인 패턴화하였다.
- 생성 패턴, 구조 패턴, 행위 패턴으로 분류한다.

23 ④
크로스사이트 스크립트(XSS)
- 웹페이지에 악의적인 스크립트를 포함시켜 사용자 측에서 실행되게 유도함으로써, 정보 유출 등의 공격을 유발할 수 있는 취약점이다.
- 외부 입력값에 스크립트가 삽입되지 못하도록 문자열 치환 함수를 사용하거나 JSTL이나 크로스사이트 스크립트 방지 라이브러리를 사용함으로써 방지할 수 있다.

24 ④
- 1부터 19까지의 정수 중에서 7의 배수들의 합계를 구하는 프로그램이다.
- var rst = 0;은 합계를 저장할 변수 rst를 0으로 초기화하는 구문이다.
- for 반복문은 변수 i를 1부터 시작하여 19까지(20보다 작은 동안) 1씩 증가시킨다.
- if(i%7 == 0) 조건문은 i를 7로 나눈 나머지가 0인지, 즉 i가 7의 배수인지 확인한다.
- i가 1부터 19까지 변하는 동안 7의 배수인 값은 7과 14 두 개이다.
- i가 7일 때 : rst = 0 + 7이 되어 rst는 7이 된다.
- i가 14일 때 : rst = 7 + 14가 되어 rst는 21이 된다.
- 반복문이 종료된 후 최종값 21을 출력한다.

25 ④
묵시적 순서제어
- 프로그램 언어에서 미리 정해진 순서에 따라서 제어가 일어나는 것을 의미한다.
- 일반 언어에서 순서를 명시적으로 제어하는 문장이 없으면 문장 나열 순서로 제어한다.
- 수식에서 괄호가 없으면 연산자 우선순위에 의해서 수식이 계산된다.

26 ④
Java에서 접근제어자
- 클래스의 변수와 메소드들이 사용됨에 있어 어느 범위까지 사용 가능한지 정해주는 것이다.
- public : 모든 클래스에서 접근 가능하다.
- private : 클래스 내에서만 접근 가능하다.
- protected : 동일한 패키지에 속하는 클래스에서 접근 가능하며 자신을 상속받은 클래스에서 접근 가능하다.
- default : 아무것도 선언하지 않은 상태를 표현한다. 동일한 패키지에 속한 클래스에서만 접근 가능하다.

27 ②
bridge pattern
기능 클래스 계층과 구현의 클래스 계층을 연결하고, 구현 부에서 추상 계층을 분리하여 각자 독립적으로 변형할 수 있도록 해주는 패턴이다.

28 ①
- char *pc, array1[100]; → 문자형 포인터 변수 *pc와 1차원 배열 array1[100]을 선언한다.
- array1[100] → 100개의 배열을 갖는 배열 변수를 의미한다.
- array1[100] 의 첫 번째 배열 주소는 array1[0] 마지막 주소는 array1[99] 이다.
- pc=array1; → array1 배열의 시작 주소를 포인터 변수 pc에 입력한다.
- 여기서 다른 표현 방식은 ①이 된다.
- pc = &array1[0]; → &array1[0] (배열의 시작 주소)를 pc 포인터 변수에 입력한다는 표현이다.

29 ④
연산자의 종류
- 단항(unary) 연산자 : 하나의 입력 자료에 대한 연산으로 Move, Shift, Rotate, Complement 등을 말한다.
- 이항(binary) 연산자 : 두 개의 입력 자료에 대한 연산으로 AND, OR, 사칙연산 등을 말한다.
- 대입 연산자 : =, !=, ==, *=, /=, %=, &=, ^=, |=, <<=, >>=
- 삼항 연산자 : ? :

30 ④

wrapper
Java 언어에서 기본 데이터형을 객체 데이터형으로 바꾸어주는 클래스이다.

오답 피하기
- abstract : Java 언어에서 추상 메소드를 한 개 이상 포함한 클래스로 상속 시에 추상 메소드를 반드시 재정의해야 한다.
- super : 상속관계에서 상위 클래스이다.
- final : 마지막으로 구현한다는 의미로 클래스를 제한할 때 사용한다.

31 ④

다형성(Polymorphism)
- 많은 상이한 클래스들이 동일한 메소드명을 이용하는 능력을 의미한다.
- 한 메시지가 객체에 따라 다른 방법으로 응답할 수 있는 것이다.
- 메시지에 의해 객체가 연산을 수행하게 될 때 하나의 메시지에 대해 각 객체가 가지고 있는 고유한 방법으로 응답할 수 있는 능력이다.

32 ②

어휘 분석
프로그램 실행 시 원시 프로그램을 문자 단위로 스캐닝하여 문법적으로 의미 있는 일련의 문자들로 분할해 내는 역할을 한다.

구문 분석
주어진 문장이 정의된 문법 구조에 따라 정당하게 하나의 문장으로 사용될 수 있는가를 확인하는 작업으로, 컴퓨터 분야에서는 컴파일러에 의하여 원시 프로그램을 기계어 프로그램으로 번역할 때 낱말 분석(lexical analysis) 결과로 만들어진 토큰들을 문법에 따라 분석하는 파싱(parsing) 작업을 수행하여 파스 트리를 구성하는 작업을 지칭한다.

33 ①

추상화 메커니즘의 종류

자료 추상화	컴퓨터 내부의 자료 표현을 추상화
제어 추상화	몇 개의 기계 명령어를 모아 이해하기 쉬운 추상 구문으로 만드는 방법
기능 추상화	입력 데이터를 출력 데이터로 변환하는 과정을 추상화하는 방법

34 ④

치환 알고리즘
- 데이터를 가지고 있는 변수에 데이터를 입력하면 기존 데이터가 삭제되면서 입력된다.
- 두 변수의 값을 치환할 때는 아래와 같은 절차를 따른다.
- 임시 변수 ← A 변수 데이터(A 변수 데이터 임시 변수에 입력)
- A 변수 데이터 ← B 변수 데이터(B 변수 데이터를 A 변수에 입력)
- B 변수 데이터 ← 임시 변수 데이터(A 변수에서 옮겨 두었던 임시 변수 데이터를 B 변수에 입력)
- 답은 *pa = *pb;가 된다.

35 ②

C언어의 데이터형
- long : 정수형(4Byte)
- int : 정수형(2Byte)
- float : 실수형(4Byte)
- double : 실수형(8Byte)

36 ③

- range(10)은 0, 1, 2, 3, 4, 5, 6, 7, 8, 9를 생성한다.
- 조건식 if i%2==0은 짝수 i(0, 2, 4, 6, 8)만 선택한다.
- 선택된 i마다 10*를 계산하므로 → [0, 20, 40, 60, 80]이 된다.
- 즉, 리스트 내포(list comprehension)로 짝수에 10을 곱한 리스트를 만든 것이다.

오답 피하기
- ① : [0, 2, 4, 6, 8]은 단순히 짝수 리스트에 해당한다.
- ④ : [0, 20, 40, 60, 80, 90]은 조건에 없는 9*10이 포함되어 있다.

37 ①

BNF 심벌
- 왼쪽 : 정의될 대상(object)
- ::= : 정의
- | : 택일
- ⟨ ⟩ : 비종단

38 ③

메소드(Method)
- 객체에서 반복적으로 수행하기 위한 명령문의 집합을 정의한 것
- 객체가 메시지를 받아 실행해야 할 객체의 구체적인 연산을 정의한 것
- 객체의 상태를 참조하거나 변경시킴
- 함수(Function)나 프로시저(Procedure)에 해당함

39 ①

정적 바인딩(Static Binding)이 발생하는 시간
- 번역 시간(translation time)
- 언어 구현 시간
- 언어 정의 시간
- 로드 시간(Load time)
- 링크 시간(Link time)

40 ②

부작용(Side effect)
- 프로그래밍 언어에서 한 서브루틴이나 함수가 자신의 지역 변수에 속하지 않는 전역 변수나 매개 변수의 값을 변화시키는 일로, 참조 호출(Call by Reference)과 이름 호출(Call by Name)에서 발생한다.
- 정확한 프로그램을 작성하는 데 어려움을 주고 프로그램의 정확성 검사를 불가능하게 한다.
- 전역 변수의 단점을 보완하기 위해서 매개 변수 전달 기법을 사용한다.

과목 03 네트워크 일반

41 ③

정보통신시스템
- 거리와 시간을 극복할 수 있으며, 대형 컴퓨터의 공동 사용과 대용량 파일의 공동 사용을 할 수 있다.
- 정보통신망은 꼭 광대역이 아니어도 상관없다.

42 ②

문자 위주 동기전송의 전송 제어문자
- SYN(SYNchronous idle) : 동기를 취하거나 유지함
- SOH(Start Of Heading) : 헤딩의 개시
- STX(Start of TeXt) : 본문의 개시 및 헤딩의 종료
- ETX(End of TeXt) : 본문의 종료
- ETB(End of Transmission Block) : 블록의 종료
- ENQ(ENQuiry) : 상대국에 데이터 링크 설정 및 응답 요구
- DLE(Data Link Escape) : 데이터 투과성을 위해 삽입되며, 전송 제어 문자 앞에 삽입하여 전송 제어 문자임을 알림

43 ①

CSMA/CD(Carrier Sense Multiple Access/Collision Detection)
- 이더넷(Ethernet)에서 채택한 제어 방식이다.
- 데이터의 충돌을 막기 위해 송신 데이터가 없을 때만 데이터를 송신하고, 다른 장비가 송신 중일 때에는 송신을 중단하며, 일정 시간 간격을 두고 대기하였다가 순서에 따라 다시 송신하는 방식이다.
- 버스형 또는 성형 토폴로지 근거리 통신망에 이용되고 있다.
- 충돌이 발생하면 즉시 검출하여 데이터 프레임의 송신을 중단하고, 일정 시간 동안 대기한 다음 데이터 프레임을 재송신하는 방식이다.
- IEEE 802.3 프로토콜 표준에 근거한다.

44 ④

VAN 통신처리 계층의 기능
축적 기능, 변환 기능

오답 피하기
- ① : 네트워크 계층
- ② : VAN 시스템의 목표
- ③ : 통신처리 계층은 단순한 정보 전송뿐만 아니라, 정보의 형식을 변환하거나 저장하는 등 다양한 부가적인 기능을 수행한다.

45 ④

정보 전송 시 오류검출 방식
- 블록 합 검사(Block sum check)
- 순환 잉여 검사(Cyclic Redundancy Check)
- 해밍코드
- 패리티 비트 검사(Parity bit check)

46 ③

모뎀의 신호 방식(디지털 → 아날로그로 변조)

ASK (진폭 편이 변조)	반송파로 사용되는 정현파의 진폭에 정보를 싣는 변조 방식
FSK (주파수 편이 변조)	반송파 주파수를 이산 값으로 전환해 정보를 싣는 디지털 변조 방식
PSK (위상 편이 변조)	반송파 위상을 이산 값으로 전환해 비트를 전송하는 디지털 변조 방식
QAM (직교 진폭 변조)	직교하는 두 반송파에 독립 진폭을 실어 위상·진폭을 동시에 변조하는 방식

47 ③

보호대역(guard band)
주파수 분할 다중화 방식은 인접한 채널 간의 간섭을 막기 위해 보호 대역(Guard Band)이 필요하지만 채널의 이용률이 낮아진다.

48 ②

OSI 7 계층

물리 계층(Physical Layer)	• 전기적, 기능적, 절차적 기능 정의 • 표준 : RS-232C
데이터 링크 계층(Data Link Layer)	• 흐름 제어, 에러 제어 • 표준 : HDLC, LLC, LAPB, LAPD, ADCCP
네트워크 계층(Network Layer)	• 경로 설정 및 네트워크 연결 관리 • 표준 : X.25, IP
전송 계층(Transport Layer)	• 통신 양단 간(End-to-End)의 에러 제어 및 흐름 제어 • 표준 : TCP, UDP
세션 계층(Session Layer)	프로세스 간에 대한 연결을 확립, 관리, 단절 수단 제공
표현 계층(Presentation Layer)	코드 변환, 암호화, 압축, 구문 검색
응용 계층(Application Layer)	응용 프로세스 간의 정보교환, 전자 사서함, 파일 전송 등을 취급

49 ①

Clad
광케이블의 전반사 현상을 발생시키는 장비는 Clad이며, 광신호를 코어 부근으로 반사시켜 코어 내부로 빛을 모아주는 역할을 한다.

50 ②

전송 제어 절차
- 회선 접속 : 수신측 주소를 전송하여 데이터 전송이 가능하도록 물리적 통신 회선을 접속시켜 주는 단계이다.
- 데이터 링크 확립 : 접속된 통신 회선상에서 송신측과 수신측 간의 확실한 데이터 전송을 수행하기 위한 논리적 경로를 구성하는 단계이다.
- 데이터 전송 : 데이터를 수신측에 전송하며, 잡음에 의한 데이터 오류 제어와 순서 제어를 수행하는 단계이다.
- 데이터 링크 종결 : 송·수신측 간의 논리적인 경로를 해제하는 단계이다.
- 회선 절단 : 연결된 물리적인 통신 회선을 절단하는 단계이다.

51 ①

ARP(Address Resolution Protocol)
IP Address를 물리적 하드웨어 주소(MAC Address)로 변환하는 프로토콜이다.

RARP(Reverse Address Resolution Protocol)
호스트의 물리 주소를 통하여 논리 주소인 IP 주소를 얻어오기 위해 사용되는 프로토콜이다.

ICMP(Internet Control Message protocol)
인터넷 제어 메시지 프로토콜은 TCP/IP 계층의 인터넷 계층에 해당한다. 네트워크 컴퓨터에서 운영체제의 오류 메시지를 전송받는 데 주로 쓰이며, 인터넷 프로토콜에 의존하여 작업을 수행한다.

52 ③

오답 피하기
- ① : 표현 계층(Presentation Layer) : 코드 변환, 암호화, 압축, 구문 검색
- ② : 데이터 링크 계층(Data Link Layer) : 흐름 제어, 에러 제어
- ④ : 전송 계층(Transport Layer) : 통신 양단 간(End-to-End)의 에러 제어 및 흐름 제어

53 ④

인터넷 기본 프로토콜은 TCP/IP이다.

PPP (Point to Point Protocol)
- 인터넷 접속에 사용되는 점대점 링크를 사용하는 IETF의 표준 프로토콜이다.
- 오류 감지 기능은 제공하나 오류 복구 기능은 제공하지 않는다.
- LCP와 NCP를 통하여 유용한 기능을 제공한다.
- IP 패킷의 캡슐화를 제공한다.
- PPP는 동기식과 비동기식 회선 모두를 지원한다.

54 ③

RS-232C
- 표준 인터페이스는 25PIN으로 구성되어 있다.
- 공중 전화망을 통한 데이터 전송에 필요한 모뎀과 컴퓨터를 연결시켜 주는 표준 인터페이스이다.
- 모뎀과 DTE가 짧은 거리에서 사용하고, 감쇠의 영향이 적다.

55 ③

V 시리즈	기존의 공중 전화망을 이용한 아날로그 데이터를 전송하기 위해 개발된 터미널 인터페이스
X 시리즈	공중 데이터에 통신망을 이용한 디지털 데이터를 전송하기 위해 개발된 신규 터미널용의 인터페이스

56 ③

MHS(Message Handing System)
디지털 시그널 형태로 된 문자, 화상, 음성 등의 메시지를 사용된 미디어와 관계 없이, 개인용 컴퓨터, 팩시밀리, 텔렉스 등 통신수단과 관계없이 상대방의 통신수단 별 번호만 알면 국내외 어디서나 메시지를 교환할 수 있는 시스템으로 사용자, 유저 에이전트, 메시지 전송 에이전트의 3요소로 구성된다.

57 ②

PCM 부호화 단계 순서
표본화 → 양자화 → 부호화 → 복호화 → 여과기

58 ②

병렬 전송 방식
- 병렬 전송은 한 문자를 구성하는 각 비트를 각각의 데이터 선을 통해 한꺼번에 전달하는 방식이다.
- 직렬 전송보다 전송 속도가 빠르지만, 회선 비용 문제로 원거리 데이터 전송에는 부적합하여 컴퓨터의 CPU와 주변장치 사이의 전송에 이용된다.
- 스트로브(strobe) 신호는 송신측 다음 문자의 전송을 수신측에 알리게 된다.
- 비지(busy) 신호는 수신측이 데이터 수신 가능 상태를 송신측에 전달한다.

59 ④

HDLC 프레임 구성
- FLAG → ADDRESS → CONTROL → INFORMATION → FCS → FLAG
- 플래그(Flag) : 프레임의 시작과 끝을 나타내며, 항상 '01111110' 패턴을 사용
- 주소부(Address Field) : 송 · 수신국을 식별
- 제어부(Control Field) : 프레임 종류를 식별
- 정보부(Information Field) : 실제 정보를 포함
- FCS(Frame Check Sequence) : 오류 검출을 위한 필드로, 프레임의 무결성을 검사

60 ④

패킷망 기술의 표준(ITU-T 규정)

X.21	동기식 전송을 위한 DTE/DCE 접속 규격
X.25	패킷 전송을 위한 DTE/DCE 접속 규격(1976년에 패킷교환망을 위한 표준으로 처음 권고)
X.75	패킷 교환 방식에 의한 국제 공중 데이터 교환망에서, 각국 관문국 간의 교환 접속에 필요한 제어 정보의 형식이나 제어 절차를 규정

출제 예상문제 02회   2-60P

01 ③	02 ②	03 ③	04 ③	05 ①
06 ④	07 ④	08 ②	09 ③	10 ①
11 ③	12 ②	13 ①	14 ②	15 ③
16 ②	17 ②	18 ③	19 ②	20 ③
21 ①	22 ③	23 ④	24 ④	25 ①
26 ①	27 ③	28 ②	29 ③	30 ③
31 ②	32 ③	33 ③	34 ①	35 ③
36 ③	37 ①	38 ③	39 ③	40 ①
41 ②	42 ③	43 ①	44 ③	45 ②
46 ③	47 ①	48 ③	49 ③	50 ①
51 ④	52 ①	53 ③	54 ④	55 ④
56 ②	57 ①	58 ②	59 ④	60 ②

과목 01 사무자동화 시스템

01 ③

LFU(Least Frequently Used)
참조된 횟수가 가장 적은 페이지를 먼저 교체하는 기법이다.

Page	1	2	3	4	1	2	5	1	2
A	1	1	1	1	1	1	1	1	1
B		2	2	2	2	2	2	2	2
C			3	3	3	3	3	3	3
D				4	4	4	5	5	5
Fault	O	O	O	O			O		

02 ②

분산처리시스템의 특징
- 시스템의 응답성과 신뢰성이 높다.
- 대규모 처리에 대한 적응력이 높고, 확장성이 좋다.
- 수평 · 계층 혼합형 분산처리시스템의 발전된 형태로서 클라이언트/서버 시스템이 있다.
- 분산처리시스템에 연결되는 시스템들은 서로 호환 가능한 하드웨어, 소프트웨어, 데이터로 구축되어야 한다.

03 ③

UNIX 명령어
- fork : 프로세스 생성, 복제
- mount : 기존 파일 시스템에 새로운 파일 시스템을 서브 디렉토리에 연결
- cp : 파일 복사
- mv : 파일 이동
- rm : 파일 삭제

- cat : 파일 내용 화면에 표시
- open : 텍스트 문서 열기
- chmod : 파일의 사용 허가 지정
- chown : 소유자 변경
- ls : 현재 디렉토리 내의 파일 목록 확인
- pwd : 현재 작업 중인 디렉터리 경로를 보여주는 명령어

04 ③

배치(Placement) 전략
- 최초 적합(First Fit) : 입력되는 작업의 순서에 따라 주기억장치 첫 번째 기억 공간부터 할당
- 최적 적합(Best Fit) : 입력되는 작업의 크기에 맞는 주기억장치를 찾아 할당
- 최악 적합(Worst Fit) : 입력되는 작업의 크기에 맞지 않고 낭비가 가장 심한 공간을 찾아 할당
- 두 번째 공간이 16K로 입력을 요구하는 프로그램의 크기와 동일하므로 최적 적합에 해당

05 ①

스레드(Thread)
- 프로세스 내에서의 작업 단위로서 시스템의 여러 자원을 할당받아 실행하는 프로그램의 단위를 의미한다.
- 하드웨어, 운영체제의 성능과 응용 프로그램의 처리율을 향상시킬 수 있다.
- 한 개의 프로세스는 여러 개의 스레드를 가질 수 있다.

06 ④

스프레드시트
셀 단위의 연산과 간단한 표와 같은 문서 작성이 가능하며, 함수를 사용하여 합, 평균 등의 수식을 처리할 수 있는 엑셀 등의 소프트웨어를 의미한다.

부프로그램
- 고급 언어에서는 프로그램의 모듈화를 위해서 부프로그램을 지원한다.
- 한 프로그램 내에서 특정 일이 여러 번 실행될 필요가 있을 때 이를 부프로그램으로 작성하여 프로그램의 여러 곳에서 사용할 수 있다.
- 프로그래밍에 드는 시간과 프로그램이 차지하는 기억 장소를 절약할 수 있다.

07 ④

프레젠테이션
회의나 발표, 브리핑 등에서 효과적으로 활용할 수 있는 텍스트를 비롯한 그래픽과 같은 멀티미디어 작업을 좀 더 간편하게 작성하고 자동화 시켜주는 소프트웨어로, 대표적으로 파워포인트가 있다

08 ②

연산식에서 함수 이름에 오타가 있으면 함수를 인식할 수 없어 #NAME 오류가 출력된다.

오류 메시지

#####	수식의 결과가 너무 긴 경우
#NULL!	교차하지 않은 교차점을 참조 영역으로 지정한 경우
#DIV/0!	숫자를 0으로 나누는 경우
#VALUE!	잘못된 인수ㅏ 피연산자를 사용한 경우
#REF!	셀 참조가 유효하지 않은 경우
#NAME?	인식할 수 없는 텍스트를 수식에 사용한 경우
#NUM!	숫자를 사용해야 하는 함수에 문자를 사용한 경우
#N/A	찾는 값이 없을 때

09 ③

기본키(Primary key)
- 테이블의 각 레코드를 고유하게 식별하는 필드나 필드의 집합이다.
- 테이블에 기본키를 설정하지 않을 수 있다.
- 기본키를 설정하지 않고도 다른 테이블과의 관계를 설정할 수 있다.
- 관계가 설정되어 있는 테이블에서 기본키 설정을 해제하더라도 설정된 관계는 유지된다.
- 데이터가 이미 입력된 필드도 기본키로 지정할 수 있으며 기본키 값은 변경될 수 있다.

개체 무결성(Entity Integrity)
- 기본키를 구성하는 어떠한 속성값도 널(Null)값이나 중복값을 가질 수 없다.
- 기본키가 설정된 테이블에 기본키가 누락된(Null) 채로 새로운 레코드를 추가할 수 없다.

10 ①

오답 피하기
- ② SELECT 성별, AVG(판매액) AS 판매평균 FROM 판매현황 GROUP BY 성별; → 2
- ③ SELECT 부서, COUNT(부서) AS 사원수 FROM 판매현황 GROUP BY 부서 HAVING COUNT(부서) >2; → 1
- ④ SELECT 부서, COUNT(판매액) AS 사원수 FROM 판매현황 WHERE 판매액 >=1000000 GROUP BY 부서; → 2

11 ③

- =[Page] & "중" & [Page] & "페이지"
- 결과 : 1중 1페이지, 2중 2페이지, , 3중 3페이지

12 ②

- 스택 입력 및 출력 문제를 해결할 때는 우선 보기의 첫 번째 문자까지 스택에 입력해 보고 순서대로 Push와 POP을 진행해 보면 된다.
- 첫 번째 자료가 제일 먼저 나온 자료이므로 첫 번째 자료 이전의 데이터가 순서대로 입력되어야 첫 번째 데이터가 출력될 수 있다는 것에 포인트를 둔다.
- **예** ① C가 제일 먼저 출력되려면 A, B, C까지 입력되어야 C를 인출할 수 있다.
- A, B, C ← 입력
- C → 인출
- B → 인출
- A → 인출
- D ← 입력
- D → 인출

13 ①

- 디그리(Degree) : 속성(열)의 수(차수) → 4개
- 카디널리티(Cardinality) : 튜플(행)의 수(기수) → 3개

14 ②

뷰(View)
- 실제 데이터를 저장하지 않는 가상의 테이블이므로 삭제 시 정의만 제거된다.
- 뷰를 삭제할 때는 DROP VIEW 명령어를 사용한다.
- 형식은 DROP VIEW 뷰이름;으로, 한 번에 여러 뷰를 삭제할 수도 있다.
- DELETE는 데이터 레코드 삭제, REMOVE와 OUT은 SQL에서 존재하지 않는 명령이다.

15 ③

SQL 내장함수
- 집계 연산을 쉽게 하기 위해 제공되는 기본 함수이다.
- COUNT는 데이터의 개수, AVG는 평균, MAX는 최대값을 구한다.
- TOT라는 함수는 SQL에 존재하지 않으며, 합계는 SUM 함수를 사용한다.
- 예를 들어 SELECT SUM(점수) FROM 성적; 과 같이 사용한다.

16 ②

계층형 데이터 모델(Hierarchical Data Model)
- 데이터를 트리(Tree) 구조로 표현하는 모델이다.
- 각 개체는 상위(부모)와 하위(자식) 관계로 연결되며, 하나의 부모는 여러 자식을 가질 수 있다.
- 데이터는 루트(root)에서 시작해 하위로 뻗어나가는 구조를 가진다.
- 계층 구조에서는 사이클(Cycle), 즉 상위로 되돌아가는 순환 관계가 허용되지 않는다.
- 대신 링크(link)를 통해 개체 간 관계를 명확히 표현한다.
- 접근 속도가 빠르지만, 구조 변경이 어려운 단점이 있다.

17 ②

제어장치	프로그램 카운터, 명령 레지스터, 해독기(Decoder), 부호기(Encoder), 메모리 번지 레지스터, 메모리 버퍼 레지스터
연산장치	누산기, 가산기, 보수기, 데이터 레지스터, 프로그램 상태 레지스터

18 ③

연관기억장치(Associate Memory)
- 메모리에 저장된 항목을 찾을 때 주소를 사용하는 것이 아니라 기억된 정보의 일부분을 이용하여 원하는 정보에 접근하는 방식
- CAM(Content Addressable Memory)이라고도 부르며 페이지 표(Table)를 효율적으로 구성하기 위한 방법으로 Word 수와 주기억장치의 블록 수를 갖기 위한 메모리

19 ②

오답 피하기
- SD Card(Secure Digital Card) : 우표 크기의 플래시 메모리 카드로, 매우 안정적이고 높은 저장 능력을 가지고 있다. 디지털카메라, MP3, 스마트폰, 노트북 등에 사용된다.
- CF Drive(Compact Flash Drive) : 플래시 메모리 카드를 소형화한 것으로 디지털카메라 등에 사용된다.
- SSD(Solid State Drive) : 반도체를 이용하여 정보를 저장하는 장치. 하드디스크 드라이브에 비하여 속도가 빠르고 기계적 지연이나 실패율, 발열·소음이 적으며, 소형화·경량화할 수 있는 장점이 있다.

20 ③

기본키(Primary Key)
- 릴레이션의 각 레코드를 식별할 수 있는 속성이다.
- 후보키 중에서 대표로 선정된 키이다.
- 널 값을 가질 수 없다. 널 값(Null Value)은 공백(Space)이나 0(Zero)과는 다른 의미이며, 아직 알려지지 않거나 모르는 값을 의미한다.

과목 02 프로그래밍 일반

21 ①
C언어의 특징
- 효율성이 좋아 대규모의 프로그램을 만들 수 있다.
- 포인터에 의한 번지 연산 등 다양한 연산 기능을 가진다.
- 컴파일러 기법의 언어이며 이식성이 뛰어나 컴퓨터 기종에 관계 없이 프로그램을 작성할 수 있다.
- UNIX 운영 체제를 구성하는 시스템 프로그램이다.
- 소프트웨어 부품화를 실현할 수 있어 유연성을 갖는다.
- 어셈블리어를 기호 코드(Mnemonic Code)라고도 한다.

22 ②
fflush( )
버퍼에 남아 있는 불필요한 데이터를 삭제해주는 함수
fopen( )
fflush( ) 함수로 삭제된 버퍼에 스트림을 생성해 주는 함수
fwrite( )
- 스트림에 바이너리 데이터를 작성할 때 사용하는 함수
- printf( ) : 형식화된 출력
- puts( ) : 문자열 출력
- putchar( ) : 한 문자 출력
- scanf( ) : 형식화된 입력
- gets( ) : 문자열 입력
- getchar( ) : 한 문자 입력

23 ④
연산자의 종류
- 단항(unary) 연산자 : 하나의 입력 자료에 대한 연산으로 Move, Shift, Rotate, Complement 등을 말한다.
- 이항(binary) 연산자 : 두 개의 입력 자료에 대한 연산으로 AND, OR, 사칙연산 등을 말한다.
- 대입 연산자 : =, +=, -=, *=, /=, %=, &=, ^=, |=, 《=, 》=
- 삼항 연산자 : ? :

24 ④
클래스(Class)
- 클래스는 객체를 정의해 놓은 것으로 데이터와 함수로 구성된다.
- 유사한 특성과 동작을 공유하는 객체들의 공통적인 속성과 연산을 묶어 정의한 논리적 집단을 의미한다.
- 객체지향언어에서 객체를 생성하는 데 사용되는 사용자 정의 자료형이다.
- 객체는 클래스에 정의된 대로 생성된다.
- 클래스로부터 객체를 생성하는 과정을 클래스의 인스턴스화라고 한다.
- 클래스로부터 만들어진 객체를 클래스의 인스턴스라 한다.

25 ①
리팩토링(Refactoring)
소프트웨어를 보다 쉽게 이해할 수 있고, 적은 비용으로 수정할 수 있도록 겉으로 보이는 동작의 변화 없이 내부 구조를 변경하는 것을 의미한다.

26 ①
원시 프로그램 → 컴파일러 → 목적 프로그램 → 링커 → 로더 순으로 수행

27 ③
포인터(pointer)
- 변수의 주소(번지)를 저장하는 변수이다.
- 포인터 변수는 데이터가 저장된 기억장소의 번지값을 기억한다.
- 포인터는 가리키는 자료형(type)이 일치해야 올바르게 사용할 수 있다.
- 변수의 번지를 얻을 때 사용하는 연산자는 &(앰퍼샌드)이다.
- #은 전처리 지시자(#include, #define)에 사용되며 주소 연산자와 무관하다.
- 포인터가 가리키는 실제 값을 접근하려면 간접 연산자(*)를 사용한다.

28 ②
상수값 출력 포맷
- %d : (decimal) 10진 정수 출력
- %o : (octet) 8진 정수 출력
- %x : (hexad) 16진 정수 출력
- %u : 부호 없는 10진 정수 출력
- %c : 문자 출력
- %s : 문자열 출력

29 ②
로더(Loader)
합쳐진 목적 프로그램을 주기억 장치에 적재하여 실행 가능하도록 해주는 시스템 프로그램이다.
인터프리터
고급언어로 작성된 원시프로그램을 행 단위로 번역한다.
프리프로세서(Preprocessor)
주석(Comment)의 제거, 상수 정의 치환, 매크로 확장 등 컴파일러가 처리하기 전에 먼저 처리하여 확장된 원시 프로그램을 생성한다.

30 ③

객체지향 기법의 기본 원칙

캡슐화 (Encapsulation)	데이터와 데이터를 조작하는 연산을 하나로 묶는 것을 의미하며 연관된 데이터와 함수를 함께 묶어 외부와 경계를 만들고 필요한 인터페이스만을 밖으로 드러내는 과정을 의미
정보 은닉 (Information Hiding)	객체가 다른 객체로부터 자신의 자료를 숨기고 자신의 연산만을 통하여 접근을 허용하는 것을 의미하며 캡슐화와 밀접한 관계가 있음
추상화(Abstraction)	주어진 문제나 시스템 중에서 중요하고 관계있는 부분만을 분리하여 간결하고 이해하기 쉽게 만드는 작업을 의미
상속성(Inheritance)	상위 클래스의 속성과 메소드를 하위 클래스가 물려받는 것을 의미하며 클래스와 객체를 재사용할 수 있음
다형성 (Polymorphism)	많은 상이한 클래스들이 동일한 메소드명을 이용하는 능력을 의미하며 한 메시지가 객체에 따라 다른 방법으로 응답할 수 있는 것을 의미

31 ②

Call by Reference(주소에 의한 호출)

내개 변수(Actual arguments) 수소를 대응되는 형식 매개 변수에 전달하는 방식으로 호출자의 데이터는 호출된 함수에 의해 수정이 가능해진다. 일반적으로 입력 함수에 사용한다(데이터의 갱신, 호출자에게 전달).

| ```
void main ( ) {
    int a = 3 ;
    func (a) ;
}
void func(int &x) {
    x = 5 ;
}
``` | 정수형 변수 a에 3 입력<br>a 호출<br>즉 아래 func 함수 연산 결과인 5가 a에 입력된다.<br><br>func 함수값으로 정수 x를 받는다.<br>정수 5가 x에 입력된다. |
|---|---|

32 ③

워크스루의 주요 목적

- 교육적 목적이나 문서의 이해, 문제의 식별 등에 있으며, 발견된 오류의 문제 해결 자체에 중점을 두지는 않는다.
- 문제 해결은 보통 후속 단계에서 진행된다.
- 반면 인스펙션(Inspection)은 오류 발견과 수정에 보다 중점을 둔 공식적인 검토 방법이다.

33 ③

C언어에서 문자열 처리 함수

- 〈string.h〉 헤더파일에 포함되어 있다.
- strlen(s)는 문자열의 길이(문자 수)를 구하는 함수이다.
- strcpy(s1, s2)는 s2의 내용을 s1에 복사한다.
- strcmp(s1, s2)는 두 문자열을 비교(compare)하여 같으면 0, 다르면 양수나 음수를 반환한다.
- 문자열을 연결할 때는 strcat(s1, s2) 함수를 사용한다.
- strrev(s)는 문자열을 뒤집는 함수로, "ABC" → "CBA" 형태로 변환한다.

34 ①

- HTML에서는 일반 공백이 여러 개 있어도 하나만 표시된다.
- 여러 칸의 공백을 그대로 표현하려면 특수문자(Entity)를 사용해야 한다.
- 는 non-breaking space의 약자로, 줄바꿈 없는 공백을 의미한다.
- 즉, 줄이 넘어가도 공백이 유지되어 문장이 붙지 않는다.
- ©는 저작권(), <는 "〈", >는 "〉" 기호를 나타낸다.

35 ③

생성 패턴	Abstract Factory, Builder, Factory Method, Prototype, Singleton
구조 패턴	Adapter, Bridge, Composite, Decorator, Facade, Flyweight, Proxy
행위 패턴	Chain of Responsibility, Command, Interpreter, Iterator, Mediator, Memento, Observer, State, Strategy, Template Method, Visitor

36 ③

정적 분석(Static Analysis)

- 소스 코드를 실행하지 않고 정적(비실행) 상태에서 분석하는 기법이다.
- 주로 정적 분석 도구(static analyzer)를 이용해 문법 오류, 잠재적 버그, 보안 취약점, 코드 스타일 문제 등을 찾아낸다.
- 컴파일러 기술, 정적 타입 검사, 데이터 흐름·제어 흐름 분석 등 소프트웨어적 기법으로 수행된다.
- 런타임 오류를 미리 발견하고 코드 품질과 보안 수준을 향상시키는 데 유용하다.
- 반대로 동적 분석(Dynamic Analysis)은 프로그램을 실행시키면서 동작을 관찰하여 문제를 찾는다.

37 ①

JavaScript 배열(Array)

- 여러 개의 데이터를 하나의 변수에 순서대로 저장하는 자료형이다.
- 배열의 각 요소는 인덱스로 구분되며, 다양한 내장 메서드로 조작할 수 있다.
- push( ) 메서드는 배열의 끝에 새로운 요소를 추가한다.

```
let arr = [1, 2, 3];
arr.push(4); // 결과 : [1, 2, 3, 4]
```

- pop( )은 배열의 마지막 요소를 제거한다.
- shift( )는 배열의 첫 번째 요소를 제거한다.
- reverse( )는 배열의 순서를 거꾸로 뒤집는다.
```

38 ③

파이썬 변수
- 변수 이름은 영문 대·소문자, 숫자, 밑줄(_)만 사용할 수 있다.
- 첫 글자는 숫자로 시작할 수 없다.
- 변수 이름에 공백(space)은 사용할 수 없으며, 대신 밑줄(_)을 쓴다.
- **예** user _ name → ○, user name → ✕
- 또한 if, for, class 같은 예약어는 변수로 쓸 수 없다.

39 ③

- 파이썬에서 print( ) 함수는 괄호 안의 내용을 화면에 출력한다.
- '10'과 '20'은 따옴표로 묶여 있으므로 숫자가 아니라 문자열(string)이다.
- 문자열끼리 + 연산을 하면 더하기가 아니라 연결(concatenation)이 된다.
- 즉 '10' + '20'은 문자열 '10'과 '20'을 이어붙이는 연산이다.
- 결과는 '1020'이라는 새로운 문자열이 만들어진다.

오답 피하기

만약 숫자 합계를 원한다면, int('10') + int('20')처럼 변환해야 하며, 이 결과는 30이 된다. 하지만 제시된 내용은 문자열이므로 숫자 계산이 아니다.

40 ①

응집도 순위
(강함) 기능적 응집도 〉 순차적 응집도 〉 교환적 응집도 〉 절차적 응집도 〉 시간적 응집도 〉 논리적 응집도 〉 우연적 응집도 (약함)

과목 03 네트워크 일반

41 ②

비컨(Beacon)
- 블루투스 저전력(BLE, Bluetooth Low Energy) 기술을 이용한 근거리 무선통신 장치이다.
- 약 수 미터~70m 범위 내의 스마트폰이나 디바이스와 통신할 수 있다.
- 저전력으로 작동하며, NFC보다 거리와 정확성이 우수하다.
- 주로 모바일 결제, 위치 기반 서비스, 매장 안내 등에 활용된다.
- 예를 들어, 매장 입구에 비컨을 설치하면 고객이 접근할 때 자동으로 쿠폰을 보낼 수 있다.

오답 피하기
- 하둡(Hadoop) : 빅데이터 분산처리 기술
- 맴리스터(memristor) : 차세대 반도체 소자

42 ③

FTP(File Transfer Protocol)
- 인터넷을 통해 원격지의 컴퓨터와 파일을 송수신하기 위한 프로토콜이다.
- 사용자는 일반적으로 FTP 계정을 이용해 서버에 로그인하여 파일을 업로드, 다운로드, 삭제, 이름 변경할 수 있다.
- 전송 시 ASCII 모드(텍스트용)와 Binary 모드(실행 파일, 이미지 등)를 선택할 수 있다.
- FTP는 파일 전송 전용 프로토콜이며, 서버 내의 응용 프로그램을 직접 실행하거나 제어하는 기능은 제공하지 않는다. 실행을 위해서는 파일을 다운 받아야 한다.

43 ①

모뎀의 신호 방식(디지털 → 아날로그로 변조)

ASK (진폭 편이 변조)	반송파로 사용되는 정현파의 진폭에 정보를 싣는 변조 방식
FSK (주파수 편이 변조)	반송파 주파수를 이산 값으로 전환해 정보를 싣는 디지털 변조 방식
PSK (위상 편이 변조)	반송파 위상을 이산 값으로 전환해 비트를 전송하는 디지털 변조 방식
QAM (직교 진폭 변조)	직교하는 두 반송파에 독립 진폭을 실어 위상·진폭을 동시에 변조하는 방식

44 ③

PSK(Phase-Shift Keying, 위상 편이 변조) 특징
- 반송파 간 위상차 : $\frac{2\pi}{M}$
- 진폭 변화가 적고 에러 허용 능력이 우수
- 반송파의 위상을 각각 다르게 하여 디지털 데이터를 전송하는 방식
- M진 PSK에서 M은 2^n을 의미함. 8진 = 2^3
- $\frac{2\pi}{8} = \frac{\pi}{4}$

오답 피하기
- 2진, 4진, 8진 등의 종류가 있다.
- 2진 PSK 180도
- 4진 PSK 90도
- 8진 PSK 45도

45 ②

블루투스(Bluetooth)에 대한 표준규격은 IEEE 802.15.1이다.

오답 피하기

IEEE 802.10 : LAN

46 ③

비동기식 전송

Start Bit	Data Bit	Parity Bit	Stop Bit
1Bit	5~8Bit	1Bit	1~2Bit

- Byte와 Byte를 구분하기 위해 문자의 앞뒤에 각각 Start Bit와 Stop Bit를 가진다.
- 동기식보다 주로 저속도의 전송에 이용된다.
- 비트열이 전송되지 않을 때는 휴지 상태(Idle Time)가 된다.
- 2,000bps 이하의 저속 단거리 통신에 사용된다.
- 송신측에서 유휴상태 비트를 전송하다 전송 데이터가 발생하면 시작비트 0을 전송한 뒤 데이터를 전송하는 방식이다.

47 ①

Clad
광케이블의 전반사 현상을 발생시키는 장비는 Clad이며, 광신호를 코어 부근으로 반사시켜 코어 내부로 빛을 모아주는 역할을 한다.

48 ④

데이터그램 방식
- 데이터를 패킷 단위로 나누어 특정 경로가 설정 없이 전송되는 방식이다.
- 패킷마다 전송 경로가 다르다.
- 네트워크의 상황에 따라 적절한 경로로 전송이 되므로 융통성이 좋다.

가상 회선 방식
- 단말기 간에 논리적인 가상회선을 미리 설정하여 송신측과 수신측 사이의 연결을 확립한 후에 설정된 경로로 패킷들을 발생 순서대로 전송하는 연결 지향형 방식이다.
- 모든 패킷은 같은 경로로 전송되므로 경로 설정이 필요 없다.

49 ③

- 1비트 신호 단위인 경우(onebit; 2위상) : bps = baud
- 2비트 신호 단위인 경우(dibit; 4위상) : bps = 2 baud
- 3비트 신호 단위인 경우(tribit; 8위상) : bps = 3 baud
- bps = baud * 비트수
- tribit는 신호당(보오당) 3비트이므로
- 3bit × 1600[Baud] = 4800bps

50 ③

- SMTP(Simple Mail Transfer Protocol) : 메일 전송 프로토콜이다.
- POP3(Post Office Protocol version 3) : 메일 수신 프로토콜이다.
- S/MIME(Secure Multipurpose Internet Mail Extensions) : 전자메일의 암호화 방식의 표준으로, RSA Data Security사에 의해 제안, IETF에 의해 표준화되었다. RSA 공개키 암호 방식을 이용한 메시지를 암호화하여 송/수신하며, 이 방식으로 암호화 메일을 주고받기 위해서는 수신자 측도 S/MIME에 대응할 필요가 있다.

51 ④

OSPF(Open Shortest Path First protocol)
- 링크 상태(Link State) 라우팅 프로토콜로 IP 패킷에서 프로토콜 번호 89번을 사용하여 라우팅 정보를 전송하여 안정되고 다양한 기능으로 가장 많이 사용되는 IGP(Interior Gateway Protocol)이다.
- 거리 벡터 알고리즘이 사용되지 않는다.

RIP(Routing Information Protocol)
IP 통신망의 경로 지정 통신 규약의 하나. 경유하는 라우터의 대수(hop의 수량)에 따라 최단 경로를 동적으로 결정하는 거리 벡터 알고리즘을 사용한다.

Distance vector routing algorithm
가장 짧은 경로를 찾기 위해 경로상의 홉(hop) 수에 따라 반복하여 실행되는 라우팅 알고리즘이다. 벨맨 포워드 라우팅 알고리즘(bellman-forward routing algorithm)이라고도 한다.

52 ①

IPSec(IP Security)
- IP 계층에서 데이터를 암호화하고 인증하는 보안 프로토콜이다.
- 암호화는 양방향(쌍방향) 통신 모두 지원하며, 송·수신자 간 안전한 통신을 보장한다.
- ESP(Encapsulating Security Payload) : 기밀성, 무결성, 인증을 모두 제공한다.
- AH(Authentication Header) : 인증과 무결성은 제공하지만 기밀성은 제공하지 않는다.

53 ④

ARQ 종류
- 정지-대기 ARQ(Stop-And-Wait ARQ) : 송신측에서 1개의 프레임을 전송한 후, 수신측에서 오류의 발생을 점검하여 ACK 또는 NAK를 보내올 때까지 대기하는 ARQ 방식
- 연속적 ARQ(Continue ARQ) : 정지-대기 ARQ의 단점을 보완하기 위한 방식
- Go-Back-N ARQ : 다수의 데이터 블록을 송신하고, 수신측으로부터 NAK 신호가 전송되면 NAK 신호를 받은 블록부터 다음의 모든 블록을 재전송하는 방식
- 선택적 재전송 ARQ(Selective-Repeat ARQ) : NAK 신호를 받은 블록만을 재전송하는 방식
- 적응적 ARQ(Adaptive ARQ) : 전송 효율을 높이기 위해서 블록의 길이를 동적(Dynamic)으로 변경시킬 수 있는 방식

54 ④

LAN 토폴로지 종류

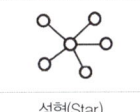
성형(Star)

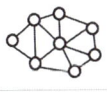
망형(Mesh)

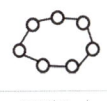
링형(Ring)

55 ④

HDLC 프레임 구성
- 플래그(Flag) : 프레임의 시작과 끝을 나타내며, 항상 '01111110'을 취한다.
- 주소부(Address Field) : 송·수신국을 식별한다.
- 제어부(Control Field) : 프레임 종류를 식별한다.
- 정보부(Information Field) : 실제 정보를 포함한다.

56 ②

- bps = baud × 비트수
- 4800 = ? × 3
- ? = 1600

오답 피하기
- 1비트(onebit; 2위상) : bps =1 baud
- 2비트(dibit; 4위상) : bps = 2 baud
- 3비트(tribit; 8위상) : bps = 3 baud

57 ①

PWM(Pulse Width Modulation)
펄스변조에서 아날로그 정보신호의 크기에 따라 펄스 반송파의 폭을 변화시키는 변조 방식이다.

58 ②

PCM 부호화 단계 순서
표본화 → 양자화 → 부호화 → 복호화 → 여과기

59 ④

신뢰성 있는 데이터 전송을 보장하는 프로토콜은 TCP이다.
TCP(Transmission Control Protocol)
- OSI 7계층의 전송 계층에 해당한다.
- 접속형(연결형) 서비스, 전이중 데이터 전송 서비스, 신뢰성 서비스, 스트림 데이터 서비스를 제공한다.
- 패킷 다중화, 오류 제어, 흐름 제어, 순서 제어 등의 기능을 한다.

60 ②

패킷 교환 방식(Packet Switching)
- 메시지를 일정한 길이의 전송 단위인 패킷으로 나누어 전송하는 방식으로 트래픽 용량이 비교적 많은 경우 유리하다.
- 패킷 단위로 저장·전달(Store-and-Forward) 방식에 의해 데이터를 교환하는 방식이다.
- 다수의 사용자 간에 비대칭적 데이터 전송을 원활하게 하므로 모든 사용자 간에 빠른 응답 시간 제공이 가능하다.
- 전송에 실패한 패킷의 경우 재전송이 가능하다.
- 패킷 단위로 헤더를 추가하므로 패킷별 오버헤드가 발생한다.
- 패킷 교환 방식에서 패킷을 작게 분할할 경우 헤더와 노드 지연 시간이 증가되며, 패킷의 분할·조립 시간이 늘어난다.

출제 예상문제 03회 2-68P

01 ①	02 ②	03 ④	04 ①	05 ②
06 ③	07 ②	08 ③	09 ④	10 ③
11 ①	12 ②	13 ②	14 ④	15 ①
16 ①	17 ①	18 ④	19 ②	20 ③
21 ③	22 ④	23 ③	24 ③	25 ①
26 ②	27 ①	28 ④	29 ③	30 ①
31 ①	32 ①	33 ③	34 ③	35 ①
36 ③	37 ①	38 ③	39 ③	40 ③
41 ③	42 ②	43 ②	44 ④	45 ②
46 ①	47 ①	48 ②	49 ④	50 ②
51 ③	52 ①	53 ④	54 ③	55 ②
56 ②	57 ①	58 ①	59 ①	60 ①

과목 01 사무자동화 시스템

01 ①

세마포어(semaphore)
- 멀티프로그래밍 환경에서 공유 자원에 대한 접근을 제어하는 데 사용되는 동기화 도구이다.
- E.J.Dijkstra가 제안한 방법이다.
- 여러 개의 프로세스가 동시에 그 값을 수정하지 못한다.
- 상호배제의 원리를 보장하는 데 사용된다.
- P 조작은 프로세스를 대기시키는 wait 동작이다.
- V 조작은 대기 중인 프로세스를 깨우는 신호를 보내는 signal 동작이다.

세마포어의 주요 특징

상호 배제	여러 프로세스가 동시에 공유 자원에 접근하지 못하도록 제어
동기화	프로세스 간의 동작을 조율하여 올바른 순서로 실행되도록 함
원자성	세마포어 연산은 한 번에 완료되어야 하며, 중간에 다른 프로세스가 방해해서는 안 됨

02 ②

내부, 외부 단편화는 페이징 기법에 관한 내용이다.
세그먼테이션(Segmentation) 기법
- 가상기억장치에 보관된 프로그램을 다양한 크기의 논리적인 단위(Segment)로 나눈 후 주기억장치에 적재시켜 실행시키는 기법이다.
- 매핑을 위해 세그먼트의 위치 정보를 가진 세그먼트 맵 테이블(Segment Map Table)이 필요하다.
- 각 세그먼트는 고유한 이름과 크기를 갖는다.
- 기억장치 보호키가 필요하다.
- 프로그래머가 메모리를 세그먼트들의 조합으로 볼 수 있게 해준다.

- 세그먼테이션은 동적으로 결정되는 서로 다른 크기의 세그먼트들로 구성된다.
- 세그먼테이션에 대한 메모리 참조는 (세그먼트 번호, 오프셋) 주소 형식으로 이루어진다.

03 ④

페이지 교체 알고리즘
- FIFO : 먼저 입력된 페이지를 먼저 교체
- OPT (OPTimal replacement) : 가장 오랫동안 사용되지 않을 페이지를 대체하는 방식
- FIFO 방식으로 수행하되 각 작업은 할당 시간 동안만 CPU를 사용
- LRU(Least Recently Used) : 가장 오랫동안 사용되지 않았던 페이지 교체 방식
- NUR(Not Used Recently) : 가장 최근에 사용되지 않은 페이지 교체

04 ①

HRN 스케줄링 기법
짧은 작업시간이나 대기시간이 긴 작업은 우선순위가 높아지는 기법

HRN의 우선순위 공식
- (대기 시간+서비스 받을 시간)/서비스 받을 시간
- 우선순위 값이 큰 것이 우선 처리된다.

05 ②

WAV(Waveform Audio Format)
개인용 컴퓨터에서 오디오를 재생하는 마이크로소프트와 IBM 오디오 파일 포맷 표준이다.

06 ③

Prompt
컴퓨터 시스템이 사용자에 대하여 다음에 어떠한 조작을 행해야 하는지 지시하기 위한 지시 메시지이다. 명령 대기 상태에서 시스템이 표시하고 있는 프롬프트는 사용자와의 대화를 재촉하기 위해서 사용된다.

07 ②

오답 피하기

외부 스키마 (External Schema)	사용자나 응용 프로그래머가 접근할 수 있는 정의를 기술
내부 스키마 (Internal Schema)	물리적 저장 장치의 입장에서 본 데이터베이스 구조로서 실제로 데이터베이스에 저장될 레코드의 형식을 정의하고 저장 데이터 항목의 표현 방법, 내부 레코드의 물리적 순서 등을 나타냄
개념 스키마 (Conceptual Schema)	• 범 기관적 입장에서 데이터베이스를 정의한 것 • 개체 간의 관계와 제약 조건을 나타내고, 데이터베이스 접근 권한, 보안 및 무결성 규칙 명세가 있음

08 ③

데이터베이스 언어(Database Language)

데이터 정의어(DDL)	데이터베이스를 생성하거나 수정하기 위해 사용하는 언어
데이터 조작어(DML)	데이터의 삽입, 삭제, 수정 등을 하기 위해 사용하는 언어
데이터 제어어(DCL)	데이터 보안, 데이터 무결성, 데이터 복구 등을 위해 사용하는 언어

09 ④

- DISTINCT는 중복된 데이터를 제거하는 데 사용되지만, GROUP BY와 함께 사용될 때 중복을 제거하는 목적은 아니다.
- GROUP BY는 데이터를 그룹화하여 하나의 결과로 결합하고, 그룹화된 데이터를 기준으로 집계 함수(예 SUM, AVG, COUNT)를 적용한다.
- GROUP BY절은 HAVING 조건자와 같이 사용된다.

10 ③

- order by절 즉, 정렬 부분부터 분석해 본다.
- 출간연도가 오름차순 정렬된 것을 확인할 수 있다.
- 출간연도가 같을 경우, 저자 필드 기준으로 오름차순 정렬된 것을 확인할 수 있다.
- ORDER BY [출간연도] ASC, [저자] ASC: 키워드를 찾는다.

11 ①

시스템 카탈로그(System Catalog)
- 데이터베이스에 존재하는 테이블, 뷰, 인덱스, 사용자 권한 등의 정보를 저장하는 시스템 데이터베이스이다.
- 이 안에 저장된 정보를 메타 데이터(meta data)라고 부른다.
- 시스템 카탈로그는 DBMS가 자동으로 생성하고 관리하며, 사용자가 직접 수정할 수 없다.
- 사용자는 조회는 가능하지만, 내용을 변경하면 데이터베이스 무결성이 깨질 위험이 있다.

12 ②

SELECT문
- 데이터베이스에서 원하는 데이터를 검색하는 SQL의 기본 명령어이다.
- FROM절은 데이터를 가져올 테이블 이름을 지정한다.
- 중복 제거를 위해 사용하는 키워드는 DISTINCT가 맞지만, 그 위치는 WHERE절이 아니라 SELECT절 바로 뒤이다.
- 예 SELECT DISTINCT 컬럼명 FROM 테이블명;
- HAVING절은 GROUP BY로 묶인 그룹 전체에 대한 조건을 지정할 때 사용된다.
- ORDER BY절은 결과를 정렬할 때 사용하며, 오름차순/내림차순 설정이 가능하다.

13 ②
후보키(Candidate Key)
- 모든 튜플들을 유일하게 식별할 수 있는 하나 또는 몇 개의 속성 집합을 의미한다.
- 유일성과 최소성 모두 만족한다.

슈퍼키(Super Key)
- 두 개 이상의 속성으로 구성된 기본키이다.
- 유일성은 만족시키지만, 최소성은 만족시키지 못한다.

14 ④
Excel의 정렬 기능
- 셀 색상, 글꼴 색 등을 기준으로 정렬할 수 있다. 예를 들어 특정 색이 적용된 셀을 먼저 보이게 할 수 있다.
- 사용자 지정 목록(Custom List)을 만들어 내가 정한 순서대로 정렬할 수 있다.
- Excel에서는 최대 64개의 열까지 동시에 정렬 기준으로 설정할 수 있다.
- 숨겨진 행(hidden rows)은 정렬 대상에서 제외된다. 정렬을 실행하기 전에 숨겨진 행이나 열은 보이도록 해 두어야 한다는 안내가 있다.
- 즉, 정렬할 때 숨겨진 행까지 포함해서 자동으로 정렬되지는 않는다.

15 ①
매크로 이름
- 대소문자를 구분하지 않으며 동일 이름이라면 대/소문자 차이로 구별되지 않는다. 매크로 이름에 공백(space)이나 마침표(.)는 허용되지 않는다.
- 매크로에 단축키를 지정하면, 그 통합 문서가 열려 있는 동안 해당 단축키는 기본 Excel 단축키보다 우선 작동한다.
- 매크로 기록 시, 실제 데이터를 조작하는 동작은 기록되지만, 사용자가 리본 메뉴를 클릭하여 이동한 경로 자체는 기록되지 않는다.
- 매크로를 모든 Excel 문서에서 사용할 수 있게 하려면 기록할 때 "개인용 매크로 통합 문서(Personal Macro Workbook)"에 저장해야 한다.

16 ①
엑셀의 채우기 핸들(Fill Handle)
- 드래그할 때, 기본적으로 연속 데이터(숫자 증가, 날짜 증가 등)를 자동으로 채우는 동작이 실행된다. 기존 값 그대로 복사하려면, 드래그할 때 Ctrl 을 함께 누른 상태로 하면 된다.
- 문자와 숫자가 혼합된 셀을 Ctrl 을 누른 채 드래그하면 동일한 내용이 복사된다. (문자 + 숫자 혼합 셀은 기본 채우기가 복사가 기본 동작이 아니라 패턴 인식이 되지만, Ctrl 을 눌러서 복사 모드로 강제 가능)

오답 피하기
- ② : "첫 번째 셀과 두 번째 셀을 범위로 설정한 후 드래그하면 두 번째 셀의 값이 복사된다"는 설명은 잘못된 경우가 많고, 기본 동작은 두 값의 차이를 따라 증가/감소하는 패턴 채우기이다.

- ③ : Ctrl 을 누른 채 오른쪽으로 드래그하면 숫자가 1씩 감소한다"는 설명인데, 실제 동작은 증가 혹은 복사 모드로 바꾸는 동작이지 감소가 기본이 아니다.
- ④ : "사용자 정의 목록의 첫 번째 항목을 입력하고 Ctrl 을 누른 채 드래그하면 목록 데이터가 입력된다"는 옳다 — 사용자 정의 목록을 이용한 자동 채우기는 기본이 패턴 채우기이지만 Ctrl 을 눌러 강제 복사 모드로 바꿀 수 있다.

17 ①
- 본문 영역은 폼에서 실제 데이터를 표시하는 중요한 부분이다.
- 이 영역은 '바운드 컨트롤'이라고 불리는 컨트롤을 포함하며, 바운드 컨트롤은 데이터베이스의 필드와 연결되어 특정 레코드의 값을 보여주는 역할을 한다.

18 ④
SQL의 집계 함수(Aggregation Function)
- 여러 행의 데이터를 하나의 결과값으로 요약하는 함수이다.
- 대표적인 집계 함수 : AVG(평균), COUNT(개수), SUM(합계), MAX(최댓값), MIN(최솟값)
- 주로 SELECT문과 함께 GROUP BY절에서 사용된다.
- CREATE는 데이터베이스 객체를 정의하는 명령어로, DDL(Data Definition Language)에 속하며 집계 함수와는 무관하다.

19 ②
디지타이저
캐드와 같이 좀 더 정밀한 좌표데이터를 입력하는 데 널리 사용된다. 디지타이저의 타블렛(Tablet)은 도면이나 그림을 올려놓고 직접 입력시키기에도 유용한데, 그 크기는 A4부터 A0까지 다양한 형태가 있다.

20 ③
SSD(Solid State Drive)
반도체를 이용하여 정보를 저장하는 장치이다. HDD에 비하여 속도가 빠르고 기계적 지연이나 실패율, 발열 · 소음도 적으며, 소형화 · 경량화할 수 있는 장점이 있다.

과목 02 프로그래밍 일반

21 ③
BNF에서 | 는 '택일'을 의미한다. 제시된 순서에 따라 정규문법에 맞춰 경우의 수를 찾아보면 된다.

S → aS | aB
- S는 a로 시작하면서 S로 끝나거나 a로 시작하면서 B로 끝난다. 보기 ④는 b로 시작하므로 답이 될 수 없다.
- aa, aaa(S재귀) 또는 aBC가 될 수 있다.

C → a | aC
- C는 a로 시작하거나, a로 시작해 C로 끝난다.
- a 또는 aa, aaa(C재귀)가 될 수 있다.

B → bC
B는 b로 시작, C로 끝난다.
S → aS | aB를 앞의 C, B를 대입해 찾는다.
- aS → aa, aaa, aaaa가 될 수 있으며 또는
- aB → abC → aba 또는 abaa가 될 수 있다.
- 보기 중 가능한 문법은 abaa이므로 정답은 ③이다.

22 ④

묵시적 순서제어
- 프로그램 언어에서 미리 정해진 순서에 따라서 제어가 일어나는 것을 의미한다.
- 일반 언어에서 순서를 명시적으로 제어하는 문장이 없으면 문장 나열 순서로 제어한다.
- 수식에서 괄호가 없으면 연산자 우선순위에 의해서 수식이 계산된다.

23 ③

소스 코드 정적 분석 도구
- 소프트웨어를 이용한 코드 분석 기법이다.
- 소스 코드를 실행시키지 않고 분석한다.
- 코드에 있는 오류나 잠재적인 오류를 찾아내기 위한 활동이다.
- 자료 흐름이나 논리 흐름을 분석하여 비정상적인 패턴을 찾을 수 있다.

상식 분석 도구 종류
pmd, cppcheck, SonarQube, checkstyle, ccm, cobertura 등

24 ③

super	하위 클래스에서 상위 클래스를 참조하기 위해 사용하는 명령어
extends	상위 클래스에서 하위 클래스로 상속하기 위해 사용하는 명령어

25 ①

C언어의 기억 클래스
- 자동 변수(automatic variable)
- 레지스터 변수(register variable)
- 정적 변수(static variable)
- 외부 변수(extern variable)

26 ②

Python
- 객체지향(Object-Oriented) 구조를 지원하는 대표적인 스크립트 언어이다.
- 인터프리터 방식으로 한 줄씩 해석·실행되므로 별도의 컴파일 과정이 필요 없다.
- 간결하고 읽기 쉬운 문법 덕분에 개발 효율이 높고, 데이터 분석·AI·웹 개발 등 다양한 분야에 사용된다.
- 운영체제에 독립적이어서 Windows, macOS, Linux 등 어디서나 실행 가능하다.
- 반면 C++ 과 Java는 컴파일 과정이 필요한 컴파일 언어이며, COBOL 은 절차지향적인 업무용 프로그래밍 언어로 객체지향 기능이 제한적이다.

27 ②

'차량 대여 시스템이 제공하는 모든 화면이 3초 이내에 사용자에게 보여야 한다'는 성능에 해당하므로 비기능적 요구사항에 해당한다.

기능적 요구사항 vs 비기능적 요구사항

기능적 요구사항	시스템이 실제로 어떻게 동작하는지에 관점을 둔 요구사항
비기능적 요구사항	시스템 구축에 대한 성능, 보안, 품질, 안정성 등으로 실제 수행에 보조적인 요구사항

28 ④

- 변수 k는 1부터 60까지 1씩 증가한다.

```
k = 1;
while(k<60)
~
k++;
```

- 변수 k가 4의 배수이면 그때 k보다 2 작은 값을 출력한다.

```
if(k%4==0)
    printf("%d\n", k-2);
```

- 즉 1부터 60까지 수 중에서 4의 배수인 값보다 2 작은 값이 출력된다.
- (4)2, (8)6, (12)10, (16)14 ... 32(30), 36(34) ...

29 ③

객체지향 기법의 기본 원칙

캡슐화 (Encapsulation)	데이터와 데이터를 조작하는 연산을 하나로 묶는 것을 의미하며 연관된 데이터와 함수를 함께 묶어 외부와 경계를 만들고 필요한 인터페이스만을 밖으로 드러내는 과정을 의미
정보 은닉 (Information Hiding)	객체가 다른 객체로부터 자신의 자료를 숨기고 자신의 연산만을 통하여 접근을 허용하는 것을 의미하며 캡슐화와 밀접한 관계가 있음
추상화 (Abstraction)	주어진 문제나 시스템 중에서 중요하고 관계있는 부분만을 분리하여 간결하고 이해하기 쉽게 만드는 작업을 의미
상속성 (Inheritance)	상위 클래스의 속성과 메소드를 하위 클래스가 물려받는 것을 의미하며 클래스와 객체를 재사용할 수 있음
다형성 (Polymorphism)	많은 상이한 클래스들이 동일한 메소드명을 이용하는 능력을 의미하며 한 메시지가 객체에 따라 다른 방법으로 응답할 수 있는 것을 의미

30 ①

로더(Loader)의 4대 기능

할당(Allocation)	주기억 장치 안에 빈 공간을 할당
연결(Link)	목적 모듈들 사이의 기호적 외부 참조를 실제적 주소로 변환
재배치(Relocation)	종속적인 모든 주소를 할당된 주기억 장치 주소와 일치하도록 조정
적재(Load)	기계 명령어와 자료를 기억 장소에 물리적으로 배치

31 ①

크로스 컴파일러(Cross Compiler)
번역이 이루어지는 컴퓨터와 번역된 기계어에 이용되는 컴퓨터가 서로 다른 기종의 컴퓨터일 때 사용하는 컴파일러의 한 가지이다.

프리프로세서(전처리기, Preprocessor)
주석(Comment)의 제거, 상수 정의 치환, 매크로 확장 등 컴파일러가 처리하기 전에 먼저 처리하여 확장된 원시 프로그램을 생성한다.

32 ①

변수와 상수
- 변수(Variable) : 기억 장치의 한 장소를 추상화 한 것, 프로그래머가 프로그램 내에서 정의하고 이름을 줄 수 있는 자료 객체이다.
- 상수(Constant) : 프로그램이 동작하는 동안 값이 절대로 변하지 않는 값이다.

주석(Comment)
- 프로그램에 실제 실행되지 않고 프로그래머가 코드의 이해를 돕거나 분석을 위해 써놓은 일종의 프로그램 설명이다.
- 프로그램 문서화의 중요한 부분으로 추후 유지보수에 유리하다.
- 대부분의 프로그래밍 언어에서 각각의 주석 형식은 달라도 주석을 허용한다.

33 ③

`#include <stdio.h>`
`#include <string.h>`
`int main()`
	• 헤더 파일 정의
	• main( ) 함수 시작

`{`
  `printf("%d", strlen`
`("Hello World"));`
  `return 0;`
`}`
	• strlen("Hello World") 부분이 호출되어 "Hello World" 문자열의 길이인 11을 반환
	• printf 함수를 사용하여 출력
	• 함수 종료

34 ③

별명(alias)
- 동일한 데이터 요소나 포인트를 지칭하는 수단으로 사용되는 대체 레이블을 의미한다.
- 하나의 자료객체에 동시에 서로 다른 두 이름이 바인딩되어 있는 것을 의미한다.

35 ①

토큰(TOKEN)
컴파일러가 원시 프로그램을 하나의 긴 문자열로 보고 스캐닝할 때, 의미를 갖는 최소한의 일련의 문자열로 분할해 낸 문법적인 단위를 말한다.

36 ③

응집도 순위
(강함) 기능적 응집도 〉순차적 응집도 〉교환적 응집도 〉절차적 응집도 〉시간적 응집도 〉논리적 응집도 〉우연적 응집도 (약함)

37 ①

이스케이프 시퀀스(Escape Sequence)
- 문자열 내에서 특수한 기능을 수행하는 문자 조합이다.
- ₩n은 줄바꿈(개행, newline)을 의미하며, 커서를 다음 줄로 이동시킨다.
- ₩t는 탭(tab)을 나타내며 일정 간격을 띄운다.
- ₩r은 캐리지 리턴(carriage return)으로, 커서를 줄 맨 앞으로 되돌린다.
- ₩b가 백스페이스(backspace)역할을 하며, 이전 문자를 한 칸 지운다.
- 반면 ₩a는 벨(bell)이며, 시스템에 따라 경고음(beep sound)을 낸다.

38 ③

- a = [0,10,20,30,40,50,60,70,80,90]는 0부터 90까지 10단위로 저장된 리스트이다.
- 슬라이싱 구문 a[: 7 : 2]는 시작 인덱스 생략(0부터 시작), 끝 인덱스 7 앞까지, 간격(step) 2로 요소를 추출한다.
- 즉, 인덱스 0부터 6까지의 요소 중 2칸씩 건너뛰며 가져온다.
- 인덱스 0, 2, 4, 6에 해당하는 값은 각각 0, 20, 40, 60이다.
- 따라서 결과는 [0, 20, 40, 60]이 된다.

39 ③

구조적 프로그램(Structured Programming)
- 프로그램의 흐름을 논리적으로 제어하기 위해 세 가지 기본 구조로 구성된다.
- 기본 구조 : 순차(Sequence), 선택(Selection or Condition), 반복(Iteration or Repetition)
- 순차 구조 : 명령이 위에서 아래로 순서대로 실행되는 형태이다.
- 조건(선택) 구조 : 주어진 조건에 따라 실행 경로를 나누는 형태이다.
- 반복 구조 : 특정 조건이 만족될 때까지 명령을 반복 실행하는 형태이다.
- 일괄(batch) 구조 : 프로그램 제어 구조가 아니라, 작업 처리 방식(일괄 처리 방식)을 의미한다.

40 ③

워크스루의 주요 목적
- 교육적 목적이나 문서의 이해, 문제의 식별 등에 있으며, 발견된 오류의 문제 해결 자체에 중점을 두지는 않는다.
- 문제 해결은 보통 후속 단계에서 진행된다.
- 반면 인스펙션(Inspection)은 오류 발견과 수정에 보다 중점을 둔 공식적인 검토 방법이다.

과목 03 네트워크 일반

41 ③

프로토콜의 기본 구성 요소

구문(syntax)	데이터 형식, 부호화, 신호 레벨 등을 규정
의미(semantic)	효율적, 정확한 전송을 위한 개체 간의 조정과 에러 제어
순서(timing)	접속되는 개체 간의 통신 속도의 조정과 메시지의 순서 제어

42 ②

ARQ 종류
- 정지-대기 ARQ(Stop-And-Wait ARQ) : 송신측에서 1개의 프레임을 전송한 후, 수신측에서 오류의 발생을 점검하여 ACK 또는 NAK를 보내올 때까지 대기하는 ARQ 방식
- 연속적 ARQ(Continue ARQ) : 정지-대기 ARQ의 단점을 보완하기 위한 방식
- Go-Back-N ARQ : 다수의 데이터 블록을 송신하고, 수신측으로부터 NAK 신호가 전송되면 NAK 신호를 받은 블록부터 다음의 모든 블록을 재전송하는 방식
- 선택적 재전송 ARQ(Selective-Repeat ARQ) : NAK 신호를 받은 블록만을 재전송하는 방식
- 적응적 ARQ(Adaptive ARQ) : 전송 효율을 높이기 위해서 블록의 길이를 동적(Dynamic)으로 변경시킬 수 있는 방식

43 ②

게이트웨이(Gateway)
- 서로 다른 프로토콜을 사용하는 네트워크 간의 통신을 가능하게 하는 장치이다.
- TCP/IP 네트워크와 다른 통신 프로토콜(예 X.25, SNA 등)을 연결할 때 사용된다.
- 데이터 형식이나 프로토콜을 변환해주는 프로토콜 변환기 역할을 한다.
- 리피터(Repeater)는 신호를 증폭하여 동일한 네트워크 범위를 확장할 뿐, 프로토콜 변환은 하지 않는다.

44 ④

뉴미디어의 특징
- 대화 형식의 통신으로 상호작용성이 있다.
- 필요한 시기에 메시지를 보내고 받을 수 있는 비동시성이 있다.
- 다채널, 쌍방향 통신으로 진행된다.
- 정보의 형태가 다양하다.

45 ②

직교 진폭 변조(QAM, Quadrature Amplitude Modulation)
- 위상과 진폭을 함께 변화시켜서 변조하는 방식이며, 고속(주로 9,600bps) 데이터 전송에 이용되며, 진폭 위상 변조라고도 한다.
- 64-QAM은 64개의 위상과 진폭 변조를 의미한다.
- $64 = 2^6$이므로 6bit
- $14,400\text{bps} \div 6\text{bit} = 2,400 \text{ Baud}$

46 ①

IoT(Internet of Thing, 사물 인터넷)
생활 속의 사물 등에 네트워크 접속의 기능을 갖추어 거시적으로 사물 간의 네트워크를 구현할 수 있는 기술을 뜻한다.

47 ③

CSMA/CA(Carrier Sense Multiple Access with Collision Avoidance)
- 무선 LAN에서 사용되는 무선전송 다원접속 방식이다.
- 전송 전에 캐리어 감지를 통해 매체가 사용 중인지 확인하고, 사용 중이라면 일정 시간 기다렸다가 다시 전송하는 방식이다.

48 ②

OSI 7계층 주요 기능

계층	기능
Application	사용자에게 서비스 제공
Presentation	코드 변환, 암호화, 압축, 구문 검색
Session	프로세스 간에 대한 연결을 확립, 관리, 단절 수단 제공
Transport	통신 양단간의 에러 제어 및 흐름 제어
Network	경로 설정 및 네트워크 연결 관리
Data Link	흐름 제어, 에러 제어
Physical	전기적, 기능적, 절차적 기능 정의

49 ④

LAN의 토폴로지 종류로는 성형(star), 망형(Mesh), 링형(Ring), 계층형(Tree), 버스형(Bus), 격자망형(Grid)이 있다.

50 ②

Parity 체크는 수신된 데이터의 전송 오류만 검출한다. 정정은 불가능하다.

51 ③

V 시리즈
기존의 공중 전화망 또는 사설 데이터망을 이용한 아날로그 데이터를 전송하기 위해 개발된 터미널 인터페이스

X 시리즈
공중 데이터 통신망을 이용하여 디지털 데이터를 전송하기 위해 개발된 신규 터미널용의 인터페이스

52 ②

다중화 제어는 다중화기의 기능이다.

단말 장치(DTE, Data Terminal Equipment)
- 데이터 통신 시스템과 사용자의 접점에 위치하여 데이터의 입·출력을 처리하는 장치이다.
- 기능 : 입·출력 기능, 전송 제어 기능, 기억 기능, 에러 제어

53 ④

가상 회선 방식
- 단말기 간에 논리적인 가상 회선을 미리 설정하여 송신측과 수신측 사이의 연결을 확립한 후에 설정된 경로로 패킷들을 발생 순서대로 전송하는 연결 지향형 방식
- 모든 패킷은 같은 경로로 전송되므로 경로 설정이 필요 없음

데이터그램 방식
- 데이터를 패킷 단위로 나누어 특정 경로의 설정 없이 전송되는 방식
- 패킷마다 전송 경로가 다름
- 네트워크의 상황에 따라 적절한 경로로 전송이 되므로 융통성이 좋음

54 ③

IEEE 802 표준 규격

802.1	상위 계층 인터페이스
802.2	논리 링크 제어(LLC)
802.3	CSMA/CD
802.4	토큰 버스(Token Bus)
802.5	토큰 링(Token Ring)
802.6	MAN
802.7	광대역 LAN
802.8	고속 이더넷(Fast Ethernet)
802.11	무선 LAN

55 ②

TCP SYN Flooding
Denial of Service(DoS) 공격의 한 종류로, TCP/IP 연결을 설정하는 과정에서 발생하는 취약점을 이용하여 공격 대상의 서비스를 마비시키는 공격이다.

오답 피하기

DDos 공격 유형

프로토콜 계층 공격	• TCP SYN Flooding • UDP Flooding • ICMP Flooding • NTP Flooding • DNS Flooding • Slow HTTP Attack
애플리케이션 계층 공격	• HTTP Flooding • SQL Injection • Cross Site Scripting(XSS) • Command Injection • Botnet Attack

56 ②

광섬유 케이블
- 빛을 이용하여 전기적 유도가 발생하지 않아 넓은 대역폭을 가지며 전송 손실이 적으며, 잡음에 특히 강하다.
- 단점으로는 비용이 많이 들고 곡선 설치와 장치 간 접속이 어려워 기계식 접속자 및 레이저를 이용한 용착 접속이 가능하다.
- 성형, 링형의 형태에도 사용이 가능하다.

57 ①

모뎀의 신호 방식(디지털 → 아날로그로 변조)

ASK (진폭 편이 변조)	반송파로 사용되는 정현파의 진폭에 정보를 싣는 변조 방식
FSK (주파수 편이 변조)	반송파 주파수를 이산 값으로 전환해 정보를 싣는 디지털 변조 방식
PSK (위상 편이 변조)	반송파 위상을 이산 값으로 전환해 비트를 전송하는 디지털 변조 방식
QAM (직교 진폭 변조)	직교하는 두 반송파에 독립 진폭을 실어 위상·진폭을 동시에 변조하는 방식

58 ①

문자 위주 동기전송의 전송 제어 문자

SYN(Synchronous idle)	동기를 취하거나 유지함
SOH(Start Of Heading)	헤딩의 개시
STX(Start of TeXt)	본문의 개시 및 헤딩의 종료
ETX(End of TeXt)	본문의 종료
ETB(End of Transmission Block)	블록의 종료
ENQ(ENQuiry)	상대국에 데이터 링크 설정 및 응답 요구
DLE(Data Link Escape)	데이터 투과성을 위해 삽입되며, 전송 제어 문자 앞에 삽입하여 전송 제어 문자임을 알림

59 ①

보호대역(guard band)
주파수 분할 다중화 방식은 인접한 채널 간의 간섭을 막기 위해 보호대역(Guard Band)이 필요하지만 채널의 이용률이 낮아진다.

60 ①

WPAN(Wireless Personal Area Network)
10m 이내의 거리에서 무선 서비스를 제공하기 위한 무선 개인 통신망으로, UWB, ZigBee, Bluetooth 기술 등이 활용된다.
WLAN (Wireless LAN)
무선랜(WiFi)

출제 예상문제 04회   2-76P

01 ②	02 ④	03 ④	04 ③	05 ①
06 ③	07 ①	08 ③	09 ②	10 ②
11 ②	12 ①	13 ③	14 ③	15 ③
16 ③	17 ①	18 ②	19 ②	20 ①
21 ④	22 ③	23 ①	24 ③	25 ②
26 ④	27 ①	28 ①	29 ③	30 ①
31 ①	32 ③	33 ④	34 ①	35 ②
36 ①	37 ③	38 ③	39 ③	40 ④
41 ④	42 ①	43 ②	44 ③	45 ④
46 ②	47 ②	48 ②	49 ③	50 ②
51 ④	52 ②	53 ③	54 ②	55 ③
56 ④	57 ①	58 ④	59 ③	60 ①

과목 01 사무자동화 시스템

01 ②

은행원 알고리즘은 교착 상태 해결 방법 중 회피(Avoidance) 기법에 속한다. 예방 기법은 교착 상태 발생 조건(상호 배제, 점유와 대기, 비선점, 환형 대기) 중 하나를 아예 제거하는 방식이다.

02 ④

페이지 교체 알고리즘
- FIFO : 먼저 입력된 페이지를 먼저 교체
- OPT (OPTimal replacement) : 가장 오랫동안 사용되지 않을 페이지를 대체하는 방식
- FIFO 방식으로 수행하되 각 작업은 할당 시간 동안만 CPU를 사용
- LRU(Least Recently Used) : 가장 오랫동안 사용되지 않았던 페이지 교체 방식
- NUR(Not Used Recently) : 가장 최근에 사용되지 않은 페이지 교체

03 ④

- 쉘(Shell) : 사용자의 명령어를 인식하여 프로그램을 호출하고 명령을 수행하는 명령어 해석기이다.
- 커널(Kernel) : 프로세스 간의 통신, 파일관리, 입출력 관리 등을 수행한다.

04 ③

가상 메모리
- 실제 물리 메모리보다 큰 공간을 제공하기 위한 기술이다.
- 페이징은 고정 크기 블록으로 분할 관리한다.
- 세그멘테이션은 의미 단위 블록으로 나눈다.
- 스와핑은 프로세스를 디스크와 교체하여 메모리 활용을 극대화한다.
- 스래싱은 과도한 페이지 부재로 성능 저하가 발생하는 현상이지, 관리 기법은 아니다.

05 ①

레지스터의 종류 - 연산 장치

누산기(ACC, Accumulator)	연산 결과를 임시로 기억함
가산기(Adder)	2진수들의 더하기를 수행
보수기(Complement)	입력 데이터의 보수를 출력
데이터 레지스터 (Data Register)	연산에 필요한 자료를 보관하는 레지스터
프로그램 상태 레지스터 (PSWR, Program Status Word Register)	• 시스템 내부의 순간의 상태를 기록하고 있는 정보인 PSW(Program Status Word)를 기억함 • 플래그 레지스터(Flag Register) 또는 상태 레지스터(Status Register)라고도 함

06 ③

조건부 서식
- Access에서 조건부 서식은 폼이나 보고서 내부에서 데이터를 시각적으로 강조하는 기능이다.
- 하지만 다른 파일 형식으로 출력하거나 내보낼 때 조건부 서식이 항상 유지되는 것은 아니다.
- 파일 형식에 따라 조건부 서식이 지원되지 않거나 변환 과정에서 손실될 수 있다.
- 조건부 서식은 데이터의 변화에 따라 자동으로 서식을 변경하여 데이터 분석 및 시각화에 유용하게 사용된다.
- 엑셀이나 PDF 같은 파일로 출력하거나 내보낼 때 서식이 유지되지 않을 수 있다.

07 ①

- Between 0 And 100 : 0과 100 사이여야 한다.
- Between 2 And 3 : 학년 필드에서 2~3학년 레코드만 검색한다.

08 ③

Access 테이블 이름에는 공백을 포함할 수 있다. 예를 들어, "고객 정보"와 같은 테이블 이름을 사용할 수 있다

오답 피하기
- . (마침표) : Access에서 개체 이름이나 필드 이름을 구분할 때 사용한다. 예 학생.학번
- ! (느낌표) : 폼이나 보고서에서 컨트롤을 참조할 때 사용한다.
  예 Forms!폼이름!컨트롤이름
- [ ] (대괄호) : 공백이나 특수 문자를 포함하는 개체 이름이나 필드 이름을 참조할 때 사용한다. 예 [고객 이름]과 같이 사용된다.

09 ②

오답 피하기
- ① : Ctrl 을 누른 채 원본 워크시트 탭을 마우스로 드래그하여 드롭하면 워크시트를 복사할 수 있다.
- ③ : 첫 번째 시트를 선택한 후 Shift 를 누른 채 마지막 워크시트 탭을 클릭하면 연속된 여러 시트를 선택할 수 있다.
- ④ : 떨어져 있는 여러 개의 시트를 선택할 때는 먼저 Shift 를 누른 상태에서 원하는 워크시트의 시트 탭을 차례로 누르면 된다.

10 ②

- 페이지 설정에서 인쇄 영역을 변경할 수 없다.

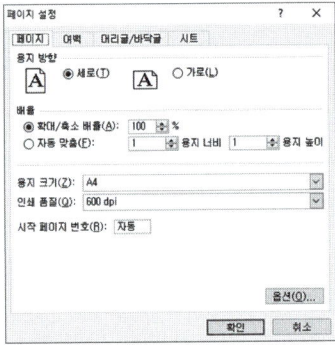

- 인쇄 영역 설정은 인쇄 미리보기 창에서 설정한다.

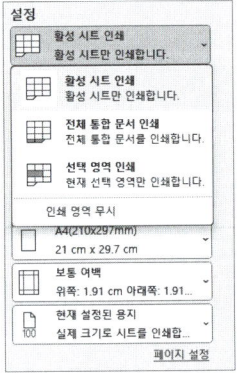

11 ②
- ORDER BY는 결과를 정렬하는 데 사용된다.
- HAVING은 그룹화된 결과에 대해 조건을 설정하는 데 사용되며, GROUP BY와 함께 사용된다.
- ORDER BY와 HAVING은 직접적인 관계가 없다.

12 ①
- UPDATE 테이블명
-     SET 속성명=값
-         WHERE 조건;

13 ③
ALTER문
- ALTER TABLE 회원
- ADD COLUMN 주소 VARCHAR(255);

14 ③
CASCADE vs RESTRICT
- DROP View : View_이름 [CASCADE | RESTRICT];
- CASCADE : 삭제할 요소가 다른 개체에서 참조 중이라도 삭제가 수행된다.
- 즉, V_1 하위에 연결된 V_2도 같이 삭제된다.

오답 피하기
RESTRICT : 삭제할 요소가 다른 개체에서 참조 중일 경우 삭제가 취소된다.

15 ③
보이스/코드 정규형(BCNF)의 정의는 모든 함수적 종속 X→Y에서 X가 후보키여야 한다는 것이다. '모든 결정자가 후보키'라는 조건이 보이스/코드 정규형 조건과 일치한다.

```
비정규 릴레이션
↓ 도메인이 원자값
1NF
↓ 부분적 함수 종속 제거
2NF
↓ 이행적 함수 종속 제거
3NF
↓ 결정자이면서 후보키가 아닌 함수 종속 제거
BCNF
↓ 다치 종속 제거
4NF
↓ 조인 종속성 이용
5NF
```

16 ③
슈퍼키(Super Key)
- 두 개 이상의 속성으로 구성된 기본키를 의미한다.
- 유일성은 만족시키지만, 최소성은 만족시키지 못한다.

후보키(Candidate Key)
- 모든 튜플들을 유일하게 식별할 수 있는 하나 또는 몇 개의 속성 집합을 의미한다.
- 유일성과 최소성 모두 만족한다.

17 ①
- 스풀링(Spooling) : 처리 속도가 빠른 CPU와 속도가 느린 프린터 사이에서 두 장치간의 속도 차이를 줄여주기 위한 임시 기억장소로 보조기억장치를 사용하며 가상 메모리와 버퍼 메모리를 혼합한 기능
- 버퍼링(Buffering) : CPU와 입·출력장치와의 속도 차이를 줄이기 위해 사용하는 기법

18 ②
RAM(Random Access Memory)
읽고 쓰기가 자유로운 메모리이며 휘발성을 갖는다.

구분	동적 램(DRAM)	정적 램(SRAM)
구성 소자	콘덴서	플립플롭
특징	주기적인 재충전(Refresh) 필요	전원이 공급되는 동안 기억 내용 유지
접근 속도	느림	빠름
집적도	높음	낮음
가격	낮음	높음
용도	일반 주기억장치	캐시 메모리

19 ②
메이저 스테이트(Major State)의 개념
중앙처리장치가 현재 무엇을 하고 있는가를 나타내는 상태
메이저 스테이트 종류

Fetch	주기억장치에 기억되어 있는 명령어를 호출하여 중앙처리장치로 가져오도록 하는 명령어
Indirect	기억장치로부터 오퍼랜드(데이터)의 번지를 인출하는 단계
Execute	실제로 명령을 실행하는 단계
Interrupt	인터럽트 발생 시 복귀주소(PC)를 저장시키고, 제어 순서를 인터럽트 처리 프로그램의 첫 번째 명령으로 옮기는 단계

20 ①

PGP(Pretty Good Privacy)
- 인터넷에서 전달하는 전자우편을 다른 사람이 받아 볼 수 없도록 암호화하고, 받은 전자우편의 암호를 해석해주는 프로그램
- 필 짐머맨(Phil Zimmermann)이 독자적으로 개발
- IETF에서 표준으로 채택한 PEM에 비해 보안성은 떨어지지만, 실장한 프로그램이 공개되어 있어서 현재 가장 많이 사용되고 있음
- PGP의 보안 서비스 : 인증, 기밀성, 압축, 전자우편 호환성, 분할 기능

과목 02 프로그래밍 일반

21 ④

묵시적 형 변환(자동 형 변환)
- 여러 개의 변수가 혼합되어 사용되는 경우 변환 규칙에 따라 자동으로 형이 변환된다.
- 두 개 이상의 데이터형이 혼합된 연산에서는 순위가 높은 데이터형으로 변환하여 계산한다.

22 ③

상향식 구문분석(Bottom-up parsing)
- 파스 트리의 리프, 즉 입력스트링으로부터 위쪽으로 파스 트리를 만들어 가는 방식이다.
- Shift Reduce 파싱이라고도 한다.
- 주어진 스트링의 시작이 심볼로 축약될 수 있으면 올바른 문장이고, 그렇지 않으면 틀린 문장으로 간주하는 방법이다.

하향식 구문 분석(top-down parsing)
- 루트로부터 터미널 노드 쪽으로 파스 트리를 구성하는 것으로 입력 문자열에 대한 좌측 유도(Left Most Derivation) 과정이다.
- 파스 트리의 루트로부터 시작하여 파스 트리를 만들어가는 방식이다.
- 입력 문자열에 대해 루트로부터 왼쪽 우선 순으로 트리의 노드를 만들어간다.
- 생성 규칙이 잘못 적용될 경우 문자열을 다시 입력으로 보내는 반복 강조 방법을 사용한다.

23 ①

정적 바인딩(Static Binding)
- 번역 시간(translation time)
- 언어 구현 시간
- 언어 정의 시간
- 로드 시간(load time)
- 링크 시간(Link time)

24 ③

super : 하위 클래스에서 상위 클래스를 참조하기 위해 사용하는 명령어

오답 피하기

extends : 상위 클래스에서 하위 클래스로 상속하기 위해 사용하는 명령어

25 ②

주어진 표현식에 대한 파스 트리가 존재한다면, 그 표현식은 BNF에 의해 작성될 수 있음을 의미한다.

26 ④

후위(postfix) 표기법
- 피연산자 뒤에 연산자를 표기
- 일반적인 수식 : A+B 를 AB+ 로 표시
- 연산자 우선 순위대로 묶은 뒤 연산자를 괄호 뒤로 이동

A+B*C−D
- A+B*C−D → A+(B*C)−D → (A+(B*C))−D → ((A+(B*C))−D)
- ((A+(B*C))−D) → ((A+(BC)*)−D) → ((A(BC)*)+D)−
- ABC*+D−

27 ①

프로토타이핑 모형
- 최종 결과물이 만들어지기 전에 의뢰자가 최종 결과물의 일부 또는 모형을 볼 수 있으므로 개발 초기에 오류 발견이 가능하다.
- 프로토타이핑 모형은 발주자나 개발자 모두에게 공동의 참조 모델을 제공한다.
- 사용자의 요구사항을 충실히 반영할 수 있다.

28 ①

코드	설명

`#include <stdio.h>`
`int main( )`
`{`
	• 기본 입출력 라이브러리 추가
	• 정수형 main 함수 시작

`    int a = 65;`
`    int *p = &a;`
`    printf("%c",`
`(*p)++);`
	• 정수형 변수 a에 65 입력
	• a의 주소를 포인터 변수 *p에 입력
	• ①

`    return 0;` `}`	• main( ) 함수 종료

- (*p)++를 통해 포인터 p가 가리키는 메모리 위치의 값을 읽고 출력한 다음 값을 1 증가시킨다(즉, 65를 출력하고 *p 값은 66이 된다).
- %c 서식 지정자를 사용하여, 'A'를 출력한다.

오답 피하기

- %c는 정수를 문자형으로 변환하여 출력한다.
- ASCII 코드표의 65는 알파벳 A이다.

29 ①

- 다음은 LHS가 RHS로 정의된다는 표현이다.
- | 의 의미는 'or'로, 택일을 의미한다.

⟨num⟩ → ⟨num⟩⟨dig⟩|⟨dig⟩	
⟨dig⟩ → 1|3|5|7|9	
LHS(left hand side)	RHS(right hand side)

- ⟨digit⟩ 와 같이 '⟨ ⟩'로 묶인 기호 : 비단말 기호(non-terminal symbol)
- 0, 1, 2와 같이 직접 나타낼 수 있는 기호 : 단말 기호(terminal symbol)
- →, | 와 같이 BNF 표기에서 사용되는 특수한 기호 : 메타 기호(meta symbol)

유도(Derivation)
- 언어의 문장들은 BNF의 규칙을 적용해가며 생성된다. 시작 기호(start symbol)라 불리는 비단말 기호에서 시작되며, 이러한 문장 생성 과정을 의미한다.

⟨num⟩ → ⟨num⟩⟨dig⟩ --- ①
|⟨dig⟩ --- ②

⟨number⟩ ⇒ ⟨number⟩⟨dig⟩ : ①⟨number⟩를 ⟨number⟩⟨digit⟩로 대치
⇒ ⟨number⟩⟨dig⟩⟨dig⟩ : ①⟨number⟩를 ⟨number⟩⟨digit⟩로 대치
⇒ ⟨dig⟩⟨dig⟩⟨dig⟩ : ②에 의해 ⟨number⟩를 ⟨dig⟩로 대치

- 즉, ⟨dig⟩에 대치된 1, 3, 5, 7, 9의 숫자를 이용하여 3자리 경우의 수를 만들 수 있다.
- 보기 중 1, 3, 5, 7, 9가 아닌 수가 포함된 것은 답이 될 수 없다.

30 ①

변수와 상수
- 변수 : 기억 장치의 한 장소를 추상화한 것. 프로그래머가 프로그램 내에서 정의하고 이름을 줄 수 있는 자료 객체
- 상수 : 프로그램이 동작하는 동안 값이 절대로 변하지 않는 값

31 ①

``` #include <stdio.h> int main() { ```	- 기본 입출력 라이브러리 추가 - 정수형 main 함수 시작
``` int a = 3; int b = 7; int c = a + b; printf("%d", c % a); ```	- a 변수에 3 할당 - b 변수에 7 할당 - c 변수에 a 변수와 b 변수의 합 할당 - c 변수와 a 변수의 나머지 계산
``` return 0; } ```	- main( ) 함수 종료

32 ③

라이브러리(Library)
- 자주 사용하는 기능들을 모듈화하여 재사용할 수 있도록 제공하는 코드 집합이다.
- 프로그래밍 시 필요한 기능(입출력, 수학, 그래픽 등)을 함수나 클래스 형태로 제공하여 개발 효율을 높인다.
- 대부분의 라이브러리는 도움말, 설치 파일, 샘플 코드를 함께 제공한다.
- 표준 라이브러리(Standard Library)는 언어 설치 시 기본으로 포함된 기능 모음이고, 외부 라이브러리(External Library)는 사용자가 별도로 설치해야 하는 확장 라이브러리이다. 따라서 보기의 설명은 두 개념을 거꾸로 설명한 오류가 있다.

33 ④

- 좌측 산술 시프트(⟨⟨) 1비트 시 값이 2배가 된다.
- 우측 산술 시프트(⟩⟩) 1비트 시 값이 1/2배가 된다.
- int x = 3 : → 정수형 변수 x 초기값 3
- int resultxy → 정수형 변수 resultxy : 선언
- resultxy = 1 + x⟨⟨2 : → 1 + 3 ⟨⟨ 2 → 4 ⟨⟨ 2 → 4^2 → 16
- printf("%d", resultxy); → 10진수 16(resultxy) 출력

34 ①

연산자 우선순위대로 '( )'로 묶는다.
- X = (A + (C / D)) -) 괄호 앞으로 연산자를 빼준다.
- = X + A / CD

35 ②

데코레이터
- 함수 또는 메서드에 추가 기능을 부여한다.
- @ 문법을 통해 함수 정의 위에 선언한다.
- 인증, 로깅, 캐싱 등 횡단 관심사 처리를 단순화한다.
- 코드를 중복하지 않고 기능을 확장할 수 있다.
- 함수형 프로그래밍 기법과 잘 어울린다.

36 ①

정렬 알고리즘의 안정성
- 동일 키 값 요소의 원래 순서를 보존한다.
- 버블 정렬, 삽입 정렬, 병합 정렬은 안정적이다.
- 퀵 정렬(Quick Sort), 힙 정렬(Heap Sort)은 불안정하다.
- 안정성은 데이터 처리에서 중요할 수 있다.
- 특히 다중 키 정렬에서 필요하다.

37 ③

이 코드는 a (7)와 b (14)라는 두 정수 변수를 6가지의 관계 연산자(<, <=, !=, ==, >=, >)를 사용하여 비교하는 기능이다. 6개의 if 분기문이 각각의 조건을 독립적으로 검사한다. 조건이 참(true)으로 판별되는 if 블록의 printf 함수만 실행되어, 해당 조건을 설명하는 문자열을 화면에 출력해 준다.

코드	해설
`#include <stdio.h>`	표준 입출력(printf) 함수를 사용하기 위해 stdio.h 헤더 파일을 코드에 포함한다.
`int main(){`	프로그램의 실행이 시작되는 main 함수의 정의이다.
`int a=7, b=14;`	정수형 변수 a를 7로, b를 14로 선언하고 초기화한다.
`if(a<b){`	a의 값(7)이 b의 값(14)보다 작은지(<) 검사한다. (7 < 14)는 참이다.
`printf("%s\n","a<b");`	if 조건이 참이므로, "a<b" 문자열을 출력하고 줄을 바꾼다.
`}`	첫 번째 if문의 코드 블록이 끝났음을 나타낸다.
`if(a<=b){`	a의 값(7)이 b의 값(14)보다 작거나 같은지(<=) 검사한다. (7 <= 14)는 참이다.
`printf("%s\n", "a<=b");`	if 조건이 참이므로, "a<=b" 문자열을 출력하고 줄을 바꾼다.
`}`	두 번째 if문의 코드 블록이 끝났음을 나타낸다.
`if(a!=b){`	a의 값(7)이 b의 값(14)과 같지 않은지(!=) 검사한다. (7 != 14)는 참이다.
`printf("%s\n","a value is not equal b");`	if 조건이 참이므로, "a value is not equal b" 문자열을 출력하고 줄을 바꾼다.
`}`	세 번째 if문의 코드 블록이 끝났음을 나타낸다.
`if(a==b){`	a의 값(7)이 b의 값(14)과 같은지(==) 검사한다. (7 == 14)는 거짓이다.
`printf("%s\n","a=b");`	if 조건이 거짓이므로, 이 printf 함수는 실행되지 않는다.
`}`	네 번째 if문의 코드 블록이 끝났음을 나타낸다.
`if(a>=b){`	a의 값(7)이 b의 값(14)보다 크거나 같은지(>=) 검사한다. (7 >= 14)는 거짓이다.
`printf("%s\n","a>=b");`	if 조건이 거짓이므로, 이 printf 함수는 실행되지 않는다.
`}`	다섯 번째 if문의 코드 블록이 끝났음을 나타낸다.
`if(a>b){`	a의 값(7)이 b의 값(14)보다 큰지(>) 검사한다. (7 > 14)는 거짓이다.
`printf("%s\n","a>b");`	if 조건이 거짓이므로, 이 printf 함수는 실행되지 않는다.
`}`	여섯 번째 if문의 코드 블록이 끝났음을 나타낸다.
`return 0;`	main 함수가 정상 종료되었음을 운영체제에 알리기 위해 0을 반환한다.
`}`	main 함수의 코드 블록이 완전히 끝났음을 나타낸다.

38 ③

객체지향 기법(Object-Oriented Technique)
- 현실 세계를 객체(Object) 단위로 모델링하여 프로그램을 설계하는 방법이다.
- 객체는 데이터(속성)와 메서드(기능)를 함께 묶은 독립적 단위로, 재사용성과 유지보수성이 높다.
- 상속(Inheritance), 캡슐화(Encapsulation), 다형성(Polymorphism)은 객체지향의 핵심 특징이다.
- 상속을 통해 기존 클래스의 기능을 재사용하고, 기능을 확장하기 쉽다.
- 반면 구조적 기법은 절차 중심이라 재사용 및 확장이 어렵다.
- 객체지향은 시스템을 단계적·계층적으로 표현할 수 있어 복잡한 대형 프로그램 작성에 유리하다.

39 ③

화살표 함수(Arrow Function)
- ES6에서 도입된 간결한 함수 표현식으로, function 키워드 대신 => 기호를 사용한다.
- 자신만의 this, arguments를 갖지 않고 상위 스코프의 것을 그대로 사용한다.
- 표현식이 한 줄일 경우 return과 중괄호{ }를 생략할 수 있어 코드가 더 짧아진다.
- 화살표 함수 (x, y) => { return x + y; }는 두 인자를 받아 합을 반환한다.
- add(3, 5)는 3 + 5를 계산해 8을 반환한다.
- 함수를 변수에 할당한 후 호출하는 패턴은 JavaScript에서 흔히 사용된다.
- 화살표 함수는 간결 문법이 가능하며, 함수 표현식을 대체하기 위해 도입되었다.

40 ④

디자인 패턴을 사용할 때의 장·단점

장점	• 개발자 간의 원활한 의사소통을 지원 • 소프트웨어 구조 파악이 쉬움 • 재사용을 통한 개발 시간 단축할 수 있음 • 설계 변경 요청에 대한 유연한 대처할 수 있음 • 객체지향 설계 및 구현의 생산성을 높이는 데 적합
단점	• 객체지향 설계/구현 위주로 사용됨 • 초기 투자 비용 부담

과목 03 네트워크 일반

41 ④

VoIP (Voice Over Internet Protocol)
인터넷망을 통하여 음성을 전달할 수 있는 인터넷 전화 프로토콜이다.

전자우편 프로토콜
- SMTP(Simple Mail Tranter Protocol) : 사용자의 컴퓨터에서 작성된 메일을 다른 사람의 계정이 있는 곳으로 전송하는 프로토콜
- POP3(Post Office Protocol) : 메일 서비에 도착한 E-Mail을 사용자 컴퓨터로 가져오는 메일 서버에서 제공하는 프로토콜
- IMAP(internet Messaging Access Protocol) : 포트번호 143을 사용하고 메시지의 헤더만을 다운로드할 수 있으며 다중 사용자 메일 박스와 서버에 기반을 둔 저장 폴더를 만들어 주는 기능을 제공함으로써 스마트폰, 태블릿, 다른 PC 등의 이메일 클라이언트에서도 확인이 가능한 이메일 프로토콜
- MIME(Multi-purpose Internet Mail Extension) : 웹 브라우저가 지원하지 않는 각종 멀티미디어 파일의 내용을 확인하고, 실행시켜 주는 프로토콜

42 ①

ARQ 종류
- 정지-대기 ARQ(Stop-And-Wait ARQ) : 송신측에서 1개의 프레임을 전송한 후, 수신측에서 오류의 발생을 점검하여 ACK 또는 NAK를 보내올 때까지 대기하는 ARQ 방식
- 연속적 ARQ(Continue ARQ) : 정지-대기 ARQ의 단점을 보완하기 위한 방식
- Go-Back-N ARQ : 다수의 데이터 블록을 송신하고, 수신측으로부터 NAK 신호가 전송되면 NAK 신호를 받은 블록부터 다음의 모든 블록을 재전송하는 방식
- 선택적 재전송 ARQ(Selective-Repeat ARQ) : NAK 신호를 받은 블록만을 재전송하는 방식
- 적응적 ARQ(Adaptive ARQ) : 전송 효율을 높이기 위해서 블록의 길이를 동적(Dynamic)으로 변경시킬 수 있는 방식

43 ②

TCP/IP 인터넷 계층(Internet Layer) 프로토콜
- IP(Internet Protocol) : 주소, 경로 설정
- ARP(Address Resolution Protocol) : IP Address를 물리적 하드웨어 주소(MAC Address)로 변환하는 프로토콜
- RARP(Reverse Address Resolution Protocol) : 호스트의 물리 주소를 통하여 논리 주소인 IP 주소를 얻어오기 위해 사용되는 프로토콜
- ICMP(Internet Control Message protocol, 인터넷 제어 메시지 프로토콜)은 TCP/IP 계층의 인터넷 계층에 해당한다. 네트워크 컴퓨터에서 운영체제의 오류 메시지를 전송받는 데 주로 쓰이며, 인터넷 프로토콜에 의존하여 작업을 수행한다.

44 ①

통신 용량 $C = B\log_2(1+S/N)$
- B: 대역폭, S: 신호 전력, N: 잡음
- $3100\log_2(1+100) \rightarrow 3100\log_2 101 \rightarrow 3100\log_2 2^{6.6582114}$
- $3100 \times 6.6582114 = 20640.45$

45 ④

Routing은 L3 스위치가 담당한다.

Layer 2 스위치
- OSI 2계층(Data Link)까지의 기능을 한다.
- MAC(Media Access Control) 주소를 읽어 스위칭을 한다.

스위치의 4가지 기능
- Address learning : 프레임의 출발지 맥주소가 맥 테이블에 없으면 300초 동안 저장
- Flooding : 프레임의 목적지 맥주소가 없을 시 브로드캐스팅을 통해 확인
- Forwarding : 프레임의 목적지 맥주소가 있을 때 해당 포트로만 프레임을 전달
- Filtering : 프레임의 목적지 맥주소가 테이블에 있을 경우 해당 주소가 아닌 곳에는 전달하지 않는 역할

46 ②

모뎀의 신호 방식(디지털 → 아날로그 변조)

ASK (진폭 편이 변조)	반송파로 사용되는 정현파의 진폭에 정보를 싣는 변조 방식
FSK (주파수 편이 변조)	반송파 주파수를 이산 값으로 전환해 정보를 싣는 디지털 변조 방식
PSK (위상 편이 변조)	반송파 위상을 이산 값으로 전환해 비트를 전송하는 디지털 변조 방식
QAM (직교 진폭 변조)	직교하는 두 반송파에 독립 진폭을 실어 위상·진폭을 동시에 변조하는 방식

DM(Delta Modulation)
- 이전 샘플과 현재 샘플 간의 차이를 계산하여 차분 신호를 생성하여, 차분 신호를 1 또는 0으로 표현하는 디지털 신호로 변환한다.
- 주로 단순하고 저비용의 시스템에서 사용되며, 신호 대역폭을 줄이고 신호 압축을 위해 사용될 수 있다.
- 잡음에 강한 특징을 가지고 있어 주로 음성 전송이나 통신 시스템에서 사용된다.

47 ②

텔레텍스트의 특징
- 문자 다중 방송
- 방송 시스템 + 데이터 뱅크 + TV 수상기
- 단방향 시스템으로 텔레비전 전파의 지극히 짧은 간격을 이용하여 문자 정보를 전달하는 방식
- 일기예보, 프로그램 안내, 교통방송 등의 자막

48 ②

IP 주소(Internet Protocol Address)

A class	• 대형 기관 및 기업에서 사용 • 2^{24}(=16,777,216) 중 16,777,214개의 호스트 사용 가능 • 0.0.0.0 ~ 127.255.255.255
B class	• 중형 기관 및 기업에서 사용 • 2^{16}(=65,536) 중 65,534개의 호스트 사용 가능 • 128.0.0.0 ~ 191.255.255.255
C class	• 소형 기관 및 기업에서 사용 • 2^8(=256) 중 254개의 호스트 사용 가능 • 192.0.0.0 ~ 223.255.255.255
D class	• 멀티캐스트용, netid와 hostid가 없음 • 224.0.0.0 ~ 239.255.255.255
E class	실험용

49 ④

모뎀의 신호 방식(디지털 → 아날로그 변조)

ASK (진폭 편이 변조)	반송파로 사용되는 정현파의 신폭에 정보를 싣는 변조 방식
FSK (주파수 편이 변조)	반송파 주파수를 이산 값으로 전환해 정보를 싣는 디지털 변조 방식
PSK (위상 편이 변조)	반송파 위상을 이산 값으로 전환해 비트를 전송하는 디지털 변조 방식
QAM (직교 진폭 변조)	직교하는 두 반송파에 독립 진폭을 실어 위상·진폭을 동시에 변조하는 방식

50 ②

광섬유의 구조 손실
- 불균등 손실 : 코어와 클래드 경계면의 불균일로 인하여 발생
- 코어 손실 : 광섬유 케이블을 구부려 사용할 때 발생
- 마이크로밴딩 손실 : 광섬유 측압에 의한 코어와 크래드 경계면 요철로 인한 빛의 방사에 의해 발생

오답 피하기

광섬유의 재료 손실
- 레일리 산란 손실 : 광이 미소한 입자에 부딪힐 때 광이 여러 방향으로 산란하는 현상에 의해 발생
- 흡수 손실 : 광섬유 재료 자체에 의해 흡수되어 열로 변환되어 발생하는 손실. 광섬유의 유리 중에 포함된 Fe, Cu 등의 천이 금속이나 수분 등의 불순물로 인하여 발생
- 회선 손실 : 광섬유를 영구 접속 또는 임의 접속으로 연결 시 발생하는 접속 손실과 광원과 광섬유 결합 시 발생하는 결합 손실이 있음

51 ④

변조
전송하고자 하는 신호를 주어진 통신 채널에 적합하도록 처리하는 과정

52 ②

CCU(Commuication Control Unit)
전송 회선과 단말 장치 사이에 위치해서 프로토콜의 정의에 따라 통신 제어 기능을 담당하게 되는 장치

53 ③

- 8진 = 3bit
- buad = bps/bit
- 9600/3 = 3200 baud

54 ②

DQDB(Distributed Queue Dual Bus)
- DQDB는 이중 버스 형태로 구성되어 있다.
- 분산 큐라고 하는 큐잉 방식을 이용하여 전송하기에 앞서 미리 준비된 큐에 데이터를 삽입하고 자기 차례가 되었을 때 전송하는 방식이다.

55 ③

SMTP(Simple Mail Transfer Protocol)
메일 전송 프로토콜
RIP(Routing Information Protocol)
IP 통신망의 경로 지정 통신 규약의 하나. 경유하는 라우터의 대수(hop)의 수량에 따라 최단 경로를 동적으로 결정하는 거리 벡터 알고리즘을 사용
OSPF(Open Shortest Path First protocol)
링크 상태 라우팅 프로토콜로 IP 패킷에서 프로토콜 번호 89번을 사용하여 라우팅 정보를 전송하여 안정되고 다양한 기능으로 가장 많이 사용되는 IGP(Interior Gateway Protocol)

56 ④

신뢰성 있는 데이터 전송을 보장하는 프로토콜은 TCP이다.

오답 피하기

TCP(Transmission Control Protocol)
- OSI 7계층의 전송 계층에 해당한다.
- 접속형(연결형) 서비스, 전이중 데이터 전송 서비스, 신뢰성 서비스, 스트림 데이터 서비스를 제공한다.
- 패킷 다중화, 오류 제어, 흐름 제어, 순서 제어 등의 기능을 한다.

57 ①

PCM 부호화 단계 순서
표본화 → 양자화 → 부호화 → 복호화 → 여과기

58 ④

다중접속 방식의 종류
FDMA, TDMA, CDMA

59 ③

203.230.7.110/29
- 서브넷 마스크를 255.255.255.248로도 표현 가능하다.
- /29는 서브넷을 표현할 때 사용한다. ipv4는 총 32bit이며 4개의 각 블록 8bit를 왼쪽부터 1로 채운 1의 개수이다.

1	1	1	1	1	1	1	1	255 (8bit)
1	1	1	1	1	1	1	1	255 (8bit)
1	1	1	1	1	1	1	1	255 (8bit)
1	1	1	1	1	0	0	0	248 (8bit)

- 이 네트워크에서는 8개의 IP가 할당되고 첫 번째(네트워크 주소) 마지막(브로드캐스트 주소) 로 사용되어 6개의 장치만 연결 가능하다.
- 서브넷 마스크(and 연산)는 제시된 IP를 2진수로 변환하여 곱한 결과를 이용한다. 마스크의 0 자리는 결국 0이 된다.

110 (0110 1110)
248 (1111 1000)
----
104 (0110 1000)

- cf. 102(0110 0110), 103(0110 0111), 105(0110 1001)
- 104 ~ 111까지가 사용 범위가 된다.

간단히 계산하는 방법
- 마지막 블록의 2진수 변환값이 xxxxx000인 주소가 네트워크 주소가 된다.
→ 104(0110 **1000**)
- 마지막 블록의 2진수 변환값이 xxxxx111인 주소가 브로드캐스트 주소가 된다.
→ 111(0110 **1111**)

60 ①

거리 벡터 라우팅
가장 짧은 경로 스패닝 트리를 찾기 위해 경로상의 홉(hop) 수에 따라 반복하여 실행되는 라우팅 알고리즘이다. 벨맨 포워드 라우팅 알고리즘(bellman-forward routing algorithm)이라고도 한다.

Bellman-Ford 알고리즘
- 최단 거리를 구하는 알고리즘의 일종이다.
- 네트워크에서 임의 단말을 시작점으로 선택하고 나머지 단말들과 최단거리를 모두 구한다. 단말간 가중치가 음수인 경우까지 감안한 알고리즘이다.

출제 예상문제 05회

01 ③	02 ②	03 ②	04 ②	05 ①
06 ①	07 ③	08 ③	09 ①	10 ②
11 ②	12 ②	13 ③	14 ④	15 ④
16 ③	17 ②	18 ②	19 ②	20 ②
21 ④	22 ③	23 ②	24 ②	25 ④
26 ①	27 ②	28 ②	29 ②	30 ①
31 ④	32 ②	33 ③	34 ①	35 ①
36 ②	37 ③	38 ③	39 ①	40 ④
41 ①	42 ②	43 ④	44 ②	45 ①
46 ②	47 ③	48 ④	49 ④	50 ①
51 ②	52 ④	53 ②	54 ③	55 ③
56 ④	57 ②	58 ③	59 ③	60 ④

과목 01 사무자동화 시스템

01 ③
UNIX 명령어
- fork : 프로세스 생성, 복제
- mount : 기존 파일 시스템에 새로운 파일 시스템을 서브 디렉토리에 연결
- cp : 파일 복사
- mv : 파일 이동
- rm : 파일 삭제
- cat : 파일 내용 화면에 표시
- open : 텍스트 문서 열기
- chmod : 파일의 사용 허가 지정
- chown : 소유자 변경
- ls : 현재 디렉토리 내의 파일 목록 확인
- pwd : 현재 작업 중인 디렉터리 경로를 보여주는 명령어

02 ②
HRN(Highest Response-ratio Next) 스케줄링
- 응답 비율(Response Ratio)을 기준으로 우선순위를 결정하는 방식이다.
- 응답 비율은 (대기 시간 + 서비스 시간) / 서비스 시간으로 계산한다.
- 대기 시간이 길거나 서비스 시간이 짧을수록 응답 비율이 높아져 우선순위가 높아진다.
- 이는 짧은 작업만 우선하는 SJF의 단점을 보완하여 긴 시간 대기한 작업에도 기회를 부여하는 방식이다.
- FIFO의 문제점인 기나림 시간의 불균형을 해소하고자 도입된 방식이기도 하다.

03 ②
무결성(Integrity)
- 개체 무결성 : 기본키의 값은 널 값이나 중복값을 가질 수 없다는 제약 조건이다.
- 참조 무결성 : 참조할 수 없는 외래키 값을 가질 수 없다는 제약 조건이다.

04 ②
DRAM과 SRAM의 비교

구분	동적 램(DRAM)	정적 램(SRAM)
구성 소자	콘덴서	플립플롭
재충전 여부	필요	불필요
전력 소모	적음	많음
접근 속도	느림	빠름
집적도(밀도)	높음	낮음
복잡도	단순	복잡
가격	저가	고가
용도	주기억장치	캐시 메모리

05 ①
명령 프롬프트(Command Prompt)
- Windows의 명령어 기반 실행 창이다.
- 실행 창(Win + R)에 cmd를 입력하면 명령 프롬프트가 열린다.
- command는 오래된 DOS 명령으로 Windows 에서는 기본 명령이 아니다.
- ping, tracert는 네트워크 점검용 명령어로, cmd 창 안에서 사용하는 명령이다.

06 ①
자료의 용량 단위
- 1 byte = 8 bit
- 1 Kbyte = 10^3 Byte = 2^{10} Byte
- 1 Mbyte = 10^6 Byte = 2^{20} Byte
- 1 Gbyte = 10^9 Byte = 2^{30} Byte
- 1 Tbyte = 10^{12} Byte = 2^{40} Byte
- 1 Pbyte = 10^{15} Byte = 2^{50} Byte

07 ③
IME 모드(Input Method Editor, 입력 시스템 모드)
테이블이나 폼에서 텍스트 상자 컨트롤 데이터를 입력하려고 할 때 입력모드를 '한글' 또는 '영숫자반자'와 같은 입력 상태로 지정하려고 할 때 사용하는 소프트웨어이다.

08 ③

DATE(연, 월, 일) 함수
- 지정된 날짜 형식으로 날짜 값을 만들어준다.
- 일(day) 값이 해당 달의 최대 일수를 초과하면, 자동으로 다음 달로 넘어간다.
- 5월 32일은 5월 31일을 넘으므로 6월 1일로 계산된다.
- 결과는 2025-06-01

09 ①

파워포인트 단축키
- F5 는 슬라이드 쇼를 첫 번째 슬라이드부터 전체 화면으로 재생하는 기본 단축키이다.
- 프레젠테이션 시작 전 전체 흐름을 확인할 때 가장 자주 사용된다.
- Shift + F5 는 현재 슬라이드부터 슬라이드 쇼를 실행할 때 사용된다.
- Alt + F5 는 발표자 보기(발표자 모드)로 실행하는 단축키이다.

10 ②

MS Access 외부 데이터 가져오기
- Excel, 텍스트, ODBC, dBASE, SharePoint 등 다양한 원본에서 데이터를 불러올 수 있다.
- 외부 데이터를 불러올 때는 가져오기(Import)와 연결(Link) 두 가지 방식을 선택할 수 있다.
- 가져오기는 데이터를 Access 내부에 복사하여 저장하고, 연결은 원본 데이터를 참조(실시간 연결)하는 방식이다.
- 따라서 모든 외부 데이터가 연결 형식으로 저장되는 것은 아니다.
- 사용자는 가져오기 시 새 테이블로 만들거나 기존 테이블에 추가할 수도 있다.

11 ②

애니메이션 복사
- 기존 개체에 적용된 애니메이션 효과를 다른 개체에 그대로 복사하는 기능이다.
- 리본 메뉴의 [애니메이션] 탭 → [고급 애니메이션] 그룹 → '애니메이션 복사'에서 사용할 수 있다.
- 서식 복사는 모양이나 글꼴 서식을 복사할 때 사용된다.
- 개체 그룹화는 여러 개체를 하나로 묶는 기능이며, 전환 효과는 슬라이드 간의 이동 효과이다.

12 ②

고급 필터(Advanced Filter)
- 복잡한 조건을 이용해 데이터를 추출하는 기능이다.
- 여러 필드에 AND, OR 조건을 동시에 적용할 수 있다.
- 필터링 결과를 다른 위치에 복사하여 원본을 유지한 채 결과만 출력할 수 있다.
- '고유 레코드만(Unique records only)' 옵션을 통해 중복 데이터 제거도 가능하다.

13 ③

- 엑셀에서 날짜와 시간 데이터는 숫자(일련번호)로 저장되며, 기본적으로 오른쪽 맞춤으로 표시된다.
- 반대로 텍스트 데이터는 왼쪽 맞춤이 기본이다.
- 4/9를 입력하면 자동으로 날짜 형식으로 인식되어 "04월 09일" 형태로 표시된다.
- 년, 월만 입력 시 일은 자동으로 1일로 지정된다.
- Ctrl + ; → 오늘 날짜, Ctrl + Shift + ; → 현재 시간이 입력된다.

14 ④

DELETE는 데이터 조작어이다.

15 ④

데이터 웨어하우스(Data Warehouse)
기업의 정보 자산을 효율적으로 활용하기 위해 기업의 전략적 관점에서 효율적인 의사결정을 위한 데이터의 통합을 목표로 하는 주제 중심의 정보저장소

데이터마이닝
데이터 웨어하우스에 저장된 데이터에 의미를 부여하여 조직의 의사결정에 도움을 주는 데이터베이스 시스템

OLAP(On-Line Analytical Processing)
- 데이터 웨어하우스에서 사용자가 대용량 데이터를 쉽게 다양한 관점에서 추출 및 분석할 수 있도록 지원하는 기술
- 다양한 형태의 데이터베이스 자원을 통합 및 가공하여 의사 결정 지원을 목적으로 특별히 설계한 주제 중심의 정보저장소
- 데이터 웨어하우스나 데이터 마트에서 데이터를 분석하는 기술

OLTP(OnLine Transaction Processing)
- 여러 이용자가 네트워크상에서 실시간으로 데이터베이스의 데이터를 조회·갱신하는 등의 단위 작업을 처리하는 방식
- 주로 신용카드 조회 업무나 자동 현금 지급 등 금융 전산 관련 부문에서 많이 발생하기 때문에 '온라인 거래처리'라고도 함

16 ③

시스템 카탈로그(System Catalog)
- 시스템 자신이 필요로 하는 여러 가지 객체(기본 테이블, 뷰, 인덱스, 데이터베이스, 패키지, 접근 권한 등)에 관한 정보를 포함하고 있는 시스템 데이터베이스이다.
- 데이터 사전(Data Dictionary), 혹은 메타 데이터(Meta Data)라고도 한다.

17 ②

SQL 데이터베이스 조작어의 종류
- SELECT : 튜플을 검색할 때 사용한다.
- INSERT : 튜플을 삽입할 때 사용한다.
- DELETE : 튜플을 삭제할 때 사용한다.
- UPDATE : 튜플의 내용을 변경할 때 사용한다.

18 ②

SQL 명령어

DDL(데이터 정의어)	CREATE, DROP, ALTER
DML(데이터 조작어)	SELECT, INSERT, DELETE, UPDATE
DCL(데이터 제어어)	GRANT, REVOKE, COMMIT, ROLLBACK

19 ②

자기 테이프(Magnetic Tape)
- 자성 물질을 입힌 테이프를 릴에 감아서 만든 기억장치
- 순차 접근만 가능하며 대량의 자료를 장시간 보관하는 데 가장 유리한 장치

윈체스터 디스크
자기 디스크에 헤드가 가까울수록 불순물이나 결함에 의한 오류 발생의 위험이 더 큰 문제점을 해결한 방식

20 ②

FTTH(Fiber To The Home)
- 광섬유를 집안까지 연결한다는 뜻의 FTTH는 초고속 인터넷 설비 방식의 하나로, 광통신 회선을 일반 가입자의 안방까지 지원하여 고품질의 광대역 통신 서비스를 제공할 수 있는 기술이며 FTTP(Fiber To The Premises)라고도 한다.
- 각 가정에 개별적으로 광섬유를 부설하면 전화, 팩스, 데이터, TV 영상까지 한 줄의 광섬유로 전송할 수 있게 된다.

과목 02 프로그래밍 일반

21 ④

- wrapper : Java 언어에서 기본 데이터형을 객체 데이터형으로 바꾸어주는 클래스
- abstract : Java 언어에서 추상 메소드를 한 개 이상 포함한 클래스로 상속 시에 추상 메소드를 반드시 재정의해야 한다.
- super : 상속 관계에서 상위 클래스이다.
- sub : 상속 관계에서 하위 클래스이다.
- final : '마지막으로 구현한다'는 의미로 클래스를 제한할 때 사용한다.

22 ③

C언어의 입출력 함수
- printf( ) : 형식화된 출력
- puts( ) : 문자열 출력
- putchar( ) : 한 문자 출력
- scanf( ) : 형식화된 입력
- gets( ) : 문자열 입력
- getchar( ) : 한 문자 입력

23 ②

원시 프로그램 → 컴파일러 → 목적 프로그램 → 링커 → 로더 순으로 수행

24 ②

BNF 심벌
- 왼쪽 : 정의될 대상(object)
- : : = : 정의
- | : 택일
- 〈 〉 : 비종단

25 ④

객체지향 기법의 기본 원칙

캡슐화 (Encapsulation)	데이터와 데이터를 조작하는 연산을 하나로 묶는 것을 의미하며 연관된 데이터와 함수를 함께 묶어 외부와 경계를 만들고 필요한 인터페이스만을 밖으로 드러내는 과정을 의미
정보 은닉 (Information Hiding)	객체가 다른 객체로부터 자신의 자료를 숨기고 자신의 연산만을 통하여 접근을 허용하는 것을 의미하며 캡슐화와 밀접한 관계가 있음
추상화 (Abstraction)	주어진 문제나 시스템 중에서 중요하고 관계있는 부분만을 분리하여 간결하고 이해하기 쉽게 만드는 작업을 의미
상속성 (Inheritance)	상위 클래스의 속성과 메소드를 하위 클래스가 물려받는 것을 의미하며 클래스와 객체를 재사용할 수 있음
다형성 (Polymorphism)	많은 상이한 클래스들이 동일한 메소드명을 이용하는 능력을 의미하며 한 메시지가 객체에 따라 다른 방법으로 응답할 수 있는 것을 의미

26 ①

토큰(TOKEN)
컴파일러가 원시 프로그램을 하나의 긴 문자열로 보고 스캐닝할 때, 의미를 갖는 최소한의 일련의 문자열로 분할해 낸 문법적인 단위를 말한다.

27 ②

포인터
- 메모리 주소를 저장하는 변수다.
- 변수 이름은 주소를 참조하는 방식일 뿐, 이름 자체를 저장하지 않는다.
- 포인터는 지역 · 전역 모두 선언 가능하다.
- 배열과 포인터는 밀접한 관계가 있어 배열 원소 접근에 활용된다.
- C 언어의 핵심 개념으로, 메모리 직접 접근과 동적 할당에 필수적이다.

28 ③

프레임워크
- 소프트웨어 개발에 필요한 기본 구조를 제공하는 틀이다.
- 개발자는 프레임워크가 제공하는 구조 내에서 코드를 작성하면 된다.
- 제어의 흐름이 개발자에게 있는 것이 아니라 프레임워크가 관리하는 특징을 가진다.
- 이러한 특성을 제어의 역전(Inversion of Control, IoC)이라 한다.
- 재사용성과 일관성을 높이며 개발 생산성을 향상시키는 장점이 있다.

29 ③

묵시적 순서 제어
- 프로그램 언어에서 미리 정해진 순서에 따라서 제어가 일어나는 것을 의미한다.
- 일반 언어에서 순서를 명시적으로 제어하는 문장이 없으면 문장 나열 순서로 제어한다.

30 ①

JAVA 언어는 객체지향언어로 다중 상속을 받을 수 있다.

31 ④

변수명, 연산자, 구두점 모두 각각 한 개씩 토큰으로 분리할 수 있다.

32 ①

파스 트리
- 구문 분석기가 언어 번역에서 문법의 시작 기호가 어떻게 스트링을 유도하는가를 그림으로 표현하는 것이다.
- 어떤 표현이 BNF에 의해 바르게 작성되었는지 확인하기 위해 만드는 트리이다.
- 구문 분석기가 올바른 문장에 대해 그 문장의 구조를 루트, 중간, 단 말 노드로 구성하여 트리로 표현한 것이다.

33 ③

C언어의 문자형

CHAR	문자형
INT	정수형(2Byte)
FLOAT	실수형(4Byte)
DOUBLE	실수형(8Byte)

34 ①

크로스 컴파일러(Cross Compiler)
번역이 이루어지는 컴퓨터와 번역된 기계어에 이용되는 컴퓨터가 서로 다른 기종의 컴퓨터일 때 사용하는 컴파일러의 한 가지

35 ①

추상화 메커니즘의 종류

자료 추상화	컴퓨터 내부의 자료 표현을 추상화
제어 추상화	몇 개의 기계 명령어를 모아 이해하기 쉬운 추상 구문으로 만드는 방법
기능 추상화	입력 데이터를 출력 데이터로 변환하는 과정을 추상화하는 방법

36 ②

Call by Reference(주소에 의한 호출)
매개 변수(Actual arguments) 주소를 대응되는 형식 매개 변수에 전달하는 방식으로 호출자의 데이터는 호출된 함수에 의해 수정이 가능해진다. 일반적으로 입력 함수에 사용한다(데이터의 갱신, 호출자에게 전달).

`void main ( ) {`
`  int a = 3 ;`
`  func (a) ;`
`}`
	정수형 변수 a에 3 입력
	a 호출
	즉 아래 func 함수 연산 결과인 5가 a에 입력된다.

`void func(int &x) {`
`  x = 5 ;`
`}`
	func 함수값으로 정수 x를 받는다.
	정수 5가 x에 입력된다.

37 ③

반복(i)	조건	실행 코드	a	b
i = 0	0 % 2 = 0	a += 0	a = 5 + 0 = 5	b = 3
i = 1	1 % 2 = 0	b *= 1	a = 5	b = 3 * 1 = 3
i = 2	2 % 2 = 0	a += 2	a = 5 + 2 = 7	b = 3
i = 3	3 % 2 = 0	b *= 3	a = 7	b = 3 * 3 = 9

결과
a + b = 7 + 9 = 16

38 ③

컴파일러(Compiler)
프로그램 전체를 한 번에 기계어로 번역하여 목적 코드(Object Code)를 생성한 후 실행한다.

인터프리터(Interpreter)
- 프로그램을 한 줄씩 번역하면서 바로 실행하므로, 실행은 느리지만 대화형(Interactive) 환경에 적합하다.
- 실행 효율성을 중시하는 언어(C, C++ 등)는 대부분 컴파일러 방식을 사용한다.

스크립트 언어(Python, JavaScript 등)
- 인터프리터 방식을 사용하며, 개발과 테스트가 편리하다.
- 컴파일러는 목적코드를 생성하기 때문에 번역 속도는 느리지만 실행은 빠르다.
- 또한 목적코드를 저장해야 하므로 기억 장치를 더 많이 차지한다.

39 ①

HTML5에서 추가된 주요 요소

요소	설명
⟨nav⟩	• 문서 내비게이션 링크 그룹을 정의 • 주로 웹사이트의 주요 네비게이션 링크를 감싸는 데 사용
⟨article⟩	• 문서, 페이지, 애플리케이션 또는 사이트 안에서 독립적으로 구분되거나 재사용 가능한 영역을 정의 • 블로그 게시물, 뉴스 기사, 댓글, 포럼 글 등과 같은 독립적인 컨텐츠를 표현하는 데 사용
⟨figure⟩	• 독립적인 콘텐츠를 정의하고 캡션을 제공 • 이미지, 동영상, 차트, 코드 조각 등과 같은 멀티미디어 콘텐츠를 표현하는 데 사용
⟨section⟩	• 문서 내에서 특정 테마나 콘텐츠 영역을 정의 • 일반적으로 제목(⟨h1⟩~⟨h6⟩ 요소)을 포함하며, 더 작은 섹션으로 나눌 수 있음
⟨header⟩	• 섹션이나 페이지의 시작 부분을 정의 • 제목이나 로고, 탐색 링크 등의 콘텐츠를 포함
⟨footer⟩	• 섹션이나 페이지의 하단 부분을 정의 • 작성자 정보, 저작권 정보, 연락처 정보 등을 포함하는 데 사용

40 ③

튜플은 불변(immutable) 자료형이므로 리스트보다 구조가 단순하고, 메모리 사용이 효율적이며 접근 속도도 더 빠르다.

과목 03 네트워크 일반

41 ①

X.25
패킷 전송을 위한 DTE/DCE 접속 규격(1976년에 패킷교환망을 위한 표준으로 처음 권고)

42 ②

나이퀴스트 채널 용량 공식
$C = 2B\log_2 M$

43 ④

FTP 전송 방식
• 텍스트 모드(TEXT) : ASCII 방식의 문자 전송 시에 사용하는 옵션이다.
• 바이너리 모드(BINARY) : 동영상, 그림, 프로그램 등 전송 시에 사용하는 옵션이다

44 ④

데이터 링크 계층(Data Link Layer)
• 흐름 제어, 오류 제어
• 표준 : HDLC, LLC, LAPB, LAPD, ADCCP

세션 계층(Session Layer)
프로세스 간에 대한 연결을 확립, 관리, 단절 수단 제공

표현 계층(Presentation Layer)
코드 변환, 암호화, 압축, 구문 검색

45 ①

WPAN(Wireless Personal Area Network)
10m 이내의 거리에서 무선 서비스를 제공하기 위한 무선 개인 통신망으로, UWB, ZigBee, Bluetooth 기술 등이 활용된다.

WLAN (Wireless LAN)
무선랜(WiFi)

46 ②

ATM
• 광대역 종합정보통신망 B-ISDN을 실현하기 위하여 사용된다.
• 48Byte의 페이로드(Payload)를 갖고 있다.
• 5Byte의 헤더를 갖고 있다.
• 정보는 셀 단위로 나누어 전송하며 멀티미디어 서비스에 적합하다.
• 비동기식 전달 모드로 고속데이터 전송에 사용된다.
• 1.5(Mbps) 이상 Gbps 급의 고속 통신 속도를 제공한다.

47 ③

SMTP(Simple Mail Transfer Protocol)
메일 전송 프로토콜

RIP(Routing Information Protocol)
IP 통신망의 경로 지정 통신 규약의 하나. 경유하는 라우터의 대수(hop의 수량)에 따라 최단 경로를 동적으로 결정하는 거리 벡터 알고리즘을 사용

OSPF(Open Shortest Path First protocol)
링크 상태 라우팅 프로토콜로 IP 패킷에서 프로토콜 번호 89번을 사용하여 라우팅 정보를 전송하여 안정되고 다양한 기능으로 가장 많이 사용되는 IGP(Interior Gateway Protocol)

48 ④

LAN의 토폴로지 종류로는 성형(star), 망형(Mesh), 링형(Ring), 계층형(Tree), 버스형(Bus), 격자망형(Grid)이 있다.

49 ④

HDLC의 데이터 전송 모드
• 정규 응답 모드(NRM) : 반이중 통신을 하는 포인트 투 포인트 또는 멀티 포인트 불균형 링크 구성에 사용하며 종국은 주국의 허가가 있을 때만 송신한다.
• 비동기 응답 모드(ARM) : 전이중 통신을 하는 포인트 투 포인트 불균형 링크 구성에 사용하며 종국은 주국의 허가 없이도 송신이 가능하지만, 링크 설정이나 오류 복구 등의 제어 기능은 주국만 한다.

- 비동기 균형 모드(ABM) : 포인트 투 포인트 균형 링크에서 사용하면 혼합국끼리 허가 없이 언제나 전송할 수 있도록 설정한다.

50 ①
통신용량 $C = W\log_2(1 + S/N)$
W : 대역폭, S : 신호 전력, N : 잡음

51 ②
ATM 셀은 총 53바이트(헤더 5바이트 + 페이로드 48바이트)로 구성 구성된다.

52 ④
OSPF(Open Shortest Path First protocol)
링크 상태(Link State) 라우팅 프로토콜로 IP 패킷에서 프로토콜 번호 89번을 사용하여 라우팅 정보를 전송하여 안정되고 다양한 기능으로 가장 많이 사용되는 IGP(Interior Gateway Protocol)이다.

53 ④
OSI 7계층
개방된 이기종 단말 간 통신과 호환성 등 모든 네트워크상의 원활한 통신을 위해 최소한의 네트워크 구조를 제공하는 모델이다.

	Layer	기능
상	Application	사용자에게 서비스 제공
	Presentation	코드 변환, 암호화, 압축, 구문 검색
	Session	프로세스 간에 대한 연결을 확립, 관리, 단절 수단 제공
	Transport	통신 양단 간의 에러 제어 및 흐름 제어
	Network	경로 설정 및 네트워크 연결 관리
	Data Link	흐름 제어, 에러 제어
하	Physical	전기적, 기능적, 절차적 기능 정의

54 ③
코덱(CODEC; COder/DECoder)
- 아날로그 형태를 디지털 신호로 변환하거나(Coder) 다시 아날로그로 환원하는(DECoder) 장치다.
- 펄스 부호 변조(PCM) 방식을 이용히여 데이디를 변환힌다.

오답 피하기
아날로그 신호를 디지털로 변환하여 전송하고 수신단에서 다시 복원하는 장치는 디코더가 된다. 모뎀은 디지털 신호를 아날로그로 변조하여 전송하고 수신단에서 다시 디지털로 복조한다.

55 ③
통신 장치

게이트웨이	프로토콜이 다른 통신망을 상호 접속하기 위한 장치
브릿지	프로토콜이 동일한 두 개의 LAN을 연결할 때 사용. 물리 계층까지 기능 수행

라우터	둘 이상의 서로 다른 네트워크에 접속하여 서로 간에 데이터를 주고받을 수 있도록 경로 선택, 혼잡 제어, 패킷 폐기 기능을 수행

56 ④
- 1비트 신호 단위인 경우(onebit; 2위상) : bps = baud
- 2비트 신호 단위인 경우(dibit; 4위상) : bps = 2 baud
- 3비트 신호 단위인 경우(tribit; 8위상) : bps = 3 baud
- bps = baud × 비트수
- tribit는 신호당(보오당) 3비트이므로
- 3bit × 1600[Baud] = 4800bps

57 ②
데이터 통신 방식의 종류
- 단방향(Simplex) 방식 : 정보 전송은 한 방향으로만 이루어진다.
- 반이중 통신(Half Duplex) 방식 : 2선 회선을 이용해 정보 전송은 양쪽으로 가능하나 한 순간에는 한쪽 방향으로만 가능하다.
- 전이중 통신(Full Duplex) 방식 : 4선식 회선을 이용하여 양방향 동시 통신 가능한 회선이다.

58 ③
TCP(Transmission Control Protocol)
- 연결형(Connection-oriented) 전송 방식의 프로토콜이다.
- 송신 측과 수신 측 사이에 연결을 설정한 후 데이터를 전송하며, 데이터의 순서 보장, 오류 제어, 흐름 제어 등을 제공한다.
- 흐름 제어는 수신 측의 처리 능력을 고려해 송신 속도를 조절하는 기능이며, TCP는 슬라이딩 윈도우 방식으로 이를 구현한다.
- 오류 제어는 전송 중 손상되거나 유실된 데이터를 재전송하여 데이터의 정확성을 확보하는 기능이다.
- 반면, 비연결형 서비스는 UDP(사용자 데이터그램 프로토콜)은 연결 설정 없이 데이터를 전송하며 신뢰성을 보장하지 않는다.

59 ③
IEEE 802의 표준 규격
- 802.1 : 상위 계층 인터페이스
- 802.2 : 논리 링크 제어(LLC)
- 802.3 : CSMA/CD
- 802.4 : 토큰 버스(Token Bus)
- 802.5 : 토큰 링(Token Ring)
- 802.6 : MAN
- 802.8 : 고속 이더넷(Fast Ethernet)
- 802.11 : 무선 LAN

60 ④
정보보안의 3대 목표
무결성(Integrity), 기밀성(Confidentiality), 가용성(Availability)

출제 예상문제 06회　　　　　　　　　2-93P

01 ③	02 ②	03 ②	04 ②	05 ④
06 ④	07 ③	08 ②	09 ①	10 ②
11 ②	12 ②	13 ③	14 ②	15 ①
16 ③	17 ④	18 ①	19 ②	20 ④
21 ④	22 ④	23 ①	24 ③	25 ②
26 ③	27 ②	28 ②	29 ④	30 ④
31 ②	32 ①	33 ①	34 ③	35 ④
36 ④	37 ③	38 ②	39 ③	40 ②
41 ②	42 ①	43 ②	44 ④	45 ③
46 ④	47 ①	48 ④	49 ②	50 ①
51 ④	52 ①	53 ③	54 ②	55 ④
56 ③	57 ④	58 ③	59 ①	60 ④

과목 01　사무자동화 시스템

01 ③

선점형 스케줄링 기법
- RR(Round Robin) : 시분할 방식을 위해 고안된 방식으로 FIFO 방식으로 수행하되 각 작업은 할당 시간 동안만 CPU를 사용한다.
- SRT(Shortest Remaining Time) : 남은 처리시간이 가장 짧은 작업을 먼저 수행한다.

비선점형 스케줄링 기법
- FIFO(First In First Out) : 가장 먼저 들어온 작업을 가장 먼저 처리한다.
- SJF(Shortest Job First) : 처리시간이 가장 짧은 작업부터 먼저 처리한다.
- HRN(Highest Response-ratio Next) : 처리시간이 긴 작업의 대기시간이 길어지는 SJF의 단점을 보완한 기법이다.

02 ②

제어 프로그램(Control Program)
- 감시 프로그램(Supervisor Program)
- 작업 제어 프로그램(Job Control Program)
- 자료 관리 프로그램(Data Management Program)

처리 프로그램(Processing Program)
- 언어 번역 프로그램(Language Translator Program)
- 서비스 프로그램(Service Program)
- 문제 프로그램(Problem Program)

03 ②

처리 속도 단위
- ms(밀리/초: milli second): 10^{-3}
- μs(마이크로/초: micro second): 10^{-6}
- ns(나노/초: nano second): 10^{-9}
- ps(피코/초: pico second): 10^{-12}
- fs(펨토/초: femto second): 10^{-15}
- as(아토/초: atto second): 10^{-18}

04 ②

- 스풀링(Spooling) : 처리 속도가 빠른 CPU와 속도가 느린 프린터 사이에서 두 장치간의 속도 차이를 줄여주기 위한 임시 기억장소로 보조기억장치를 사용하며 가상 메모리와 버퍼 메모리를 혼합한 기능
- 버퍼링(Buffering) : CPU와 입·출력장치와의 속도 차이를 줄이기 위해 사용하는 기법

05 ④

- 쉘(Shell) : 사용자의 명령어를 인식하여 프로그램을 호출하고 명령을 수행하는 명령어 해석기이다.
- 커널(Kernel) : 프로세스간의 통신, 파일관리, 입출력 관리 등을 수행한다.

06 ④

교착 상태 필수 4 요소
- 상호 배제(Mutual Exclusion)
- 점유와 대기(Hold & Wait)
- 비선점(Non Preemption)
- 순환 대기(Circular Wait, 환형 대기)

07 ③

워크시트(Worksheet)
- 엑셀에서 데이터를 입력하고 계산하는 기본 단위이다.
- 여러 시트를 한 번에 선택하면 창 상단의 제목 표시줄에 [그룹]이 표시되어 그룹 상태임을 알 수 있다.
- 시트 복사 시, 원본 이름 뒤에 '(2)', '(3)' 과 같은 일련번호가 자동으로 붙는다.
- 시트 삭제 후에는 실행 취소(Undo) 버튼으로 복구가 불가능하다.
- 시트 탭 오른쪽의 '+ 아이콘 클릭'(우측에 생성) 또는 Shift + F11 단축키(좌측에 생성)로 새 시트를 삽입한다.

08 ②

- 엑셀은 입력된 내용을 자동으로 데이터 형식(숫자, 날짜, 시간 등)으로 인식한다.
- ① 01 : 02AM → 01 : 02 AM처럼 띄어쓰기해야 시간으로 인식한다.
- ② 0 1/4 → 분수로 인식 → 0.25
- ③ '1234 → ' 는 숫자데이터를 문자 데이터로 인식시킨다.
- ④ 1월30일 → 1월 30일처럼 띄어쓰기해야 날짜로 인식한다.

09 ①

사용자 지정 목록에 포함되어 있지 않은 '가'는 동일한 문자열이 복사된다.

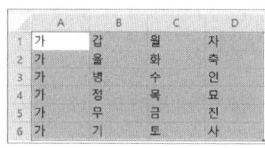

10 ②

보고서 구성
- 보고서 머리글(Report Header) : 보고서의 첫 페이지 맨 위에 한 번만 출력되는 영역이다. 주로 보고서 제목, 작성자, 날짜, 전체 집계 정보 등을 표시할 때 사용된다. 합계, 평균 등 함수 계산 결과도 표시할 수 있다.
- 페이지 머리글(Page Header) : 모든 페이지의 상단에 반복 출력된다.
- 그룹 머리글(Group Header) : 그룹별 구간이 시작될 때마다 표시되며 그룹 이름이나 주요 정보를 나타낸다.
- 본문(Detail) : 실제 데이터가 출력되는 부분으로, 각 레코드마다 반복된다.

11 ②

파워포인트 셀 병합
- 표에서는 두 개 이상의 셀을 하나로 합치는 기능을 제공한다.
- 병합할 셀들을 드래그하여 선택한 뒤, 마우스 오른쪽 버튼 클릭 → [셀 병합] 메뉴를 선택한다.
- [표 도구] → [레이아웃] 탭 → [병합] 그룹 → [셀 병합] 명령을 사용할 수도 있다.
- [표 디자인] 탭은 표의 서식 및 스타일 변경용 탭으로, 병합 기능은 포함되지 않는다.
- [홈] 탭의 [그룹]이나 [맞춤]은 텍스트 정렬 관련 명령이므로 해당되지 않는다.

12 ②

트랜잭션의 특성
- 원자성(Atomicity) : 안전하게 수행 완료되지 않으면 전혀 수행되지 않아야 함
- 일관성(Consistency) : 시스템의 고정 요소는 트랜잭션 수행 전후에 같아야 함
- 격리성(Isolation, 고립성) : 트랜잭션 실행 시 다른 트랜잭션의 간섭을 받지 않아야 함
- 영속성(Durability, 지속성) : 트랜잭션의 완료 결과가 데이터베이스에 영구히 기억됨

13 ③

데이터 웨어하우스(Data Warehouse)
기업의 정보 자산을 효율적으로 활용하기 위해 기업의 전략적 관점에서 효율적인 의사결정을 위한 데이터의 통합을 목표로 하는 주제 중심의 정보저장소

데이터마이닝
데이터 웨어하우스에 저장된 데이터에 의미를 부여하여 조직의 의사결정에 도움을 주는 데이터베이스 시스템

14 ③

데이터 사전(Data Dictionary)
- 시스템 자신이 필요로 하는 여러 가지 객체(기본 테이블, 뷰, 인덱스, 데이터베이스, 패키지, 접근 권한 등)에 관한 정보를 포함하고 있는 시스템 데이터베이스이다.
- 시스템 카탈로그(System Catalog), 메타 데이터(Meta Data)라고도 한다.
- 시스템 카탈로그 자체도 시스템 테이블로 구성되어 있어 SQL 문을 이용하여 내용 검색이 가능하다.
- 사용자가 시스템 카탈로그를 직접 갱신할 수 없다.
- SQL 문으로 여러 가지 객체에 변화를 주면 시스템이 자동으로 갱신한다.

15 ①

- UPDATE 테이블명
-     SET 속성명=값
-         WHERE 조건;

16 ③

ALTER문
- ALTER TABLE 회원
- ADD COLUMN 주소 VARCHAR(255);

17 ④

이상 현상(Anomaly)
- 릴레이션 조작 시 데이터들이 불필요하게 중복되어 예기치 않게 발생하는 곤란한 현상을 의미한다.
- 종류 : 삽입 이상, 삭제 이상, 갱신 이상

18 ①

- R1, R2 테이블에서 학번이 같으면서, R1의 학과가 '전자공학'이면서 '강남길'인 항목의 과목번호, 과목이름을 조회하는 SQL문이다.
- R1, R2 테이블을 학번으로 조인하고, '전자공학'이면서 '강남길'인 레코드 중에서 과목번호, 과목이름 필드를 조회한다.

19 ②

캐시(Cache) 기억장치
중앙처리장치(CPU)의 속도와 주기억장치의 속도 차이가 클 때 명령어의 수행 속도를 중앙처리장치의 속도와 비슷하게 하기 위하여 사용하는 메모리이다. 저용량 고속의 반도체 장치이다.

20 ④

Multiplexer는 레지스터가 아닌 논리 회로의 일종으로, 여러 개의 터미널 신호를 하나의 통신회선을 통해 전송할 수 있도록 하는 장치이다.

> 오답 피하기

레지스터의 종류

Instruction Register	현재 실행 중인 명령을 기억
accumulator	CPU 내에서 산술 및 논리 연산 결과를 일시적으로 기억
program counter	다음 실행할 프로세스의 주소를 기억

과목 02 프로그래밍 일반

21 ④

어휘 분석
프로그램 실행 시 원시 프로그램을 문자 단위로 스캐닝하여 문법적으로 의미 있는 일련의 문자들로 분할해 내는 역할을 한다.

22 ④

GoF(Gangs of Four) 디자인 패턴
- 1995년 『Design Patterns』 책을 출간한 네 명의 저자(에릭 감마 등)를 가리킨다.
- 객체지향 설계에서 자주 사용되는 23가지 디자인 패턴을 체계적으로 분류했다.
- GoF 디자인 패턴은 생성(Creational), 구조(Structural), 행위(Behavioral)의 세 가지 범주로 나뉜다.
- 생성 패턴은 객체 생성 방식(예 Factory Method, Singleton 등)을 다룬다.
- 구조 패턴은 클래스나 객체 간의 관계 구성(예 Adapter, Composite 등)을 다룬다.
- 행위 패턴은 객체 간의 상호작용과 책임 분배(예 Observer, Strategy 등)를 정의한다.

23 ①

- 〈dig〉는 한 자리 짝수만 만들 수 있다(0, 2, 4, 6, 8).
- 〈num〉은 한 자리 〈dig〉이거나, 앞에 이미 만든 〈num〉에 〈dig〉를 붙여서 자릿수를 늘릴 수 나. 즉, 짝수 숫자들만 이어 붙인 1개 이상의 숫자열을 생성할 수 있다. 보기 중 짝수 숫자로만 생성된 숫자는 482이다.

> 오답 피하기

- 470 : 7이 포함되어 불가
- 6083 : 3이 포함되어 불가
- 2609 : 9가 포함되어 불가

24 ③

super	하위 클래스에서 상위 클래스를 참조하기 위해 사용하는 명령어
extends	상위 클래스에서 하위 클래스로 상속하기 위해 사용하는 명령어

25 ④

- aa|b : aa이거나 b를 출력할 수 있다.
- (aa|b)* : aa이거나 b를 그룹으로 묶어 반복 출력할 수 있다.
- (aa|b)*a : 맨 뒤 a는 a로 끝나야 한다는 의미이다.
- 보기를 모두 경우의 수에 따라 대입해 본다.
- a나 b로 시작하면서 a로 끝나야 한다.
- ④번의 경우 a 또는 b 택일하여 시작해야 하나 모두 표시되어 있어 오류가 된다.

> 오답 피하기

정규 표현식

표현	의미
^x	문자열의 시작을 표현하며 x 문자로 시작됨을 의미한다.
x$	문자열의 종료를 표현하며 x 문자로 종료됨을 의미한다.
.x	임의의 한 문자의 자리수를 표현하며 문자열이 x로 끝난다는 것을 의미한다.
x+	반복을 표현하며 x 문자가 한 번 이상 반복됨을 의미한다.
x?	존재 여부를 표현하며 x 문자가 존재할 수도, 존재하지 않을 수도 있음을 의미한다.
x*	반복 여부를 표현하며 x 문자가 0번 또는 그 이상 반복됨을 의미한다.
x|y	or를 표현하며 x 또는 y 문자가 존재함을 의미한다.
(x)	그룹을 표현하며 x를 그룹으로 처리함을 의미한다.
(x)(y)	그룹들의 집합을 표현하며 앞에서부터 순서대로 번호를 부여하여 관리하고, x, y는 각 그룹의 데이터로 관리된다.
(x)(? : y)	그룹들의 집합에 대한 예외를 표현하며 그룹 집합으로 관리되지 않음을 의미한다.
x{n}	반복을 표현하며 x 문자가 n번 반복됨을 의미한다.
x{n,}	반복을 표현하며 x 문자가 n번 이상 반복됨을 의미한다.

26 ③

SQL Injection
- 공격자가 입력 필드 등에 악의적인 SQL문을 삽입해 애플리케이션이 의도하지 않은 쿼리를 실행하게 하는 공격이다.
- 주로 웹 애플리케이션에서 사용자 입력을 적절히 검증·처리하지 않고 SQL문에 직접 연결할 때 발생한다.
- 🕮 로그인 폼에 ' OR '1'='1' 등을 넣어 인증을 우회하는 방식이 대표적이다.
- DBMS마다 SQL 문법, 에러 메시지, 쿼리 함수, 주석 처리 방식 등이 달라 공격 기법과 페이로드가 달라질 수 있다.
- 따라서 "모두 동일하다"는 설명은 틀리며, 공격자는 대상 DB의 특성에 맞춰 페이로드를 조정한다.
- 방어책으로는 파라미터화된 쿼리(Prepared Statements), 입력 검증, 최소 권한 원칙, 웹 방화벽(WAF) 등이 있다.

27 ③

보통 변수의 번지를 참조하려면 번지 연산자 &을 변수 앞에 쓴다.

28 ④

후위(postfix) 표기법
- 피연산자 뒤에 연산자를 표기
- 일반적인 수식 : A+B를 AB+로 표시한다.
- 연산자 우선 순위대로 묶은 뒤 연산자를 괄호 뒤로 이동한다.

A+B*C−D
- A+B*C−D → A+(B*C)−D → (A+(B*C))−D → ((A+(B*C))−D)
- ((A+(B*C))−D) → ((A+(BC)*)−D) → ((A(BC)*)+D)−
- ABC*+D−

29 ④

- a[2][3]은 a 변수의 배열 크기가 2행 3열이란 의미이며 정수의 크기가 2byte이므로 각 배열의 크기가 2byte씩임을 알 수 있다. C에서 첫 번째 배열은 (0,0)으로 시작한다.
- a[2][3] 배열(2행 3열)

- a[2][3] 배열의 주소 할당

주소	1000	1002	1004
배열	a(0,0)	a(0,1)	a(0,2)
주소	1006	1008	1010
배열	a(1,0)	a(1,1)	a(2,1)

30 ④

- i%5==2인 i는 2, 7, 12, 17
- 출력은 i+3 이라 5, 10, 15, 20

31 ③

객체지향 기법의 기본 원칙

캡슐화 (Encapsulation)	데이터와 데이터를 조작하는 연산을 하나로 묶는 것을 의미하며 연관된 데이터와 함수를 함께 묶어 외부와 경계를 만들고 필요한 인터페이스만을 밖으로 드러내는 과정을 의미
정보 은닉 (Information Hiding)	객체가 다른 객체로부터 자신의 자료를 숨기고 자신의 연산만을 통하여 접근을 허용하는 것을 의미하며 캡슐화와 밀접한 관계가 있음
추상화 (Abstraction)	주어진 문제나 시스템 중에서 중요하고 관계있는 부분만을 분리하여 간결하고 이해하기 쉽게 만드는 작업을 의미
상속성 (Inheritance)	상위 클래스의 속성과 메소드를 하위 클래스가 물려받는 것을 의미하며 클래스와 객체를 재사용할 수 있음
다형성 (Polymorphism)	많은 상이한 클래스들이 동일한 메소드명을 이용하는 능력을 의미하며 한 메시지가 객체에 따라 다른 방법으로 응답할 수 있는 것을 의미

32 ①

변수와 상수
- 변수(Variable) : 기억 장치의 한 장소를 추상화 한 것, 프로그래머가 프로그램 내에서 정의하고 이름을 줄 수 있는 자료 객체이다.
- 상수(Constant) : 프로그램이 동작하는 동안 값이 절대로 변하지 않는 값이다.

주석(Comment)
- 프로그램에 실제 실행되지 않고 프로그래머가 코드의 이해를 돕거나 분석을 위해 써놓은 일종의 프로그램 설명이다.
- 프로그램 문서화의 중요한 부분으로 추후 유지보수에 유리하다.
- 대부분의 프로그래밍 언어에서 각각의 주석 형식은 달라도 주석을 허용한다.

33 ①

배치(Placement) 전략
- 최초 적합(First Fit) : 입력되는 작업의 순서에 따라 주기억장치 첫 번째 기억 공간부터 할당
- 최적 적합(Best Fit) : 입력되는 작업의 크기에 맞는 주기억장치를 찾아 할당
- 최악 적합(Worst Fit) : 입력되는 작업의 크기에 맞지 않고 낭비가 가장 심한 공간을 찾아 할당

34 ③

sizeof : 자료형의 크기를 바이트 단위로 구하는 연산자

오답 피하기
- ① strlen : 문자열의 길이를 구하는 함수
- ② length : 자료형의 길이를 구하는 함수(C++에서 사용)
- ④ type : 자료형을 출력하는 함수

35 ④

토큰으로 인식되는 대상
- 에어어, 공백(무자열 내의 공백), 구두점, 여는 괄호, 콜론, 세미콜론 등과 같은 특수 기호, 식별자, 지정어, 상수, 단말 기호들로 인식된다.
- 키워드, 변수, 연산자, 숫자 등이 있다.

36 ④

후위(postfix) 표기법
- 피연산자 뒤에 연산자를 표기
- 일반적인 수식 : A+B를 AB+로 표시한다.
- 연산자 우선 순위대로 묶은 뒤 연산자를 괄호 뒤로 이동한다.
- A+(B*C) → (A+(B*C)) → (A(BC)*)+ → ABC*+

37 ③

- 프로그래밍 언어에서 A = B라는 표현은 A와 B가 같다는 의미가 아니라 오른쪽 값(B)을 왼쪽 값(A)에 입력한다는 의미를 가진다.
- 여기서 A가 왼쪽에 있으므로 Left-Value, B가 오른쪽에 있으므로 Right-Value가 된다.
- 다르게 말하면 A(기억장소)에 B(값)를 입력한다는 의미이고 각 위치를 L, R Value라고 정의한다.
- '4와 같은 상수'는 '값 자체'에 해당하기 때문에 R-Vlaue이다.

오답 피하기
변수명, 배열 원소, 포인터의 위치 모두 기억장소에 해당하므로 L-Value가 된다.

38 ③

촘스키의 문법 구조

Type 0 문법	• 무제약 문법(Recursively Enumerable set) • 모든 형식 문법 포함
Type 1 문법	• 문맥 의존 문법(Context-sensitive language) • Type 2 문법보다 더 복잡한 문맥적 규칙을 표현할 수 있지만, 잘 사용되지 않음
Type 2 문법	• 문맥 자유 문법(Context-Free Language) • 구문 분석에 사용
Type 3 문법	• 정규 문법(Regular Language) • 언어의 어휘 구조(lexical-structure), 어휘 분석에 사용

39 ③

소스 코드 품질 분석 도구

정적 분석	pmd, cppcheck, SonarQube, checkstyle, ccm, cobertura, FindBugs,
동적 분석	Avalanche, Valgrind 등

40 ②

OWASP(The Open Web Application Security Project)
- 오픈소스 웹 애플리케이션 보안 프로젝트로서 주로 웹을 통한 정보 유출, 악성 파일 및 스크립트, 보안 취약점 등을 연구하는 곳이다.
- 연구 결과에 따라 취약점 발생빈도가 높은 10가지 취약점을 공개한다.

과목 03 네트워크 일반

41 ②

ARP(Address Resolution Protocol)
IP Address를 물리적 하드웨어 주소(MAC Address)로 변환하는 프로토콜

RARP(Reverse Address Resolution Protocol)
호스트의 물리 주소를 통하여 논리 주소인 IP 주소를 얻어오기 위해 사용되는 프로토콜

42 ①

ARQ 종류
- 정지-대기 ARQ(Stop-And-Wait ARQ) : 송신측에서 1개의 프레임을 전송한 후, 수신측에서 오류의 발생을 점검하여 ACK 또는 NAK를 보내올 때까지 대기하는 ARQ 방식
- 연속적 ARQ(Continue ARQ) : 정지-대기 ARQ의 단점을 보완하기 위한 방식
- Go-Back-N ARQ : 다수의 데이터 블록을 송신하고, 수신측으로부터 NAK 신호가 전송되면 NAK 신호를 받은 블록부터 다음의 모든 블록을 재전송하는 방식
- 선택적 재전송 ARQ(Selective-Repeat ARQ) : NAK 신호를 받은 블록만을 재전송하는 방식
- 적응적 ARQ(Adaptive ARQ) : 전송 효율을 높이기 위해서 블록의 길이를 동적(Dynamic)으로 변경시킬 수 있는 방식

43 ②

$C = W\log_2(1 + SNR) = 4000 \times \log_2(51) \approx 4000 \times 5.672 = 22,688$

44 ④

허프만 코드
주어진 문자열의 빈도 정보를 바탕으로 각 문자에 대응하는 코드를 생성한다. 빈도가 높은 문자는 짧은 코드로, 빈도가 낮은 문자는 긴 코드로 표현함으로써, 압축률을 높일 수 있다.

45 ③

- M-PSK의 인접 위상차는 $2\pi/M$
- 16-PSK → $2\pi/16 = \pi/8$

46 ④

HDLC 프레임 구성
- 플래그(Flag) : 프레임의 시작과 끝을 나타내며, 항상 '01111110' 패턴을 사용
- 주소부(Address Field) : 송·수신국을 식별
- 제어부(Control Field) : 프레임 종류를 식별
- 정보부(Information Field) : 실제 정보를 포함

47 ①

다원 접속(Multi Access)
- 한정된 주파수를 효율적으로 활용하기 위해 주파수 대역의 공통모체를 다수가 함께 사용하는 방법으로, 구현 기술은 다음과 같다.
- 주파수 분할(FDMA, Frequency division multiple access)
- 시간 분할(TDMA, Time division multiple access)
- 코드 분할(CDMA, code division multiple access)
- 공간 분할(SDMA, spatial division multiple access)

48 ④

ADPCM은 적응형 차분 펄스부호화 방식이고, ASK, PSK는 반송파 변조, DM은 비적응 델타 변조 방식에 해당한다.

49 ②

IP 수소(Internet Protocol Address)

A class	• 대형 기관 및 기업에서 사용 • 2^{24}(=16,777,216) 중 16,777,214개의 호스트 사용 가능 • 0.0.0.0 ~ 127.255.255.255
B class	• 중형 기관 및 기업에서 사용 • 2^{16}(=65,536) 중 65,534개의 호스트 사용 가능 • 128.0.0.0 ~ 191.255.255.255
C class	• 소형 기관 및 기업에서 사용 • 2^{8}(=256) 중 254개의 호스트 사용 가능 • 192.0.0.0 ~ 223.255.255.255
D class	• 멀티캐스트용, netid와 hostid가 없음 • 224.0.0.0 ~ 239.255.255.255
E class	실험용

50 ①

SNMP(Simple Network Management Protocol)
네트워크를 관리하는 프로토콜로 모든 네트워크 장비의 트래픽을 관리하고 감시할 수 있는 프로토콜이다. 네트워크 망을 관리하기 위해 MIB(Management Infomation Base)가 사용된다.

51 ④

HDLC 프레임 구성
- 플래그(Flag) : 프레임의 시작과 끝을 나타내며, 항상 '01111110' 패턴을 사용
- 주소부(Address Field) : 송·수신국을 식별
- 제어부(Control Field) : 프레임 종류를 식별
- 정보부(Information Field) : 실제 정보를 포함

52 ①

FDDI(Fiber Distributed Data Interface)는 광섬유 기반의 이중 링 구조, 토큰 패싱, 최대 100Mbps의 LAN 표준 형식의 특징을 가진다.

오답 피하기
- DQDB는 MAN용 분산 대기열 이중 버스 방식으로, LAN, 토큰 패싱, 이중 링 구조가 아니다.
- QAM은 변조 방식(물리 계층 신호처리)이지 네트워크 표준이 아니다.
- LAN은 범주 명칭일 뿐 특정 표준이 아니다.

53 ③

- 3비트(tribit; 8위상) : bps = 3 baud
- 1,200[baud] * 3 = 3,600 bps

54 ③

- FM 소요 대역폭 = 2 × (변조 주파수) × (변조 지수 +1)
- 2 × (4) × (10 + 1)
- 2 × 4 × 11 = 88

55 ①

LAN(Local Area Network, 근거리 통신망)
- 정보 통신 기술 발전에 의해 출현한 정보화의 한 형태로서, 한 건물 또는 공장, 학교 구내, 연구소 등의 일정 지역 내의 설치된 통신망으로서 각종 기기 사이의 통신을 실행하는 통신망이다.
- 단말기 10대 정도인 소규모 사무실 단위의 사무자동화시스템 구축에 가장 적합한 통신망이다.

56 ③

210.10.10.100/26
- 서브넷 마스크 : 11111111.11111111.11111111.11000000
- 서브넷 마스크 : 255.255.255.192
- 32bit - 26bit = 6bit = 2^{6} = 64
- 총 64개 ip가 할당됨
- 네트워크 주소 : 210.10.10.64
- 브로드캐스트 주소 : 210.10.10.127
- 호스트 주소 범위 : 210.10.10.65 ~ 210.10.10.126

57 ④

FTP(File Transfer Protocol)
- 멀리 떨어져 있는 컴퓨터로부터 파일을 전송 받거나 전송하는 서비스를 의미한다.
- bin : 텍스트 모드 외의 파일을 전송할 때 사용한다.

오답 피하기
ascii : 텍스트 모드 파일을 전송할 때 사용한다.

58 ④

전술용 전자식 교환기(TTC-95K)
1005년 정부 주도 업체 자체 개발로 삼성전자에서 전술용 전자식 교환기를 국내 개발, 전력화 운용 중이다.

FTTH(Fiber To The Home)
광섬유를 집안까지 연결한다는 뜻의 FTTH는 초고속 인터넷 설비 방식의 하나로, 광통신회선을 일반 가입자의 안방까지 지원하여 고품질의 광대역 통신서비스를 제공할 수 있는 기술

LTE(Long Term Evolution)
WCDMA와 CDMA2000의 3세대 통신과 4세대 이동통신 4G의 중간에 해당하는 기술이라 하여 3.9세대라고도 하며, 채널 대욕폭은 1.25~20MHz, 29HMz 대역폭을 기준으로 하향링크의 최대 전송속도는 100Mbps, 상향링크의 최대 전송속도는 50Mbps이다.

HSDPA (High Speed Downlink Packet Access)
고속하향패킷접속을 통해 3세대 이동통신 기술인 W-CDMA나 CDMA보다 훨씬 빠른 속도로 데이터를 주고받을 수 있는 3.5세대 이동통신방식이다.

59 ①

사물인터넷(IoT, Internet of Things)
생활 속 사물들을 유·무선 네트워크로 연결해 정보를 공유하는 환경. 가전제품, 전자기기뿐만 아니라 헬스케어, 원격 검침, 스마트홈, 스마트카 등 다양한 분야에서 사물을 네트워크로 연결하는 것을 의미한다.

60 ④

네트워크 설정을 할 때 TCP/IP 등록 정보
- 도메인 네임(Domain Name)
- IP Address
- 게이트웨이(Gateway)

오답 피하기
- URL(Uniform Resource Locator)은 인터넷 주소 형식을 의미한다.
- 예) http://dumok.net

출제 예상문제 07회 (2-101P)

01 ③	02 ①	03 ④	04 ③	05 ④
06 ④	07 ③	08 ②	09 ③	10 ①
11 ③	12 ②	13 ③	14 ①	15 ④
16 ②	17 ③	18 ①	19 ③	20 ②
21 ③	22 ③	23 ③	24 ①	25 ①
26 ②	27 ③	28 ③	29 ③	30 ③
31 ③	32 ②	33 ①	34 ②	35 ③
36 ③	37 ③	38 ③	39 ①	40 ①
41 ①	42 ④	43 ①	44 ④	45 ③
46 ④	47 ③	48 ①	49 ④	50 ③
51 ①	52 ③	53 ④	54 ④	55 ④
56 ③	57 ③	58 ①	59 ②	60 ④

과목 01 사무자동화 시스템

01 ③

50KB 공간에 15KB가 할당되면 35KB의 가장 큰 공간의 단편화가 발생한다.

배치(Placement) 전략
- 최초 적합(First Fit) : 입력되는 작업의 순서에 따라 주기억장치 첫 번째 기억 공간부터 할당
- 최적 적합(Best Fit) : 입력되는 작업의 크기에 맞는 주기억장치를 찾아 할당
- 최악 적합(Worst Fit) : 입력되는 작업의 크기에 맞지 않고 낭비가 가장 심한 공간을 찾아 할당

02 ①

시맨틱 데이터
- 데이터의 의미를 표현하고, 그 의미를 바탕으로 데이터를 처리하고 분석할 수 있도록 하는 데이터이다.
- 인공지능, 사물인터넷, 빅데이터 등 다양한 분야에서 활용되고 있다.

오답 피하기
메타 데이터란 데이터에 대한 데이터로 정의되며, 기능적인 측면에서 데이터에 대한 구조화된 데이터이다.

03 ④

- 쉘(Shell) : 사용자의 명령어를 인식하여 프로그램을 호출하고 명령을 수행하는 명령어 해석기이다.
- 커널(Kernel) : 프로세스 간의 통신, 파일관리, 입출력 관리 등을 수행한다.

04 ③
스마트 워크
- 스마트폰과 태블릿 등 다양한 스마트 기기를 이용하여 시간과 장소의 제약을 받지 않고 모바일 오피스를 구축하는 것이다.
- 원격업무, 재택근무 등이 포함된다.
- 관리 감독이 어려워 업무 생산성이 떨어지고, 보안에 취약해질 수 있다.

05 ④
스프레드시트
셀 단위의 연산과 간단한 표와 같은 문서 작성이 가능하며, 함수를 사용하여 합, 평균 등의 수식을 처리할 수 있는 엑셀 등의 소프트웨어를 의미한다.

부프로그램
- 고급 언어에서는 프로그램의 모듈화를 위해서 부프로그램을 지원한다.
- 한 프로그램 내에서 특정한 일이 여러 번 실행될 필요가 있을 때 이를 부프로그램으로 작성하여 프로그램의 여러 곳에서 사용할 수 있다.
- 프로그래밍에 드는 시간과 프로그램이 차지하는 기억 장소를 절약할 수 있다.

06 ④
프레젠테이션
회의나 발표, 브리핑 등에서 효과적으로 활용할 수 있는 텍스트를 비롯한 그래픽과 같은 멀티미디어 작업을 좀 더 간편하게 작성하고 자동화 시켜주는 소프트웨어로, 대표적으로 파워포인트가 있다.

07 ③
컴파일러, 인터프리터, 어셈블러는 언어 번역 프로그램, 즉 시스템 소프트웨어이다.

08 ②
대량의 데이터 속 데이터 질의 언어(SQL)를 사용할 수 있는 프로그램으로는 Microsoft Access 등의 프로그램이 있다.

09 ③
오답 피하기
- SUM : 합계
- COUNT : 개수
- MAX : 최댓값

10 ①
요약 쿼리(Totals Query)
- Access에서 그룹별로 데이터를 집계(합계, 평균, 개수 등)하기 위해 사용하는 쿼리이다.
- GROUP BY절을 이용해 동일한 값끼리 묶고, 각 그룹에 대해 집계 함수를 적용한다.
- 주요 집계 함수 : SUM(합계), AVG(평균), COUNT(개수), MAX(최댓값), MIN(최솟값)
- 쿼리 디자인 보기에서 '합계(Σ)' 버튼을 눌러 요약 행을 표시하면 설정할 수 있다.
- 이 쿼리는 원본 데이터를 변경하지 않고, 계산된 결과만 표시한다.

오답 피하기
선택 쿼리
단순 조회, 매개 변수 쿼리는 사용자 입력, 실행 쿼리는 실제 데이터 수정용이다.

11 ③
매크로(Macro)
- 엑셀에서 반복적인 작업을 자동으로 실행하기 위해 기록한 명령의 집합이다.
- VBA(Visual Basic for Applications) 언어로 작성하거나, 매크로 기록 기능으로 자동 생성할 수 있다.
- 매크로 이름은 영문자, 숫자, 밑줄(_)만 사용 가능하며, 반드시 문자나 밑줄로 시작해야 한다.
- 즉, 공백, 마침표, 특수문자는 사용할 수 없다.
- 매크로는 Alt + F8 로 실행하거나 단축키(Ctrl +조합키)를 지정해 사용할 수 있다.

12 ②
엑셀 확장자
- 엑셀에서 매크로를 실행하려면 매크로 사용 통합 문서 형식으로 저장해야 한다.
- 매크로가 포함된 파일은 확장자가 .xlsm이며, VBA 코드가 함께 저장된다.
- .xlsx : 일반 통합 문서로, 매크로를 포함하거나 실행할 수 없다.
- .csv : 쉼표로 구분된 텍스트 형식으로, 매크로와 서식을 지원하지 않는다.
- .xltx : 매크로 없는 템플릿 형식이다.

13 ③
시스템 카탈로그(System Catalog)
- 시스템 자신이 필요로 하는 여러 가지 객체(기본 테이블, 뷰, 인덱스, 데이터베이스, 패키지, 접근 권한 등)에 관한 정보를 포함하고 있는 시스템 데이터베이스이다.
- 데이터 사전(Data Dictionary), 혹은 메타 데이터(Meta Data)라고도 한다.

14 ①
논리적 데이터 모델
- 관계형 데이터 모델 : 데이터베이스를 테이블(Table)의 집합으로 표현
- 계층형 데이터 모델 : 하나의 부노드(parent node)가 다수 개의 자노드(child node)를 갖는 데이터베이스를 트리(Tree) 구조로 표현
- 네트워크형 데이터 모델 : 데이터베이스를 그래프(Graph) 구조로 표현 (오너-멤버 관계), CODASYL DBTG 모델이라고도 함

15 ④
트랜잭션의 특성
- 원자성(Atomicity) : 완전하게 수행 완료되지 않으면 전혀 수행되지 않아야 함
- 일관성(Consistency) : 시스템의 고정 요소는 트랜잭션 수행 전후에 같아야 함
- 격리성(Isolation, 고립성) : 트랜잭션 실행 시 다른 트랜잭션의 간섭을 받지 않아야 함
- 영속성(Durability, 지속성) : 트랜잭션의 완료 결과가 데이터베이스에 영구히 기억됨

16 ②
데이터베이스 언어(Database Language)

데이터 정의어(DDL)	데이터베이스를 생성하거나 수정하기 위해 사용하는 언어
데이터 조작어(DML)	데이터의 삽입, 삭제, 수정 등을 하기 위해 사용하는 언어
데이터 제어어(DCL)	데이터 보안, 데이터 무결성, 데이터 복구 등을 위해 사용하는 언어

17 ③
내부 쿼리
- SELECT 책번호 FROM 도서 WHERE 책명 = '운영체제';
- 도서 테이블에서 책명이 '운영체제'인 행의 책번호는 1111

외부 쿼리
- SELECT 가격 FROM 도서가격 WHERE 책번호 = 1111;
- 도서가격 테이블 확인
- 책번호 1111의 가격은 15000

18 ①
DELETE FROM 학생 WHERE 학번 = 1000;
- DELETE FROM 구문은 테이블에서 조건에 맞는 레코드를 삭제하는 SQL문이다.
- WHERE 학번 = 1000 조건에 따라 학번이 1000인 학생만 삭제된다.

오답 피하기
- ② : DELETE FROM 학생 IF 학번 = 1000;
- SQL에서는 IF 조건문을 DELETE와 함께 사용할 수 없다.
- IF는 프로시저나 제어문 내에서 사용되는 문법이므로 잘못된 구문이다.
- ③ : SELECT * FROM 학생 WHERE 학번 = 1000;
- SELECT 문은 데이터를 조회하는 명령어이며, 삭제가 아닌 단순 출력이다.
- ④ : SELECT * FROM 학생 CONDITION 학번 = 1000;
- SQL 표준 문법에는 CONDITION절이 존재하지 않는다.
- 조건 지정은 항상 WHERE절을 사용해야 한다.

19 ③
플로터는 대형 출력에 사용되는 출력 장치이다.

20 ②
DRAM과 SRAM의 비교

구분	동적 램(DRAM)	정적 램(SRAM)
구성 소자	콘덴서	플립플롭
재충전 여부	필요	불필요
전력 소모	적음	많음
접근 속도	느림	빠름
집적도(밀도)	높음	낮음
복잡도	단순	복잡
가격	저가	고가
용도	주기억장치	캐시 메모리

과목 02 프로그래밍 일반

21 ③

클라이언트 측 스크립트 언어(Client-side Script)
- 웹 서버가 아닌 사용자의 브라우저에서 직접 실행되는 언어이다.
- 대표적으로 JavaScript가 있으며, HTML 문서에 삽입되어 웹 페이지의 동적 동작을 수행한다.
- 서버에 요청하지 않아도 브라우저가 즉시 실행할 수 있다.
- PHP, JSP, ASP는 모두 서버 측에서 실행되어 결과를 HTML 형태로 브라우저에 전달한다.
- JavaScript는 브라우저 엔진에 의해 실행되므로 운영체제나 서버 환경에 독립적이다.
- 웹의 기본 언어인 HTML, CSS와 함께 프론트엔드 개발의 핵심 언어이다.

22 ③

예약어(Reserved Word)
- 기호들은 특별한 의미를 가지고 있는 것
- 프로그램을 좀 더 읽기 쉽도록 해줌
- 컴파일러가 기호 테이블을 짧은 시간에 탐색하도록 함
- 오류 회복을 할 수 있도록 함
- 프로그래머가 변수 이름으로 사용할 수 없음
- 프로그램의 신뢰성을 향상
- 번역 과정에서 속도를 높여줌

23 ③

프리프로세서(전처리기, Preprocessor)
주석(Comment)의 제거, 상수 정의 치환, 매크로 확장 등 컴파일러가 처리하기 전에 먼저 처리하여 확장된 원시 프로그램을 생성한다.

24 ①

프로그램 언어별 사용 용도

C	UNIX의 개발 언어로, 시스템 프로그래밍 표준 언어. 실시간 통신 등 여러 분야에 적용되는 범용 언어, UNIX에 기본적으로 이식되어 있으며 시스템 프로그래밍에 적합
COBOL	비즈니스/금융/행정용 대형 전산 시스템에서 사용되는 언어
FORTRAN	과학·공학 수치계산의 대표 언어
PASCAL	대표적인 구조적인 어어이며 학문적인 언어
SNOBOL	텍스트 변환/언어 연구용 언어
BASIC	대화형 인터프리터 언어
Ada	군사목적용 언어
LISP	인공지능용 언어
JAVA	객체지향 언어, 네트워크 환경 기반의 분산 작업 가능한 언어

25 ①

BNF 심볼의 정의
- 왼쪽 : 정의될 대상(object)
- ∷= : 정의
- | : 택일
- 〈 〉 : 비종단
- { } : 반복
- 〈expression〉 + 〈expression〉 | 〈expression〉 - 〈expression〉 | 〈expression〉 * 〈expression〉 | 〈expression〉 / 〈expression〉
- 구문 연산자만 표현하면 + | - | * | /
- 압축하면 〈expression〉(+|-|*|/)〈expression〉

26 ②

C언어의 논리 연산자
- 논리부정(!) 연산자 : '참'을 '거짓'으로 '거짓'을 '참'으로 부정
- 논리곱(&&) 연산자 : 좌측과 우측 피연산자가 모두 '참'이어야 '참'의 결과
- 논리합(||) 연산자 : 좌측과 우측 피연산자 중 좌측 연산자가 '참'이면 '참'의 결과

	int a = 3, b = 5, c = -1;
t1	a && b
	3 && 5
	참 && 참
	결과 : 참(1)
t2	a && b
	3 && 5
	참 && 참
	결과 : 참(1)
t3	!c
	!-1
	!참
	결과 : 거짓(0)

- printf("%d", t1 + t2 + t3); 명령문은 1 + 1 + 0을 수행한 결과 2를 출력한다.

27 ②

클래스 다이어그램(Class Diagram)
- 객체지향 시스템에서 클래스의 구조와 관계를 시각화한 UML 다이어그램이다.
- 클래스는 일반적으로 이름(Name), 속성(Attribute), 연산(Operation)의 세 부분으로 구성된다.
- Operation(연산)은 클래스가 수행할 수 있는 행동(Behavior) 또는 동작(Method)을 의미한다. 클래스에 속한 객체가 가질 기능적 행위를 정의한 것으로, 다른 객체와의 상호작용 시 수행된다.
- UML에서는 Operation이 메서드의 인터페이스 역할을 하며, 구체적인 구현 내용은 클래스 내부에 정의된다.
- Instance(인스턴스)는 클래스에서 생성된 객체, Item과 Hiding은 UML의 핵심 요소가 아니다.

28 ③

유스 케이스(Use Case)의 구성 요소 간의 관계

연관 관계(Association)	유스 케이스와 액터 간의 상호작용이 있음을 표현
포함 관계(Include)	하나의 유스 케이스가 다른 유스 케이스의 실행을 전제로 할 때 형성되는 관계
확장 관계(Extend)	확장 기능 유스 케이스와 확장 대상 유스 케이스 사이에 형성되는 관계
일반화 관계(Generalization)	유사한 유스 케이스 또는 액터를 모아 추상화한 유스 케이스 또는 액터와 연결시켜 그룹을 만들어 이해도를 높이기 위한 관계

29 ③

변수와 상수
- 변수 : 기억 장치의 한 장소를 추상화한 것, 프로그래머가 프로그램 내에서 정의하고 이름을 줄 수 있는 자료 객체
- 상수 : 프로그램이 동작하는 동안 값이 절대로 변하지 않는 값

30 ③

부프로그램
- 고급 언어에서는 프로그램의 모듈화를 위해서 부프로그램을 지원
- 한 프로그램 내에서 특정한 일이 여러 번 실행될 필요가 있을 때 이를 부프로그램으로 작성하여 프로그램의 여러 곳에서 사용할 수 있음
- 프로그래밍에 드는 시간과 프로그램이 차지하는 기억 장소를 절약할 수 있음
- 전체적인 프로그램을 모듈러 하게 구성할 수 있음

31 ③

구조적(structured) 프로그램의 기본 구조
- 순차(sequence) 구조
- 조건(condition) 구조
- 반복(repetition) 구조

32 ②

C언어의 특징
- 효율성이 좋아 대규모의 프로그램을 만들 수 있다.
- 포인터에 의한 번지 연산 등 다양한 연산 기능을 가진다.
- 컴파일러 기법의 언어이며 이식성이 뛰어나 컴퓨터 기종에 관계없이 프로그램을 작성할 수 있다.
- UNIX 운영체제를 구성하는 시스템 프로그램이다.
- 포인터에 의한 번지 연산 등 다양한 연산 기능을 가진다.
- 소프트웨어 부품화를 실현할 수 있어 유연성을 갖는다.

33 ①

- 연산자 우선순위대로 괄호( )로 묶는다.
- X＝(A+(C/D)) → 괄호 앞으로 연산자를 빼준다.
- ＝ X ＋ A / CD

34 ②

| ```
#include <stdio.h>
int main( )
{
``` | - 표준 입출력 헤더 가져오기<br>- main( ) 함수 시작 |
|---|---|
| ` int i, t = 0;` | 정수형 변수 i와 t를 선언하고 t에 초기값 0을 할당 |
| ```
  for(i = 1;
i <= 10; i += 2)
  {
    t += i;
  }
``` | - for 반복문을 사용하여 변수 i를 1부터 10까지 2씩 증가시키며 반복<br>- (1+ 3+ 5+ 7+ 9) = 25<br>- 반복할 때마다 i 값을 t에 더한다.<br>- i 값은 1, 3, 5, 7, 9로 변경되고, t에는 이들 값을 차례로 누적한다. |
| ```
  printf("%d", t);
  return 0;
}
``` | t 변수 출력 (25)<br>프로그램 종료 |

35 ③

기계어
- 저급언어(기계어, 어셈블리어)는 적용되는 기계에 종속적이므로 각 적용되는 기계마다 언어가 다르다.
- 사람이 사용하는 자연어와 거리가 먼 기계어(코드)로 이루어져 프로그램 작성 및 유지보수가 어렵다.
- 2진수 0과 1을 사용하여 명령어와 데이터를 나타낸다.
```

36 ③

`#include <stdio.h>`
`int main( )`
`{`
	표준 입출력 헤더 가져오기
	main( ) 함수 시작

`    int value = 2;` `    int sum = 0;`	변수 초기화

`    switch (value)`
`    {`
`        case 1: sum += 4;`
`        case 2: sum += 2;`
`        case 3: sum += 1;`
`    }`
	switch문을 사용하여 value의 값에 따라 다른 동작을 수행
	• case 2의 코드부터 아래로 순차적으로 실행되므로, sum에 2가 추가되고,
	• 다음에 sum에 1이 더해진다.
	결과는 3

`    printf("%d", sum);`
`    return 0;`
`}`
	sum 변수 출력
	프로그램 종료

37 ③

객체지향 기법의 기본 원칙

캡슐화 (Encapsulation)	데이터와 데이터를 조작하는 연산을 하나로 묶는 것을 의미하며 연관된 데이터와 함수를 함께 묶어 외부와 경계를 만들고 필요한 인터페이스만을 밖으로 드러내는 과정을 의미
정보 은닉 (Information Hiding)	객체가 다른 객체로부터 자신의 자료를 숨기고 자신의 연산만을 통하여 접근을 허용하는 것을 의미하며 캡슐화와 밀접한 관계가 있음
추상화 (Abstraction)	주어진 문제나 시스템 중에서 중요하고 관계있는 부분만을 분리하여 간결하고 이해하기 쉽게 만드는 작업을 의미
상속성 (Inheritance)	상위 클래스의 속성과 메소드를 하위 클래스가 물려받는 것을 의미하며 클래스와 객체를 재사용할 수 있음
다형성 (Polymorphism)	많은 상이한 클래스들이 동일한 메소드명을 이용하는 능력을 의미하며 한 메시지가 객체에 따라 다른 방법으로 응답할 수 있는 것을 의미

38 ③

class는 C, 자바에서 모두 사용되고 나머지는 C에서 사용되는 예약어이다.

39 ①

C 언어의 FOR문, COBOL 언어의 PERFORM문은 반복문에 해당한다.

40 ①

생성 패턴	Abstract Factory, Builder, Factory Method, Prototype, Singleton
구조 패턴	Adapter, Bridge, Composite, Decorator, Facade, Flyweight, Proxy
행위 패턴	Chain of Responsibility, Command, Interpreter, Iterator, Mediator, Memento, Observer, State, Strategy, Template Method, Visitor

과목 03 네트워크 일반

41 ①

IPv6(Internet Protocol version 6)
128비트로 구성된 차세대 주소 체계로, 6비트씩 8개로 구성된다.

42 ④

네트워크 설정을 할 때 TCP/IP 등록 정보
• 도메인 네임(Domain Name)
• IP Address
• 게이트웨이(Gateway)

오답 피하기
• URL(Uniform Resource Locator)은 인터넷 주소 형식을 의미한다.
• 예) http : //dumok.net

43 ①

통신 용량 $C = B\log_2(1+S/N)$
• B: 대역폭, S: 신호 전력, N: 잡음
• $3100\log_2(1+100) \rightarrow 3100\log_2 101 \rightarrow 3100\log 22^{6.6582114}$
• $3100 \times 6.6582114 = 20640.45$

44 ④

프로그램 저작권의 발생
• 프로그램 저작자는 공표권, 성명 표시권, 프로그램을 복제, 개작, 번역, 배포 및 발행할 권리를 가짐
• 프로그램 저작권은 프로그램이 창작된 때부터 발생, 어떠한 절차나 형식의 이행을 필요로 하지 않음
• 프로그램 저작권은 그 프로그램이 공표된 다음 연도부터 50년간 존속함
• 프로그램 저작권 심의 및 조정 기구 : 프로그램심의조정위원회
• 프로그램 저작자가 프로그램을 등록하는 대상 : 정보통신부장관

45 ③

1200 baud * 4bit = 4800 bps

오답 피하기

- 1비트 신호 단위인 경우(onebit: 2위상) : bps = 1baud
- 2비트 신호 단위인 경우(dibit: 4위상) : bps = 2 baud
- 3비트 신호 단위인 경우(tribit: 8위상) : bps = 3 baud
- 4비트 신호 단위인 경우(tribit: 16위상) : bps = 4 baud

46 ④

HDLC 프레임 구성
- 플래그(Flag) : 프레임의 시작과 끝을 나타내며, 항상 '01111110'을 취한다.
- 주소부(Address Field) : 송·수신국을 식별한다.
- 제어부(Control Field) : 프레임 종류를 식별한다.
- 정보부(Information Field) : 실제 정보를 포함한다.

47 ③

V.24
ITU-T가 규정한 모뎀과 단말 간의 인터페이스 규격으로 모뎀과 단말 간의 인터페이스 신호에 관한 정의를 모은 것으로, RS-232C의 신호 규격과 거의 동일하다.

48 ③

물리 계층(Physical Layer)
- 전기적, 기능적, 절차적 기능 정의
- 표준 : RS-232C

데이터 링크 계층(Data Link Layer)
- 흐름 제어, 에러 제어
- 표준 : HDLC, LLC, LAPB, LAPD, ADCCP

49 ④

다중화(Mutilplexing)
하나의 주파수 대역폭을 다수의 작은 대역폭으로 분할하여 다수의 저속 장비를 동시에 이용하는 방식으로 주파수 분할 방식과 시분할 방식이 있다.

50 ③

프로토콜의 기본 구성 요소

구문(syntax)	데이터 형식, 부호화, 신호 레벨 등을 규정
의미(semantic)	효율적, 정확한 전송을 위한 개체 간의 조정과 에러 제어
순서(timing)	접속되는 개체 간의 통신 속도의 조정과 메시지의 순서 제어

51 ①

WPAN(Wireless Personal Area Network)
10m 이내의 거리에서 무선 서비스를 제공하기 위한 무선 개인 통신망. UWB, ZigBee, 블루투스 기술 등이 활용된다.

WLAN(Wireless LAN)
무선랜

52 ③

SMTP(Simple Mail Transfer Protocol)
메일 전송 프로토콜

RIP(Routing Information Protocol)
IP 통신망의 경로 지정 통신 규약의 하나. 경유하는 라우터의 대수(hop의 수량)에 따라 최단 경로를 동적으로 결정하는 거리 벡터 알고리즘을 사용한다.

OSPF(Open Shortest Path First protocol)
링크 상태 라우팅 프로토콜로 IP 패킷에서 프로토콜 번호 89번을 사용하여 라우팅 정보를 전송하여 안정되고 다양한 기능으로 가장 많이 사용되는 IGP(Interior Gateway Protocol)이다.

53 ④

ATM : 광대역 종합정보통신망 B-ISDN 을 실현하기 위함.
- 48 Byte의 페이로드(Payload)를 갖고 있다.
- 5 Byte의 헤더를 갖고 있다.
- 정보는 셀 단위로 나누어 전송하며 멀티미디어 서비스에 적합하다.
- 비동기식 전달모드로 고속데이터 전송에 사용된다.
- 1.5(Mbps) 이상 Gbps 급의 통신속도를 제공한다.

54 ④

XDMA(Xing Distributed Media Architecture)
Xing Technology 스트리밍 미디어의 멀티캐스트 전송을 위한 네트워크 구조

55 ④

메시지 교환 방식(Message Switching)
- 하나의 메시지 단위로 저장-전달(Store-and-Forward) 방식에 의해 데이터를 교환하는 방식
- 각 메시지마다 수신 주소를 붙여서 전송하므로 메시지마다 전송 경로가 다름
- 네트워크에서 속도나 코드 변환이 가능함
- 회선 교환 방식은 하나의 노드만 전용으로 사용하므로 효율성이 떨어지게 되지만 메시지 교환 방식의 경우 하나의 회선을 여러 노드가 공유할 수 있으므로 효율성이 높음

56 ③

203.230.7.110/29

- 서브넷 마스크를 255.255.255.248로도 표현 가능하다.
- /29는 서브넷을 표현할 때 사용한다. ipv4는 총 32bit이며 4개의 각 블록 8bit를 왼쪽부터 1로 채운 1의 개수이다.

1	1	1	1	1	1	1	1	255 (8bit)
1	1	1	1	1	1	1	1	255 (8bit)
1	1	1	1	1	1	1	1	255 (8bit)
1	1	1	1	1	0	0	0	248 (8bit)

- 이 네트워크에서는 8개의 IP가 할당되고 첫 번째(네트워크 주소) 마지막(브로드캐스트 주소)로 사용되어 6개의 장치만 연결 가능하다.
- 서브넷 마스크(and 연산)는 제시된 IP를 2진수로 변환하여 곱한 결과를 이용한다. 마스크의 0 자리는 결국 00 된다.

110 (0110 1110)
248 (1111 1000)
----
104 (0110 1000)

- cf. 102(0110 0110), 103(0110 0111), 105(0110 1001)
- 104 ~ 111까지가 사용 범위가 된다.

간단히 계산하는 방법

- 마지막 블록의 2진수 변환값이 xxxxx000인 주소가 네트워크 주소가 된다.
→ 104(0110 **1000**)
- 마지막 블록의 2진수 변환값이 xxxxx111인 주소가 브로드캐스트 주소가 된다.
→ 111(0110 **1111**)

57 ③

물리 계층(Physical Layer)
- 전기적, 기능적, 절차적 기능 정의
- 표준 : RS-232C

데이터 링크 계층(Data Link Layer)
- 흐름 제어, 에러 제어
- 표준 : HDLC, LLC, LAPB, LAPD, ADCCP

58 ①

전송 제어 문자

SOH(Start Of Heading)	헤딩의 개시
EOT(End Of Transmission)	전송 종료 및 데이터 링크 해제
ENQ(ENQuiry)	상대국에 데이터 링크 설정 및 응답 요구
DLE(Data Link Escape)	데이터 투과성을 위해 삽입되며, 전송 제어 문자 앞에 삽입하여 전송 제어 문자임을 알림
ACK(Acknowledge)	수신측에서 송신측으로 보내는 긍정 응답
NAK(Negative Acknowledge)	수신측에서 송신측으로 보내는 부정 응답

59 ②

FTTH(Fiber To The Home)
- 광섬유를 집안까지 연결한다는 뜻의 FTTH는 초고속 인터넷 설비 방식의 하나로, 광통신 회선을 일반 가입자의 안방까지 지원하여 고품질의 광대역 통신 서비스를 제공할 수 있는 기술이며 FTTP(Fiber To The Premises)라고도 한다.
- 각 가정에 개별적으로 광섬유를 부설하면 전화, 팩스, 데이터, TV 영상까지 한 줄의 광섬유로 전송할 수 있게 된다.

60 ④

VPN(Virtual Private Network)
통신 사업자에게 임대한 공용 인터넷망을 전용선처럼 사용할 수 있도록 특수 통신체계와 암호화 기법을 제공하는 서비스

IDS(Intrusion Detection System)
정보시스템의 보안을 위협하는 행위가 발생할 경우 이를 감지하여 침입을 차단하는 시스템

출제 예상문제 08회　　　　　　　　2-110P

01 ③	02 ③	03 ③	04 ②	05 ③
06 ④	07 ③	08 ①	09 ①	10 ④
11 ①	12 ③	13 ③	14 ①	15 ③
16 ③	17 ②	18 ④	19 ③	20 ④
21 ①	22 ④	23 ③	24 ②	25 ②
26 ②	27 ③	28 ①	29 ③	30 ①
31 ④	32 ②	33 ③	34 ①	35 ①
36 ②	37 ③	38 ④	39 ④	40 ③
41 ②	42 ②	43 ②	44 ④	45 ③
46 ③	47 ①	48 ③	49 ①	50 ①
51 ④	52 ②	53 ③	54 ③	55 ④
56 ①	57 ④	58 ②	59 ③	60 ③

과목 01　사무자동화 시스템

01 ③
워킹 셋(Working Set)
프로세스를 효과적으로 실행하기 위하여 주기억 장치에 유지되어야 하는 페이지들의 집합
스래싱(Thrashing)
페이지 부재가 계속 발생되어 프로세스가 수행되는 시간보다 페이지 교체에 소비되는 시간이 더 많은 현상

02 ③
운영체제 성능 평가 요인
- 처리량(Throughput) : 주어진 시간 내에 처리하여 결과를 출력하는 양
- 반환 시간(Turn around time) : 질문에 대한 답변 시간(반응시간)
- 신뢰도(Reliability) : 작업의 정확성
- 이용 가능도(Availability) : 시스템을 100%로 봤을 때 사용 가능한 정도

03 ③
세마포어 연산

initialize	세마포어 연산값을 초기화
decrement	프로세스를 Block 할 수 있음
increment	Block 되었던 프로세스를 활성화

04 ②
FTP(파일 전송 프로토콜)
- 파일의 업로드와 다운로드 서비스를 제공하는 컴퓨터를 FTP 서버라고 한다.
- 멀리 떨어져 있는 컴퓨터로부터 파일을 전송 받거나 전송하는 서비스를 의미한다.
- FTP는 파일을 전송하는 서비스로 프로그램을 다운로드 받지 않고 실행할 수 없다. 프로그램을 다운로드한 뒤에 실행할 수 있다.

전자우편 프로토콜
- SMTP(Simple Mail Transfer Protocol) : 사용자의 컴퓨터에서 작성된 메일을 다른 사람의 계정이 있는 곳으로 전송하는 프로토콜이다.
- POP3(Post Office Protocol version 3) : 메일 서버에 도착한 E-Mail을 사용자 컴퓨터로 가져오는 메일 서버에서 제공하는 프로토콜이다.
- IMAP(Internet Messaging Access Protocol) : 로컬 서버에서 프로그램을 이용하여 전자우편을 액세스하기 위한 표준 프로토콜이다.
- MIME(Multi-purpose Internet Mail Extension) : 웹 브라우저가 지원하지 않는 각종 멀티미디어 파일의 내용을 확인하고, 실행시켜주는 프로토콜이다.

05 ③
IME 모드(입력 시스템 모드)
테이블이나 폼에서 텍스트 상자 컨트롤 데이터를 입력하려고 할 때 입력모드를 '한글' 또는 '영숫자반자'와 같은 입력 상태로 지정하려고 할 때 사용하는 소프트웨어이다.

06 ④
데이터베이스 언어(Database Language)

데이터 정의어(DDL)	데이터베이스를 생성하거나 수정하기 위해 사용하는 언어
데이터 조작어(DML)	데이터의 삽입, 삭제, 수정 등을 하기 위해 사용하는 언어
데이터 제어어(DCL)	데이터 보안, 데이터 무결성, 데이터 복구 등을 위해 사용하는 언어

07 ③
시스템 카탈로그(System Catalog)
- 시스템 자신이 필요로 하는 여러 가지 객체(기본 테이블, 뷰, 인덱스, 데이터베이스, 패키지, 접근 권한 등)에 관한 정보를 포함하고 있는 시스템 데이터베이스이다.
- 데이터 사전(Data Dictionary), 혹은 메타 데이터(Meta Data)라고도 한다.

08 ①

[셀 서식] → [맞춤] 탭
- 셀 안의 텍스트 배치, 정렬, 방향, 줄 바꿈, 셀 병합 등의 서식을 설정하는 기능이다.
- '텍스트 줄 바꿈'은 셀 너비보다 긴 내용을 자동으로 여러 줄로 표시한다.
- '셀에 맞춤'은 긴 데이터를 셀 너비에 맞추기 위해 글자 크기를 자동으로 축소한다.
- '방향'은 데이터의 회전 각도(예 세로쓰기)를 설정할 수 있다.
- 반면 '셀 병합'은 여러 셀을 하나의 셀로 결합하는 기능으로, 마지막 셀의 내용만 남긴다는 설명은 일부 오해가 있다.
- 실제로 가장 왼쪽 위 셀의 내용만 남고 나머지는 삭제된다.

09 ①

도형 그룹화
- 여러 도형을 하나의 개체처럼 묶어 동시에 이동 · 크기 조정 · 회전할 수 있게 하는 기능이다.
- 그룹을 설정하려면 [Ctrl]을 이용해 여러 도형을 선택한 후, 메뉴에서 [도형 서식] → [정렬] → [그룹화] → [그룹]을 선택한다.
- 또는 마우스 오른쪽 클릭 후 [그룹화] → [그룹]을 선택해도 동일한 효과를 얻을 수 있다.

10 ④

프레젠테이션 소프트웨어
- 정보를 시각적으로 구성해 발표용 슬라이드를 제작하는 프로그램이다.
- 대표적인 예로 PowerPoint, Google Slides, Apple Keynote 등이 있다.
- 이들 프로그램은 텍스트, 이미지, 차트, 애니메이션 등을 이용해 효과적인 발표를 지원한다.
- 반면 Microsoft Access는 데이터베이스 관리 프로그램(DBMS)으로, 발표용 도구가 아니다.

11 ①

RDBMS(Relational DataBase Management System)
- 데이터를 행과 열로 구성된 테이블 형태로 관리하는 데이터베이스 시스템이다.
- MariaDB는 대표적인 오픈소스 관계형 DBMS로, MySQL을 기반으로 개발되었으며 SQL 언어를 사용한다.
- 관계형 DBMS는 테이블 간의 관계를 이용해 데이터를 효율적으로 관리한다.

오답 피하기
- MongoDB는 문서 기반의 NoSQL 데이터베이스이다.
- Redis는 메모리 기반의 Key-Value 저장소이다.
- Neo4j는 그래프 기반 DBMS이다.

12 ③

기본키(Primary Key)
- 릴레이션의 각 레코드를 식별할 수 있는 속성
- 후보키 중에서 대표로 선정된 키
- 널 값을 가질 수 없음(널 값(Null Value) : 공백(Space)이나 0(Zero)과는 다른 의미이며, 아직 알려지지 않거나 모르는 값을 의미함)

13 ③

데이터마이닝
데이터웨어하우스에 저장된 데이터에 의미를 부여하여 조직의 의사결정에 도움을 주는 데이터베이스 시스템이다.

14 ①

SQL 구분
- DDL, DML, DCL 등으로 분류된다.
- DDL(Data Definition Language)은 데이터베이스 구조 정의에 사용되며, CREATE, ALTER, DROP 등이 포함된다.
- DML(Data Manipulation Language)은 데이터를 조작하는 명령으로 INSERT, UPDATE, DELETE, SELECT(삽입 · 수정 · 삭제 · 조회)가 해당된다.
- UPDATE는 DDL이 아니라 DML에 속한다.

15 ④

정규화(Normalization)
- 데이터의 중복을 제거하고 이상 현상을 방지하기 위한 과정이다.
- 1정규형(1NF) : 모든 속성이 원자값(더 이상 나눌 수 없는 값)으로 구성되어야 한다.
- 2정규형(2NF) : 1NF를 만족하면서, 부분 함수 종속이 제거된 상태이다.
- 모든 속성이 기본키 전체에 완전 함수적으로 종속해야 한다.

16 ③

E-R(Entity-Relationship) 모델
- 현실 세계의 데이터를 개체(Entity), 관계(Relationship), 속성(Attribute)으로 표현하는 개념적 데이터 모델이다.
- 개체는 사각형(ㅁ), 관계(Relationship)는 마름모(◇)로 표시한다.
- 속성은 타원형(○)으로 표현하며, 개체나 관계와 선(Line)으로 연결된다.

17 ②

참조 무결성(Referential Integrity)
- 외래키(Foreign Key)로 연결된 부모-자식 테이블 간의 데이터 일관성을 유지하기 위한 제약 조건이다.
- 부모 테이블의 행이 삭제될 때, 이를 참조하는 자식 테이블의 행도 함께 삭제해야 하는 상황이 발생할 수 있다.
- 이때 사용하는 옵션이 CASCADE로, 부모 행이 삭제되면 연결된 자식 행도 자동으로 삭제된다.

오답 피하기
- CLUSTER는 테이블 물리적 저장 구조(클러스터링) 관련 옵션으로 무결성과 관계없다.
- SET-NULL은 부모 행이 삭제될 때 자식의 외래키 값을 NULL로 변경한다.
- RESTRICTED는 부모 행이 참조 중이면 삭제를 제한한다.

18 ④

트랜잭션(Transaction)
- 데이터베이스에서 하나의 논리적 작업 단위를 의미한다.
- ACID 4가지 특성(Atomicity, Consistency, Isolation, Durability)을 가져야 한다.
- Atomicity(원자성)은 모든 연산이 전부 수행되거나 전혀 수행되지 않아야 함을 의미한다. 즉, 트랜잭션 수행 중 일부만 반영되는 일은 허용되지 않는다.
- 만약 오류가 발생하면 ROLLBACK을 통해 이전 상태로 복구된다.
- Durability(지속성)은 커밋된 결과가 영구히 보존되는 성질이다.

19 ②

LTO(Linear Tape-Open, 개방 선형 테이프)
- 고속 데이터 처리와 대용량 형식으로 만들어진 백업용 개방 테이프 시스템이다. Accelis 방식과 Ultrium 방식이 있다.
- 240MB/S의 속도를 갖는다.
- 순차접근방식의 저장장치이다.

SSD(Solid State Drive)
반도체를 이용하여 정보를 저장하는 장치이다. 하드디스크드라이브에 비하여 속도가 빠르고 기계적 지연이나 실패율, 발열·소음도 적으며, 소형화·경량화할 수 있는 장점이 있다.

20 ④

VPN(Virtual Private Network)
통신 사업자에게 임대한 공용 인터넷망을 전용선처럼 사용할 수 있도록 특수 통신체계와 암호화 기법을 제공하는 서비스이다.

IDS(Intrusion Detection System)
정보시스템의 보안을 위협하는 행위가 발생할 경우 이를 감지하여 침입을 차단하는 시스템이다.

과목 02 프로그래밍 일반

21 ①

상수(Constant)
프로그램이 동작하는 동안 값이 절대로 변하지 않는 값을 의미한다.

22 ④

기계어
- 저급언어(기계어, 어셈블리어)는 직접적으로 기계에 종속적이므로 각 적용되는 기계마다 언어가 다르다.
- 사람이 사용하는 자연어와 거리가 먼 기계어(코드)로 이루어져 프로그램 작성 및 유지보수가 어렵다.

23 ③

Factory method
- 객체를 생성하기 위한 인터페이스를 정의하여 어떤 클래스가 인스턴스화 될 것인지는 서브 클래스가 결정하도록 한다.
- Virtual-Constructor 패턴이라고도 한다.

24 ②

- 연산자 우선순위대로 괄호( )로 묶는다.
  → ((A+B) * (C−D))
- ( ) 앞으로 연산자를 옮긴다.
  → *(+(AB) −(CD))
- ( )를 제거한다.
  → *+AB−CD

25 ②

바인딩 시간의 분류

동적 바인딩 (실행 시간 바인딩)	프로그램 호출 시간, 모듈 기동 시간, 실행 시간 중 객체 사용 시점
정적 바인딩 (번역 시간 바인딩)	언어 정의 시간, 언어 구현 시간, 언어 번역 시간, 링크 시간

26 ②

디자인 패턴
디자인 패턴은 자주 사용하는 설계 형태를 정형화하여 유형별로 설계 템플릿을 만들어 두고 소프트웨어 개발 중 나타나는 과제를 해결하기 위한 방법 중 한 가지이므로 개발 프로세스를 무시할 수 없다.

27 ③

파스 트리(Parse Tree)
- 어떤 표현이 BNF에 의해 바르게 작성되었는지 확인하기 위해 만드는 트리 형태의 구성이다.
- 문법의 시작 기호로부터 적합한 생성 규칙을 적용할 때마다 가지치기가 이루어진다.
- 고급 언어로 작성된 프로그램을 구문 분석하여 그 문장의 구조를 트리로 표현한 것으로 루트, 중간, 단말 노드로 구성된다.
- 트리의 모든 가지 터미널로 유도되어 가지치기가 끝난 상태의 트리를 파스 트리라 한다.
- 파스 트리가 존재하면 주어진 BNF에 의해 올바르게 작성되었음을 의미한다.

28 ①

JAVA 접근 제어자

public	모든 접근을 허용
private	같은 패키지에 있는 객체와 상속 관계의 객체들만 허용
default	같은 패키지에 있는 객체들만 허용
protected	현재 객체 내에서만 허용

29 ③

메소드(Method)
- 객체에서 반복적으로 수행하기 위한 명령문의 집합을 정의한 것이다.
- 객체가 메시지를 받아 실행해야 할 객체의 구체적인 연산을 정의한 것이다.
- 객체의 상태를 참조하거나 변경시킨다.
- 함수(Function)나 프로시저(Procedure)에 해당한다.

30 ①

리팩토링(Refactoring)
소프트웨어를 보다 쉽게 이해할 수 있고, 적은 비용으로 수정할 수 있도록 겉으로 보이는 동작의 변화 없이 내부 구조를 변경하는 것을 의미한다.

31 ④

로더(Loader)의 4대 기능

할당(Allocation)	주기억 장치 안에 빈 공간을 할당
연결(Link)	목적 모듈들 사이의 기호적 외부 참조를 실제적 주소로 변환
재배치(Relocation)	종속적인 모든 주소를 할당된 주기억 장치 주소와 일치하도록 조정
적재(Load)	기계 명령어와 자료를 기억 장소에 물리적으로 배치

32 ②

UI 설계에 도움을 주는 도구들
- 와이어 프레임(Wire frame) : UI 중심의 화면 레이아웃을 선을 이용하여 개략적으로 작성한다.
- 목업(Mockup) : 실물과 흡사한 정적인 모형을 의미한다. 시각적으로 구성 요소를 배치하는 것으로 일반적인 실제로 구현되지는 않는다.
- 프로토타입(Prototype) : Interaction이 결합하여 실제 작동하는 모형이다.
- 스토리보드(storyboard) : 정책, 프로세스, 와이어 프레임, 설명이 모두 포함된 설계문서이다.

33 ②

반복제어변수 n이 0~9까지 10회 반복처리를 하는 반복구조이다.

t+=n;	t = t + n; 복합연산자 += 에 의해 변수 t는 변수 n의 누적합계를 저장하는 역할을 한다.
printf("n=%2d, t=%2d\n", n++, t);	후위 증가연산자이므로 실제로 다음과 같은 두 문장의 실행문 처리와 같다. ① printf("n=%2d, t=%2d\n", n, t); ② n = n + 1;

34 ①

C++ 메소드 표현방법
- 객체명.메소드 로 표현한다.
- . 은 멤버(메소드) 접근연산자이다.

35 ①

PHP(Hypertext Preprocessor)
- 서버 측(Server-side) 스크립트 언어로, HTML 문서 안에 삽입되어 실행된다.
- 웹 서버에서 PHP 코드를 해석하여 동적으로 생성된 HTML 페이지를 클라이언트(웹 브라우저)에 전달한다.
- PHP는 리눅스 + Apache + MySQL + PHP(LAMP) 환경에서 주로 사용된다.
- JavaScript는 클라이언트 측(브라우저)에서 실행되는 스크립트 언어이다.
- VBScript는 마이크로소프트에서 개발한 Windows 환경 전용 클라이언트 스크립트 언어이다.
- JSP(JavaServer Pages)는 Java 기반의 서버 측 스크립트 기술이지만, Apache + MySQL 환경보다는 Java EE 서버에서 주로 사용된다.

36 ②

Framework(프레임워크)
- 프레임워크는 뼈대나 기반구조를 뜻하고, 제어의 역전 개념이 적용된 대표적인 기술이다.
- 프로그래밍을 진행할 때 필수적인 코드, 알고리즘 등과 같이 어느 정도의 구조를 제공해주기 때문에 프레임워크를 사용하는 프로그래머는 이 프레임워크의 뼈대 위에서 코드를 작성하여 프로그램을 개발하면 된다.

라이브러리(Library)
- 단순 활용 가능한 도구들의 집합을 의미한다.
- 프로그래머가 어떠한 기능을 수행하기 위해서 도움을 주는 또는 필요한 것을 제공해주는 역할을 한다.

프레임워크와 라이브러리의 차이점
- 흐름에 대한 제어 권한을 누가 지니고 있냐의 차이이다.
- 프레임워크는 전체적인 흐름을 자체적으로 가지고 있어 프로그래머는 그 안에서 필요한 코드를 작성하는 반면에 라이브러리는 프로그래머가 전체적인 흐름을 가지고 있어 라이브러리를 자신이 원하는 기능을 구현하고 싶을 때 가져다 사용할 수 있다.

오답 피하기
라이브러리와는 달리 사용자 코드에서 프레임워크를 호출해서 사용하고, 그에 대한 제어도 프레임워크가 가지는 방식이다.

37 ③

super : 상속관계에서 상위 클래스이다.

오답 피하기
- extends : 클래스 선언 시, 해당 클래스가 다른 클래스로부터 상속받는 관계를 정의하는 데 사용한다.
- static : 변수나 메소드가 객체에 속하지 않고 클래스 자체에 속하도록 지정하는 키워드이다.
- method : 특정 기능을 수행하도록 정의된 함수를 객체 지향적으로 부르는 일반적인 용어이다.

38 ④

스크립트 언어
- 컴파일 없이 인터프리터 방식으로 한 줄씩 해석하여 실행되는 언어이다.
- 프로그램 작성과 실행이 빠르고, 자동화나 웹 개발에 자주 사용된다.
- 대표적인 스크립트 언어로는 Python, JavaScript, PHP, Perl 등이 있다.
- C나 C++은 컴파일 언어로, 실행 전 전체 코드를 기계어로 변환해야 한다.

39 ④

구조적 프로그래밍
- 순차, 선택, 반복 제어 구조만으로 프로그램을 계층적으로 설계한다.
- 프로그램이 이해가 쉽고 디버깅 작업이 쉽도록 한다.
- 한 개의 입구와 한 개의 출구 구조(Single entry/Single output)를 갖도록 한다.
- 실행 효율성을 중시할 때 한정된 범위 내에서 GOTO문을 사용한다.

GOTO 문의 단점
- 관련된 프로그램의 분산을 초래한다.
- 프로그램이 빈약하게 디자인되어 있다.
- 디버깅이 어렵고 프로그램을 이해하기 힘들다.
- 프로그램의 유지 보수가 어렵다.

40 ③

데이터 사전(Data Dictionary)
- 시스템 자신이 필요로 하는 여러 가지 객체(기본 테이블, 뷰, 인덱스, 데이터베이스, 패키지, 접근 권한 등)에 관한 정보를 포함하고 있는 시스템 데이터베이스이다.
- 시스템 카탈로그(System Catalog), 메타 데이터(Meta Data)라고도 한다.
- 시스템 카탈로그 자체도 시스템 테이블로 구성되어 있어 SQL 문을 이용하여 내용 검색이 가능하다.
- 사용자가 시스템 카탈로그를 직접 갱신할 수 없다.
- SQL 문으로 여러 가지 객체에 변화를 주면 시스템이 자동으로 갱신한다.

과목 03 네트워크 일반

41 ②

데이터그램 방식
- 데이터를 패킷 단위로 나누어 특정 경로의 설정 없이 전송되는 방식이다.
- 패킷마다 전송 경로가 다르므로 모든 패킷이 순서대로 도착하지 않는다.
- 네트워크의 상황에 따라 적절한 경로로 전송이 되므로 융통성이 좋다.

42 ②

나이퀴스트(Nyquist) 샘플링 법칙
- 디지털 전송에서 부호 간 간섭을 없애는 조건으로 입력 신호의 최고 주파수 fm의 2배 이상의 주파수, 즉 2fm 이상의 주파수에서 표본화하면 원 신호를 충실하게 재현할 수 있다는 정리
- 나이퀴스트 원리 : $C = 2Wlog_2 L$

43 ②

오답 피하기
- 디캡슐레이션(Decapsulation) : 수신 측에서 데이터를 상위 계층으로 전달할 때, 각 계층에서 해당 계층의 헤더와 트레일러를 제거하는 과정이다.
- 라우팅(Routing) : 네트워크 계층에서 목적지까지 데이터 패킷이 이동할 최적의 경로를 결정하는 과정이다.
- 세그멘테이션(Segmentation) : 전송 계층에서 애플리케이션 계층으로부터 받은 데이터를 네트워크 전송에 적합한 작은 단위인 세그먼트로 나누는 과정이다.

44 ④

데이터 링크 계층(Data Link Layer)
- 흐름 제어, 오류 제어
- 표준 : HDLC, LLC, LAPB, LAPD, ADCCP

세션 계층(Session Layer)
프로세스 간에 대한 연결을 확립, 관리, 단절 수단 제공

표현 계층(Presentation Layer)
코드 변환, 암호화, 압축, 구문 검색

45 ③

비 연결형 프로토콜은 IP에 대한 설명이나.
TCP(Transmission Control Protocol)
- OSI 7계층의 전송 계층에 해당한다.
- 접속형 서비스, 전이중 전송 서비스, 신뢰성 서비스, 스트림 데이터 서비스를 제공한다.
- 패킷 다중화, 오류 제어, 흐름 제어, 순서 제어 등의 기능을 한다.

46 ③

RIP(Routing Information Protocol)
- 최단 경로 탐색에는 Bellman-Ford 알고리즘을 사용한다.
- 최적의 경로를 산출하기 위한 정보로서 홉(거리 값)만을 고려하므로, RIP을 선택한 경로가 최적의 경로가 아닌 경우가 많이 발생할 수 있다.
- 소규모 네트워크 환경에 적합하다.
- 최대 홉 카운트를 15홉 이하로 한정하고 있다.

47 ①

PAD(Packet Assemble and Disassembly)
패킷 교환망에 접속되는 단말기 중 비패킷형 단말기에서 패킷의 조립·분해 기능을 제공해 주는 장치

Li-Fi(Light Fidelity)
- 발광다이오드(LED)가 방출하는 전파를 이용해 데이터를 주고받는 가시광 무선통신
- 조명이 있는 곳이면 어디에서나 사용이 가능하며 인체에 무해하고 저렴

48 ③

보호대역(guard band)
주파수 분할 다중화 방식은 인접한 채널 간의 간섭을 막기 위해 보호대역(Guard Band)이 필요하지만 채널의 이용률이 낮아진다.

49 ①

DES(Data Encryption Standard)
암호화 기법 중에 블록 암호의 일종으로 대칭키 암호이며 평문을 64비트로 나누어 56비트의 암호키를 사용한 알고리즘 방법이다.

50 ①
- 1비트 신호 단위인 경우(onebit; 2위상) : bps = 1baud
- 2비트 신호 단위인 경우(dibit; 4위상) : bps = 2 baud
- 3비트 신호 단위인 경우(tribit; 8위상) : bps = 3 baud
- 4비트 신호 단위인 경우(Quardbit : 16위상) = bps = 4 baud
- bps = baud × 비트수
- baud = bps / 비트수
- 16진 PSK = 24 = 즉 4비트이다.
- baud = 9600 / 4 = 2400[baud]

51 ④

대표적인 다중접속 방식의 종류로 FDMA, TDMA, CDMA가 있다.

52 ②

통신 제어 장치의 기능

전송 제어	회선을 사용하여 데이터가 오류 없이 전송될 수 있도록 하기 위한 제어 방식
흐름 제어	통신 당사자 간의 데이터 흐름을 규제하는 경우에 송신 속도가 수신 측의 처리 능력을 초과하지 않도록 데이터 흐름을 조정하는 방식
동기 제어	통신 제어 장치의 송신과 수신을 동일한 타이밍으로 동작 시기기 위한 기능

53 ③

통신 장치

게이트웨이	프로토콜이 다른 통신망을 상호 접속하기 위한 장치
브릿지	프로토콜이 동일한 두 개의 LAN을 연결할 때 사용. 물리 계층까지 기능 수행
라우터	• OSI-7 참조모델의 네트워크 계층까지의 기능을 수행 • 둘 이상의 서로 다른 네트워크에 접속하여 서로 간에 데이터를 주고받을 수 있도록 경로 선택, 혼잡 제어, 패킷 폐기 기능을 수행

54 ③

DQDB(Distributed Queue Dual Bus)
- 미국전기전자학회(IEEE)에서 제정한 도시권 통신망(MAN)의 표준 규격인 IEEE 802.6에 채용되어 있는 다중 접속 프로토콜이다.
- 비동기 전송 방식(ATM)을 의식하여 정한 이중 버스 방식의 구내 정보 통신망(LAN)형 프로토콜이다.

55 ④

코덱(CODEC; COder/DECoder)
- 아날로그 형태를 디지털 신호로 변환하거나(Coder) 다시 아날로그로 환원하는(DEcoder) 장치다.
- 펄스 부호 변조(PCM) 방식을 이용하여 데이터를 변환한다.
- 즉 아날로그 신호를 디지털로 변환하여 전송하고 수신단에서 다시 복원하는 장치는 디코더(Decoder)가 된다. 모뎀은 디지털 신호를 아날로그로 변조하여 전송하고 수신단에서 다시 디지털로 복조한다.

56 ①

PCM 부호화 단계 순서
표본화 → 양자화 → 부호화 → 복호화 → 여과기

57 ④

오답 피하기
- 듀얼 스택(Dual Stack) : 하나의 시스템(호스트 또는 라우터)에서 IPv4와 IPv6 프로토콜을 동시에 개별적으로 처리하는 기술이다.
- 터널링(Tunneling) : 전송하고자 하는 프로토콜의 정보가 다른 프로토콜 패킷 내에 캡슐화되어 전송되는 방식이다.
- 변환(Translation) : IPv6 패킷 헤더를 IPv4 패킷 헤더로 변경하거나 그 반대로 변환하는 방식이다.

58 ②

QoS(Quality of Service, 통신 서비스 품질)
데이터를 목적지까지 빠르게, 일정한 속도로, 신뢰성 있게 보내기 위해 대역폭, 우선순위 등 네트워크 자원을 주어진 네트워크 자원에 각종 응용 프로그램의 송신 수요를 지능적으로 맞추주는 여러 가지 기술을 총칭하는 용어이다.

RADIUS(Remote Authentication Dial-In User Services)
원격 이용자가 접속을 요구하면 정보인증 서버에 ID/Password 등의 정보를 보내어 이용자식별과 인증을 실행하는 것을 의미한다.

59 ④

HDLC 프레임 구성
- 플래그(Flag) : 프레임의 시작과 끝을 나타내며, 항상 '01111110'을 취한다.
- 주소부(Address Field) : 송·수신국을 식별한다.
- 제어부(Control Field) : 프레임 종류를 식별한다.
- 정보부(Information Field) : 실제 정보를 포함한다.

60 ③

통신용량 $C = B\log_2(1+S/N)$
- B: 대역폭, S: 신호 전력, N: 잡음
- $1200\log_2(1+15) = 1200\log_2 16$
- $1200\log_2 2^4 = 1200 \times 4 = 4800$bps

출제 예상문제 09회

01 ③	02 ③	03 ②	04 ③	05 ④
06 ②	07 ②	08 ②	09 ③	10 ②
11 ①	12 ②	13 ②	14 ①	15 ④
16 ③	17 ②	18 ②	19 ②	20 ④
21 ④	22 ②	23 ②	24 ③	25 ④
26 ④	27 ②	28 ③	29 ④	30 ①
31 ④	32 ④	33 ③	34 ①	35 ①
36 ③	37 ②	38 ②	39 ③	40 ①
41 ②	42 ④	43 ④	44 ②	45 ①
46 ④	47 ③	48 ③	49 ④	50 ①
51 ②	52 ②	53 ②	54 ②	55 ④
56 ③	57 ①	58 ③	59 ①	60 ①

과목 01 사무자동화 시스템

01 ③
배치(Placement) 전략
- 최초 적합(First Fit) : 입력되는 작업의 순서에 따라 주기억장치 첫 번째 기억 공간부터 할당
- 최적 적합(Best Fit) : 입력되는 작업의 크기에 맞는 주기억장치를 찾아 할당
- 최악 적합(Worst Fit) : 입력되는 작업의 크기에 맞지 않고 낭비가 가장 심한 공간을 찾아 할당

02 ③
가상기억장치-페이징 기법
- 페이징 시스템 가상기억장치 배치 기법 중 하나이다.
- 페이지가 커지면 내부단편화는 증가한다. 페이지가 작으면 페이지보다 작은 데이터를 저장할 경우 차이만큼의 공간이 발생하는데 그것을 단편화(Fragment)라고 한다.

03 ②
프로세스의 정의
- 특정한 기능을 수행하는 단위 프로그램으로 프로세서(Processor)에 의해 처리된다
- 실행 중인 프로그램으로 비동기적 행위를 일으키는 주체이다.
- 프로시저가 활동 중인 것을 말하며, 운영체제가 관리하는 실행단위이다.

04 ③
운영체제 성능 평가 요인
- 처리량(Throughput) : 주어진 시간 내에 처리하여 결과를 출력하는 양
- 반환 시간(Turn around time) : 질문에 대한 답변 시간(반응시간)
- 신뢰도(Reliability) : 작업의 정확성
- 이용 가능도(Availability) : 시스템을 100%로 봤을 때 사용 가능한 정도

05 ④
레지스터의 종류-제어 장치
프로그램 카운터, 명령 레지스터, 해독기(Decoder), 부호기(Encoder), 메모리 번지 레지스터, 메모리 버퍼 레지스터
레지스터의 종류-연산 장치
누산기, 가산기, 보수기, 데이터 레지스터, 프로그램 상태 레지스터

06 ②
제어 프로그램(Control Program)
- 감시 프로그램(Supervisor Program)
- 작업 제어 프로그램(Job Control Program)
- 자료 관리 프로그램(Data Management Program)

처리 프로그램(Processing Program)
- 언어 번역 프로그램(Language Translator Program)
- 서비스 프로그램(Service Program)
- 문제 프로그램(Problem Program)

07 ②
프로그램 카운터(PC, Program Counter)
다음에 실행할 명령의 주소를 기억한다.

08 ②
시분할
사용자들에게 일정 시간을 할당하고, CPU를 그 시간만큼 사용할 수 있게 하는 방식이다.
실시간 처리
처리를 요구하는 자료가 발생할 때마다 즉시 처리하는 방식이다.

09 ③

SmartArt 그래픽
- 파워포인트에서 텍스트 중심의 정보를 시각적으로 이해하기 쉽게 표현하기 위한 도구이다.
- 사용자는 계층 구조, 프로세스, 관계, 주기 등 다양한 도형 레이아웃을 선택하여 개념을 도식화할 수 있다.
- 복잡한 내용을 단순하고 직관적으로 보여주기 때문에 보고서형 슬라이드나 발표 자료에 자주 사용된다.
- 도형의 배치와 연결 구조가 자동으로 조정되어 시각적 일관성을 유지한다.

오답 피하기
- ① : SmartArt가 아닌 배경 디자인 기능
- ② : Excel의 표 계산 기능
- ④ : 차트(Chart) 기능

10 ③

- CANCELEVENT : 인수를 사용하지 않으며, 현재 실행 중인 이벤트 자체를 취소하는 역할을 한다.
- 즉, 인수로 특정 이벤트를 지정하는 것이 아니라 현재 발생한 이벤트를 중단하는 것이다.
- 예 유효성 검사 중 조건이 맞지 않으면 해당 이벤트를 취소할 때 사용된다.

오답 피하기
- MSGBOX : 사용자에게 메시지나 경고문을 표시하며, 경고음과 버튼 종류를 설정할 수 있다.
- GOTOCONTROL : 폼 내에서 커서를 특정 컨트롤로 자동 이동시키는 데 사용된다.
- FINDNEXT : FindRecord 명령이나 [찾기 및 바꾸기] 대화상자에서 지정한 조건의 다음 레코드를 탐색한다.

11 ①

관계(Relationship)
- 데이터베이스에서 두 테이블을 연결하여 데이터의 일관성과 무결성을 유지하기 위한 구조이다.
- 일대일(1 : 1) 관계 : 한 테이블의 한 레코드가 다른 테이블의 한 레코드에만 대응되는 경우이다. 이를 위해 양쪽 테이블의 연결 필드(공통 키)는 모두 중복이 불가능한 값, 즉 기본키(Primary Key) 또는 고유 인덱스(Unique Index)로 설정되어야 한다.
- 한쪽이라도 중복이 허용되면 1 : 1 관계가 아닌 1 : 다(One-to-Many) 관계가 된다.
- 예를 들어 "직원 테이블"과 "사원증 테이블"은 직원 1명당 사원증 1개이므로 1 : 1 관계이다.

12 ②

ODBC(Open DataBase Connectivity)
- 개방형 데이터베이스 접속 규격이다.
- 공통적인 인터페이스를 통해 서로 다른 데이터베이스 파일을 볼 수 있도록 만들어 준 데이터베이스 표준 접속 규격이다.

13 ②

요구조건 분석
- 데이터베이스 사용자로부터 요구조건 수집
- 요구조건 명세서 작성

개념적 설계
- 목표 DBMS에 독립적인 개념 스키마 설계
- 개념 스키마 모델링과 트랜잭션 모델링 병행 수행
- E-R 다이어그램 작성

논리적 설계
- 목표 DBMS에 종속적인 논리적 스키마 설계
- 논리적 데이터 모델로 변환, 트랜잭션 인터페이스 설계
- 스키마의 평가 및 정제

물리적 설계
- 목표 DBMS에 종속적인 물리적 구조 설계
- 저장 레코드 양식 설계, 레코드 집중의 분석/설계
- 접근 경로 설계, 트랜잭션 세부설계

데이터베이스 구축 단계
- 응용 프로그램 프로그래밍
- 목표 DBMS의 DDL로 스키마 작성 후 데이터베이스에 등록
- 트랜잭션 작성

14 ①

관계형 데이터베이스(Relational Database)
행과 열로 구성된 2차원 조직으로 된 데이터베이스이다.

15 ④

- 나이가 20 이상 30 이하이면 Between 20 And 30 구문으로 표현할 수 있다.
- 이름이 "김"으로 시작하는 회원은 LIKE "김*"을 사용하여 조건을 지정한다.

오답 피하기
- ① : 비교 연산자의 방향(>=, <=)은 맞지만, 이름이 "김"인 사람만 찾기 때문에 성이 김씨인 모든 사람을 포함하지 못한다.
- ② : OR 조건을 사용해 나이 조건과 이름 조건이 분리되어, 나이만 맞거나 이름만 맞아도 검색되는 오류가 있다.
- ③ : OR과 AND 우선순위가 잘못되어 논리적으로 틀리고, "김*" 조건의 따옴표 방향도 부정확하다.

16 ③

SQL에서 ORDER BY절
- 조회된 데이터를 특정 필드를 기준으로 정렬할 때 사용한다.
- 문제에서 "학년은 내림차순", "반은 오름차순"으로 정렬하라고 했으므로 ORDER BY 뒤에 각각의 정렬 방향을 지정해야 한다.
- 즉, 구문 구조는 다음과 같다 :
- SELECT ... FROM ... WHERE ... ORDER BY 학년 DESC, 반 ASC;
- GROUP BY는 데이터를 특성 기준으로 집계할 때 사용하는 예약어이므로 이 문제에서는 적절하지 않다.
- DESC는 내림차순(큰 값 → 작은 값), ASC는 오름차순(작은 값 → 큰 값)을 의미한다.
- 괄호 안에는 ORDER BY 학년 DESC, 반 ASC 형태가 되어야 한다.

17 ②

E-R 다이어그램(Entity-Relationship Diagram)
- 데이터베이스 설계를 위해 개체와 관계, 속성을 시각적으로 표현하는 도구이다.
- 사각형은 개체(Entity)를 나타내며, '학생', '과목' 등이 해당된다.
- 타원은 속성(Attribute)을 나타내며, '이름', '학번', '주소' 등이 이에 해당한다.
- 마름모는 개체 간의 관계(Relationship)를 표현하며, '수강한다', '담당한다' 등이 있다.
- 밑줄 타원은 속성 중 기본키(Primary Key)를 나타내는 표기이다.

18 ②

WHERE절
- SQL문에서 특정 조건을 만족하는 레코드만을 검색할 때 사용된다.
- WHERE 부서 = '영업부' → '부서' 값이 '영업부'인 행을 정확히 조회하므로 올바른 설명이다.
- WHERE 생일 = #1996-5-10# → Access 문법에서 날짜 상수는 #기호로 감싸므로 올바르다.
- WHERE 입사년도 = 2026 → 조건은 맞지만 "2014인 레코드"라는 설명이 틀리므로 오타형 문제로 보인다.
- BETWEEN A AND B 구문은 A 이상 B 이하를 의미하며, "in"이 아니라 AND를 사용해야 한다.
- 또한 28~40 사이를 표현할 때는 WHERE 나이 BETWEEN 28 AND 40이 정확한 문법이다.

19 ②

AGP(Accelerated Graphics Port)
3D 그래픽 카드의 속도 향상을 위한 것으로, CPU와 직접적인 자료 전송으로 PCI보다 2배 이상 속도가 향상됨(64bit)

PC 전원 관리 장치
- 자동 전압 조절기(AVR) : 입력 전압의 변동에 관계없이 항상 일정한 출력 전압을 유지
- 무정전 전원 공급 장치(UPS) : 정전시 시스템에 일정 시간 동안 전원을 공급
- 정전압 정주파 장치(CVCF) : 전압과 주파수를 항상 일정하게 유지
- 서지 보호기 : 전압이나 전류의 갑작스런 증가에 의한 손상을 보호하는 장치

20 ④

레지스터의 종류
- Instruction Register : 현재 실행 중인 명령을 기억한다.
- accumulator : CPU 내에서 산술 및 논리 연산결과를 일시적으로 기억한다.
- program counter : 다음 실행할 프로세스의 주소를 기억한다.

멀티플렉서(Multiplexer)
여러 개의 터미널 신호를 하나의 통신회선을 통해 전송할 수 있도록 하는 장치이다.

과목 02 프로그래밍 일반

21 ④

객체지향 기법의 기본 원칙

캡슐화 (Encapsulation)	데이터와 데이터를 조작하는 연산을 하나로 묶는 것을 의미하며 연관된 데이터와 함수를 함께 묶어 외부와 경계를 만들고 필요한 인터페이스만을 밖으로 드러내는 과정을 의미
정보 은닉 (Information Hiding)	객체가 다른 객체로부터 자신의 자료를 숨기고 자신의 연산만을 통하여 접근을 허용하는 것을 의미하며 캡슐화와 밀접한 관계가 있음
추상화 (Abstraction)	주어진 문제나 시스템 중에서 중요하고 관계있는 부분만을 분리하여 간결하고 이해하기 쉽게 만드는 작업을 의미
상속성 (Inheritance)	상위 클래스의 속성과 메소드를 하위 클래스가 물려받는 것을 의미하며 클래스와 객체를 재사용할 수 있음
다형성 (Polymorphism)	많은 상이한 클래스들이 동일한 메소드명을 이용하는 능력을 의미하며 한 메시지가 객체에 따라 다른 방법으로 응답할 수 있는 것을 의미

22 ③

전위(prefix) 표기법
- 연산자를 앞에 쓰고 연산자에 따른 피연산자를 괄호로 묶어 표기
- 일반적인 수식 : A+B 를 +AB 로 표시

중위(infix) 표기법
- 연산자를 피연산자 사이에 표기, 두 개의 피연산자를 가지는 이항 연산에서만 적당함
- 일반적인 수식 : A+B 를 A+B 로 표시

후위(postfix) 표기법
- 피연산자 뒤에 연산자를 표기
- 일반적인 수식 : A+B 를 AB+ 로 표시

23 ②

C언어의 특징
- 효율성이 좋아 대규모의 프로그램을 만들 수 있다.
- 포인터에 의한 번지 연산 등 다양한 연산 기능을 가진다.
- 컴파일러 기법의 언어이며 이식성이 뛰어나 컴퓨터 기종에 관계 없이 프로그램을 작성할 수 있다.
- UNIX 운영 체제를 구성하는 시스템 프로그램이다.
- 소프트웨어 부품화를 실현할 수 있어 유연성을 갖는다.
- 어셈블리어를 기호 코드(Mnemonic Code)라고도 한다.

24 ③

Debugging
프로그램 코딩 시의 오류를 정정하는 작업을 의미한다.

25 ④

기계어
- 저급언어(기계어, 어셈블리)는 적용되는 기계에 종속적이므로 각 적용되는 기계마다 언어가 다르다.
- 사람이 사용하는 자연어와 거리가 먼 기계어(코드)로 이루어져 프로그램 작성 및 유지보수가 어렵다.

26 ④

단위 테스트 지원 도구(xUnit)
- JUnit : Java 프로그래밍 언어에 사용되는 테스트 도구로서 데이터를 테스트한 다음 코드에 삽입한다.
- NUnit : 모든 .net 언어에 널리 사용되는 단위 테스트 프레임워크. 병렬로 실행할 수 있는 데이터 중심 테스트를 지원한다.
- JMockit : 오픈 소스 단위 테스트 도구로서, 기록 및 검증 구문으로 API를 Mocking 할 수 있다.
- EMMA : 코드 분석 오픈 소스 툴 킷으로서 JAVA 기반이므로 외부 라이브러리 종속성이 없으며 소스 코드에 액세스할 수 있다.
- PHPUnit : PHP 프로그래머를 위한 단위 테스트 도구이다.
- HttpUnit : HtmlUnit은 Java 프로그램용 GUI가 없는 브라우저를 포함하는 오픈 소스 Java 라이브러리이다.
- DBUnit : 데이터베이스 단위 테스트를 지원하는 프레임워크다.

27 ④

객체지향 언어(OOP, Object-Oriented Programming)
- 데이터와 그 데이터를 처리하는 함수를 하나의 객체로 묶어 프로그램을 구성한다.
- 주요 특징은 캡슐화(Encapsulation), 상속(Inheritance), 추상화(Abstraction), 다형성(Polymorphism)이다.
- 이러한 구조는 코드 재사용성과 유지보수성을 높이며 시스템의 확장성을 향상시킨다.
- 정보 은폐를 통해 외부에서 불필요한 접근을 막을 수도 있다.
- 대표적인 객체지향 언어에는 Java, C++, Python, C#, Swift 등이 있다.

28 ③

표준 라이브러리는 프로그래밍 언어가 기본적으로 가지고 있는 라이브러리를 의미하며, 외부 라이브러리는 별도의 파일 설치를 필요로 하는 라이브러리를 의미한다.

29 ④

객체지향 용어

추상화(Abstraction)	필요 없는 부분은 생략하고 객체의 속성 중 중요한 것만 개략적으로 표현하는 것
객체(object)	실세계에서 존재하는 대상물인 데이터와, 데이터와 관련된 동작을 포함
클래스(Class)	하나 이상의 유사한 객체들을 묶어 공통된 특성을 묶어 공통된 속성과 연산을 표현한 객체의 집단
메소드	• 객체가 수행하는 동작을 표현할 함수(프로시저) • 사람을 객체로 표현했을 때 사람이 웃는다, 공부한다 등과 같은 동작

30 ①

C언어의 기억 클래스
- 자동 변수(automatic variable)
- 레지스터 변수(register variable)
- 정적 변수(static variable)
- 외부 변수(extern variable)
- C언어에서 저장 클래스를 명시하지 않은 변수는 기본적으로 자동 변수(automatic variable)로 간주한다.

31 ④

JAVA의 System.out.println 메소드
- System.out.println 메소드는 콘솔에 문자열 결과를 출력 후, 행을 변경한다.
- "5 + 2 = "의 문자열 이후 + 연산의 경우 문자열 간 연결 기능을 수행한다.
- 따라서, "5 + 2 = " 이후 + 3을 수행하면 3이 "3" 문자열로 형 변환 후 "5 + 2 = 3"으로 문자열 연결되며 + 4 역시 4가 "4" 문자열로 형 변환 후 "5 + 2 = 34"로 문자열 연결된 후 출력된다.
- "5 + 2 = " + (3 + 4)의 경우 괄호에 의해 (3 + 4)가 먼저 덧셈 수행하여 7로 산술연산이 되어 "5 + 2 = "와 "7"이 문자열 연결되어 "5 + 2 = 7"이 출력된다.

32 ④

성능, 보안, 품질, 안정 등에 대한 요구사항은 비기능적 요구사항에 해당한다.

33 ③

컴파일러(Compiler)
- 전체 소스를 한 번에 번역해 목적코드를 생성하므로 완성 프로그램 실행 속도가 빠르다.
- 반면 인터프리터는 한 줄씩 해석하고 실행하므로 완성 프로그램 실행 속도가 느리지만 수정과 테스트가 용이하다.
- 인터프리터는 주로 대화형 언어(Python, JavaScript 등)에 사용된다.
- 컴파일러는 C, C++, Java 등에서 사용되며 실행 효율성을 중시한다.
- 실행 효율성을 중시하는 언어는 인터프리터가 아닌 컴파일러를 주로 사용한다.

34 ①

이스케이프 시퀀스(escape-sequence, 제어 문자 상수)
- \n : new line : 개행
- \r : carriage return : 커서를 맨 앞으로 이동
- \a : bell
- \f : form feed : 프린트 다음 페이지로 이동
- \b : backspace
- \t : tab

35 ①

반복문
- WHILE : 조건 만족 때까지 반복한다.
- DO~WHILE : 문장을 실행한 다음, 조건을 검사하여 반복 실행의 여부를 결정한다.

36 ③

PMD(Programming Mistake Detector)
- 프로그램을 실행하지 않고 소스 코드를 분석하는 정적 분석 도구(Static Analysis Tool)이다.
- 코드 내의 불필요한 객체 생성, 변수 미사용, 복잡한 조건문 등의 문제를 사전에 찾아낼 수 있다.
- 오픈소스 기반으로 제공되며, 기본 규칙 세트 외에 사용자가 직접 규칙을 추가할 수도 있다.
- 프로그램 실행 중에 오류를 감지하는 것은 동적 분석의 영역이다.
- PMD는 프로그램의 동작을 실행하거나 모니터링하지 않는다.

37 ②

IDE(통합 개발 환경)
- 프로그램 개발에 필요한 코딩, 컴파일, 디버깅, 배포 기능을 통합 제공하는 도구이다.
- Coding 단계에서는 소스 코드를 작성하고 수정할 수 있는 편집 환경을 제공한다.
- Compile은 고급언어를 기계어(저급언어)로 번역하여 실행 가능한 형태로 만드는 과정이다.
- Debugging은 오류(버그)를 탐색·수정하여 프로그램의 안정성을 높이는 기능이다.
- Deployment(배포)는 완성된 소프트웨어를 사용자 환경에 설치하거나 배포하는 단계를 의미한다.

38 ②

kor total은 공백을 포함하고 있으므로 파이썬의 변수명으로 사용할 수 없다.

파이썬의 변수명 규칙
- 문자, 숫자, 언더바(_)로 구성된 단어를 사용해야 한다.
- 처음 시작으로 숫자는 올 수 없다.
- 공백을 포함할 수 없다.
- 예약어(reserved word)를 사용할 수 없다.

39 ③

워크스루의 주요 목적
- 교육적 목적이나 문서의 이해, 문제의 식별 등에 있으며, 발견된 오류의 문제 해결 자체에 중점을 두지는 않는다.
- 문제 해결은 보통 후속 단계에서 진행된다.
- 인스펙션(Inspection)은 오류 발견과 수정에 보다 중점을 둔 공식적인 검토 방법이다.

40 ①

리팩토링(Refactoring)
- 프로그램의 외부 동작을 변경하지 않고 내부 구조를 개선하는 기법이다.
- 목적은 코드의 가독성 향상, 유지보수 용이성, 중복 제거, 구조 단순화이다.
- 이를 통해 소프트웨어를 더 쉽게 이해하고 수정 비용을 줄일 수 있다.

오답 피하기
- Architecting은 시스템의 구조 설계를 의미하며, 리팩토링과는 다르다.
- Specification은 요구사항 명세를 작성하는 과정이다.
- Renewal은 일반적으로 시스템을 새로 교체하거나 갱신하는 것을 뜻한다.

과목 03 네트워크 일반

41 ②

OSPF(Open Shortest Path First)
- 대규모 네트워크에서 사용하는 링크 상태 라우팅 프로토콜이다.
- 각 라우터는 네트워크 전체의 링크 상태 정보를 교환하여 전체 토폴로지를 파악한다.
- 최단 경로 계산에는 Dijkstra(다익스트라) 알고리즘을 사용하여 효율적인 경로를 선택한다.
- 또한 라우팅 정보 교환 시 멀티캐스트(224.0.0.5, 224.0.0.6) 주소를 사용한다.
- 네트워크 구조 변경 시 전체 링크 정보를 다시 계산하므로 변화에 신속히 대응한다.
- 반면 거리 벡터 방식은 RIP과 같이 인접 라우터와 거리 정보를 교환하는 단순한 구조이다.

42 ④

④ : 메시지 교환 방식에 관한 설명이다.

패킷 교환 방식(Packet Switching)
- 메시지를 일정한 길이의 전송 단위인 패킷으로 나누어 전송하는 방식이다.
- 패킷 단위로 저장-전달(Store-and-Forward) 방식에 의해 데이터를 교환하는 방식이다.
- 다수의 사용자 간에 비대칭적 데이터 전송을 원활하게 하므로 모든 사용자 간에 빠른 응답 시간 제공이 가능하다.
- 전송에 실패한 패킷의 경우 재전송이 가능하다.
- 패킷 단위로 헤더를 추가하므로 패킷별 오버헤드가 발생한다.
- 패킷교환 방식에서 패킷을 작게 분할할 경우 헤더와 노드 지연 시간이 증가되며 패킷의 분할·조립 시간이 늘어난다.

43 ④

UDP는 전송 계층 프로토콜이다.

44 ②

- 1비트(onebit; 2위상) : bps = 1 baud
- 2비트(dibit; 4위상) : bps = 2 baud
- 3비트(tribit; 8위상) : bps = 3 baud

45 ①

HDLC의 데이터 전송 모드
- 정규 응답 모드(NRM) : 반이중 통신을 하는 포인트 투 포인트 또는 멀티 포인트 불균형 링크 구성에 사용하며 종국은 주국의 허가가 있을 때만 송신함
- 비동기 응답 모드(ARM) : 전이중 통신을 하는 포인트 투 포인트 불균형 링크 구성에 사용하며 종국은 주국의 허가 없이도 송신이 가능하지만, 링크 설정이나 오류 복구 등의 제어 기능은 주국만 함
- 비동기 균형 모드(ABM) : 포인트 투 포인트 균형 링크에서 사용하면 혼합국끼리 허가 없이 언제나 전송할 수 있도록 설정

46 ③

OSI 7 계층

물리 계층 (Physical Layer)	• 전기적, 기능적, 절차적 기능 정의 • 표준 : RS-232C
데이터 링크 계층 (Data Link Layer)	• 흐름 제어, 에러 제어 • 표준 : HDLC, LLC, LAPB, LAPD, ADCCP
네트워크 계층 (Network Layer)	• 경로 설정 및 네트워크 연결 관리 • 표준 : X.25, IP
전송 계층 (Transport Layer)	• 통신 양단 간(End-to-End)의 에러 제어 및 흐름 제어 • 표준 : TCP, UDP
세션 계층 (Session Layer)	프로세스 간에 대한 연결을 확립, 관리, 단절 수단 제공
표현 계층 (Presentation Layer)	코드 변환, 암호화, 압축, 구문 검색
응용 계층 (Application Layer)	응용 프로세스 간의 정보교환, 전자사서함, 파일 전송 등을 취급

47 ③

ATM 셀
- 비동기 전송 방식(ATM)에서 전송 단위로 채택된 고정길이의 패킷이다.
- ITU-T에서는 셀의 길이를 헤더(5바이트)와 정보 블록(48바이트)를 더하여 53바이트로 표준화하였다.

48 ②

인캡슐레이션(Encapsulation)
- 송신 측에서 데이터가 하위 계층으로 내려가며 제어 정보를 덧붙이는 과정이다.
- 전송 계층(Transport Layer)은 응용 계층에서 받은 데이터를 세그먼트(Segment) 단위로 나눈다. 이때 TCP나 UDP의 포트 번호, 순서, 오류 제어 정보 등이 헤더에 추가된다.
- 네트워크 계층에서는 이를 패킷(Packet)으로, 데이터링크 계층에서는 프레임(Frame)으로 다시 포장한다.
- 마지막 물리 계층에서는 비트(Bit) 형태로 변환되어 전송된다.
- 전송 계층의 역할은 신뢰성 있는 데이터 전달을 위해 데이터를 세그먼트로 구분하고 관리하는 것이다.

49 ④

가드밴드는 주파수 분할 다중화 방식에서 사용한다.

차분 펄스 부호 변조(DPCM)
- 실제 표본 값과 추정 표본 값과의 차이를 양자화한다.
- 차동 PCM이라고도 한다.
- 양자화 시 예측기를 사용한다.

50 ①

UMA(Unlicensed Mobile Access)
WLAN 기반의 WiFi 폰-CDMA 이동통신 간에 적용될 수 있는 Vertical Hand Over 기술

오답 피하기

MIH(Medium Independent Hand Over)
이동단말이 서로 다른 성격의 네트워크를 이동하며, 끊김없이 자연스럽게 자동으로 최적의 망을 선택할 수 있는 기술

VOD(Video on Demand)
사용자가 원하는 영상정보를 원하는 시간에 볼 수 있도록 전송하는 기술

IMS(IP Multimedia Subsystem)
고정 전화망이나 이동 통신망 등 회로 스위치나 소켓 스위치가 다른 공중 통신 서비스를 IP 기술이나 인터넷 전화에 쓰이는 프로토콜인 SIP로 통합하여 멀티미디어 서비스를 실현시키는 방식

51 ②

서브넷을 이용하여 네트워크 주소와 브로드캐스트 주소를 구하므로 기본 B 클래스의 서브넷 주소를 그대로 사용한다. 즉 브로드캐스트 또는 네트워크 주소를 구하기 위해 사용하는 서브넷이 무엇인지 요구한 문제이다.

브로드캐스트
네트워크 내에서 모든 호스트에게 정보를 전송하는 공통 주소로 포함된 주소 중 가장 마지막 주소가 된다.

네트워크 주소
서브넷으로 네트워크를 구분하는 주소로 포함된 주소 중 첫 번째 주소가 된다.

52 ②

T = 1/F = 1/50 = 0.02

53 ②

OSI 7 계층

Layer	기능
Application	사용자에게 서비스 제공
Presentation	코드 변환, 암호화, 압축, 구문 검색
Session	프로세스 간에 대한 연결을 확립, 관리, 단절 수단 제공
Transport	통신 양단간의 에러 제어 및 흐름 제어
Network	경로 설정 및 네트워크 연결 관리
Data Link	흐름 제어, 에러 제어
Physical	전기적, 기능적, 절차적 기능 정의

54 ②

ARQ 종류

- 정지-대기 ARQ(Stop-And-Wait ARQ) : 송신측에서 1개의 프레임을 전송한 후, 수신측에서 오류의 발생을 점검하여 ACK 또는 NAK를 보내올 때까지 대기하는 ARQ 방식
- 연속적 ARQ(Continue ARQ) : 정지-대기 ARQ의 단점을 보완하기 위한 방식
- Go-Back-N ARQ : 다수의 데이터 블록을 송신하고, 수신측으로부터 NAK 신호가 전송되면 NAK 신호를 받은 블록부터 다음의 모든 블록을 재전송하는 방식
- 선택적 재전송 ARQ(Selective-Repeat ARQ) : NAK 신호를 받은 블록만을 재전송하는 방식
- 적응적 ARQ(Adaptive ARQ) : 전송 효율을 높이기 위해서 블록의 길이를 동적(Dynamic)으로 변경시킬 수 있는 방식

55 ④

회선교환 방식은 메시지를 저장하지 않고 연결된 회선에 바로 자료를 전송한다. 따라서 회선교환기에서 오류 제어가 힘들다.

56 ③

TCP/IP 인터넷 계층(Internet Layer) 프로토콜

- IP(Internet Protocol) : 주소, 경로를 설정한다.
- ARP(Address Resolution Protocol) : IP Address를 물리적 하드웨어 주소(MAC Address)로 변환하는 프로토콜이다.
- RARP(Reverse Address Resolution Protocol) : 호스트의 물리 주소를 통하여 논리 주소인 IP 주소를 얻어오기 위해 사용되는 프로토콜이다.
- ICMP(Internet Control Message protocol, 인터넷 제어 메시지 프로도콜)은 TCP/IP 계층의 인터넷 계층에 해당된다. 네트워크 컴퓨터에서 운영체제의 오류 메시지를 전송받는 데 주로 쓰이며, 인터넷 프로토콜에 의존하여 작업을 수행한다.

57 ①

통신용량 C = $Wlog_2(1+S/N)$
W : 대역폭, S : 신호 전력, N : 잡음

58 ③

통계적 TDM(= 비동기식 TDM(ATDM))
전송을 요구하는 단말기에 슬롯을 할당하며 슬롯 크기는 가변적이다. 고속선로의 전체 단말기의 전송속도의 합보다 적게 할 수 있다. 전송할 데이터가 있는 쪽에만 시간 자원을 몰아줘 효율을 높이는 방식이다.

동기식 TDM(STDM)
단말장치 모두에게 타임 슬롯을 할당하며 타임 슬롯은 고정된다. 고속선로의 회선량은 전체 단말기의 전송량보다 커야 한다.

59 ①

프로토콜의 기본 구성 요소

구문(syntax)	데이터 형식, 부호화, 신호 레벨 등을 규정
의미(semantic)	효율적, 정확한 전송을 위한 개체 간의 조정과 에러 제어
순서(timing)	접속되는 개체 간의 통신 속도의 조정과 메시지의 순서 제어

60 ①

거리 벡터 라우팅
가장 짧은 경로 스패닝 트리를 찾기 위해 경로상의 홉(hop) 수에 따라 반복하여 실행되는 라우팅 알고리즘이다. 벨맨 포워드 라우팅 알고리즘(bellman-forward routing algorithm)이라고도 한다.

Bellman-Ford 알고리즘
- 최단 거리를 구하는 알고리즘의 일종이다.
- 네트워크에서 임의 단말을 시작점으로 선택하고 나머지 단말들과 최단거리를 모두 구한다. 단말간 가중치가 음수인 경우까지 감안한 알고리즘이다.

출제 예상문제 10회

01 ④	02 ③	03 ③	04 ④	05 ③
06 ②	07 ①	08 ②	09 ③	10 ②
11 ④	12 ③	13 ①	14 ④	15 ②
16 ②	17 ①	18 ①	19 ④	20 ①
21 ①	22 ③	23 ①	24 ③	25 ④
26 ①	27 ①	28 ①	29 ④	30 ④
31 ①	32 ③	33 ①	34 ④	35 ③
36 ④	37 ④	38 ①	39 ②	40 ④
41 ④	42 ①	43 ①	44 ①	45 ①
46 ①	47 ③	48 ①	49 ④	50 ①
51 ③	52 ①	53 ①	54 ③	55 ③
56 ①	57 ①	58 ②	59 ④	60 ①

과목 01 사무자동화 시스템

01 ④

HRN 스케줄링 기법
- 짧은 작업시간이나 대기시간이 긴 작업은 우선순위가 높아지는 기법
- 우선순위 값이 가장 큰 작업을 먼저 처리
- HRN의 우선순위 공식 : (대기시간 + 서비스 받을 시간)/서비스 받을 시간

작업	대기 시간	서비스 시간	우선순위
A	5	5	(5+5)/5=2
B	10	6	(10+6)/6=2.6
C	15	7	(15+7)/7=3.1
D	20	8	(20+8)/8=3.5

02 ③

워킹 셋(Working Set)
프로세스를 효과적으로 실행하기 위하여 주기억 장치에 유지되어야 하는 페이지들의 집합이다.

스래싱(Thrashing)
페이지 부재가 계속 발생되어 프로세스가 수행되는 시간보다 페이지 교체에 소비되는 시간이 더 많은 현상이다.

구역성(Locality)
프로세스가 실행되는 동안 일부 페이지만 집중적으로 참조되는 경향을 의미한다.

03 ③

전자우편 프로토콜
- POP3(Post Office Protocol version 3) : 메일 서버에 도착한 E-Mail을 사용자 컴퓨터로 가져오는 메일 서버에서 제공하는 프로토콜이다.
- SMTP(Simple Mail Transfer Protocol) : 사용자의 컴퓨터에서 작성된 메일을 다른 사람의 계정이 있는 곳으로 전송하는 프로토콜이다.
- IMAP(Internet Messaging Access Protocol) : 로컬 서버에서 프로그램을 이용하여 전자우편을 액세스하기 위한 표준 프로토콜이다.
- MIME(Multi-purpose Internet Mail Extension) : 웹 브라우저가 지원하지 않는 각종 멀티미디어 파일의 내용을 확인하고, 실행시켜 주는 프로토콜이다.

04 ④

매시업(Mashup)
여러 웹사이트에서 제공하는 정보를 합쳐 새로운 서비스를 제공하는 웹사이트나 애플리케이션을 의미한다. 예를 들면 구글 맵스를 이용한 회사 약도 웹사이트나 어플리케이션 등이 이에 해당한다.

05 ③

원격 화상 회의(Teleconference)
- 멀리 떨어진 지역의 회의실을 화상과 음성통신 기술을 통해 연결하여 화면을 보면서 회의하는 시스템이다.
- 원격회의 시스템은 약자로 VCS라고도 한다.
- 물리적 이동에 따르는 시간과 경비를 줄일 수 있다.

06 ②

IF 함수
- IF(조건, 참일 때 값, 거짓일 때 값) 형태로, 여러 조건을 처리하려면 중첩 IF문을 사용한다. 따라서 첫 번째 조건 F2 >= 160이 참이면 "우수", 거짓이면 두 번째 IF로 넘어간다.
- 두 번째 조건 F2 >= 100이 참이면 "보통", 그렇지 않으면 마지막 "노력"을 반환한다.
- 중첩 IF 함수는 조건의 범위를 위에서부터 좁혀가는 구조이다.

07 ①

- 수식 : =COUNTBLANK(A1 : A7) + COUNT(A1 : A7)
- COUNTBLANK(A1 : A7) → 비어 있는 셀의 개수를 센다.
- A1~A7 중 빈 셀은 A3, A8 → 2개
- COUNT(A1 : A7) → 숫자가 들어 있는 셀의 개수를 센다.
- A6=6, A7=2025-10-17(날짜도 숫자로 인식됨) → 2개
- 따라서 계산식은 2 + 2 = 4

08 ②

오답 피하기
- ① : 세로(값) 축의 축 서식에서 주 단위 간격을 '5'로 설정하였다.
- ③ : '영어'의 데이터 레이블은 '바깥쪽 끝에' 표시되고 있다.
- ④ : 가범례 위치는 위쪽에 표시되고 있다.

09 ③

'예/아니오'(Yes/No) 데이터 형식은 Yes/No, True/False, On/Off의 3가지 표현 방식을 지원한다. 따라서 'Yes/No'와 'True/False'만 제공한다는 설명은 옳지 않다.

필드 속성(Field Property)
- 데이터베이스에서 각 필드의 입력 형식, 크기, 유효성 등을 정의하는 설정이다.
- 입력 마스크(Input Mask) : 데이터 형식을 일정한 패턴으로 제한하는 기능으로, 텍스트 · 숫자 · 날짜/시간 · 통화 형식 등에서 사용 가능하다.
- 필수 속성(Required)을 '예'로 설정하면 해당 필드는 반드시 값이 입력되어야 한다.
- 필드 크기(Field Size) 속성 : 텍스트, 숫자, 일련번호 형식에서 설정할 수 있으며, 다른 형식은 자동으로 크기가 정해진다.

10 ②

폼(Form)
- 액세스에서 데이터를 입력, 수정, 조회하기 위한 사용자 인터페이스 화면이다.
- 데이터시트 보기(Datasheet View) : 테이블과 비슷하게 행과 열 형태로 여러 레코드를 한눈에 보여준다.
- 연속 폼(Continuous Form) : 동일한 서식 구조를 유지하면서 여러 레코드를 동시에 표시할 수 있다.
- 하위 폼(Subform) : 기본 폼과 연결되어, 해당 기본 폼의 현재 레코드에 연관된 세부 데이터를 표시한다.
- 모달 폼(Modal Form) : 사용자가 다른 폼이나 개체로 이동할 수 없도록 제한하는 대화형 폼이다. 전체 화면으로 표시되는 것이 아니라, 다른 창을 잠시 막고 입력을 강제하는 폼 유형이다.

11 ④

텍스트 서식
- 글자의 모양, 크기, 색상, 효과 등을 조정하여 가독성과 시각적 완성도를 높이는 기능이다.
- 글꼴 종류, 크기, 색은 [홈] 탭의 글꼴 그룹에서 변경할 수 있다.
- 단락의 맞춤 및 줄 간격 조정도 [홈] 탭의 단락 그룹에서 설정 가능하다.
- 텍스트 효과는 [도형 서식] 탭의 텍스트 효과 메뉴에서 적용할 수 있다.
- 반면, [디자인] 탭은 슬라이드 전체의 테마나 배경 스타일을 설정하는 곳이다.

12 ③

Linux
운영체제(OS)로, 하드웨어 자원을 관리하고 프로그램 실행 환경을 제공한다. 리누스 토르발스(Linus Torvalds)가 개발한 오픈소스 기반 운영체제로, 서버 환경에서 DBMS가 자주 설치되는 플랫폼이다.

DBMS(Database Management System)
- 데이터를 효율적으로 저장 · 관리 · 검색할 수 있도록 지원하는 소프트웨어이다.
- 대표적인 DBMS : Oracle, MySQL, DB2, SQL Server, PostgreSQL
- 이들은 모두 데이터베이스를 생성하고 쿼리(SQL)를 통해 데이터를 조작할 수 있다.

13 ①

INSERT문
- 테이블에 새로운 레코드를 추가하기 위한 실행 쿼리문이다.
- 기본 구조 : INSERT INTO 테이블명(필드명1, 필드명2, ...) VALUES(값1, 값2, ...);
- 한 번의 INSERT문으로 한 개의 테이블에만 데이터를 추가할 수 있다.
- 여러 개의 테이블에 동시에 추가하려면 각 테이블마다 별도의 INSERT문을 실행해야 한다.
- 단, 한 문장 내에서 여러 레코드를 삽입할 수는 있다.
- 예 INSERT INTO 회원 VALUES ('홍길동', 25), ('이영희', 30);

14 ④

피벗 테이블(Pivot Table)
- 대량의 데이터를 요약 · 분석 · 비교하기 위한 대화형 도구이다.
- 엑셀에서는 필드를 행, 열, 값, 필터 영역으로 드래그하여 다양한 형태의 분석표를 만들 수 있다.
- 피벗 테이블은 [삽입] 탭 → [피벗 테이블] 명령을 통해 생성한다.
- [폼] 그룹 → [기타 폼] → [피벗 테이블]은 액세스의 폼 관련 기능이며, 엑셀의 피벗 테이블 작성 방법과는 다르다.

오답 피하기
- ① : 열 필드 머리글 설정은 피벗 테이블 필드 목록에서 드래그로 지정한다.
- ② : 세부 정보 필드는 하나 이상 여러 개의 필드를 동시에 삽입할 수 있으므로, "하나의 필드만 삽입 가능하다"는 분석 기준 단위로는 일반적 설명이다.

15 ②

UPDATE
- 테이블의 기존 데이터를 수정할 때 사용하는 SQL 명령어이다.
- 기본 문법 : UPDATE 테이블명 SET 필드명 = 변경값 WHERE 조건;
- 여기서 SET절은 변경할 필드와 새 값을 지정하고, WHERE절은 수정할 레코드(행)의 조건을 지정한다.
- 따라서 "학생" 테이블에서 학번이 300인 학생의 학년을 3으로 바꾸려면 → UPDATE 학생 SET 학년=3 WHERE 학번=300; 이 올바른 문장이다.

16 ②

SQL(Data Manipulation Language, DML)
- 데이터베이스 내의 데이터를 조작(삽입 · 수정 · 삭제 · 조회)하는 명령문이다.
- 대표적인 DML문에는 SELECT, INSERT, UPDATE, DELETE가 있다.
- INSERT는 새로운 레코드를 테이블에 추가하는 명령문이다.
- DDL은 데이터 구조를 다루고, DML은 데이터 내용을 다룬다.

오답 피하기
CREATE, ALTER, DROP은 데이터베이스나 테이블 구조를 정의 · 변경 · 삭제하는 DDL(Data Definition Language)에 속한다.

17 ①

정규화(Normalization)
데이터의 중복을 최소화하고 이상 현상(Anomaly)을 제거하기 위한 데이터베이스 설계 과정이다.

부분 함수 종속(Partial Functional Dependency)
- 기본키의 일부 속성에만 종속되는 비주요 속성을 의미한다.
- 이를 제거하기 위해서는 테이블을 분리하여 모든 비주요 속성이 기본키 전체에 완전 종속되도록 만들어야 한다.
- 이러한 과정이 바로 제2정규형(2NF)으로 가는 단계이다.

오답 피하기
- 2NF → 3NF : 이행적 종속 제거
- 3NF → BCNF : 결정자이면서 후보키가 아닌 속성 제거

18 ①

DELETE문
- SQL의 데이터 조작어(DML) 중 하나로, 테이블 내의 특정 레코드를 삭제할 때 사용한다.
- 기본 문법 : DELETE FROM 테이블명 WHERE 조건;
- WHERE절이 없으면 테이블의 모든 데이터가 삭제되므로 주의해야 한다.
- SELECT문은 데이터를 조회할 때 사용하는 명령으로, 삭제 기능이 없다.

오답 피하기
IF나 CONDITION 같은 구문은 SQL 문법에 존재하지 않는다.

19 ④

HDD(Hard Disk Drive)는 보조기억장치이다.

20 ①

ROM(Read Only Memory)
- Mask ROM : 생산 당시 프로그램을 내장한 상태로 제작된다.
- PROM(Programmable ROM) : 한 번에 한해 기록이 가능하다.
- EPROM(Erasable PROM) : 자외선을 이용하여 지울 수 있는 ROM이다.
- EEPROM(Electrically EPROM) : 전기적으로 쓰고 지울 수 있는 ROM이다.

과목 02 프로그래밍 일반

21 ②

연산자의 종류
- 단항(unary) 연산자 : 하나의 입력 자료에 대한 연산으로 Move, Shift, Rotate, Complement 등을 말한다.
- 이항(binary) 연산자 : 두 개의 입력 자료에 대한 연산으로 AND, OR, 사칙연산 등을 말한다.
- 대입 연산자 . =, +=, -=, *=, /=, %=, &=, ^=, |=, 《=, 》=
- 삼항 연산자 : ? :

22 ③

C언어의 입출력 함수
- printf( ) : 형식화된 출력
- puts( ) : 문자열 출력
- putchar( ) : 한 문자 출력
- scanf( ) : 형식화된 입력
- gets( ) : 문자열 입력
- getchar( ) : 한 문자 입력

23 ①

- 다음은 LHS가 RHS로 정의된다는 표현이다.
- | 의 의미는 'or'로, 택일을 의미한다.

⟨num⟩ → ⟨num⟩⟨dig⟩|⟨dig⟩ ⟨dig⟩ → 1|3|5|7|9	
LHS(left hand side)	RHS(right hand side)

- ⟨digit⟩와 같이 '⟨ ⟩'로 묶인 기호 : 비단말 기호(non-terminal symbol)
- 0, 1, 2와 같이 직접 나타낼 수 있는 기호 : 단말 기호(terminal symbol)
- →, | 와 같이 BNF 표기에서 사용되는 특수한 기호 : 메타 기호(meta symbol)

유도(Derivation)
- 언어의 문장들은 BNF의 규칙을 적용해가며 생성된다. 시작 기호(start symbol)라 불리는 비단말 기호에서 시작되며, 이러한 문장 생성 과정을 의미한다.

⟨num⟩ → ⟨num⟩⟨dig⟩ --- ①
        |⟨dig⟩ --- ②

⟨number⟩ ⇒ ⟨number⟩⟨dig⟩ : ①⟨number⟩를 ⟨number⟩⟨digit⟩로 대치
⇒ ⟨number⟩⟨dig⟩⟨dig⟩ : ①⟨number⟩를 ⟨number⟩⟨digit⟩로 대치
⇒ ⟨dig⟩⟨dig⟩⟨dig⟩ : ②에 의해 ⟨number⟩를 ⟨digit⟩로 대치

- 즉, ⟨dig⟩에 대치된 1, 3, 5, 7, 9의 숫자를 이용하여 3자리 경우의 수를 만들 수 있다.
- 보기 중 1, 3, 5, 7, 9가 아닌 수가 포함된 것은 답이 될 수 없다.

24 ③

선점형 스케줄링 기법
- RR(Round Robin) : 시분할 방식을 위해 고안된 방식으로 FIFO 방식으로 수행하되 각 작업은 할당 시간 동안만 CPU를 사용
- SRT(Shortest Remaining Time) : 남은 처리시간이 가장 짧은 작업을 먼저 수행

비선점형 스케줄링 기법
- FIFO(First In First Out) : 가장 먼저 들어온 작업을 가장 먼저 처리
- SJF(Shortest Job First) : 처리시간이 가장 짧은 작업부터 먼저 처리
- HRN(Highest Response-ratio Next) : 처리시간이 긴 작업의 대기시간이 길어지는 SJF의 단점을 보완

25 ④

클래스(Class)
- 클래스는 객체를 정의해 놓은 것으로 데이터와 함수로 구성된다.
- 하나 이상의 유사한 객체들을 묶어 공통된 특성을 묶어 공통된 속성과 연산을 표현한 객체의 집단을 의미한다.
- 객체지향언어에서 객체를 생성하기 위한 자료형이다.
- 객체는 클래스에 정의된 대로 생성된다.
- 클래스로부터 객체를 생성하는 과정을 클래스의 인스턴스화라고 한다.
- 클래스로부터 만들어진 객체를 클래스의 인스턴스라 한다.

26 ①

상수(Constant)
프로그램이 동작하는 동안 값이 절대로 변하지 않는 값을 의미한다.

27 ①

추상화 메커니즘의 종류

자료 추상화	컴퓨터 내부의 자료 표현을 추상화
제어 추상화	몇 개의 기계 명령어를 모아 이해하기 쉬운 추상 구문으로 만드는 방법
기능 추상화	입력 데이터를 출력 데이터로 변환하는 과정을 추상화하는 방법

28 ①

C언어의 산술연산자

연산자	의미	예
-	부호 변환	-a
+	덧셈	a+b
-	뺄셈	a-b
*	곱셈	a*b
/	나눗셈	a/b
%	나머지 계산	a%b

29 ④

Type 3 문법의 생성 규칙은 좌선형 또는 우선형 중 하나만 허용된다. 좌·우를 혼합하면 일반적으로 정규가 아니다.

촘스키의 문법 구조

Type 0 문법	• 무제약 문법(Recursively Enumerable set) • 모든 형식 문법 포함
Type 1 문법	• 문맥 의존 문법(Context-sensitive language) • Type 2 문법보다 더 복잡한 문맥적 규칙을 표현할 수 있지만, 잘 사용되지 않음
Type 2 문법	• 문맥 자유 문법(Context-Free Language) • 구문 분석에 사용
Type 3 문법	• 정규 문법(Regular Language) • 언어의 어휘 구조(lexical-structure), 어휘 분석에 사용

30 ④

시간 구역성이 이루어지는 기억 장소
Loop, Stack, Sub Routine, Corutine, counting에 사용되는 변수

공간 구역성이 이루어지는 기억 장소
배열 순회(Array Traversal), 순차적 코드의 실행, 프로그래머들이 관련된 변수

31 ④

바인딩 타임
- 바인딩이란 프로그램의 각종 변수값들이 실제 값으로 묶는 것을 의미한다.
- 컴파일 시간에 일어나는 정적 바인딩과, 실행 시간에 일어나는 동적 바인딩으로 구분된다.
- 바인딩 타임이란 프로그램에서 변수들이 갖는 속성이나 값이 완전히 결정되는 시간을 말하며, 이름에 속성이 연결되는 시간을 의미한다.
- 바인딩이 일어나는 시기 또는 결정되는 시간을 의미한다.

바인딩 타임의 종류

언어 설계 시간	• 언어에서 허용되는 대부분의 자료 구조나 프로그램 구조 등을 확정 • ⓓ 혼합형 연산 허용 시 어떤 연산을 수행할 것인가 등을 확정
언어 구현 시간	• 언어 정의 시 원소에 대한 특성을 모두 한정하지 않고 구현 시 일부 확정토록 일임한다. 대부분 언어들이 구현 시 바인딩을 최소화하여 특정 기종에 구애받지 않도록 함 • ⓓ 정수의 자리수, 실수의 유효숫자 개수 등
컴파일 시간	정적 바인딩. 변수의 이름 또는 형과 프로그램 문장 구조 등 확정. 효율성 중시
링크 시간	부 프로그램 코드로 라이브러리에서 부 프로그램을 호출
적재 시간	변수를 메모리 셀로 바인드함
실행 시간	실행 시간에 일어나는 바인딩. 변수의 값을 확정하거나 변수에 기억장소 할당

32 ③
- 연산자 우선순위 기준 순으로 괄호로 묶고 연산자를 괄호 뒤쪽 바깥으로 이동한다.
- ((A+(B*C))-D) → ABC*+D-

33 ①
로더(Loader)의 4대 기능

할당(Allocation)	주기억 장치 안에 빈 공간을 할당
연결(Link)	목적 모듈들 사이의 기호적 외부 참조를 실제적 주소로 변환
재배치(Relocation)	종속적인 모든 주소를 할당된 주기억 장치 주소와 일치하도록 조정
적재(Load)	기계 명령어와 자료를 기억 장소에 물리적으로 배치

34 ④
변수명, 연산자, 구두점 모두 각각 한 개씩 토큰으로 분리할 수 있다.

35 ③
구역성(Locality)
프로세스가 실행되는 동안 일부 페이지만 집중적으로 참조되는 경향을 의미한다.
시간 구역성(Temporal Locality)
최근에 참조된 기억장소가 가까운 장래에도 계속 참조될 가능성이 높음을 의미한다(루프, 서브루틴, 스택, 집계에 사용되는 변수 등).
공간 구역성(Spatial Locality)
하나의 기억장소가 가까운 장래에도 계속 참조될 가능성이 높음을 의미한다(배열 순례, 프로그램의 순차적 수행 등).

36 ④
- while문의 조건식 부분에 입력된 'y--'는 참이나 거짓을 판단하는 조건식이 아니기 때문에 오류가 발생한다.
- 예를 들어 다음과 같이 코드를 수정하여 실행하면 'x=7 y=0'이 출력된다.

```
int x=1, y=6;
while (y>0) {
  x++;
  y--;
}
```

37 ④
CASE가 제공하는 기능
- 개발을 신속하게 할 수 있다.
- 소프트웨어 생명주기의 전체 단계를 연결시켜 주고 자동화시켜 주는 통합 도구 제공 기술이다.
- 소프트웨어 시스템의 문서화 및 명세화를 위한 그래픽 기능을 제공한다.
- 오류 수정이 쉬워 S/W 품질이 향상된다.
- S/W 개발 단계의 표준화를 기대할 수 있다.
- 모델들 사이의 모순 검사 기능을 지원한다.
- 다양한 소프트웨어 개발 모형을 지원한다.
- 자료 흐름도 작성 기능을 지원한다.

38 ③
구조 다이어그램(정적)
클래스, 객체, 복합체 구조, 배치, 컴포넌트, 패키지
행위 다이어그램(동적)
유스케이스, 활동, 상태머신, 콜라보레이션, 상호작용(순차, 상호작용 개요, 통신, 타이밍)

39 ②
유스케이스 다이어그램 요소

확장 관계 (Extends Association)	• 기준 유스케이스와 확장 대상 유스케이스 사이에 형성되는 관계로, 해당 유스케이스에 부가적인 유스케이스를 실행할 수 있을 때의 관계 • 확장 대상 유스케이스를 수행할 때 특정 조건에 따라 확장 기능 유스케이스를 수행하는 경우에 적용
사용 관계 (Uses Association)	여러 개의 유스케이스에서 공통으로 수행해야 하는 기능을 모델링하기 위해 사용
접속 관계 (communication Association)	• 액터/유스케이스 또는 유스케이스/유스케이스 사이에 연결되는 관계 • 액터나 유스케이스가 다른 유스케이스의 서비스를 이용하는 상황을 표현
액터 (Actor)	서비스를 이용하는 외부 객체로, 시스템이 특정한 사례(Usecase)를 실행하도록 요구할 수 있는 존재

40 ③
럼바우(Rumbaugh) 객체지향 분석 기법
- 소프트웨어 구성 요소를 그래픽으로 모형화하였다.
- 객체 모델링 기법(OMT, Object Modeling Technique)이라고도 한다.
- 객체 모델링 : 객체를 다이어그램으로 표현한다.
- 동적 모델링 : 상태를 시간 흐름에 따라 상태 다이어그램으로 표현한다.
- 기능 모델링 : 자료흐름도를 이용하여 여러 프로세스 간의 자료 흐름을 표현한다.

과목 03 네트워크 일반

41 ④

패킷교환방식
- 가상회선 방식과 데이터그램 방식이 있다.
- 속도, 프로토콜 및 코드 변환이 가능하다.
- 장애발생시 대체경로 선택이 가능하다.
- 교환기에서 패킷을 일시 저장 후 전송하는 축적교환 기술이다.
- 패킷처리 방식에 따라 데이터그램과 가상회선 방식이 있다.
- 패킷 교환망에서 DTE와 DCE간 인터페이스를 위한 프로토콜 X.25가 있다.

오답 피하기
고정된 대역폭으로 데이터를 전송하는 방식은 회선교환 방식이다.

42 ②

TCP 제어 플래그
TCP 헤더는 6개의 Control Flag 필드가 있으며, 논리적인 TCP 연결 회선 제어 및 데이터 관리를 위해 사용된다.

URG (Urgent)	Urgent Pointer 필드에 값이 채워져 있음을 알림
ACK (Acknowledgement)	확인 응답 필드에 확인 응답 번호(Acknowledgement Number) 값이 세팅되었음을 알림
PSH (Push)	• 버퍼링된 데이터를 가능한 한 빨리 상위 계층 응용 프로그램에 즉시 전달할 것을 요청할 때 사용 • 아래 3개 비트 플래그(RST, SYN, FIN)는 TCP 연결 설정 및 TCP 연결종료에 주도적으로 사용됨
RST (Reset)	강제 연결 초기화 용도로써 반 개방 또는 연결 문제 등의 상황 처리를 위한 특별한 초기화용 제어 비트
SYN (Synchronize)	연결 시작, 회선 개설 용도로 송수신 간에 순서번호의 동기화에 사용
FIN (Finish)	연결 해제, 회선 종결 용도로 연결을 종료하고 의사를 상대에게 전송

43 ①

LAN(Local Area Network, 근거리 통신망)
- 정보 통신 기술 발전에 의해 출현한 정보화의 한 형태로서, 한 건물 또는 공장, 학교 구내, 연구소 등의 일정 지역 내의 설치된 통신망으로서 각종 기기 사이의 통신을 실행하는 통신망이다.
- 단말기 10대 정도인 소규모 사무실 단위의 사무자동화시스템 구축에 가장 적합한 통신망이다.

44 ③
- 1비트 신호 단위인 경우(onebit; 2위상) : bps = 1 baud
- 2비트 신호 단위인 경우(dibit; 4위상) : bps = 2 baud
- 3비트 신호 단위인 경우(tribit; 8위상) : bps = 3 baud
- 4비트 신호 단위인 경우(Quardbit ; 16위상) : bps = 4 baud
- bps = baud × 비트수
- 3비트이므로 1600bps = 1600 buad × 3 = 4800 bps

45 ①

QAM(직교 진폭 변조)
ASK와 PSK를 결합한 방식으로 진폭과 위상을 동시에 변조하는 방식

오답 피하기
- FSK(주파수 편이 변조) : 0과 1을 서로 다른 주파수를 갖는 반송파로 변화시켜 표현하는 방법
- PSK(위상 편이 변조) : 0과 1을 서로 다른 위상을 갖는 반송파로 변화시켜 표현하는 방법

46 ①

ARQ 종류
- 정지-대기 ARQ(Stop-And-Wait ARQ) : 송신측에서 1개의 프레임을 전송한 후, 수신측에서 오류의 발생을 점검하여 ACK 또는 NAK를 보내올 때까지 대기하는 ARQ 방식
- 연속적 ARQ(Continue ARQ) : 정지-대기 ARQ의 단점을 보완하기 위한 방식
- Go-Back-N ARQ : 다수의 데이터 블록을 송신하고, 수신측으로부터 NAK 신호가 전송되면 NAK 신호를 받은 블록부터 다음의 모든 블록을 재전송하는 방식
- 선택적 재전송 ARQ(Selective-Repeat ARQ) : NAK 신호를 받은 블록만을 재전송하는 방식
- 적응적 ARQ(Adaptive ARQ) : 전송 효율을 높이기 위해서 블록의 길이를 동적(Dynamic)으로 변경시킬 수 있는 방식

47 ③

데이터 통신 방식의 종류
- 단방향(Simplex) 방식 : 정보 전송은 한 방향으로만 이루어진다(일방통행).
- 반이중 통신(Half Duplex) 방식 : 2선 회선을 이용해 정보 전송은 양쪽으로 가능하나, 한 순간에는 한쪽 방향으로만 가능하다(일방통행 도로).
- 전이중 통신(Full Duplex) 방식 : 4선식 회선을 이용하여 양방향 동시 통신 가능한 회선이다(2차선 도로).

48 ①

HDLC 프레임 구조

| FLAG | ADDRESS | CONTROL | INFORMATION | FCS | FLAG |

49 ④

- S = 1/F = 1/50 = 0.02 [Sec]
- 별도의 제시가 없는 경우 1baud = 1bit이다.

50 ①

패킷망 기술의 표준(ITU-T 규정)

- X.21 : 동기식 전송을 위한 DTE/DCE 접속 규격으로 1976년에 패킷 교환망을 위한 표준으로 처음 권고한 프로토콜
- X.25 : 패킷 전송을 위한 DTE/DCE 접속 규격
- CLNP : OSI 7 계층 모델 네트워크 계층에서 동작하는, TCP/IP의 IP에 해당하는 프로토콜

51 ③

IEEE 802의 표준 규격

802.1	상위 계층 인터페이스
802.2	논리 링크 제어(LLC)
802.3	CSMA/CD
802.4	토큰 버스(Token Bus)
802.5	토큰 링(Token Ring)
802.6	MAN
802.8	고속 이더넷(Fast Ethernet)
802.11	무선 LAN

52 ③

통신 장치

- 게이트웨이 : 프로토콜이 다른 통신망을 상호 접속하기 위한 장치이다.
- 브릿지 : 프로토콜이 동일한 두 개의 LAN을 연결할 때 사용한다. 물리계층까지 기능을 수행한다.
- 라우터 : 둘 이상의 서로 다른 네트워크에 접속하여 서로 간에 데이터를 주고받을 수 있도록 경로 선택, 혼잡 제어, 패킷 폐기 기능을 수행한다.

53 ①

PCM 부호화 단계 순서

표본화 → 양자화 → 부호화 → 복호화 → 여과기

54 ③

코덱(CODEC; COder/DECoder)

- 아날로그 형태를 디지털 신호로 변환하거나(Coder) 다시 아날로그로 환원하는(DECoder) 장치다.
- 펄스 부호 변조(PCM) 방식을 이용하여 데이터를 변환한다.

오답 피하기

아날로그 신호를 디지털로 변환하여 전송하고 수신단에서 다시 복원하는 장치는 디코더가 된다. 모뎀은 디지털 신호를 아날로그로 변환하여 전송하고 수신단에서 다시 디지털로 복조한다.

55 ③

모뎀의 신호 방식(디지털 → 아날로그로 변조)

ASK (진폭 편이 변조)	반송파로 사용되는 정현파의 진폭에 정보를 싣는 변조 방식
FSK (주파수 편이 변조)	반송파 주파수를 이산 값으로 전환해 정보를 싣는 디지털 변조 방식
PSK (위상 편이 변조)	반송파 위상을 이산 값으로 전환해 비트를 전송하는 디지털 변조 방식
QAM (직교 진폭 변조)	직교하는 두 반송파에 독립 진폭을 실어 위상·진폭을 동시에 변조하는 방식

56 ③

DNS 사용 포트

- TCP, UDP 모두 53포트를 사용한다.
- UDP : 일반적인 DNS 조회를 할 경우 사용한다.
- TCP : Zone Transfer(영역 전송)와 512Byte를 초과하는 DNS 패킷을 전송해야 할 경우 사용한다.

57 ①

회선 교환망

- 회선 교환 방식을 적용, 교환기를 통해 통신회선을 설정하여 직접 데이터를 교환하는 통신망으로 실시간 대화용이다.
- 단말장치가 일 대 일 정보전송이 가능하며 메시지를 저장하지 않는다.
- 속도나 코드변환이 어렵다.
- 점대점 방식의 전송구조를 갖는다.
- 접속에는 긴 시간이 소요되나 전송지연은 거의 없다.
- 고정적인 대역폭을 갖는다.

58 ②

OSI 7계층 주요 기능

계층	기능
Application	사용자에게 서비스 제공
Presentation	코드 변환, 암호화, 압축, 구문 검색
Session	프로세스 간에 대한 연결을 확립, 관리, 단절 수단 제공
Transport	통신 양단간의 에러 제어 및 흐름 제어
Network	경로 설정 및 네트워크 연결 관리
Data Link	흐름 제어, 에러 제어
Physical	전기적, 기능적, 절차적 기능 정의

59 ④

VoIP (Voice Over Internet Protocol) : 인터넷을 통해 음성을 전달할 수 있는 인터넷 전화 프로토콜

60 ①

랜섬웨어(Ransomware)
인터넷 사용자의 컴퓨터에 잠입하여 내부 문서, 스프레드시트, 그림(사진)파일 등을 암호화시킨 후 해동 프로그램 또는 방법을 알려주겠다며 금품을 요구하는 악성프로그램이다.

오답 피하기

비트락커(BitLocker)
MS Windows vista 이후 버전에서 사용되는 완전한 디스크 암호화 기능이다.

크립토그래피(cryptography, 암호학)
정보를 보호하기 위한, 언어 · 수학적 방법론을 다루는 학문이다.

스테가노그래피(steganography)
메시지가 전송되고 있다는 사실을 숨기는 기술이다.

자격증은 이기적!

합격입니다.

 이기적 강의는 무조건 0원!
이기적 영진닷컴

공부하다가 궁금한 사항은?
이기적 스터디 카페

혜택과 이벤트 한 번에 확인하기

이기적 카카오톡 채널

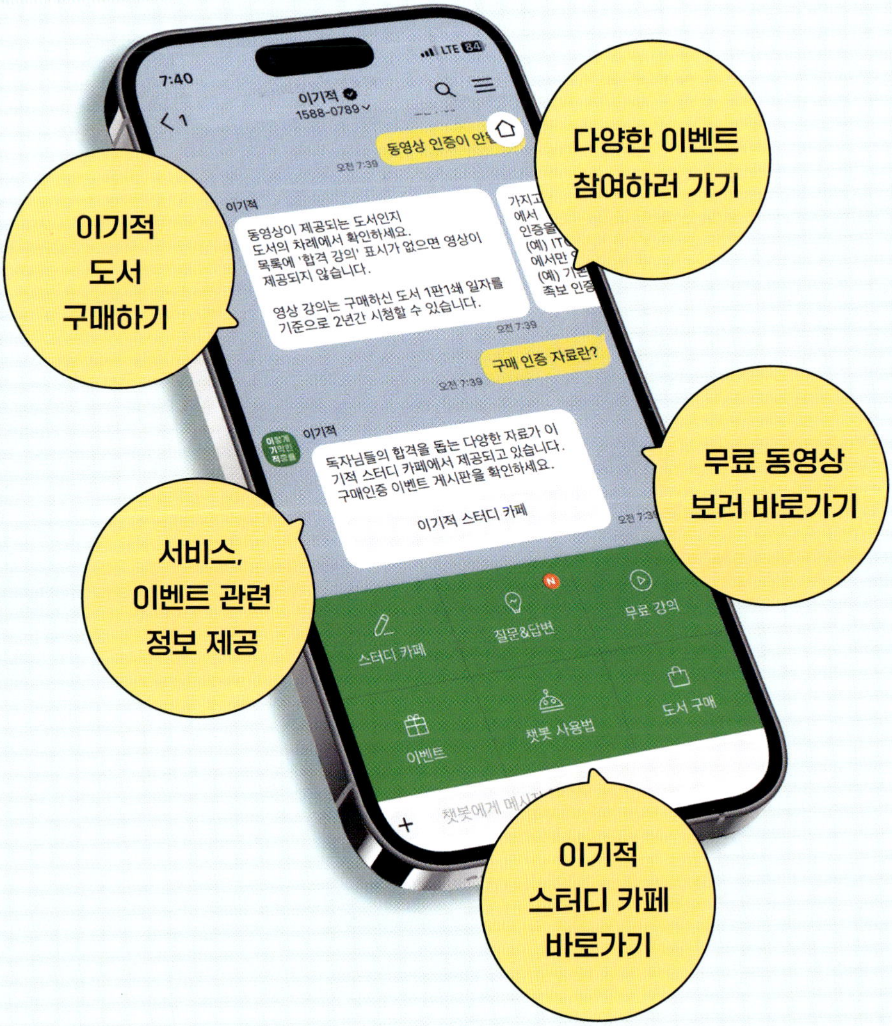

이기적

합격에 필요한, 기본응용 이기적

이기적 스터디 카페
필기 강의를 마치고 난 후 자료부터 1:1 Q&A까지 다양한 혜택 받기

100% 무료 강의
해당도서 속에 암기하라는 필기 강의 100% 무료

365 이벤트
매달 쏟아지는 이벤트! 기출 복원, 도서, 필기 후기, 정오표

CBT 온라인 문제집
성안당 합격자만의 CBT 온라인 모의고사 시험 응시

Youngjin.com 영진닷컴

이기적 자격증을 응시하세요
합격의 힘든 순간, 가볍게 응원의 한마디 응원을 받기세요!

이기적 이벤트 참여
인증 즉석참여 후 10,000개의 영진상으로 푸짐한 경품 받아가세요!
@ydot0789

이기적 스터디 가입
문의/답: license.youngjin.com
답변/자료: cafe.naver.com/yjbooks